Festschrift für Hans-Joachim Fleck
ZGR-Sonderheft

Zeitschrift für Unternehmens- und Gesellschaftsrecht

herausgegeben von

Reinhard Goerdeler, Marcus Lutter,
Walter Odersky, Herbert Wiedemann

Sonderheft 7

Walter de Gruyter · Berlin · New York

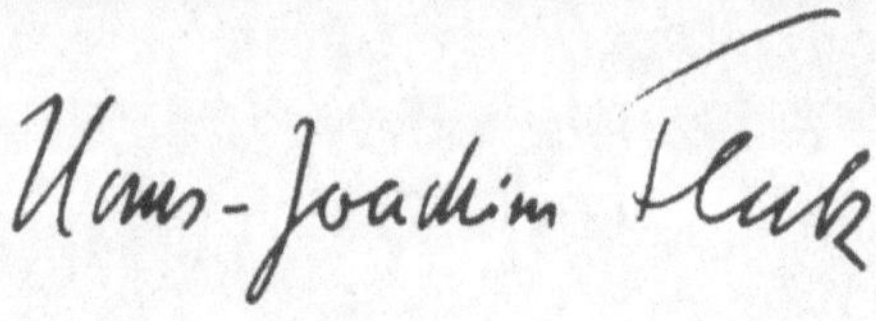

Festschrift für Hans-Joachim Fleck zum 70. Geburtstag am 30. Januar 1988

herausgegeben von

Reinhard Goerdeler, Peter Hommelhoff,
Marcus Lutter, Herbert Wiedemann

W DE G

Walter de Gruyter · Berlin · New York · 1988

CIP-Kurztitelaufnahme der Deutschen Bibliothek

Festschrift für Hans-Joachim Fleck zum 70. [siebzigsten] Geburtstag am 30. Januar 1988 / hrsg. von Reinhard Goerdeler ... - Berlin ; New York : de Gruyter, 1988
(Zeitschrift für Unternehmens- und Gesellschaftsrecht ; Sonderheft ; 7)
ISBN 3-11-011658-8
NE: Goerdeler, Reinhard [Hrsg.]; Fleck, Hans-Joachim: Festschrift; Zeitschrift für Unternehmens- und Gesellschaftsrecht / Sonderheft

Printed in Germany.
Satz und Druck: Saladruck, Steinkopf & Sohn, D-1000 Berlin 36.
Buchbindereiarbeiten: Lüderitz & Bauer-GmbH, D-1000 Berlin 61.

Vorwort

Hans-Joachim Fleck 70 Jahre

Autoren und Herausgeber widmen dieses Buch in Verehrung und Freundschaft dem Bundesrichter a. D. *Hans-Joachim Fleck*, der am 30. Januar 1988 seinen 70. Geburtstag feiern wird. Den Lesern der ZGR als Richter und Autor wohl bekannt, ist seine große persönliche Lebensleistung, kontinentaler Tradition folgend, eingegangen und aufgenommen in die des Kollegiums, dessen so wichtiger Teil er war.

Geprägt vom Unglück seiner Generation – Geburt, Studium und Referendarzeit in Breslau, Assessorexamen aber erst nach Krieg, Gefangenschaft und Flucht zehn Jahre später in Düsseldorf – führte sein Weg – ein Außenstehender ist geneigt zu sagen: fast zwangsläufig – zum Bundesgerichtshof und dort in den II. Senat, an den er schon von 1955 bis 1957 abgeordnet und dessen Mitglied und später stellvertretender Vorsitzender er dann von 1964 an 20 Jahre lang war – ein Glück für uns und ein Glück für die Entfaltung des Gesellschaftsrechts in diesen für die Rechtsordnung und ihre Entwicklung so wichtigen und bewegten Jahren der Bundesrepublik.

Liebenswert und bescheiden, scharfsinnig und zugleich zerstreut war er das Gewissen des Senats und der unbestrittene Meister seines Faches: War mit *Flecks* Zustimmung eine Mehrheitsmeinung gebildet, so konnte sich der Senat beruhigt fühlen; denn freundlich, aber unnachsichtig in seiner Richtertugend verfolgte er jeden gedanklichen Schritt in Prämisse und Begründung; Arbeitszeit oder Diskussionsmüdigkeit waren für ihn unbekannte Worte; ehe er nicht überzeugt war oder – mindestens – einsehen mußte, daß sich die Debatte erschöpft hatte, war die Beratung nicht zu Ende.

So muß es gewesen sein; denn *Fleck* hat sich vor uns, den Nicht-Richtern, keineswegs versteckt. Schon früh hat er mit seinen Abhandlungen hohes Ansehen gewonnen; seine Arbeiten zu den Rechten und Pflichten des Geschäftsführers und Vorstandsmitglieds, zur Vorgesellschaft und zu den Gesellschafterdarlehen wurden bestimmend für den Fortgang des Rechts, seine Anmerkungen in

Lindenmaier/Möhring zu Urteilen des Senats sind gesucht und Grundlage sorgfältiger Exegese in der Praxis. Vor allem aber ist *Fleck* wirklich an wissenschaftlichen Gesprächen und an Personen jenseits des Senats interessiert, genießt diese Gespräche, hört zu, ist offen und voller Zweifel, bis sich aus vielen Rinnsalen der starke Fluß seines „ita est" gebildet hat, der dann aber auch durch keinen Stein und kein Wehr mehr aufgehalten werden kann.

Wenn es heute dieses lebendige geistige Dreieck aus Rechtsprechung, Praxis und Wissenschaft gibt, so hat *Hans-Joachim Fleck* seinen kräftigen Anteil daran; dieser Band zeigt es: Er ist ein vielfältiger Dank an ihn.

Reinhard Goerdeler *Peter Hommelhoff* *Marcus Lutter* *Herbert Wiedemann*

Inhaltsverzeichnis

Rechtsfragen bei der Abtretung oder Pfändung von Erstattungsansprüchen wegen der verbotenen Rückgewähr „kapitalersetzender" Darlehen

von

DR. OLIVER C. BRÄNDEL,
Rechtsanwalt beim Bundesgerichtshof, Karlsruhe

I. 1. Die von *Hans-Joachim Fleck* in wesentlichem Maße mitgestaltete Rechtsprechung des II. Zivilsenats des BGH zu sogenannten „kapitalersetzenden Darlehen" hat den Gläubigerschutz in einem wichtigen Bereich des Unternehmensrechts entscheidend gestärkt[1]. Der Kerngedanke dieser Rechtsprechung beruht auf der Überlegung, daß ein an einer Kapitalgesellschaft maßgeblich beteiligter Gesellschafter, der ihr statt fehlender Eigenmittel Darlehen unmittelbar oder mittelbar zuführt (oder beläßt[2]) und auf solche Weise dem Unternehmen trotz unzureichender Kapitalausstattung die Fortführung ermöglicht, das damit verbundene Risiko nicht einfach auf die außenstehenden Gläubiger abwälzen darf[3]. Vielmehr muß er in Kauf nehmen, daß die von ihm gegebenen Mittel wie Stammkapital künftig dem Zugriff der Gesellschaftsgläubiger erhalten bleiben, solange die Gesellschaft nicht wieder über echte Eigenmittel in ausreichender Höhe verfügt[4]. Damit in Widerspruch stehende Rückzahlungen hat der Gesellschafter/Darlehensgeber der Gesellschaft zu erstatten (§ 31 Abs. 1 GmbHG). Der Erstattungsanspruch richtet sich – begrenzt auf den Betrag des verlorenen Stammkapitals und der darüber hinausgehenden Überschuldung der GmbH – auf Rückgewähr des aus dem Gesellschaftsvermögen Empfangenen[5].

Die Grundsätze zum kapitalersetzenden Darlehen haben inzwischen in zahlreichen weiteren BGH-Entscheidungen zusätzliche Verdeutlichung – zum Teil aber auch Ausweitung – erfahren[6].

2. Wenig Anlaß bestand hingegen bisher, sich mit der Frage zu befassen, wie sich der Gesellschafter (bzw. der wie ein Gesellschafter zu behandelnde einflußreiche Kreditgeber), der das „kapitalersetzende" Darlehen gewährt und zurückerhalten hat, dagegen sichern kann, daß Dritte, die sich als Gläubiger des angeblich notleidenden Kreditnehmers bezeichnen, mit dessen aktiver Hilfe oder

1 Vgl. z. B. BGHZ 60, 324 ff; 67, 171 ff; 76, 326 ff; 81, 252 ff; 81, 311 ff; 90, 370 ff.
2 Vgl. BGHZ 81, 311, 317.
3 BGH WM 1972, 74.
4 BGH WM 1981, 870.
5 Vgl. BGHZ 95, 188, 193.
6 BGHZ 90, 370 ff; 95, 188 ff.

passiver Duldung in den vorrangigen Genuß der „kapitalersetzenden" Darlehensvaluta gelangen, indem sie aufgrund Pfändung oder Abtretung den Erstattungsanspruch aus § 31 GmbHG gegen den Kreditgeber geltend machen.

Das Schutzbedürfnis des Kreditgebers gegenüber derartigen Versuchen ist um so größer, als nach der Rechtsprechung auch ursprünglich ganz normale Kredite durch „Belassung" zu „kapitalersetzenden" Darlehen werden können, wenn die Verlängerung der ursprünglich vereinbarten Laufdauer des Kredits in einem Zeitpunkt vorgenommen wird, zu dem der Kreditnehmer seinen Kreditbedarf nicht mehr durch Aufnahme von Fremddarlehen zu üblichen Bedingungen befriedigen kann[7].

In derartigen Fällen verlieren sogar Sicherheiten, die bestellt wurden, als der Kredit noch ein „ganz normales" Darlehen war, für den Kreditgeber ihren Wert, denn deren Inanspruchnahme ist dem Kreditgeber „in demselben Umfang und für dieselbe Dauer wie die Rückforderung der Darlehensvaluta verwehrt"[8].

Der Kapitalerhaltungsgrundsatz steht nach der Rechtsprechung des II. Zivilsenates einem Rückgewähranspruch des Kreditgebers entgegen, bis das verlorene Stammkapital aufgefüllt und darüber hinausgehende Schulden abgedeckt sind[9]. Das in diesem Umfang bestehende Rückzahlungsverbot stellt eine erhebliche Schwächung der Position des Kreditgebers zugunsten anderer Gläubiger des notleidend gewordenen Kreditnehmers dar.

Eine solche „Rückstufung" der Position des Kreditgebers mit Hilfe eines kollusiven zumindest aber unaufmerksamen Kreditnehmers herbeizuführen oder auszunutzen, kann für manchen Drittgläubiger einen erheblichen Anreiz ausüben. Der Weg, der zu diesem Ziel führt, scheint nicht eben schwierig zu sein: Der Dritte, der sich einer Forderung gegen den Kreditnehmer berühmt, erwirkt gegen ihn einen vollstreckbaren Titel, den er rasch und leicht erhält, wenn der Kreditnehmer sich vorsätzlich oder fahrlässig entweder überhaupt nicht wehrt oder begründete Einwendungen gegen die erhobene Forderung aus Nachlässigkeit nicht geltend macht. Der Kreditgeber, der sich in Sicherheit wähnt, weil – aus seiner Sicht – der Kredit einwandfrei zurückgeführt wurde, sieht sich plötzlich mit einem von dem Drittgläubiger gepfändeten Anspruch des Kreditnehmers auf Rückgewähr des angeblich verbotswidrig zurückgezahlten „kapitalersetzenden" Darlehens konfrontiert.

Eine andere denkbare Variante besteht darin, daß der Kreditnehmer seinen angeblichen Anspruch auf Rückgewähr des zu Unrecht zurückgezahlten kapitalersetzenden Darlehens an den Drittgläubiger auf dessen Drängen abtritt. Die Rechtsprechung des Reichsgerichts, daß der Anspruch nur gegen volles Entgelt

7 BGHZ 81, 311, 317/318.
8 BGH WM 1981, 870 zu 7; BGHZ 81, 311, 318.
9 BGHZ 76, 335; 81, 311, 318/319; 81, 252, 259f.

abgetreten werden könne (um das Stammkapital zu erhalten), ist vom BGH aufgegeben worden[10].

3. Selbstverständlich kann der Kreditgeber dem Zessionar oder Pfändungspfandgläubiger alle Einwendungen, die den abgetretenen oder gepfändeten Rückforderungsanspruch selbst betreffen, entgegenhalten (§§ 404, 1275 BGB, § 835 ZPO). Er kann also z. B. geltend machen, daß das gewährte Darlehen kein „kapitalersetzendes" gewesen sei, weil er kein „beherrschender" Gesellschafter sei oder weil das Stammkapital des Kreditnehmers in Wahrheit noch vollen Umfangs zur Verfügung stehe[11]; ferner kann er einwenden, daß er nichts zurückerhalten bzw. das Zurückerhaltene bereits vollen Umfangs erstattet habe.

Wehrt sich der Kreditgeber aber mit dem Einwand, dem pfändenden Gläubiger bzw. Zessionar stehe in Wirklichkeit überhaupt keine begründete Forderung *gegen den Kreditnehmer* zu, es sei also in Wahrheit insoweit überhaupt keine aufzufüllende „Überschuldung" des Kreditnehmers vorhanden, wird der Kreditgeber durch eine Bemerkung im BGH-Urteil vom 21. September 1981[12] darüber belehrt, daß ihm als Drittschuldner Einwendungen gegen den zu vollstreckenden Anspruch grundsätzlich verschlossen seien bzw. daß er gegenüber der Zession eine unzulässige Einwendung „ex iure tertii" geltend mache. Die einzige Verteidigung, die dem so in Anspruch genommenen Kreditgeber nach dieser Auffassung verbleibt, ist der Einwand, der pfändende Gläubiger (oder Zessionar) habe zu Lasten des Kreditgebers arglistig mit dem Kreditnehmer zusammengewirkt, um sich unter Ausnutzung der so erlangten formalen Rechtsposition einen ihm in Wahrheit nicht zustehenden Vermögenswert anzueignen, oder er stütze sich mit seiner Klage sonstwie sittenwidrig auf materiell unrichtige Titel, um sich auf Kosten des Kreditgebers aus dessen dem Kreditnehmer gegebenen Krediten zu bereichern[13].

Es liegt auf der Hand, daß es dem Kreditgeber nur im Ausnahmefall gelingen wird, diese Schwelle zu überwinden. Regelmäßig wird er an den damit verbundenen Beweisschwierigkeiten scheitern, da die Beweislast für die objektiven und subjektiven Voraussetzungen einer sittenwidrigen Erlangung oder Ausnutzung des Titels bei ihm liegt.

Der dem Kreditgeber zuzubilligende angemessene Schutz ist daher auf diese Weise nicht gewährleistet[14].

10 Vgl. BGHZ 69, 274, 281 ff unter Abkehr von RG HRR 1930 Nr. 1825.

11 Vgl. BGHZ 90, 370 ff, 381; Scholz / H. P. Westermann, Komm. z. GmbHG, 7. Aufl., 1986, § 31 Rdn. 21 a. E. sowie Scholz / K. Schmidt, Komm. z. GmbHG, 7. Aufl., 1986, §§ 32 a, 32 b Rdn. 74.

12 BGHZ 81, 311, 321.

13 BGHZ 81, 311, 321, 322.

14 Zweifelnd auch Scholz / H. P. Westermann, aaO (Fn. 11), § 31 GmbHG Rdn. 20 für den Fall, daß der Titel erst nach dem Ausscheiden des Kreditgebers als Gesellschafter des Kreditnehmers erwirkt wurde.

Zu bemerken ist allerdings, daß die zitierten Ausführungen im BGH-Urteil vom 21. September 1981 im Zusammenhang mit dem entschiedenen Sachverhalt interpretiert werden müssen. Denn im dort entschiedenen konkreten Fall war die Frage, ob der pfändende Gläubiger eine begründete Forderung gegen den Kreditnehmer besaß, nach Meinung des BGH nicht entscheidungserheblich. Vielmehr war der aufgrund des Pfändungsbeschlusses vom Gläubiger gegen den Kreditgeber gemäß § 31 GmbHG geltend gemachte und eingeklagte Betrag bereits erforderlich, um das – vollständig aufgezehrte – Stammkapital des Kreditnehmers wieder aufzufüllen. In Höhe des für die Auffüllung erforderlichen Betrages war das gewährte und belassene Darlehen schon deshalb „kapitalersetzender" Natur, unterlag also dem Rückzahlungsverbot ohne Rücksicht darauf, ob darüber hinaus eine Überschuldung des Kreditnehmers bestand. In einem solchen Falle erscheint es vertretbar, dem Kreditgeber, der sich gegen das Rückzahlungsverlangen des pfändenden Gläubigers wehrt, den Grundsatz entgegenzuhalten, daß Einwendungen gegen den zu vollstreckenden Anspruch einem Drittschuldner grundsätzlich – Fälle des § 826 BGB ausgenommen – verschlossen sind. Bedenken gegen einen entschädigungslosen „Kapitalabfluß" an einen Dritten, der in Wahrheit gar nicht Gläubiger der Gesellschaft ist, drängen sich allerdings auch hier im Hinblick auf den Zweck der „Kapitalerhaltung" auf.

Äußerst problematisch wird dieser Einwendungsausschluß jedoch in Fällen, in denen der Zessionar bzw. pfändende Gläubiger die Rückgewähr des angeblich verbotswidrig zurückgezahlten kapitalersetzenden Darlehens mit der Behauptung verlangt, die Rückgewähr sei – auch nach der Leistung eines der Höhe des verlorenen Stammkapitals entsprechenden Betrages – zur Beseitigung einer beim Kreditnehmer darüber hinaus noch bestehenden Überschuldung erforderlich.

4. Dieses Problem hat sich in einem vom OLG Frankfurt am 29. März 1984 entschiedenen Fall[15] gestellt. Das OLG Frankfurt vertrat dort – unter Berufung auf das Urteil BGHZ 81, 311 ff – den Standpunkt, daß es auch in einem solchen Falle dem Drittschuldner verwehrt sei, Einwendungen gegen den Bestand der der Vollstreckung zugrundeliegenden Forderung geltend zu machen und sich darauf zu berufen, daß der Schuldtitel, auf den sich die Forderung gründe, materiell unwirksam sei.

Zu einer Entscheidung des BGH über die gegen dieses Urteil des OLG Frankfurt eingelegte Revision kam es nicht, weil sich die Parteien kurz vor der bereits anberaumten mündlichen Verhandlung verglichen[16].

15 OLG Frankfurt 1 U 241/82 – nicht veröffentlicht; in dem vom OLG München DB 1983, 166 ff entschiedenen ähnlichen Fall war offenbar nicht zu bestreiten, daß dem vom Gläubiger (Fiskus) gegen den Kreditnehmer erwirkten Titel eine begründete (Steuer) Forderung zugrunde lag. Hingegen hatte dort die vom Kreditgeber gegenüber dem Anspruch aus § 31 GmbHG erhobene Verjährungseinrede Erfolg.

16 BGH II ZR 281/84.

II. Klärungsbedürftig ist somit die Frage, auf welche Weise eine das Stammkapital *übersteigende* Haftung des „kapitalersetzenden“ Kreditgebers von demjenigen, der die Überschuldung des Kreditnehmers geltend macht, nachzuweisen ist. Zur Lösung dieser Frage können vielleicht folgende Überlegungen beitragen:

1. Der Kreditnehmer, der gegen den Kreditgeber einen Rückgewähranspruch wegen angeblich verbotswidriger Rückzahlung eines „kapitalersetzenden“ Darlehens herleitet, muß einen Verstoß gegen die Kapitalerhaltungsvorschriften der §§ 30, 31 GmbHG darlegen und nachweisen. Ein solcher Verstoß liegt nur vor, *soweit* die Darlehensvaluta erforderlich ist, um Schulden des Kreditnehmers gegenüber Dritten abzudecken[17].

Um einen fälligen Zahlungsanspruch gegen den Kreditgeber darzulegen, muß folglich der Kreditnehmer behaupten und beweisen, daß und in welcher Höhe er über sein verlorenes Stammkapital hinaus weitere Verbindlichkeiten gegenüber Drittgläubigern hat. Denn nur insoweit kann er den Kreditgeber aufgrund der Kapitalerhaltungsvorschriften in Anspruch nehmen. Die Darlegung bestehender Verbindlichkeiten gegenüber Drittgläubigern gehört somit zu den *anspruchsbegründenden Merkmalen* dessen, der die Haftung des Kreditgebers geltend machen will.

Der Kreditnehmer könnte gegenüber dem Kreditgeber das Bestehen von Verbindlichkeiten im Verhältnis zu Drittgläubigern nicht bereits mit der Tatsache beweisen, daß Drittgläubiger wegen angeblicher Forderungen Titel gegen ihn, den Kreditnehmer erwirkt haben. Denn derartige Titel, die im Verhältnis zwischen Drittgläubigern und dem Kreditnehmer ergangen sind, haben gegenüber dem Kreditgeber keine Rechtskraftwirkung (sofern nicht der Weg der §§ 68, 74 ZPO beschritten wurde). Der Kreditgeber, der nach den Grundsätzen der Kapitalerhaltung auf Erstattung zurückgewährter „kapitalersetzender“ Darlehen haften soll, kann also gegenüber einer Inanspruchnahme durch den Kreditnehmer einwenden, daß dessen angebliche Verbindlichkeiten gegenüber Drittgläubigern gar nicht bestehen. Der Bestand der Verbindlichkeiten ist sodann vom Kreditnehmer darzulegen und zu beweisen, weil es sich dabei um eine anspruchsbegründende Voraussetzung handelt. Vorhandene Titel haben keine Bindungswirkung, sondern sind vom Gericht allenfalls im Rahmen des Freibeweises zu würdigen. Dabei wird es eine nicht unwesentliche Rolle spielen, ob die Titel in einem kontradiktorischen Verfahren zustande gekommen sind oder nicht. Bedenken werden angebracht sein, wenn die Titel gegen einen Schuldner erwirkt wurden, der sich gegen die Inanspruchnahme nicht gewehrt hat, obwohl der Bestand der geltend gemachten Forderung nicht offensichtlich war. Bedenken ergeben sich erst recht, wenn sich der Schuldner nicht mehr wirksam wehren konnte, weil z. B. sein Geschäftsführer „abgetaucht“ ist und

17 BGHZ 81, 311 ff.

der vom Registergericht bestellte Notgeschäftsführer nicht den erforderlichen Überblick besitzt.

2. Wird eine Forderung ver- oder gepfändet oder abgetreten, so erlangt der Pfandgläubiger bzw. Zessionar keine weitergehenden Rechte, als sie der ursprüngliche Inhaber der Forderung besaß. Der Drittschuldner (hier: der Kreditgeber) kann folglich auch gegenüber dem Pfandgläubiger bzw. Zessionar sämtliche Einwendungen geltend machen, die er gegen den ursprünglichen Inhaber der Forderung zu erheben berechtigt war. Das folgt unmittelbar aus den §§ 404, 1275 BGB, § 835 ZPO.

Schon aufgrund seiner durch die Pfändung oder Abtretung nicht geschmälerten Rechtsposition gegenüber dem Kreditnehmer kann mithin der Kreditgeber dem Zessionar oder Pfändungsgläubiger die Einwendung entgegenhalten, daß eine begründete Verbindlichkeit des Kreditnehmers gegenüber dem Zessionar oder Pfändungsgläubiger nicht besteht.

Das OLG Frankfurt, das demgegenüber einen Einwendungsausschluß auch in diesem Falle annimmt und Einwendungen des Kreditgebers gegen die angebliche der Pfändung zugrundeliegende Forderung nur im Rahmen des § 826 BGB zulassen will, stützt sich dabei auf die Rechtsprechung zum *normalen* Gläubiger-Schuldner-Drittschuldner-Verhältnis[18]. Dabei verkennt das OLG Frankfurt, daß in diesen höchstrichterlich entschiedenen Fällen die Verbindlichkeit des Drittschuldners gegenüber dem Schuldner in keinem Zusammenhang mit dem Anspruch des pfändenden Gläubigers stand. In derartigen Fällen hat der Drittschuldner in der Tat keinerlei schutzwürdiges Interesse an einer Aufklärung der Rechtsbeziehungen zwischen dem pfändenden Gläubiger und dem Schuldner. Denn da die Leistung des Drittschuldners an den pfändenden Gläubiger auch befreiende Wirkung gegenüber dem Schuldner hat, kann es dem Drittschuldner völlig gleichgültig sein, ob der Pfändungsgläubiger gegen den Schuldner eine begründete Forderung hat oder nicht.

Ganz anders in den hier zu erörternden Fällen, die dadurch gekennzeichnet sind, daß die gepfändete Forderung gegen den Kreditgeber nur bestehen kann, wenn und soweit der Pfändungsgläubiger auch einen fälligen, begründeten Anspruch gegen den Kreditnehmer besitzt. Denn nur dann haftet ja der Kreditgeber nach den Grundsätzen über das Verbot der Rückgewähr kapitalersetzender Darlehen. Hier ist also das Bestehen der Forderung des pfändenden Gläubigers gegen den Kreditnehmer *tatbestandsmäßige Voraussetzung* für das Entstehen einer Verbindlichkeit des Drittschuldners gegenüber dem Schuldner. In einem solchen Falle von Akzessorietät kann der von der Rechtsprechung für das normale Dreiecksverhältnis Gläubiger-Schuldner-Drittschuldner vorgenommene Einwendungsausschluß nicht zum Tragen kommen. In diesen Fällen einer Haftung nach § 31 GmbHG hängt die Berechtigung der Inanspruchnahme des

18 Vgl. z. B. BGH WM 1968, 947 ff; 1976, 355 ff; 1976, 713 ff.

zur Erstattung verpflichteten Drittschuldners inhaltlich von der Begründetheit der Forderung des pfändenden Gläubigers (oder Zessionars) gegenüber dem Schuldner/Kreditnehmer ab.

Folgt man dieser Auffassung nicht, wären einer mißbräuchlichen Geltendmachung von in Wahrheit nicht begründeten Ansprüchen aus den Kapitalerhaltungsvorschriften mittels Verpfändung, Pfändung oder Abtretung Tür und Tor geöffnet. Nicht nur durch kollusives Zusammenwirken, sondern auch durch Ausnutzung der Handlungsunfähigkeit oder des fehlenden Verteidigungswillens eines sich der „Agonie" nähernden Kreditnehmers könnten listige „Gläubiger" angebliche Forderungen gegen den Kreditnehmer titulieren oder sich abtreten lassen, um sie dann gegen den Kreditgeber geltend zu machen. Die Abwehrchancen des Kreditgebers gegen solche Mißbräuche wären denkbar gering, wenn man den Einwendungsausschluß gegen ihn anwendet. Ein Antrag des Kreditgebers, über das Vermögen des Kreditnehmers das Konkursverfahren zu eröffnen, ist kein geeignetes Verteidigungsmittel. Denn es stürzt den Kreditgeber – der meistens (noch) Gesellschafter des Kreditnehmers ist – gerade in den Fällen, in denen die vom Pfändungsgläubiger behauptete Überschuldung des Kreditnehmers in Wahrheit nicht besteht, in unübersehbare Regreßgefahren. Die Stellung eines unbegründeten Konkursantrages ist weder mit den Treuepflichten eines Gesellschafters noch mit denen eines Kreditgebers zu vereinbaren. Wegen der Gefahr, sich schadensersatzpflichtig zu machen, kann daher dem Kreditgeber dieser Weg nicht zugemutet werden.

3. Eines Schutzes bedarf der Kreditgeber aber weiterhin auch in den Fällen, in denen die Forderung des Zessionars oder Pfändungsgläubigers gegen den Kreditnehmer zwar entstanden ist, jedoch durch eine rechtsvernichtende Einwendung oder durch Ausübung eines Gestaltungsrechts (z. B. Anfechtung) vernichtet werden kann. Wenn nämlich in derartigen Fällen der Kreditnehmer die ihm zustehende Verjährungseinrede nicht erhebt oder ein begründetes Anfechtungsrecht nicht ausübt, müßte der Kreditgeber auch hier „seinen Kopf herhalten" für Forderungen von Drittgläubigern, die in Wirklichkeit aus dem Vermögen des Kreditnehmers nicht befriedigt zu werden brauchen und für die daher auch eine Haftung des Kreditgebers nach den Kapitalerhaltungsgrundsätzen nicht zu rechtfertigen ist.

4. Das berechtigte Schutzbedürfnis des Kreditgebers läßt sich in derartigen Fällen wie folgt angemessen befriedigen: Gegenüber dem vom Kreditnehmer selbst gemäß § 31 GmbHG erhobenen Erstattungsanspruch kann der Kreditgeber den Arglisteinwand erheben, wenn der Kreditnehmer es schuldhaft unterlassen hat, die angebliche „Überschuldung" durch Geltendmachung rechtsvernichtender Einwendungen oder Ausübung von Anfechtungsrechten zu verhindern.

Gegenüber dem Zessionar bzw. Pfändungs- oder Pfandgläubiger kann der Kreditgeber durch analoge Anwendung einzelner Vorschriften über die Bürgschaft geschützt werden:

Nach § 768 BGB kann der Bürge die dem Hauptschuldner zustehenden Einreden geltend machen. Er verliert eine Einrede auch nicht dadurch, daß der Hauptschuldner auf sie verzichtet. Nach § 770 BGB kann der Bürge die Befriedigung des Gläubigers verweigern, solange dem Hauptschuldner das Recht zusteht, das seiner Verbindlichkeit zugrundeliegende Rechtsgeschäft anzufechten. Die gleiche Befugnis hat der Bürge, solange sich der Gläubiger durch Aufrechnung gegen eine fällige Forderung des Hauptschuldners befriedigen kann.

Räumt man dem Kreditgeber gegenüber dem Zessionar oder Pfändungsgläubiger die Einreden eines Bürgen ein, folgt daraus auch, daß eine den Kreditnehmer verurteilende Entscheidung keine Rechtskraft gegenüber dem Kreditnehmer bewirkt[19].

Von der Interessenlage her ist es vertretbar und geboten, den nach den §§ 30, 31 GmbHG haftenden Kreditgeber mit den Verteidigungsmitteln eines Bürgen auszustatten. Die Haftung des nach § 31 GmbHG erstattungspflichtigen Kreditgebers ist – ähnlich der eines Bürgen – *akzessorisch,* soweit sie die Beseitigung einer Überschuldung des Kreditnehmers betrifft. Die Erstattungspflicht des Kreditgebers setzt insoweit nämlich – wie bei einer Bürgschaft – das Bestehen einer Verbindlichkeit des Kreditnehmers gegenüber seinem Drittgläubiger voraus. Dem Schutzbedürfnis des Drittgläubigers wird vollständig genügt, wenn der Kreditgeber wegen der Forderungen aus der Rückgewähr eines „kapitalersetzenden“ Darlehens wie ein Bürge haftet. Der Kreditgeber seinerseits hat trotz seines Einflusses auf den Kreditnehmer häufig nicht die rechtliche Möglichkeit, die Organe des Kreditnehmers zur Erhebung der Einreden oder zur Ausübung eines Anfechtungsrechts zu zwingen. Denn der für die Anwendung der Kapitalerhaltungsvorschriften ausreichende „maßgebliche“ Einfluß des Kreditgebers auf den Kreditnehmer beginnt im Regelfall bereits bei einer Minderheitsbeteiligung von 25 %[20]. Beschlüsse zu seinen Gunsten kann der Gesellschafter/Kreditgeber in der Gesellschafterversammlung mit einer solchen Minorität nicht erzwingen.

Allerdings meint das OLG Frankfurt in dem oben[21] zitierten, nicht veröffentlichten Urteil vom 29. März 1984, daß dem Kreditgeber die Einreden eines Bürgen nicht gewährt werden könnten, weil seine Situation mit der eines Bürgen nicht vergleichbar sei. Dem OLG Frankfurt ist zuzugeben, daß die Bestimmungen über die Bürgschaft keineswegs vollen Umfangs auf das Rechtsverhältnis zwischen dem Kreditgeber einerseits und dem Zessionar bzw. Pfändungsgläubiger einer Forderung aus § 31 GmbHG passen. So wird die Einrede der Vorausklage kaum praktische Bedeutung besitzen, weil die schlechte finanzielle Verfassung des Kreditnehmers die Ursache für das Eingreifen der Kapitalerhaltungs-

19 BGH WM 1971, 614 f.
20 Vgl. BGHZ 90, 381 ff.
21 Fn. 15.

vorschriften ist. Vor allem aber wird sich der Kreditgeber bei einer Befriedigung des Zessionars oder Pfändungsgläubigers nicht auf den gesetzlichen Forderungsübergang des §774 BGB berufen können, solange noch weitere Gläubiger des Kreditnehmers vorhanden sind, denen der Kreditgeber infolge der verbotswidrigen Rückgewähr des „kapitalersetzenden" Darlehens haftet. Anderenfalls würde der Kreditgeber mit Hilfe der auf ihn gemäß §774 BGB übergegangenen Forderung der durch die Kapitalerhaltungsvorschriften herbeigeführten „Rückstufung" entgehen und sich gleichberechtigt in die Gruppe der „normalen" Gläubiger des Kreditnehmers einreihen können.

Hingegen fehlt es an einem überzeugenden Grund, dem Kreditgeber aufgrund der Kapitalersatzfunktion seines Darlehens diejenigen Einreden zu versagen, mit denen er den Bestand einer vom Zessionar oder Pfändungsgläubiger gegen den Kreditnehmer geltend gemachten Forderung zunichte machen und dadurch die „Überschuldung" des Kreditnehmers reduzieren kann.

Dagegen kann nicht eingewandt werden, daß der Bürge nur von dem Gläubiger nicht aber von dem Schuldner in Anspruch genommen werden kann, während der nach §31 GmbHG erstattungspflichtige Kreditgeber gerade nicht dem Gläubiger, sondern dem Schuldner (Kreditnehmer) hafte. Letzteres ist zwar richtig aber nicht ausschlaggebend. Denn solange der Kreditgeber nur von dem Kreditnehmer wegen einer angeblichen Forderung aus §31 GmbHG in Anspruch genommen wird, kann er ihm gegenüber uneingeschränkt geltend machen, daß die behauptete Überschuldung nicht bestehe, weil die vom Drittgläubiger geltend gemachte Forderung unbegründet sei bzw. durch Erhebung der Verjährungseinrede oder Ausübung eines Gestaltungsrechts vernichtet werden könne. Nimmt jedoch der angebliche Gläubiger des Kreditnehmers den Kreditgeber aufgrund Abtretung oder Pfändung des behaupteten Anspruches aus §31 GmbHG in Anspruch, ist die Interessenlage der eines vom Gläubiger des Schuldners in Anspruch genommenen Bürgen vergleichbar. Denn nach der Abtretung oder Pfändung kann der Kreditnehmer mangels Aktivlegitimation den Kreditgeber nicht mehr nach §31 GmbHG in Anspruch nehmen. Insoweit gleicht also seine rechtliche Lage der des Hauptschuldners gegenüber dem Bürgen. Hingegen fordert die Kapitalersatzfunktion des Darlehens nicht, daß der Darlehensgeber gegenüber dem Zessionar oder Pfändungsgläubiger die Möglichkeit verliert, sich darauf zu berufen, daß eine Überschuldung des Kreditnehmers nicht vorhanden sei, weil Verpflichtungen gegenüber dem Zessionar oder Pfändungsgläubiger nicht bestehen oder durch begründete Einrede vernichtet werden können.

Eine gegenteilige Auffassung läßt sich – wie bereits dargelegt wurde – auch aus dem Urteil des II. Zivilsenats vom 21. September 1981[22] nicht herleiten. Denn dort war eine über die Auffüllung des Stammkapitals des Kreditnehmers hinaus-

22 BGHZ 81, 311 ff, 321.

reichende Haftung des Kreditgebers im Umfang einer bestehenden „Überschuldung“ des Kreditnehmers nicht entscheidungserheblich.

Die bürgen-ähnliche Stellung desjenigen, der ein kapitalersetzendes Darlehen entgegen § 30 GmbHG zurückerhält, wird auch aus der Tatsache deutlich, daß die kapitalersetzende Leistung in der Eingehung einer Bürgschaftsverpflichtung bestehen kann[23]. Wird der Gläubiger von einem solchen Bürgen befriedigt, so sind auf den nach § 774 BGB auf den Bürgen übergegangenen Anspruch des Gläubigers zwar die §§ 30, 31 GmbHG anzuwenden[24], die Rechte aus den §§ 768, 770 BGB verbleiben aber auch dem „kapitalersetzenden“ Bürgen wegen der – dort offensichtlichen – Akzessorietät der Bürgschaftsverbindlichkeit im Verhältnis zur Hauptschuld.

Schließlich wird die hier vertretene Auffassung auch nicht durch § 31 Abs. 2 GmbHG widerlegt: Nach dieser Vorschrift kann nur der gutgläubige Empfänger einer verbotenen Rückzahlung einwenden, daß die Erstattung zur Befriedigung der Gesellschaftsgläubiger nicht erforderlich ist. Dies bedeutet jedoch nicht, daß nur der gutgläubige Empfänger sich darauf berufen darf, der angebliche Anspruch des Gesellschaftsgläubigers bestehe überhaupt nicht oder sei vernichtbar. Denn § 31 Abs. 2 GmbHG setzt den *materiellen Bestand* der vom Gesellschaftsgläubiger geltend gemachten Forderung voraus. Allenfalls kann deshalb aus dieser Vorschrift zugunsten des vom Zessionar oder Pfändungsgläubiger eines Anspruchs aus § 31 GmbHG in Anspruch genommenen Gesellschafters/Kreditgebers hergeleitet werden, daß ihm im Falle seiner Gutgläubigkeit die Einrede der Vorausklage zusteht: Denn nur wenn und soweit der Zessionar/Pfändungsgläubiger nachweisen kann, daß er wegen seiner – angeblichen – Forderung von der Gesellschaft/Kreditnehmerin keine Befriedigung hat erlangen können, ist sein Vorgehen gegen den Gesellschafter/Kreditgeber zulässig.

III. Zusammenfassung

1. Der nach den §§ 30, 31 GmbHG zur Erstattung eines verbotswidrig zurückgezahlten „kapitalersetzenden Darlehens“ verpflichtete Gesellschafter/Kreditnehmer muß gegen ein zu Unrecht behauptetes Bestehen „ungedeckter Verbindlichkeiten“ der Gesellschaft/Kreditnehmerin angemessen geschützt werden.

2. Gegenüber der Gesellschaft/Kreditnehmerin, die den Erstattungsanspruch geltend macht, kann der Gesellschafter/Kreditgeber einwenden, die ungedeckte Verbindlichkeit, wegen der der Erstattungsanspruch geltend gemacht wird, bestehe in Wahrheit nicht oder habe durch die Erhebung einer rechtsvernichten-

23 Vgl. § 32 b GmbHG.
24 Vgl. BGHZ 81, 252 ff, 258.

den Einrede oder die Ausübung eines rechtsvernichtenden Gestaltungsrechts beseitigt werden können.

3. Bei der Abtretung, Pfändung oder Verpfändung von (die Auffüllung des Stammkapitals übersteigenden) Erstattungsansprüchen gemäß §§ 30, 31 GmbHG an – angebliche – Drittgläubiger der Gesellschaft/Kreditnehmerin ist der Gesellschafter/Kreditgeber gegenüber den der Abtretung/Pfändung/Verpfändung zugrundeliegenden Forderungen nicht auf Einwendungen aus § 826 BGB beschränkt; der dem Drittschuldner gegenüber dem Pfändungsgläubiger grundsätzlich auferlegte Ausschluß von Einwendungen gegen den titulierten Anspruch besteht hier nicht.

4. Vielmehr ist es zur Herbeiführung eines angemessenen Interessenausgleiches erforderlich, dem gemäß §§ 30, 31 GmbHG von einem Zessionar/Pfändungs-/Pfandgläubiger in Anspruch genommenen Gesellschafter/Kreditgeber die Einreden eines Bürgen nach den §§ 768, 770 BGB zuzugestehen. Ein Titel, den der Drittgläubiger gegen die Gesellschaft/Kreditnehmerin erwirkt hat, bindet den gemäß § 31 GmbHG in Anspruch genommenen Gesellschafter/Kreditgeber zumindest dann nicht, wenn er für eine das Stammkapital der Gesellschaft übersteigende Überschuldung haftbar gemacht werden soll.

Ersatz von Gesellschafts- und Gesellschafterschaden

von

Helmut Brandes, Richter am Bundesgerichtshof, Karlsruhe

I. In Literatur und Rechtsprechung wird noch immer die Frage kontrovers beantwortet, ob durch Leistung an den Gesellschafter oder nur durch Leistung an die Aktiengesellschaft oder GmbH der Schaden zu ersetzen ist, den jener dadurch erleidet, daß die Gesellschaft geschädigt wird und deshalb der Wert seines Gesellschaftsanteils sinkt. Mit diesem sogenannten Reflexschaden befassen sich die §§ 117 Abs. 1 Satz 2 und 317 Abs. 1 Satz 2 AktG, indem sie seinen Ersatz ausdrücklich ausnehmen, wenn sie dem Aktionär einen Anspruch auf Ausgleich seiner Schäden gegen Personen geben, die zu seinem Nachteil auf die Geschäftsführung eingewirkt haben. Anders als teilweise angenommen wird[1], entfällt dieser Schaden des Gesellschafters nicht in Fällen, in denen die Gesellschaft ebenfalls in ihren Rechten verletzt ist und gegen den Ersatzpflichtigen einen vollwertigen und durchsetzbaren Ersatzanspruch hat, den sie in ihrer Bilanz aktiviert[2]. Nicht schon der Anspruch der Gesellschaft, sondern erst die Ersatzleistung beseitigt auch den Schaden des Gesellschafters. Wäre es anders, würde die Rechtsstellung des in seinen Rechten verletzten Gesellschafters verkürzt; sollte die Gesellschaft ihren Ersatzanspruch nicht geltend machen, müßte nämlich jener, falls ihm im Einzelfall die actio pro socio nicht zu Gebote steht, – häufig gegen den Widerstand des Mehrheitsgesellschafters und deshalb nicht ohne Inanspruchnahme der Gerichte – innerhalb der Gesellschaft dafür sorgen, daß der Anspruch durchgesetzt wird, sei es gegen den Ersatzpflichtigen oder, falls dieser Anspruch erlassen oder verjährt ist, gegen die dafür Verantwortlichen.

Ein Anspruch des Gesellschafters auf Leistung an sich scheidet allerdings von vornherein aus, wenn nicht auch er, sondern nur die Gesellschaft in ihren Rechten verletzt ist. Erfüllt beispielsweise ein Lieferant seine Verpflichtung in einem Maße nicht, daß mit dem Gesellschaftsvermögen auch die Anteile der Gesellschafter betroffen sind, so ist dem Gesellschafter ein eigener Anspruch versagt. Ein solcher setzt voraus, daß der Ersatzpflichtige – durch unerlaubte Handlung oder Verletzung vertraglicher Pflichten – in Rechte des Gesellschafters eingegriffen hat. Der Bundesgerichtshof war mit zwei Fällen befaßt, in

1 Ganssmüller, GmbH-Rdsch. 1977, 265, 270; John, JZ 1979, 511, 515; BGH, Urt. v. 23. Juni 1969 – II ZR 272/67, WM 1969, 1081, 1082.

2 BGHZ 65, 15, 21.

denen der Liquidator einer GmbH Untreue beging und sich dadurch nicht nur der GmbH, sondern gemäß §§ 826, 823 Abs. 2 BGB in Verbindung mit § 266 StGB auch den Gesellschaftern ersatzpflichtig machte[3]. In zwei weiteren Fällen ging es um die Verletzung der gesellschaftsrechtlichen Pflicht, auch auf die Interessen der Mitgesellschafter Rücksicht zu nehmen, sowie um Vertragsverletzungen: Im sogenannten ITT-Fall verletzte der Mehrheitsgesellschafter seine Treuepflicht gegenüber seinem Mitgesellschafter, als er sich rechtswidrig Gesellschaftsvermögen auszahlen ließ[4], und in der am 10. November 1986 entschiedenen Sache war das Vorstandsmitglied, das pflichtwidrig gehandelt hatte, zugleich Geschäftsführer der als Gesellschafterin beteiligten GmbH und von dieser angestellt[5]. Allen diesen vier Fällen ist gemeinsam, daß der Schädiger zugleich Rechte der Gesellschaft verletzt und sich dadurch auch dieser gegenüber ersatzpflichtig gemacht hatte (zu diesen Fällen konkurrierender Ersatzansprüche siehe unter II). In zwei weiteren Fällen war nicht die Gesellschaft, sondern allein der Gesellschafter in seinen Rechten verletzt worden: Im ersten Falle war der Gesellschafter, weil der Anwalt das zwischen beiden bestehende Dienstverhältnis verletzt hatte, ins Schuldnerverzeichnis eingetragen worden, was die Bank zum Anlaß nahm, der GmbH die Kredite zu kündigen[6]; im zweiten Falle entgingen der GmbH Gewinne, weil der geschäftsführende Gesellschafter infolge einer unerlaubten Handlung arbeitsunfähig war[7] (zu diesen Fällen unter III).

II. Sind Gesellschafter und Gesellschaft gleichermaßen in ihren Rechten verletzt worden, gehen – insbesondere in der aktienrechtlichen Literatur – die Ansichten auseinander, ob der Gesellschafter seinen Ersatzanspruch ohne weiteres[8] oder nur subsidiär[9] geltend machen, ob er Leistung an sich oder nur an die Gesellschaft[10] verlangen kann oder ob er, obwohl verletzt und geschädigt,

3 BGH, Urt. v. 24. Januar 1967 – VI ZR 92/65, WM 1967, 287; v. 23. Juni 1969 – II ZR 272/67, WM 1969, 1081, 1082.

4 BGHZ 65, 15, 21.

5 BGH, Urt. v. 10. November 1986 – II ZR 140/85, WM 1987, 13.

6 BGHZ 61, 380.

7 BGH, Urt. v. 8. Februar 1977 – VI ZR 249/74, WM 1977, 461.

8 MERTENS, Kölner Komm. z. AktG, § 93 Rdn. 88; BAUMBACH/HUECK, Komm. z. AktG, 13. Aufl., 1968, § 93 Rdn. 4; STAUB/PINNER, Komm. z. HGB, Bd. II, 14. Aufl., 1933, § 241 Anm. 29; wohl auch RITTER, Komm. z. AktG, 2. Aufl., 1940, § 84 Anm. 12.

9 SCHILLING, Großkomm. z. AktG, 3. Aufl., 1973, § 93 Anm. 73; KLAUSING, FS Schlegelberger, 1936, S. 405, 431 f; SCHLEGELBERGER/QUASSOWSKI, Komm. z. AktG, 1937, § 84 Anm. 30; REHBINDER, Konzernaußenrecht, S. 550; GOLLING, Sorgfaltspflicht und Verantwortlichkeit ..., Diss. 1968, S. 101; BAUMS, Der Geschäftsleitervertrag, 1987, S. 215 ff.

10 MARTENS, ZGR 1972, 254, 276 ff; WIEDEMANN, Gesellschaftsrecht, Bd. I, 1980, S. 241.

überhaupt keinen Anspruch hat[11]. Nach der Rechtsprechung des Reichsgerichts[12] und der älteren des Bundesgerichtshofs bestehen der Anspruch der Gesellschaft und des Gesellschafters – der letztere gerichtet auf Leistung an diesen – unabhängig nebeneinander, kann der Gesellschafter seinen Anspruch geltend machen, solange der der Gesellschaft nicht befriedigt[13] ist oder diese untätig bleibt[14]. Angesichts dieser Rechtslage, und weil eine Gesamtgläubigerschaft zwischen Gesellschaft und Gesellschafter mangels Identität des Haftungsgrundes abgelehnt wird, würde der Schädiger von seiner Verpflichtung nur frei werden, wenn er sie gegenüber der Gesellschaft erfüllt; denn dadurch gleicht er zugleich den Schaden des Gesellschafters aus. Leistet er umgekehrt zuerst an den Gesellschafter, bliebe der Schaden der Gesellschaft bestehen und der Gesellschafter würde durch dessen späteren Ausgleich einen nicht gerechtfertigten Vorteil erlangen, der allenfalls nach § 812 BGB zu erstatten wäre. Wegen dieser sich aus der Konkurrenz der Ansprüche ergebenden Schwierigkeiten hat der Gesetzgeber den Ersatzanspruch, den schon § 101 Abs. 1 AktG 1937 dem Aktionär gewährte, im § 117 Abs. 1 Satz 2 AktG 1965 beschränkt, indem er den sogenannten Reflexschaden vom Ausgleich ausnahm[15].

Im ITT-Urteil vom 5. Juni 1975[16] hat der Bundesgerichtshof der Klage eines GmbH-Gesellschafters stattgegeben, mit der dieser nicht – wie teilweise angenommen worden ist – als Prozeßstandschafter einen Anspruch der Gesellschaft, sondern seinen eigenen Schadensersatzanspruch gegen den Mitgesellschafter geltend gemacht hat. Beide Ansprüche – der der Gesellschaft und der des Gesellschafters – bestehen, worauf ausdrücklich hingewiesen wird, nebeneinander[17]; nur zielt der Anspruch des letzteren nicht auf Leistung an sich, sondern auf eine solche an die Gesellschaft. Dahinter könnte die Überlegung stehen, daß nach dem Grundprinzip des § 249 BGB der Gesellschafter nur verlangen kann, daß der gleiche wirtschaftliche Zustand hergestellt wird, der ohne das schädigende Ereignis bestehen würde, daß – mit anderen Worten – sein Schaden dort ausgeglichen wird, wo er eingetreten ist. Für den Ersatzpflichtigen würde das bedeuten, daß er der Gesellschaft regelmäßig soviel ihres Gesamtschadens zu ersetzen hätte, als erforderlich ist, um den Wertverlust des Gesellschaftsanteils

11 Hefermehl, in: Geßler/Hefermehl/Eckardt/Kropff, Komm. z. AktG, 1973, § 93 Rdn. 96; v. Godin / Wilhelmi, Komm. z. AktG, 4. Aufl., 1971, § 93 Anm. XI; wohl auch Brodmann, Aktienrecht, § 241 Anm. 6.

12 RGZ 115, 289; 157, 213.

13 RGZ 115, 289, 296.

14 BGH, Urt. v. 24. Januar 1967 – VI ZR 92/65, WM 1967, 287 und v. 23. Juni 1969 – II ZR 272/67, WM 1969, 1081, 1082.

15 Begr. RegE bei Kropff, Aktiengesetz, 1965, § 117, S. 163; BGHZ 94, 55, 58.

16 BGHZ 65, 15.

17 BGHZ 65, 15, 21.

auszugleichen[18]. Mit diesem Ausgleich wäre im Verhältnis zum Gesellschafter der frühere Zustand wiederhergestellt; ob eine Naturalrestitution auch im Verhältnis zur Gesellschaft möglich ist, ob dieser der Kredit oder der entgangene Auftrag wieder beschafft werden kann oder statt dessen nach § 251 Abs. 1 BGB Geldersatz zu leisten ist, dürfte für die Rechtsbeziehung des Gesellschafters zum Ersatzpflichtigen keine Bedeutung haben[19].

Bedenken gegen diese Art des Schadensausgleichs könnten allerdings insofern bestehen, als er dem in seinen Rechten verletzten Gesellschafter nicht nur den Anspruch auf unmittelbaren Ausgleich des Schadens durch Leistung an sich nimmt, sondern auch gegen den Grundsatz des Schadensersatzrechts zu verstoßen scheint, wonach nur der Schaden dessen ersetzt wird, der in seinen Rechten verletzt ist – sofern dies auf den Gesellschafter zutrifft, wäre danach nur der Wertverlust seines Gesellschaftsanteils auszugleichen, nicht aber der Schaden der Gesellschaft. Es geht – mit anderen Worten – um die Frage, ob dann, wenn Reflexschäden zu beseitigen sind, das grundsätzliche Verbot, die Schäden Dritter ersetzt zu verlangen, die Naturalrestitution ausschließt oder ob diese wiederum ohne weiteres den Möglichkeiten der Drittschadensliquidation eine weitere Variante hinzufügt. Diese Art des Schadensausgleichs könnte dann allerdings nicht auf Schäden an Gesellschaftsanteilen beschränkt bleiben, wäre vielmehr auch auf andere Reflexschäden zu erstrecken, wie sie beispielsweise entstehen, wenn die von einer Bank der GmbH gewährten Kredite wertlos werden, weil der Geschäftsführer das Gesellschaftsunternehmen heruntergewirtschaftet hat; handelt es sich bei diesem Geschäftsführer um einen Angestellten der Bank, zu dessen Bestellung sich die Gesellschafter anläßlich der Kreditverhandlungen verpflichtet haben, so hat er nicht nur seine Pflichten gegenüber der GmbH, sondern zugleich sein Dienstverhältnis zur Bank verletzt und es stellt sich die Frage, ob er deren Schaden durch Zahlung an die Bank oder nur in der Weise auszugleichen hat, daß er den Schaden der Gesellschaft beseitigt und somit den Forderungen der Bank wieder ihren ursprünglichen Wert verschafft. Hier wird man der Bank den unmittelbaren Ausgleich ihres Schadens kaum versagen können, so daß letztlich der Grundsatz der Naturalrestitution allein nicht ausreicht, vielmehr zusätzlich auf Gesichtspunkte aus der Rechtsbeziehung zwischen Gesellschaft und Gesellschafter auch im Verhältnis des letzteren zum Ersatzpflichtigen abzustellen ist, die die Liquidation des Gesellschaftsschadens gebieten, weil nur auf diese Weise der Schaden des Gesellschafters ausgeglichen wird.

18 Für Naturalrestitution des Reflexschadens durch Leistung an die Gesellschaft: Mertens, FS R. Fischer, 1979, S. 461, 474 f; Hachenburg/Mertens, Komm. z. GmbHG, 7. Aufl., 1979, § 43 Rdn. 111; Frank, NJW 1974, 2313, 2315; Rehbinder, FS R. Fischer, 1979, S. 579, 593; wohl auch Ulmer, NJW 1976, 193.

19 A. A. Wilhelm, Rechtsform und Haftung bei der juristischen Person, S. 384 Fn. 345.

In der am 10. November 1986 entschiedenen Sache[20] hat der Bundesgerichtshof nicht den Grundsatz der Naturalrestitution, sondern den der Kapitalerhaltung und der Zweckwidmung des Gesellschaftsvermögens zur Begründung dafür herangezogen, daß der mittelbar geschädigte Gesellschafter regelmäßig nur einen Anspruch auf Ersatzleistung an die Gesellschaft hat. Die Pflicht des Gesellschafters, den Ersatzanspruch zugunsten der Gesellschaft geltend zu machen oder ihr die Ersatzleistung, wenn er sie erhielte, herauszugeben, wird als Teil der mit dem Beitritt übernommenen Verpflichtung angesehen, dafür zu sorgen, daß der Gesellschaft das zur Erreichung ihres Zwecks bestimmte Kapital erhalten bleibt. Er hat der Gesellschaft nicht nur Auszahlungen zu erstatten, die er von ihr unter Verstoß gegen diese Vermögensbindung erhält[21], sondern auch Ersatzleistungen, die ihm auf dem Umweg über den Schädiger nur deshalb zufließen, weil infolge der Rechtsverletzung die Gesellschaft an ihrem Vermögen (und damit auch der Gesellschafter an seinem Anteil) geschädigt worden ist. Hierzu ist der Gesellschafter nicht verpflichtet, weil er, wenn ihm die Ersatzleistung verbliebe, bereichert wäre; von einer Bereicherung könnte keine Rede sein, da der Ersatz nur die verletzungsbedingte Wertminderung des Anteils ausgleichen würde[22]. Verpflichtet ist der Gesellschafter vielmehr deshalb, weil ihm mit der Ersatzleistung ein Geldbetrag zufließen würde, der ohne das schädigende Ereignis – in dieser oder anderer Form – im Gesellschaftsvermögen verblieben wäre, ohne daß er auf dessen Auszahlung einen Anspruch gehabt hätte. Deshalb ist die Vermögensbindung im Verhältnis der Gesellschaft zum ersatzberechtigten Gesellschafter nicht aufgehoben, soweit dieser mit Eintritt des Gesellschaftsschadens einen Anspruch auf Ausgleich seines Schadens am Anteil erlangt[23]. Der Wert, den dieser Anspruch verkörpert, steht der Gesellschaft zu, so daß der Schaden in der Weise auszugleichen ist, daß der für Wiederauffüllung des Anteilswertes erforderliche Geldbetrag an die Gesellschaft geht. Auf diese Weise wird ausgeschlossen, daß der Gesellschafter – ähnlich wie bei einer unzulässigen Einlagenrückgewähr – Kapital in die Hand bekommt, dessen Zweckwidmung nicht aufgehoben ist und das deshalb nicht zur Disposition des einzelnen Gesellschafters steht[24]. Dabei ist unerheblich, ob die Gesellschaft dadurch geschädigt worden ist, daß der Ersatzpflichtige Vermögenswerte an sich gebracht hat, die er nunmehr zu erstatten hätte, oder ob der Schaden darin besteht, daß Vermögen verschleudert oder eine Gewinnchance nicht genutzt worden ist.

20 II ZR 140/85, WM 1987, 13, 16.
21 Vgl. nur Flume, ZHR 144 (1980), 18, 27 ff; Winter, ZHR 148 (1984), 579, 587 ff.
22 Wilhelm, aaO (Fn. 19), S. 386.
23 Ähnlich Hüffer, JuS 1976, 83, 87; Martens, ZGR 1972, 254, 280.
24 BGH, Urt. v. 10. November 1986 – II ZR 140/85, WM 1987, 13, 16.

Diese Verpflichtung des Gesellschafters, der Gesellschaft herauszugeben, worauf er zum Ausgleich seines Entwertungsschadens Anspruch hat, brauchte den Ersatzpflichtigen, soweit es um die Höhe des Ersatzes geht, nicht zu interessieren, wenn die Leistung in das Gesellschaftsvermögen allein dem Gesellschaftsanteil des betreffenden Gesellschafters zugute käme. Das ist jedoch nicht ohne weiteres der Fall. Denn die Ersatzleistung erhöht im Gesellschaftsvermögen den Wert der Anteile aller Gesellschafter und kommt deshalb dem in seinen Rechten Verletzten, falls er nicht allein, sondern neben anderen an der Gesellschaft beteiligt ist, nur mit dem Bruchteil zugute, der seinem Anteil am Gesamtkapital der Gesellschaft entspricht. Gäbe man einem – beispielsweise mit 10 % am Gesellschaftskapital beteiligten – Gesellschafter nur einen Ersatzanspruch, dessen Höhe auf den Umfang seines Reflexschadens beschränkt ist, so erhielte er seinen Schaden nur teilweise – nämlich in Höhe von 10 % – ersetzt, weil die übrigen 90 % der an die Gesellschaft abgeführten Ersatzleistung auf die übrigen Gesellschafter entfielen.

Es ließe sich nun einwenden, daß der Gesellschafter nur dann verpflichtet sein könne, seine Ersatzleistung abzuführen, sofern innerhalb der Gesellschaft dafür Sorge getragen wird, daß sie ausschließlich seinem Anteil zugute kommt. Von einer solchen Maßnahme kann der Anspruch der Gesellschaft jedoch nicht abhängig sein. Die dafür erforderliche Kapitalerhöhung im Umfange des Reflexschadens hätte, weil die Forderung der Gesellschaft gegen den Gesellschafter von vornherein zum Gesellschaftsvermögen gehört, aus Gesellschaftsmitteln zu erfolgen, was nach §§ 1 ff KapErhG das Vorhandensein umwandlungsfähiger Rücklagen voraussetzt, die vielfach fehlen[25]; ferner verändert die Kapitalerhöhung, sofern nur ein Gesellschafter sie übernimmt, die Beteiligungsverhältnisse, kehrt möglicherweise die bisher bestehenden Mehrheiten um und ist deshalb mit dem Interesse der übrigen Gesellschafter an der Erhaltung ihres bisherigen Einflusses sowie ihres Anteils an Gewinn und Vermögen nicht zu vereinbaren. Diesem Interesse ist in Verbindung mit dem an der Kapitalerhaltung der Vorzug zu geben vor dem des Schädigers, sich keinem Ersatzanspruch ausgesetzt zu sehen, dessen Höhe weitgehend durch den Gesellschaftsschaden bestimmt wird.

Aus alledem wird deutlich, daß die Art und Weise der Schadensabwicklung zugleich die Höhe der Ersatzleistung bestimmt; die Verpflichtung gegenüber der Gesellschaft, die dem Gesellschafter schon mit Eintritt des Schadensfalls den Anspruch auf die Geldleistung nimmt, führt dazu, daß der Wertverlust des Anteils nur ausgeglichen wird, wenn der Gesellschafter in dem hierfür erforderlichen Umfange den Ersatz des Gesellschaftsschadens verlangen kann. Aus den Ausführungen im Urteil des Bundesgerichtshofs vom 8. Februar 1977 ergibt sich

25 A. A. Flume, Die juristische Person, 1983, S. 79, der einen Anspruch der Gesellschaft gegen den Gesellschafter verneint und deshalb in der Leistung des Schädigers eine Einlage des Gesellschafters sieht.

nichts anderes; wenn es dort heißt, daß die Schadensersatzverpflichtung des Schädigers nicht dadurch berührt werde, daß der Gesellschafter die Ersatzleistung an die Gesellschaft abzuführen hat[26], so trifft das, soweit es um die Höhe geht, nur für den Alleingesellschafter zu, weil Gesellschafts- und Gesellschafterschaden regelmäßig gleich hoch sind und die Leistung ins Gesellschaftsvermögen ausschließlich seiner Beteiligung und deren Wert zugute kommt. Sind dagegen Mitgesellschafter vorhanden, bestimmt die Verpflichtung des Gesellschafters gegenüber der Gesellschaft auch im Verhältnis zum Ersatzpflichtigen nicht nur die Richtung der Ersatzleistung, sondern auch deren Höhe. Die Rechtslage ist nicht anders als in den übrigen Fällen der Drittschadensliquidation, in denen ebenfalls die Rechtsbeziehungen zum Dritten für die Ersatzschuld des Schädigers Bedeutung erlangt. Zwar geht es in diesen Fällen darum, daß die Ersatzverpflichtung anderenfalls entfiele und der Schädiger dadurch ungerechtfertigt entlastet würde; die Liquidation des Drittschadens ist aber gleichermaßen geboten, wenn nur durch sie sichergestellt wird, daß der Geschädigte seinen Schaden insgesamt und nicht nur teilweise ausgeglichen erhält. Bedenken, die Risiken des Ersatzpflichtigen könnten vermehrt werden, wenn er dem Gesellschafter in Höhe des Gesellschaftsschadens verpflichtet ist, bestehen in den Fällen ohnehin nicht, in denen er der Gesellschaft ebenfalls haftet.

Es gibt allerdings Fälle, in denen der Gesellschafter Ersatz seines Reflexschadens durch Zahlung an sich fordern darf. Hierzu ist er berechtigt, wenn die Gesellschafter – in rechtlich zulässiger Weise, also ohne Verstoß gegen zwingende Vorschriften der Kapitalerhaltung – die Vermögensbindung hinsichtlich der Ersatzleistung aufgehoben haben. Wie der Gesellschafter unter diesen Voraussetzungen einen entsprechend hohen Betrag dem Gesellschaftsvermögen entnehmen könnte, wenn es intakt geblieben wäre, kann er in Fällen, in denen die Gesellschaft und er geschädigt sind, die Ersatzleistung für sich fordern. Diese ist aber, da sie den Schaden unmittelbar und nicht auf dem Umweg über das Gesellschaftsvermögen ausgleicht, nicht höher als die Wertminderung des Anteils. Handelt es sich um eine Einmann-GmbH, so bedarf es keines ausdrücklichen Gesellschafterbeschlusses; klagt der von der Beschränkung des § 181 BGB befreite Gesellschafter-Geschäftsführer auf Leistung an sich, kann ohne weiteres angenommen werden, daß er sich die Entnahme gestattet hat, falls das ohne Verstoß gegen Kapitalerhaltungsvorschriften möglich war. Mit dieser Gestattung verzichtet die Gesellschaft nicht nur auf ihren Anspruch gegen den Gesellschafter, vielmehr wird sie ihm damit regelmäßig konkludent auch ihren Ersatzanspruch gegen den Ersatzpflichtigen abtreten.

Ähnlich ist die Rechtslage, wenn die Gesellschafter beschließen, daß die Gesellschaft auf ihren Ersatzanspruch gegen den Ersatzpflichtigen verzichtet. Sie

26 VI ZR 249/74, WM 1977, 461, 463.

verzichten damit regelmäßig auch darauf, daß der verletzte Gesellschafter seine Ersatzleistung an die Gesellschaft abführt. Anderenfalls wäre nämlich der Verzicht für den Ersatzpflichtigen wirtschaftlich wertlos; denn er müßte, wenn der Gesellschafter die Ersatzleistung abzuführen hätte, im Ergebnis doch den Gesellschaftsschaden ersetzen, weil nur auf diese Weise die Wertminderung des Anteils zu beseitigen wäre. Im Umfange dieser Wertminderung berührt allerdings der Verzicht der Gesellschaft den Ersatzanspruch des Gesellschafters nicht; dessen Mitgesellschafter können ihm den persönlichen Anspruch nicht dadurch entziehen, daß sie beschließen, den der Gesellschaft nicht geltend zu machen.

Ist die Ersatzforderung der Gesellschaft verjährt, so daß der Ersatzpflichtige von dieser nicht mehr in Anspruch genommen werden kann, kommt – entgegen einer vielfach vertretenen Ansicht – nicht ohne weiteres nur noch eine Leistung in Höhe des Anteilsschadens an den Gesellschafter in Betracht. Hinter dieser Annahme steht teilweise die – m. E. nicht zutreffende – Überlegung, daß der Gesellschafter, wenn er Leistung an sich fordert, der Gesellschaft kein zweckgebundenes Vermögen mehr entziehen könne, weil deren Ersatzforderung inzwischen wertlos geworden ist. Hierbei wird übersehen, daß die Gesellschaft ihre Forderung gegen den ersatzberechtigten Gesellschafter behalten hat, falls die Verjährung nicht auf einer bewußten Entscheidung der Gesellschafter beruht und damit einem Verzicht gleichkommt. Fehlt ein dahingehender Beschluß, ist vielmehr die Forderung der Gesellschaft aus Unkenntnis oder versehentlich verjährt, so bleibt der Gesellschafter verpflichtet, ihr seinen noch nicht verjährten Ersatzanspruch abzutreten oder die schon erhaltene Ersatzleistung herauszugeben[27].

Durch Leistung an den Gesellschafter kann die Wertminderung des Anteils auch dann ausgeglichen werden, wenn – wie in der vom Bundesgerichtshof am 24. Januar 1967 entschiedenen Sache[28] – das Gesellschaftsvermögen liquidiert und jeder Gläubiger befriedigt ist oder der Betrag – wie möglicherweise in der Sache, die am 23. Juni 1969 entschieden wurde[29] – im Rahmen der Abwicklung nicht mehr benötigt wird, um die Gläubiger zu befriedigen. In diesen Fällen sieht sich der Ersatzpflichtige zwar zwei Gläubigern gegenüber, die beide Leistung des Ersatzes an sich fordern; er kann aber, wenn er einen befriedigt, dem jeweils anderen entgegenhalten, daß er insoweit nicht mehr geschädigt sei: Zahlt er an die Gesellschaft, erhöht sich das Auseinandersetzungsguthaben des Gesellschafters; zahlt er an diesen, wird die Gesellschaft insoweit von ihrer Verpflichtung frei, das Auseinandersetzungsguthaben auszuzahlen. Daß der

27 Vgl. BGH, Urt. v. 10. November 1986 – II ZR 140/85, WM 1987, 13, 16, dort war die Forderung der Gesellschaft verjährt.
28 VI ZR 92/65, WM 1967, 287.
29 II ZR 272/67, WM 1969, 1081, 1082.

Anspruch des Gesellschafters auf dieses Guthaben mindestens in Höhe der Ersatzleistung fällig ist, ist ja andererseits Voraussetzung dafür, daß der Gesellschafter Schadensersatz an sich fordern darf.

III. Die Rechtslage ist nicht anders, wenn der Schaden der Gesellschaft und daraus folgend der Wertverlust des Gesellschaftsanteils darauf zurückzuführen sind, daß allein der Gesellschafter in seinen vertraglichen oder absoluten Rechten verletzt ist und deshalb von vornherein nur er und nicht auch die Gesellschaft einen Ersatzanspruch hat. Eine umfangreiche Diskussion zu diesem Fragenkomplex haben die oben zitierten Urteile des Bundesgerichtshofs vom 12. November 1973 und 8. Februar 1977[30] ausgelöst, in denen Gesellschafter in ihren Rechten verletzt waren, die alle oder fast alle Geschäftsanteile einer GmbH besaßen. Die überwiegende Meinung im Schrifttum geht dahin, daß der Ausgleich allein nach den Regeln des Schadensersatzrechts zu vollziehen sei: Der Gesellschafter könne, wenn sein Gesellschaftsanteil infolge der Verletzung weniger wert sei, diesen Verlust als eigenen Schaden, nicht aber den der Gesellschaft liquidieren; diese sei als Dritte nur mittelbar geschädigt, und um einen Fall, in dem eine Drittschadensliquidation ausnahmsweise erlaubt sei, handele es sich nicht[31]. Auf die Rechtsbeziehungen zwischen Gesellschafter und Gesellschaft soll es für die Abwicklung des Schadens nicht ankommen. Soweit ein Anspruch der Gesellschaft, ihr den Ersatzanspruch abzutreten oder die Ersatzleistung zu überlassen, nicht gänzlich verneint wird, soll er jedenfalls den Schädiger nichts angehen. Demgegenüber hat der Bundesgerichtshof im Urteil vom 8. Februar 1977[32] für die Art und Weise des Schadensausgleichs ausgeführt, daß in Fällen der Schadenskongruenz der Ausgleich durch Leistung an die Gesellschaft am ehesten geeignet sei, den Zustand herzustellen, der ohne das schädigende Ereignis bestanden haben würde (§ 249 BGB); deshalb könne der verletzte Gesellschafter vom Schädiger – wenn auch aus „eigenem" Recht – grundsätzlich nur Leistung von Schadensersatz in das Vermögen seiner Gesellschaft verlangen. Der Bundesgerichtshof stellt hier auf den Grundsatz der Naturalrestitution ab und hat darin auch in der Literatur jedenfalls insofern Zustimmung gefunden, als es um Schäden der Einmann-GmbH geht[33]; für den Ersatzanspruch des nur mit einem

30 BGHZ 61, 380; VI ZR 249/74, WM 1977, 461.

31 Scholz/Emmerich, Komm. z. GmbHG, 7. Aufl., 1986, § 13 Rdn. 95; Flume, aaO (Fn. 25), S. 77 f; Ganssmüller, GmbH-Rdsch. 1977, 265, 274; Grunsky, Münchener Komm. z. BGB, 2. Aufl., 1985, vor § 249 Rdn. 114; Palandt/Heinrichs, Komm. z. BGB, 46. Aufl., 1987, Vorbem. vor § 249 Anm. 6 a; Hofmann, VersR 1980, 605; John, JZ 1979, 511, 514; Lieb, FS R. Fischer, S. 385; Staudinger/Medicus, Komm. z. BGB, 12. Aufl., 1983, § 249 Rdn. 186; Schulte, NJW 1979, 2230; Wiedemann, aaO (Fn. 10), S. 239; Wilhelm, aaO (Fn. 19), S. 383 ff.

32 VI ZR 249/74, WM 1977, 461.

33 Frank, NJW 1974, 2315; Rehbinder, FS R. Fischer, 1979, S. 593; Reuter, Münchener Komm. z. BGB, 2. Aufl., 1984, vor § 21 Rdn. 31.

Bruchteil beteiligten Gesellschafters kann aber im Ergebnis nichts anderes gelten.

Der Schadensausgleich durch Ersatz des Drittschadens scheidet nicht deshalb aus, weil der Ersatzpflichtige sich nur dem Ersatzanspruch des Gesellschafters ausgesetzt sieht. Der Bundesgerichtshof hat in dem zuletzt zitierten Urteil die zunächst befürwortete Naturalrestitution gleichwohl nicht eingreifen lassen, weil – mangels eines mit dem Ersatzanspruch des Gesellschafters konkurrierenden Schadensersatzanspruchs der Gesellschaft – Zahlung an diese anstatt an den Gesellschafter für den Schädiger ohne schutzwertes Interesse sei. Jedoch nicht das Interesse des Schädigers, sondern das der Gesellschaft fordert den Ausgleich an diese. Fälle, in denen die Gesellschaft von vornherein keinen Ersatzanspruch hat, sind nicht anders zu behandeln als die, in denen sie ihren einmal entstandenen Anspruch später aus tatsächlichen oder rechtlichen Gründen nicht mehr geltend machen kann, ohne daß das auf einem ausdrücklich beschlossenen Verzicht ihrer Gesellschafter beruht. Eine abweichende Beurteilung ist auch nicht deshalb geboten, weil es hier um Schadensersatzansprüche geht, die begründet worden sind, ohne daß der Schädiger auch Pflichten im Hinblick auf die Gesellschaft verletzt hat[34]. Wie sich oben gezeigt hat, sind dieser zwar Rechte gegen den Schädiger versagt, hat sie aber gegen den verletzten Gesellschafter einen Anspruch, ihr den Ersatzanspruch abzutreten oder die Ersatzleistung herauszugeben, so daß dessen anteiliger Reflexschaden nur ausgeglichen wird, wenn die ihn verursachenden wertmindernden Faktoren im Vermögen der Gesellschaft beseitigt sind. Allenfalls könnte die mit der Subjektbezogenheit des Schadens bezweckte Risikobegrenzung die Drittschadensliquidation in Fällen ausschließen, in denen nicht auch Pflichten im Hinblick auf die Gesellschaft verletzt sind. Doch auch das ist zu verneinen. Da der Schaden des Gesellschafters – wegen dessen Verpflichtung gegenüber der Gesellschaft – nicht anders als durch die Liquidation des Gesellschaftsschadens ausgeglichen werden kann, kommt diesem Innenverhältnis zwischen Gesellschaft und Gesellschafter auch im Verhältnis zum Schädiger dieselbe Bedeutung zu wie in allen Fällen der Drittschadensliquidation bei Interessenwahrungs- und Treuhandverhältnissen[35].

34 A. A. Wilhelm, aaO (Fn. 19), S. 381 Fn. 334; wohl auch Wiedemann, aaO (Fn. 10), S. 240.

35 Ähnlich Karsten Schmidt, Gesellschaftsrecht, 1986, S. 933; für Drittschadensliquidation auch Hueck, in: Baumbach/Hueck, Komm. z. GmbHG, 14. Aufl., 1985, § 13, Rdn. 18; Fischer/Lutter/Hommelhoff, Komm. z. GmbHG, 12. Aufl., 1987, § 13 Rdn. 14; Hachenburg/Mertens, aaO (Fn. 18), § 13 GmbHG Anh. I Rdn. 46; Hüffer, JuS 1976, 86 f; Ders., NJW 1977, 1285.

Wegfall oder Beständigkeit des Erstattungsanspruchs aus § 31 GmbHG bei anderweitiger Wiederherstellung des Stammkapitals?

von

Professor Dr. Hans Erich Brandner,
Rechtsanwalt beim Bundesgerichtshof, Karlsruhe

Inhaltsübersicht

I. Anlaß und Thema des Beitrags

Für das Revisionsgericht ist es ein Glücksfall, wenn ihm zu einem Problemkreis eher „kleine", nicht besonders spektakuläre Fälle in ausreichender Zahl und innerhalb eines überschaubaren Zeitraumes zur Entscheidung unterbreitet werden. Dann können die Fallprobleme in ihren Übereinstimmungen und Varianten sorgfältig beobachtet und kann ein zugleich kohärentes und ausreichend differenziertes Lösungskonzept entwickelt werden. „Spektakuläre" Fälle können das Gericht zur vorzeitigen Generalisierung zwingen und die Entwicklung eher stören; der bekannte Satz „hard cases make bad law" gilt in gewisser Weise auch für unsere Revisionsrechtsprechung. Die Tugend des Revisionsrichters besteht darin, schon in den ersten Fällen die Reichweite des Problems zu erkennen und mit sicherem Blick den richtigen Weg einzuschlagen. Dafür hat, besonders in Fragen der Kapitalsicherung bei der GmbH, *Hans-Joachim Fleck* durch sein langjähriges Mitgestalten der Rechtsprechung des Gesellschaftsrechtssenats des

BGH überzeugende, unvergessene und fortwirkende Beispiele beigetragen. Unvergessen ist aber auch das Güte und Freundlichkeit ausstrahlende Wesen dieses hervorragenden Richters.

Auch der Fall, auf den sich folgende Bemerkungen beziehen, ist ein eher „kleiner" mit gewissen Fragen zu den Instrumenten der Kapitalerhaltung im Recht der GmbH. Der Prozeßverlauf bestätigt die Beobachtung, daß Fälle dieser Art für die Instanzgerichte mitunter überraschende, überdurchschnittliche Schwierigkeiten aufwerfen und selbst das Revisionsgericht mit ungeklärten Problemen konfrontieren.

II. Sachverhalt, Prozeßverlauf und Urteilsgründe

Der Fall ist zweimal in die Revisionsinstanz gelangt, beide Male mit dem Ergebnis der Zurückverweisung in die Vorinstanz[1]: A und B betrieben in der Form einer GmbH eine Planungsgesellschaft für elektrische Anlagen. Beide waren zugleich Geschäftsführer. A wollte aus der Gesellschaft ausscheiden. Er wurde als Geschäftsführer abberufen, und B erwarb durch notariellen Vertrag seinen Geschäftsanteil. In einem privatrechtlichen Auseinandersetzungsvertrag vom gleichen Tage teilten die Gesellschafter Gesellschaftsforderungen, die zu dieser Zeit „praktisch" das gesamte aktive Gesellschaftsvermögen darstellten, unter sich auf, indem sie die Forderungen im Verhältnis ihrer Beteiligungen an sich abtraten (und damit dem Gesellschaftsvermögen entnahmen)[2]. A zog sodann ihm übertragene Forderungen von den Schuldnern ein und wird von der GmbH auf Auszahlung des Erlöses in Anspruch genommen.

Im ersten Revisionsurteil[3] wurde das OLG, das bis dahin die Klageforderung unter dem Gesichtspunkt der ungerechtfertigten Bereicherung geprüft hatte, darauf hingewiesen, daß die Gesellschafter einer GmbH rechtlich ohne weiteres in der Lage sind, nicht nur die Gewinne, sondern auch das übrige Vermögen der Gesellschaft auf sich zu übertragen, wenn sie sich einig sind und nicht zum Nachteil der Gläubiger gegen Kapitalerhaltungsvorschriften verstoßen. Dem OLG wurde aufgegeben zu untersuchen, „ob der Beklagte (A), falls das Stammkapital nicht inzwischen wieder aufgefüllt ist, nach § 31 GmbHG verpflichtet wäre, die entnommenen Beträge bis zur Höhe des Stammkapitals und einer eventuell darüber hinausgehenden Überschuldung zu erstatten".

1 Erstes Revisionsurteil: II ZR 14/83 vom 12.12.1983, ZIP 1984, 170; zweites Revisionsurteil, mit dessen Begründung dieser Beitrag sich hauptsächlich auseinandersetzt: II ZR 226/86 vom 11.5.1987, ZIP 1987, 1113 mit Anm. H. P. Westermann, die hier in den Fußnoten noch berücksichtigt werden konnte.

2 So war für den BGH der Sachverhalt jedenfalls zu „unterstellen"; der Punkt bedarf aber noch der Aufklärung in der Tatsacheninstanz.

3 BGH ZIP 1984, 170.

Diesen Gesichtspunkt griff das OLG nach der Zurückverweisung auf und versuchte festzustellen, ob in den Zeitpunkten des Eingangs von Teilzahlungen der Gesellschaftsschuldner beim Beklagten jeweils eine Unterbilanz oder eine darüber hinausgehende Überschuldung bestanden habe, dabei verkennend, daß schon mit der Abtretung der Forderungen durch die Gesellschafter-Geschäftsführer über das Gesellschaftsvermögen verfügt und dieses entsprechend gemindert worden war, so daß es darauf ankam, wieviel in diesem Zeitpunkt der Entnahme (Abtretung) die Forderungen nach allgemeinen Bewertungsgrundsätzen wert waren, und ob die Entnahme zu einer Unterbilanz bzw. Überschuldung geführt oder eine bereits bestehende noch vertieft hat.

Das OLG hatte andererseits nicht ausschließen können, daß das Stammkapital der klagenden GmbH inzwischen wieder aufgefüllt war. Darauf bezieht sich ein Leitsatz, der dem zweiten Revisionsurteil[4] des BGH mit folgender Formulierung vorangestellt wurde: „Die Verpflichtung des Gesellschafters, der GmbH zur Erhaltung des Stammkapitals erforderliches Vermögen zu erstatten, entfällt, sobald und soweit das angegriffene Gesellschaftskapital bis zur Höhe der Stammkapitalziffer zeitlich nach der Auszahlung auf andere Weise nachhaltig wiederhergestellt ist."

Diese These wird in den Urteilsgründen wie folgt erläutert: Ein völliger oder teilweiser Wegfall des bei Verstoß gegen § 30 GmbHG nach § 31 GmbHG entstandenen Erstattungsanspruchs im Falle der nachträglichen Wiederauffüllung des Stammkapitals der GmbH sei zwar im Gesetz nicht ausdrücklich vorgesehen. Dieser Wegfall ergebe sich aber aus dem Zweck der Erstattung, das durch die Entnahme angegriffene Gesellschaftskapital bis zur Höhe der Stammkapitalziffer wiederherzustellen. Sobald und soweit in der Zeit nach der Entnahme die Unterbilanz oder Überschuldung durch Gewinne, Auflösung von Rückstellungen etc. nicht nur für den Augenblick, sondern nachhaltig beseitigt und damit der im Interesse der Gläubiger mit der Erstattung verfolgte Zweck anderweitig erreicht worden sei, bedürfe es ihrer nicht mehr, „so daß der Anspruch entfällt". Der Senat folge nicht der Ansicht, daß der Gesellschafter mit seinem nach Deckung des Stammkapitals nunmehr durchsetzbaren Anspruch gegenüber dem Erstattungsanspruch der Gesellschaft aufrechnen könne. Diese Aufrechnung beruhe auf der Annahme der Nichtigkeit eines gegen § 30 GmbHG verstoßenden Erfüllungsgeschäfts, so daß dieses die Forderung nicht erlöschen, sondern aufrechenbar bestehen lasse. Nach der Senatsrechtsprechung seien aber gegen § 30 GmbHG verstoßende Erfüllungsgeschäfte regelmäßig wirksam, so daß die Forderung erlösche und der Gesellschafter mit ihr nicht mehr aufrechnen könne. Vielmehr würde die Forderung des Gesellschafters im Falle einer nachhaltig verbesserten Vermögenslage mit der Rückzahlung an die Gesellschaft wieder aufleben, so daß diese zu erstatten hätte, was sie vom Gesellschafter

4 BGH ZIP 1987, 1113.

erhalte. Das rechtfertige es, „den Anspruch aus § 31 GmbHG erlöschen und auch dann nicht wieder aufleben zu lassen, wenn es später abermals zu einer Unterbilanz kommt".

Die Urteilsgründe wenden sich dann noch der Beweislastfrage zu und führen aus, regelmäßig trage zwar der Schuldner – also der Gesellschafter – die Darlegungs- und Beweislast dafür, daß die entstandene Forderung später wieder erloschen ist. Die Gesellschaft, die einen ausgeschiedenen Gesellschafter in Anspruch nimmt, der keine Möglichkeit mehr hat, sich anläßlich der Feststellung der Jahresbilanzen ein Bild über die Entwicklung des Gesellschaftsvermögens zu machen und nach § 51 a Abs. 1 GmbHG Auskunft und Bucheinsicht zu verlangen, müsse jedoch darlegen, daß und wie weit ihr Stammkapital seit der Entnahme ohne Deckung geblieben ist.

III. Typen verbotener Auszahlung

1. Unterschiedliche Leistungsgründe

Stammkapitalschädliche Leistungen der Gesellschaft aus ihrem Vermögen an Gesellschafter können obligatorische Rechtsgründe unterschiedlicher Art aufweisen: Im Falle der verdeckten Gewinnausschüttung liegt der Vermögensbewegung regelmäßig ein zwischen der Gesellschaft und dem begünstigten Gesellschafter geschlossener schuldrechtlicher Vertrag zugrunde[5]. Der Leistungsgrund kann sich auch aus dem Gesellschaftsverhältnis ergeben, so namentlich bei der Gewinnauszahlung, der ein durch den Gewinnverteilungsbeschluß begründeter Anspruch des Gesellschafters zugrunde liegt[6]. In beiden Fällen steht der Anspruch des Gesellschafters auf die Auszahlung unter dem Vorbehalt der Erhaltung des Stammkapitals[7]. Auf der Seite der Gesellschaft besteht ein entsprechendes Leistungsverweigerungsrecht unter dem Gesichtspunkt des § 30 Abs. 1 GmbHG[8].

Der oben geschilderte Fall repräsentiert einen weiteren Typus der Auszahlung von Gesellschaftsvermögen an Gesellschafter, der in der höchstrichterlichen Praxis wiederholt in Erscheinung getreten ist. Er ist dadurch gekennzeichnet, daß ein ausscheidender Gesellschafter, der seinen Geschäftsanteil an Mitgesellschafter abgibt, Entgelt hierfür aus Mitteln des Gesellschaftsvermögens emp-

5 Dazu Flume, ZHR 144 (1980), 18; Winter, ZHR 148 (1984), 579.
6 Vgl. G. Hueck, in: Baumbach/Hueck, Komm. z. GmbHG, 14. Aufl., 1985, § 30 Rdn. 13.
7 So schon RGZ 168, 292; ferner BGHZ 68, 274, 280.
8 Scholz/H. P. Westermann, Komm. z. GmbHG, 7. Aufl., 1986, § 30 Rdn. 10.

fängt, z. B. aufgrund einer Schuldübernahme[9] oder eines Zahlungsversprechens[10] der Gesellschaft, der Bestellung eines Grundpfandrechts an einem Gesellschaftsgrundstück[11] oder der Übertragung von Gegenständen des Gesellschaftsvermögens[12] an den ausscheidenden Gesellschafter. Zwischen diesem und der Gesellschaft besteht in solchen Fällen kein Verpflichtungsgeschäft; Rechtsgrund der Leistung der Gesellschaft an den begünstigten Gesellschafter ist das der Anteilsübertragung zugrunde liegende obligatorische Geschäft zwischen den beteiligten Gesellschaftern, das, was das dem ausscheidenden Gesellschafter geschuldete Entgelt betrifft, von der Gesellschaft erfüllt wird.

Daß auch in solchem Falle, in dem die Leistung der Gesellschaft an den ausgeschiedenen Gesellschafter ohne Begründung einer besonderen Verpflichtung der Gesellschaft erfolgt, die Vorschriften der §§ 30, 31 GmbHG anzuwenden sind, wurde in BGHZ 13, 49 bejaht[13]. Zwar setzt das Auszahlungsverbot nach § 30 Abs. 1 GmbHG im allgemeinen voraus, daß gegenüber dem Leistungsempfänger zu einer Zeit, als er Gesellschafter war, eine Verpflichtung der Gesellschaft begründet wurde. Es leuchtet aber ohne weiteres ein, daß das gleiche gilt, wenn – ohne die Begründung einer Verpflichtung der Gesellschaft gegenüber dem begünstigten Gesellschafter – von den Gesellschaftern einvernehmlich einem von ihnen anläßlich seines Ausscheidens aus der Gesellschaft eine Entnahme aus dem Gesellschaftsvermögen zugestanden und diese durch ein entsprechendes Rechtsgeschäft der Gesellschaft (z. B. Abtretung von Gesellschaftsforderungen, Schuldübernahme, Hypothekenbestellung) vollzogen wird; auch in diesem Falle besteht der gemäß §§ 30, 31 GmbHG vorausgesetzte enge Zusammenhang zwischen der Gesellschaftereigenschaft und der Zuwendung zu Lasten des Gesellschaftsvermögens, eventuell des Stammkapitals[14].

2. *Unterschiede im subjektiven Bereich*

Eine gewisse Sonderstellung nehmen traditionsgemäß Rechtsgeschäfte ein, bei denen beide Teile dem Auszahlungsverbot nach § 30 Abs. 1 GmbHG bewußt zuwiderhandeln. Neben die Rechtsfolgen nach §§ 30 und 31 GmbHG (Leistungsverweigerungsrecht der Gesellschaft, Erstattungsanspruch nach Auszahlung) tritt in diesem Falle die Nichtigkeit der Rechtsgeschäfte nach § 134 BGB[15]. Der Frage, worin die „bewußte Zuwiderhandlung" besteht, ob dafür z. B. die

9 RG LZ 1919, 109.
10 BGHZ 13, 49; BGH LM § 30 GmbHG Nr. 1.
11 RGZ 133, 393; 136, 260; 168, 292.
12 RGZ 80, 148; BGH ZIP 1987, 1113.
13 Dazu die Anm. Fischer, LM § 30 GmbHG Nr. 2.
14 Fischer, LM § 30 GmbHG Nr. 2.
15 BGHZ 69, 274, 280; 81, 365, 367.

Kenntnis der ungünstigen Vermögenslage der Gesellschaft bei Abschluß des Verpflichtungs- und/oder Verfügungsgeschäfts bereits genügt, ist in diesem Beitrag nicht nachzugehen[16]. Die Unterschiedlichkeit der Rechtsfolgen in Abhängigkeit von der subjektiven Kenntnis- oder Willenslage der Beteiligten bedürfte einer gründlicheren Erklärung[17]; sie läßt sich möglicherweise daraus rechtfertigen, daß nach dem Gesetz (§ 31 Abs. 2 und 5 GmbHG) der bösgläubig oder „böslich" handelnde Gesellschafter bei der Erstattungspflicht deutlich schlechter gestellt wird als ein gutgläubiger.

IV. Begrenzte Auszahlungsfreiheit im Recht der GmbH

Der im Ausgangsfall in Erscheinung tretende Typus der unverdeckten, durch keine obligatorische Verpflichtung der Gesellschaft gegenüber dem empfangenden Gesellschafter unmittelbar gestützten Verteilung von Gesellschaftsvermögen legt die Zwischenfrage nahe, ob denn bei einem solchen Eingriff in das Gesellschaftsvermögen die einzige Grenze in dem Gebot der Erhaltung des Stammkapitals nach § 30 Abs. 1 GmbHG besteht, oder ob etwa ein darüber hinausgehendes Auszahlungsverbot in Betracht kommt. Immerhin besteht nach § 73 GmbHG bei der aufgelösten GmbH eine totale Sperre für die Verteilung von Gesellschaftsvermögen an Gesellschafter[18]; nach Beginn der Vermögensverteilung ist die Fortsetzung der aufgelösten Gesellschaft ausgeschlossen[19]. Aber dieses absolute Verteilungsverbot gilt eben nicht für die werbende Gesellschaft, bei der die Gesellschafter rechtlich in der Lage sind, einvernehmlich bis zur Auszahlungsgrenze nach § 30 Abs. 1 GmbHG Gegenstände des Gesellschaftsvermögens auf sich zu übertragen[20]. Selbst wenn man die Verwandtschaft der Kapitalbindungssysteme nicht verkennt[21], so kann doch das weitergehende aktienrechtliche Ausschüttungsverbot nach §§ 57, 58 Abs. 5 AktG auf die GmbH nicht übertragen werden.

16 Vgl. RGZ 168, 292: Kenntnis der Vermögenslage beim Leistungsversprechen; das hier besprochene Urteil BGH ZIP 1987, 1113, 1115 läßt für die „bösliche Handlungsweise" nach § 31 Abs. 5 GmbHG ebenfalls die Kenntnis der Vermögenslage der Gesellschaft genügen; Bedenken dagegen bei H. P. Westermann, ZIP 1987, 1117.

17 Gegen die Berücksichtigung der subjektiven Umstände Joost, ZHR 148 (1984), 30 bei Fn. 12.

18 Fischer/Lutter/Hommelhoff, Komm. z. GmbHG, 12. Aufl., 1987, § 73 Rdn. 1.

19 Hachenburg/Ulmer, Komm. z. GmbHG, 7. Aufl., 1984, § 60 Rdn. 83; Rowedder/Rasner, Komm. z. GmbHG, 1985, § 60 Rdn. 40.

20 BGH ZIP 1984, 170; ausführlich und einschränkend Jan Wilhelm, FS Flume, Bd. II, 1978, S. 337 ff, 368 ff.

21 Hierzu Jan Wilhelm, FS Flume, Bd. II, S. 337 ff, 368 ff; Flume, ZHR 144 (1980), 18; Fabritius, ZHR 144 (1980), 628; G. Hueck, aaO (Fn. 6), § 30 GmbHG Rdn. 3.

Soweit allerdings die Auszahlung an einen Gesellschafter das Stammkapital der Gesellschaft tangiert, indem die Entnahme eine Unterbilanz oder Überschuldung herbeiführt oder eine bereits bestehende noch vertieft, ist der Schutz des Gesellschaftsvermögens als Arbeits- und Haftungsgrundlage der werbenden Gesellschaft stringent ausgestaltet. Zwar wird das nach § 30 Abs. 1 GmbHG verbotene Entnahmegeschäft – vom Fall bewußter Zuwiderhandlung gegen das Verbot abgesehen – als zivilrechtlich wirksam betrachtet[22]. Aber der Verstoß läßt den durch die Ausfallhaftung der Gesellschafter flankierten Erstattungsanspruch der Gesellschaft gegen den begünstigten Gesellschafter aus § 31 Abs. 1 und 2 GmbHG entstehen, der durch das Erlaßverbot nach Abs. 4 verstärkt wird.

V. *„Nachhaltige" Wiederherstellung des Stammkapitals*

Der Wegfall des nach § 31 GmbHG entstandenen Erstattungsanspruchs der Gesellschaft (als unten bei VI. zu untersuchende Rechtsfolge) hängt nach dem Urteil des BGH von einer „nachhaltigen" Erholung des angegriffenen Gesellschaftsvermögens zeitlich nach der verbotenen Auszahlung ab. Als mögliche Ursachen einer Vermögensverbesserung werden in den Urteilsgründen Gewinne und die Auflösung von Rückstellungen erwähnt. Daneben kommt namentlich die Zuführung von Eigenkapital durch die Gesellschafter in Frage, auch mittels eines unter Rangrücktrittsvereinbarung gewährten kapitalersetzenden Gesellschafterdarlehens[23]. Schwierigkeiten kann die Frage der „Nachhaltigkeit" der Vermögenserholung bereiten. Kommt jede durch eine Zwischenbilanz feststellbare Erhöhung des Gesellschaftsvermögens, die nicht von vornherein eine nur vorübergehende Erscheinung darstellt, in Betracht, oder muß sich wenigstens in einer ordnungsgemäß festgestellten Jahresbilanz eine Verminderung des Defizits herausstellen? Die Frage der Nachhaltigkeit kann brisant werden, weil, folgt man der Entscheidung in der Beurteilung der Rechtsfolge, der Erstattungsanspruch der Gesellschaft auch dann nicht „wieder auflebt", wenn es nach der Vermögenserholung wieder zu einer Verschlechterung kommt (und dann möglicherweise gerade der Gegenwert des Erstattungsanspruchs für die Befriedigung der Gesellschaftsgläubiger fehlt).

22 Joost, ZHR 148 (1984), 30 ff.
23 Dazu Priester, DB 1977, 2429; Knobbe-Keuk, ZIP 1983, 127.

VI. Wegfall oder Beständigkeit des Erstattungsanspruchs?

1. Bedeutung des Wegfalls

Es soll, folgt man dem Urteil, nicht erst die vollständige Wiederherstellung des Gesellschaftsvermögens bis zur Stammkapitalziffer zum Wegfall des Erstattungsanspruchs führen, sondern bereits jede (nachhaltige) Erholung des Gesellschaftsvermögens das entsprechende teilweise Erlöschen des Anspruchs zur Folge haben ohne die Möglichkeit eines erneuten Entstehens desselben bei einer späteren negativen Vermögensentwicklung.

Der Erstattungsanspruch der Gesellschaft aus § 31 GmbHG verliert dadurch ein wesentliches Stück Solidität. Die Gesellschaft muß bei der Geltendmachung des Anspruchs nicht nur beweisen, daß die Auszahlung zu einer Unterbilanz oder Überschuldung geführt oder solche noch vertieft hat, sondern in vielen Fällen zusätzlich darlegen[24], daß sich nach der Entnahme die Vermögensverhältnisse nicht – zu keiner Zeit – nachhaltig verbessert haben. Ist der Gesellschafter zur Erstattung einer verbotenen Auszahlung verurteilt und tritt anschließend eine Vermögenserholung bei der Gesellschaft ein, kann der Gesellschafter nach § 767 ZPO Vollstreckungsgegenklage erheben[25].

Der Gesellschaftsgläubiger, der den Anspruch der Gesellschaft gepfändet hat, erhält ein Pfandrecht an einer Forderung, die bei günstiger Entwicklung des Gesellschaftsvermögens sich permanent gegen Null verändert, ohne daß der Gläubiger deshalb schon gewiß sein kann, infolge der Erholung des Gesellschaftsvermögens nunmehr aus diesem befriedigt zu werden. Schwerlich wird der Pfändungspfandgläubiger geltend machen können, ihm gegenüber sei dieser Erlöschenstatbestand unbeachtlich, denn in der Vermögenserholung wird keine pfandrechtsbeeinträchtigende Verfügung der Gesellschaft über den Anspruch erblickt werden können[26]. Selbst der Konkursverwalter der GmbH sieht sich dem Einwand des erstattungspflichtigen Gesellschafters ausgesetzt, daß zwischendurch – und aus damaliger Sicht nicht nur vorübergehend – die Vermögensverhältnisse der Gesellschaft sich zum Besseren gewendet hätten.

Betrachtet man den Erstattungsanspruch aus § 31 GmbHG als integralen Bestandteil eines soliden, gläubigersichernden Kapitalerhaltungssystems, dann werfen die erwähnten Konsequenzen mit um so größerem Nachdruck die Frage auf, welches die rechtliche Begründung dafür sein kann, daß der Erstattungsan-

24 Diese Darlegungslast der Gesellschaft kommt nicht nur gegenüber einem ausgeschiedenen Gesellschafter sondern immer dann in Betracht, wenn der Informationsstand der Gesellschaft deutlich überlegen ist gegenüber dem des Erstattungspflichtigen.

25 Siehe BGH LM § 30 GmbHG Nr. 1 für den umgekehrten Fall, daß die zur Leistung an den Gesellschafter verurteilte Gesellschaft sich nachträglich auf ein Leistungsverweigerungsrecht aus § 30 Abs. 1 GmbHG berufen kann.

26 § 829 Abs. 1 Satz 2 ZPO.

spruch infolge Vermögenserholung nachträglich „entfällt". Das Urteil vermeidet den Gebrauch des technischen Begriffs eines „Erlöschens" des Anspruchs mit Recht, weil keiner der im Schuldrecht (namentlich §§ 362 ff BGB) vorgegebenen Erlöschensgründe vorliegt. Es wird auch zutreffend hervorgehoben, daß das Gesetz den Wegfall des Anspruchs aus dem Grunde einer nachhaltigen Vermögensverbesserung „nicht ausdrücklich" vorsieht. Welcher Grund also läßt die Erstattungspflicht des Gesellschafters – progressiv mit fortschreitender Erholung des Gesellschaftsvermögens, unberührt durch spätere erneute Rückschläge – „entfallen"?

2. *Wegfall durch Aufrechnung?*

In der Kommentarliteratur[27] wird die Meinung vertreten, daß infolge Behebung der Unterbilanz nach der Auszahlung das Leistungsverweigerungsrecht der Gesellschaft entfalle und der Gesellschafter aus dem grundsätzlich wirksamen Verpflichtungsgeschäft einen Erfüllungsanspruch habe, mit dem er gegen die Erstattungsverbindlichkeit aufrechnen könne. Das Urteil des BGH vom 11. 5. 1987[28] zeigt die Brüchigkeit dieser Konstruktion auf, indem darauf hingewiesen wird, daß – ausgehend von der These der regelmäßigen zivilrechtlichen Wirksamkeit von Verpflichtungs- und Erfüllungsgeschäften bei verbotener Auszahlung an einen Gesellschafter – der obligatorische Anspruch des Gesellschafters aus dem der Auszahlung zugrunde liegenden Geschäft erfüllt worden ist, so daß es an einer aufrechenbaren Gegenforderung fehlt.

Ohnehin ließe sich mit der Aufrechnungstheorie kaum ein progressives Erlöschen des Erstattungsanspruchs bei fortschreitender Vermögenserholung begründen. Sie versagt schon im Ansatz, wenn – wie im Ausgangsfall – die Auszahlung keinen Leistungsgrund in einer wirksam begründeten obligatorischen Verpflichtung der Gesellschaft gegenüber dem Gesellschafter besitzt. Das gilt gleichermaßen für Fälle der schlichten Vermögensentnahme (siehe oben bei III.1) wie bei bewußter Verletzung des Auszahlungsverbots nach § 30 Abs. 1 GmbHG.

3. *Wegfall durch Rekonvaleszenz?*

Wegen der Schwäche der Aufrechnungshypothese bevorzugt das Urteil einen anderen gedanklichen Weg, der abkürzend als der einer Rekonvaleszenz der

27 HACHENBURG/GOERDELER/MÜLLER, Komm. z. GmbHG, 7. Aufl., 1979, § 31 Rdn. 4; G. HUECK, aaO (Fn. 6), § 31 GmbHG Rdn. 6; SCHOLZ/H. P. WESTERMANN, aaO (Fn. 8), § 31 GmbHG Rdn. 4; ähnlich FLECK, Kapitalaufbringung, 2. Aufl., 1982, S. 34.

28 BGH ZIP 1987, 1113.

Forderung des Gesellschafters auf die ausgezahlte Leistung bezeichnet werden mag: Diese Forderung würde „im Falle einer nachhaltig verbesserten Vermögenslage mit der Rückzahlung an die Gesellschaft wieder aufleben, so daß diese zu erstatten hätte, was sie vom Gesellschafter erhält". Offenbar soll also die Rückerstattung je nach dem Stand der Vermögenserholung zu einem entsprechenden Wiedererstarken der obligatorischen Forderung des Gesellschafters führen, so daß aufgrund des dolo-petit-Gedankens es der Gesellschaft dauernd verwehrt sei, den Rückerstattungsanspruch (insoweit) geltend zu machen[29].

Dieser Gedankengang eines Wiederauflebens der Gesellschafterforderung auf die ausgezahlte Leistung ist schwer nachvollziehbar[30], namentlich für den Fall einer Vermögenserholung unterhalb der vollständigen Beseitigung der Unterbilanz mit der Folge eines teilweisen Verlustes des Erstattungsanspruchs der Gesellschaft. Er versagt ebenfalls, wenn die Gesellschaft dem erstattungspflichtigen Gesellschafter die Leistung obligatorisch gar nicht geschuldet hat, wie dies – was in dem Urteil übersehen wurde – z. B. im vom BGH entschiedenen Ausgangsfall zutrifft[31].

4. Wegfall durch Zweckerreichung?

Die oben bei 2. und 3. dargestellten Überlegungen dürften demnach keine befriedigende Erklärung für den „Wegfall" des Erstattungsanspruchs hergeben, schon gar nicht – wie es zu verlangen wäre – in Gestalt einer tragfähigen rechtlichen Konstruktion, die eine einheitliche Behandlung der in Betracht kommenden Auszahlungsfälle ermöglichen könnte.

Eine schlüssige Erklärung findet allerdings das Erlöschen des Erstattungsanspruchs in der These von der anderweitigen Zweckerreichung durch die Vermögenserholung auf der Seite der GmbH. Sobald und soweit zeitlich nach der Entnahme die Unterbilanz oder Überschuldung nachhaltig beseitigt werde, sei der Zweck der Erstattung, das angegriffene Gesellschaftsvermögen (das Urteil spricht nicht ganz präzise vom „Gesellschaftskapital") bis zur Höhe der Stammkapitalziffer wiederherzustellen, erreicht und bedürfe es daher der Erstattung durch den Gesellschafter nicht mehr.

In der Frage nach dem Zweck des Erstattungsanspruchs der Gesellschaft aus § 31 GmbHG liegt in der Tat ein springender Punkt. Es fällt auf, daß bereits im Leitsatz des BGH zum Inhalt des § 31 GmbHG verkürzend gesagt wird, der Gesellschafter sei verpflichtet, „der GmbH zur Erhaltung des Stammkapitals

29 Anscheinend enthält dieser Gedanke nur eine Hilfsbegründung; im Vordergrund steht das Argument der Zweckerreichung durch Vermögenserholung, siehe unten bei 4.

30 Bedenken auch bei H. P. Westermann, ZIP 1987, 1116.

31 Oben bei III. 1.

erforderliches Vermögen zu erstatten". Davon ist allerdings in § 31 Abs. 1 GmbHG nicht die Rede, sondern von der Pflicht, der Gesellschaft solche Zahlungen zu erstatten, „welche den Vorschriften des § 30 zuwider geleistet sind".

Zwar verbietet § 30 Abs. 1 GmbHG die Auszahlung des zur Erhaltung des Stammkapitals erforderlichen Gesellschaftsvermögens, aber die Rückzahlungspflicht knüpft an die Verletzung dieses Verbots an, nicht auch an die bilanzielle Fortdauer der Notwendigkeit, das Stammkapital aufzufüllen. So gesehen schützt der mit dem Auszahlungsverbot verbundene Erstattungsanspruch der Gesellschaft das Gesellschaftsvermögen, und dies nicht nur bis zur Höhe der Stammkapitalziffer. Das ist sinnvoll, weil der mit der verbotenen Auszahlung verbundene Vermögensentzug auch nach der Wiederherstellung des Stammkapitals sich noch gläubigerschädlich auswirken kann, namentlich im Falle anschließender erneuter Vermögensverschlechterung.

Der „Zweck" des Erstattungsanspruchs aus § 31 GmbHG wird in sinnvoller Weise berücksichtigt gemäß § 31 Abs. 2 GmbHG, wonach die Erstattung nur – aber insoweit auch immer – verlangt werden kann, soweit sie zur Befriedigung der Gesellschaftsgläubiger erforderlich ist. Dieser Vorzug kommt freilich nur dem gutgläubigen Leistungsempfänger zugute; wenn demnach der Schlechtgläubige sogar unbedingt auf die Erstattung des verbotswidrig Empfangenen haftet, dann spricht dies verstärkt gegen die These vom Wegfall des Erstattungsanspruchs durch Zweckerreichung.

5. *Weitere Gründe für die Beständigkeit des Anspruchs*

Die bisherigen Überlegungen zeigen, daß die für den „Wegfall" der Erstattungspflicht ins Feld geführten Gründe nicht überzeugen können: Die Beständigkeit des Anspruchs verdient mit Rücksicht auf seine rechtliche Ausgestaltung, seinen Zweck, auf die grundsätzliche Strenge der Kapitalerhaltungsregeln und auf praktische Erwägungen den Vorzug; sie wird innerhalb der gesetzlichen Regelung selbst nur – durchaus zweckmäßig – relativiert durch die Einschränkung nach § 31 Abs. 2 GmbHG.

Zwei systematische Überlegungen mögen zur Unterstützung dieses Ergebnisses beitragen: Weder das Recht der Aktiengesellschaft (§§ 57, 62 AktG) noch das der Kommanditgesellschaft (§ 172 Abs. 4 HGB) kennen die Enthaftung des rückzahlungsbegünstigten Gesellschafters infolge Vermögenserholung auf der Seite der Gesellschaft. Ohne daß eine Vereinheitlichung der unterschiedlichen Kapitalbindungssysteme befürwortet werden soll[32], braucht doch in der hier erörterten Frage den Gesellschaftern der GmbH keine Vorzugsstellung einge-

32 So auch K. Schmidt, BB 1984, 1588.

räumt zu werden, zumal eine Auszahlungsfreiheit bei der GmbH ohnehin in relativ großzügigen Grenzen besteht (siehe oben bei IV.).

Schließlich kann bedacht werden, daß z. B. der anfechtungsrechtliche Rückgewähranspruch nach § 3 b AnfG keineswegs Halt macht an der Grenze der Wiederherstellung des zur Erhaltung des Stammkapitals erforderlichen Gesellschaftsvermögens[33]. Gewiß ist dies ein besonderer Aspekt des mit den §§ 32 a und b geschaffenen zusätzlichen Kapitalschutzsystems; doch ist kein Grund ersichtlich dafür, daß das „klassische" System der §§ 30 und 31 GmbHG dahinter unnötig zurückbleibt.

VII. Ergebnis

Die These, daß der Erstattungsanspruch der GmbH aus § 31 GmbHG entfalle (oder – nach anderer Meinung – durch Aufrechnung zerstörbar sei), sobald und soweit nach der Auszahlung das Gesellschaftsvermögen bis zur Höhe der Stammkapitalziffer auf andere Weise nachhaltig wiederhergestellt sei[34], stößt auf Bedenken. Welchem Zweck der Erstattungsanspruch dient und wieweit dieser Zweck auf dessen rechtliche Beständigkeit durchschlägt, ergibt sich aus der Regelung nach § 31 Abs. 2 GmbHG.

33 Fischer/Lutter/Hommelhoff, aaO (Fn. 18), §§ 32 a/b GmbHG Rdn. 42, 43.
34 So BGH II ZR 226/86 vom 11. 5. 1987, ZIP 1987, 1113.

Das Kapitalnutzungsrecht als Gegenstand der Sacheinlage bei Kapitalgesellschaften

von

DR. DR. h. c. GEORG DÖLLERER,
Vorsitzender Richter am Bundesfinanzhof, München

Inhaltsübersicht

I. Einleitung

Die Antwort des Gesetzes auf die Frage, was Gegenstand einer Sacheinlage bei Kapitalgesellschaften sein kann, lautet seit der Änderung des Aktiengesetzes durch das Gesetz zur Durchführung der Zweiten Richtlinie des Rates der Europäischen Gemeinschaften zur Koordinierung des Gesellschaftsrechts vom 13. Dezember 1978:

> „Sacheinlagen oder Sachübernahmen können nur Vermögensgegenstände sein, deren wirtschaftlicher Wert feststellbar ist; Verpflichtungen zu Dienstleistungen können nicht Sacheinlagen oder Sachübernahmen sein." (§ 27 Abs. 2 AktG)

Diese Vorschrift gilt nicht nur im Recht der Aktiengesellschaft (AG). Da sie nach der amtlichen Begründung[1] die h. M. im deutschen Recht über die Zulässig-

1 BR-Drucks. 2/78 vom 6. 1. 1978.

keit von Sacheinlagen bei Kapitalgesellschaften zum Gesetz erheben wollte, ist sie auch im Recht der Gesellschaft mit beschränkter Haftung (GmbH) zu beachten[2].

1. *Vermögensgegenstand*

Nach § 27 Abs. 2 AktG muß der Gegenstand der Sacheinlage ein Vermögensgegenstand sein. Diesen Begriff verwendet nach wie vor auch das Bilanzrecht zur Bezeichnung der Gegenstände, die in die Bilanz aufzunehmen sind (§ 246 Abs. 1 HGB). Dies scheint den Schriftstellern recht zu geben, die als Eigenschaft eines Gegenstands der Sacheinlage fordern, daß er bilanzfähig sei[3], d. h., daß er nach den gesetzlichen Vorschriften und nach den ungeschriebenen Grundsätzen ordnungsmäßiger Bilanzierung auf der Aktivseite der Bilanz ausgewiesen werden kann. Aber der Schein trügt. Gegen das Erfordernis der Bilanzfähigkeit in diesem Sinne werden mit Recht Bedenken geäußert[4]. Es geht einerseits nicht weit genug, weil danach auch aktive Rechnungsabgrenzungsposten Sacheinlagen sein könnten (vgl. § 246 Abs. 1, § 250 HGB), was in dieser Allgemeinheit nicht zutrifft. Andererseits geht das Erfordernis der Bilanzfähigkeit zu weit, weil danach Vermögensgegenstände nicht Sacheinlagen sein könnten, deren Aktivierung aus besonderen Gründen verboten oder eingeschränkt ist, z. B. nicht entgeltlich erworbene immaterielle Vermögensgegenstände des Anlagevermögens nach § 248 Abs. 2 HGB oder Rechte aus schwebenden Verträgen nach den ungeschriebenen Grundsätzen ordnungsmäßiger Bilanzierung[5], was ebenfalls in dieser Allgemeinheit nicht richtig ist. Neuerdings wird daher die Auffassung vertreten, nicht die Aktivierbarkeit nach Bilanzrecht bestimme die Eignung als Sacheinlage, sondern umgekehrt die gesellschaftsrechtliche Wertung des Vorgangs der Sacheinlage bestimme deren Aktivierbarkeit[6].

So ist seit langem h. M., daß auch ein immaterieller Vermögensgegenstand des Anlagevermögens, wie z. B. der Geschäftswert oder ein Patent oder ein know-

2 Hachenburg/Ulmer, Komm. z. GmbHG, 7. Aufl., 1985, Ergänzungsband, § 5 Rdn. 29; Scholz/Winter, Komm. z. GmbHG, 7. Aufl., 1986, § 5 Rdn. 43.

3 Eckardt, in: Geßler/Hefermehl/Eckardt/Kropff, Komm. z. AktG, 1984, § 27 Rdn. 8; von Godin / Wilhelmi, Komm. z. AktG, 3. Aufl., 1967, § 27 Anm. 11.

4 Hachenburg/Ulmer, aaO (Fn. 2), § 5 GmbHG Rdn. 31, 32; Scholz/Winter, aaO (Fn. 2), § 5 GmbHG Rdn. 43; Ballerstedt, ZHR 127 (1965), 92, 97; Lutter, Kapital, Sicherung der Kapitalaufbringung und Kapitalerhaltung in den Aktien- und GmbH-Rechten der EWG, 1964, S. 229 ff.

5 Knobbe-Keuk, Bilanz- und Unternehmenssteuerrecht, 5. Aufl., 1985, S. 99 f; Döllerer, BB 1974, 1541.

6 Hachenburg/Ulmer, aaO (Fn. 2), § 5 GmbHG Rdn. 31; Scholz/Winter, aaO (Fn. 2), § 5 GmbHG Rdn. 43; Lutter, aaO (Fn. 4).

how, Gegenstand einer Sacheinlage sein kann, obwohl die Bestätigung des Wertes durch einen Erwerb auf dem Markt fehlt, die §248 Abs. 2 HGB nach seinem Sinn und Zweck fordert. Aber die Leistung einer Sacheinlage ist jedenfalls ein tauschähnlicher Vorgang, der Gesellschafter leistet die Sacheinlage gegen Gewährung von Anteilen an der Kapitalgesellschaft (§34 Abs. 1 Nr. 2, §38 Abs. 2 Satz 2 AktG, §9 GmbHG), was eine Einigung über den Wert der Sacheinlage voraussetzt. Hinzu kommt, daß das Gesetz durch besondere Vorschriften Vorsorge gegen eine Überbewertung der Sacheinlage trifft (§§27, 34 Abs. 1 Nr. 2, §38 Abs. 2 Satz 2 AktG, §5 Abs. 4, §8 Abs. 1 Nr. 5, §9 GmbHG). Aus diesen Gründen darf der Erwerb einer Sacheinlage dem entgeltlichen Erwerb auf dem Markt gleichgestellt werden[7]. Andererseits wird kaum jemand ein Disagio (§250 Abs. 3 HGB) für geeignet befinden, als Sacheinlage zu dienen.

Die Schriftsteller, welche Bedenken gegen das Merkmal der Bilanzfähigkeit äußern, verzichten keineswegs auf die Aktivierung des Gegenstands der Sacheinlage, was unmöglich wäre, weil sonst die Gesellschaft unter Umständen gezwungen wäre, mit einem Bilanzverlust ins Leben zu treten[8]. Sie lassen vielmehr wegen der Gefahr einer weiten Ausdehnung des bilanzrechtlichen Begriffs des Vermögensgegenstands die Bilanzfähigkeit nicht genügen oder verdrängen aus gesellschaftsrechtlicher Sicht Aktivierungsverbote des Bilanzrechts.

Aus der Verwendung des Begriffs des Vermögensgegenstands in §27 Abs. 2 AktG läßt sich somit allenfalls ableiten, daß es sich um einen Gegenstand handelt, der an sich, unabhängig von Aktivierungsverboten, geeignet ist, als Aktivposten in die Bilanz aufgenommen zu werden.

2. *Feststellbarer wirtschaftlicher Wert*

§27 Abs. 2 AktG verlangt weiter, daß der Gegenstand der Sacheinlage einen feststellbaren wirtschaftlichen Wert besitzen muß. Das war schon bisher die h. M., §27 Abs. 2 AktG hat sie zum Gesetz erhoben[9].

Mit dem Wort feststellbar ist gewiß keine Berechnung auf Heller und Pfennig gefordert, eine Bewertung nach anerkannten betriebswirtschaftlichen Methoden, ohne die z. B. bei einem Geschäftswert, bei einem Patent oder bei einem know-how nicht auszukommen ist, wird genügen. Wenn freilich nur eine grobe Schätzung, sozusagen „über den Daumen", zu einer Bewertung führt, scheint mir die Voraussetzung eines feststellbaren wirtschaftlichen Werts nicht erfüllt zu sein, z. B. bei Dienstleistungen wegen der übergroßen persönlichen Risiken[10],

7 HACHENBURG/ULMER, aaO (Fn. 2), §5 GmbHG Rdn. 31.
8 ECKARDT, aaO (Fn. 3), §27 AktG Rdn. 8; KNOBBE-KEUK, ZGR 1980, 214, 217.
9 LUTTER, aaO (Fn. 4), S. 229; amtliche Begründung BR-Drucks. 2/78 vom 6. 1. 1978.
10 LUTTER, aaO (Fn. 4), S. 232; LUTTER, Kölner Komm. z. AktG, 1. Aufl., §183 Rdn. 14.

die § 27 Abs. 2 AktG, ebenfalls in Übereinstimmung mit der h. M. im deutschen Recht[11], ausdrücklich ausschließt.

Was § 27 Abs. 2 AktG unter einem wirtschaftlichen Wert versteht, wird bei der Erörterung des Sachnutzungsrechts und des Kapitalnutzungsrechts zu prüfen sein (siehe unten II 1, 2).

II. Das Nutzungsrecht als Gegenstand der Sacheinlage

1. Das Sachnutzungsrecht als Gegenstand der Sacheinlage

a) § 27 AktG und die herrschende Meinung

Da § 27 Abs. 2 AktG ausweislich der amtlichen Begründung[12] die h. M. im deutschen Recht über die Zulässigkeit der Sacheinlage übernehmen wollte, bestimmt sich nach dieser h. M. auch, ob Nutzungsrechte als Sacheinlagen geeignet sind. Ich prüfe die Frage zunächst für das Sachnutzungsrecht, z. B. die Überlassung eines Grundstücks zur Nutzung.

Hierzu gab es vor dem Inkrafttreten des § 27 Abs. 2 AktG und gibt es noch heute eine h. M. Sie bejaht die Eignung eines Sachnutzungsrechts als gesellschaftsrechtliche Sacheinlage bei einer Kapitalgesellschaft. Statt vieler zitiere ich aus dem Kölner Komm. z. AktG:

> „Der Gebrauch einer Sache kann einen Vermögenswert haben und daher auch Sacheinlage sein. Ob das zutrifft und wie hoch der Wert ist, hängt von den Umständen des Einzelfalls ab und von der Dauer, für die der Gebrauch überlassen werden soll. Auf welcher rechtlichen Basis – schuldrechtlich oder dinglich – die Gesellschaft die Sache nutzen soll, ist unerheblich[13]."

Die gleiche Ansicht findet sich überwiegend im Schrifttum[14].

Die Rechtsprechung hat sowohl das dingliche[15] wie das obligatorische[16] Sachnutzungsrecht als Sacheinlage anerkannt. Daß sich § 27 Abs. 2 AktG – entgegen

11 BR-Drucks. 2/78 vom 6. 1. 1978.
12 BR-Drucks. 2/78 vom 6. 1. 1978.
13 Kraft, Kölner Komm. z. AktG, 1. Aufl., § 27 Rdn. 18.
14 Barz, Großkomm. z. AktG, 3. Aufl., 1973, § 27 Anm. 11; von Godin / Wilhelmi, aaO (Fn. 3), § 27 AktG Anm. 11; Düringer/Hachenburg/Bing, Komm. z. HGB, III. Bd. 1. Teil, 3. Aufl., 1934, § 186 Anm. 26; Lutter, aaO (Fn. 4), S. 232; Groh, FS Flume, Bd. II, 1978, S. 71, 72 f; Ders., BB 1982, 133; Hachenburg/Ulmer, aaO (Fn. 2), § 5 GmbHG Rdn. 39; Scholz/Winter, aaO (Fn. 2), § 5 GmbHG Rdn. 46; Eckardt, aaO (Fn. 3), § 27 AktG Rdn. 17; Fischer/Lutter/Hommelhoff, Komm. z. GmbHG, 12. Aufl., 1987, § 5 Rdn. 17, 19.
15 BGH-Urteil vom 2. 5. 1966 II ZR 219/63, BGHZ 45, 338, 344.
16 KG Beschluß vom 30. 4. 1909 1 a X 328/09, KGJ 38 A 161 = OLG 22, 25.

der Auffassung von *Knobbe-Keuk*[17] – auch in dieser „Detailfrage" der h. M. im deutschen Recht anschließen wollte, ergibt sich mit hinreichender Deutlichkeit aus der amtlichen Begründung[18] zu § 36 a AktG, in der davon die Rede ist, daß

„als Sacheinlage ein Anspruch eingebracht wird, der bei der Gründung gegen den Einleger begründet wird, etwa ein Anspruch auf pacht- oder mietweise Überlassung eines Grundstücks".

b) *Einwendungen gegen die herrschende Meinung*

Bei diesem Meinungsstand und bei dieser Entstehungsgeschichte des § 27 Abs. 2 AktG fällt es schwer, der gegenteiligen Auffassung, die neuerdings mit viel Geschick und mit Leidenschaft von *Knobbe-Keuk* vorgetragen wird[19], die Chance eines Einbruchs in die h. M. einzuräumen.

aa) *Vorwegnahme künftiger Erträge*

Mich selbst hat früher vor allem gestört, daß mit dem Ansatz eines Sachnutzungsrechts als Sacheinlage in der Bilanz der Kapitalgesellschaft in Wahrheit nicht Kapital zugeführt wird, sondern künftige Erträge der Gesellschaft aus dem Gebrauch oder der Nutzung der Sache vorweggenommen werden[20]. Aber ich muß gestehen, daß Gleiches bei der Leistung einer Sacheinlage in Gestalt eines Geschäftswerts oder eines know-how geschieht. Gleichwohl werden auch diese Vermögensgegenstände als geeignet angesehen, Sacheinlagen zu sein[21]. Die amtliche Begründung zu § 27 Abs. 2 AktG[22] bestätigt diese Meinung. Der Grund wird darin liegen, daß auch der Wert körperlicher Vermögensgegenstände regelmäßig nach ihrem künftigen Ertrag zu bestimmen ist und bestimmt wird[23].

bb) *Vollständige und sofortige Leistung*

Scheitert aber die Eignung eines Sachnutzungsrechts als gesellschaftsrechtliche Sacheinlage nicht daran, daß diese Sacheinlagen vollständig und sofort zu leisten

17 Knobbe-Keuk, ZGR 1980, 214, 215, dort Fn. 5.
18 BR-Drucks. 2/78 vom 6. 1. 1978.
19 Knobbe-Keuk, ZGR 1980, 214.
20 Döllerer, Verdeckte Gewinnausschüttungen und verdeckte Einlagen bei Kapitalgesellschaften, 1975, S. 118 ff.
21 Statt vieler Scholz/Winter, aaO (Fn. 2), § 5 GmbHG Rdn. 44.
22 BR-Drucks. 2/78 vom 6. 1. 1978.
23 Barz, FS W. Schmidt, 1959, S. 157, 166 f; Knobbe-Keuk, ZGR 1980, 214, 219.

sind (§ 36 a Abs. 2 AktG, § 7 Abs. 3 GmbHG)? Vollzieht sich nicht die Leistung eines Sachnutzungsrechts in der Zukunft, Stück für Stück, Jahr für Jahr?

Für das dingliche und für das obligatorische Sachnutzungsrecht ist diese Frage durch die Rechtsprechung beantwortet. Der BGH hat in dem bereits erwähnten Urteil[24] entschieden, daß die Einräumung einer Dienstbarkeit mit dem Recht der Benutzung eines Grundstücks als Sacheinlage bei Gründung der GmbH geeignet ist und daß diese Sacheinlage mit der Überlassung des Grundstücks und mit der Eintragung der Dienstbarkeit in das Grundbuch geleistet ist. Das Kammergericht hat in der bereits erwähnten Entscheidung[25] die Auffassung vertreten, daß die vom Gesetz geforderte Verschaffung der freien Verfügung über das eingebrachte Recht dadurch erreicht ist, daß der Gesellschafter nach dem Gesellschaftsvertrag die Schiffe nebst Inventar der Gesellschaft für deren Dauer zur freien Benutzung überlassen hat.

Auch das Schrifttum hält die Eignung eines Sachnutzungsrechts als Sacheinlage für vereinbar mit dem Gebot der vollständigen und sofortigen Leistung der Sacheinlage. Dabei wird mit Recht hervorgehoben, daß hier anstelle des Eigentums an der Sache der Besitz an der Sache zu übertragen ist[26]. Dieser Meinung muß auch der Gesetzgeber des § 27 Abs. 2, § 36 a AktG gewesen sein. Denn die amtliche Begründung zu § 36 a AktG[27] sieht offensichtlich die Einräumung eines Anspruchs auf pacht- oder mietweise Überlassung eines Grundstücks nicht im Widerspruch zu dem Gebot der vollständigen und sofortigen Leistung der Sacheinlage.

cc) Verbot der Aktivierung nicht entgeltlich erworbener immaterieller Vermögensgegenstände des Anlagevermögens

Daß das Verbot der Aktivierung nicht entgeltlich erworbener immaterieller Vermögensgegenstände des Anlagevermögens der Eignung eines Sachnutzungsrechts als gesellschaftsrechtliche Sacheinlage nicht entgegensteht, ist bereits unter I dargelegt.

dd) Grundsätze zur Bilanzierung des schwebenden Geschäfts

Wie steht es aber mit den Grundsätzen zur Bilanzierung des schwebenden Geschäfts? Nach ihnen werden Ansprüche und Verbindlichkeiten aus schweben-

24 BGHZ 45, 338, 344.
25 KG KGJ 38 A 161.
26 Hachenburg/Ulmer, aaO (Fn. 2), § 5 GmbHG Rdn. 39.
27 BR-Drucks. 2/78 vom 6. 1. 1978.

den Verträgen nicht aktiviert und nicht passiviert. Nur Vorleistungen, Erfüllungsrückstände und drohende Verluste führen zur Bilanzierung[28]. Die Leistung eines Sachnutzungsrechts als gesellschaftsrechtliche Sacheinlage gleicht der Einräumung eines solchen Nutzungsrechts gegen Zahlung eines Geldbetrags als Einmalentgelt. Im Fall der Sacheinlage ist das Einmalentgelt die Gewährung von Anteilen an der Kapitalgesellschaft. Bei einem Einmalentgelt in Geld hat derjenige, dem die Sache zur Nutzung überlassen worden ist und der das Einmalentgelt geleistet hat, auf der Aktivseite seiner Bilanz einen Rechnungsabgrenzungsposten zu bilden, der während der Dauer des Nutzungsrechts abzuschreiben ist. Das gilt für obligatorische und für dingliche Sachnutzungsrechte in gleicher Weise[29]. Auf den Fall der Sacheinlage übertragen würde das bedeuten, daß die Kapitalgesellschaft einen aktiven Rechnungsabgrenzungsposten für das Einmalentgelt „Gewährung von Anteilen an der Kapitalgesellschaft" zu bilden hätte. Rechnungsabgrenzungsposten sind aber nach § 246 Abs. 1 HGB keine Vermögensgegenstände und damit, wie bereits betont (oben unter I 1), allgemein als Sacheinlagen nicht geeignet.

Ähnlich wie beim Verbot der Aktivierung nicht entgeltlich erworbener immaterieller Vermögensgegenstände des Anlagevermögens führen auch hier gesellschaftsrechtliche Überlegungen dazu, daß die Eignung des Sachnutzungsrechts als Sacheinlage an der Qualifizierung des Postens auf der Aktivseite der Bilanz als Rechnungsabgrenzungsposten nach den Grundsätzen zur Bilanzierung des schwebenden Geschäfts nicht scheitert. Hinter diesem Rechnungsabgrenzungsposten verbirgt sich das Recht zur Nutzung einer Sache und wenn dieses Recht einen feststellbaren wirtschaftlichen Wert hat, ist nicht einzusehen, warum es nicht als Sacheinlage dienen sollte. Der feststellbare wirtschaftliche Wert liegt in dem Recht eine Sache zu nutzen, ohne dafür Mietzinsen oder Pachtzinsen zahlen zu müssen.

ee) Gläubigerschutz (Pfändbarkeit)

Steht aber schließlich der Eignung eines Sachnutzungsrechts nicht entgegen, daß die Gläubiger dieses Recht, weil regelmäßig nicht übertragbar, nicht pfänden können (§§ 851, 857 ZPO)?

Dazu ist zu sagen, daß es im Bilanzrecht keinen Rechtssatz gibt, nach dem Gegenstände, die nicht einzeln übertragbar und damit auch nicht einzeln pfändbar sind, keine Vermögensgegenstände sind und daher nicht in die Bilanz aufgenommen werden dürfen (§ 246 HGB). Entgegen allen anderslautenden

28 DÖLLERER, BB 1974, 1541.
29 BFH-Urteil vom 20. 1. 1983 IV R 158/80, BFHE 138, 53, BStBl. II 1983, 413.

Meinungen im Schrifttum[30] bleibt darauf hinzuweisen, daß der BFH in einem Urteil für den handelsrechtlichen Begriff des Vermögensgegenstands allenfalls Veräußerbarkeit im Rahmen der Veräußerung des ganzen Unternehmens, aber keine Einzelveräußerbarkeit gefordert hat[31]. Daher sind nach dieser Entscheidung auch der Geschäftswert, das Warenzeichen, das Bierlieferungsrecht einer Brauerei Vermögensgegenstände im Sinne des Handelsbilanzrechts, obwohl sie nicht einzeln veräußert und damit auch nicht einzeln gepfändet werden können. Mit Recht hat daher noch kein Kaufmann geprüft, ob schuldrechtliche Ansprüche oder dingliche Rechte, die er in seine Bilanz aufnehmen will, einzeln übertragen und damit auch gepfändet werden können. Der tiefere Grund dafür liegt darin, daß die Bilanz nicht die Aufgabe hat, Vollstreckungsobjekte für die Gläubiger auszuweisen. Nur mit vielen Einschränkungen dient die Bilanz im Rechtssinne auch der Schuldendeckungskontrolle[32].

Aus dem gesellschaftsrechtlichen Grundsatz der Aufbringung und Erhaltung des gezeichneten Kapitals, wie das Gesetz jetzt das Grundkapital der AG und das Stammkapital der GmbH nennt (§ 272 Abs. 1 Satz 1 HGB), folgt nicht, daß der Gegenstand der Sacheinlage pfändbar sein müsse. Wie die mehrfach erwähnten Beispiele des Geschäftswerts, des Warenzeichens, des know-how zeigen, können auch Vermögensgegenstände Sacheinlagen sein, die nicht pfändbar sind. Gleiches gilt für das dingliche und für das obligatorische Sachnutzungsrecht. Der BGH hat daher in der bereits erwähnten Entscheidung[33] die in das Grundbuch eingetragene persönliche beschränkte Dienstbarkeit als Sacheinlage behandelt, ohne Rücksicht darauf, daß sie nicht gepfändet werden kann (§§ 1092, 1059 b BGB).

ff) Gefährdung durch Rechtsnachfolger oder Gläubiger des Gesellschafters

Ein letzter Einwand: Können nicht Rechtsnachfolger oder Gläubiger des Gesellschafters das Nutzungsrecht der Kapitalgesellschaft dadurch vereiteln, daß sie vorzeitig die Herausgabe der zur Nutzung überlassenen Sache verlangen? Wird dadurch die gesicherte Rechtsposition der Kapitalgesellschaft, die zur Anerkennung eines feststellbaren wirtschaftlichen Werts des Nutzungsrechts erforderlich ist[34], erschüttert?

30 FREERICKS, Bilanzierungsfähigkeit und Bilanzierungspflicht in Handels- und Steuerbilanz, 1976, S. 141 mit weiteren Angaben; STEIN, ZfbF 1985, 752, 753.

31 BFH-Urteil vom 26. 2. 1975 I R 72/73, BFHE 115, 243, BStBl. II 1975, 13.

32 MOXTER, Bilanzlehre, Bd. I, Einführung in die Bilanztheorie, 3. Aufl., 1984, S. 86 ff.

33 BGHZ 45, 338, 344. Bereits DÜRINGER/HACHENBURG/BING, aaO (Fn. 14), § 186 HGB Anm. 27 haben darauf hingewiesen, daß die Sacheinlage kein der Zwangsvollstreckung unterliegender Vermögensgegenstand sein muß.

34 BFH-Urteile vom 16. 11. 1977 I R 83/75, BFHE 124, 101, BStBl. II 1978, 386; vom 22. 1. 1980 VIII R 74/77, BFHE 129, 485, BStBl. II 1980, 244.

Für den Gesamtrechtsnachfolger, etwa für den Erben des Gesellschafters, ist die Frage einfach zu beantworten. Er rückt in die Rechtsstellung des Gesellschafters ein und ist daher ebenso wie dieser verpflichtet, die Sache der Kapitalgesellschaft zur Nutzung während der vereinbarten Zeit zu belassen.

Im Fall der Einzelrechtsnachfolge ist zu unterscheiden, ob es sich um eine bewegliche Sache oder um ein Grundstück handelt.

Bewegliche Sachen übereignet der Gesellschafter durch Einigung und Abtretung des Herausgabeanspruchs (§§ 929, 931 BGB). Die Kapitalgesellschaft kann dem neuen Eigentümer alle Einwendungen entgegenhalten, die gegenüber dem Gesellschafter begründet waren, somit auch den Einwand, daß sie während der vereinbarten Nutzungsdauer zum Besitz und zur Nutzung der Sache berechtigt ist (§ 986 Abs. 2 BGB).

Grundstücke übereignet der Gesellschafter durch Einigung und Eintragung in das Grundbuch (§§ 873, 925 BGB). Kann der Erwerber von der Kapitalgesellschaft Herausgabe des Grundstücks verlangen? Er kann es nicht, weil er nach dem Grundsatz „Kauf bricht nicht Miete" in die Verpflichtung zur Überlassung des Grundstücks zur Nutzung eintritt (§ 571 BGB). Die Vereinbarung des Gesellschafters und der Kapitalgesellschaft, durch die das Recht der Kapitalgesellschaft zur Nutzung des Grundstücks begründet wird, ist allerdings keine typische Miete und auch keine typische Pacht (§§ 535, 581 BGB), sondern als Sacheinlagevereinbarung eine Vereinbarung besonderer Art, auf die aber Vorschriften über den Kauf (bei Sacheinlagen durch Übertragung des Eigentums) oder Vorschriften über die Miete oder Pacht (bei Sacheinlagen durch Einräumung eines Nutzungsrechts) Anwendung finden, soweit sie mit dem Wesen einer Sacheinlage vereinbar sind[35]. Damit ist auch § 571 BGB anwendbar. Die Rechtsstellung der Kapitalgesellschaft als Nutzungsberechtigte auf Grund einer Sacheinlagevereinbarung ist nicht weniger schutzwürdig, als die Rechtsstellung eines typischen Mieters oder Pächters. Mit dem Wesen der Sacheinlage ist die Anwendung des § 571 BGB nicht nur vereinbar, der Grundsatz der Kapitalaufbringung und Kapitalerhaltung gebietet geradezu die Anwendung dieser Vorschrift.

Welche Möglichkeiten hat schließlich ein Gläubiger des Gesellschafters, der die zur Nutzung überlassene bewegliche Sache pfänden will oder das zur Nutzung überlassene Grundstück in der Zwangsversteigerung erwirbt?

Ist eine bewegliche Sache zur Nutzung überlassen, muß ich den Gläubiger des Gesellschafters enttäuschen. Er kann die Sache nicht pfänden, weil sie sich nicht im Gewahrsam des Schuldners oder eines zur Herausgabe bereiten Dritten befindet (§§ 808, 809 ZPO). Die Pfändung des Anspruchs auf Rückgabe (§ 846 ZPO) hilft dem Gläubiger nicht weiter und schadet der Kapitalgesellschaft nicht,

35 Kraft, Kölner Komm. z. AktG, 2. Aufl., 1986, § 27 Rdn. 6; Hachenburg/Ulmer, aaO (Fn. 2), § 5 GmbHG Rdn. 23.

weil diese dem Gläubiger des Gesellschafters alle Einwendungen entgegenhalten kann, die gegenüber dem Gesellschafter begründet waren (§ 836 ZPO, § 404 BGB), und daher die Sache erst nach Ablauf der vereinbarten Nutzungszeit herauszugeben verpflichtet ist.

Schwieriger ist die Rechtslage, wenn ein Grundstück zur Nutzung überlassen ist. Wie in dem bereits erörterten Fall der Übereignung des Grundstücks geht allerdings auch im Fall der Zwangsversteigerung die Verpflichtung des Gesellschafters zur Überlassung des Grundstücks an die Kapitalgesellschaft auf den Erwerber des Grundstücks über (§ 57 ZVG, § 571 BGB). Aber der Erwerber ist berechtigt, das Nutzungsverhältnis unter Einhaltung der gesetzlichen Frist zu kündigen (§ 57a ZVG). Dieses außerordentliche Kündigungsrecht kann nicht ohne Einfluß auf die Frage bleiben, ob das Nutzungsrecht einen feststellbaren wirtschaftlichen Wert hat und wie hoch dieser Wert ist. Ich bin nicht der Meinung, daß es dem Recht auf Nutzung eines Grundstücks die Eignung als Sacheinlage schlechthin raubt. Es wird Fälle geben, in denen die Gefahr einer Zwangsversteigerung des Grundstücks, das ein Gesellschafter der Kapitalgesellschaft als Sacheinlage zur Nutzung überlassen hat, nicht größer ist, als die Gefahr, daß in ein zur Nutzung überlassenes Gebäude der Blitz einschlägt und es zerstört. Wohl aber kann je nach Vermögenslage des Gesellschafters entweder ein Nutzungsrecht an einem Grundstück überhaupt nicht als Sacheinlage geeignet sein oder, in weniger drastischen Fällen, ein Abschlag bei der Bewertung des Nutzungsrechts vorzunehmen sein.

2. *Das Kapitalnutzungsrecht als Gegenstand der Sacheinlage*

Wann endlich, wird der ungeduldige Leser fragen, ist vom Kapitalnutzungsrecht als Sacheinlage die Rede, welches das Thema dieses Beitrags ist. Mit gutem Grund habe ich ausführlich das Sachnutzungsrecht behandelt. Denn die Fragen des Sachnutzungsrechts und die Fragen des Kapitalnutzungsrechts sind im wesentlichen die gleichen. Daher fällt die Antwort auf die Frage, ob das Kapitalnutzungsrecht Gegenstand einer Sacheinlage sein kann, wie eine reife Frucht vom Baum.

a) *Übereinstimmende Fragen*

Auch das Kapitalnutzungsrecht ist ein Vermögensgegenstand, der einen feststellbaren wirtschaftlichen Wert besitzt. Dieser besteht, ähnlich wie beim Sachnutzungsrecht, darin, daß die Kapitalgesellschaft fremdes Kapital nutzen kann, ohne dafür, wie üblich, Zinsen zahlen zu müssen. Ich sehe nicht ein, warum diese Möglichkeit wirtschaftlich weniger wert sein soll, als das Recht, ein fremdes Grundstück zu nutzen, ohne dafür Mietzinsen oder Pachtzinsen zahlen zu müssen. Weitere Voraussetzung eines feststellbaren wirtschaftlichen Werts ist auch hier, daß der Kapitalgesellschaft eine gesicherte Rechtsposition eingeräumt ist. Ein Darlehen, das während der Nutzungszeit vom Gesellschafter gekündigt werden kann, erfüllt diese Voraussetzungen nicht.

Wie beim Sachnutzungsrecht liegen auch beim Kapitalnutzungsrecht keine Hindernisse für die Eignung als Sacheinlage in

dem Verbot der Aktivierung nicht entgeltlich erworbener immaterieller Vermögensgegenstände des Anlagevermögens (oben I 1, II 1 b cc),

der Tatsache, daß durch die Aktivierung des Kapitalnutzungsrechts künftige Erträge der Gesellschaft aus der Nutzung des überlassenen Kapitals vorweggenommen werden (oben II 1 b aa),

dem Verbot der vollständigen und sofortigen Leistung der Sacheinlage (oben II 1 b bb),

wobei an die Stelle der Übertragung des Besitzes die Übertragung des Eigentums an dem zur Nutzung überlassenen Kapital tritt,

den Grundsätzen zur Bilanzierung des schwebenden Geschäfts (oben II 1 b dd),

dem Gebot des Gläubigerschutzes (Pfändbarkeit) (oben II 1 b ee),

den rechtlichen Möglichkeiten eines Rechtsnachfolgers oder Gläubigers des Gesellschafters (oben II 1 b ff),

denn Rechtsnachfolger oder Gläubiger des Gesellschafters können das Kapitalnutzungsrecht der Gesellschaft nicht vereiteln. Ein Erwerber des Anspruchs auf Rückzahlung des zur Nutzung überlassenen Geldes – sei es im Wege der Abtretung oder im Wege der Zwangsvollstreckung – ist allen Einwendungen der Kapitalgesellschaft ausgesetzt, die dem Gesellschafter gegenüber begründet waren (§ 404 BGB, §§ 829, 835, 836 ZPO), somit auch dem Einwand des Rechtes zur Nutzung des Kapitals während der vereinbarten Zeit. Der zur Nutzung überlassene Geldbetrag selbst unterliegt nicht der Pfändung durch den Gläubiger des Gesellschafters. Insofern ist die Rechtsstellung der Gesellschaft günstiger als bei der Überlassung eines Grundstücks zur Nutzung (oben II 1 b ff am Ende).

b) Zwei zusätzliche Einwendungen

aa) Aktivierung des Kapitalnutzungsrechts neben dem zur Nutzung überlassenen Geldbetrag

Das zur Nutzung überlassene Geld wird Eigentum der Kapitalgesellschaft und erscheint auf der Aktivseite ihrer Bilanz. Wie ist es möglich, daß – entgegen einem unstreitigen Grundsatz – das Recht, eigene Vermögensgegenstände zu nutzen, neben diesen Vermögensgegenständen in die Bilanz aufgenommen werden darf? Der Grund liegt hier darin, daß das zur Nutzung überlassene Geld nur scheinbar eigenes Geld ist. In Wahrheit ist es Fremdkapital, was in dem Ansatz der Verpflichtung zur Rückzahlung auf der Passivseite der Bilanz seinen Ausdruck findet. Im Ergebnis ist daher das zur Nutzung überlassene Kapital in der Bilanz der Gesellschaft ebensowenig enthalten wie ein zur Nutzung überlassenes Grundstück. Der Übergang des Eigentums am Geld ist lediglich das rechtstechnische Mittel, um der Gesellschaft die Möglichkeit zu verschaffen, das Fremdkapital nutzbringend einzusetzen.

bb) Wertlosigkeit im Fall des Konkurses

Martens[36] erkennt mit der h. M. Nutzungsrechte als einlagefähige Rechtsgüter an, läßt dies aber für unverzinsliche (oder niedrig verzinsliche) Darlehen, für das Kapitalnutzungsrecht also, nicht gelten. Er sieht die wesentliche Schwäche des Kapitalnutzungsrechts in seiner unauflöslichen Verknüpfung mit dem Insolvenzrisiko. Im Konkursfall sei dieses Nutzungsrecht nicht verwertbar, weil die zur Nutzung überlassenen Geldmittel aufgezehrt seien und deshalb wirtschaftlich nicht mehr genutzt werden könnten. Demgegenüber könnten andere Nutzungsrechte ohne weiteres verwertet werden, indem sie entweder isoliert gegen Entgelt übertragen oder zusammen mit dem Unternehmen veräußert werden. Sie überlebten mithin den Insolvenzfall.

Diese Beweisführung hat mich nicht überzeugt. Sie geht von der Vorstellung aus, als Sacheinlage sei nur geeignet, was auch im Konkursfall noch vorhanden sei. Wäre diese Ansicht richtig, dann gäbe es weder Bareinlagen noch Sacheinlagen. Der Geldbetrag, der als Bareinlage an die Gesellschaft bezahlt wird, ist im Konkursfall ebenso aufgezehrt, wie der Geldbetrag, welcher der Gesellschaft bei Einräumung eines Kapitalnutzungsrechts zufließt. Eine Maschine mit einer Nutzungsdauer von fünf Jahren, die als Sacheinlage auf die Gesellschaft übertragen wird, ist wirtschaftlich nicht mehr vorhanden, wenn das Unternehmen nach zehn Jahren in Konkurs fällt. Selbst ein unbebautes Grundstück, das der Abnutzung nicht unterliegt, steht im Fall des Konkurses des Unternehmens weder körperlich noch wirtschaftlich zur Verfügung, wenn es die Gesellschaft veräußert und den Erlös verwirtschaftet hat.

Die Beispiele ließen sich beliebig vermehren. Sie zeigen, daß Bareinlagen und Sacheinlagen zur Deckung des gezeichneten Kapitals (Grundkapital, Stammkapital) nur im Zeitpunkt der Eintragung der Gesellschaft (oder der Kapitalerhöhung) in das Handelsregister unverbraucht vorhanden sein müssen[37]. Aber es

36 Martens, in: Busse von Colbe/Großfeld/Kley/Martens/Schlede, Bilanzierung von Optionsanleihen im Handelsrecht, 1987, S. 119, 141 ff.

37 BGH-Urteile vom 29. 3. 1962 II ZR 50/61, BGHZ 37, 75; vom 7. 11. 1966 II ZR 136/64, GmbH-Rdsch. 1967, 145 und vom 2. 12. 1968 II ZR 144/67, BGHZ 51, 157.

gibt keine Garantie dafür, daß sie auch im Fall eines Konkurses noch zur Verfügung stehen und das gezeichnete Kapital decken. Die Rechtssätze über verdeckte Gewinnausschüttungen schützen allerdings in gewissem Umfang die Kapitalgesellschaft vor einer Schmälerung des Vermögens durch Leistungen an die Gesellschafter. Das Gesetz bietet aber keinen wirksamen Schutz gegen Mißwirtschaft, tödliche Reaktionen des Marktes und dgl., die dazu führen können, daß sich die ursprünglichen Bareinlagen und Sacheinlagen in nichts auflösen.

Die Bedeutung der Bareinlagen und der Sacheinlagen für die Kapitalaufbringung wird durch diese pessimistische Betrachtung nicht geschmälert. Man muß nur erkennen, daß auch die Bareinlagen und die Sacheinlagen, um einen treffenden Ausdruck von *Moxter*[38] für die Aktiva in der Bilanz zu gebrauchen, als „Auslöser künftiger Einnahmen" dienen, auch wenn sie sich allmählich verbrauchen und im Fall eines Konkurses des Unternehmens nicht mehr vorhanden sind.

Diese Überlegungen zeigen erneut, wie wenig von Vermögensgegenständen in der Bilanz im allgemeinen und von Bareinlagen und Sacheinlagen im besonderen erwartet werden kann, zur immerwährenden Schuldendeckung bereitzustehen. Der Gesichtspunkt der Vollstreckbarkeit erweist sich wiederum als ungeeignet, unabdingbares Merkmal einer Bareinlage oder Sacheinlage zu sein.

c) Ergebnis

Ich habe Verständnis für die Bedenken, die gegen die Eignung eines obligatorischen Nutzungsrechts als Sacheinlage im allgemeinen vorgebracht werden. Wer aber diese Bedenken überwindet, wird keinen Unterschied zwischen Sachnutzungsrecht und Kapitalnutzungsrecht machen können und beide als Sacheinlage anerkennen müssen. Vorhandene Risiken, die auch nach *Martens*[39] im Einzelfall gegen Null tendieren können, sind durch einen Abschlag bei der Bewertung des Kapitalnutzungsrechts zu berücksichtigen. Außerdem steht im Hintergrund noch die Ausfallhaftung des Gesellschafters[40], die allerdings auf den Wert der Sacheinlage im Zeitpunkt der Anmeldung der Gesellschaft (oder einer Kapitalerhöhung) zum Handelsregister abstellt. Sie greift daher nicht ein, wenn später, im Fall eines Konkurses, der zur Nutzung überlassene Geldbetrag nicht mehr vorhanden ist. Um auch für diesen Fall vorzusorgen, bedürfte es einer zusätzlichen Haftungsvereinbarung zwischen Gesellschafter und Gesellschaft, unter deren Voraussetzung offenbar auch *Martens*[41] bereit wäre, sich mit einem Kapitalnutzungsrecht als Sacheinlage abzufinden.

38 Moxter, aaO (Fn. 32), S. 88.
39 Martens, aaO (Fn. 36).
40 Kraft, aaO (Fn. 35), § 9 AktG Rdn. 19; § 9 GmbHG.
41 Martens, aaO (Fn. 36).

III. Kapitalnutzung pro rata temporis

Wer ein Kapitalnutzungsrecht als Sacheinlage als Aktivposten in der Bilanz bei Gründung oder Kapitalerhöhung der Gesellschaft nicht anerkennen will, könnte auf den Gedanken kommen, in der Überlassung eines Geldbetrags zur Nutzung eine Sacheinlage pro rata temporis zu erblicken, die sich Jahr für Jahr in Höhe der ersparten Zinsen vollzieht. Eine solche Sacheinlage ist gesellschaftsrechtlich nicht möglich. Sie verstößt gegen das Gebot der vollständigen und sofortigen Leistung der Sacheinlage (§36a AktG, §7 Abs.3 GmbHG). Sie verstößt außerdem gegen das Erfordernis, daß es sich um einen Vermögensgegenstand handelt, der an sich geeignet ist, in die Bilanz aufgenommen zu werden und damit als Deckung des gezeichneten Kapitals (Grundkapital, Stammkapital) zu dienen (siehe oben I 1). Die künftige Ersparung von Aufwendungen, die Jahr für Jahr eintreten wird und sich in der Gewinn- und Verlustrechnung im Fehlen von Aufwendungen niederschlägt, kann das gezeichnete Kapital im Zeitpunkt der Gründung oder Kapitalerhöhung nicht decken. Wie ich an anderer Stelle dargelegt habe[42], könnte eine solche Sacheinlage auch nicht umgedeutet werden in das Versprechen einer Bareinlage, das Jahr für Jahr durch die tatsächliche Überlassung zur Nutzung erfüllt wird.

IV. Kapitalnutzungsrecht und Kapitalnutzung pro rata temporis als Zuführung zur Kapitalrücklage

Bisher war die Rede von der gesellschaftsrechtlichen Sacheinlage bei Gründung oder Kapitalerhöhung der Gesellschaft (§27 AktG, §5 Abs.3 GmbHG). Inzwischen hat das Bilanzrichtlinien-Gesetz, teils durch Übernahme von Vorschriften über die gesetzliche Rücklage der AG, teils durch neue Rechtssetzung weitere gesellschaftsrechtliche Einlagen offengelegt und ihre Einstellung in die Kapitalrücklage gefordert: Das Aufgeld bei der Ausgabe von Anteilen, das Aufgeld bei der Ausgabe von Wandelanleihen und Optionsanleihen, Zuzahlungen der Gesellschafter gegen Gewährung eines Vorzugs für ihre Anteile, andere Zuzahlungen der Gesellschafter in das Eigenkapital (§272 Abs.2 HGB). Damit stellt sich die Frage, ob ein Kapitalnutzungsrecht oder wenigstens eine Kapitalnutzung pro rata temporis geeignet ist, als gesellschaftsrechtliche Sacheinlage nach §272 Abs.2 HGB zu dienen. Dabei ist vorweg klarzustellen, daß alle gesellschaftsrechtlichen Einlagen nach §272 Abs.2 HGB auch als Sacheinlagen geleistet werden können.

42 Döllerer, BB 1986, 1857, 1861f.

1. *Kapitalnutzungsrecht*

Auf Anhieb möchte man die Frage für das Kapitalnutzungsrecht ohne Bedenken bejahen, weil die Anforderungen an eine Sacheinlage nach § 272 Abs. 2 HGB wohl nicht höher geschraubt werden dürfen als an eine Sacheinlage nach § 27 AktG, § 5 Abs. 3 GmbHG. Dabei bliebe aber außer Betracht, daß die Eignung des Kapitalnutzungsrechts als Sacheinlage bei Gründung oder Kapitalerhöhung auch darauf beruht, daß es sich um einen Vorgang handelt, der wegen der Einigung der Gesellschaft und des Gesellschafters über den Wert der Sacheinlage und wegen der Prüfung dieses Wertes nach den gesetzlichen Vorschriften (siehe oben I 1) dem entgeltlichen Erwerb auf dem Markt gleich steht und damit nicht dem Verbot der Aktivierung immaterieller Vermögensgegenstände des Anlagevermögens unterliegt. Die Voraussetzungen für die Annahme eines entgeltlichen Erwerbs im Sinne des § 248 Abs. 2 HGB dürfen allerdings als erfüllt angesehen werden für die Sacheinlage nach § 272 Abs. 2 Nr. 1, 2 und 3 HGB, weil das Aufgeld für die Ausgabe von Anteilen nach § 272 Abs. 2 Nr. 1 HGB, das Aufgeld für die Ausgabe von Wandelanleihen und Optionsanleihen nach § 272 Abs. 2 Nr. 2 HGB und der Betrag von Zuzahlungen nach § 272 Abs. 2 Nr. 3 HGB gegen Gewährung von Gesellschaftsrechten oder Anwartschaften auf Gesellschaftsrechte geleistet werden. Zweifeln könnte man dagegen bei dem „Betrag von anderen Zuzahlungen, die die Gesellschafter in das Eigenkapital leisten" (§ 272 Abs. 2 Nr. 4 HGB). Hier hilft ein Satz in der amtlichen Begründung zu § 272 Abs. 2 Nr. 4 HGB weiter[43]. Er lautet:

> „Die Leistung in das Eigenkapital muß gewollt sein, so daß verdeckte Einlagen oder auch verlorene Zuschüsse nicht ohne weiteres erfaßt werden."

Das Gesetz geht offensichtlich davon aus, daß auch Zuzahlungen nach § 272 Abs. 2 Nr. 4 HGB ebenso wie die gesellschaftsrechtlichen Einlagen nach § 272 Abs. 2 Nr. 1–3 HGB eine Einigung der Gesellschaft und des Gesellschafters über den Wert der Sacheinlage und damit über den Betrag der Erhöhung des Eigenkapitals (durch Einstellung in die Kapitalrücklage) zugrunde liegen muß. Allerdings fehlt es in den Fällen des § 272 Abs. 2 Nr. 2 und 3 HGB an einer Sicherung durch eine besondere Prüfung, wie sie für die Sacheinlagen bei Gründung oder Kapitalerhöhung vorgeschrieben ist. Einen gewissen Schutz gegen eine Überbewertung bietet aber die Prüfung des Jahresabschlusses durch die Abschlußprüfer (§§ 316 f HGB).

Wem dies nicht genügt, um die Voraussetzungen eines entgeltlichen Erwerbs nach § 248 Abs. 2 HGB als erfüllt anzusehen, der könnte auf eine Überlegung aus der Rechtsprechung des BFH zurückgreifen. Der BFH hat das Aktivierungs-

43 Bericht des Rechtsausschusses, BT-Drucks. 10/4268, S. 107.

verbot für nicht entgeltlich erworbene immaterielle Vermögensgegenstände des Anlagevermögens, das auch im Steuerrecht gilt (§ 5 EStG), bei Einlagen als verdrängt angesehen durch das übergeordnete steuerrechtliche Gebot, den privaten Bereich und den betrieblichen Bereich, bei Kapitalgesellschaften den gesellschaftlichen Bereich und den betrieblichen Bereich, voneinander abzugrenzen[44]. Was liegt näher, als auch im Handelsrecht das Aktivierungsverbot als verdrängt anzusehen durch das handelsrechtliche Gebot, Vermögensmehrungen der Kapitalgesellschaft, die ihre Ursache im Gesellschaftsverhältnis haben, gesondert auszuweisen und dem Gewinnanspruch der Gesellschaft zu entziehen[45].

2. *Kapitalnutzung pro rata temporis*

Auch hier komme ich zu einer Übereinstimmung zwischen gesellschaftsrechtlicher Sacheinlage nach § 27 AktG, § 5 Abs. 3 GmbHG und gesellschaftsrechtlicher Sacheinlage nach § 272 Abs. 2 HGB und lehne eine Kapitalrücklage pro rata temporis ab. Diese könnte nur aus dem Ergebnis gespeist werden, durch eine Verminderung des Jahresüberschusses oder Erhöhung des Jahresfehlbetrags, was ich für unzulässig halte, eine Ansicht, mit der ich nicht allein stehe[46]. Der in die Kapitalrücklage einzustellende Betrag kann auch nicht dadurch gewonnen werden, daß in der Gewinn- und Verlustrechnung hypothetische Zinsaufwendungen angesetzt werden, Zinsaufwendungen also, die entstanden wären, wenn die Kapitalgesellschaft hätte Zinsen zahlen müssen. Denn in die Gewinn- und Verlustrechnung dürfen nur Aufwendungen aufgenommen werden, die tatsächlich entstanden sind.

V. *Schlußbemerkung*

Hans-Joachim Fleck, dem dieser Beitrag gewidmet ist, hat in den vergangenen Jahren oft an meiner Seite auf Veranstaltungen des Deutschen Anwaltsinstituts

44 BFH-Urteile vom 22. 1. 1980 VIII R 74/77, BFHE 129, 485, BStBl. II 1980, 244; vom 20. 8. 1986 I R 150/82, BFHE 149, 125, BB 1987, 1020. Das zuletzt genannte Urteil betrifft allerdings den Geschäftswert und kann im Hinblick auf den Vorlagebeschluß des I. Senats des BFH vom 20. 8. 1986 I R 41/82, BFHE 147, 502, BStBl. II 1987, 65, der die Einlagefähigkeit von Nutzungen und Nutzungsrechten betrifft, noch nicht auf das obligatorische Nutzungsrecht bezogen werden.

45 Döllerer, BB 1986, 1857, 1860.

46 Döllerer, BB 1986, 1857, 1861 f; Ders., Die AG 1986, 237, 239; Haarmann/Uelner/Biener/Hommelhoff/Knepper/Döllerer, JbFfSt. 1986/87, 387, 439 ff; Kropff, ZGR 1987, 285, 306. Die gegenteilige Ansicht von Schneeloch, BB 1987, 481, 486, und Fasold, BB 1987, 1220, 1223 f hält einer rechtlichen Prüfung nicht stand.

– Fachinstitut für Steuerrecht – und der Arbeitsgemeinschaft der Fachanwälte für Steuerrecht mitgewirkt. Als Mitglied des II. Senats des BGH hat er dabei Gesellschaftsrecht aus erster Hand geboten, ich habe viel von ihm gelernt. Gegenstand unserer Erörterungen war wiederholt auch das obligatorische Nutzungsrecht als Sacheinlage bei Kapitalgesellschaften, dem *Hans-Joachim Fleck* eher skeptisch gegenüberstand[47]. Nicht zuletzt aus diesem Gespräch entstand die Wahl des Themas zu diesem Beitrag, der einen Anstoß geben soll zur Diskussion einer Frage, die bisher im Schrifttum soviel wie gar nicht behandelt wurde. Die Fachwelt könnte sich glücklich schätzen, wenn sich auch *Hans-Joachim Fleck* an dieser Diskussion beteiligen würde.

47 Fleck, Kapitalaufbringung, Kapitalerhaltung und Insolvenzprobleme in der GmbH, 2. Aufl., RWS-Skript, 1982, S. 11.

Auswirkungen des Bilanzrichtlinien-Gesetzes auf Personengesellschaften, insbesondere auf deren Gesellschaftsvertrag

von

Dr. Dr. h.c. Reinhard Goerdeler,
Rechtsanwalt und Wirtschaftsprüfer, Frankfurt

Inhaltsübersicht

I. Einführung

Im Kern entsprechen die neuen Buchführungs- und Bilanzierungsvorschriften – in der durch das Bilanzrichtlinien-Gesetz dem Dritten Buch des HGB gegebenen Fassung – für Personengesellschaften (wie für Einzelkaufleute) dem bisher gültigen Recht. Wie bisher bestehen erhebliche Möglichkeiten zur Gestaltung des Jahresergebnisses durch entsprechenden Ansatz und Bewertung der Aktiva und Passiva. Wichtige Neuregelungen sind jedoch in der künftigen Passivierungspflicht für Pensionsverpflichtungen, sofern der Rechtsanspruch nach dem 31. Dezember 1986 entsteht (Art. 28 EGHGB), und in dem Aktivierungsgebot für entgeltlich erworbene immaterielle Anlagewerte (§ 248 Abs. 2 HGB) zu sehen; zudem dürfen Rückstellungen nur aufgelöst werden, wenn der Grund hierfür weggefallen ist (§ 249 Abs. 3 Satz 2 HGB). Viele Vorschriften sind aus dem bisherigen Recht unverändert übernommen (§ 239 HGB entspricht z. B. § 43 HGB a. F.), andere sind lediglich gegenüber früher neu formuliert (z. B. § 242 HGB gegenüber § 39 HGB a. F.)[1]. Die allgemeinen Bewertungsvorschriften, die schon bisher Grundsätze ordnungsmäßiger Buchführung waren, sind nunmehr kodifiziert (vgl. § 252 HGB); gleiches gilt z. B. für den Vermerk von Haftungsverhältnissen nach § 251 HGB.

Der Gesetzgeber (Rechtsausschuß und Parlament) hat entgegen dem RegE die Vorschriften, die für alle Kaufleute gelten sollen (Erster Abschnitt des Dritten Buches), von den ergänzenden Vorschriften für Kapitalgesellschaften getrennt[2]; damit ist klargestellt, daß die ergänzenden Vorschriften von Personengesellschaften grundsätzlich nicht anzuwenden sind. Hat jedoch die Personengesellschaft ihren Jahresabschluß aufgrund einer Bestimmung des Gesellschaftsvertrages oder entsprechend langjähriger Übung unter sinngemäßer Beachtung der aktienrechtlichen Vorschriften aufgestellt, so ist zu beachten, daß das Bilanzrichtlinien-Gesetz den Kapitalgesellschaften die Möglichkeit einräumt, das handelsrechtliche Jahresergebnis erheblich niedriger auszuweisen, als dies nach früherem Recht möglich gewesen wäre. In diesem Zusammenhang ist vor allem auf die Absenkung der Wertuntergrenze bei den Herstellungskosten (§ 255 Abs. 2 Satz 4 HGB) und auf das Wahlrecht zur Bildung von Aufwandsrückstellungen (§ 249 Abs. 2 HGB) hinzuweisen. Da sowohl die Absenkung der Herstellungskosten wie auch die Bildung von Aufwandsrückstellungen steuerlich nicht anerkannt werden, kann sich für die Gesellschafter das Problem ergeben, daß sich ein erhebliches Mißverständnis zwischen der zu zahlenden Einkommensteuer (auf Basis der Steuerbilanz) und dem Recht auf Entnahme von Gewinnanteilen (auf Basis der Handelsbilanz) auftut. In solchen Fällen steht die Frage der Interpretation solcher Satzungsklauseln an; auch gesellschaftsvertragliche Bestimmungen, die sonstige Anweisungen zum Jahresabschluß enthalten, sind auf ihre Vereinbarkeit mit dem neugefaßten Bilanzrecht zu überprüfen.

Schließlich können sich aus einer Bestimmung des Gesellschaftsvertrages, wonach der Jahresabschluß zu prüfen und zu testieren ist, Rückwirkungen auf die Aufstellung des Jahresabschlusses ergeben, insbesondere dann, wenn eine Prüfung aktienrechtlichen Umfangs durch einen Wirtschaftsprüfer vorgeschrieben ist, da der Gesetzgeber für den aktienrechtlichen Bestätigungsvermerk in § 322 HGB einen neuen Wortlaut und Inhalt vorgeschrieben hat.

Soweit keine freiwillige frühere Anwendung erfolgte, ist das neue Bilanzrecht erstmals für Geschäftsjahre anzuwenden, die nach dem 31. Dezember 1986 begonnen haben (vgl. Art. 23 Abs. 1 EGHGB). Personengesellschaften, die nicht unter das Publizitätsgesetz fallen, brauchen keinen Konzernabschluß aufzustellen, da sie nicht „Mutterunternehmen" im Sinne von § 290 HGB sind.

1 Hierzu im einzelnen Schulze-Osterloh, ZHR 150 (1986), 403 ff.
2 Beschlußempfehlung und Bericht des Rechtsausschusses, BT-Drucks. 10/4289, S. 89.

II. Grundsatzfragen

1. Allgemeines

Im Unterschied zu den Kapitalgesellschaften hat bei Personengesellschaften, soweit sie nicht wegen ihrer Größe dem Publizitätsgesetz unterliegen, der Jahresabschluß im wesentlichen eine interne Funktion: er dient der Information aller Gesellschafter und ist die Grundlage für ihren Anteil am Gewinn oder Verlust (§ 120 HGB). Für die Personengesellschaft, die nicht unter das Publizitätsgesetz fällt, gibt es keine Publizität der Rechenschaftslegung; Adressaten der Rechnungslegung sind die Gesellschafter. Ob auch Gläubiger (Kreditgeber wie Warenlieferanten) für ihre Beziehungen zur Gesellschaft auf den Jahresabschluß und dessen Inhalt abstellen, hängt vom jeweiligen Einzelfall ab. Hiervon abgesehen, sind es die Gesellschafter selbst, die den Inhalt und die Darstellung des Jahresabschlusses bestimmen; die bisherigen und neuen HGB-Vorschriften geben nur den Mindestrahmen ab, der eingehalten werden muß. Buchführung und Bilanzaufstellung sind zugleich aber auch öffentlich-rechtliche Pflichten, die von den Personengesellschaften wie von allen Kaufleuten gleich welcher Rechtsform zu erfüllen sind[3].

Von dieser Grundlage aus gesehen stellt sich die Frage der Aufstellung des Jahresabschlusses (sowohl hinsichtlich der Gliederung als auch bezüglich Ansatz und Bewertung) weitgehend als ein durch Gesellschafterbeschluß oder im Gesellschaftsvertrag regelbarer Komplex dar. Fehlt es daran, so ist der Jahresabschluß nach den (sogleich zu behandelnden) gesetzlichen Vorschriften aufzustellen; die Aufstellung der Bilanz obliegt bei allen Personengesellschaften als Geschäftsführungsmaßnahme (§ 114 HGB) den geschäftsführenden Gesellschaftern[4].

2. Bilanz

Nunmehr besteht nach gesetzlicher Vorschrift (§ 242 Abs. 3 HGB) der Jahresabschluß aus der Bilanz und der Gewinn- und Verlustrechnung; er ist nach den Grundsätzen ordnungsmäßiger Buchführung aufzustellen[5]. Für die Bilanz geben

3 Baumbach/Duden/Hopt, Komm. z. HGB, 27. Aufl., 1987, § 242 Anm. 1 A und § 238 Anm. 2 A; U. Huber, Vermögensanteil, Kapitalanteil und Gesellschaftsanteil an Personalgesellschaften des Handelsrechts, 1970, S. 336; wegen der steuerlichen Buchführungspflicht vgl. §§ 140 ff AO.

4 Im einzelnen Baumbach/Duden/Hopt, aaO (Fn. 3), § 116 HGB Anm. 1 C und § 164 HGB Anm. 1 B; sowie im einzelnen H. Westermann, Personengesellschaften, 4. Aufl., 1978, Teil I Rdn. 301–305.

5 Hierzu Moxter, FS Goerdeler, 1987, S. 369; er sieht hierin die „Einblicksregelung" auch für den Kaufmann/Gesellschafter selbst.

§§ 242 Abs. 1, 247 Abs. 1 HGB nur wenige zwingende Mindestbestimmungen, nämlich die Aufgliederung nach Anlage- und Umlaufvermögen, Eigenkapital, Schulden und Rechnungsabgrenzungsposten; verlangt wird ein gesonderter Ausweis dieser Posten und eine „hinreichende Aufgliederung". Dies läßt den Personengesellschaften einigen Spielraum, wobei aber offenbleibt, was unter „hinreichender Aufgliederung" zu verstehen ist. Die Gesellschafter werden, falls der Gesellschaftsvertrag schweigt, in der Regel die bisher übliche Gliederung der Bilanz, soweit sie dem Mindestgebot entspricht, beibehalten können.

Die für Kapitalgesellschaften vorgeschriebene Gliederung (§ 266 HGB) ist nicht zwingend anzuwenden, aber als „hinreichende Aufgliederung" stets zulässig. Nachdem die neuen HGB-Vorschriften für Kapitalgesellschaften für die Gliederung der Bilanz den sogenannten kleinen Gesellschaften (§ 267 Abs. 1 HGB) gewisse Erleichterungen gewähren – es wird nur der gesonderte Ausweis der „Hauptpositionen" (nach § 266 Abs. 1 HGB sind dies die mit Buchstaben und römischen Zahlen bezeichneten Posten der Absätze 2 und 3) verlangt – wird man in dieser verkürzten Bilanz auch bei Personengesellschaften eine „hinreichende Aufgliederung" zumindest dann erblicken können, wenn die Personengesellschaft in die Größenklasse der kleinen Gesellschaften fällt. Fällt die Personengesellschaft jedoch in die Größenklasse der „mittelgroßen" und „großen" Kapitalgesellschaft, so muß sich die Frage der hinreichenden Aufgliederung der Bilanz dann stellen, wenn auch hier nur das Schema der „verkürzten Bilanz" des § 266 Abs. 1 HGB verwandt wird[6]. Die Frage ist in der Praxis danach zu entscheiden, wie die „Lage des Unternehmens", deren Darstellung eine ausdrückliche Anforderung an die Buchführung ist (§ 238 Abs. 1 Satz 2 HGB), durch entsprechende Gliederung der Bilanz und der Gewinn- und Verlustrechnung auch im Jahresabschluß ersichtlich gemacht werden kann[7]; dabei ist auch das Gebot der Klarheit und Übersichtlichkeit zu beachten (§ 243 Abs. 2 HGB). Wichtig ist, daß Postenbezeichnungen des § 266 HGB, werden sie ganz oder teilweise übernommen, nicht mit einem von § 266 HGB abweichenden Inhalt verwandt werden[8].

Besondere Aufmerksamkeit gewinnt die Überlegung, welche Gesellschafterkonten als „Eigenkapital" ausgewiesen werden können und ob nur „eigenkapitalähnliche" Konten (die meist nur unter erschwerten Bedingungen kündbare Gesellschafterdarlehen darstellen) gesondert auszuweisen sind; der Überlegung

6 Hierzu die unterschiedlichen Meinungen in: Buchführung, Bilanz, Kostenrechnung: Jahresabschluß, Einzelkaufleute, PersGes.: Nicht-Kapitalgesellschaften Fach 14: einerseits LANGENBECK, S. 2003, andererseits GRÄFER/FRIGGER-GRETENCORD, S. 2015 und PANKOW/REICHMANN, Beck'scher Bilanz-Kommentar, 1986, § 247 HGB Rdn. 560.

7 Siehe LEFFSON, FS Goerdeler, 1987, S. 315, 319.

8 Zum bisherigen Recht HACHENBURG/GOERDELER/MÜLLER, Komm. z. GmbHG, 7. Aufl., 1979, § 42 Rdn. 33; zum neuen Recht SCHULZE-OSTERLOH, ZHR 150 (1986), 427.

bedarf ferner, ob der Gewinn/Verlust des Geschäftsjahres bereits in der Bilanz auf die Gesellschafterkonten zu verteilen oder als Jahresüberschuß/Jahresfehlbetrag neben dem Gewinn-/Verlustvortrag auszuweisen ist. Zur Verbesserung des Einblicks in die Lage der Personengesellschaft würde in jedem Fall beitragen, wenn die für Einkommensteuerzahlungen der Gesellschafter aufgrund des Jahresergebnisses zu erwartenden Entnahmen gesondert ausgewiesen oder durch Vermerk kenntlich gemacht würden.

Da gesetzlich Varianten oberhalb des Mindestinhalts der Bilanz nach § 247 HGB gestattet sind, haben hier die Gesellschafter selbst die Entscheidung zu treffen, wobei allerdings der Grundsatz der Darstellungsstetigkeit als GoB zu beachten ist[9]. Hat im Falle der Nichteinigung unter den Gesellschaftern – je nach Sach- und Rechtslage – das ordentliche Gericht, ein Schiedsgericht, ein Schiedsgutachter oder der Abschlußprüfer diese Entscheidung zu treffen, so wird neben der bisherigen Übung und ggf. der Branchenüblichkeit maßgeblich für die Entscheidungsfindung sein, welche Gliederung der Bilanz dem Informationsinteresse der Gesellschafter (vor allem im Hinblick auf ihre Gewinnanteile und Entnahmerechte) am nächsten kommt und daß „Irreführungen" der Gesellschafter vermieden werden. Etwaigen Rechten Dritter (z. B. Gläubiger) in bezug auf die Vorlage von Bilanzen in bestimmter Form wird Rechnung zu tragen sein.

3. *Gewinn- und Verlustrechnung*

§ 242 Abs. 2 HGB schreibt die Aufstellung der GuV als eine Gegenüberstellung von Aufwendungen und Erträgen vor, ohne nähere Einzelheiten über Inhalt und Gliederung festzulegen; lediglich das Verrechnungsverbot von Aufwendungen mit Erträgen ist in § 246 Abs. 2 HGB festgeschrieben. Wiederum läßt der Gesetzgeber dem Einzelkaufmann und den Personengesellschaften einen weiten Spielraum, während für Kapitalgesellschaften (wie bisher für die AG) in §§ 275–278 HGB detaillierte Gliederungsvorschriften erlassen sind und dort neben dem Gesamtkostenverfahren das Umsatzkostenverfahren zugelassen wird (beide jedoch nur in der Staffelform). Bei beiden Verfahren wäre entsprechend den „kleinen" und „mittelgroßen" Kapitalgesellschaften eine Verkürzung (die vom „Rohergebnis" statt von den Umsatzerlösen ausgeht) erlaubt; die Gesellschafter werden sich jedoch bei ihrer Entscheidung davon leiten lassen, welche zweckentsprechende Information sie sich aus der GuV versprechen, insbesondere um die Ertragslage des Unternehmens beurteilen zu können. Häufig wird die Entscheidung für die ungekürzte GuV fallen, insbesondere wenn dies der

9 Adler/Düring/Schmaltz, Rechnungslegung und Prüfung der Unternehmen, 5. Aufl., 1987, § 265 HGB Tz. 9 ff.

bisherigen Handhabung entsprach. In formeller Hinsicht kann die Personengesellschaft allerdings die Kontoform wählen oder beibehalten[10].

Im übrigen gelten im Falle der Nichteinigung unter den Gesellschaftern die zur Bilanz angestellten Überlegungen.

4. Weitere Einzelfragen

Von der unter I. getroffenen Aussage aus gesehen, daß im Kern die Personengesellschaften wie bisher bilanzieren können, bedarf es insoweit keiner weiteren Erläuterungen, wenn man nicht eine Gesamtdarstellung des Bilanzrechts der Personengesellschaften im Auge hat. Jedoch erscheinen mit Blick auf gesellschaftsvertragliche Bilanzklauseln zwei Problemkreise erörterungsbedürftig, die beide auch eng mit steuerlichen Auswirkungen verknüpft sind.

a) Stille Reserven

Die Zulässigkeit der Bildung stiller Reserven war bei der Reform des Aktiengesetzes 1965 ein zentrales Thema der Diskussion und wurde dort im Sinne der prinzipiellen Abwendung von der Zulässigkeit der Bildung stiller Reserven, und der Einführung von Wertuntergrenzen gelöst[11].

Die Übertragbarkeit der aktienrechtlichen Lösung auf die GmbH[12] und die Personengesellschaft[13] wurde erwogen, aber überwiegend abgelehnt. Während die GmbH durch das HGB als Folge der 4. EG-Richtlinie nunmehr in der Rechnungslegung der AG gleichgestellt ist (gemeinsame Regelung im Zweiten Abschnitt des Dritten Buches) und damit bezüglich der Bewertung die Bildung stiller Reserven beschränkt ist (vgl. vor allem § 279 Abs. 1 Satz 1 HGB), ist für Personengesellschaften (wie für Einzelkaufleute) durch die Regelung in § 253 Abs. 4 HGB die Bildung stiller Reserven möglich geblieben, wenn auch mit Einschränkungen. Diese Vorschrift erlaubt für Aktiva auch Abschreibungen „im

10 ADLER/DÜRING/SCHMALTZ, aaO (Fn. 9), § 275 HGB Tz. 3.
11 Vgl. KROPFF, Aktiengesetz, 1965, S. 238.
12 HACHENBURG/GOERDELER/MÜLLER, aaO (Fn. 8), § 29 GmbHG Rdn. 28–30 mit der Darstellung des Unterschiedes von Zwangsreserven zu Schätzungsreserven und zu Ermessens-(Willkür-)Reserven; auch letztere wurden hierbei als zulässig angesehen, sofern sie im Sinne von RGZ 116, 119 und 156, 52 nach gewissenhafter, sorgfältiger kaufmännischer Abwägung aller Verhältnisse notwendig sind, um das Unternehmen für die nächste Zukunft widerstandsfähig zu erhalten.
13 H. GREIFFENHAGEN, WPg 1966, 141 sowie H. WESTERMANN, aaO (Fn. 4), Teil I Rdn. 303; vorsichtiger in der Ablehnung der aktienrechtlichen Regelung BAUMBACH/DUDEN/HOPT, aaO (Fn. 3), § 40 HGB Anm. 2 D.

Rahmen vernünftiger kaufmännischer Beurteilung". Abschreibungen dieser Art müssen demnach willkürfrei und begründbar sein. Soweit nach bisher etwa noch vertretener Auffassung gesetzlich auch reine Willkürreserven (durch pauschale Abschläge auf der Aktivseite oder Überbewertung auf der Passivseite) für zulässig erachtet wurden, ist allerdings insoweit durch § 253 Abs. 4 HGB eine Einengung erfolgt[14].

Die für alle Kaufleute zugelassene Bildung von Aufwandsrückstellungen eröffnet daneben einen weiten bilanzpolitischen Spielraum.

Kaufmännische Ermessensreserven wie auch Aufwandsrückstellungen werden in aller Regel ertragsteuerlich nicht anerkannt, ihre Bildung zieht also Ertragsversteuerung nach sich. Auf die sich hieraus ergebende Folge der Versteuerung aus eigenen Mitteln der Gesellschafter, die mangels eines handelsrechtlichen Gewinns diesen nicht entnehmen können, ist bereits nachdrücklich hingewiesen worden[15].

Die durch das HGB geregelte Zulässigkeit kaufmännisch begründeter Ermessensreserven läßt für Personengesellschaften damit die gesellschaftsrechtliche Problematik nach wie vor ungelöst, nämlich inwieweit bei unterschiedlichen Interessen der Gesellschafter (niedrigere Bewertung einerseits, Gewinnausschüttung andererseits) die Bildung solcher Reserven bei der Bilanzaufstellung mangels gesellschaftsvertraglicher Regelung zulässig ist und ob und wie die Gesellschafter sich im Rahmen der Bilanzaufstellung oder -feststellung gegen die Bildung wehren können[16].

Der vom HGB erlaubten Bildung von Ermessensreserven steht die Problematik der gesellschaftsrechtlichen Zulässigkeit wegen der Auswirkungen auf die Gewinnermittlung gegenüber[17].

b) Steuerliche Sonderposten mit Rücklageanteil

Für Personengesellschaften und Einzelkaufleute, soweit sie nicht unter das PublG (§ 5 Abs. 1) fallen, erlaubt § 247 Abs. 3 HGB auch die Bildung von aufgrund ertragsteuerlicher Vorschriften zulässigen Passivposten. Im Unter-

14 So für Personengesellschaften vgl. BAETGE/FEY/FEY, in: Küting/Weber (Hrsg.), Handbuch der Rechnungslegung, 1986, § 243 HGB Rdn. 30–34; SCHULZE ZUR WIESCH, WPg 1987, 149 ff; PANKOW/LIENAU, Beck'scher Bilanz-Kommentar, 1986, § 253 HGB Rdn. 651–660; sowie ADLER/DÜRING/SCHMALTZ, aaO (Fn. 9), § 253 HGB Tz. 25; SCHULZE-OSTERLOH, ZHR 150 (1986), 421; WOLTMANN, WPg 1985, 275 ff; ob man für Personengesellschaften von einer Fortführung des bisherigen Rechts uneingeschränkt sprechen kann – so BIENER/BERNEKE, Bilanzrichtlinien-Gesetz, 1986, S. 96 – erscheint zweifelhaft.

15 SCHULZE ZUR WIESCH; WPg 1987, 154; GROSSFELD, NJW 1986, 955, 957.

16 Hierzu H. WESTERMANN, aaO (Fn. 4), Teil I Rdn. 302–304.

17 GROSSFELD, NJW 1986, 955, 958.

schied zu Kapitalgesellschaften (§ 273 HGB) kommt es hierbei nicht darauf an, ob die steuerliche Anerkennung davon abhängig ist, daß der Sonderposten auch im handelsrechtlichen Jahresabschluß ausgewiesen ist. Diese Regelung hat insbesondere Bedeutung für die Preissteigerungsrücklage (§ 74 EStDV), die damit wie bisher fortgeführt werden kann. Für die Personengesellschaften ergeben sich Probleme höchstens dann, wenn der Gesellschaftsvertrag gerade die Anwendung aktienrechtlicher Bilanzierungsvorschriften vorschreibt, wonach der Ausweis dieses Sonderpostens nicht mehr zulässig wäre.

III. Regelungen betreffend die Bilanzierung in Gesellschaftsverträgen

Es besteht Übereinstimmung[18] dahingehend, daß im Gesellschaftsvertrag über den Jahresabschluß der Personengesellschaft besondere Bestimmungen getroffen werden können; sie können sowohl die Bilanzaufstellung als auch die Bilanzfeststellung betreffen. Sie können die Anwendung aktienrechtlicher Vorschriften oder die Bilanzierung nach Steuerrecht vorschreiben. Sie können auch eine Bilanzierung vorsehen, wonach alle steuerlichen Vergünstigungen wahrzunehmen sind. Denkbar sind auch Bilanzierungsanweisungen zu den verschiedenen Bilanzposten. Schließlich kann insbesondere auch die Prüfung des Jahresabschlusses durch einen Wirtschaftsprüfer (bzw. vereidigten Buchprüfer im Sinne der WPO) vorgeschrieben sein, wobei die Wahl des Abschlußprüfers entweder allen Gesellschaftern (mehrheitlich oder einstimmig) oder nur den Minderheitsgesellschaftern oder nur den geschäftsführenden (persönlich haftenden) Gesellschaftern zusteht[19].

Es ist nun zu untersuchen, ob und wie diese gesellschaftsvertraglichen Vorschriften, die im engen Zusammenhang mit der Gewinnverteilung und den Entnahmemöglichkeiten für die Gesellschafter zu sehen sind, nach Inkrafttreten des Bilanzrichtlinien-Gesetzes fortbestehen können oder der Abänderung bedürfen.

1. Gesellschaftsverträge ohne nähere Bestimmungen

In welchem Umfang es überhaupt Personengesellschaftsverträge gibt, die keine Bestimmungen über die Gestaltung des Jahresabschlusses enthalten, läßt sich mangels vorliegender Untersuchungen nicht beurteilen. In diesen Fällen gelten die oben unter II. 2. bis 4. gemachten Ausführungen; die geschäftsführen-

18 H. Westermann, aaO (Fn. 4), Teil I Rdn. 305; BGH BB 1976, 948; U. Huber, aaO (Fn. 3), S. 337.
19 Hierzu vgl. BGHZ 76, 338.

den Gesellschafter können die bisherige Bilanzierungspraxis bei der Bilanzaufstellung beibehalten, wenn und soweit diese dem neuen Bilanzrecht, das aber im Kern unverändert geblieben ist (oben I.), entspricht.

Solche Gesellschaftsverträge bedürfen im Grundsatz keiner Anpassung, insbesondere wenn die Gesellschafter sich – ggf. durch einen formell gefaßten Gesellschafterbeschluß – über die Einzelheiten der Aufstellung des Jahresabschlusses nach neuem Recht geeinigt haben. Die Gesellschafter können aber das neue Bilanzrecht auch zum Anlaß nehmen, ihren Gesellschaftsvertrag um eine Bilanzklausel zu ergänzen, um spätere Streitfragen möglichst auszuschließen.

2. *Gesellschaftsverträge mit näheren Bestimmungen über die Aufstellung des Jahresabschlusses*

In vielen Fällen enthalten Gesellschaftsverträge Bestimmungen über Gliederung und Bewertung des Jahresabschlusses (Bilanzklausel); bei Publikumspersonengesellschaften wie Personengesellschaften mit einem großen Gesellschafterkreis sind mitunter sehr ausführlich formulierte Bilanzklauseln anzutreffen.

Der Inhalt solcher Bilanzklauseln kann sehr unterschiedlich sein: Er reicht von der Bestimmung, daß generell die aktienrechtlichen oder die steuerlichen Regeln einzuhalten seien (mit oder ohne Verweis auf die gesetzlichen Bestimmungen) bis hin zu detaillierten Bilanzierungs- und Bewertungsanweisungen für die einzelnen Bilanz- (und GuV-)Posten. Die von den geschäftsführenden Gesellschaftern im Hinblick auf die Vereinbarkeit solcher vertraglicher Klauseln mit dem neuen Bilanzrecht anzustellenden Überlegungen hängen von dem Wortlaut der Klausel ab. Im einzelnen:

a) Ist der Wortlaut der vertraglichen Bilanzklausel *eindeutig* und decken sich die daraus zu ziehenden Folgerungen für die Bilanzierung auch mit dem neuen Bilanzrecht, ergeben sich keine Probleme. Unter eine problemlose Bilanzklausel würden z. B. fallen: „Der Jahresabschluß ist unter Berücksichtigung steuerlicher Vorschriften aufzustellen" oder „Die Handelsbilanz soll der Steuerbilanz entsprechen". Bei diesen Klauseln ist ein Widerspruch zum neuen Bilanzrecht nicht ersichtlich; dies gilt um so mehr, als das Bilanzrichtlinien-Gesetz einer steuerneutralen Konzeption folgt[20], so daß die neuen handelsrechtlichen Vorschriften dem bisherigen Steuerrecht entsprechen (vgl. auch § 247 Abs. 3 HGB). Für die Bewertung würde eine solche Klausel bedeuten, daß die erörterten kaufmännischen Ermessensabschreibungen (§ 253 Abs. 4 HGB) und etwaige Aufwandsrückstellungen (§ 249 Abs. 2 HGB), da sie ertragsteuerlich nicht anerkannt werden, auch in der Handelsbilanz nicht vorgenommen werden dürfen, wäh-

20 Bericht des Rechtsausschusses, BT-Drucks. 10/4289, S. 88 und 90.

rend steuerlich anerkannte Sonderabschreibungen (z. B. nach § 6 b EStG) berücksichtigt werden können, vgl. auch § 254 HGB[21].

Man trifft auch Bilanzklauseln an, die insbesondere zur Bewertung der Vermögensgegenstände des Anlage- und Umlaufvermögens nähere Anweisungen geben, ohne daß auf andere Gesamtregelungen oder Bestimmungen in anderen Gesetzen Bezug genommen wird. Soweit diese Klauseln im Rahmen des neuen Bilanzrechts für Personengesellschaften (Drittes Buch, Erster Abschnitt des HGB) liegen, aber den dort gewährten Spielraum einengen (insbesondere die Bildung stiller Reserven, auch soweit sie durch § 253 Abs. 4 HGB zulässig wären, verbieten), bestehen keine Bedenken, die Bilanzklausel weiter anzuwenden und die bisherige Bilanzierungspraxis fortzuführen.

Bei der Anwendung solcher – in Zukunft fortführbarer – Bilanzklauseln sind jedoch zusätzlich neue gesetzliche Vorschriften, z. B. der Vermerk von Haftungsverhältnissen unter der Bilanz (§ 251 HGB) oder die Passivierung von Pensionsverpflichtungen zu beachten.

b) Erlaubt die bestehende Bilanzklausel keine Aussage darüber, welche Bedeutung ihr gegenüber den neuen Bilanzierungsvorschriften beizumessen ist, so kommt zunächst eine Auslegung des Gesellschaftsvertrages in Betracht.

Gesellschaftsverträge von Personengesellschaften werden nach den für Rechtsgeschäfte geltenden Maßstäben (§§ 133, 157 BGB) ausgelegt; dabei steht hier die subjektive Seite (die Erforschung des wirklichen Willens der Beteiligten, insbesondere der Wille der Gründergesellschafter) im Vordergrund. Dagegen kann die objektiv geprägte Interpretation nach Art einer Gesetzesauslegung, wie sie bei Satzungen juristischer Personen vorherrscht, dann in Betracht kommen, wenn die Personengesellschaft nach Art einer „Massengesellschaft" (z. B. Publikums-KG) organisiert ist[22]. Je nach Sachlage wird die Auslegung der Bilanzklausel unter Berücksichtigung aller übrigen Bestimmungen des Gesellschaftsvertrages zu erfolgen haben; bei der Auslegung wird u. a. der Zusammenhang mit den Gewinnverteilungs- und Entnahmeregelungen genauso zu beachten sein wie die Regelung über die Bewertung beim Ausscheiden aus der Gesellschaft. Ferner ist zu berücksichtigen, wie die Gesellschafter bisher die Bilanzklausel in der Praxis gehandhabt haben, insbesondere wenn anstelle der Gründer inzwischen andere Gesellschafter getreten sind.

21 In manchen Bilanzierungsklauseln findet sich die Bestimmung, daß steuerlich anerkannte Abschreibungen (Vergünstigungen), also auch unabhängig von der Ertragslage, wahrzunehmen sind; im Rahmen dieses Beitrags können die hiermit zusammenhängenden Fragen nicht näher vertieft werden.

22 Vgl. u. a.: Wiedemann, DNotZ 1977 (Sonderheft), 99 ff; Wiedemann, Gesellschaftsrecht, Bd. I, 1980, S. 165 ff; Ulmer, Münchener Komm. z. BGB, 2. Aufl., 1986, § 705 Rdn. 122–124; H. Westermann, aaO (Fn. 4), Teil I Rdn. 78; BGH BB 1986, 223 weist auf die Berücksichtigung von Treu und Glauben hin; zur Auslegung der Bilanzklauseln vgl. Adler/Düring/Schmaltz, aaO (Fn. 9), Vorbem. zu Art. 23–28 EGHGB Tz. 32.

Von diesen Grundsätzen ausgehend ist zu versuchen, die Bedeutung der Bilanzklausel im Einzelfall zu klären. Lautet die Bilanzklausel z. B. „Die Gesellschaft hat ihren Jahresabschluß nach aktienrechtlichen Grundsätzen aufzustellen", so ist zunächst zu klären, in welchem Umfang die Vorschriften des AktG 1965 hinsichtlich der Gliederung und Bewertung in den letzten Jahresabschlüssen angewandt wurden. Die Auslegung der gesellschaftsvertraglichen Klausel wäre dann dahingehend möglich, nunmehr die für Kapitalgesellschaften geltenden Bestimmungen des HGB (§ 264 ff) auf den Jahresabschluß der Personengesellschaft anzuwenden; Zweifelsfragen wären durch die Gesellschafter zu klären.

Im einzelnen stellen sich aber eine Reihe weiterer Fragen. Bei Kapitalgesellschaften besteht der Jahresabschluß nunmehr auch aus einem Anhang (§ 264 Abs. 1 HGB)[23]; abgesehen von dessen Pflichtangaben (§§ 284, 285 HGB), die auf die Rechtsform der AG/GmbH abgestellt sind, besteht bei Kapitalgesellschaften in vielen für die Bilanz und die GuV wichtigen Punkten ein Wahlrecht, bestimmte Angaben zur näheren Erläuterung von Bilanzposten im Anhang zu machen oder einen gesonderten Ausweis in der Bilanz oder GuV vorzunehmen (vgl. z. B. die Bestimmungen in § 268 Abs. 1 Satz 2, 2, 6 und 7 sowie § 284 Abs. 1 HGB). Für Kapitalgesellschaften gibt es ferner Vorschriften, bei denen nur eine Angabe im Anhang vom Gesetz vorgesehen ist (z. B. § 268 Abs. 4 Satz 2 und 5 Satz 3 HGB sowie die Pflichtangaben in § 284 Abs. 2 HGB und § 285 HGB).

Die Auslegung einer Bilanzklausel, die auf aktienrechtliche Grundsätze verweist, wird häufig dazu führen, daß die Personengesellschaft die vorgenannten Angaben alle in dem Jahresabschluß – in Form von Fußnoten oder Bilanzvermerken – zu machen hat; damit wird eine dem Anhang der Aktiengesellschaft äquivalente Information für die Gesellschafter einer Personengesellschaft erreicht. Angaben, die auf die Rechtsform einer Kapitalgesellschaft abstellen (z. B. § 285 Nr. 9 und 10 HGB), können unterbleiben. Eine solche Auslegung der Bilanzklausel bietet sich an, wenn die Gesellschaft bisher einen Geschäftsbericht (ähnlich § 160 AktG a. F.) aufgestellt hat. Die Gesellschaft könnte aber auch die erforderlichen Angaben in einer Art Anhang machen, ohne auf diese Bezeichnung festgelegt zu sein. Für den Fall der Prüfung des Jahresabschlusses gelten die Ausführungen unten zu IV.

Wird der von den geschäftsführenden Gesellschaftern aufgestellte Jahresabschluß, der der eben genannten Auslegung folgt, von den übrigen Gesellschaftern im Rahmen ihrer Befugnisse bei der Bilanzfeststellung nicht gebilligt, so bleibt nur übrig, die Bilanzklausel des Gesellschaftsvertrages dem neuen Recht anzupassen, d. h. zu ändern (siehe hierzu unten VI.).

Eine Bilanzklausel, die auf bestimmte Vorschriften des AktG 1965 (z. B. §§ 148 ff AktG) verweist, kann wiederum anders gelagerte Probleme aufwerfen.

23 Nach § 5 Abs. 2 PublG n. F. sind unter dieses Gesetz fallende Personengesellschaften nicht zur Aufstellung eines Anhangs verpflichtet.

Hier geht es um die Rechtsfrage, ob die Verweisung auf nicht mehr geltende Gesetzesvorschriften so auszulegen ist, daß nunmehr die inhaltlich an die Stelle der bisherigen Vorschriften getretenen neuen Vorschriften (des HGB) Gültigkeit erlangen sollen oder ob die Verweisung insoweit als nicht mehr erfolgt anzusehen ist. Auch bei Klauseln dieser Art wird vor allem der bisherigen Bilanzierungspraxis des Unternehmens entscheidende Bedeutung beizumessen sein. Kann die Praxis durch Anwendung der neuen Vorschriften des HGB (Erster und Zweiter Abschnitt des Dritten Buches), die an die Stelle der alten aktienrechtlichen (auf die verwiesen ist) getreten sind, fortgeführt werden, so wird eine solche Umdeutung der Bilanzklausel zulässig sein. Andernfalls ist die Anpassung des Gesellschaftsvertrages durch Änderung desselben unvermeidlich.

Soweit Bilanzklauseln auf die Anwendung des Aktienrechts oder einzelne Bestimmungen des Aktienrechts verweisen und die Auslegung im vorbezeichneten Sinne zulässig ist, können damit nicht ohne weiteres auch die etwaigen Erleichterungen, die kleinen und mittelgroßen Kapitalgesellschaften hinsichtlich der Bilanz und GuV gewährt werden (§ 266 HGB bezüglich der Bilanz, § 276 HGB bezüglich der GuV – jeweils in Verbindung mit § 267 Abs. 1 und 2 HGB sowie §§ 326 und 327 HGB bezüglich weiterer Erleichterungen bei der Offenlegung), von den Personengesellschaften in Anspruch genommen werden; selbst wenn sie unter die entsprechenden Größenklassen fallen. Ist den Gesellschaftern bisher z. B. eine volle aktienrechtliche GuV – ausgehend von den Umsatzerlösen – vorgelegt worden, so müßte dies so bleiben.

Entscheidend für die Auslegung des Gesellschaftsvertrages muß sein, daß die Gesellschafter gegenüber der früher aufgrund der Bilanzklausel geübten Bilanzierung keinen Informationsverlust erleiden; und ferner, daß die in Zukunft anzuwendenden Bewertungsmethoden nicht – gegenüber den bisher angewandten – zur Verkürzung der Gewinnansprüche der Gesellschafter, z. B. durch Bildung von Ermessensreserven nach § 253 Abs. 4 HGB, führen. Weder kann die Auslegung des Gesellschaftsvertrages zu einem solchen Ergebnis führen noch dürfen die geschäftsführenden Gesellschafter – mangels sinnvoller Auslegungsmöglichkeiten – nunmehr die gesetzlichen Regeln des HGB (Erster Abschnitt des Dritten Buches) in dieser Weie zur Anwendung bringen.

c) Die Bilanzklauseln, die nach den vorstehenden Überlegungen keiner Auslegung zugänglich sind, können nicht weiter angewandt werden. Hier bleibt nur eine Änderung des Gesellschaftsvertrages als Ausweg mit den dafür nach dem Vertrag vorgesehenen Mehrheiten[24]. Kommt es danach nicht zu einer Änderung des Gesellschaftsvertrages, so tritt ein Schwebezustand ein, den die geschäftsführenden Gesellschafter bei der Bilanzaufstellung ausfüllen müssen. Im wesentli-

24 Hierzu H. Westermann, aaO (Fn. 4), Teil I Rdn. 98 sowie Rdn. 274 wegen der durch den Bestimmtheitsgrundsatz eingeschränkten Mehrheitsbeschlüsse; Ulmer, aaO (Fn. 22), § 705 BGB Rdn. 39–43; sowie BGH BB 1976, 948 mit Anm. Ulmer.

chen dürfte es sich im Falle der Nichteinigung um Differenzen über die in Zukunft gültigen Bewertungsregeln handeln. Dann sind die Bilanzaufstellenden nicht etwa frei, sondern sind an die bisherige Gliederungshandhabung und an etwa bisher im Unternehmen angewandte Bewertungsuntergrenzen, die das Verbot der Bildung stiller Reserven beinhalten, auch für den Schwebezustand gebunden, bis die neue Vertragsgestaltung, ggf. im Klageweg[25], geklärt oder sonst eine Einigung erreicht ist. Sind also die bisherigen Bilanzierungsgewohnheiten mit dem neuen Bilanzrecht vereinbar, so müssen einerseits die Gesellschafter die Beibehaltung dieser Gewohnheiten hinnehmen, andererseits können die für die Aufstellung des Jahresabschlusses verantwortlichen Gesellschafter nicht von diesen Gewohnheiten abweichen, selbst wenn das neue Bilanzrecht das zuließe. Dies gebietet die gesellschaftsrechtliche Treuepflicht.

IV. Rückwirkungen einer im Gesellschaftsvertrag vorgesehenen Abschlußprüfung des Jahresabschlusses

In Gesellschaftsverträgen findet sich häufig die Anordnung der Abschlußprüfung des Jahresabschlusses durch einen Wirtschaftsprüfer (WP) oder eine Wirtschaftsprüfungsgesellschaft[26]. Hierbei handelt es sich um sogenannte „freiwillige Prüfungen“[27], weil das HGB eine Pflichtprüfung für Personengesellschaften nicht vorsieht (Ausnahmen finden sich in Spezialgesetzen wie dem KWG).

Es entsprach schon bisheriger Berufsauffassung der Wirtschaftsprüfer, daß bei freiwilligen Abschlußprüfungen ein Bestätigungsvermerk (mit einem dem § 167 AktG a. F. nachgebildeten Wortlaut) nur erteilt werden kann, wenn eine Prüfung nach Art und Umfang einer Pflichtprüfung stattgefunden hat[28]. Im Unterschied zum Aktiengesetz verlangt das Bilanzrichtlinien-Gesetz in § 322 Abs. 1 HGB für die Kapitalgesellschaften einen inhaltlich neuen (erweiterten) Bestäti-

25 Es kommt hier insbes. eine Klage auf Zustimmung wegen der gesellschaftsrechtlichen Treuepflicht oder wegen veränderter Geschäftsgrundlage in Betracht; vgl. im einzelnen H. Westermann, aaO (Fn. 4), Teil I Rdn. 304; H. P. Westermann, FS Hefermehl, 1976, S. 225; sowie Flume, Allgemeiner Teil des Bürgerlichen Rechts, Bd. I, 1. Teil, Die Personengesellschaft, 1977, S. 35 zur ergänzenden Vertragsauslegung.

26 Die nachfolgenden Ausführungen gelten auch für einen vereidigten Buchprüfer/Buchprüfungsgesellschaft im Sinne von §§ 128 ff WPO n. F. Bei einer Prüfung durch Steuerberater stellen sich – jedenfalls bisher – die Probleme wegen unterschiedlichen Standesrechts anders.

27 Hierzu im einzelnen Goerdeler, FS R. Fischer, 1979, S. 149 ff.

28 So Fachgutachten HFA des IdW 3/1977, WPg 1977, 217 unter F. – Nach den Richtlinien für die Berufsausübung der Wirtschaftsprüfer und vereidigten Buchprüfer (Stand 12. März 1987) hat der Berufsangehörige die Anwendung der Fachgutachten des IdW sorgfältig zu überprüfen; zur Problematik der berufsrechtlichen Verbindlichkeit von Fachgutachten des IdW vgl. neuestens Biener, FS Goerdeler, 1987, S. 47.

gungsvermerk, der im Wortlaut auch zu der Frage Stellung nimmt, ob der Jahresabschluß unter Beachtung der Grundsätze ordnungsmäßiger Buchführung ein den tatsächlichen Verhältnissen entsprechendes Bild der Vermögens-, Finanz- und Ertragslage der Kapitalgesellschaft vermittelt. Das entsprechende Gebot für den Jahresabschluß einer Kapitalgesellschaft (§ 264 Abs. 2 Satz 1 HGB) ist danach im Testat des Abschlußprüfers zu wiederholen[29]. Ergänzungen des Bestätigungsvermerks sind nunmehr ausdrücklich zugelassen (§ 322 Abs. 2 HGB).

Will eine Personengesellschaft die vertraglich vorgesehene Abschlußprüfung auch mit einem formellen Bestätigungsvermerk im Sinne von § 322 HGB abgeschlossen sehen, so ergeben sich daraus weitergehende Probleme als nach bisherigem Recht[30]. Diese sind in der Stellungnahme des Sonderausschusses Bilanzrichtlinien-Gesetz (SABI) 1/1986 als auch aus berufsrechtlicher Sicht der Wirtschaftsprüfer in dem Entwurf eines neuen „Fachgutachtens für die Erteilung von Bestätigungsvermerken bei Abschlußprüfungen"[31] behandelt. Es können sich daraus Rückwirkungen auf die Aufstellung des Jahresabschlusses ergeben, ggf. auch für die Formulierung der Bilanzklausel im Gesellschaftsvertrag. Es geht hierbei im wesentlichen um die Probleme Anhang, Ausweis steuerlicher Posten (auch ohne die umgekehrte Maßgeblichkeit, § 247 Abs. 3 einerseits, § 273 HGB andererseits) sowie um die unterschiedlichen Bewertungsmaßstäbe. Werden diese Probleme anders als bei Kapitalgesellschaften behandelt, so kann der volle Bestätigungsvermerk des § 322 HGB nicht erteilt werden; dies ist auch im Ergebnis die in dem genannten Entwurf vertretene Auffassung.

Die Begründung für diese Auffassung liegt darin, daß die Kernfassung (voller Wortlaut) des Bestätigungsvermerks dem Leser eine stets gleichbleibende Interpretation ermöglichen soll. Würde die Kernfassung des § 322 HGB ohne Abstriche oder Zusätze auch für Personengesellschaften verwandt, könnten sich leicht Mißverständnisse ergeben, wenn der Jahresabschluß nicht den für eine Kapitalgesellschaft geltenden Grundsätzen entspricht. Personengesellschaften, die u. a. wegen Wünschen der Kreditgeber auf den vollen Wortlaut des Bestätigungsvermerks Wert legen, müssen daher dann in vollem Umfang wie eine Kapitalgesellschaft den Jahresabschluß, also mit einem Anhang oder mit einer Darstellung äquivalenter Information in anderer Form (siehe oben zu III. 2. b), aufstellen; über angewandte, abweichende Bewertungsmöglichkeiten (z. B. nach § 253 Abs. 4 HGB), die Kapitalgesellschaften nicht zustehen, wären im Anhang die Differenzbeträge anzugeben[32]. Kann sich die Personengesellschaft in ihrer Rech-

29 Hierzu FORSTER, FS Werner, 1984, S. 131, 143; SCHRUFF, WPg 1986, 181, 182 f.

30 SCHULZE-OSTERLOH, ZHR 150 (1986), 420, 421 hat auf diese Problematik, allerdings für die Pflichtprüfung von Personengesellschaften nach § 6 PublG, hingewiesen.

31 SABI 1/1986, WPg 1986, 166 ff unter III; der Entwurf des Fachgutachtens, WPg 1987, 90 zu G; das neue Fachgutachten tritt an die Stelle von FG 3/1977, WPg 1977, 217.

32 Vgl. Entwurf Fachgutachten, WPg 1987, 90, G I i. V. m. Anm. 3 in C I.

nungslegung zu einer so weitgehenden Anpassung an die Kapitalgesellschaft nicht entschließen, so kann der Abschlußprüfer nach der sich bildenden Berufsauffassung nur ein entsprechendes gekürztes Testat erteilen oder das Testat durch Zusätze so ergänzen, daß aus dem Wortlaut des Bestätigungsvermerks möglichst eindeutig hervorgeht, wozu (d.h. zu einem nach welchen Regeln aufgestellten Jahresabschluß) er seine Bestätigung nach stattgefundener Prüfung abgibt. Dies gilt auch, wenn die Angaben im Anhang (§§ 284, 285 HGB) sich nicht aus Bilanz oder GuV ergeben oder wenn ein Lagebericht nicht aufgestellt wird (§ 289 HGB).

V. Besonderheiten für eine dem Publizitätsgesetz unterliegende Personengesellschaft

Bei Erreichen bestimmter Größenordnungen unterliegen Personengesellschaften wie bisher seit Erlaß des Gesetzes 1969 diesem besonderen Gesetz. Dessen Rechnungslegungsvorschriften (in § 5 PublG) verweisen jetzt auf die neuen Bestimmungen im HGB, die für Kapitalgesellschaften gelten, allerdings bleiben sie von den Bewertungsvorschriften und den Gliederungsvorschriften für die GuV wie bisher nicht betroffen, auch von der Aufstellung eines Anhangs sind sie befreit; Erleichterungen gelten nach wie vor für die Offenlegung des GuV[33]. In diesem gesetzlich vorgegebenen Rahmen bleiben auch diese Personengesellschaften frei, in den Gesellschaftsvertrag weitere Vorschriften über die Bilanzierung aufzunehmen oder aber insbesondere bei der Gliederung des Jahresabschlusses, z.B. beim Eigenkapitalausweis, einen den Besonderheiten der Personengesellschaft zweckentsprechenden Ausweis zu praktizieren. Bisherige Klauseln dieser Art können nach den oben genannten Grundsätzen ausgelegt werden, wenn sich nicht eine Änderung als notwendig erweist. Die sich aus diesen Regelungen ergebenden Folgerungen sind auch für die hier gesetzlich vorgeschriebene Abschlußprüfung (§ 6 PublG) von Bedeutung; die für den Abschlußprüfer zu beachtenden Grundsätze ergeben sich aus dem oben erörterten Entwurf des Berufsstandes[34].

VI. Bilanzfeststellung

Auch im Recht der Personengesellschaften wird von der Bilanzaufstellung die Bilanzfeststellung – ähnlich wie bei den Kapitalgesellschaften – zunehmend

33 Zu Bilanzierungsanweisungen vgl. MAULBETSCH, DB 1986, 953; zu Gliederungsfragen vgl. WP-Handbuch 1985/86, Bd. II, S. 283 ff; wegen des Ausweises der auf das Handelsgeschäft entfallenden Steuern vgl. WP-Handbuch 1985/86, Bd. I, S. 692 f.

34 Entwurf Fachgutachten, WPg 1987, 90 unter C Anm. 3.

unterschieden. Dabei obliegt nach der gesetzlichen Regelung (§§ 115, 164 HGB) bei OHG und KG die Aufstellung des Jahresabschlusses (Bilanzaufstellung) den geschäftsführenden Gesellschaftern[35]. Die Bilanzfeststellung hingegen ist bei der OHG Sache aller Gesellschafter; sie gehört zu den Grundlagengeschäften[36]. Bei der KG ist die Frage, wem die Feststellung des Jahresabschlusses (Billigung der Bilanz bzw. Bilanzfeststellung) obliegt, umstritten; dies hängt auch mit der nicht eindeutigen Rechtsnatur der Bilanzfeststellung zusammen. Die zunehmende h. M.[37] nimmt einen Feststellungsvertrag an und verlangt die Mitwirkung aller Gesellschafter, auch der Kommanditisten.

Der Gesellschaftsvertrag kann sowohl bei der OHG als auch bei der KG eine abweichende Regelung treffen; insbesondere kann er Mehrheiten festlegen, die für den Bilanzfeststellungsbeschluß gelten sollen[38].

Ist im Gesellschaftsvertrag keine Regelung enthalten, haben demnach (sowohl bei der OHG als auch bei der KG) alle Gesellschafter darüber zu entscheiden, ob sie den von den geschäftsführenden Gesellschaftern nach neuem Bilanzrecht aufgestellten Jahresabschluß mit dessen Feststellung billigen. Erfolgt die Billigung, ist damit auch die etwaige Auslegung einer Bilanzklausel des Gesellschaftsvertrages, so wie sie die geschäftsführenden Gesellschafter im Jahresabschluß vorgenommen haben, bestätigt. Stimmen nicht sämtliche Gesellschafter zu, muß – nach erfolglosem Versuch einer einvernehmlichen Lösung, ggf. einer Änderung des Gesellschaftsvertrages – der Rechtsweg beschritten werden[39].

Hat der Gesellschaftsvertrag hingegen bestimmte Mehrheiten für die Bilanzfeststellung vorgesehen, so kann sich für den überstimmten Gesellschafter die Frage stellen, ob er seinerseits gegen den Bilanzfeststellungsbeschluß vorgeht, insbesondere wenn er Gründe hat, die etwa vorgenommene Auslegung des Gesellschaftsvertrages zu rügen, oder wenn die Mehrheit ihm gegenüber die gesellschaftliche Treuepflicht verletzt hat[40].

35 Statt vieler H. Westermann, aaO (Fn. 4), Teil I Rdn. 302 und BGHZ 76, 339 (342): die Bilanzaufstellung ist eine Geschäftsführungsmaßnahme.

36 Dies wird teilweise auch daraus geschlossen, daß alle persönlich haftenden Gesellschafter den Jahresabschluß zu unterzeichnen haben (§ 245 Satz 2 HGB = § 41 Satz 2 HGB a. F.) – dies ist aber mehr die öffentlich-rechtliche Seite.

37 Ulmer, FS Hefermehl, 1976, S. 207, 216; Baumbach/Duden/Hopt, aaO (Fn. 3), § 164 HGB Anm. 1 B; Karsten Schmidt, Gesellschaftsrecht, 1986, S. 1146; BGHZ 76, 339, 342; a. M. noch Schilling, Großkomm. z. HGB, 3. Aufl., 1970, § 167 Anm. 3; Sarx, Beck'scher Bilanz-Kommentar, 1986, § 247 HGB Rdn. 338.

38 Siehe den Fall: BGH BB 1976, 948.

39 Siehe oben Fn. 25.

40 Hierzu R. Fischer, Gesammelte Schriften, 1985, S. 206. – Auf ein Vorgehen nach § 166 HGB wird hier nicht näher eingegangen.

VII. Schlußbemerkung

Die Auswirkungen des Bilanzrichtlinien-Gesetzes auf die Personengesellschaften und ihre Gesellschaftsverträge werden in den kommenden Jahren in der Praxis im besonderen Maße beachtet werden müssen; sie werden auch die Gerichte beschäftigen. Die bis jetzt erschienene Literatur[41] zeigt, welches Interesse in der Fachwelt diesem Gebiet entgegengebracht wird. Dabei wird es im Sinne der vom Rechtsausschuß geäußerten Meinung[42] zwar zu keiner „pauschalen Übertragung der für Kapitalgesellschaften vorgeschriebenen Regelungen" auf Personengesellschaften kommen, aber im einzelnen wird diskutiert werden, ob bestimmte Vorschriften für letztere doch auf Personengesellschaften (ggf. als Ausformung der GoB) entsprechend anwendbar sind. Der Rat von *Hans-Joachim Fleck*, in dessen Wirken das Recht der Kapitalgesellschaften im Vordergrund stand, wird daher auch für Personengesellschaften und auch in Zukunft Gewicht haben.

41 Vgl. zum Beispiel in Beck'scher Bilanz-Kommentar, 1986, § 247 HGB vor Rdn. 301; BAETGE/FEY/FEY, aaO (Fn. 14), § 243 HGB Rdn. 1.

42 Bericht des Rechtsausschusses, BT-Drucks. 10/4289, S. 88 unter III.

Rückgriff des haftenden Treuhandkommanditisten

– Besprechung der Entscheidung BGHZ 93, 246* –

von

Univ.-Professor DR. WALTHER HADDING, Mainz

Mit sicherem Judiz und besonderem Verantwortungsbewußtsein hat *Hans-Joachim Fleck* als Richterpersönlichkeit die Rechtsprechung des II. Zivilsenats des Bundesgerichtshofs vor allem im Gesellschaftsrecht über viele Jahre hin mitgeprägt. In die Zeit seines verdienstvollen Wirkens fällt auch die Entwicklung der besonderen Rechtsprechung zu den Publikums-Kommanditgesellschaften[1]. Dieser persönliche und sachliche Bezug mag es nahelegen, ihm als Dank und mit allen guten Wünschen die Besprechung einer Entscheidung des II. Zivilsenats auf eben diesem Rechtsgebiet zu widmen.

HGB § 172

Die Haftung des ausgeschiedenen Kommanditisten lebt nicht wieder auf, wenn ihm der persönlich haftende Gesellschafter aus eigenem Vermögen eine Leistung an Gesellschaftsgläubiger vergütet und aus rechtlichen oder tatsächlichen Gründen bei der Kommanditgesellschaft nicht Rückgriff nehmen kann.

BGH, Urt. v. 14. Januar 1985 – II ZR 103/84 – OLG Oldenburg

Der Beklagte ist auf Grund eines Zwangsvergleichs treuhänderischer Verwalter über das Vermögen der Sch. & B. KG und in dieser Eigenschaft ermächtigt, deren Aktiv- und Passivprozesse zu Ende zu führen. Der Kläger hatte im vorhergegangenen, am 14. September 1982 aufgehobenen Konkursverfahren die jetzt im Prozeß verfolgte Forderung von 109 891,13 DM zur Konkurstabelle angemeldet; der Beklagte als damaliger Konkursverwalter hatte sie jedoch bestritten. Der Kläger macht sie nun gegen den Beklagten geltend. Mit dieser Forderung hat es folgende Bewandtnis:

Der Kläger war mit einer Einlage von 100 000,– DM mittelbar über eine Landesbank als Treuhandkommanditist an der MS „St. B." Schiffahrtsgesellschaft Sch. & B. KG beteiligt. Nachdem er vertragsgemäß ausgeschieden war, hatte er seine Einlage zurückerhalten. Daraufhin war jedoch die Landesbank von Gläubigern der MS „St. B." KG wegen der nach § 172 Abs. 4, § 171 Abs. 1 HGB wiederaufgelebten Haftung in Höhe von 100 000,– DM in Anspruch genommen worden. Sie verlangte diesen Betrag mit Zinsen vom Kläger als

* Veröffentlicht u. a. in: WM 1985, 455; WuB II F. § 172 HGB 1.85 mit Anm. MÖSCHEL; JZ 1985, 1001 mit Anm. KORNBLUM; NJW 1985, 1776; LM Nr. 14 zu § 172 HGB; DB 1985, 906; BB 1985, 821 mit Anm. WOLFSTEINER, BB 1985, 1217 und JAHNKE, BB 1986, 757; MDR 1985, 556; JuS 1985, 733 (K. SCHMIDT); ZIP 1985, 609; EWiR § 172 HGB 1/85, 30 (K. SCHMIDT).

1 Vgl. zu dieser Rechtsprechung namentlich KRAFT, FS R. Fischer, 1979, S. 321; SCHLARMANN, BB 1979, 192; KELLERMANN, FS Stimpel, 1985, S. 295.

„Auslagen für Geschäftsführung" erstattet. Dieser hat den Anspruch erfüllt und beansprucht nun seinerseits seine Leistungen vom Beklagten als dem Verwalter des Vermögens der Sch. & B. KG, der früheren persönlich haftenden Gesellschafterin der MS „St. B." KG, ersetzt.

Das Landgericht hat der noch während des Konkursverfahrens erhobenen Klage auf Feststellung der Forderung von 109 891,13 DM zur Konkurstabelle stattgegeben. Das Oberlandesgericht hat die Berufung des Beklagten zurückgewiesen. Die Revision des Beklagten führte zur Zurückverweisung der Sache an das Berufungsgericht.

I. Haftung des Treuhandkommanditisten

1. „Der Fall ist kompliziert" – wie *Karsten Schmidt*[2] bemerkt – und hat schon einmal den II. Zivilsenat des BGH unter einem anderen rechtlichen Aspekt beschäftigt[3]. Den Ausgangspunkt bildete die MS „St. B." KG, eine Schiffahrtsgesellschaft, an der als Komplementär eine andere Kommanditgesellschaft, nämlich die Sch. & B. KG, und als Kommanditist eine Landesbank beteiligt waren. Allerdings hatte die Landesbank die Stellung als Kommanditist mit einem übernommenen Kommanditanteil von acht Millionen DM nur treuhänderisch für die zahlreichen zu werbenden Kapitalanleger inne. Die Kapitalanleger wurden nicht selbst Kommanditisten; vielmehr war die Landesbank als alleiniger Treuhandkommanditist mit den einzelnen Kapitalanlegern als Treugebern jeweils durch einen standardisierten Treuhandvertrag verbunden. Bei einer solchen rechtlichen Gestaltung („kupierte Publikums-KG"[4]) sind die einzelnen Kapitalanleger also mit der KG grundsätzlich nicht gesellschaftsrechtlich verknüpft; nur der Treuhandkommanditist ist Gesellschafter, und zwar sowohl im (internen) Gesellschaftsverhältnis zu der Kommanditgesellschaft und dem Komplementär (hier: Sch. & B. KG) als auch im Verhältnis zu außenstehenden Gläubigern dieser Kommanditgesellschaft[5]. Deshalb traf auch die *Gesellschafterhaftung* für eine Verbindlichkeit der MS „St. B." Kommanditgesellschaft gegenüber den Mitgliedern eines Bankenkonsortiums gemäß § 172 Abs. 4 Satz 1 i. V. m. § 171 Abs. 1 HGB allein die Landesbank als *Treuhandkommanditist*[6].

2 K. Schmidt, JuS 1985, 733; ebenso Kornblum, JZ 1985, 1002: „atypisch und kompliziert".

3 Vgl. BGHZ 76, 127 = WM 1980, 307 = NJW 1980, 1163 = JZ 1980, 318 = MDR 1980, 557 = JuS 1980, 611 (K. Schmidt) = LM Nr. 10 zu § 172 HGB (nur Leitsatz).

4 Im Sinne von Bälz, ZGR 1980, 1, 11 ff. Vgl. auch A. Hofmann, Die Rechtsstellung des Treugebers in der kupierten Publikums-KG, Diss. Göttingen, 1985.

5 Vgl. BGHZ 76, 127, 130 unten: „nach außen Trägerin der Kommanditistenrechte und -pflichten"; BGHZ 93, 246, 247: „allein die Landesbank ... die (auch im Handelsregister eingetragene) Kommanditistin". Siehe auch OLG Frankfurt OLGZ 1977, 339, 341; H. Westermann, in: Handbuch der Personengesellschaften, 1967 ff, Stand: 1982, I 113.8; Maulbetsch, Beirat und Treuhand in der Publikumspersonengesellschaft, 1984, S. 115; Gieseke, DB 1984, 970.

6 Vgl. BGHZ 76, 127, 130, 132/133; Maulbetsch, aaO (Fn. 5), S. 168.

Dem war vorausgegangen, daß ein Kapitalanleger als Treugeber den Treuhandvertrag gekündigt und daraufhin seine mittelbare „Einlage" in der MS „St. B." KG durch deren Komplementär (Sch. & B. KG) als Abfindungsbetrag zurückgezahlt erhalten hatte[7]. Dies hat der II. Zivilsenat des BGH schon in dem erwähnten Rechtsstreit als eine Rückzahlung der Einlage im Sinne von § 172 Abs. 4 Satz 1 HGB qualifiziert, die der Landesbank als Treuhandkommanditist „zuzurechnen" sei und deren Gesellschafterhaftung, die zunächst mit Leistung der Einlage entfallen war (§ 171 Abs. 1 Halbsatz 2 HGB), wieder aufleben ließ[8]. Der Kapitalanleger als Treugeber hatte also selbst nicht unmittelbar für die Gesellschaftsverbindlichkeiten der MS „St. B." KG einzustehen, sondern statt seiner eben die Landesbank als haftender Treuhandkommanditist[9].

2. Die Landesbank als Treuhandkommanditist erlangte jedoch nach Erfüllung ihrer gesetzlichen Haftungsschuld aufgrund des Treuhandvertrags i. V. m. §§ 675, 670 BGB einen Anspruch auf *Ersatz der Aufwendungen*, weil der Kapitalanleger als *Treugeber* sie von der Haftungsschuld zu befreien hatte, die durch die Rückzahlung des Abfindungsbetrags an ihn zu Lasten der Landesbank als Treuhandkommanditist wieder aufgelebt war. Dieser Erstattungsanspruch war Gegenstand des genannten Rechtsstreits[10]. Der Kapitalanleger als Treugeber und „wirtschaftlicher Träger der Beteiligung"[11] hat inzwischen den fraglichen Erstattungsbetrag an die Landesbank als Treuhandkommanditist geleistet.

II. Rechtsgrundlagen des Rückgriffs

1. In dem nunmehr anhängigen Rechtsstreit geht es um den Rückgriff des haftenden Treuhandkommanditisten. Allerdings war zunächst gerade die materielle *Rechtsinhaberschaft* hinsichtlich der Rückgriffsansprüche höchstrichterlich klarzustellen. Da nämlich der Kapitalanleger als Treugeber die Aufwendungen der Landesbank als Treuhandkommanditist aufgrund der Außenhaftung gemäß der Verurteilung durch BGHZ 76, 127 erstattet hatte, meinte er – und die

7 Vgl. zum Kündigungsrecht des Kapitalanlegers als Treugeber bei mittelbarer Beteiligung über einen Treuhandkommanditisten: BGHZ 73, 294 mit Bespr. Kraft, ZGR 1980, 399; weitere Fundstellen: WM 1979, 642; NJW 1979, 1503; DB 1979, 1350; BB 1979, 802; GmbH-Rdsch. 1979, 156; JuS 1979, 742 (K. Schmidt); JA 1980, 178 mit Anm. Rütter-Preis. Siehe auch OLG München WM 1984, 810, 812/813.

8 BGHZ 76, 127, 129/130.

9 Vgl. zur grundsätzlichen Nichthaftung des Treugebers, der kein Gesellschafter ist, gegenüber Gesellschaftsgläubigern: Blaurock, Unterbeteiligung und Treuhand an Gesellschaftsanteilen, 1981, S. 216 unter Bezugnahme auf BGH WM 1961, 1003, 1005; K. Schmidt, Gesellschaftsrecht, 1986, § 57 III 3.

10 BGHZ 76, 127.

11 So BGHZ 76, 127, 132.

Instanzgerichte folgten ihm –, daß jetzt ihm selbst ein unmittelbarer Rückgriff gegen die MS „St. B." KG oder gegen deren Komplementär, die Sch. & B. KG, möglich sei. Der II. Zivilsenat des BGH hat jedoch zutreffend nur den haftenden *Treuhandkommanditisten* als Träger eventueller Rückgriffsansprüche qualifiziert, weil eben nur dieser Gesellschafter ist. Der Treugeber kann nicht aus eigenem Recht vorgehen, selbst wenn er dem haftenden Treuhandkommanditisten die insoweit entstandenen Aufwendungen erstattet hat, sondern es bedarf einer Abtretung der Rückgriffsansprüche, um diese unmittelbar geltend machen zu können. Die Abtretung kann gemäß §§ 675, 667 BGB gefordert werden. Das entspricht allgemeinem Treuhandrecht.

2. Für die tatbestandlichen Voraussetzungen, unter denen Rückgriffsansprüche entstehen, kommt es also allein auf die Rechtsstellung des Treuhandkommanditisten an. Der Rückgriff des haftenden Treuhandkommanditisten kann sich (1) gegen die Kommanditgesellschaft richten oder (2) gegen andere Mitgesellschafter, insbesondere einen Komplementär. Die *Rechtsgrundlagen und Modalitäten* eines Rückgriffs hängen nach der Rechtsprechung des BGH vor allem auch davon ab, ob der haftende Gesellschafter (hier: Treuhandkommanditist) als gegenwärtiges Mitglied der Gesellschaft (hier: MS „St. B." KG) oder aber als ausgeschiedener Gesellschafter in Anspruch genommen worden ist und für Gesellschaftsverbindlichkeiten hat einstehen müssen.

a) Zum Rückgriff des haftenden Gesellschafters einer OHG oder KG *während seiner Mitgliedschaft* ist man sich – im Anschluß an das Urteil BGHZ 37, 299[12] – jedenfalls im Ergebnis über folgende Beurteilung weithin einig:

(1) Der haftende Gesellschafter hat in erster Linie einen Erstattungsanspruch in voller Höhe *gegen die OHG oder KG*, und zwar in zumindest entsprechender Anwendung von § 110 Abs. 1 (§ 161 Abs. 2) HGB[13]. Der Erstattungsanspruch

12 Weitere Fundstellen: WM 1962, 905; NJW 1962, 1863 mit Anm. ZUNFT, S. 2188; LM Nr. 11 zu § 128 HGB mit Anm. R. FISCHER; BB 1962, 899; MDR 1962, 884; JuS 1962, 484. Das Urteil (zur KG) ist bestätigt worden in BGH WM 1974, 749, 751; WM 1981, 139, 140 (jeweils zur GbR). Vgl. dazu insbesondere die gründliche Analyse bei F. HÄUSER, Unbestimmte „Maßstäbe" als Begründungselement richterlicher Entscheidungen (Schriften zum Wirtschaftsrecht, Bd. 38), 1981, S. 185 ff.

13 Ganz h. M.: BGHZ 39, 319, 323/324 (weitere Fundstellen unten Fn. 22); BGH WM 1978, 114; BGHZ 76, 127, 130; 93, 246, 249. Aus der Literatur: HADDING, JuS 1968, 173, 175 m. w. N. 177 Erl. 16; KORNBLUM, Die Haftung der Gesellschafter für Verbindlichkeiten von Personengesellschaften, 1972, S. 98 m. w. N. in Fn. 1; ferner WIEDEMANN, Gesellschaftsrecht, Bd. I, 1980, § 5 III 2 a (S. 270), ohne eine Anspruchsgrundlage zu benennen; REINHARDT/SCHULTZ, Gesellschaftsrecht, 2. Aufl., 1981, Rdn. 129; WALTER, JuS 1982, 81, 83; HÜFFER, Gesellschaftsrecht, 2. Aufl., 1983, S. 146 f; KRAFT/KREUTZ, Gesellschaftsrecht, 6. Aufl., 1985, S. 152, 166; BAUMBACH/DUDEN/HOPT, Komm. z. HGB, 27. Aufl., 1987, § 128 Anm. 4 A; a. A. wohl nur BUCHNER, AcP 169 (1969), 483, 506 f.

gegen die Gesellschaft kann hingegen nicht – wie von manchen angenommen[14] – alternativ oder sogar statt dessen auf § 426 Abs. 1 Satz 1 oder § 426 Abs. 2 Satz 1 BGB gestützt werden. Denn die Verbindlichkeit der OHG oder KG, die erfüllt worden ist, und die gesetzliche Haftungsschuld des Gesellschafters (§§ 128–130; 161 Abs. 2, 171–176 HGB) bilden mangels einer gesetzlichen Vorschrift dieses Inhalts keine Gesamtschuld. Nur die Gesellschafter untereinander haften nach § 128 Satz 1 HGB „als Gesamtschuldner". Deshalb fehlt es im Verhältnis des haftenden Gesellschafters zu der OHG oder KG für eine Anwendung des gesamten § 426 BGB an einer tatbestandlichen Anknüpfung. Das hat der II. Zivilsenat des BGH[15] schon früher ausdrücklich bestätigt. Solange der haftende Gesellschafter der OHG oder KG angehöre, sei im Verhältnis zu der Gesellschaft keine Gesamtschuld gegeben, so daß „schon deshalb für eine unmittelbare Anwendung des § 426 Abs. 2 BGB kein Raum" sei. Aber auch für eine entsprechende Anwendung des § 426 Abs. 2 BGB bestehe hier „kein hinreichender Anlaß", weil für den Rückgriff des haftenden Gesellschafters auf die Gesellschaft „die Vorschrift des § 110 HGB maßgeblich" sei.

(2) Von den *anderen Gesellschaftern* kann der haftende Gesellschafter (a) nur *hilfsweise* einen Ausgleich verlangen, wenn nämlich der Erstattungsanspruch gegen die OHG oder KG sich aus dem Gesellschaftsvermögen nicht verwirklichen läßt, und (b) nur in Höhe eines Betrags, der dem *Verlustanteil* entspricht, der nach dem Gesellschaftsvertrag oder dem Gesetz auf den jeweiligen Mitgesellschafter entfällt. Dieser Rückgriffsanspruch gegen andere Gesellschafter läßt sich zutreffend aus § 426 Abs. 1 Satz 1 BGB herleiten, weil die Gesellschafter für die Verbindlichkeiten der OHG oder KG „als Gesamtschuldner" haften (§§ 128 Satz 1, 161 Abs. 2 HGB)[16]. Dagegen kann für den Rückgriff gegenüber Mitgesellschaftern nicht wiederum § 128 Satz 1 (§ 161 Abs. 2) HGB herangezogen werden, weil mit der Erstattungspflicht der OHG oder KG angeblich eine Gesellschaftsverbindlichkeit im Sinne der genannten Vorschrift gegeben ist[17]. Denn § 128 Satz 1 (§ 161 Abs. 2) HGB regelt nur das „Verhältnis der Gesellschaf-

14 Vgl. H. Westermann, aaO (Fn. 5), I 371; K. Schmidt, Einlage und Haftung des Kommanditisten, 1977, S. 145; für alleinige Anwendbarkeit von § 426 Abs. 1 BGB auch im Verhältnis zur Gesellschaft insbes. Heymann/Kötter, Komm. z. HGB, 21. Aufl., 1971, § 128 Anm. 5 (S. 439/440); Schrader, DRiZ 1977, 338.

15 BGHZ 39, 319, 323/324 (weitere Fundstellen unten Fn. 22).

16 Vgl. zuletzt BGH WM 1987, 571, 572 sowie aus der Lit. namentlich Prediger, Der Gesamtschuldnerausgleich unter den Gesellschaftern einer offenen Handelsgesellschaft während des Bestehens der Gesellschaft, BB 1970, 868; ebenso die heute h. M.

17 So aber offenbar noch R. Fischer, Anm. zu BGH LM Nr. 11 zu § 128 HGB; Ders., Großkomm. z. HGB, Bd. II/1, 3. Aufl., 1973, § 128 Anm. 39; A. Hueck, Das Recht der OHG, 4. Aufl., 1971, § 18 III 2 (S. 268).

ter gegenüber Dritten" (vgl. die Überschrift des Gesetzesabschnitts)[18]. Vor allem aber sind die dargelegten Einschränkungen der Erstattungspflicht von Mitgesellschaftern (Subsidiarität und betragsmäßige Begrenzung) aus § 128 Satz 1 (§ 161 Abs. 2) HGB nicht begründbar.

b) Der Rückgriff des haftenden Gesellschafters *nach seinem Ausscheiden* wird bislang weniger einheitlich beurteilt. Das ist anderenorts ausführlich dargestellt worden[19].

(1) An dieser Stelle soll nur erneut darauf hingewiesen werden, daß in der Rechtsprechung des II. Zivilsenats des BGH für den Rückgriff *gegen die Gesellschaft* hier unterschiedliche Rechtsgrundlagen herangezogen worden sind:

In dem Urteil *BGHZ 27, 51*[20] wurde davon ausgegangen, daß die dem ausgeschiedenen Gesellschafter geschuldete „Freistellung von der persönlichen Haftung" gegenüber Altgläubigern „nach der Befriedigung der Altgläubiger einen entsprechenden Erstattungsanspruch gegen die Gesellschaft" ergibt[21]. Hiermit ist ersichtlich der Anspruch des ausgeschiedenen Gesellschafters auf Befreiung von den „gemeinschaftlichen Schulden" (§§ 161 Abs. 2, 105 Abs. 2 HGB, *738 Abs. 1 Satz 2 Fall 2 BGB*) als rechtliche Anknüpfung für den Rückgriff gegen die Gesellschaft gewählt worden. In dem Urteil *BGHZ 39, 319*[22] ist sodann für den Rückgriff gegen die Gesellschaft die *entsprechende Anwendung des § 426 Abs. 2 BGB* als gerechtfertigt angesehen worden. Zwar bestehe kein Gesamtschuldverhältnis zwischen der Verbindlichkeit der Gesellschaft und der Haftungsschuld des ausgeschiedenen Gesellschafters. Da jedoch die Interessenlage übereinstimme, sei dem *ausgeschiedenen* Gesellschafter, der einen Altgläubiger befriedigt habe, „wie einem zahlenden Gesamtschulder das Recht aus § 426 Abs. 2 BGB zuzubilligen"[23]. Es sei praktisch bedeutsam, daß der ausgeschiedene Gesellschafter bei seinem Rückgriff gemäß § 426 Abs. 2 BGB „auch auf die Sicherheiten und Vorrechte greifen kann, die zugunsten der Forderung des Gläubigers bestanden haben" (gedacht ist offenkundig an §§ 412, 401 BGB). Schließlich hat der II. Zivilsenat des BGH im Urteil *WM 1978, 114*[24] als

18 Ein 1895 nur als Manuskript veröffentlichter Vorentwurf zum HGB sah für den späteren § 128 HGB ausdrücklich die Einschränkung vor, „daß die Solidarität der Gesellschafter auf Verbindlichkeiten der Gesellschaft gegenüber dem Gesellschafter keine Anwendung findet". Vgl. RGZ 59, 142, 144; 77, 102, 104; dazu Häuser, aaO (Fn. 12), S. 207 f.

19 Vgl. Hadding, FS Stimpel, 1985, S. 139, 143 ff.

20 Weitere Fundstellen: WM 1958, 553; NJW 1958, 787; JZ 1958, 438; BB 1958, 424; MDR 1958, 407; LM Nr. 1 zu § 172 HGB, Leitsätze mit Anm. R. Fischer.

21 BGHZ 27, 51, 57.

22 Weitere Fundstellen: WM 1963, 831; NJW 1963, 1873; BB 1963, 877; MDR 1963, 741; LM Nr. 2–4 zu § 172 HGB mit Anm. R. Fischer; zugrunde gelegt in dem hier zu besprechenden Urteil BGHZ 93, 246, 247.

23 BGHZ 39, 319, 325.

24 Weitere Fundstelle: DB 1978, 627.

Rechtsgrundlage für den Rückgriffsanspruch des ausgeschiedenen haftenden Gesellschafters gegen die Gesellschaft noch *§ 670 BGB* genannt, ohne vermittelnde Vorschriften zu erwähnen[25].

(2) Den Rückgriff des ausgeschiedenen haftenden Gesellschafters *gegen andere gesamtschuldnerisch haftende Gesellschafter* hat der II. Zivilsenat des BGH[26] im Sinne eines „anteiligen Ausgleichsanspruchs" eindeutig, aber undifferenziert auf „*§ 426 BGB*" gestützt. Dabei wird angedeutet, daß der ausgeschiedene Gesellschafter die anderen Gesellschafter nicht nur hilfsweise in Anspruch nehmen könne. Denn „jene Grundsätze"[27] gelten „ohnehin nur für die der Gesellschaft angehörenden Gesellschafter".

Was sowohl zu (1) als auch zu (2) kritisch zur angeblich entsprechenden Anwendbarkeit des § 426 Abs. 2 Satz 1 BGB als Rechtsgrundlage für den Rückgriff des haftenden Gesellschafters anzuführen ist, wird noch zu erläutern sein[28].

3. Nach der resumierenden Zusammenfassung der bisherigen Rechtsprechung ist hervorzuheben, daß der II. Zivilsenat des BGH in dem hier zu besprechenden Urteil von Rückgriffsansprüchen des Treuhandkommanditisten als einem *ausgeschiedenen* haftenden Gesellschafter ausgeht und sich auf *§ 426 Abs. 2 BGB* als Rechtsgrundlage unter ausdrücklicher Anführung des Urteils BGHZ 39, 319, 323/324 bezieht. Ob dieser Ausgangspunkt zutreffend ist, erweist sich aber bei näherem Zusehen als durchaus fragwürdig.

a) Auf die Feststellung, daß allein die Landesbank als Treuhandkommanditist den Gläubigern der MS „St. B." KG haftete, folgt im Urteil BGHZ 93, 246, 247 die problematische Aussage: „nachdem sie mit dem für den Kläger (Treugeber) gehaltenen Anteil ausgeschieden ... war". Die hiermit für den Rückgriff verbundene Weichenstellung („Folgerichtig ... § 426 Abs. 2 BGB ... BGHZ 39, 319, 323/324") muß angezweifelt werden. Denn die Landesbank war als Treuhandkommanditist überhaupt nicht aus der MS „St. B." KG *ausgeschieden*, und zwar auch nicht etwa teilweise, nämlich „mit dem für den Kläger gehaltenen Anteil"! Es handelte sich rechtlich nicht um das Ausscheiden eines Gesellschafters, sondern um die Beendigung des Treuhandvertrags zu einem Kapitalanleger als Treugeber und dementsprechend bei der Landesbank als Treuhandkommanditist im Verhältnis zu der MS „St. B." KG nur um eine *Herabsetzung der Einlage* sowohl im Innenverhältnis zu der KG (Beitragspflicht) als auch im Außenver-

25 Ob § 670 BGB durch eine Geschäftsführung ohne Auftrag (§§ 677 ff BGB) erschlossen wird, ist offen geblieben. Ein Auftrag (§ 662 BGB) scheidet aus. Auch § 713 BGB (§§ 105 Abs. 2; 161 Abs. 2 HGB) kann hier nicht zu § 670 BGB hinführen, weil für die OHG oder KG insoweit § 110 Abs. 1 (§ 161 Abs. 2) HGB gilt.

26 BGH WM 1979, 1282 = NJW 1980, 340.

27 BGHZ 37, 299, 303 (Fn. 12).

28 Vgl. unten II. 3. c).

hältnis (Haftsumme), d.h. im Sinne der §§174, 175 HGB[29]. Der haftende Treuhandkommanditist als Träger von Rückgriffsansprüchen ist hier ganz eindeutig in der Gesellschaft verblieben; nur seine Einlage war herabzusetzen. Mag auch die Beendigung des Treuhandverhältnisses und damit der „wirtschaftlichen Beteiligung" des Kapitalanlegers im Gesellschaftsvertrag der KG als eine (partielle) Kündigung des Kommanditanteils bezeichnet worden sein[30]; dies ändert nichts daran, daß es bei der OHG und der KG nur eine einheitliche Mitgliedschaft gibt und deshalb ein teilweises „Ausscheiden" aus der Gesellschaft rechtlich unmöglich ist. Das gilt auch für einen Treuhandkommanditisten, der trotz zahlreicher Treuhandverträge zu den einzelnen Treugebern nur *eine* Kommanditbeteiligung, d.h. nur *eine* Mitgliedschaft, in der Gesellschaft innehat[31]. Soll die Höhe der Kapitalbeteiligung und damit das wirtschaftliche Risiko des (Treuhand-)Kommanditisten verringert werden, so kann und muß dies nach geltendem Recht durch eine Herabsetzung der Einlage (§§174, 175 HGB) herbeigeführt werden[32]. In dem zu entscheidenden Fall hat also der Treuhandkommanditist, d.h. die Landesbank, *nicht* als *ausgeschiedener* Gesellschafter, sondern als gegenwärtiger, in der MS „St.B." KG verbliebener Gesellschafter während der Dauer der Mitgliedschaft aufgrund einer teilweisen Rückzahlung der Einlage nach ihrer Herabsetzung gehaftet (§§172 Abs. 4 Satz 1, 171 Abs. 1 HGB). Im Zeitpunkt der Haftung des Treuhandkommanditisten war die MS „St.B." KG noch existent[33].

b) Mit der rechtlichen Qualifizierung der Beendigung eines einzelnen Treuhandverhältnisses auf seiten des Treuhandkommanditisten im Verhältnis zu der Kommanditgesellschaft als bloßer Herabsetzung der Einlage (kein Ausscheiden!) gelangt man „folgerichtig" zu anderen Rechtsgrundlagen für den Rückgriff, falls

29 Vgl. auch Heymann/Kötter, aaO (Fn. 14), §138 HGB Anm. 7: Ausscheiden eines Gesellschafters bedeutet, daß er „aufhört, Mitglied der Gesamthand zu sein"; ferner §174 HGB Anm. 1: Herabsetzung der Einlage bedeutet kein „Teil-Ausscheiden"; ebenso Düringer/Hachenburg/Flechtheim, Komm. z. HGB, 3. Aufl. Bd. II/2, 1932, §174 Anm. 1.

30 Vgl. BGHZ 76, 127, 128: §11 II a.E.

31 Vgl. BGHZ 24, 106, 108; BGH WM 1963, 989; BGHZ 58, 316, 318; Maulbetsch, aaO (Fn. 5), S. 116 m.w.N.; H. Westermann, aaO (Fn. 5), I 113.6: „Einheit der kommanditistischen Beteiligung".

32 In dem schon erwähnten Urteil BGHZ 73, 294, 299/300 (Fn. 7) hat der BGH zutreffend ausgeführt, die Beendigung des Treuhandverhältnisses habe grundsätzlich keinen unmittelbaren Einfluß auf die rechtliche Stellung des Treuhänders als Gesellschafter, mit dem weiteren Hinweis, daß die Treuhandkommanditistin nach dem Gesellschaftsvertrag berechtigt war, bei der Beendigung eines Treuhandverhältnisses zu einem Treugeber *die „Herabsetzung ihrer Kommanditeinlage"* zu verlangen (Hervorhebung vom Verf.); zustimmend Kraft, ZGR 1980, 399, 403; Gieseke, DB 1984, 970, 971. Unscharf A. Hofmann, aaO (Fn. 4), S. 83f: „herabzusetzen beziehungsweise zu kündigen"; es gibt keine Teilkündigung der Mitgliedschaft.

33 Vgl. BGHZ 76, 127, 129.

gegenüber Gesellschaftsgläubigern gemäß §§ 172 Abs. 4 Satz 1, 171 Abs. 1 HGB gehaftet werden mußte. Der gar nicht ausgeschiedene Treuhandkommanditist kann (1) im Verhältnis zu der Gesellschaft einen Rückgriff sicherlich *nicht* auf *§ 426 Abs. 2 Satz 1 BGB* stützen; das Urteil BGHZ 39, 319, 323/324 ist dann nicht einschlägig. Vielmehr ist nach der Rechtsprechung des II. Zivilsenats des BGH[34] als *Rechtsgrundlage des Rückgriffs* gegen die Gesellschaft *§ 110 Abs. 1 HGB* heranzuziehen. Dies allein ist zutreffend. Aber auch (2) im Verhältnis zu den Mitgesellschaftern kommt nur *§ 426 Abs. 1 Satz 1 BGB* mit den dargelegten Einschränkungen in Betracht.

c) Diese Beurteilung der Rechtsgrundlagen des Rückgriffs entlastet von allen *rechtlichen Zweifeln*, die sich bei einer angeblichen Anwendbarkeit von *§ 426 Abs. 2 Satz 1 BGB* auftun würden. Hierzu sei auf folgendes hingewiesen:

aa) Schon im Ausgangspunkt fehlt es für die Anwendbarkeit des § 426 Abs. 2 Satz 1 BGB im Verhältnis zwischen einem haftenden Gesellschafter und der OHG oder KG, deren Verbindlichkeit getilgt worden ist, an einer Gesamtschuld. Nur die haftenden Gesellschafter sind kraft gesetzlicher Vorschrift (§§ 128 Satz 1; 161 Abs. 2 HGB) untereinander Gesamtschuldner. Ihre Haftungsschuld steht zu der Gesellschaftsverbindlichkeit im rechtlichen Verhältnis der Akzessorietät (vgl. §§ 128 Satz 1, 129; 161 Abs. 2 HGB)[35]. Diese Beurteilung ist um so einleuchtender, seit zutreffend nicht mehr eine „Identität" von Gesellschaftsverbindlichkeit und Haftungsschuld des Gesellschafters angenommen wird[36]. Auch beim Ausscheiden eines Gesellschafters entsteht nicht etwa im Nachhinein hinsichtlich der Gesellschaftsverbindlichkeiten eine Gesamtschuld zwischen der OHG oder KG und dem forthaftenden ausgeschiedenen Gesellschafter. Vielmehr ändert sich – abgesehen von der Sonderverjährung nach §§ 159; 161 Abs. 2 HGB – nichts an der gesetzlichen Akzessorietät der Haftungsschuld des ausgeschiedenen Gesellschafters. Die Vorschriften in § 426 BGB lassen sich weder unmittelbar noch entsprechend anwenden, schon weil es an einer Regelungslücke fehlt.

bb) Hinzu kommt ein besonderes Bedenken gegen die Anwendbarkeit von § 426 Abs. 2 Satz 1 BGB. Der II. Zivilsenat des BGH meint in dem hier zu erörternden Urteil[37]: „Folgerichtig gingen, als sie (die Landesbank als Treuhand-

34 Vgl. die Angaben in Fn. 13; gerade im vorliegenden Urteil BGHZ 93, 246, 249 wird diese Rechtsprechung zugrunde gelegt.

35 Das hat vor allem FLUME zutreffend betont (vgl. FS Reinhardt, 1972, S. 223, 227; DERS., FS Knur, 1972, S. 125, 127; DERS., Die Personengesellschaft, 1977, § 16 II 2 a); ebenso HADDING, ZGR 1973, 137, 147; BEUTHIEN, DB 1975, 725, 726; REINHARDT/SCHULTZ, aaO (Fn. 13), Rdn. 125, 128; GESSLER, ZGR 1978, 251, 256/257; WIEDEMANN, aaO (Fn. 13), § 5 IV 1 c (S. 283); LINDACHER, JuS 1981, 578, 580; HÜFFER, aaO (Fn. 13), S. 140 f; KRAFT/KREUTZ, aaO (Fn. 13), S. 164.

36 Vgl. dazu HADDING, ZGR 1973, 137, 144 f; DERS., ZGR 1981, 577, 582/582 jeweils m. w. N.

37 BGHZ 93, 246, 247.

kommanditist) Gesellschaftsgläubiger befriedigte, deren Ansprüche gegen die Kommanditgesellschaft in Höhe der geleisteten Zahlungen gemäß § 426 Abs. 2 BGB auf die Landesbank über (BGHZ 39, 323/324).“ Abgesehen davon, daß hier irrig eine Haftung des Treuhandkommanditisten als *ausgeschiedener* Gesellschafter zugrunde gelegt wird[38], käme nach dem Gesagten[39] zugunsten des tilgenden Treuhandkommanditisten allenfalls ein gesetzlicher Forderungsübergang im Rahmen des Gesamtschuldverhältnisses unter den haftenden Gesellschaftern in Betracht. Die möglicherweise übergehende Forderung wäre also nicht die des Gesellschaftsgläubigers „gegen die Kommanditgesellschaft“, sondern die Forderung gegen den (oder die) anderen haftenden Gesellschafter gemäß §§ 128–130; 161 Abs. 2, 171–176 HGB! Diese gesamtschuldnerische Haftungs-Forderung des Gesellschaftsgläubigers war aber ihrerseits akzessorisch zu seiner Haupt-Forderung gegen die KG (OHG), die jedoch aufgrund der Leistung des haftenden Gesellschafters nach der zu unterstellenden Tilgungsabrede erloschen ist (§ 362 Abs. 1; entsprechend § 1247 Satz 1 BGB). Die Akzessorietät zu der Haupt-Forderung des Gesellschaftsgläubigers gegen die OHG oder KG, die nunmehr durch die Leistung eines der haftenden Gesellschafter erloschen ist, läßt auch die Haftungs-Forderung gegen die Gesellschafter als Gesamtschuldner nicht fortbestehen, so daß sie nicht mehr Gegenstand eines gesetzlichen Übergangs gemäß § 426 Abs. 2 Satz 1 BGB auf den haftenden Gesellschafter sein kann[40]. Das wird in aller Regel übersehen, wenn ohne weiteres ein Übergang auch der Sicherheiten und Vorzugsrechte auf den haftenden Gesellschafter aufgrund §§ 426 Abs. 2 Satz 1, 412, 401 BGB befürwortet wird[41]. Will man dem haftenden Gesellschafter für seinen Rückgriff durch einen gesetzlichen Forderungsübergang nach §§ 412, 401 BGB Sicherheiten und Vorzugsrechte des Gesellschaftsgläubigers erschließen, so ist dies bei der gegebenen Akzessorietät der Haftungs-Forderung zu der Haupt-Forderung gegen die OHG oder KG nur möglich aufgrund einer *entsprechenden Anwendung von § 774 Abs. 1 Satz 1 BGB.* Nur auf diesem rechtlichen Weg kann der haftende Gesellschafter sowohl während seiner Mitgliedschaft als auch nach seinem Ausscheiden Sicherheiten und Vorzugsrechte des Gesellschaftsgläubigers erlangen, um sie dem Rückgriff dienlich zu machen.

38 Vgl. dazu oben II. 3. a).

39 Soeben unter aa).

40 Auf diese Problematik hat K. Schmidt, ZHR 137 (1974), 507, 517, hingewiesen; ebenso Häuser, aaO (Fn. 12), S. 203 f; Hadding, FS Stimpel, 1985, S. 159/160. Vgl. auch Heymann/Kötter, aaO (Fn. 14), § 128 HGB Anm. 5 (S. 440); Schlegelberger/Gessler, Komm. z. HGB, 4. Aufl. Bd. 2, 1963, § 128 Rdn. 29.

41 Vgl. u. a. R. Fischer, Großkomm. z. HGB, aaO (Fn. 17), § 128 Anm. 60; Kornblum, aaO (Fn. 13), S. 192; D. Reinicke, FS H. Westermann, 1974, S. 487, 492; Reinhardt/Schultz, aaO (Fn. 13), Rdn. 130; Flume, Die Personengesellschaft, aaO (Fn. 35), § 16 II 2 c (S. 297/298); Möschel, WuB II F. § 172 HGB 1.85.

4. *Ergebnis:* a) Für den Rückgriff des haftenden Gesellschafters (hier: Treuhandkommanditist) erweist sich der vom II. Zivilsenat des BGH herangezogene §426 Abs. 2 BGB sowohl gegenüber der OHG oder KG als auch gegenüber einem anderen Gesellschafter als rechtlich untauglich, und zwar ebenso während der Mitgliedschaft wie nach dem Ausscheiden des Gesellschafters. Als Rechtsgrundlage für den Rückgriff des haftenden Gesellschafters (1) *gegen die OHG oder KG* ist *§ 110 Abs. 1* (§ 161 Abs. 2) *HGB* maßgebend, sowohl während seiner Mitgliedschaft als auch nach seinem Ausscheiden in entsprechender Anwendung[42]. Nach dem Ausscheiden kann ferner §738 Abs. 1 Satz 2 Fall 2 BGB (§§ 105 Abs. 2, 161 Abs. 2 HGB) herangezogen werden[43]. Für den Rückgriff des haftenden Gesellschafters (2) *gegen andere Gesellschafter* gilt *§ 426 Abs. 1 Satz 1 BGB*, und zwar während seiner Mitgliedschaft subsidiär und nur pro rata entsprechend der Verlustbeteiligung des anderen Gesellschafters, nach dem Ausscheiden grundsätzlich ohne diese Einschränkungen[44].

b) Im vorliegenden Fall, in dem der Rückgriffsanspruch des Treuhandkommanditisten gegen den Komplementär in Rede steht, ist demnach allein von § 426 *Abs. 1* Satz 1 BGB auszugehen. Für den *Umfang* des Rückgriffsanspruchs ist entscheidend, welche Regelung über die *Verlusttragung* im Verhältnis zwischen dem Treuhandkommanditisten (Landesbank) und dem Komplementär (Sch. & B. KG) getroffen war und nunmehr für den Gesamtschuldnerausgleich gemäß §426 Abs. 1 Satz 1 BGB zugrunde zu legen ist, nachdem die MS „St. B." KG offenkundig „vermögenslos und nicht mehr existent" ist[45]. Jedenfalls kann *nicht* ohne weiteres eine Ausgleichspflicht des Komplementärs in voller Höhe der erbrachten Haftung angenommen werden, wie dies aufgrund der (irrigen) Anwendung von §426 Abs. 2 Satz 1 BGB (unter Hinweis auf BGHZ 39, 319, 323/324) geschehen ist.

42 Zur Anwendbarkeit von § 110 Abs. 1 (§ 161 Abs. 2) HGB während der Mitgliedschaft vgl. die Angaben in Fn. 13. Nach dem Ausscheiden sollte § 110 Abs. 1 (§ 161 Abs. 2) HGB entsprechend gelten; so Schumann, JZ 1958, 427; Schlegelberger/Gessler, aaO (Fn. 40), § 128 HGB Rdn. 28; Hadding, JuS 1968, 173, 177 Erl. 16; Ders., FS Stimpel, 1985, S. 153/154; J. Blomeyer, BB 1968, 1461, 1463 Fn. 18; offenbar auch A. Hueck, aaO (Fn. 17), § 29 II 5c (S. 461); a. A. aber z. B. Flume, Die Personengesellschaft, aaO (Fn. 35), § 16 II 2c (S. 297) und die wohl noch h. M.

43 Vgl. BGHZ 27, 51, 57 (Fn. 20); Schumann, JZ 1958, 427; Kornblum, aaO (Fn. 13), S. 192; Flume, Die Personengesellschaft, aaO (Fn. 35), § 16 II 2c (S. 297); Hadding, FS Stimpel, 1985, S. 154–156.

44 Vgl. BGHZ 37, 299, 303 (Fn. 12); BGH WM 1979, 1282 (Fn. 26); Prediger, BB 1970, 868; Hadding, FS Stimpel, 1985, S. 158, 160f.

45 BGHZ 93, 246, 249. So offenbar auch Kornblum, JZ 1985, 1002, 1003 l. Sp. unten.

III. Rückgriff gegen den Komplementär als Rückzahlung der Einlage an den Treuhandkommanditisten

Der II. Zivilsenat des BGH hat die Rechtsgrundlagen für Rückgriffsansprüche des Treuhandkommanditisten nicht problematisiert[46], sondern sich vor allem der Frage zugewandt, ob ein Rückgriff des Treuhandkommanditisten gegen den Komplementär letztlich bewirkt, daß durch eine solche Leistung aus dem Komplementärvermögen die Haftung des Treuhandkommanditisten als Gesellschafter gemäß § 172 Abs. 4 Satz 1 HGB wieder auflebt.

1. Diese Rechtsfolge könnte eintreten, wenn jegliche Zahlung, die aus dem Komplementärvermögen an den Kommanditisten geleistet wird, ohne weiteres als eine „haftungsschädliche" Rückzahlung der Einlage im Sinne von § 172 Abs. 4 Satz 1 HGB zu qualifizieren wäre. Dieser in der Literatur vertretenen Ansicht[47] entspricht die Meinung, daß auch eine Erbringung der Einlage des Kommanditisten aus dem Vermögen des Komplementärs jenen nicht gemäß § 171 Abs. 1 Halbsatz 2 HGB von der Haftung befreien könne, weil auf diesem Wege angesichts der unbeschränkten Haftung des Komplementärs mit seinem Privatvermögen (§§ 161 Abs. 2, 128 Satz 1 HGB) und der Kommanditgesellschaft mit dem Gesellschaftsvermögen (§§ 161 Abs. 2, 124 Abs. 1 HGB) die Gesamthaftungsmasse nicht wirklich um die Kommanditeinlage gemehrt werde[48].

Inzwischen hat der BGH[49] zur *Erbringung der Einlage* des Kommanditisten bereits klargestellt, daß sie jedenfalls mit im Innenverhältnis befreiender Wirkung auch aus dem Komplementärvermögen geleistet werden kann. Im hier zu besprechenden Urteil[50] wird nunmehr festgehalten, daß es nicht verboten sei, „aus dem Vermögen des persönlich haftenden Gesellschafters Einlagen des Kommanditisten in die Gesellschaft mit haftungs*befreiender* Wirkung (Hervorhebung im Original) ... zu leisten", d. h. mit Wirkung im Außenverhältnis! Das Vermögen des persönlich haftenden Gesellschafters sei „dem Zugriff der Gesellschaftsgläubiger nur in seinem jeweiligen Bestande ausgesetzt", unterliege aber „keinem gesetzlichen Kapitalerhaltungsgrundsatz".

46 Vgl. dazu oben II.

47 Vgl. Steckhan, DNotZ 1974, 69; dagegen H. Westermann, aaO (Fn. 5), I 919; K. Schmidt, aaO (Fn. 14), S. 99 ff; Petzold, DNotZ 1975, 529.

48 Vgl. Steckhan, DNotZ 1974, 69, 73; Riegger, BB 1975, 1282, 1284; siehe auch OLG Frankfurt NJW 1963, 545 f; Kornblum, aaO (Fn. 13), S. 257; einschränkend Bälz, BB 1977, 1481, 1483; dagegen Schilling, Großkomm. z. HGB, 3. Aufl., 1971, § 172 Anm. 30; K. Schmidt, aaO (Fn. 14), S. 100 ff m. w. N.

49 Vgl. BGH WM 1984, 893 = NJW 1984, 2290 = JuS 1984, 812 (K. Schmidt).

50 BGHZ 93, 246, 250/251.

Zur Qualifizierung als *Rückzahlung der Einlage* im Sinne von § 172 Abs. 4 Satz 1 HGB hatte der BGH[51] schon früher entschieden, daß die Haftung des Kommanditisten dann wieder auflebt, wenn alle Kommanditisten aus der KG ausscheiden und der bisherige Komplementär, der das kaufmännische Unternehmen mit Aktiven und Passiven übernimmt, die Kommanditisten aus seinem privaten Vermögen abfindet. Die rechtliche Beurteilung in diesem „Sonderfall" stehe jedoch (so jetzt der II. Zivilsenat in dem hier erörterten Urteil BGHZ 93, 246, 251) zu dem *Grundsatz* nicht im Widerspruch, daß „Leistungen aus dem Privatvermögen des persönlich haftenden Gesellschafters für den Kommanditisten haftungsunschädlich sind". Das eigene Vermögen des persönlich haftenden Gesellschafters „unterliegt keinen gesellschaftsrechtlichen Bindungen und Beschränkungen – weder im Verhältnis zur Kommanditgesellschaft, noch zu den Gesellschaftsgläubigern". Folglich sind Zahlungen aus dem Komplementärvermögen an den Kommanditisten nicht per se als Rückzahlung der Einlage im Sinne von § 172 Abs. 4 Satz 1 HGB zu beurteilen. Es müssen vielmehr besondere Umstände hinzukommen, um die Haftung des Kommanditisten nach dieser Vorschrift wieder aufleben zu lassen.

2. Demgemäß ist der II. Zivilsenat des BGH in einem nächsten Schritt auf die Frage eingegangen, ob die Erstattung von Haftungsaufwand an den (Treuhand-)Kommanditisten aus dem Komplementärvermögen dann als mittelbare (Teil-)Rückzahlung der Einlage an den (Treuhand-)Kommanditisten im Sinne von § 172 Abs. 4 Satz 1 HGB zu beurteilen ist, wenn dies anschließend zu einem weiteren Rückgriff des Komplementärs nach § 110 Abs. 1 (§ 161 Abs. 2) HGB gegen die Kommanditgesellschaft führt. Diese Frage hat der II. Zivilsenat grundsätzlich bejaht: „Denn das Kommanditgesellschaftsvermögen würde hier zugunsten des Kommanditisten und zu Lasten der Gesellschaftsgläubiger mittelbar ebenso geschmälert, wie das geschähe, wenn der Kommanditist unmittelbar aus dem Gesellschaftsvermögen bezahlt werden würde"[52]. Nach dieser höchstrichterlichen Aussage wird also der *Rückgriff des haftenden Kommanditisten* sowohl gegen die Kommanditgesellschaft (§§ 110 Abs. 1, 161 Abs. 2 HGB) als auch gegen einen anderen Gesellschafter (§ 426 Abs. 1 Satz 1 BGB) – im letzteren Fall wegen des weiteren Rückgriffs gegen die Kommanditgesellschaft (§§ 110 Abs. 1, 161 Abs. 2 HGB) – *grundsätzlich* als eine *haftungsschädliche Rückzahlung der Einlage im Sinne von § 172 Abs. 4 Satz 1 HGB* qualifiziert. Der besondere Umstand, daß eine Zahlung aus dem Komplementärvermögen an den Kommanditisten *à conto eines Rückgriffs wegen Außenhaftung* stattfindet, läßt daher wegen des weiteren Rückgriffs des Komplementärs gegen die Kommanditgesell-

51 Vgl. BGHZ 61, 149 = WM 1973, 1115 = NJW 1973, 1878 = BB 1973, 1190; siehe zu dieser Rspr. BRANDES, WM 1986, Sonderbeilage 1, S. 21; auch BGH WM 1976, 130, 132 = NJW 1976, 751, 752.

52 BGHZ 93, 246, 249.

schaft („wie es regelmäßig der Fall ist") grundsätzlich die Haftung dieses Kommanditisten in entsprechender Höhe wieder aufleben.

3. Wenn freilich feststeht, daß der Rückgriff des haftenden Kommanditisten gegen einen anderen Gesellschafter, insbesondere einen Komplementär, *ausnahmsweise nicht* – über einen weiteren Rückgriff gegen die Kommanditgesellschaft – letztlich zu einer Zahlung aus dem Gesellschaftsvermögen führt, dann soll darin auch *keine* haftungsschädliche Rückzahlung der Einlage im Sinne von § 172 Abs. 4 Satz 1 HGB liegen. Eine solche Situation hat der II. Zivilsenat des BGH im Sinne einer „Besonderheit" für die von ihm konkret zu beurteilende Fallgestaltung angenommen, daß die Kommanditgesellschaft (hier MS „St. B." KG) „vermögenslos und nicht mehr existent" ist, so daß ein weiterer Rückgriff des anderen Gesellschafters gegen sie „zu keiner Schmälerung jenes Gesellschaftsvermögens und zu keiner Beeinträchtigung der Zugriffsmöglichkeit der Gläubiger der Kommanditgesellschaft führen" kann[53]. Wenn daher insbesondere der Komplementär „aus rechtlichen oder tatsächlichen Gründen bei der Kommanditgesellschaft nicht (weiteren) Rückgriff nehmen kann"[54], muß der Kommanditist, der wegen seiner Haftung für Gesellschaftsschulden Rückgriff gegen einen anderen Gesellschafter, insbesondere den Komplementär, nehmen will (§ 426 Abs. 1 Satz 1 BGB), *nicht* befürchten, daß dadurch seine Haftung nach § 172 Abs. 4 Satz 1 HGB in entsprechender Höhe wieder auflebt.

Steht der Rückgriffsanspruch gegen den Komplementär einem *Treuhand*kommanditisten zu, der gehaftet hat, kann unter diesen besonderen Umständen der Kapitalanleger als Treugeber, der den Haftungsbetrag gemäß §§ 675, 670 BGB erstattet hat, die Abtretung des Rückgriffsanspruchs verlangen, ohne daß ihm vom Treuhandkommanditisten das Wiederaufleben der Haftung (mit erneutem Erstattungsanspruch) aufgrund § 273 Abs. 2 BGB entgegengehalten werden kann[55].

4. Es bleibt zu den wiedergegebenen Erwägungen des BGH Stellung zu nehmen.

a) Sicherlich wird man dem „Grundsatz" zustimmen müssen, daß *Leistungen aus dem Komplementärvermögen* nicht schon per se als haftungsbefreiende Kommanditeinlage im Sinne von § 171 Abs. 1 Halbsatz 2 HGB untauglich und als eine Rückzahlung der Kommanditeinlage gemäß § 172 Abs. 4 Satz 1 HGB stets haftungsschädlich sind. Denn das Recht der KG und der OHG enthält in der Tat keine Regelungen, die – bezogen auf das Komplementärvermögen – als ein „gesetzlicher Kapitalerhaltungsgrundsatz" ausgelegt werden können[56].

53 BGHZ 93, 246, 249.
54 So im amtlichen Leitsatz zu BGHZ 93, 246.
55 BGHZ 93, 246, 248/249.
56 Insoweit hat K. Schmidt, EWiR § 172 HGB 1/85, 307, 308, das Urteil BGHZ 93, 246 mit Recht als „Grundsatzentscheidung" eingestuft.

b) Man wird dem II. Zivilsenat des BGH auch darin zu folgen haben, daß freilich ein *Rückgriff* des haftenden Kommanditisten gegen die KG (§§ 110 Abs. 1, 161 Abs. 2 HGB) oder gegen einen anderen Gesellschafter (§ 426 Abs. 1 Satz 1 BGB), wenn dieser seinerseits gegen die KG weiteren Rückgriff nehmen kann (§§ 110 Abs. 1, 161 Abs. 2 HGB), als eine Rückzahlung der Einlage im Sinne von § 172 Abs. 4 Satz 1 HGB zu qualifizieren ist, die die Kommanditistenhaftung wieder aufleben läßt. Denn in dem einen wie dem anderen Fall wird das Gesellschaftsvermögen unmittelbar oder mittelbar zum Nachteil der Gesellschaftsgläubiger entsprechend geschmälert. Der Kommanditist, der mangels erbrachter (§ 171 Abs. 1 HGB) oder wegen zurückgezahlter (§ 172 Abs. 4 Satz 1 HGB) Einlage für Gesellschaftsschulden gehaftet hat, muß seinen Rückgriffsanspruch gegen die KG (§§ 110 Abs. 1, 161 Abs. 2 HGB) mit seiner noch oder wieder offenen Beitragsschuld (Einlagepflicht) verrechnen und kann daher weder unmittelbar von der KG noch mittelbar durch Doppelregreß über einen anderen Gesellschafter Rückgriffsleistungen aus dem Gesellschaftsvermögen verlangen.

c) Schließlich mag es folgerichtig erscheinen, daß der Rückgriff des haftenden Kommanditisten gegen einen anderen Gesellschafter (hier: Komplementär) ausnahmsweise dann *nicht* nach § 172 Abs. 4 Satz 1 HGB haftungsschädlich wirkt, wenn diesem ein weiterer Rückgriff gegen die KG „aus rechtlichen oder tatsächlichen Gründen“ versagt ist. Bei dieser „Besonderheit“ der Situation kann der Kommanditist also nach Auffassung des BGH gegen den Komplementär Rückgriff nehmen (§ 426 Abs. 1 Satz 1 BGB), ohne den Nachteil eines Wiederauflebens seiner Haftung gemäß § 172 Abs. 4 Satz 1 HGB befürchten zu müssen. Damit wird aber im Verhältnis zu dem Komplementär der rückgriffsberechtigte Kommanditist hier den Gesellschaftsgläubigern der KG gleichgestellt, die wegen der Gesellschaftsschulden ebenfalls auf das ihnen haftende Komplementärvermögen Zugriff nehmen werden (§§ 128, 161 Abs. 2 HGB); vgl. ausdrücklich BGHZ 93, 246, 251 (unter 3.): auch im Konkurs des Komplementärs „keine Rangfolge der Forderungen“.

aa) An diesem Punkt dürften sich Zweifel hinsichtlich der allgemein auf die KG bezogenen rechtlichen Beurteilung des BGH einstellen. Die Gesellschaftsgläubiger können zwar sicherlich nicht erwarten, daß für sie die Konkurrenz weiterer Gläubiger um das Komplementärvermögen als Haftungsmasse ausbleibt. Hier jedoch wird beim Zugriff nach §§ 128, 161 Abs. 2 HGB ihr Konkurrent ein *Mitgesellschafter* des Komplementärs, und zwar mit einem Rückgriffsanspruch, d. h. wegen einer Gesellschaftsschuld der KG! Es geht also darum, wer mit Blick auf das Komplementärvermögen als Haftungsmasse letztlich das Risiko von Verbindlichkeiten der KG zu tragen hat. Insoweit aber ist doch sicherlich im Verhältnis zu den außenstehenden Gesellschaftsgläubigern der Kommanditist als Mitgesellschafter des Komplementärs (Mitunternehmer) „näher dran“, d. h. eher derjenige, dem aufgrund seiner ursprünglichen Entscheidung für eine Beteiligung an der KG das Risiko der Erfüllung von Gesellschaftsschulden zufällt[57]. Im *allgemeinen* Recht der Kommanditgesellschaft sollte daher der Rückgriff des haftenden Kommanditisten gegen den Komplementär (§ 426 Abs. 1 Satz 1 BGB), auch in der Ausnahmesituation, daß der Komplementär „aus rechtlichen oder tatsächlichen Gründen" keinen weiteren Rückgriff bei der Gesellschaft nehmen kann, als haftungsschädliche Rückzahlung der Einlage im Sinne von § 172 Abs. 4 Satz 1 HGB qualifiziert werden.

bb) Das vom II. Zivilsenat des BGH im amtlichen Leitsatz zu BGHZ 93, 246 allgemein festgehaltene Ergebnis wird erst dann verständlich und wohl auch gerechtfertigt, wenn man die *Umstände des zu beurteilenden Falls* berücksichtigt. Denn es ging eben nicht schlechthin um Verbindlichkeiten einer Kommanditgesellschaft und den Rückgriff eines haftenden Kommanditisten, sondern um Kreditschulden einer „kupierten Publikums-KG" und den Rückgriff eines haftenden Treuhandkommanditisten, d. h. wirtschaftlich um den Rückgriff des einzelnen Kapitalanlegers als Treugeber. Angesichts dieser Umstände vermag es eher einzuleuchten, daß der BGH den mittelbaren Kapitalanleger, der als Treugeber selbst nicht Gesellschafter (Kommanditist) geworden ist, gleichrangig mit den Mitgliedern des Bankenkonsortiums als kreditierenden Gesellschaftsgläubigern gesehen und ihm deshalb ebenso den Zugriff auf das Komplementärvermögen eröffnet hat. Das vom II. Zivilsenat des BGH gefundene Ergebnis wird demnach nicht von der „Besonderheit" getragen, daß ausnahmsweise dem Komplementär „aus rechtlichen und tatsächlichen Gründen" ein weiterer Rückgriff gegen die KG versagt war, sondern von der Erwägung, daß bei einer bloß mittelbaren Beteiligung über einen Treuhandkommanditisten der einzelne Kapitalanleger jedenfalls den die KG finanzierenden Gesellschaftsgläubigern hinsichtlich der Zugriffsmöglichkeiten auf das Komplementärvermögen gleichstehen sollte[58]. Bei näherem Zusehen handelt es sich also zu der Frage, wann dem

57 So auch KORNBLUM, JZ 1985, 1002, 1004. Vgl. ferner BGHZ 95, 188, 197: „gesellschaftsrechtliche Stellung".

58 Diese Erwägung klingt darin an, daß der BGH den Rückgriff nehmenden Treuhandkommanditisten, d. h. letztlich den Kapitalanleger, als einen *ausgeschiedenen* Mitgesellschafter kennzeichnet, „der seine Gesellschaftsforderung *wie ein Drittgläubiger* gegen den persönlich haftenden Gesellschafter durchsetzen will" (BGHZ 93, 246, 251 unten). Allerdings war der Treuhandkommanditist – wie dargelegt (vgl. oben II. 3. a) – in Wahrheit gar nicht als ausgeschiedener Gesellschafter in Anspruch genommen worden; auch ist ein Gesellschafter, selbst nach dem Ausscheiden, bei seinem gesamtschuldnerischen Rückgriff gegen einen Mitgesellschafter (§ 426 Abs. 1 Satz 1 BGB) durchaus nicht „wie ein Drittgläubiger" einzustufen, sondern eben als ehemaliger Mitgesellschafter. Vgl. auch BGH WM 1978, 1228, 1229: „Auf das Privatvermögen eines persönlich haftenden Gesellschafters haben die Kommanditisten aber im Gegensatz zu Gesellschaftsgläubigern, denen es als Haftungsgrundlage dient, keine Zugriffsmöglichkeit."

haftenden Treuhandkommanditisten der Rückgriff gegen den Komplementär (§ 426 Abs. 1 Satz 1 BGB) ohne die haftungsschädliche Rechtsfolge gemäß § 172 Abs. 4 Satz 1 HGB offensteht, doch um eine weitere Entscheidung des BGH gerade zum „Sonderrecht“ der Publikums-KG. Trotz der im amtlichen Leitsatz allgemein für die Kommanditgesellschaft formulierten Aussage sollte das Urteil BGHZ 93, 246 auf Situationen der geschilderten Art beschränkt bleiben.

Kapitalerhöhung bei der Aktiengesellschaft gegen Geldeinlagen und Gutschrift der Einlagen auf einem Konto der Gesellschaft bei der Emissionsbank

von

Rechtsanwalt Professor DR. THEODOR HEINSIUS, Frankfurt a. M.

Inhaltsübersicht

I. Einführung

Es sind nicht nur die großen Problemkreise und die dazu ergangenen epochemachenden Entscheidungen des Bundesgerichtshofs wie das „Holzmüller"-Urteil vom 25. Februar 1982 zur Problematik der Organzuständigkeit bei der Bildung, Erweiterung und Umorganisation des Konzerns im Aktienrecht[1,2] oder die „Autokran"-Entscheidung vom 16. September 1985 zur Haftung im faktischen GmbH-Konzern[3], mit deren Auswirkungen sich der Praktiker in der Tagesarbeit bei der Anwendung des Gesellschaftsrechts auseinanderzusetzen hat. Er muß sich vielmehr auch mit einer Fülle von zunächst weniger wichtig

1 BGHZ 83, 122, siehe dazu auch HEINSIUS, ZGR 1984, 383 und WESTERMANN, ZGR 1984, 352, jeweils m. w. N.

2 Auf dem Feuerchen der „Holzmüller"-Entscheidung kocht sich inzwischen mancher Berufsopponent sein mehr oder weniger trübes Süppchen.

3 BGHZ 95, 330, siehe dazu auch HEINSIUS, Die AG 1986, 99 und zuletzt EMMERICH, GmbH-Rdsch. 1987, 213, sowie GÄBELEIN, GmbH-Rdsch. 1987, 221, jeweils m. w. N.

erscheinenden Fragen befassen, die, von einer Lehrmeinung aufgegriffen und hoffähig gemacht, in der Praxis zu einem gravierenden Problem werden können, wenn sich die Rechtsprechung mehr oder weniger plötzlich dieser Lehrmeinung anschließt: Aus einem Schneebrett entwickelt sich dann eine Lawine. Um ein solches Schneebrett, das als Lawine leicht bisher als sicher geltende Pisten der Praxis verschütten könnte, handelt es sich bei der hier zu behandelnden Frage nach der Zulässigkeit der Gutschrift der Einlagen auf einem Konto der Aktiengesellschaft bei der Emissionsbank im Falle einer Kapitalerhöhung gegen Geldeinlagen.

Bei der rechtstechnischen Abwicklung der Emission junger Aktien aus einer Kapitalerhöhung gegen Geldeinlagen wird im allgemeinen so verfahren, daß die Emissionsbank, welche die jungen Aktien allein oder im Rahmen eines Konsortiums zusammen mit anderen Kreditinstituten gezeichnet hat und mit der Verpflichtung übernimmt, sie den Aktionären zum Bezug anzubieten (§§ 185 Abs. 1, 186 Abs. 5 AktG), die vor der Anmeldung zum Handelsregister eingeforderten Einlagen durch Gutschrift auf einem bei ihr geführten Konto der Gesellschaft einzahlt (§§ 188 Abs. 2, 203 Abs. 2, 36 Abs. 2, 36 a, 37 Abs. 1, 54 Abs. 3 AktG) und gleichzeitig die Bestätigung abgibt, daß der eingezahlte Betrag „endgültig zur freien Verfügung" der Gesellschaft steht (§ 37 Abs. 1 Satz 3 AktG). Diese Handhabung ist seit Jahrzehnten in der Praxis unbeanstandet geblieben und wurde nicht als problematisch angesehen. *Lutter*[4] und ihm folgend *Hefermehl* und *Bungeroth*[5] halten sie jedoch für unzulässig. Sie wenden dagegen ein, ein Kreditinstitut könne seine eigenen Einlagen nicht wirksam auf ein bei ihm selbst geführtes Konto der Gesellschaft leisten, die Gutschrift ändere nichts an der Vermögenslage des Kreditinstituts, es sei nur an die Stelle der Einlageschuld die Verbindlichkeit aus der Kontogutschrift getreten, das aber sei keine „Leistung" im Sinne von § 54 Abs. 3 AktG. In der Praxis hat man bislang geglaubt, diese Lehrmeinung als unzutreffend und unbeachtlich negieren zu können. Nachdem jedoch in jüngster Zeit Handelsregisterrichter, wenn im Augenblick auch nur vereinzelt, dahin tendieren, sich der von der Praxis abweichenden Lehrmeinung anzuschließen, beginnt sich eine Verunsicherung unter den im Emissionsgeschäft tätigen Banken breitzumachen, und man stellt sich die Frage „periculum in mora".

4 LUTTER, Kölner Komm. z. AktG, 1970, § 54 Rdn. 26.

5 HEFERMEHL/BUNGEROTH, in: Geßler/Hefermehl/Eckardt/Kropff, Komm. z. AktG, 1983, § 54 Rdn. 49.

II. Zulässigkeit der Gutschrift der Einlagen auf einem Konto der Gesellschaft bei der (konsortialführenden) Emissionsbank im Falle einer Kapitalerhöhung gegen Geldeinlagen (§§ 182ff, 202ff AktG)

1. Die gesetzlichen Vorschriften

§ 188 Abs. 2 AktG ordnet an, daß im Falle einer Kapitalerhöhung gegen Einlagen (§§ 182–191 AktG) für die Anmeldung der Durchführung der Kapitalerhöhung zur Eintragung in das Handelsregister die die Gründung der Gesellschaft betreffenden Vorschriften §§ 36 Abs. 2, 36 a, 37 Abs. 1 AktG sinngemäß zur Anwendung kommen, mit der Maßgabe allerdings, daß die Einzahlung nicht durch Gutschrift auf einem „Konto des Vorstands", wohl aber auf einem solchen der Gesellschaft geleistet werden kann (§ 188 Abs. 2 Satz 2 AktG). Dies gilt nach § 203 Abs. 1 AktG auch für die in der Praxis heute wichtigere Kapitalerhöhung aus genehmigtem Kapital (§§ 202–206 AktG). Gemäß § 36 Abs. 2 AktG darf in beiden Fällen die Anmeldung der Durchführung der Kapitalerhöhung zur Eintragung in das Handelsregister erst erfolgen, wenn auf jede Aktie, soweit nicht Sacheinlagen vereinbart sind, der eingeforderte Betrag ordnungsgemäß eingezahlt worden ist (§ 54 Abs. 3 AktG) und, soweit er nicht bereits zur Bezahlung der bei der Kapitalerhöhung angefallenen Steuern und Gebühren verwandt wurde, „endgültig zur freien Verfügung" der Gesellschaft steht. Nach § 36 a Abs. 1 AktG muß der nach § 36 Abs. 2 AktG eingeforderte Betrag mindestens ein Viertel des Nennbetrages und bei Ausgabe der Aktien für einen höheren als den Nennbetrag auch den Mehrbetrag umfassen. In § 54 Abs. 3 AktG in Verbindung mit § 188 Abs. 2 Satz 2 AktG ist vorgeschrieben, daß der vor der Anmeldung eingeforderte Betrag nur in gesetzlichen Zahlungsmitteln, in von der Deutschen Bundesbank bestätigten Schecks, durch Gutschrift auf ein Konto im Inland bei der Deutschen Bundesbank oder einem Kreditinstitut oder auf dem Postscheckkonto der Gesellschaft zur „freien Verfügung" eingezahlt werden kann. Gemäß § 37 Abs. 1 AktG ist in der Anmeldung zu erklären, daß die Voraussetzungen des § 36 Abs. 2 AktG und des § 36 a AktG erfüllt sind; dabei sind der Betrag, zu dem die Aktien ausgegeben werden, und der darauf eingezahlte Betrag anzugeben. Ferner ist nachzuweisen, daß der eingezahlte Betrag „endgültig zur freien Verfügung" der Gesellschaft steht. Ist der Betrag durch Gutschrift auf ein Konto der Gesellschaft bei der Deutschen Bundesbank oder einem Kreditinstitut (§ 54 Abs. 3 AktG) eingezahlt worden, so ist der Nachweis durch eine schriftliche Bestätigung des Instituts zu führen[6], für deren

6 Ist der Betrag auf ein Postgirokonto der Gesellschaft eingezahlt worden, so sollte die Beifügung des vom Postgiroamt übersandten Auszugs oder einer besonderen schriftlichen Bestätigung des Amts (§ 13 der Postgiroordnung vom 5. 12. 1984, BGBl. I, S. 1478) genügen.

Richtigkeit das Institut der Gesellschaft verantwortlich ist. Sind von dem eingezahlten Betrag Steuern und Gebühren bezahlt worden, so ist dies nach Art und Höhe der Beträge nachzuweisen. Um diesen Bestimmungen den nötigen Nachdruck zu verleihen, hat der Gesetzgeber in § 399 Abs. 1 Nr. 4 AktG angeordnet, daß mit Freiheitsstrafe bis zu drei Jahren oder mit Geldstrafe bestraft wird, wer „als Mitglied des Vorstands oder des Aufsichtsrats zum Zweck der Eintragung einer Erhöhung des Grundkapitals (§§ 182–206 AktG) über die Einbringung des bisherigen, die Zeichnung oder Einbringung des neuen Kapitals, den Ausgabebetrag der Aktien, die Ausgabe der Bezugsaktien oder über Sacheinlagen" falsche Angaben macht oder erhebliche Umstände verschweigt. Die Vorschrift des § 37 Abs. 1 AktG ist also strafbewehrt[7]. Als Täter kommen zwar nur Mitglieder des Vorstands oder Aufsichtsrats der betreffenden Gesellschaft in Betracht, Beihilfe oder Anstiftung durch andere Personen ist jedoch möglich[8,9].

2. *Rechtstechnischer Ablauf einer Kapitalerhöhung gegen Geldeinlagen*

Im Verlauf der Emission junger Aktien aus einer Kapitalerhöhung gegen Geldeinlagen gibt es mehrfach Versicherungen der Emissionsbank an die Adresse der ihr Grundkapital erhöhenden Gesellschaft, wonach Kapitalerhöhungsbeträge unter bestimmten Bedingungen auf einem in den Büchern der Emissionsbank geführtem Konto zu freier Verfügung der Gesellschaft stehen oder stehen werden. Zur Verdeutlichung dieser Handhabung und der Relevanz solcher Erklärungen soll im folgenden der Ablauf einer Kapitalerhöhung gegen Geldeinlagen skizziert werden, und zwar wegen der heute im Vordergrund stehenden praktischen Bedeutung am Beispiel einer Kapitalerhöhung aus genehmigten Kapital nach §§ 202 ff AktG im Wege eines „mittelbaren" Bezugsrechts der Aktionäre nach §§ 203 Abs. 1, 186 Abs. 5 AktG unter Mitwirkung eines Konsortiums von Emissionsbanken.

Ausgangspunkt einer Kapitalerhöhung aus genehmigtem Kapital nach §§ 202 ff AktG ist der Beschluß der Hauptversammlung des Unternehmens über

7 Eckardt, in: Geßler/Hefermehl/Eckardt/Kropff, Komm. z. AktG, 1984, § 37 Rdn. 62; Geilen, Kölner Komm. z. AktG, 1983, § 399 Rdn. 136; § 399 Abs. 1 Nr. 4 AktG ist Schutzgesetz im Sinne von § 823 Abs. 2 BGB, und zwar auch zugunsten Dritter, die später Aktien der Gesellschaft erwerben. Vgl. Eckardt, aaO, Vor §§ 46–51 Rdn. 8 m. w. N.

8 Godin/Wilhelmi, Komm. z. AktG, 4. Aufl., 1971, § 399 Anm. 4; Geilen, aaO (Fn. 7), § 399 AktG Rdn. 140.

9 Ein typischer Fall von § 399 Abs. 1 Nr. 4 AktG: „Fall der Neuen Bank AG", Die AG 1978, 166. Auch in den „BuM"-Verfahren wurde diese Vorschrift diskutiert: OLG Düsseldorf WM 1984, 586, 597 und BGH WM 1986, 2, 4 f.

ein genehmigtes Kapital und eine Satzungsänderung mit etwa folgendem Wortlaut:

„Der Vorstand ist ermächtigt, das Grundkapital bis zum ... mit Zustimmung des Aufsichtsrats durch Ausgabe neuer Aktien gegen Geldeinlagen einmalig oder mehrmals um bis zu DM ... zu erhöhen ..."

Nach Eintragung der Satzungsänderung in das Handelsregister faßt der Vorstand einen Beschluß über die Ausnutzung des oder eines Teiles des genehmigten Kapitals, wenn er die Situation auf dem Kapitalmarkt als günstig für eine Kapitalmaßnahme einschätzt, und der Aufsichtsrat gibt seine Zustimmung.

In diesem Zeitpunkt muß schon zwischen dem Vorstand und einem für die Führung der Emission vorgesehenen Kreditinstitut, in der Regel ist dies die Hausbank der Gesellschaft, Einigkeit über die Einzelheiten der Maßnahme bestehen. Die Verständigung mit und unter Konsortialbanken kann formlos mündlich oder auch durch ein formelles Schreiben der Emissionsführerin an die Mitkonsorten vorgenommen werden[10].

Die konsortialführende Bank richtet sodann namens des Bankenkonsortiums an die Gesellschaft eine umfassende Offerte, welche die Einzelheiten der Maßnahme und namentlich den Ausgabekurs sowie die Quoten festhält, zu denen die Mitglieder des Konsortiums die neuen Aktien mit der Verpflichtung übernehmen wollen, sie den Aktionären zum Bezug anzubieten. Die Konsortialführerin verspricht, zum Tag der Anmeldung der Durchführung der Kapitalerhöhung zur Eintragung in das Handelsregister gemäß § 36 a AktG mindestens 25 % des Nennbetrages sowie ein etwaiges Aufgeld für die neuen Aktien auf ein bei sich neu eingerichtetes zins- und provisionsfreies *„Sonderkonto Kapitalerhöhung"* der Gesellschaft gutzuschreiben und dann die gemäß §§ 203 Abs. 1, 188 Abs. 2, 37 Abs. 1 AktG erforderliche schriftliche Erklärung abzugeben, daß der eingezahlte Betrag endgültig zur freien Verfügung der Gesellschaft steht (Einzahlungsbestätigung). Das Kreditinstitut verspricht ferner, einen Zeichnungsschein in zweifacher Ausfertigung (§§ 203 Abs. 1, 185 Abs. 1 AktG) sowie einen Nachweis der Zeichnungsberechtigung derjenigen, die den Zeichnungsschein und die Einzahlungsbestätigung unterschrieben haben, einzureichen. Schließlich wird in der Offerte die Verpflichtung übernommen, die jungen Aktien innerhalb einer Frist von zwei Wochen (Mindestfrist) den Aktionären zum Bezug anzubieten. In der Regel für den zweiten Werktag nach Ablauf der Bezugsfrist verspricht die Bank, daß sie der Gesellschaft die restlichen 75 % auf den Nennbetrag der neuen Aktien ebenfalls auf dem „Sonderkonto Kapitalerhöhung" gutschreiben wird. Soweit Aktionäre von ihren Bezugsrechten keinen Gebrauch gemacht haben und die Bank junge Aktien frei verwertet, verspricht sie, den zusätzlich erzielten Erlös ebenfalls dem „Sonderkonto Kapitalerhöhung" gutzuschreiben.

10 Vgl. das Muster von SZANTYR, in: Bankrecht und Bankpraxis, 1979, Abschn. 10/108.

Das Angebot wird regelmäßig mit der Maßgabe unterbreitet, daß die Durchführung der Kapitalerhöhung in das Handelsregister eingetragen wird und daß die Zeichnung der jungen Aktien unverbindlich wird, wenn die Durchführung der Kapitalerhöhung nicht bis zu einem bestimmten Zeitpunkt im Handelsregister eingetragen ist (§ 185 Abs. 1 Nr. 4 AktG). Die dann noch üblichen Gebührenregelungen in der Offerte sind für die hier zur Diskussion stehende Frage nicht relevant. Es kann sein, daß die Bank ihre Zusicherung der freien Verfügung über den Kapitalerhöhungsbetrag auch in dem Sinne erläutert, daß die Gesellschaft „in der Verfügung über den eingezahlten Betrag nicht, namentlich nicht durch Gegenforderungen, beschränkt ist“[11]. Rechtlich ergibt sich daraus keine Änderung, denn die Zusicherung nach § 37 Abs. 1 AktG ist gleichbedeutend mit dem Verzicht auf die üblichen bankvertraglichen Einwendungsmöglichkeiten, insbesondere auch Nr. 19 Abs. 2 und 4 der Banken-AGB[12].

Nachdem die Gesellschaft die Offerte angenommen hat, läuft das Verfahren der Kapitalerhöhung nach dem in dem Angebotsschreiben festgehaltenen Plan ab. Die Gesellschaft meldet die Durchführung der Kapitalerhöhung zur Eintragung in das Handelsregister an und fügt dieser als Anlagen eine Zweitausfertigung des Zeichnungsscheins nach §§ 203 Abs. 1, 185 Abs. 1, 188 Abs. 3 Nr. 1 AktG bei, der die Zeichnung und Übernahme der neuen Aktien sowie die Mitteilung der Gutschrift eines ersten Teilbetrags auf dem „Sonderkonto Kapitalerhöhung“ der Gesellschaft enthält. Die ebenfalls eingereichte Einzahlungsbescheinigung der Bank bestätigt die Gutschrift auf dem „Sonderkonto Kapitalerhöhung“ und enthält die Versicherung, daß der eingezahlte Betrag endgültig zur freien Verfügung der Gesellschaft steht. Die übrigen Anlagen[13] sind für die hier zur Diskussion stehenden Fragen nicht relevant.

11 Vgl. die Muster von Scholz, Das Konsortialgeschäft der deutschen Banken, 1. Band, 1973, S. 483, und Balser/Bokelmann/Piorrek, Die Aktiengesellschaft, 1984, S. 256, Fn. 6. § 29 Abs. 1 Satz 2 AktG 1937 verlangte bei der Anmeldung den Nachweis, „daß der Vorstand in der Verfügung über den eingezahlten Betrag nicht, namentlich nicht durch Gegenforderungen, beschränkt ist“. Daraus ergibt sich trotz der Verkürzung des Textes keine Änderung gegenüber § 37 Abs. 1 Satz 2 AktG 1965, vgl. Hommelhoff/Kleindiek, ZIP 1987, 477, 490.

12 Zu Werten, die der Bank mit einer besonderen Zweckbestimmung zugeleitet werden und nicht dem Pfandrecht der Bank unterliegen, vgl. BGH WM 1968, 695, BGH WM 1973, 167 und BGH WM 1985, 688, 689 mit Anm. Fischer, WuB I A. Nr. 19 AGB-Banken 3.85, sowie Baumbach/Duden/Hopt, Komm. z. HGB, 27. Aufl., 1987, Anm. 2 C zu Nr. 19 AGB-Banken und Canaris, Bankvertragsrecht, 2. Bearbeitung 1981, Rdn. 2663 zu Nr. 19 AGB. Letzterer vermutet zudem unter Rdn. 2679, daß das Pfandrecht mit dem Zweck des „Konsortialvertrags“ nicht vereinbar und daher konkludent abbedungen ist.

13 Siehe dazu Balser/Bokelmann/Piorrek, aaO (Fn. 11), S. 254, Fn. 6.

Rekapituliert man diesen Ablauf, so ist festzuhalten, daß die Zusicherung der freien Verfügung über den Kapitalerhöhungsbetrag bei zwei Gelegenheiten abgegeben wird: Sie ist Teil der Offerte, welche mit der Annahme durch die das Kapital erhöhende Gesellschaft vertraglichen Charakter annimmt, und sie ist Gegenstand der nach §§ 203 Abs. 1, 188 Abs. 2, 37 Abs. 1 Satz 2 und 3 AktG auszustellenden Einzahlungsbestätigung des die Emission führenden Kreditinstituts.

Nach § 37 Abs. 1 Satz 2 AktG ist zwar nur nachzuweisen, daß der vor der Anmeldung der Durchführung der Kapitalerhöhungen zur Eintragung ins Handelsregister eingeforderte und eingezahlte Betrag endgültig zur freien Verfügung des Vorstands steht, wofür die Einzahlungsbestätigung etwa die folgende Erklärung enthalten wird:

„Auf die Stück ... neuen Aktien haben wir heute 25 % des Nennbetrags zuzüglich des Aufgelds von DM ... je Aktie über DM ... mit insgesamt DM ... durch Gutschrift auf ein für Ihre Gesellschaft bei uns geführtes ‚Sonderkonto Kapitalerhöhung' eingezahlt. Gemäß §§ 203, 188 Abs. 2 in Verbindung mit § 37 Abs. 1 AktG bestätigen wir Ihnen hiermit, daß der eingezahlte Betrag endgültig zu Ihrer freien Verfügung steht".

Tatsächlich geht die Bank aber durch die angenommene Offerte eine für das Konsortium weitergehende Verpflichtung ein, indem sie erklärt, sie werde zu einem späteren Zeitpunkt auch die restlichen 75 % des Nennbetrags der jungen Aktien auf dem „Sonderkonto Kapitalerhöhung" gutschreiben. Der Zeichnungsschein wiederholt dies etwa mit den folgenden Worten:

„Die restliche Einzahlung von 75 % des Nennbetrags mit DM ... werden wir am zweiten Werktag nach Ablauf der Bezugsfrist auf das ‚Sonderkonto Kapitalerhöhung' leisten".

Für den Fall, daß über die Ausübung von Bezugsrechten nicht alle neuen Aktien placiert werden, übernimmt das Konsortium mit der Offerte die folgende Verpflichtung:

„Etwa von den Aktionären Ihrer Gesellschaft nicht bezogene neue Aktien wird das Konsortium nach Ihrer Weisung für Rechnung Ihrer Gesellschaft verwerten. Sie verpflichten sich mit der Annahme dieses Angebots unwiderruflich, von Ihrem Weisungsrecht Gebrauch zu machen. Das Konsortium wird Ihnen den beim Verkauf der etwa nicht bezogenen Aktien über den Bezugspreis hinaus erzielten Mehrerlös, der ebenfalls als Aufgeld im Sinne von § 272 Abs. 2 HGB anzusehen ist, auf Ihrem ‚Sonderkonto Kapitalerhöhung' jeweils gutschreiben. Das Sonderkonto wird in der Weise zum Ausgleich gebracht, daß wir das Guthaben zu den mit Ihnen noch zu vereinbarenden Terminen auf Ihr laufendes Konto übertragen werden"[14,15].

In den beiden zuletzt genannten Fällen wird zwar die Versicherung, auch diese Beträge stünden „endgültig zur freien Verfügung" der Gesellschaft, nicht ausdrücklich wiederholt, sie ist aber selbstverständlicher Inhalt der Mitteilung über die Gutschrift auf dem „Sonderkonto Kapitalerhöhung", und dies wird in der Praxis auch so verstanden. Welchen Sinn sollte die Gutschrift auch sonst haben?[16]

Zusammenfassend ist damit festzuhalten: Das emissionsführende Kreditinstitut könnte nicht auf den sich aus § 36a AktG ergebenden Mindestbetrag zugreifen, denn es hat den Zugriff vertraglich und in der Einzahlungsbestätigung ausgeschlossen und würde im Falle eines dennoch erfolgten Zugriffs der Gesellschaft nach § 37 Abs. 1 Satz 4 AktG haften. Auch für alle weiteren Zahlungen auf den Nennbetrag für die neuen Aktien und für den Mehrerlös aus der Verwertung nicht bezogener junger Aktien gilt ein besonderer Schutz kraft vertraglicher Vereinbarung, die in der Praxis Standard ist. Da alle in bezug auf die neuen Aktien geleisteten Zahlungen vor der Gutschrift auf das laufende Konto der Gesellschaft über das „Sonderkonto Kapitalerhöhung" laufen, bleibt der besondere Status der eingegangenen Beträge zumindest bis zum Zeitpunkt der Übertragung auf das laufende Konto der Gesellschaft erhalten. Die Gesellschaft kann ungehindert über das „Sonderkonto Kapitalerhöhung" disponieren. Sie wäre nicht gehindert, über jedes dort eingebuchte Guthaben sofort, also noch vor der Übertragung auf das Kontokorrentkonto, zu verfügen.

14 Zur Frage des börsenumsatzsteuerfreien Ersterwerbs der jungen Aktien gemäß § 22 Nr. 2 KVStG und das im Zusammenhang damit entwickelte sog. RWE-Modell, dem die hier wiedergegebene Formulierung entspricht, siehe Heinsius/Horn/Than, Komm. z. Depotgesetz, 1975, §§ 26, 27 Rdn. 34, sowie Brönner/Kamprad, Komm. z. KVStG, 4. Aufl., 1986, § 22 Rdn. 3, 4; § 2 Rdn. 28; § 18 Rdn. 4.

15 Gelegentlich findet sich in Offerten auch folgende Formulierung: „Das Guthaben des Sonderkontos werden wir am ... (3. Börsentag nach Ablauf der Bezugsfrist) auf Ihr laufendes Konto bei uns übertragen, sofern Sie uns keine anderen Weisungen erteilen. Sollten Sie über das Guthaben des Sonderkontos früher zu verfügen wünschen, so würden die für Barkredite üblichen Bedingungen Anwendung zu finden haben". (Siehe Muster von Szantyr, in: Bankrecht und Bankpraxis, 1979, Abschn. 10/107). Vor dem letzten Satz der Regelung ist zu warnen, denn er könnte so aufgefaßt werden, als sei dadurch die „freie Verfügbarkeit" eingeschränkt.

16 Die Praxis steht hier durchaus in Übereinstimmung mit der in der Literatur vertretenen Ansicht, auch die nach Eintragung erbrachten Leistungen müßten „ohne jede Bedingung, Einschränkung oder Verwendungsbindung" gezahlt werden. Siehe Hefermehl/Bungeroth, aaO (Fn. 5), § 54 AktG Rdn. 62, Lutter, aaO (Fn. 4), § 54 AktG Rdn. 39 und Hommelhoff/Kleindiek, ZIP 1987, 477.

3. *Auslegung von § 54 Abs. 3 AktG durch Lutter, Hefermehl und Bungeroth*

Für die Behandlung der Frage nach der rechtlichen Zulässigkeit der Gutschrift der Einlagen auf einem Konto der Gesellschaft bei der (konsortialführenden) Emissionsbank sei aus dem soeben geschilderten praktischen Ablauf der Kapitalerhöhung nochmals folgendes hervorgehoben: Das die Emission führende Kreditinstitut, das die jungen Aktien allein oder im Rahmen eines Konsortiums zusammen mit anderen Kreditinstituten gezeichnet hat, zahlt die vor Anmeldung der Durchführung der Kapitalerhöhung zur Eintragung ins Handelsregister geforderten Einlagen – mindestens 25 % des Nennbetrags sowie ein etwaiges Aufgeld – durch Gutschrift auf einem bei ihm selbst geführten Konto der Gesellschaft ein (§§ 188 Abs. 2, 203 Abs. 2, 36 Abs. 2, 36 a, 37 Abs. 1, 54 Abs. 3 AktG) und gibt gleichzeitig die Bestätigung ab, daß der eingezahlte Betrag endgültig zur freien Verfügung der Gesellschaft steht (§ 37 Abs. 1 Satz 3 AktG). Entsprechend verfährt die Emissionsbank mit der nach Eintragung der Durchführung der Kapitalerhöhung im Handelsregister zu leistenden restlichen Einzahlung auf den Nennbetrag und einem bei der Verwertung der von den Aktionären nicht bezogenen jungen Aktien über den Bezugspreis hinaus erzielten Mehrerlös, das heißt, auch diese Beträge werden dem bei der Emissionsbank geführten „Sonderkonto Kapitalerhöhung" der Gesellschaft gutgeschrieben, und auch für diese Beträge gilt, wenn auch unausgesprochen, daß sie endgültig zur freien Verfügung der Gesellschaft stehen. In rechtlicher Hinsicht geht es bei diesem Verfahren der Praxis um zwei Aspekte, nämlich einmal darum, ob die Emissionsbank ihre eigene Einlageverpflichtung wirksam durch Gutschrift auf ein bei ihr selbst geführtes Konto der Gesellschaft erfüllen kann, und zum anderen um das Problem der „freien Verfügbarkeit". Nur um den ersten – der Frage nach der freien Verfügbarkeit sozusagen vorgelagerten – Aspekt geht es hier. Zur freien Verfügbarkeit sei hier ganz allgemein gesagt, daß die Gutschrift effektiv sein muß, also keine wie immer gearteten Vorbehalte oder Lasten den Vorstand in der jederzeitigen Disposition über das Gutachten beschränken dürfen[17].

Lutter[18] ist der Auffassung, ein Kreditinstitut könne sich als Mitgründer einer Aktiengesellschaft – und damit auch als Zeichner junger Aktien – von seiner eigenen Einlageverpflichtung nicht durch Gutschrift auf einem bei ihm selbst geführten Konto des Vorstands oder der Gesellschaft befreien. Zwar gebe es keine Inkompatibilitätsregeln dergestalt, daß in diesen Fällen bei dem Kreditin-

17 Siehe dazu Lutter, aaO (Fn. 4), § 54 AktG Rdn. 32 b; Hefermehl/Bungeroth, aaO (Fn. 5), § 54 AktG Rdn. 50; und weiter BGHZ 96, 231; Karsten Schmidt, Die AG 1986, 106 ff; Bergmann, Die AG 1987, 57 ff; Hommelhoff/Kleindiek, ZIP 1987, 477 ff; Priester, DB 1987, 1473 ff, jeweils m. w. N.

18 Lutter, aaO (Fn. 4), § 54 AktG Rdn. 26.

stitut überhaupt kein Konto des Vorstands oder der Gesellschaft geführt und damit überhaupt keine Einlagen geleistet werden könnten. Seine eigene Einlage könne das betreffende Kreditinstitut aber nicht derart wirksam leisten, daß es dem bei sich selbst geführten Konto durch Umbuchung einen entsprechenden Betrag gutschreibe. Denn dadurch habe sich an seiner rechtlichen Situation nichts geändert, seine Vermögenslage sei die gleiche wie bisher: An die Stelle der Einlageschuld sei die Schuld aus der Kontogutschrift getreten, das aber sei keine „Leistung" im Sinne von § 54 Abs. 3 AktG. Mit einer solchen Gutschrift trete keine Tilgung ein: Geschehe die „Leistung" dennoch auf diese Weise, so trete die Erfüllung erst nach entsprechender Verfügung über das Guthaben durch die Aktiengesellschaft (Abhebung, Überweisung) ein. Daher dürfe in einem solchen Falle auch nicht die Aktiengesellschaft – und dann natürlich auch nicht die Durchführung der Kapitalerhöhung – im Handelsregister eingetragen werden.

Hefermehl und *Bungeroth*[19] haben die Meinung *Lutters* und seine Argumentation kritiklos übernommen: Durch Gutschrift auf einem Konto in seinen eigenen Büchern könne das Kreditinstitut seine Einlage nicht leisten. „Eine solche Gutschrift wäre eine rein formale Umbuchung ohne materielle Bedeutung".

Abgesehen von den soeben vorgetragenen Argumenten, zu denen später noch kritisch Stellung zu nehmen sein wird, berufen sich *Lutter* und ihm wiederum folgend *Hefermehl* und *Bungeroth* auf ein Urteil des Reichsgerichts vom 19. November 1904[20]. In dieser sich auf § 19 GmbHG beziehenden Entscheidung hatte das Reichsgericht den Fall zu beurteilen, daß ein Bankier seine eigene Einlageverpflichtung als Gesellschafter durch Gutschrift auf das in seinem Hause geführte laufende Konto (Kontokorrentkonto) der Gesellschaft hatte begleichen wollen. Aus den besonderen Gründen, die sich aus der Gutschrift auf ein Kontokorrentkonto ergeben, nahm das Reichsgericht damals an, daß die Erfüllungswirkung erst mit der Erschöpfung des Guthabens eintrete. Dem ist jedoch entgegenzuhalten, daß sich die Gutschrift auf ein Kontokorrentkonto, wo für den Untergang der in die laufende Rechnung eingestellten Forderungen und Verbindlichkeiten besondere Rechtsgrundsätze gelten, nicht vergleichen läßt mit der Gutschrift auf ein für die Zwecke der Kapitalerhöhung einer Aktiengesellschaft eingerichtetes „Sonderkonto Kapitalerhöhung", für welches das Kreditinstitut gemäß § 37 Abs. 1 Satz 3 AktG die freie Verfügbarkeit der Gesellschaft verbindlich zugesagt hat und nach Satz 4 dieser Vorschrift für die Richtigkeit dieser Zusage haftet. Schließlich ist zu berücksichtigen, daß es zu den Zeiten, als die Entscheidung des Reichsgerichts erging, den § 54 Abs. 3 AktG noch nicht gab[21]. Auch der Hinweis *Lutters* auf die Schrift von *F. A. Mann* „Die Sachgrün-

19 Hefermehl/Bungeroth, aaO (Fn. 5), § 54 AktG Rdn. 49.
20 RG Holdheims Monatsschrift für Handelsrecht und Bankwesen 1905, 142.
21 Siehe die Ausführungen von Gessler, FS Möhring, 1975, 173, 177.

dung im Aktienrecht"[22] trägt zur Wahrheitsfindung nicht viel bei; der Verfasser jedenfalls vermag darin keine Beweise dafür zu finden, daß *F. A. Mann* für die hier zur Erörterung stehende Frage der gleichen Auffassung sei wie *Lutter*.

4. *Literaturmeinungen zu § 195 HGB a. F. und § 49 AktG 1937*

Über die durch die Äußerungen von *Lutter, Hefermehl* und *Bungeroth* wieder aktualisierte Frage nach der Erfüllung der Einlageverpflichtung eines Kreditinstituts durch Gutschrift auf ein Konto in seinen eigenen Büchern gab es schon in den dreißiger Jahren eine lebhafte Diskussion, die sich an der damaligen Neufassung der §§ 195, 284 HGB[23] und dann an §§ 49, 155 AktG 1937 entzündete. *Klausing*[24] erklärte die Führung des Kapitalerhöhungskontos bei der Hausbank der Gesellschaft für nicht nur zulässig, sondern auch für wünschenswert. Den Einwand, daß eine Bank als Gründerin ihrer Zahlungspflicht nicht durch Gutschrift auf ein bei ihr geführtes Konto nachkommen könne, wollte vor allem *Dorpalen*[25] nicht gelten lassen. „Denn der Gutschriftsbuchung für die Gesellschaft steht die Belastung der Bank selbst mit einem entsprechenden Betrag gegenüber; dem Vermögen der Gesellschaft ist ein neuer selbständiger, durch ein abstraktes Schuldanerkenntnis begründeter und daher von allen etwaigen Einreden aus dem Grundrechtsverhältnis befreiter Anspruch erwachsen, den sie jederzeit durch Abhebung des gutgebrachten Betrages geltend machen kann. Mehr würde ihr ja zunächst auch dann nicht zustehen, wenn die Bank ihre Einzahlung durch Überweisung auf ein anderes Bankkonto der Gesellschaft leisten würde, denn auch in diesem Fall würde die Gesellschaft lediglich einen neuen Anspruch auf Auszahlung erwerben. Daß dieser im letzteren Fall gegenüber einem Dritten besteht, im ersteren dagegen gegenüber dem ursprünglichen Schuldner, kann keinen Unterschied machen". Dieser Ansicht schloß sich *Herbeck*[26] an, der dabei auch auf die oben beschriebenen Wirkungen der von der

22 F. A. Mann, Die Sachgründung im Aktienrecht, 1932. Ebenso unergiebig für unser Thema F. A. Mann, Zentralblatt für Handelsrecht 1932, 131, 134, der an dieser Stelle ganz allgemein die Barzahlungspflicht des Aktionärs nach § 195 Abs. 3 HGB behandelt und im Zusammenhang damit auch das Urteil des Reichsgerichts vom 19. November 1904 anspricht, sich aber nicht mit der Frage befaßt, ob die Einlageverpflichtung einer Bank durch entsprechende Gutschrift auf einem „Sonderkonto Kapitalerhöhung" wirksam erfüllt werden kann; *Lutter* beruft sich denn auch nicht auf diese Ausführungen von *Mann*.

23 Durch das „Gesetz zur Änderung des Handelsgesetzbuches" vom 7. März 1935 (RGBl. I, S. 352).

24 Klausing, Bank-Archiv 1934/35, 468, 471 ff.

25 Dorpalen, Bank-Archiv 1934/35, 339, 340.

26 Herbeck, Die Bareinlagenverpflichtung des Aktionärs bei Gründungen und Kapitalerhöhungen von Aktiengesellschaften, Diss. 1938, S. 68 ff.

Gesellschaft angenommenen Offerte und auf den besonderen Status des Sonderkontos für Einlageguthaben einging.

Die Diskussion flaute daraufhin ab, und in der Kommentierung zu § 49 AktG 1937 wurde entweder entschieden bejaht, daß Einlagen auf ein bei der Gründerin eingerichtetes Konto geleistet werden können[27], oder die Frage wurde gar nicht mehr aufgeworfen[28]. Bei diesem Stand blieb es zunächst auch nach der Aktienrechtsreform im Jahr 1965[29].

5. *Rechtsprechung zu §§ 54 Abs. 3, 36 Abs. 2, 188 Abs. 2, 203 Abs. 2 AktG*

Die Rechtsprechung hat sich, soweit ersichtlich, bisher nicht ausdrücklich mit der Frage nach der Zulässigkeit der Einlagen auf einem Konto der Gesellschaft bei der (konsortialführenden) Emissionsbank im Falle der Kapitalerhöhung gegen Geldeinlagen (§§ 54 Abs. 3, 36 Abs. 2, 188 Abs. 2, 203 Abs. 2 AktG) befaßt. Festzustellen ist jedoch, daß sich das Landgericht Düsseldorf[30], das Oberlandesgericht Düsseldorf[31] und der Bundesgerichtshof[32] in verschiedenen, den unter dieser Abkürzung schon in die Rechtsgeschichte eingegangenen „BuM-Komplex“ betreffenden Entscheidungen mit einem Sachverhalt auseinanderzusetzen hatten, bei dem die aufgrund der Zeichnung der jungen Aktien im Rahmen einer Kapitalerhöhung gegen Geldeinlagen geschuldeten Beträge auf einem für „BuM“ bei der Emissionsbank geführten Kapitalerhöhungskonto gutgeschrieben wurden. Alle drei Urteile beschäftigen sich eingehend mit dem Problem der „freien Verfügbarkeit“ der gutgeschriebenen Beträge für die Gesellschaft und stellen die sozusagen im Vorfeld zu bejahende Zulässigkeit und schuldtilgende Wirkung der Gutschrift auf einem Kapitalerhöhungskonto der Gesellschaft bei dem die Maßnahme tragenden Kreditinstitut überhaupt nicht in Frage, beides wird quasi inzidenter als gegeben angesehen. Die von *Lutter, Hefermehl* und *Bungeroth* in ihren Kommentierungen zu § 54 AktG formulier-

27 Schlegelberger/Quassowski, Komm. z. AktG, 3. Aufl., 1939, § 49 Rdn. 6.

28 Gadow, Großkomm. z. AktG, 1939, § 49 Anm. 10; Teichmann/Koehler, Komm. z. AktG, 3. Aufl., 1950, § 43 Anm. 3.

29 Bei Baumbach/Hueck, Komm. z. AktG, 13. Aufl., 1968, wird die Frage in der Kommentierung zu § 54 AktG nicht angesprochen; Godin/Wilhelmi, aaO (Fn. 8), § 54 AktG Anm. 6 und Barz, Großkomm. z. AktG, 1973, § 54 Anm. 17, erklären es für irrelevant, bei welcher Bank das Konto geführt wird.

30 LG Düsseldorf WM 1986, 792.

31 OLG Düsseldorf WM 1984, 586.

32 BGHZ 96, 231.

ten Ansichten wurden nicht aufgegriffen, obwohl der Sachverhalt dazu Anlaß gegeben hätte.

6. *Geßlers Kritik an der Auffassung Lutters*

Kein Geringerer als *Geßler*[33] hat sich mit der Auffassung *Lutter*s kritisch auseinandergesetzt und sie entschieden abgelehnt: Nach dem Sinn der gesetzlichen Regelung in § 54 Abs. 3 AktG sei mit der Gutschrift des eingeforderten Betrags auf ein bei einem inländischen Kreditinstitut geführtes Konto der Gesellschaft die Einlageverpflichtung erfüllt. Dabei könne dahingestellt bleiben, ob sonst bei Leistung einer Verbindlichkeit durch Gutschrift auf ein Konto des Gläubigers die Schuldverpflichtung durch Erfüllung im Sinne von § 362 BGB oder nach § 364 Abs. 1 BGB durch Annahme an Erfüllungs Statt erlösche. Bei Leistung einer übernommenen Geldeinlage durch Gutschrift auf ein Konto eines inländischen Kreditinstituts trete kraft gesetzlicher Vorschrift die Tilgungswirkung mit der Gutschrift ein (§ 54 Abs. 3 AktG). Bei der vom Gesetz zugelassenen Einzahlung durch Gutschrift erhalte die Gesellschaft immer nur anstelle der Zahlung einen Anspruch gegen das Kreditinstitut aus der Gutschrift, d. h. aus dem Girovertrag. Das Gesetz sehe damit durch den Anspruch aus dem Girovertrag die Einlageschuld als erbracht und die Aufbringung des Grundkapitals als genügend gesichert an. Nicht anders sei die Sachlage, wenn das Kreditinstitut selbst Aktionär ist und es den Betrag auf ein bei ihm selbst geführtes Konto der Gesellschaft gutgeschrieben habe. Mit dieser Gutschrift sei an die Stelle der Einlageschuld die Schuld des Kreditinstituts aus der Kontogutschrift getreten. Die Gesellschaft erhalte somit durch die Gutschrift auf ein bei dem Aktionär als Kreditinstitut selbst geführtes Konto dasselbe, was sie auch erhalten hätte, wenn der Betrag auf ein Konto bei einem anderen inländischen Kreditinstitut gutgeschrieben worden wäre. Dann bestehe aber vom Sinn und Zweck des § 54 Abs. 3 AktG kein Grund, die Gutschrift auf ein bei dem Aktionär-Kreditinstitut geführtes Konto anders zu behandeln als die Gutschrift auf ein Konto der Gesellschaft bei einem anderen Kreditinstitut und ihr die Tilgungswirkung zu versagen.

Entgegen der Ansicht von *Lutter*, so fährt *Geßler* in seiner Kritik fort, trete auch bei der Gutschrift auf ein bei dem Aktionär-Kreditinstitut geführtes Konto der Gesellschaft eine Vermögensänderung ein. Nach dem Sinn und Zweck des § 54 Abs. 3 AktG hänge die Tilgungswirkung der Gutschrift nicht davon ab, daß

33 Gessler, FS Möhring, 1975, S. 173, 175–177.

bei dem Kreditinstitut eine Vermögensänderung eingetreten sei, aus seinem Vermögen etwas herausgeflossen sei. Es könne vielmehr nur darauf ankommen, ob bei der Gesellschaft eine Vermögensänderung eingetreten sei, sie über die Gutschrift frei verfügen könne. Die Gutschrift verschaffe der Gesellschaft anstelle ihres bloßen Anspruchs auf die Einlageschuld Buchgeld, über das sie nach der Erklärung des Kreditinstituts jederzeit frei verfügen könne. Damit sei bei *ihr* eine Vermögensveränderung eingetreten.

Geßler schließt seine Kritik an der Auffassung *Lutters* und die Begründung seiner gegenteiligen Meinung mit der Feststellung ab: „Damit ist in der Gutschrift auf ein bei der Hausbank geführtes Konto, auch wenn es sich um ihre eigene Einlageverpflichtung handelt, eine ordnungsmäßige Einzahlung des eingeforderten Betrages im Sinne von § 54 Abs. 3 AktG zu sehen".

7. *Eigene Stellungnahme*

Mit *Geßler* und der in Theorie und Praxis herrschenden Meinung ist die von *Lutter, Hefermehl* und *Bungeroth* zu § 54 Abs. 3 AktG vertretene Auffassung, ein Kreditinstitut könne sich von seiner eigenen Einlageverpflichtung als Zeichner junger Aktien nicht durch Gutschrift auf einem bei ihm selbst geführten Konto befreien, abzulehnen. Sie findet im Gesetz keine Grundlage und steht im Widerspruch zu einer seit Jahrzehnten geübten Handhabung der Praxis. Nach § 54 Abs. 3 AktG ist mit der Gutschrift des eingeforderten Betrags auf ein bei einem Kreditinstitut geführten Konto der Gesellschaft die Einlageverpflichtung erfüllt. Dabei macht es nach dem Wortlaut der Vorschrift keinen Unterschied, ob mit der Gutschrift eine eigene Einlageverpflichtung des Kreditinstituts oder eine Einlageverpflichtung Dritter erfüllt werden soll. Mit der Gutschrift tritt im einen wie im anderen Falle an die Stelle der Einlageschuld die Verbindlichkeit des Kreditinstituts aus der Kontogutschrift. Die Gutschrift verschafft der Gesellschaft anstatt der Einlagenschuld Buchgeld, das nach der Erklärung des Kreditinstituts „endgültig zu ihrer freien Verfügung" steht. Die Gesellschaft hat in ihrer Bilanz nicht mehr die Einlageforderung als ausstehende Einlage auf das Grundkapital, sondern in Höhe der Gutschrift ein Guthaben bei Kreditinstituten auszuweisen, und im Rechenwerk des Kreditinstituts hat das Guthaben als (Nichtbanken-) Sichteinlage in der Bilanzposition „Verbindlichkeiten aus dem Bankgeschäft gegenüber anderen Gläubigern" zu erscheinen. Letzteres wiederum hat die sehr wichtige Folge, daß das Guthaben – die Mitgliedschaft des Kreditinstituts beim Bundesverband deutscher Banken e. V. unterstellt – in den Schutz des Einlagensicherungsfonds des Bundesverbandes deutscher Banken e. V. einbezogen ist, und zwar (je Gläubiger) bis zu einer Sicherungsgrenze von 30 % des haftenden Eigenkapitals im Sinne von § 10 KWG zum Zeitpunkt des letzten veröffentlichten Jahresabschlusses der Bank[34,35]. Durch die Gutschrift auf einem eigens eingerichteten „Sonderkonto Kapitalerhöhung“ werden auch die Zweifelsfragen und Probleme vermieden, die eine Gutschrift auf einem Kontokorrentkonto mit sich bringen könnte. Die Gutschrift ist also keineswegs, wie *Hefermehl* und *Bungeroth* sich ausdrücken, „eine rein formale Umbuchung ohne materielle Bedeutung“[36]. Das für die Gutschrift des vor Anmeldung der Eintragung der Gesellschaft beziehungsweise der Durchführung der Kapitalerhöhung ins Handelsregister eingeforderten Betrages Gesagte gilt in gleicher Weise auch für die Gutschrift einer eventuell später eingeforderten Resteinzahlung auf den Nennbetrag und einen bei der Verwertung der von den Aktionären nicht bezogenen jungen Aktien über den Bezugspreis hinaus erzielten Mehrerlös[37].

Die Auswirkungen der Ansicht von *Lutter, Hefermehl* und *Bungeroth* auf die Praxis wären fatal und müßten dort auf völliges Unverständnis stoßen. Zunächst einmal müßte – die Richtigkeit der Ansicht unterstellt – der Registerrichter die Eintragung der Aktiengesellschaft und natürlich auch die Eintragung der Durchführung der Kapitalerhöhung im Handelsregister solange ablehnen, bis ihm der Nachweis vorläge, daß die Gesellschaft das Guthaben bei der Emissionsbank durch „Abhebung oder Überweisung“ umdisponiert habe[38]. Dadurch aber ergä-

34 § 6 Abs. 1 des Statuts des Einlagensicherungsfonds des Bundesverbandes deutscher Banken e. V.

35 Bei den Sparkassen und Landesbanken/Girozentralen sowie den genossenschaftlichen Kreditinstituten gibt es dem Einlagensicherungsfonds des Bundesverbandes deutscher Banken e. V. vergleichbare Sicherungseinrichtungen, wenngleich die Einlagensicherung dort nicht unbedingt an die Verbuchung unter einer bestimmten Bilanzposition und das Eigenkapital anknüpft. Bei den Sparkassen und Landesbanken/Girozentralen ergibt sich der Gläubigerschutz aus der Anstaltslast und der Gewährträgerhaftung. Die Anstaltslast verpflichtet den Träger einer öffentlich-rechtlichen Anstalt, diese jederzeit mit den zur Funktionsfähigkeit notwendigen Mitteln auszustatten. Die Anstaltslast sichert den Bestand des Unternehmens. Demgegenüber zielt die Gewährträgerhaftung auf den äußeren Gläubigerschutz ab. Ähnlich wie eine Ausfallbürgschaft gewährt sie jedem Gläubiger – also nicht nur dem Einleger – in unbeschränkter Höhe dann einen unmittelbaren Zahlungsanspruch gegenüber dem Träger der Anstalt, wenn diese ihrer Verbindlichkeit nicht nachkommt. Gleichwohl gibt es sozusagen als Untermauerung von Anstaltslast und Gewährträgerhaftung in der Organisation von Sparkassen und Landesbanken/Girozentralen ein ausgeklügeltes System von Stützungsfonds. Was den genossenschaftlichen Sektor angeht, so sei verwiesen auf das „Statut der Sicherungseinrichtung des Bundesverbandes der Deutschen Volksbanken und Raiffeisenbanken e. V. (BVR)“ und die „Verfahrensregeln zum Statut der Sicherungseinrichtung des Bundesverbandes der Deutschen Volksbanken und Raiffeisenbanken e. V. (BVF)“ (siehe Bundesanzeiger 1985, S. 3962 ff). Siehe zu alledem auch Dirk Schmidt, Einlagensicherung im deutschen Kreditgewerbe, 1977 sowie Scholl, JuS 1981, 88 ff, jeweils m. w. N.

36 Siehe Fn. 18.

37 Siehe oben S. 93 ff.

38 Siehe Fn. 18 und oben S. 98.

ben sich Zeitverzögerungen und entsprechende Zinsverluste, für die der Vorstand der Gesellschaft nach § 93 AktG möglicherweise verantwortlich gemacht werden könnte. Schließlich wären die in der Handelsregisteranmeldung enthaltenen Erklärungen der Gründer, des Vorstands und des Aufsichtsrats (bei Kapitalerhöhungen nur seines Vorsitzenden, § 188 Abs. 1 AktG) über die ordnungsgemäße Einzahlung des eingeforderten, bei der Emissionsbank gutgeschriebenen Betrages und dessen freie Verfügbarkeit und auch die Einzahlungsbestätigung des Kreditinstituts falsch (§§ 37 Abs. 1, 36 Abs. 2, 54 Abs. 3 AktG) mit der Folge möglicher strafrechtlicher Konsequenzen gemäß § 399 Abs. 1 Nr. 4 AktG[39] und einer Schadenersatzpflicht des Kreditinstituts im Hinblick auf § 37 Abs. 1 Satz 4 AktG. Als Ausweg aus diesem Dilemma bliebe dann, daß die Einlage auf ein Konto bei einem an der Emission nicht beteiligten Kreditinstitut, bei der Deutschen Bundesbank oder auf ein Postgirokonto der Gesellschaft geleistet würde, wollte man nicht die wenig geeignete Zahlung in bar oder durch von der Deutschen Bundesbank bestätigten Scheck wählen. Die Praxis würde all diesen Notlösungen mit Unverständnis begegnen, insbesondere der von Registerrichtern sogar schon vorgeschlagenen Möglichkeit der Gutschrift auf einem Konto bei einem nicht zum Emissionskonsortium gehörenden Tochterinstitut der Emissionsführerin oder einem sonst an der Emission nicht beteiligten Kreditinstitut, zumal dann, wenn diese von geringerer Bonität sind als die Emissionsbank selbst. Ein verständnisloses Kopfschütteln müßte es hervorrufen, wenn man den Beteiligten etwa im Falle eines aus zwei Großbanken – noch dazu mit gleichen Konsortialquoten – bestehenden Emissionskonsortiums zu erklären hätte, daß jede der beiden Banken den auf ihre Quote entfallenden Einlagebetrag auf ein Konto der Gesellschaft bei der anderen Bank einzahlen müsse, weil sie nur so ihre Einlageverpflichtung wirksam erfüllen könne. Daraus ergibt sich „messerscharf, daß nicht sein kann, was nicht sein darf".

III. Zusammenfassung und Schlußbemerkung

Zusammenfassend kann festgestellt werden, daß die Gutschrift der Einlagen auf einem Konto der Gesellschaft bei der (konsortialführenden) Emissionsbank im Falle einer Kapitalerhöhung gegen Geldeinlagen (§§ 182 ff, 202 ff AktG) unbedenklich zulässig ist. In der Gutschrift ist, auch wenn es sich um die eigene Einlageverpflichtung der Emissionsbank handelt, eine ordnungsmäßige Einzahlung im Sinne von § 54 Abs. 3 AktG zu sehen. Für die gegenteilige Auffassung von *Lutter, Hefermehl* und *Bungeroth* läßt sich im Gesetz keine Stütze finden, sie geht an der Handhabung und den Notwendigkeiten der Praxis vorbei. Möge sie sich für die Praxis nicht von einem Schneebrett zur Lawine entwickeln!

39 Siehe oben S. 92.

Das neue Verschmelzungsrecht in der Praxis

von

Rechtsanwalt Dr. Michael Hoffmann-Becking, Düsseldorf

Inhaltsübersicht

I. Einführung

Die Rechtsprechung hat sich nur selten mit der Verschmelzung von Kapitalgesellschaften befassen müssen. In der amtlichen Sammlung der Entscheidungen des II. Zivilsenats des Bundesgerichtshofs findet sich keine einzige Entscheidung zu diesem Themenbereich. Das bedeutet allerdings nicht, daß es bei Verschmelzungen keine Streitigkeiten gäbe und alle Rechtsfragen zweifelsfrei gelöst wären. Das Fehlen von höchstrichterlichen Entscheidungen zum Verschmelzungsrecht dürfte eher darauf zurückzuführen sein, daß sich der lange Schwebezustand eines mehrinstanzlichen Rechtsstreits besonders schlecht mit den weitreichenden Rechtswirkungen einer Verschmelzung verträgt und deshalb die Bereitschaft der Beteiligten, eine Streitfrage bis zur letzten Instanz auszufechten, naturgemäß gering ist.

Durch das seit dem 1. Januar 1983 geltende Verschmelzungsrichtlinie-Gesetz wurden die Vorschriften des Aktiengesetzes zur Verschmelzung von Aktiengesellschaften in wesentlichen Punkten geändert. Der Schwerpunkt der Änderungen liegt in einer Verstärkung des Schutzes der Minderheitsaktionäre der übertragenden Gesellschaft, und zwar sowohl im Stadium vor der Beschlußfassung der Hauptversammlungen über den Verschmelzungsvertrag – insbesondere durch die Vorschriften über den Mindestinhalt des Vertrags (§ 340 Abs. 2 AktG), den Verschmelzungsbericht der Vorstände (§ 340 a AktG), die Verschmelzungsprüfung (§ 340 b AktG) und die Offenlegung des Vertrags und der Berichte (§ 340 d AktG) – als auch im Stadium nach dem Wirksamwerden der Verschmelzung durch die in Anlehnung an § 306 AktG eröffnete Möglichkeit der gerichtlichen Überprüfung des Umtauschverhältnisses in einem besonderen Antragsverfahren (§ 352 c AktG). Inzwischen hat die Praxis erste Erfahrungen gemacht mit dem neuen Verschmelzungsrecht. Bestimmte Fragen, die sich bei der Anwendung des alten Rechts ergaben, sind gelöst, jedoch sind aus der Neuregelung auch neue Zweifelsfragen entstanden. Die nachstehende Erörterung einiger alter und neuer Fragen des Verschmelzungsrechts beschränkt sich auf die im Aktiengesetz geregelte Verschmelzung von Aktiengesellschaften.

II. Bedeutung und Zusammenhang der verschiedenen Stichtage

Im alten Verschmelzungsrecht des Aktiengesetzes wurde ausdrücklich nur ein Stichtag angesprochen, nämlich der Stichtag der Schlußbilanz, der nach § 345 Abs. 3 Satz 3 AktG höchstens acht Monate vor der Anmeldung der Verschmelzung zum Handelsregister der übertragenden Gesellschaft liegen darf. Die Festlegung eines „Verschmelzungsstichtags" im Verschmelzungsvertrag verlangte das alte Recht nicht. Im Schrifttum zum alten Verschmelzungsrecht bestanden allerdings auch unterschiedliche Auffassungen zur Bedeutung eines Verschmelzungsstichtags. Von einigen wurde darunter der Stichtag für den Wechsel der Gewinnberechtigung verstanden: Die Gewinnberechtigung der Aktionäre aus ihren Aktien bei der übertragenden Gesellschaft gilt bis zum Verschmelzungsstichtag und somit letztmals für das zu diesem Stichtag ermittelte Ergebnis; nach dem Verschmelzungsstichtag sind sie bei der aufnehmenden Gesellschaft gewinnberechtigt aus den für die Verschmelzung gewährten Aktien[1]. Andere Autoren stellten darauf ab, daß durch die Festlegung eines Verschmelzungsstichtags, von dem ab das Unternehmen der übertragenden Gesellschaft als für Rechnung der aufnehmenden Gesellschaft geführt gilt, eine schuldrechtliche Rückwirkung der Verschmelzung vereinbart werde[2].

1 Barz, Die AG 1972, 1, 3; Schilling, Großkomm. z. AktG, 3. Aufl., 1973, § 341 Anm. 7 (anders in 2. Aufl., 1965, § 239 Anm. 7).

2 Kropff, Kölner Komm. z. AktG, 1972, § 345 Rdn. 12; Böttcher/Meilicke, Umwandlung und Verschmelzung von Kapitalgesellschaften, 5. Aufl., 1958, § 235 AktG Rdn. 22; Möhring/Nirk/Tank, Handbuch der Aktiengesellschaft, Bd. 1, 1967, Rdn. I 665 (anders in 2. Aufl., 1983, Rdn. I 791); Schlegelberger/Quassowski, Komm. z. AktG, 3. Aufl., 1939, § 235 Rdn. 3; Priester, NJW 1983, 1459, 1461 Fn. 48.

Auch die seit 1983 geltenden neuen Vorschriften verwenden nicht den Begriff „Verschmelzungsstichtag" und verlangen auch der Sache nach keinen einheitlichen Stichtag für alle Rechtswirkungen der Verschmelzung. Statt dessen finden sich in den nunmehr geltenden Vorschriften des Aktiengesetzes zur Verschmelzung nicht weniger als fünf Stichtage, die unter unterschiedlichen Aspekten für die Rechtswirkungen der Verschmelzung von Bedeutung sind:

- Zum *Stichtag der Schlußbilanz* bestimmt § 345 Abs. 3 Satz 4 AktG unverändert, daß er höchstens acht Monate vor der Anmeldung liegen darf.
- Wenn seit dem *Stichtag der letzten Jahresbilanz* der übertragenden Gesellschaft mehr als sechs Monate vergangen sind bis zum Abschluß oder dem Entwurf des Verschmelzungsvertrags, muß nach § 340 d Abs. 2 Nr. 3 AktG eine Zwischenbilanz aufgestellt werden.
- Der *Stichtag der Zwischenbilanz* darf nicht vor dem ersten Tag des dritten Monats liegen, welcher dem Abschluß des Verschmelzungsvertrags oder der Aufstellung des Entwurfs des Verschmelzungsvertrags vorausgeht.
- Im Verschmelzungsvertrag muß der *Stichtag für den Beginn der Gewinnberechtigung* bei der übernehmenden Gesellschaft festgelegt werden, von dem an die für die Verschmelzung gewährten Aktien der übernehmenden Gesellschaft bei dieser gewinnberechtigt sind (§ 340 Abs. 2 Nr. 5 AktG).
- Außerdem muß der *Stichtag für den Wechsel der Rechnungslegung* festgelegt werden, von dem an die Handlungen der übertragenden Gesellschaft als für Rechnung der übernehmenden Gesellschaft vorgenommen gelten (§ 340 Abs. 2 Nr. 6 AktG).

Um das verwirrende Bild der diversen Stichtage vollständig zu machen, sind noch zwei weitere Stichtage in die Betrachtung einzubeziehen: der *steuerliche Übertragungsstichtag* nach § 2 Abs. 1 UmwStG und schließlich der im Gesetz nicht erwähnte *Bewertungsstichtag*, zu dem die beteiligten Unternehmen zum Zwecke der Ermittlung des Umtauschverhältnisses vergleichend bewertet werden.

1. *Stichtag der letzten Jahresbilanz*

Die letzte Jahresbilanz der übertragenden Gesellschaft ist, wie sogleich zu zeigen ist, zwar regelmäßig, aber nicht notwendig identisch mit der Schlußbilanz nach § 345 Abs. 3 AktG. Die letzte Jahresbilanz ist Teil des Jahresabschlusses für das letzte Geschäftsjahr der übertragenden Gesellschaft und dient – wie jede vorangehende Jahresbilanz – der Ermittlung und Verwendung des Ergebnisses des abgelaufenen Geschäftsjahres. Für die Aufstellung, Prüfung, Feststellung und Bekanntmachung des letzten Jahresabschlusses gelten deshalb die normalen Regeln über den Jahresabschluß. Der Jahresabschluß für das letzte Geschäftsjahr der übertragenden Gesellschaft ist zusammen mit den Jahresabschlüssen für ihre beiden vorangegangenen Geschäftsjahre und den Jahresabschlüssen für die letzten drei Geschäftsjahre der übernehmenden Gesellschaft gemäß § 340 d Abs. 2 AktG bei beiden Gesellschaften von der Einberufung der über die Verschmelzung entscheidenden Hauptversammlung an zur Einsicht der Aktionäre auszulegen.

2. *Stichtag der Schlußbilanz*

Nach § 239 Abs. 3 AktG 1937 durfte der Stichtag der Schlußbilanz höchstens sechs Monate vor der Anmeldung der Verschmelzung liegen. Die Verlängerung der Frist von sechs auf acht Monate in § 345 Abs. 3 AktG 1965 erfolgte im Hinblick auf die Achtmonatsfrist für die ordentliche Hauptversammlung in § 175 Abs. 1 Satz 2 AktG. Es sollte ermöglicht werden, die Bilanz des letzten Geschäftsjahres als Schlußbilanz zu verwenden und in der ordentlichen Hauptversammlung sowohl über die Verwendung des Ergebnisses des letzten Geschäftsjahres als auch über die Verschmelzung zu beschließen[3].

Im Regelfall machen die Vertragspartner von dieser Möglichkeit Gebrauch. Die Schlußbilanz des § 345 Abs. 3 AktG muß aber nicht mit der letzten Jahresbilanz der übertragenden Gesellschaft identisch sein. Das ergibt sich aus § 345 Abs. 3 Satz 2 und 3 AktG: Für die Schlußbilanz gelten die Vorschriften über die Aufstellung, Prüfung und Feststellung der Jahresbilanz nicht unmittelbar, sondern nur sinngemäß, und die Schlußbilanz muß im Gegensatz zur letzten Jahresbilanz nicht publiziert werden. Die sinngemäße Anwendung der Vorschriften über die Aufstellung der Jahresbilanz bedeutet, daß die Schlußbilanz ebenfalls als Ertragsbilanz und nicht als Vermögensbilanz aufzustellen ist, aber sie hat einen anderen Zweck als die Jahresbilanz: Sie soll nicht das Ergebnis des abgelaufenen Geschäftsjahres mit dem Ziel der Ergebnisverwendung ermitteln, sondern zeitnah sicherstellen, daß die in die nächste Jahresbilanz der aufnehmenden Gesellschaft eingehenden Werte auch tatsächlich vorhanden sind. Die geprüfte Schlußbilanz ist der Ersatz für eine Sacheinlagenprüfung, die auch vom neuen Recht für den Regelfall (siehe § 343 Abs. 1 Satz 1 AktG) nicht verlangt wird[4].

Die Werte der Schlußbilanz sind von der aufnehmenden Gesellschaft nach § 348 Abs. 1 AktG in ihrer Bilanz fortzuführen. Die Schlußbilanz dient also der

3 Begr. RegE zu § 345 AktG, abgedruckt bei Kropff, Aktiengesetz, 1965, S. 460.

4 Begr. RegE des Verschmelzungsrichtlinie-Gesetzes, BT-Drucks. 9/1065, S. 17f; Schedlbauer, WPg 1984, 33, 35; Ganske, DB 1981, 1551, 1554 Fn. 27. Vgl. auch Schilling, aaO (Fn. 1), § 345 AktG Anm. 9; Böttcher/Meilicke, aaO (Fn. 2), § 239 AktG Rdn. 33 erkennen diese Funktion richtig, gehen aber zu weit mit ihrer Auffassung, die Schlußbilanz sei keine Ertrags-, sondern eine Vermögensbilanz.

Bilanzkontinuität, indem sie sicherstellt, daß das Vermögen der übertragenden Gesellschaft in der künftigen Jahresbilanz der aufnehmenden Gesellschaft ebenso bewertet wird wie in der letzten nach den Grundsätzen der Ertragsbilanz aufgestellten Bilanz der übertragenden Gesellschaft. Würde es nur um die Bewertungskontinuität gehen, hätte der Gesetzgeber sich allerdings mit der letzten Jahresbilanz begnügen und anordnen können, daß deren Werte von der aufnehmenden Gesellschaft fortzuführen sind. Der zusätzliche Zweck der von der letzten Jahresbilanz zu unterscheidenden Schlußbilanz liegt in der größeren Zeitnähe der Bilanzaufstellung zu dem mit der Eintragung erfolgenden Vermögensübergang.

Der Stichtag der letzten Jahresbilanz und der Stichtag der Schlußbilanz fallen immer dann auseinander, wenn die Verschmelzung zum Handelsregister der übertragenden Gesellschaft angemeldet wird, nachdem bereits mehr als acht Monate des laufenden Geschäftsjahres verstrichen sind. Wenn die Anmeldung zur Eintragung z. B. im Oktober oder November erfolgt und – unterstellt, das Geschäftsjahr entspricht dem Kalenderjahr – die letzte Jahresbilanz zum 31. Dezember des vorangegangenen Jahres aufgestellt wurde, kommt als Stichtag der Schlußbilanz z. B. der 30. Juni des laufenden Geschäftsjahres in Betracht.

3. Stichtag der Zwischenbilanz

Die Zwischenbilanz des § 340 d Abs. 2 Nr. 3 AktG ist ein Novum des Verschmelzungsrechts. Sie ist ebenso wie die Schlußbilanz des § 345 Abs. 3 AktG nach den Vorschriften für die Jahresbilanz aufzustellen, dient aber einem anderen Zweck. Während die geprüfte Schlußbilanz dem Registerrichter als zeitnahe Unterlage über das vorhandene Vermögen dient und eine obligatorische Sacheinlagenprüfung erübrigt, soll die Zwischenbilanz eine zeitnahe Unterrichtung der Aktionäre ermöglichen[5]. Demgemäß muß sie nach § 340 d Abs. 2 AktG von der Einberufung der Hauptversammlung an ausgelegt werden und nach § 340 d Abs. 4 AktG jedem Aktionär auf Verlangen in Abschrift übermittelt werden; eine Prüfung durch den Abschlußprüfer ist dagegen nicht erforderlich.

Eine Zwischenbilanz ist aufzustellen und auszulegen, wenn das Ende des letzten Geschäftsjahres und damit der Stichtag der letzten Jahresbilanz mehr als sechs Monate vor dem Abschluß oder Entwurf des Verschmelzungsvertrags liegt. Wenn z. B. der Verschmelzungsvertrag im Monat Juli abgeschlossen oder als Entwurf aufgestellt wird, muß – unterstellt, das Geschäftsjahr entspricht dem Kalenderjahr – zur Aktualisierung der durch die letzte Jahresbilanz zum 31. Dezember vermittelten Information eine Zwischenbilanz aufgestellt werden.

5 Begr. RegE, BT-Drucks. 9/1065, S. 18; Ganske, DB 1981, 1551, 1554 Fn. 27; Priester, NJW 1983, 1459, 1463.

Der Stichtag dieser Zwischenbilanz darf nicht vor dem ersten Tag des dritten Monats liegen, welcher dem Abschluß oder der Aufstellung des Verschmelzungsvertrags vorausgeht. In dem Beispielsfall käme also der 1. April, nicht jedoch der 31. März als Stichtag in Betracht.

Die Zwischenbilanz ist eine aktuelle Fortschreibung der letzten Jahresbilanz, kann also mit dieser nicht identisch sein. Dagegen können Zwischenbilanz und Schlußbilanz als einheitliche Bilanz auf denselben Stichtag aufgestellt werden, wenn sowohl die Dreimonatsfrist des § 340 d Abs. 2 Nr. 3 AktG als auch die Achtmonatsfrist des § 345 Abs. 3 Satz 4 AktG gewahrt sind.

4. Stichtag des Beginns der Gewinnberechtigung

Der Beginn der Gewinnberechtigung aus den für die Verschmelzung gewährten Aktien der aufnehmenden Gesellschaft wurde schon in der früheren Vertragspraxis meist im Vertrag festgelegt und muß nunmehr nach § 340 Abs. 2 Nr. 5 AktG rechtlich notwendig im Verschmelzungsvertrag bestimmt werden. Im Regelfall wird der Beginn der Gewinnberechtigung aus den für die Verschmelzung gewährten Aktien nahtlos anschließen an das Ende der Gewinnberechtigung aus den Aktien der übertragenden Gesellschaft[6]. Die Gewinnberechtigung aus den Aktien der übertragenden Gesellschaft endet mit dem Stichtag der letzten Jahresbilanz. Wenn diese z. B. auf den 31. Dezember aufgestellt wird, entspricht es dem Regelfall, daß die Aktionäre vom 1. Januar des neuen Geschäftsjahres an aus den Aktien der übernehmenden Gesellschaft gewinnberechtigt sind. Zwingend ist dies jedoch nicht. Der Vertrag kann auch vorsehen, daß die Gewinnberechtigung aus den Aktien der übernehmenden Gesellschaft erst später beginnt, z. B. erst für das zweite Halbjahr des neuen Geschäftsjahres gilt. Die zeitliche Lücke in der Dividendenberechtigung muß dann bei der Bestimmung des angemessenen Umtauschverhältnisses berücksichtigt werden, oder umgekehrt ausgedrückt: Der spätere Beginn der Dividendenberechtigung kann zum Ausgleich eines sonst für die Aktionäre der übertragenden Gesellschaft zu günstigen Umtauschverhältnisses dienen[7].

5. Stichtag des Wechsels der Rechnungslegung

Der Zeitpunkt, von dem an die Geschäfte der übertragenden als für Rechnung der übernehmenden Gesellschaft vorgenommen gelten, wurde und wird häufig

6 Vgl. die Vertragsmuster bei LUTHER/HAPP, Formular-Kommentar, Handels- und Wirtschaftsrecht II, Bd. 2, 21. Aufl., 1982, Form. 2.401 mit Anm. 21 und HOFFMANN-BECKING, Münchener Vertragshandbuch, Bd. 1, 2. Aufl., 1985, Form. IX.13.

7 BARZ, Die AG 1972, 1, 3.

als „Verschmelzungsstichtag" bezeichnet[8]. Nach § 340 Abs. 2 Nr. 6 AktG muß er im Verschmelzungsvertrag bestimmt werden. Früher wurde – wie bereits erwähnt – meist angenommen, damit bestimme der Verschmelzungsvertrag eine schuldrechtliche Rückwirkung. Das ist jedoch, wie *Barz*[9] dargelegt hat, zumindest mißverständlich, da mit dem Erlöschen der übertragenden Gesellschaft und der Gesamtrechtsnachfolge auf die übernehmende Gesellschaft nur noch ein einziges Rechtssubjekt als Träger aller Rechte und Pflichten verbleibt und die übernehmende Gesellschaft nicht verpflichtet sein kann, die gar nicht mehr existierende übertragende Gesellschaft im Sinne einer schuldrechtlichen Rückwirkung so zu behandeln, als wäre die Verschmelzung schon früher wirksam gewesen. In Wirklichkeit geht es bei diesem Stichtag, wie *Schilling*[10] herausgearbeitet hat, um die Abgrenzung der Rechnungslegung: Von dem Zeitpunkt an, von dem an die Geschäfte der übertragenden Gesellschaft als für Rechnung der übernehmenden Gesellschaft vorgenommen gelten, beginnt die Rechnungslegung über diese Geschäfte durch die übernehmende Gesellschaft und legt die übertragende Gesellschaft keine Rechnung mehr über ihre Geschäfte.

Dieses Verständnis wird bestätigt durch die Entstehungsgeschichte des heutigen § 340 Abs. 2 Nr. 6 AktG, der auf Art. 5 Abs. 2 e der 3. EG-Richtlinie zurückgeht. Nach der EG-Richtlinie muß der Zeitpunkt angegeben werden, „von dem an die Handlungen der übertragenden Gesellschaft unter dem Gesichtspunkt der Rechnungslegung als für Rechnung der übernehmenden Gesellschaft vorgenommen gelten"[11]. Die Worte „unter dem Gesichtspunkt der Rechnungslegung" sind bei der Übernahme der Vorschrift in § 340 AktG gestrichen worden, ohne daß damit eine inhaltliche Veränderung gewollt war. Im Gesetzentwurf zum Verschmelzungsrichtlinie-Gesetz wird die Streichung mit einem abweichenden Sprachgebrauch des deutschen Rechts begründet[12].

Für die Praxis bleibt die Frage, ob der Stichtag für den Wechsel der Rechnungslegung im Sinne von § 340 Abs. 2 Nr. 6 AktG notwendig zusammenfällt mit dem Stichtag der letzten Jahresbilanz der übertragenden Gesellschaft oder ob er identisch ist mit dem Stichtag der Schlußbilanz. Das ist von Belang, wenn die Schlußbilanz wegen der Achtmonatsfrist des § 345 Abs. 3 Satz 4 AktG auf einen nach dem Stichtag der letzten Jahresbilanz liegenden Stichtag aufgestellt wird. *Schilling* ist der Auffassung, daß es um den Stichtag der letzten Jahresbilanz geht und nicht um den Stichtag der Schlußbilanz, die, wie *Schilling* mit Recht bemerkt, nur in der Regel mit der letzten Jahresbilanz identisch ist[13]. In der Tat

8 So neuestens noch PRIESTER, NJW 1983, 1459, 1461 Fn. 48.
9 BARZ, Die AG 1972, 1, 3.
10 SCHILLING, aaO (Fn. 1), § 341 AktG Anm. 7; ebenso SCHEDLBAUER, WPg 1984, 33, 41.
11 ABl. Nr. L 395 vom 9. Oktober 1978, S. 36, 38.
12 BT-Drucks. 9/1065, S. 15.
13 SCHILLING, aaO (Fn. 1), § 341 AktG Anm. 7.

dient nur die letzte Jahresbilanz als Grundlage für die Verwendung des bis dahin entstandenen Bilanzgewinns, während die Hauptversammlung nicht mehr über die Verwendung des Ergebnisses einer auf einen späteren Stichtag aufgestellten Schlußbilanz beschließt. Wenn es bei dem Stichtag des §340 Abs. 2 Nr. 6 AktG nicht nur um den Stichtag für den Wechsel der Rechnungslegung, also der Gewinn*ermittlung*, sondern notwendig auch um den Stichtag für die letztmalige Gewinn*verwendung* bei der übertragenden Gesellschaft gehen würde, müßte der Stichtag des §340 Abs. 2 Nr. 6 AktG mit dem Stichtag der letzten Jahresbilanz identisch sein. Stellt man dagegen richtigerweise darauf ab, wann die übertragende Gesellschaft zuletzt über ihr Ergebnis Rechnung legt, so kommt es nicht auf den Stichtag der letzten Jahresbilanz, sondern auf den Stichtag der möglicherweise späteren Schlußbilanz an. Mit der Schlußbilanz schließt die übertragende Gesellschaft ihre Bücher; alle Geschäfte, die nach dem Stichtag der Schlußbilanz vorgenommen werden, gehen unmittelbar in die Rechnungslegung der übernehmenden Gesellschaft ein, gelten also als auf deren Rechnung vorgenommen. Zwar wird das Ergebnis der Schlußbilanz, wenn sie nicht mit der letzten Jahresbilanz identisch ist, nicht mehr an die Aktionäre der übertragenden Gesellschaft verteilt, sondern später als Teilergebnis in das Jahresergebnis der aufnehmenden Gesellschaft übernommen. Aber es geht bei §340 Abs. 2 Nr. 6 AktG nicht um den Wechsel der Gewinnverwendung und auch – im Gegensatz zu Nr. 5 – nicht um den Wechsel der Gewinnberechtigung, sondern ausschließlich darum, für welchen Zeitraum zuletzt bei der übertragenden Gesellschaft Rechnung gelegt wird und in wessen Rechnungslegung die anschließenden Geschäfte eingehen. Der nach §340 Abs. 2 Nr. 6 AktG festzulegende Stichtag ist somit identisch mit dem Stichtag der Schlußbilanz[14].

6. *Steuerlicher Übertragungsstichtag*

Nach §2 Abs. 1 UmwStG sind das Einkommen und das Vermögen sowohl der übertragenden wie der übernehmenden Gesellschaft so zu ermitteln, als ob das Vermögen der übertragenden Aktiengesellschaft mit Ablauf des Stichtags der Bilanz, die dem Vermögensübergang zugrunde liegt (steuerlicher Übertragungsstichtag), auf die Übernehmerin übergegangen wäre und die übertragende Gesellschaft gleichzeitig aufgelöst worden wäre. Wenn die letzte Jahresbilanz zugleich als Schlußbilanz verwendet wird, ist der Stichtag der letzten Jahresbilanz zugleich der steuerliche Übertragungsstichtag im Sinne von §2 Abs. 1 UmwStG. Wenn jedoch die letzte Jahresbilanz und die Schlußbilanz nicht identisch sind, sondern die Schlußbilanz auf einen späteren Stichtag aufgestellt

14 Im Ergebnis ebenso SCHEDLBAUER, WPg 1984, 33, 41; PRIESTER, NJW 1983, 1459, 1461 Fn. 48.

wurde, kommt es steuerlich nach allgemeiner Meinung auf den Stichtag der Schlußbilanz an, da diese Bilanz, wie sich nicht zuletzt aus § 348 Abs. 1 AktG ergibt, dem Vermögensübergang als die zeitnächste Bilanz handelsrechtlich zugrunde liegt[15].

Der steuerliche Übertragungsstichtag und der Stichtag der Schlußbilanz sind also notwendig identisch. Inhaltlich können dagegen die steuerliche und die handelsrechtliche Schlußbilanz wesentlich voneinander abweichen. Die handelsrechtliche Schlußbilanz ist nach den Vorschriften über die Jahresbilanz aufzustellen, so daß eine Änderung der Wertansätze gegenüber der letzten Jahresbilanz nur im Rahmen der für die Jahresbilanz geltenden allgemeinen gesetzlichen Bewertungsvorschriften zulässig ist[16]. So sind z. B. Zuschreibungen nur bis zur Grenze der ursprünglichen Anschaffungskosten und nicht bis zu einem etwa über den Anschaffungskosten liegenden Zeitwert möglich. Steuerlich besteht dagegen ein weitergehendes Wahlrecht beim Ansatz der Werte in der steuerlichen Schlußbilanz. Unter den Voraussetzungen des § 14 Abs. 2 UmwStG können in der steuerlichen Schlußbilanz die bisherigen Buchwerte fortgeführt werden; die übertragende Gesellschaft kann aber auch statt dessen nach der Regel des § 14 Abs. 1 UmwStG verfahren und die übergegangenen Wirtschaftsgüter insgesamt mit dem gemeinen Wert der für die Übertragung gewährten Gegenleistung (Aktien der übernehmenden Gesellschaft) ansetzen und, soweit wegen der Aktien der übernehmenden an der übertragenden Gesellschaft eine Gegenleistung nicht gewährt wird, für die betreffenden Wirtschaftsgüter den Teilwert nach § 3 UmwStG ansetzen, so daß bei der übertragenden Gesellschaft steuerlich noch ein Übertragungsgewinn anfällt[17]. Die übernehmende Gesellschaft hat in jedem Fall die Wertansätze der steuerlichen Schlußbilanz der übertragenden Gesellschaft zu übernehmen (§ 15 Abs. 1 i. V. m. § 5 Abs. 1 Satz 1 UmwStG). Das entspricht nur dann im Ergebnis der handelsrechtlichen Buchwertfortführung, wie sie durch § 348 Abs. 1 AktG vorgeschrieben wird, wenn in

15 WIDMANN/MAYER, Umwandlungsrecht, Bd. 2, 2. Aufl., Lfg. Oktober 1981, § 2 UmwStG 77 Rdn. 4464; HERRMANN/HEUER/RAUPACH, Einkommensteuer- und Körperschaftsteuergesetz, 19. Aufl., Lfg. August 1980, § 2 UmwStG Rdn. 8; GLADE/STEINFELD, Umwandlungssteuergesetz 1977, 3. Aufl., 1980, S. 221 Rdn. 349; Erlaß des BMF zum UmwStG vom 15. April 1986 – IV B 7-S 1978-3/86 –, BStBl. I 1986, 164, 166 = DB 1986, 1044, 1045 zu § 2 Tz. 4.

16 ADLER/DÜRING/SCHMALTZ, Rechnungslegung und Prüfung der Aktiengesellschaft, 4. Aufl., 1968, § 150 AktG Rdn. 26; GOERDELER, FS Schmaltz, 1970, S. 54, 60; SCHILLING, aaO (Fn. 1), § 345 AktG Anm. 10.

17 Bei einer Verschmelzung durch Aufnahme handelt es sich um einen solchen Mischfall im Sinne von § 14 Abs. 1 UmwStG, wenn die übernehmende Gesellschaft nicht alle Anteile der übertragenden Gesellschaft hält. Zur Behandlung dieser Mischfälle siehe HERRMANN/HEUER/RAUPACH, aaO (Fn. 15), § 14 UmwStG Rdn. 16; WIDMANN/MAYER, Umwandlungsrecht, Bd. 3, 2. Aufl., Lfg. Oktober 1981, § 14 UmwStG 77 Rdn. 5840 f.

der steuerlichen Schlußbilanz der übertragenden Gesellschaft ebenso wie in ihrer handelsrechtlichen Schlußbilanz die Bewertungsvorschriften für die normale Jahresertragsbilanz angewendet wurden, also von der Möglichkeit der steuerlichen Buchwertfortführung nach § 14 Abs. 2 UmwStG Gebrauch gemacht wurde.

Im steuerlichen Schrifttum wird die Auffassung vertreten, daß sich bei einem vom Ende des letzten Geschäftsjahres abweichenden steuerlichen Übertragungsstichtag zwangsläufig ein Rumpfgeschäftsjahr ergibt; da die Umstellung des Wirtschaftsjahres die zwangsläufige gesetzliche Folge der Wahl des steuerlichen Übertragungsstichtags sei, sei allerdings keine Zustimmung des Finanzamts nach § 7 Abs. 4 Satz 3 KStG erforderlich[18]. Für die steuerliche Betrachtung ist dies folgerichtig, da § 14 Abs. 1 UmwStG von der steuerlichen Schlußbilanz für das letzte Wirtschaftsjahr der übertragenden Körperschaft spricht. Handelsrechtlich ergibt sich jedoch keine Umstellung des Geschäftsjahres auf ein Rumpfgeschäftsjahr. Für die Aufstellung der Schlußbilanz auf den vom Ende des letzten Geschäftsjahres abweichenden Stichtag gelten zwar die Vorschriften über die Jahresbilanz sinngemäß, so daß auch ein Bilanzgewinn oder -verlust ausgewiesen wird. Die Schlußbilanz ist jedoch nicht die Grundlage einer Ergebnisverwendung. Der Gewinn oder Verlust, der in einer Schlußbilanz ausgewiesen wird, die zu einem späteren Stichtag als die letzte Jahresbilanz aufgestellt wurde, geht handelsrechtlich als ein nicht verwendetes Teilergebnis ein in die Ermittlung des Ergebnisses der übernehmenden Gesellschaft auf das Ende des laufenden Geschäftsjahres. Es wäre deshalb zumindest mißverständlich, den Zeitraum vom Stichtag der letzten Jahresbilanz bis zum „unterjährigen" Stichtag der Schlußbilanz als Rumpfgeschäftsjahr zu bezeichnen[19]. Insbesondere bedarf es handelsrechtlich keiner dahin gehenden förmlichen Satzungsänderung bei der übertragenden Gesellschaft. Es genügt, im Verschmelzungsvertrag gemäß § 340 Abs. 2 Nr. 6 AktG den Stichtag für den Wechsel der Rechnungslegung und damit – wie vorstehend dargelegt – zugleich den Stichtag der Schlußbilanz festzulegen.

7. *Bewertungsstichtag*

Die Vorstände der beteiligten Unternehmen müssen sich, wie § 340 Abs. 2 Nr. 3 AktG ausdrücklich verlangt, im Verschmelzungsvertrag auf ein bestimmtes Umtauschverhältnis einigen, wobei in Aktien nicht darstellbare Spitzenbeträge durch die Vereinbarung einer baren Zuzahlung ausgeglichen werden

18 WIDMANN/MAYER, aaO (Fn. 15), § 2 UmwStG 77 Rdn. 4603; GLADE/STEINFELD, aaO (Fn. 15), S. 203 Rdn. 290; HERRMANN/HEUER/RAUPACH, aaO (Fn. 15), § 2 UmwStG Rdn. 17.

19 So aber SCHLEGELBERGER/QUASSOWSKI, aaO (Fn. 2), § 239 AktG Rdn. 7 a. E.

können. Das Umtauschverhältnis darf nicht willkürlich festgelegt werden, sondern muß – wie sich aus dem Maßstab für die Überprüfung durch den Verschmelzungsprüfer nach § 340 b Abs. 4 Satz 3 AktG und durch das Gericht nach § 352 c Abs. 1 AktG ergibt – angemessen sein, im Ideal also der wirklichen Wertrelation der beiden Unternehmen exakt entsprechen. Das erfordert eine vergleichende Ermittlung der Unternehmenswerte nach den betriebswirtschaftlich anerkannten Methoden der Unternehmensbewertung. Zu welchem Stichtag diese Bewertung zu erfolgen hat, sagt das Gesetz nicht.

Das Vermögen der übertragenden Gesellschaft geht erst mit der Eintragung der Verschmelzung im Handelsregister nach § 346 Abs. 3 AktG auf die übernehmende Gesellschaft über, und erst in diesem Zeitpunkt erwerben die Aktionäre der übertragenden Gesellschaft die Gegenleistung in Form der Aktien der übernehmenden Gesellschaft. Deshalb müßte es strenggenommen auf die in diesem Zeitpunkt gegebene Wertrelation ankommen. Andererseits verlangt das Gesetz, daß das Umtauschverhältnis bereits beim Abschluß oder gemeinsamen Entwurf des Verschmelzungsvertrags, also schon geraume Zeit vor den Beschlüssen der beiden Hauptversammlungen und erst recht lange vor der Eintragung der Verschmelzung im Handelsregister festgelegt wird. Für die beteiligten Vorstände besteht damit ein ähnliches Dilemma wie bei der Festlegung der angemessenen Abfindung im Unternehmensvertrag nach § 305 AktG. Auch die angemessene Abfindung muß von den Vorständen bereits bei Abschluß des Vertrags festgelegt werden, also schon vor den Zustimmungsbeschlüssen der beiden Hauptversammlungen nach § 293 AktG und vor dem Wirksamwerden des Unternehmensvertrags durch Eintragung nach § 294 AktG. § 305 Abs. 3 Satz 2 AktG bestimmt, daß eine angemessene Barabfindung die Vermögens- und Ertragslage der Untergesellschaft im Zeitpunkt der Beschlußfassung ihrer Hauptversammlung über den Vertrag berücksichtigen muß; maßgeblicher Bewertungsstichtag für die Barabfindung ist also der Tag der Hauptversammlung der Untergesellschaft. Für den Fall der Abfindung durch Aktientausch bestimmt § 305 Abs. 3 Satz 1 AktG, daß soviel Aktien zu gewähren sind, wie bei einer Verschmelzung der beiden Gesellschaften zu gewähren wären. Den maßgeblichen Stichtag für die Ermittlung der Verschmelzungswertrelation zum Zwecke des Aktientausches bestimmt § 305 Abs. 3 Satz 1 AktG nicht ausdrücklich. Nach herrschender Meinung soll jedoch auch für diese vergleichende Bewertung in Analogie zu § 305 Abs. 3 Satz 2 AktG der Tag der Hauptversammlung der Untergesellschaft als Bewertungsstichtag maßgeblich sein[20].

20 GESSLER, in: Geßler/Hefermehl/Eckardt/Kropff, Komm. z. AktG, 3. Aufl., 1976, § 305 Rdn. 49; KOPPENSTEINER, Kölner Komm. z. AktG, 2. Aufl., 1987, § 305 Rdn. 32; BEYERLE, Die AG 1980, 317, 325; anders EMMERICH/SONNENSCHEIN, Konzernrecht, 2. Aufl., 1977, S. 182, die auf die Daten beider Hauptversammlungen abstellen wollen.

Es spricht viel dafür, § 305 Abs. 3 Satz 2 AktG auch für die Bewertung zum Zwecke der Festlegung des Umtauschverhältnisses nach § 340 Abs. 2 Nr. 3 AktG analog anzuwenden. Die endgültige Entscheidung über die Verschmelzung fällt in den Hauptversammlungen der beiden Gesellschaften. Vor dem Hintergrund der zu dieser Zeit bestehenden aktuellen Wertverhältnisse müssen die Aktionäre entscheiden, ob sie das Umtauschverhältnis für angemessen und akzeptabel halten. Da die beiden Hauptversammlungen in aller Regel rasch aufeinanderfolgen, ist die Frage, welcher der beiden Hauptversammlungstermine maßgeblich ist, durchweg ohne praktische Bedeutung. § 305 Abs. 3 Satz 2 AktG stellt auf den Tag der Hauptversammlung der Untergesellschaft ab; analog kommt es bei der Verschmelzung wohl auf die Hauptversammlung der übertragenden Gesellschaft an. Für die Überprüfung in einem Spruchstellenverfahren nach § 352 c AktG folgt aus der Analogie zu § 305 Abs. 3 Satz 2 AktG, daß nur diejenigen später tatsächlich eingetretenen Entwicklungen berücksichtigt werden dürfen, die zur Zeit des Verschmelzungsbeschlusses der übertragenden Gesellschaft bereits erkennbar waren[21].

Das Institut der Wirtschaftsprüfer e. V. und die Wirtschaftsprüferkammer haben im Rahmen der Beratungen des Verschmelzungsrichtlinie-Gesetzes in einer gemeinsamen Stellungnahme vom 27. Februar 1981 dafür plädiert, den Stichtag des Wechsels der Rechnungslegung (§ 340 Abs. 2 Nr. 6 AktG) im Gesetz als „Verschmelzungsstichtag" zu bezeichnen und ausdrücklich festzulegen, daß das Umtauschverhältnis zum Verschmelzungsstichtag ermittelt werden muß, der Stichtag des § 340 Abs. 2 Nr. 6 AktG also zugleich der maßgebliche Bewertungsstichtag ist. Der Gesetzgeber ist diesem Vorschlag mit Recht nicht gefolgt. Es ist zwar richtig, daß nach dem Stichtag für den Wechsel der Rechnungslegung die Vermögens- und Ertragslage der übertragenden Gesellschaft von laufenden Geschäftsvorgängen nach diesem Zeitpunkt nicht mehr beeinflußt werden kann, weil sie sich bereits in der Rechnungslegung der übernehmenden Gesellschaft niederschlagen. Wohl aber ist es möglich – worauf die Wirtschaftsprüfer in ihrer Stellungnahme selbst hinweisen –, daß sich der Wert der übertragenden Gesellschaft nach dem Wechsel der Rechnungslegung noch durch außerordentliche Ereignisse, z. B. durch den Wegfall eines bedeutsamen Marktes infolge einer politischen Krise, wesentlich verändern kann. Solange die Aktionäre noch nicht über die Verschmelzung entschieden haben, müssen solche bereits eingetretenen oder absehbaren Wertveränderungen berücksichtigt werden, wenn es um die Angemessenheit des festgelegten Umtauschverhältnisses geht.

21 Zum Stichtagsprinzip siehe Grundsätze zur Durchführung von Unternehmensbewertungen (IdW-Stellungnahme HFA 2/1983, Abschnitt C. 1. f), WPg 1983, 468, 474 und die Nachweise aus der Rspr. bei Piltz, Die Unternehmensbewertung in der Rechtsprechung, 1982, S. 75 ff.

Es bleibt also dabei, daß der Tag der Hauptversammlung der übertragenden Gesellschaft in Analogie zu § 305 Abs. 2 Satz 2 AktG der maßgebliche Bewertungsstichtag ist. Da die beteiligten Vorstände jedoch das Umtauschverhältnis schon erhebliche Zeit früher festlegen müssen, können sie bei ihren Bewertungsarbeiten nicht von Bilanzen ausgehen, die zum Stichtag der Hauptversammlung aufzustellen wären und deshalb noch gar nicht vorliegen. Die Vorstände müssen die Bewertung aus dem Zahlenwerk der neuesten vorliegenden Jahresbilanzen entwickeln. Bei der übertragenden Gesellschaft ist das im Regelfall die Schlußbilanz, so daß die These der Wirtschaftsprüfer-Stellungnahme, es müsse eine Bewertung zum Stichtag des § 340 Abs. 2 Nr. 6 AktG vorgenommen werden, in den meisten Fällen der Praxis entspricht. Das ändert jedoch nichts daran, daß der maßgebliche Bewertungsstichtag für die Beurteilung des festgelegten Umtauschverhältnisses erst mit der Hauptversammlung der übertragenden Gesellschaft erreicht ist, so daß außerordentliche Entwicklungen, die in der Zwischenzeit eingetreten sind und zum Stichtag der vorbereitenden Bewertungsarbeiten noch nicht absehbar waren, bei der Beurteilung der Angemessenheit des Umtauschverhältnisses zu berücksichtigen sind.

Zu bedenken bleibt der gar nicht so seltene Fall, daß die Schlußbilanz erst zu einem Stichtag aufgestellt wird, der nach den Hauptversammlungsterminen liegt[22]. Das kann insbesondere der Fall sein, wenn sich die Anmeldung der Verschmelzung wegen einer anhängigen Anfechtungsklage wesentlich verzögert und wegen der Achtmonatsfrist des § 345 Abs. 3 Satz 4 AktG ein neuer Stichtag für die Schlußbilanz festgelegt werden muß (dazu sogleich unter III). Wenn nicht nur der Wechsel der Rechnungslegung, sondern auch der Wechsel der Gewinnberechtigung erst zu dem späteren Schlußbilanzstichtag erfolgt und somit die Aktionäre beider Gesellschaften auch nach den Verschmelzungsbeschlüssen weiterhin entsprechend den getrennt erwirtschafteten Ergebnissen gewinnberechtigt sind, muß das von den Hauptversammlungen akzeptierte Umtauschverhältnis auch noch angesichts der zum späteren Schlußbilanzstichtag gegebenen Wertverhältnisse angemessen sein. Das macht keine erneuten Beschlußfassungen der Hauptversammlungen erforderlich, kann aber dazu führen, daß das Gericht im Verfahren nach § 352c AktG zum Ausgleich einer zwischenzeitlich zugunsten der übertragenden Gesellschaft eingetretenen Wertveränderung eine Zuzahlung anordnet.

III. Vorsorge für den Fall von Verzögerungen der Verschmelzung

Der Verschmelzungsvertrag kann nach der unveränderten Vorschrift des § 341 Abs. 2 AktG unter einer aufschiebenden Bedingung oder Befristung abgeschlos-

22 Böttcher/Meilicke, aaO (Fn. 2), § 239 AktG Rdn. 34 halten das zu Unrecht für ausgeschlossen.

sen werden. Bis zum Eintritt der Bedingung oder Befristung kann soviel Zeit vergehen, daß die ursprünglich festgelegten Stichtage für die Schlußbilanz und den Wechsel der Gewinnberechtigung nicht mehr eingehalten werden können. Der ursprüngliche Zeitplan kann auch dadurch verzögert werden, daß wegen unsicherer Mehrheitsverhältnisse die Zustimmung einer der beiden Hauptversammlungen auf sich warten läßt. Vor allem aber kann sich gegen den Willen der Verwaltung der beiden Gesellschaften eine Verzögerung dadurch ergeben, daß bei einer der beiden Gesellschaften ein Aktionär Anfechtungsklage gegen den Verschmelzungsbeschluß der Hauptversammlung erhebt.

Nach § 345 Abs. 2 AktG hat jeder der beiden Vorstände bei Anmeldung der Verschmelzung zum Handelsregister zu erklären, daß die Verschmelzungsbeschlüsse der beiden Hauptversammlungen nicht angefochten worden sind oder daß die Anfechtung rechtskräftig zurückgewiesen worden ist. Solange eine Anfechtungsklage gegen den einen oder den anderen Verschmelzungsbeschluß noch erhoben werden kann oder anhängig ist, kann die Verschmelzung weder bei der übertragenden noch bei der übernehmenden Gesellschaft im Hinblick auf die Achtmonatsfrist für die Schlußbilanz fristwahrend angemeldet werden[23]. Im Gegensatz zur ganz herrschenden Meinung will nur *Schilling*[24] für die Fristwahrung genügen lassen, daß die Anmeldung zunächst ohne die Negativerklärung unvollständig erfolgt und die Erklärung später nachgereicht wird. Auch *Schilling* geht jedoch ebenso wie die herrschende Meinung davon aus, daß der Registerrichter die Verschmelzung nicht eintragen darf, solange eine Anfechtungsklage anhängig ist. Neuerdings hat *Baums* mit guten Gründen die Auffassung vertreten, daß es sich dabei nicht um ein absolutes Eintragungshindernis handelt. Wenn die Anfechtungsklage keine Aussicht auf Erfolg hat und der Gesellschaft durch den Aufschub der Eintragung ein besonderer Nachteil droht, muß der Registerrichter, um untragbaren Mißbräuchen entgegenzuwirken, zur Eintragung befugt sein[25]. Folgerichtig ist in einem solchen Fall die Anmeldung trotz fehlender Negativerklärung zulässig und vollständig.

Für die Vorstände stellt sich bei Abschluß des Verschmelzungsvertrags die Frage, ob und wie man im Vertrag für den Fall einer Verzögerung der Anmeldung Vorsorge treffen soll. Der Schlußbilanzstichtag ist – wie vorstehend zu II. 5 dargelegt – identisch mit dem nach § 340 Abs. 2 Nr. 6 AktG im Vertrag festzulegenden Stichtag für den Wechsel der Rechnungslegung. Wenn der ursprünglich

23 Godin/Wilhelmi, Komm. z. AktG, Bd. II, 4. Aufl., 1971, § 345 Anm. 3; Barz, Die AG 1972, 1, 4; Baumbach/Hueck, Komm. z. AktG, 13. Aufl., 1968, § 345 Rdn. 4; Kraft, Kölner Komm. z. AktG, 1985, § 345 Rdn. 3; Luther/Happ, aaO (Fn. 6), Form. 2.401 mit Anm. 74.

24 Schilling, aaO (Fn. 1), § 345 AktG Anm. 5.

25 Baums, BB 1981, 262 f in einer Anm. zu OLG Hamm BB 1981, 259, 261 f; zustimmend Martens, Die AG 1986, 57 Fn. 2. Das OLG Hamm hat die Frage in seiner Entscheidung zu § 319 Abs. 3 Satz 2 AktG ausdrücklich offengelassen.

vorgesehene Stichtag für die Schlußbilanz wegen der verzögerten Anmeldung nicht mehr beibehalten werden kann, muß auch der im Vertrag festgelegte Stichtag nach § 340 Abs. 2 Nr. 6 AktG geändert werden. Zu einer solchen Änderung aber sind die Vorstände nicht nach eigenem Ermessen befugt.

Sachlich gravierender ist das Problem im Hinblick auf den Stichtag für den Wechsel der Dividendenberechtigung (§ 340 Abs. 2 Nr. 5 AktG). Wenn der Verschmelzungsvertrag z. B. festlegt, daß die für die Verschmelzung zu gewährenden neuen Aktien der übernehmenden Gesellschaft mit Gewinnberechtigung für das Geschäftsjahr 1987 ausgestattet werden sollen, ergeben sich kaum lösbare Probleme, wenn die Eintragung der Verschmelzung erst im Geschäftsjahr 1988 oder sogar noch später erfolgen kann und somit zur Zeit der Entstehung der neuen Aktienrechte (§ 346 Abs. 4 Satz 3 AktG) das Geschäftsjahr, für das die neuen Aktien bereits gewinnberechtigt sein sollen, abgelaufen ist. Es ist sehr umstritten, ob junge Aktien mit einer Dividendenberechtigung für ein bereits abgelaufenes Jahr ausgestattet werden können[26]. In jedem Fall müssen die neuen Aktienrechte spätestens zur Zeit des Gewinnverwendungsbeschlusses der ordentlichen Hauptversammlung bestehen, wenn sie am Gewinn des abgelaufenen Geschäftsjahres teilhaben sollen, da sonst über den Gewinn des abgelaufenen Geschäftsjahres endgültig zugunsten der Altaktionäre verfügt ist und deren Ansprüche nicht mehr durch neue Gewinnrechte aus neuen Aktien gemindert werden können.

Bisweilen wird für solche Fälle im Vertrag durch eine aufschiebende Bedingung Vorsorge getroffen: Der Verschmelzungsvertrag wird nur wirksam, wenn die Verschmelzung bis zu einem bestimmten Termin in das Handelsregister der übernehmenden Gesellschaft eingetragen worden ist[27]. Der Nachteil einer solchen Klausel liegt darin, daß sie Aktionären der übertragenden oder übernehmenden Gesellschaft, die aus durchsichtigen Motiven Schwierigkeiten bereiten wollen, eine Handhabe bietet, durch Erhebung einer unbegründeten Anfechtungsklage und die dadurch bewirkte Verzögerung der Anmeldung den gesamten Verschmelzungsvertrag zunichte zu machen. In neueren Verschmelzungsverträgen findet man deshalb häufiger eine variable Stichtagsregelung etwa des folgenden Inhalts[28]: Falls die Verschmelzung erst mehr als acht Monate nach dem vorgesehenen Stichtag für die Schlußbilanz und den Beginn der Gewinnberechtigung angemeldet wird, gilt der nächste normale Jahresabschlußstichtag der übertragenden Gesellschaft als maßgeblicher Stichtag. Für den Fall, daß auch

26 Barz, Großkomm. z. AktG, 3. Aufl., 1971, § 60 Anm. 5 hält das für unzulässig; anders Simon, Die AG 1960, 148 und Wündisch, Die AG 1960, 320.

27 Vgl. Barz, Die AG 1972, 1, 4; Hoffmann-Becking, aaO (Fn. 6), Form. IX.13 § 6 mit Anm. 17.

28 Vgl. Martens, Die AG 1986, 57 Fn. 1 und die Verschmelzungsverträge NWK/PrEAG (HV-Einladung vom 22. Juni 1985), MAN/GHH (BAnz. vom 7. März 1986), Holstein & Kappert / Mercator (BAnz. vom 3. April 1987).

dieser neue Stichtag nicht ausreicht, weil die Anmeldung nicht innerhalb von acht Monaten nach diesem Stichtag erfolgen kann, kann der Vertrag eine weitere Verschiebung des Stichtags vorsehen. Möglich ist auch eine differenziertere Regelung der Stichtagsänderung, indem der Stichtag für die Schlußbilanz und den Wechsel der Rechnungslegung nicht sogleich um ein ganzes Jahr, sondern z. B. nur um sechs Monate verschoben wird.

Solche Klauseln zur Stichtagsänderung sind unbedingt zu empfehlen, wenn mit Anfechtungsklagen gerechnet werden muß. Allerdings kann mit der Verschiebung der Stichtage ein materielles Problem entstehen. Je länger sich die Anmeldung und Eintragung verzögert, desto größer wird das Risiko, daß das von den Hauptversammlungen festgelegte Umtauschverhältnis nicht mehr dem aktuellen Wertverhältnis der beiden Gesellschaften am Stichtag der Schlußbilanz entspricht (siehe oben II. 7).

IV. Verschmelzungsprüfung

Die obligatorische Prüfung des Verschmelzungsvertrags und des Umtauschverhältnisses durch unabhängige Prüfer nach § 340 b AktG wurde durch das Verschmelzungsrichtlinie-Gesetz eingeführt. Die Verschmelzungsprüfung dient ausschließlich dem Aktionärsschutz[29], so daß nur sehr begrenzt auf die zur Gründungsprüfung, zur Sacheinlagenprüfung und zur Abschlußprüfung entwickelten Grundsätze zurückgegriffen werden kann.

1. Bestellung des oder der Prüfer

Die in § 340 b Abs. 2 Satz 1 AktG für den Regelfall vorgesehene Bestellung gesonderter Verschmelzungsprüfer für jede beteiligte Gesellschaft durch deren Vorstand ist vom deutschen Gesetzgeber nur widerwillig aus der Verschmelzungsrichtlinie übernommen worden[30]. Die Vorschrift bedeutet, wie kritisch angemerkt worden ist, einen bedauerlichen „Einfluß der romanischen Vorstellungen vom Parteigutachter" im neuen Verschmelzungsrecht[31]. Dieser Eindruck des „Parteigutachters" kann erst recht entstehen, wenn jeder Vorstand seinen Abschlußprüfer zum Verschmelzungsprüfer für seine Gesellschaft bestellt. Außerdem wird geltend gemacht, die Bestellung der Verschmelzungsprüfer durch die beteiligten Vorstände sei im Fall der Konzernverschmelzung bedenk-

29 Begr. RegE, BT-Drucks. 9/1065, S. 15 f.

30 Begr. RegE, BT-Drucks. 9/1065, S. 16; Bericht des Rechtsausschusses, BT-Drucks. 9/1785, S. 23.

31 GANSKE, DB 1981, 1551, 1553; ähnlich OSSADNIK, BFuP 1985, 153, 158.

lich, da die Obergesellschaft mittelbar Einfluß nehmen könne auf die Auswahl des Verschmelzungsprüfers bei der übertragenden Untergesellschaft[32].

Um allen Bedenken vorzubeugen, empfiehlt sich für die Praxis, den Weg der gerichtlichen Bestellung nach § 340 b Abs. 2 Satz 2 AktG zu wählen. Auf gemeinsamen Antrag der beteiligten Vorstände kann das Gericht einen oder mehrere Prüfer für alle beteiligten Gesellschaften bestellen. Welches Registergericht zuständig ist, sagt das Gesetz nicht. Für die Zuständigkeit des Gerichts der aufnehmenden Gesellschaft spricht, daß die gleichzeitige Aufnahme mehrerer Gesellschaften möglich ist und durch die Eintragung bei der aufnehmenden Gesellschaft nach § 346 Abs. 3 AktG die Verschmelzung wirksam wird[33]. Andererseits dient die Verschmelzungsprüfung in erster Linie dem Schutz der außenstehenden Aktionäre der übertragenden Gesellschaft. Im Ergebnis wird man es der Entscheidung der beteiligten Vorstände überlassen können, bei welchem Gericht sie die Bestellung beantragen. Eine gleichlautende Bestellung durch beide Gerichte ist nicht erforderlich, aber zulässig.

Das Gericht kann die beiden Abschlußprüfer zu Verschmelzungsprüfern bestellen[34]. Sie sind dann – anders als im Fall der Bestellung nach § 340 b Abs. 2 Satz 1 AktG – als einheitliche Verschmelzungsprüfer für beide beteiligten Gesellschaften bestellt und müssen demgemäß auch einen gemeinsamen Prüfungsbericht erstellen. In der Sache bedeutet das aber keinen wesentlichen Unterschied zu der Erstellung von zwei getrennten Prüfungsberichten der von den jeweiligen Vorständen bestellten Verschmelzungsprüfer. Denn auch in diesem Fall muß sich jeder der beiden Prüfer mit der Bewertung des anderen Unternehmens durch den anderen Prüfer befassen und sich mit ihr identifizieren.

Bei großen Publikumsgesellschaften wird bisweilen, um jeden Anschein der Befangenheit zu vermeiden, wie folgt verfahren: Die beiden Abschlußprüfer wirken an der Festlegung des Umtauschverhältnisses mit, indem sie durch vergleichende Unternehmensbewertungen eine wesentliche Entscheidungsgrundlage für die beteiligten Vorstände schaffen. Die anschließende Verschmelzungsprüfung erfolgt jedoch nicht durch die beiden Abschlußprüfer, sondern durch eine dritte Prüfungsgesellschaft, die auf gemeinsamen Antrag der Vorstände durch das Gericht als Verschmelzungsprüfer für beide Gesellschaften bestellt wird.

32 Priester, NJW 1983, 1459, 1461 Fn. 62.
33 Priester, NJW 1983, 1459, 1462.
34 Gegen ihre Auswahl bestehen im Regelfall keine Bedenken, siehe Bericht des Rechtsausschusses, BT-Drucks. 9/1785, S. 23.

2. *Prüfungsumfang*

Der Prüfer soll nach § 340 b Abs. 1 AktG den Verschmelzungsvertrag prüfen. Diese globale Aufgabenstellung wird durch § 340 b Abs. 4 AktG mittelbar präzisiert und eingeschränkt. Nach der Begründung zu § 340 b AktG erfaßt die Prüfung „die Vollständigkeit des Verschmelzungsvertrags, die Richtigkeit der in ihm enthaltenen Angaben und – als Hauptaufgabe der Prüfung – die Angemessenheit des Umtauschverhältnisses. Es gehört dagegen nicht zum Pflichtenkreis der Verschmelzungsprüfer, die wirtschaftliche Zweckmäßigkeit des Vorgangs selbst zu beurteilen und sich zu der Frage zu äußern, ob die rechtlichen und wirtschaftlichen Interessen der Aktionäre aller beteiligten Gesellschaften gewahrt sind“[35]. Der Verschmelzungsprüfer muß auch die Richtigkeit der im Verschmelzungsbericht der Vorstände enthaltenen Angaben prüfen, jedoch nur insoweit, als diese Angaben den vorstehend definierten Gegenstand der Prüfung betreffen, also insbesondere nicht die Angaben der Vorstände zum wirtschaftlichen Hintergrund der Fusion[36].

Der Verschmelzungsprüfer kann bei seiner Beurteilung der Angemessenheit des vertraglich vorgesehenen Umtauschverhältnisses die Bewertungsgutachten heranziehen, von denen die beiden Vorstände bei ihrer Festlegung ausgegangen sind. Er muß zwar zu einer Bewertung der beiden Unternehmen gelangen, um die Angemessenheit beurteilen zu können[37]. Aber „Bewertung“ bedeutet im Rechtssinne nicht, daß er die Untersuchungen in den Unternehmen und die Sammlung der Daten selbst vornehmen und das Umtauschverhältnis selbst von Grund auf errechnen muß, sondern er kann – wie aus § 340 b Abs. 4 Satz 4 AktG zu schließen ist – von den vorliegenden Bewertungsarbeiten ausgehen und sich darauf beschränken, diese nach Methode und Plausibilität zu überprüfen[38].

3. *Prüfungsergebnis und Testat*

Entsprechend seiner Aufgabenstellung soll sich der Prüfer in seinem Bericht vorrangig zur Angemessenheit des Umtauschverhältnisses äußern. Nach § 340 b Abs. 4 Nr. 3 AktG soll er sich auch zu den rechnerischen Auswirkungen bei der Anwendung alternativer Bewertungsmethoden äußern. Das zwingt den Prüfer nicht dazu, eine Alternative zur heute herrschenden Ertragswertmethode zu verfolgen, also z. B. eine vollständige Ermittlung des Substanzwerts als Alterna-

35 Begr. RegE, BT-Drucks. 9/1065, S. 16.
36 Schedlbauer, WPg 1984, 33, 42; Ganske, DB 1981, 1551, 1553.
37 Begr. RegE, BT-Drucks. 9/1065, S. 16.
38 Priester, NJW 1983, 1459, 1462.

tive vorzunehmen[39]. Er muß auf die Auswirkungen verschiedener Methoden nur eingehen, wenn von den Vorständen oder den von ihnen eingeschalteten Gutachtern mehrere Methoden angewendet worden sind (§ 3406 Abs. 4 Satz 4 Nr. 3 AktG), was angesichts der vom Institut der Wirtschaftsprüfer entwickelten und in der Praxis durchweg zugrunde gelegten „Grundsätze zur Durchführung von Unternehmensbewertungen" nur noch selten der Fall sein wird.

Der Verschmelzungsprüfer hat nach § 340 b Abs. 4 AktG in einem Prüfungsbericht über das Ergebnis seiner Prüfung schriftlich zu berichten. Sein Testat beschränkt sich entsprechend dem Schwerpunkt der Prüfung auf die Bestätigung, daß das im Verschmelzungsvertrag vorgeschlagene Umtauschverhältnis angemessen ist. Der Prüfungsbericht darf im übrigen nicht mit einem Bewertungsgutachten verwechselt werden. Der Verschmelzungsprüfer hat nur über das Ergebnis seiner Prüfung schriftlich zu berichten und nicht die von ihm vorgenommenen oder überprüften Bewertungsschritte so ausführlich darzulegen, wie dies üblicherweise in einem Gutachten zur Unternehmensbewertung geschieht.

V. *Spruchstellenverfahren nach § 352 c AktG*

Das neue Verschmelzungsrecht ermöglicht durch § 352 c AktG eine gerichtliche Nachprüfung der Angemessenheit des Umtauschverhältnisses in einem in Anlehnung an § 306 AktG gestalteten Spruchstellenverfahren. Während nach altem Recht der Aktionär der übertragenden Gesellschaft Einwände gegen das Umtauschverhältnis nur im Wege der Anfechtungsklage gegen den Verschmelzungsbeschluß geltend machen konnte, kann er das Umtauschverhältnis nach neuem Recht nur in dem besonderen Antragsverfahren nach § 352 c Abs. 2 AktG angreifen; die Anfechtung des Verschmelzungsbeschlusses kann, wie § 352 c Abs. 1 Satz 1 AktG in Anlehnung an § 305 Abs. 5 Satz 1 AktG festlegt, nicht darauf gestützt werden, daß das Umtauschverhältnis der Aktien zu niedrig bemessen sei. Ein Streit über das Umtauschverhältnis soll – das ist das Ziel der Neuregelung – nicht die Durchführung der Verschmelzung behindern und verzögern[40]. Nun gilt allerdings das Spruchstellenverfahren des § 352 c Abs. 2 AktG nur für Aktionäre der übertragenden Gesellschaft. Wenn ein Aktionär der übernehmenden Gesellschaft der Auffassung ist, daß das Umtauschverhältnis zu hoch bemessen ist, die Aktionäre der übertragenden Gesellschaft also zu Lasten der Aktionäre der übernehmenden Gesellschaft begünstigt worden sind, kann er diese Rüge unverändert im Wege der Anfechtungsklage gegen den Verschmel-

39 Schedlbauer, WPg 1984, 33, 42.
40 Begr. RegE, BT-Drucks. 9/1065, S. 20.

zungsbeschluß der übernehmenden Gesellschaft geltend machen und dadurch die Anmeldung und Eintragung der Verschmelzung verhindern. Die neue gesetzliche Verfahrensregelung ist leider unvollständig.

Es bleibt abzuwarten, welche Spruchpraxis sich zu § 352 c AktG entwickeln wird. Das Verfahren des § 352 c Abs. 2 AktG unterscheidet sich nicht unwesentlich von dem Verfahren des § 306 AktG. Während das Gericht im Verfahren nach § 306 AktG die vertraglich zu gewährende Abfindung und Ausgleichszahlung bestimmt, handelt es sich bei § 352 c AktG im wirklichen Wortsinn nur um eine *Nach*prüfung, nämlich um die nochmalige Überprüfung des bereits von dem unabhängigen Verschmelzungsprüfer geprüften Umtauschverhältnisses. Anders als bei § 306 AktG ist nur der Aktionär der übertragenden Gesellschaft antragsberechtigt, der Widerspruch zu Protokoll der Hauptversammlung erklärt hat, und die Entscheidung des Gerichts wirkt nicht inter omnes, sondern nur zugunsten der Antragsteller[41]. Wer in den Genuß einer etwa vom Gericht festgesetzten baren Zuzahlung gelangen will, muß also selbst Widerspruch zu Protokoll erklären – was nichts kostet – und selbst einen Antrag nach § 352 c Abs. 2 AktG stellen – was angesichts der Verweisung des § 352 c Abs. 2 Satz 3 AktG auf § 306 Abs. 7 AktG den Antragsteller in aller Regel ebenfalls nichts kostet. Um eine Vielzahl von Widersprüchen und Anträgen zu vermeiden, kann es sich empfehlen, daß sich die übernehmende Gesellschaft zur Nachbesserung gegenüber den am Verfahren nicht beteiligten Aktionären der übertragenden Gesellschaft für den Fall verpflichtet, daß das Gericht als Ausgleich für ein zu niedrig bemessenes Umtauschverhältnis eine bare Zuzahlung festsetzt. Fraglich ist, ob eine solche Verpflichtung außerhalb des den Hauptversammlungen zur Zustimmung vorgelegten Verschmelzungsvertrags begründet werden kann, z. B. durch eine Vereinbarung zwischen der übernehmenden Gesellschaft und dem abwickelnden Bankenkonsortium zugunsten der dem Verfahren nicht beteiligten Aktionäre. Der Sache nach handelt es sich bei einer gegebenenfalls zu leistenden Nachbesserung um einen Teil der von der übernehmenden Gesellschaft für die Verschmelzung an die Aktionäre der übertragenden Gesellschaft zu erbringenden Gegenleistung. Es spricht deshalb viel dafür, daß die Nachbesserungsklausel in den Verschmelzungsvertrag aufgenommen und von den Aktionären der übernehmenden Gesellschaft durch ihren Verschmelzungsbeschluß genehmigt werden muß.

41 Kritisch dazu Priester, NJW 1983, 1459, 1463 f.

Zum revidierten Vorschlag für eine EG-Konzernrichtlinie

von

Professor Dr. Peter Hommelhoff, Bielefeld

Inhaltsübersicht

Der überarbeitete Vorschlag einer EG-Konzernrichtlinie von 1984[1] ist ein Phänomen: Während der erste Vorentwurf von 1974/75[2] und auch die konzernrechtlichen Bestimmungen im Entwurf des Statuts für eine Europäische Aktiengesellschaft[3] auf breite und zum Teil sehr engagierte Resonanz gestoßen waren[4], ist es um den neuen Richtlinien-Vorschlag in der Bundesrepublik beängstigend still geblieben[5]. Dies Schweigen ist gänzlich unverdient und aus doppeltem Grunde zu bedauern: Zum ersten haben die Verfasser des überarbeiteten Richtlinien-Vorschlags die vielen kritischen Anregungen zum ersten Vorentwurf, insbesondere zu seiner organischen Konzernverfassung[6] intensiv aufgegriffen und umgesetzt[7]. Schon aus diesem Grunde sollte auch und vor allem die Wissenschaft das Gespräch mit der Brüsseler Ministerialbürokratie fortführen. Und zum zweiten mögen die Erfahrungen, die wir mit der 4. EG-(Bilanz-) Richtlinie und ihren so einschneidenden Auswirkungen auf die mittelständische

1 Vorschlag für eine neunte Richtlinie auf der Grundlage von Artikel 54 Abs. 3 g) des EWG-Vertrages über die Verbindungen zwischen Unternehmen, insbesondere über Konzerne (Az III/1639/84 der EG-Kommission), abgedruckt in: ZGR 1985, 444 ff (allerdings ohne die umfangreichen Erläuterungen und Erwägungsgründe).

2 Vorentwurf einer neunten Richtlinie (Konzernrechtrichtlinie) von 1974 (Teil I, DOK Nr. XI/328 74-D) und 1975 (Teil II, DOK Nr. XI/593 75-D), abgedruckt u. a. bei: LUTTER, Europäisches Gesellschaftsrecht, 2. Aufl., 1984, S. 187 ff mit Einführung S. 47 ff.

3 „Geänderter Vorschlag einer Verordnung des Rates über das Statut für Europäische Aktiengesellschaften" von 1975 (BT-Drucks. VII/3713), abgedruckt u. a. bei: LUTTER, aaO (Fn. 2), S. 363 ff. – Überblick zu dieser Gliedstaaten-übergreifenden Gesellschaftsform bei GROSSFELD, Internationales Unternehmensrecht, 1986, S. 282 ff.

4 Siehe die zuletzt von IMMENGA, RabelsZ 48 (1984), 48 ff zusammengestellte Dokumentation; für Frankreich und Italien vgl. die von LUTTER, ZGR 1987, 324, 341 Fn. 78 referierten Reaktionen; speziell zur Europäischen Aktiengesellschaft: GESSLER, in: Lutter (Hrsg.), Die Europäische Aktiengesellschaft, 1976, S. 275 ff; WALTHER, Die AG 1972, 99 ff.

5 Geäußert hat sich freilich der „Gemeinsame Arbeitsausschuß der Spitzenverbände der deutschen Wirtschaft für Fragen des Unternehmensrechts" mit Stellungnahme zum Entwurf einer Richtlinie zur Koordinierung des Konzernrechts vom 31. Mai 1985; siehe auch P. M. WIESNER, Der Arbeitgeber 1985, 884 ff (dort ist auch die Reaktion der Interessenvertretung der europäischen Industrie und die der Deutsch-Amerikanischen Handelskammer referiert); WIENKE, Der Arbeitgeber 1985, 888 f. – Siehe aber IMMENGA, Giurisprudenza commerciale 1986, 846 sowie den kurzen Überblick aus betriebswirtschaftlicher Sicht bei THEISEN, Die Betriebswirtschaft 1986, 746, 765 f.

6 Hierzu eingehend zuletzt IMMENGA, RabelsZ 48 (1984), 48, 59 ff; zur dogmatischen Einordnung dieser allein von der realen einheitlichen Leitung her entwickelten Konzernverfassung: IMMENGA, Europarecht 1978, 242 ff.

7 Das konzidiert auch P. M. WIESNER, Der Arbeitgeber 1985, 884.

Wirtschaft gesammelt haben[8], mit allem Nachdruck dazu ermuntern, den Gesetzgebungsprozeß schon auf der europäischen Ebene argumentativ zu begleiten und dort, wo vielleicht nötig, zu beeinflussen. – Behandelt werden hier nur Grundfragen zum künftigen Konzernrecht, keine Einzelheiten; diese sind bei Interessenverbänden und nationalen Ministerien besser aufgehoben.

Rechtspolitisches als wissenschaftliche Freundesgabe für einen hohen Richter ist gewiß ungewöhnlich. Aber *Hans-Joachim Fleck*, der mit seinem klugen Rat dem Bundesjustizministerium ebenso zur Verfügung stand und steht wie den Autoren, weiß um das enge Zusammenspiel zwischen literarischen Äußerungen, Rechtsprechung, Rechtspolitik und Gesetzgebung. Auch für diesen Beitrag erhoffe ich deshalb sein kritisches und doch vor allem so nobles Verständnis.

I. Schutzadressaten des Konzernrechts

Der deutsche Gesetzgeber des Aktiengesetzes 1965 hat im Recht der verbundenen Unternehmen (§§ 291 ff AktG) lediglich die außenstehenden Aktionäre und die Gläubiger der abhängigen Gesellschaft schützen wollen, nicht aber diese selbst und auch nicht – zumindest nicht explizit – die Arbeitnehmer der abhängigen Gesellschaft; deren Beteiligungs- und Mitwirkungsinteresse ist Regelungsgegenstand der Mitbestimmungsgesetze[9]. Außerdem sind nach der jetzigen Rechtslage in der Bundesrepublik, wie sie das „Holzmüller"-Urteil des Bundesgerichtshofs[10] gestaltet hat, auch die Aktionäre und Gesellschafter auf der Ebene der Obergesellschaft schutzbedürftig. Hierauf geht der Brüsseler Vorschlag für eine Konzernrichtlinie nicht ein; er konnte das schon deshalb nicht,

8 Aus diesem Grunde verdient die jüngste Initiative der Bundesregierung, die 4. EG-(Bilanz-)Richtlinie mit dem Ziel zu ändern, für kleine und mittelgroße Kapitalgesellschaften die Rechnungslegungs- und Publizitätsregeln zu erleichtern (Schreiben des Bundesjustizministeriums an die beteiligten Verbände vom 20. August 1987), im Ansatz uneingeschränkte Zustimmung (vgl. schon HOMMELHOFF in: Kießler u. a. [Hrsg.], Unternehmensverfassung, Recht und Betriebswirtschaftslehre, 1983, S. 195 f Fn. 26, 198 Fn. 30, 205 ff).

9 Zu Recht macht WIENKE, Der Arbeitgeber 1985, 888 f auf die inhaltlichen Verknüpfungen aufmerksam, die zwischen den Mitbestimmungsvorschlägen in den Entwürfen zur 5. EG-(Struktur-)Richtlinie und zur 9. EG-(Konzern-)Richtlinie bestehen. – Allgemein zu den mitbestimmungsrelevanten Regelungen im Richtlinien-Entwurf: KOLVENBACH, DB 1986, 1973, 1974 f.

10 BGHZ 83, 122 mit Besprechungen von BEUSCH, FS Werner, 1984, S. 1; FLECK, LM Anm. Nr. 1 zu § 118 AktG; GÖTZ, Die AG 1984, 85; GROSSFELD/BRONDICS, JZ 1982, 589; HEINSIUS, ZGR 1984, 383; MARTENS, ZHR 147 (1983), 377; REHBINDER, ZGR 1983, 92; SEMLER, BB 1983, 1566; SÜNNER, Die AG 1983, 169; WERNER, ZHR 147 (1983), 429; H. P. WESTERMANN, ZGR 1984, 352.

weil im Für und Wider zu dieser Entscheidung noch immer kein breiter gelagerter Konsens gefunden worden ist[11].

1. Arbeitnehmer

Im Schrifttum ist die These zur Diskussion gestellt worden, das Konzernrecht schütze auf der Ebene der abhängigen Gesellschaft nicht bloß die Interessen ihrer Gläubiger und außenstehenden Gesellschafter/Aktionäre, sondern weitergehend auch die ihrer Arbeitnehmer und die der Allgemeinheit[12]. An diesem Gedanken hat der Bundesgerichtshof im „Autokran"-Urteil erhebliche Zweifel für den Fall angemeldet, daß die Tochtergesellschaft im alleinigen Besitz des herrschenden Unternehmens steht[13].

a) Demgegenüber erweitert der Richtlinien-Vorschlag den Kreis der Schutzadressaten ausdrücklich um die Arbeitnehmer der Tochtergesellschaft. Das kommt nicht nur in den tragenden Haupterwägungen des Vorschlags klar zum Ausdruck[14], sondern auch in einer Vielzahl von Einzelregelungen (Artt. 7 Abs. 3 a Satz 3; 8 Abs. 1; 10 Abs. 1; 24 Abs. 2 Satz 2; 37 a). Dabei ist die generelle Tendenz unverkennbar, die Belange der Tochterarbeitnehmer nicht nur durch besondere Kompetenz- und Informationsbestimmungen konzernspezifisch zu schützen, sondern auch und vor allem durch spezielle Antragsrechte für die Arbeitnehmer-Repräsentanten. Mit ihren Antragsrechten stellt sie der Richtlinien-Vorschlag gleichrangig neben die einzelnen Aktionäre und weist der Arbeitnehmer-Vertretung auf diese Weise die Funktion eines „Ersatzgeschäftsführungsorgans" der Tochtergesellschaft zu, um deren Belange und die der übrigen mit der Tochtergesellschaft verknüpften Interessenträger zu wahren.

Hiergegen wird man Einwände erheben wollen[15]: Der Richtlinien-Vorschlag vermenge unsystematisch Fragen des Konzernrechts mit denen der Mitbestim-

11 Hierzu zuletzt einerseits die Beiträge in der FS Walter Stimpel, 1985, von Gessler (S. 771), Hübner (S. 791) und Lutter (S. 825) sowie von H. P. Westermann, FS Pleyer, 1986, S. 421; andererseits Ebenroth, Konzernbildungs- und Konzernleitungskontrolle – Ein Beitrag zu den Kompetenzen von Vorstand und Hauptversammlung, 1987, S. 24 ff; von Rechenberg, Die Hauptversammlung als oberstes Organ der Aktiengesellschaft, 1986, S. 124 ff (zusammenfassend S. 150).

12 Fleck, ZHR 149 (1985), 387, 394 f; Hommelhoff, Die Konzernleitungspflicht, 1982, S. 256; Ulmer, ZHR 148 (1984), 391, 418 ff.

13 BGHZ 95, 330, 346; ebenso Lutter, ZIP 1985, 1425, 1428 f; Rehbinder, Die AG 1986, 85, 94 f; siehe demgegenüber K. Schmidt, BB 1985, 2074, 2077; vgl. auch Assmann, JZ 1986, 928, 931.

14 Vorschlag, aaO (Fn. 1), S. 58; siehe auch den informativen Überblick, den Kolvenbach, DB 1986, 1973, 2023 über die Gesamtheit der Arbeitnehmer-relevanten EG-Vorhaben im Gesellschafts- und Unternehmensrecht gibt.

15 Hierzu Wienke, Der Arbeitgeber 1985, 888 f.

mung; für diese sei nicht die Konzernrichtlinie der rechte Regelungsort, sondern die 5. (Struktur-)Richtlinie. Die Harmonisierung der nationalen Gesellschafts- und Konzernrechte einerseits und der Ausbau der Mitbestimmung andererseits seien ganz unterschiedliche Ziele, die der Richtlinien-Vorschlag rechtspolitisch gefährlich miteinander verkoppele.

b) Für die weitere Diskussion auf der rechtspolitischen Ebene könnte es sich empfehlen, den Komplex „Konzernrecht und Mitbestimmung" in sechs Einzelfragen aufzufächern:

(1) Welchen Gefahren sind die Tochterarbeitnehmer im einzelnen ausgesetzt?

(2) Sind diese Gefahren konzernspezifischer Art; d.h.: lassen sie sich nicht mit dem überkommenen Instrumentarium bewältigen – etwa mit den Regeln des Kündigungsschutzes und des Sozialplans oder mit der Kompetenzordnung der Mitbestimmung im Konzern?

(3) Mit welchen qualifizierten neuen Instrumenten sollte den konzernspezifischen Gefahren begegnet werden?

(4) Beschränken sich diese neuen Instrumente auf schützende Gefahrenabwehr oder geben sie darüber hinaus Rechte auf eine Entscheidungsteilhabe im Konzern?

(5) Gehen die Arbeitnehmer-Teilhaberechte des Richtlinien-Vorschlags über diejenigen hinaus, die im Augenblick schon die deutsche „Mitbestimmung im Konzern" gewährt?

(6) Sollte dies neue Instrumentarium in der Konzern- oder in der Strukturrichtlinie kodifiziert werden?

c) Welche Antworten der Richtlinien-Vorschlag auf diese Fragen enthält, bedarf ebenso noch eingehender Analyse wie die tragenden Begründungselemente des Richtlinien-Vorschlags. Das mag einer späteren Untersuchung überlassen bleiben; hier ist nur soviel festzustellen: Nach den eigenen Erläuterungen der Vorschlags-Verfasser zielen die arbeitnehmerbezogenen Regeln der Richtlinien lediglich darauf ab, „die in bestimmten Mitgliedsstaaten bereits eingeführten (Mitbestimmungs-)Regeln nicht ... von ihrem Ziel (abzulenken)[16]." Es soll also der nationale status quo der Mitbestimmung gewahrt werden. Das wird man – zumindest für den deutschen Rechtskreis – mit Fug bezweifeln können[17]. Hier haben die Arbeitnehmer-Repräsentanten im Aufsichtsrat der faktisch konzernierten Tochtergesellschaft noch kein Gruppenrecht[18], die einstweilige Amtsenthebung von Mitgliedern des Tochtervorstands oder gar der eigenen Aufsichtsratskollegen zu betreiben, wie dies Art. 11 Abs. 1a des Richtlinien-Vorschlags vorsieht.

16 Vorschlag, aaO (Fn. 1), S. 5.

17 Insoweit zutreffend Wienke, Der Arbeitgeber 1985, 889: die von der Kommission vorgesehene Mitbestimmung bewegt sich nicht mehr im Rahmen des deutschen Mitbestimmungssystems, sondern geht über das geltende Mitbestimmungsrecht hinaus.

18 Zur Gruppenbefugnis der Arbeitnehmer-Repräsentanten im mitbestimmten Aufsichtsrat nach geltendem Recht LG Darmstadt Die AG 1987, 218, 219 – Adam Opel mit insoweit zutreffend ablehnender Besprechung von Kort, Die AG 1987, 193, 195 ff.

2. *Allgemeinheit*

Als weiteres Schutzobjekt nennt die Haupterwägung zum Richtlinien-Vorschlag die Interessen der Allgemeinheit[19] – dies allerdings nur im Zusammenhang mit dem Regelungsziel, die Besitz- und Machtverhältnisse im Verbund der Unternehmen möglichst weitgehend transparent zu halten. Interessen der Allgemeinheit sind also nicht über das gesamte Konzernrecht hinweg Schutzobjekt. Umgekehrt wird dem Allgemeininteresse an Publizität aber nicht schon durch den Konzernabschluß vollständig Rechnung getragen (§§ 290 ff HGB)[20]. Vielmehr greift der Richtlinien-Vorschlag die Regelung der §§ 20–22 des deutschen AktG auf und verlangt die Mitteilung der Beteiligung. Dabei werden freilich die Mitteilungsanlässe ganz erheblich ausgebaut: Die Schwelle wird auf 10 % abgesenkt, und außerdem ist jede 5 %ige Veränderung des Beteiligungsbesitzes nach oben oder nach unten dem Beteiligungsunternehmen anzuzeigen. Dem allgemeinen Publizitätsinteresse will der Richtlinien-Vorschlag auf dem Wege Rechnung tragen, daß jede Mitteilung im Anhang zum Jahresabschluß aufgeführt und überdies jede Auf- oder Abwärtsbewegung, die über die Schwellen von 10, 25, 50, 75 oder 90 % führt, in den Gesellschaftsblättern bekannt gemacht und zu den Handelsregisterakten genommen werden muß.

Aber abgesehen von diesen quantitativen Verschärfungen weicht der Richtlinien-Vorschlag qualitativ nicht vom bestehenden Aktienrecht ab; das gilt auch für das Interesse der Allgemeinheit: Schon der Gesetzgeber des Aktiengesetzes 1965 begründete diese Mitteilungspflichten u. a. mit den Informationsinteressen der Öffentlichkeit[21]. Deshalb läßt sich aus der genannten Passage in der Haupterwägung zum Richtlinien-Vorschlag nicht herleiten, das Konzernrecht diene in Gänze auch dem Schutz der Allgemeininteressen.

II. *Der faktische Konzern*

Im deutschen Aktienkonzernrecht laufen die Bestimmungen für den faktischen Konzern (§§ 311ff AktG) nach weit verbreiteter Ansicht in hohem Maße leer[22]. Deshalb schlug die EG-Kommission in ihrem ersten Entwurf 1974/75 die

19 Vorschlag, aaO (Fn. 1), S. 58.

20 In Umsetzung der 7. EG-(Konzernbilanz-)Richtlinie; für einen ersten kurzen Überblick zum neuen Recht der Konzernrechnungslegung vgl. GROSSFELD, NJW 1986, 955, 959 f.

21 Begründung RegE zu §§ 20, 21, abgedruckt bei: KROPFF, Textausgabe Aktiengesetz, 1965, S. 38.

22 GESSLER, FS Flume, Bd. II, 1978, S. 57 ff; LUTTER, SAG 1976, 152, 159 f (siehe aber jüngst *Dens.*, ZGR 151 [1987], 444, 460: vorsichtig optimistisch); KOPPENSTEINER, Kölner Komm. z. AktG, 2. Aufl., 1988, Vorbem. vor § 311 Rdn. 17 ff; sehr viel positiver faßt hingegen KRETSCHMER, WP-Handbuch 1985/86, Bd. I, 9. Aufl., 1985, S. 698 die mit dem Abhängigkeitsbericht gesammelten Erfahrungen zusammen.

sog. organische Konzernverfassung vor[23], stieß hiermit jedoch auf erbitterten Widerstand[24]. Daraufhin machte sich in der Bundesrepublik weithin Ratlosigkeit breit[25]: Durch welches andere Konzept sollte das System der §§ 311 ff AktG abgelöst werden? So kann es nicht sonderlich verwundern, wenn der neue Richtlinien-Vorschlag noch einmal an die deutsche Regelung anknüpft und diese auszubauen und zu verbessern sucht.

1. *Das Regelungskonzept im Richtlinien-Entwurf*

Im Gewande eines „Sonderberichts" kehrt in Art. 7 der aktienrechtliche Abhängigkeitsbericht wieder, der nach Art. 7 Abs. 4 durch den Abschlußprüfer geprüft und testiert wird. Die Sonderprüfung des § 315 AktG findet sich gewandelt in Art. 8; die Schadenersatzhaftung des § 317 AktG in Art. 9 und 10, wenn auch gewichtig modifiziert. Als stärkste Abweichung gegenüber dem deutschen Recht fallen im Richtlinien-Vorschlag der Verzicht auf eine § 311 AktG vergleichbare Regelung zum Nachteilsverbot und Nachteilsausgleich in den Blick, die Behandlung kompensatorischer Vorteile und vor allem die gerichtlichen Eingriffsbefugnisse nach Art. 11:

- die einstweilige Amtsenthebung von Verwaltungsmitgliedern;
- der Eingriff in für die Tochtergesellschaft schädliche Vereinbarungen;
- die Rückabwicklung schädlicher Maßnahmen;
- die Anordnung, den außenstehenden Aktionären den Austritt gegen angemessene Abfindung zu eröffnen[26].

23 Vorentwurf einer neunten Richtlinie, aaO (Fn. 2), Teil II, Art. 33 I; siehe auch Art. 223 I des Verordnungsvorschlags über das Statut für Europäische Aktiengesellschaften, aaO (Fn. 3).

24 Für die Bundesrepublik Deutschland siehe nur Walther, Die AG 1972, 99, 104 f; letzte Aufbereitung und Zusammenfassung der Gegenargumente bei Immenga, RabelsZ 48 (1984), 48, 60 f; siehe auch Dens., Giurisprudenza commerciale 1986, 846, 848.

25 Siehe aber den Regelungsvorschlag Gesslers, FS Flume, Bd. II, 1978, S. 64 ff, der zwei wesentliche Konstruktionselemente enthält: bei bestehendem faktischen Konzern Verlustausgleich und Ausgleichszahlungen an die außenstehenden Aktionäre; nach Beendigung der Konzernverbindung Differenzausgleich, soweit sich die Ertragsaussichten der ehemals konzernierten Gesellschaft während der Konzernverbindung verschlechtert haben sollten; ein Abhängigkeitsbericht sollte in diesem System enfallen. – Anders der Vorschlag Immengas, ZGR 1978, 269, 281 ff: Unterbindung beherrschenden Einflusses durch ein begrenztes Stimmverbot für den Mehrheitsgesellschafter bei Hauptversammlungsbeschlüssen über die Organbesetzung und die Geschäftspolitik. – Zu konzernspezifischen Stimmverboten nach geltendem Recht: Schneider, ZHR 150 (1986), 609.

26 Diesen letzten „Notbehelf" (Wiedemann, Gesellschaftsrecht, Bd. I, 1980, S. 468) der außenstehenden Aktionäre bei qualifizierter faktischer Konzernierung (dazu schon Wiedemann, ZGR 1978, 477, 492) stellt der Richtlinien-Entwurf zutreffend nicht als die einzige Reaktionsmöglichkeit zur Verfügung (a. A. für das geltende Recht Timm, NJW 1987, 977, 984).

Schon die Überschrift des 4. Abschnitts „Schutz der unter dem Einfluß eines Unternehmens stehenden Gesellschaft" (Artt. 6–12) signalisiert das Konzept des Richtlinien-Vorschlags: Seinen Verfassern geht es beileibe nicht darum, innerhalb eines bloß locker gefügten, also dezentralen Konzerns[27] die Stellung einer faktisch konzernierten Tochtergesellschaft zu stabilisieren und sie in ihrer weitgehenden Selbständigkeit innerhalb des Konzernverbunds zu schützen. Mitnichten: Der Richtlinien-Entwurf will die Tochtergesellschaft davor bewahren, als Mittel zur Förderung oder zur Verwirklichung fremder Interessen eingesetzt zu werden, die nicht im Einklang mit den eigenen Tochterinteressen stehen. Das ist § 308 Abs. 1 Satz 2 des geltenden AktG in umgekehrter Wirkrichtung: Eigeninteresse vor Konzerninteresse. Gesellschaften, die dem Einfluß einer Konzernmutter unterliegen, sollen sogar in dieser Situation zwingend nach ihrem wirtschaftlichen Eigeninteresse geführt werden. Auf der anderen Seite sollen Einwirkungen der Konzernmutter selbst dann nicht verboten sein, wenn sie aus der Sicht der Tochtergesellschaft nicht in deren Interesse liegen. Insoweit soll der Publizitätszwang die Tochter schützen.

Indes drängen sich bereits auf den ersten Blick böse Befürchtungen auf: Wird das zu weit gesteckte Schutzziel nicht wie im deutschen Recht dazu führen, daß die Schutzmechanismen nicht recht greifen? Sollte etwa die mittlerweile glücklich verebbte Diskussion um die Zulässigkeit oder Unzulässigkeit des einfachen, d. h. des dezentral geführten faktischen Konzerns[28] wieder aufleben? Das wäre in höchstem Maße zu bedauern. Denn der Gesetzgeber darf die Instrumente des Gesellschafts- und Konzernrechts nicht überfordern: Ein Verbot jeder faktischen Konzernierung schlechthin, also auch der dezentralen ist schlicht nicht durchsetzbar – es sei denn auf dem Wege, daß gesellschaftsrechtliche Stimmrechtsmacht zwangsweise beschnitten und atomisiert wird[29]. Aber das wäre wohl verfassungsrechtlich ebenso bedenklich wie rechtspolitisch unvernünftig.

2. *Zur Abwehr qualifizierter Konzernierung*

Hieraus könnte als Empfehlung an den europäischen Richtliniengeber folgen: Zwar sollte er klar und eindeutig die Zulässigkeit des einfachen faktischen

27 Er war das konzernorganisatorische Leitbild des Gesetzgebers bei der Verabschiedung der §§ 311 ff AktG (vgl. die Erläuterung des Abgeordneten Dr. Wilhelmi als Berichterstatter des Rechtsausschusses vor dem Plenum des Deutschen Bundestages [Deutscher Bundestag – 4. Wahlperiode – Stenographische Berichte Bd. 5, 187. Sitzung, S. 9405]; zum rechtsmethodischen Stellenwert derartiger Äußerungen: Larenz, Methodenlehre der Rechtswissenschaft, 5. Aufl., 1983, S. 313 ff).

28 OLG Hamm NJW 1987, 1030, 1031: der (einfache) faktische Konzern ist zulässig; zur Auseinandersetzung um die Frage der Zulässigkeit: Hommelhoff, aaO (Fn. 12), S. 129 ff m. w. N.

29 In diese Richtung zielt der Vorschlag Immengas, ZGR 1978, 269, 281 ff.

Konzerns aussprechen, um aber mit um so größerem Nachdruck den qualifizierten faktischen Konzern zu bekämpfen. Dann könnte sich nämlich der praktische und wissenschaftliche Sachverstand auf die wesentlichen Problembereiche konzentrieren:

(1) Mit welchen rechtlichen Mitteln kann die faktisch konzernierte Tochtergesellschaft vor ihrer qualifizierten Konzernierung bewahrt werden?[30] Oder anders formuliert: Wie läßt sich der bloß lockere Konzernverbund rechtlich stabilisieren?[31]

(2) Welche Sanktionen sind zum Schutze der außenstehenden Tochteraktionäre und der Gläubiger etc. geboten, falls die Konzernverbindung trotzdem qualifiziert verdichtet wird?

(3) Wo ist die Grenzlinie zwischen dem einfachen und dem qualifizierten Konzern zu ziehen[32] und auf welche Weise kann diese Linie hinreichend rechtssicher und für die Beteiligten erkennbar bestimmt werden?[33]

Zur Bewältigung dieser Aufgaben enthält der Richtlinien-Vorschlag trotz seines überschießenden Schutzziels[34] hilfreiche Ansätze. So ist allein die Drohung, daß allzu konzernwillfährige Mitglieder der Tochterverwaltung vom Gericht einstweilen ihres Amtes enthoben werden können (Art. 11 Abs. 1 a), voraussichtlich durchaus geeignet, Mutter- und Tochtergesellschaften in einiger Distanz zueinander zu halten. Präventivwirkung wird zugleich die dem Gericht erteilte Ermächtigung zur Anordnung entfalten, bestimmte für die Tochtergesellschaft schädliche Maßnahmen rückabzuwickeln (Art. 11 Abs. 1 b). Diese drohenden Eingriffe in den Konzernverbund können wesentlich dazu beitragen, eine dezentrale Konzernleitung zu stabilisieren. Gleiches ist von einem alternativen oder sogar kumulativen Austrittsrechts der außenstehenden Tochteraktionäre (Art. 11 Abs. 1 c) zu erwarten – sämtlich' Maßnahmen, die als sanktionierende Reaktionen gut geeignet erscheinen, beeinträchtigte Interessen auf der Tochterebene wieder herzustellen, falls der faktische Konzernverbund tatsächlich qualifiziert und damit unzulässig verdichtet wurde.

30 Bereits die Notwendigkeit eines solchen Schutzes ist im geltenden deutschen Aktienkonzernrecht umstritten: dafür u. a. KROPFF, FS Goerdeler, 1987, S. 270; dagegen u. a. TIMM, NJW 1987, 977, 980: auf eine Rechtskontrolle bei der Konzernverstärkung ist zu verzichten.

31 Vgl. in diesem Zusammenhang auch die konkreten Gestaltungsvorschläge, die LINDERMANN, Die AG 1987, 225, 236 f der Praxis unterbreitet hat.

32 Zur Abgrenzung zwischen dem einfachen und dem qualifizierten faktischen Konzern zuletzt EMMERICH, GmbH-Rdsch. 1987, 213, 216 f; KROPFF, FS Goerdeler, S. 264 f; TIMM, NJW 1987, 977, 980 ff.

33 DRUEY, Zeitschrift für Schweizerisches Recht 99 (1980), 273, 357 ff, hält es für ausgeschlossen, zwischen den einzelnen Konzernformen nach ihrer Intensität differenzieren zu können.

34 Siehe oben S. 131 f; vornehmlich präventive Wirkungen attestiert auch IMMENGA, Giurisprudenza commerciale 1986, 846, 854 den Eingriffsbefugnissen nach Art. 11 des Richtlinien-Vorschlags.

Allerdings wird die Eingriffsermächtigung des Art. 11 speziell unter rechtsstaatlichen Aspekten noch intensiv zu erörtern sein[35]. Schon die vorläufige Amtsenthebung auf Antrag eines einzelnen Aktionärs oder der Gruppe der Arbeitnehmer-Repräsentanten (Artt. 11 Abs. 1 / 8 Abs. 1) ist ein derart einschneidender Eingriff, daß es wohl kaum ausreichen wird, ihn allein mit den Prinzipien der Erforderlichkeit und der Verhältnismäßigkeit zu steuern. Notwendig sind vielmehr näher konkretisierte Tatbestandsmerkmale, an deren Erfüllung ebenfalls näher konkretisierte Rechtsfolgen anknüpfen. Dabei sollte zwischen bloß stabilisierenden Maßnahmen auf der einen Seite und restituierenden Sanktionen auf der anderen scharf getrennt werden. Denn in ihrer augenblicklichen Fassung läßt sich die Eingriffsermächtigung des Richtlinien-Vorschlags auch so lesen: Wenn es das Gericht für erforderlich hält, um die Tochtergesellschaft etc. zu schützen, kann es anordnen, daß eine Konzernorganisation rückgängig gemacht wird. Das läuft auf einen weitgehend unüberprüfbaren Eingriff in die Konzernorganisationsfreiheit[36] hinaus.

3. *Sonderbericht und -prüfung*

Im System, das der Richtlinien-Vorschlag zum Schutze der Tochtergesellschaft unter Einfluß – oder nach meinem Vorschlag: zum Schutze der faktisch konzernierten Tochter-AG – aufgebaut hat, kommt dem Sonderbericht (Art. 7) – oder nach allgemein geläufiger Terminologie: dem Abhängigkeitsbericht (§ 312 AktG) – besondere Bedeutung zu. Er ist nämlich anders als der Abhängigkeitsbericht nach deutschem Recht offenzulegen (Art. 7 Abs. 5) und verschafft auf diese Weise den einzelnen Aktionären und Gläubigern der Tochtergesellschaft sowie den Repräsentanten ihrer Arbeitnehmer die Entscheidungsunterlagen nicht nur für ihren Antrag auf Bestellung eines Sonderprüfers (Art. 8 Abs. 1), sondern auch für den Antrag auf Maßnahmen nach Art. 11. Ebenso liefert der Abhängigkeitsbericht dem Gericht wesentliche Entscheidungsunterlagen.

a) Angesichts der gewichtigen Kritik, die am Abhängigkeitsbericht Ende der siebziger Jahre in der Bundesrepublik Deutschland geübt wurde[37], hätte man

35 Zu den inhaltlichen Anforderungen an eine Eingriffsermächtigung siehe Stern, Das Staatsrecht der Bundesrepublik Deutschland, Bd. I, 2. Aufl., 1984, S. 806 f; vgl. auch BVerfGE 49, 89, 133.

36 Zu ihr Gessler, ZIP 1982, 1381, 1383; Hommelhoff, aaO (Fn. 12), S. 429, 452 ff; Kropff, ZGR 1984, 112, 124, 132 f; Rehbinder, ZHR 147 (1983), 464, 468; Rittner, AcP 183 (1983), 295, 307 ff; Timm, NJW 1987, 977, 986 f. – Über die Konzernorganisationsfreiheit kann im Grundsatz nicht ernsthaft gestritten werden; sehr wohl hingegen über ihren Umfang und ihre konkreten Ausprägungen.

37 Oben Fn. 22; Gessler, FS Flume, Bd. II, S. 65/66 f hatte deshalb auf den Abhängigkeitsbericht grundsätzlich verzichten wollen.

doch einige Sätze zur Begründung erwarten dürfen, worauf die Vorschlags-Verfasser ihre Prognose von der Funktionsfähigkeit des Abhängigkeitsberichts stützen. Die Tatsache, daß kompensatorische Vorteile im Gegensatz zur Regelung in §312 Abs. 1 Satz 4 AktG nicht aufgeführt werden müssen (Art. 7 Abs. 3 c)[38], reicht für diese Erwartung nicht aus. Denn unter dem geltenden Aktienrecht werden die Probleme des Abhängigkeitsberichts vornehmlich darin gesehen, die langfristigen Maßnahmen, welche die Tochtergesellschaft auf Veranlassung oder im Interesse der Konzernspitze trifft, zu erfassen und ex nunc zu beurteilen[39].

Trotzdem – im Ergebnis könnte der Abhängigkeitsbericht nach dem Modell des Richtlinien-Vorschlags hinreichend effektiv funktionieren. Denn anders als der aktienrechtliche Abhängigkeitsbericht beschränkt er sich nicht bloß darauf, eine Vielzahl einzelner Rechtsgeschäfte und sonstiger Maßnahmen aufzulisten. Vielmehr zielt er auf die *Gesamtheit* aller Geschäfte und Maßnahmen ab und trifft damit das für die Konzernverflechtung Wesentliche: Dokumentiert werden müssen die Konzernbeziehungen nach ihrem Umfang und nach ihrer Intensität (Art. 7 Abs. 2), also die Einheit aus sämtlichen abgestimmten Planungen zwischen Tochter, Mutter und den übrigen Konzerngliedern. In einem extrem dezentralisierten Konzernverbund, in dem sich die einzelnen Konzernunternehmen beinahe wie unverbundene Marktteilnehmer gegenüberstehen, kann sich diese Dokumentation der Konzernbeziehungen auf einige wenige Schlüsselzahlen beschränken[40]. Mit der Intensivierung der Konzernbeziehungen steigen ebenfalls die Anforderungen an Umfang und Tiefe des Abhängigkeitsberichts. Innerhalb eines solchen Gesamtrahmens lassen sich dann auch voraussichtlich deutlich besser die wichtigen Einzelmaßnahmen beurteilen, die die Tochtergesellschaft auf Veranlassung des Mutterunternehmens oder in ihrem Interesse getroffen hat – zumal sie im einzelnen u. a. dann aufzuführen sind, wenn sie ein besonderes Risiko für die Tochtergesellschaft beinhalten oder von ihren üblichen Geschäften abweichen (Art. 7 Abs. 3 a Satz 1). Damit geht es nicht mehr (wie nach §313 Abs. 1 Satz 3 AktG) um die Vor- und Nachteile langfristiger Maßnahmen, sondern primär um ihre Bedeutung für die Tochtergesellschaft und

38 Die Entwurfsverfasser begründen diesen Verzicht mit der Erwägung, eine Gegenüberstellung der Nachteile einerseits und der zu ihrem Ausgleich bestimmten Vorteile andererseits würde die Transparenz des Sonderberichts beeinträchtigen, aaO (Fn. 1), S. 19 f.

39 Dazu eingehend Kropff, in: Geßler/Hefermehl/Eckardt/Kropff, Komm. z. AktG, 1976, §311 Rdn. 157 ff; Kretschmer, WP-Handbuch 1985/86, Bd. I, S. 707 mit der Empfehlung, organisatorische Vorkehrungen in der abhängigen Gesellschaft zu schaffen, um alle Maßnahmen und Geschäfte zentral zu erfassen.

40 In den Erläuterungen zum Richtlinien-Entwurf werden Prozentangaben zum Umsatz der konzernabhängigen Tochter mit anderen Konzernunternehmen genannt oder Angaben, zu welchem Prozentsatz die Produktionskapazitäten für andere Konzernunternehmen genutzt werden, aaO (Fn. 1), S. 19.

um die Risiken dieser Maßnahmen. Auf diese Weise werden die im deutschen Schrifttum kontrovers diskutierten Fragen ausgespart, ob und inwieweit die Vor- und Nachteile müssen quantifiziert werden können[41] – ausgespart freilich nur bei der Aufstellung des Abhängigkeitsberichts, aber nicht endgültig.

b) Denn die Vor- und Nachteile einzelner Maßnahmen und Geschäfte zu beurteilen und gegeneinander abzuwägen, ist Aufgabe des gerichtlich bestellten Sonderprüfers (Art. 8 Abs. 1). Mit seiner Funktionszuweisung weicht der Richtlinien-Entwurf signifikant von der des geltenden Aktienrechts ab: Nach § 313 Abs. 1 AktG prüft der Abschlußprüfer lediglich die Entscheidungen und Beurteilungen des Tochtervorstands *nach* und zwar bloß dahin, ob die Schwellen zur Unangemessenheit oder zur wesentlich anderen Beurteilung überschritten sind[42]. Das Aktienrecht respektiert damit das Entscheidungs- und Beurteilungsermessen des Tochtervorstands: Es geht darum, ob das Geschäft bei vernünftiger kaufmännischer Beurteilung als vertretbar erscheint[43]. Anders hingegen der Sonderprüfer nach der Richtlinie: Er beurteilt nicht die Sehweise des Tochtervorstands, sondern die Geschäfte und Maßnahmen selbst und eigenständig (Art. 8 Abs. 3).

Um diese Veränderung zu verdeutlichen, könnte ein Vergleich mit dem zivilprozessualen Instanzenzug helfen: Bisher stehen Tochtergeschäftsleitung und Abschlußprüfer im Verhältnis zueinander wie das Berufungs- zum Revisionsgericht bei der Tatsachenfeststellung: An sie ist das Revisionsgericht gebunden, es sei denn, die Feststellung widerspricht allgemeinen Erfahrungsregeln oder den Denkgesetzen. Der Richtlinien-Vorschlag stellt das Verhältnis zwischen Geschäftsleitung und Sonderprüfer um und behandelt diesen wie das Berufungsgericht in Relation zum Gericht erster Instanz: Der Rechtsstreit ist in der Berufungsinstanz von neuem zu verhandeln und über sämtliche Streitpunkte hat das Berufungsgericht eigenständig zu befinden.

Damit tauchen die bekannt schwierigen Quantifizierungen erneut auf der Ebene der Sonderprüfung auf; ihre Bewältigung kann der Sonderprüfer nicht verweigern. Der Richtlinien-Vorschlag stellt ihn jedoch frei: Er muß die kompensatorischen Vorteile (bloß) berücksichtigen und sie gegen die Nachteile abwägen (Art. 8 Abs. 3 Satz 2); der Vorschlagstext fordert danach – entgegen den besonderen Erläuterungen der Verfasser[44] – keine auf Mark und Pfennig gerechnete Ausgleichsrechnung. Die Tätigkeit des Sonderprüfers scheint eher in Richtung auf eine Schätzung nach dem Leitbild des § 287 ZPO hin angelegt zu sein.

41 Dazu Koppensteiner, aaO (Fn. 22), § 311 AktG Rdn. 31 f, 47 f, 58 ff; Kropff, aaO (Fn. 39), § 311 AktG Rdn. 42.

42 Zu den Erwägungen, die zur Formulierung „nicht unangemessen hoch" (§ 313 Abs. 1 Satz 2 Nr. 2 AktG) bzw. „keine Umstände für eine wesentlich andere Beurteilung" (§ 313 Abs. 1 Satz 2 Nr. 3 AktG) geführt haben, eingehend Gessler, FS Walter Schmidt, 1959, S. 247, 264 ff.

43 Siehe Begründung RegE zu § 313 Abs. 1, abgedruckt bei: Kropff, aaO (Fn. 21), S. 414; zum Ermessen des Tochtervorstands Hommelhoff, aaO (Fn. 12), S. 116 f.

44 Vorschlag, aaO (Fn. 1), S. 22.

Das drohende Ergebnis dieser Sonderprüfung wirkt gewiß präventiv auf das Verhalten von Mutterunternehmen und Tochtervorstand ein: Der ungewisse Ausgang des Prüfungsverfahrens wird sie wohl anhalten, es möglichst gar nicht erst zu einer Sonderprüfung kommen zu lassen. Zu diesem Zweck müssen die Beteiligten alle Konzern-bezogenen Geschäfte und Maßnahmen zu vermeiden suchen, die entweder nachteilig oder besonders risikoreich oder unüblich sind (arg. Artt. 8 Abs. 1/7 Abs. 3). Die Gefahr einer Sonderprüfung wird um so weiter abgewehrt, je stärker das Mutterunternehmen die Eigenständigkeit der Tochtergesellschaft respektiert. So gesehen ist die Sonderprüfung ein herausragend bedeutsames Instrument zur Stabilisierung dezentraler Konzernstrukturen.

Diesem Befund wird man indes entgegenhalten wollen, an ein positives Ermittlungsergebnis der Sonderprüfung knüpfe der Richtlinien-Vorschlag keine unmittelbaren Rechtsfolgen. – In der Tat dient der Bericht des Sonderprüfers (Art. 8 Abs. 5) nur den Antragstellern und dem Gericht bei ihren Entscheidungen über Eingriffsmaßnahmen nach Art. 11. Das aber steht den stabilisierenden Wirkungen des Sonderberichts nicht entgegen, sondern verstärkt sie im Gegenteil.

4. *Eigener Vorschlag: Intensitätsvermerk*

Die geplante Sonderprüfung beeinflußt also begrüßenswert die Ausgestaltung dezentraler Konzernverbindungen und den Geschäftsverkehr innerhalb solcher Verbindungen. Dennoch verursacht der Richtlinien-Vorschlag in seiner augenblicklichen Fassung einen zu starken Sog in Richtung auf diese Sonderprüfung: Der Antrag auf Prüferbestellung kann u. a. bereits dann mit einiger Aussicht auf Erfolg gestellt werden, wenn besonders riskante Rechtsgeschäfte oder Maßnahmen im Konzerninteresse getroffen wurden (Artt. 8 Abs. 1/7 Abs. 3a) – und dazu wird dann vielleicht schon eine konzerninterne Produktspezialisierung[45] zählen müssen. Frühe Bestellungsanträge sind unter zwei Aspekten gefährlich: Entweder schädigen sie das Ansehen der Tochtergesellschaft und ihres Vorstands oder sie werden derart massenhaft gestellt, daß die Sonderprüfung zur Routinemaßnahme erstarrt und damit viel an ihrer angestrebten Effektivität einbüßt. Deshalb sollte nach weiterführenden Lösungen gesucht werden, welche die Schwelle zur Antragstellung anheben, ohne den mit der Sonderprüfung beabsichtigten qualifizierten Interessenschutz zu beeinträchtigen.

Mein eigener, hier nur zu skizzierender Vorschlag gründet auf den Bausteinen: Abhängigkeitsbericht; Prüfung des Abhängigkeitsberichts durch den

45 Zu diesem „klassischen" Fall einer unkalkulierbaren Veranlassung: HOMMELHOFF, aaO (Fn. 12), S. 126 ff m. w. N.; KOPPENSTEINER, aaO (Fn. 22), § 311 AktG Rdn. 43 ff.

Abschluß-(nicht: durch den Sonder-)Prüfer; Tochteraufsichtsrat und Aufsichtsrats-Bericht an die Hauptversammlung. Etwas näher:

(1) Im Abhängigkeitsbericht[46] hat der Tochtervorstand eingehend darüber zu berichten, wie sich Umfang und Intensität der Konzernbeziehungen im Geschäftsjahr entwickelt haben. Bei gesondert nach Art. 7 Abs. 3 a berichtspflichtigen Geschäften und Einzelmaßnahmen sind die Auswirkungen auf die Tochtergesellschaft insgesamt – und nicht etwa bloß auf die Lage ihrer Arbeitnehmer (Abs. 3 a Satz 3) – zu behandeln; dabei ist insbesondere dazu Stellung zu nehmen, ob die Überlebensfähigkeit der Tochtergesellschaft nach Auflösung der Konzernverbindung beeinträchtigt wäre: Offene Erklärungen des Tochtervorstands über diese Punkte schließen es konsequent aus, den Abhängigkeitsbericht zu publizieren[47].

(2) So, wie der Abschlußprüfer schon heute häufig den Prüfungsbericht mit einem eigenen Bericht zur wirtschaftlichen Lage der Gesellschaft einleitet[48], sollte der Abschlußprüfer der Konzerntochtergesellschaft verpflichtet werden, in seinem Abhängigkeits-Prüfungsbericht einen eigenen Vermerk zur Intensität der Konzernbeziehungen[49] und zur Überlebensfähigkeit der Tochtergesellschaft außerhalb des Konzernverbunds zu erstatten. Dieser Intensitätsvermerk als Teil des Prüfungsberichts nach Art. 7 Abs. 4 ist an den Tochteraufsichtsrat und nur an ihn zu adressieren. Zwar kann dieser Berichtsteil nicht mehr sein als eine

46 Im Ansatz wie hier für das geltende Recht KROPFF, FS Goerdeler, S. 275 f: der Vorstand müsse auch künftig detailliert über Konzernverbindungen berichten und dabei insbesondere angeben, ob eine qualifizierte Konzernverbindung bestehe; allerdings will *Kropff* diese Angaben in den nach § 325 Abs. 1 Satz 1 Halbsatz 2 HGB offenzulegenden *Lagebericht* aufgenommen wissen.

47 A. A. IMMENGA, Giurisprudenza commerciale 1986, 846, 854 f; aber insoweit hat der rechtspolitische Grundentscheid zum Aktiengesetz 1965 noch immer Bedeutung: Der Abhängigkeitsbericht könne den außenstehenden Aktionären nicht zugänglich gemacht werden; er müsse vertraulich bleiben können, weil sonst nicht mit der erforderlichen Offenheit über Geschäfte berichtet würde, deren Bekanntwerden geeignet sei, der Gesellschaft einen Nachteil zuzufügen (Begründung RegE zu § 312, abgedruckt bei: KROPFF, aaO [Fn. 21], S. 411); zutreffend daher *Kommission Organisation*, DBW 1987, 538, 545 f mit ihrem ausdifferenzierten Vorschlag zur Publizität des Berichtsinhalts.

48 Dazu KROPFF, in: Geßler/Hefermehl/Eckardt/Kropff, Komm. z. AktG, 1973, § 166 Rdn. 19 ff; an der Freiwilligkeit dieses Berichts hat auch das BiRiLiG nichts geändert: Zwar sind nachteilige Veränderungen gegenüber dem Vorjahr und Verluste von einigem Gewicht aufzuführen und zu erläutern (§ 321 Abs. 1 Satz 2 HGB); aber daraus folgt keine Verpflichtung des Abschlußprüfers zur Erstattung eines eigenen Lageberichts (FISCHER/LUTTER/HOMMELHOFF, Komm. z. GmbHG, 12. Aufl., 1987, Anh. § 42 Rdn. 48); freilich herrscht im Berufsstand der Wirtschaftsprüfer insoweit einige Unsicherheit (vgl. LUDEWIG, WPg 1987, 373, 383 f m. w. N.).

49 In diese Richtung schon für das geltende Recht KROPFF, FS Goerdeler, S. 273: die Prüfung nach § 313 AktG könne nicht an der Frage vorbeigehen, ob ein qualifiziertes Konzernverhältnis gegeben sei.

Meinungsäußerung des Prüfers, aber immerhin die Äußerung eines mit den Besonderheiten der Tochtergesellschaft, ihren Aktivitäten und ihrer Entwicklung gut vertrauten und integren Fachmanns.

(3) Geprüft wird der Abhängigkeitsbericht vom Tochteraufsichtsrat, in dem in Gesellschaften mit außenstehenden Aktionären ein Repräsentant dieser Aktionärsgruppe Sitz und Stimme hat. Um in paritätisch mitbestimmten Tochtergesellschaften die konzernstiftende personalpolitische Einflußschiene nicht zu gefährden[50], sollte die Wahlstimme dieses Repräsentanten einem Mutter-Repräsentanten als Doppelstimme zufallen.

(4) Über das Ergebnis seiner Abhängigkeitsprüfung hat der Tochteraufsichtsrat der Hauptversammlung zu berichten und dabei insbesondere darzulegen,

- wie sich nach Ansicht des Aufsichtsrats die Konzernbeziehungen nach Umfang und Intensität entwickelt haben,
- ob diese Entwicklung für die Tochtergesellschaft insgesamt eher nachteilig war,
- ob der Tochtervorstand über Geschäfte und Maßnahmen nach Art. 7 Abs. 3 a berichtet hat und wenn ja:
- wie sich nach Ansicht des Aufsichtsrats diese Geschäfte und Maßnahmen auf die Lage der Gesellschaft, ihre Aktionäre und ihre Arbeitnehmer auswirken und
- ob diese Geschäfte und Maßnahmen die Überlebensfähigkeit der Tochtergesellschaft außerhalb des Konzernverbunds beeinträchtigen könnten.

Der Repräsentant der außenstehenden Aktionäre hat der Hauptversammlung gesondert zu erklären, ob und inwieweit er sich dem Bericht des Gesamtaufsichtsrats anschließt.

(5) Die Antragsrechte nach Artt. 8 Abs. 1 und 11 Abs. 1 sind nur dann eröffnet, wenn der Gesamtaufsichtsrat oder der Repräsentant der außenstehenden Aktionäre von einer für die Tochtergesellschaft nachteiligen Entwicklung des Konzernverbunds, von einer konzernbedingt verschlechterten Lage oder von Beeinträchtigungen der konzernexternen Überlebensfähigkeit berichtet haben. Daneben ist das Antragsrecht nach Art. 11 Abs. 1 eröffnet, falls eine Sonderprüfung nach Art. 8 stattgefunden hat.

50 Auch insoweit hat der rechtspolitische Grundentscheid von 1965 (siehe Begründung RegE zu § 101, abgedruckt bei: Kropff, aaO [Fn. 21], S. 138) noch immer, nach Verabschiedung des MitbestG 1976 sogar gesteigerte Bedeutung: in paritätisch besetzten Aufsichtsräten dürfe dem Vertreter der Aktienminderheit nicht die ausschlaggebende Stellung zukommen (die rechtspolitische Diskussion vor dem Komm. z. AktG 1965 ist zuletzt bei Timm, NJW 1987, 977, 986 dokumentiert).

III. Der Vertragskonzern

Wer den Richtlinien-Vorschlag in seinem 5. Abschnitt, also die Bestimmungen der Artt. 13–32 zum Beherrschungsvertrag überfliegt, gewinnt den Eindruck, es gehe den Vorschlags-Verfassern (nicht anders als im deutschen Recht des Vertragskonzerns) allein um den Schutz der außenstehenden Aktionäre und um den der Tochtergläubiger. Aber damit hätte man wohl das revolutionär Neue des Richtlinien-Vorschlags übersehen: Die Konzernleitungspflicht in Artt. 25 und 26.

1. Konzernleitungspflicht

Nach Art. 25 hat die Konzernspitze nicht nur ihr Weisungsrecht sorgfältig und im Interesse des Konzerns auszuüben, sondern ihre Leitungsbefugnis schlechthin. Bei schuldhafter Pflichtverletzung haftet die Konzernspitze der Tochtergesellschaft auf Schadenersatz. Während die sorgfältige Ausübung des Weisungsrechts in ungefähr dem deutschen § 309 Abs. 1 AktG entspricht, ist die in Art. 26 Abs. 1 des Richtlinien-Vorschlags überdies wiederholte Bezugnahme auf die Ausübung der Leitungsbefugnis neu.

Im geltenden deutschen Recht sieht die ganz überwiegende Lehre den Anknüpfungspunkt für die Verantwortlichkeit der Konzernspitze in der tatsächlich erteilten Weisung[51] und nicht etwa in der aus dem Beherrschungsvertrag resultierenden Befugnis, die Konzernglieder unter der einheitlichen Leitung der Konzernspitze zusammenzufassen. Nur eine Mindermeinung knüpft an die Leitungsbefugnis an und hat hieraus die Pflicht zur ordnungsgemäßen Konzerngeschäftsführung entwickelt[52]. So sehen es wohl auch die europäischen Vorschlags-Verfasser, wenn sie mit der Pflichtenbestimmung des Art. 25 rechtssystematisch die Regelungen des Art. 24 Abs. 1a aufgreifen und sich damit zunächst und vordringlich auf dessen Satz 1 beziehen: Die Tochtergesellschaft untersteht der Leitung der Konzernspitze. Und diese Leitungsbefugnis – so ist jetzt Art. 25 weiterzulesen – muß die Konzernspitze sorgfältig und im Konzerninteresse ausüben[53]. Verantwortlich für das Geschehen im Gesamtkonzern und damit auch für die Aktivitäten der Tochtergesellschaft ist die Konzernspitze in erster Linie deshalb, weil sie die Leitungsbefugnis hat, und erst in zweiter Linie

51 Gessler, in: Geßler/Hefermehl/Eckardt/Kropff, Komm. z. AktG, 1976, § 308 Rdn. 61; Koppensteiner, aaO (Fn. 22), § 308 AktG Rdn. 3.

52 Lutter, ZIP 1985, 1425, 1430; siehe auch Hommelhoff, aaO (Fn. 12), S. 104 ff (kritisch hierzu zuletzt Ebenroth, aaO [Fn. 11], S. 27); Schneider, BB 1981, 249.

53 Zu den Grundsätzen, nach denen die Konzernobergesellschaft die Tochtergesellschaften im Konzern zu führen hat: Lutter, ZGR 1987, 324, 351 ff; zu den Vorwürfen im Bhopal-Fall: Kolvenbach, ZGR 1986, 47, 54.

– so gesehen eigentlich nur hilfsweise –, weil sie ihr Weisungsrecht tatsächlich ausgeübt hat.

Falls diese Sehweise richtig ist, verleiht der Richtlinien-Vorschlag dem Weisungsrecht eine qualitativ gesteigerte Funktion: nicht länger – wie nach überwiegender Lehre – im „ob" des Einsatzes frei verfügbares Instrument der Konzernherrschaft, sondern nunmehr das notwendige Mittel, damit die Konzernspitze ihrer konzernweiten Verantwortung nachkommen kann.

Und das ist wohl auch der Standpunkt der Vorschlags-Verfasser, wenn sie in ihren besonderen Erläuterungen zu Art. 29 u. a. ausführen[54]: Die Mithaft der Konzernspitze[55] für die Tochterverbindlichkeiten sei das Gegenstück zur Leitungsbefugnis der Spitze... Die Tochtergesellschaft werde nicht mehr allein in ihrem Rahmen tätig, sondern übernehme Aufgaben im Konzern, für die dieser dann auch die Verantwortung übernehmen müsse. Das Schicksal der Tochtergesellschaft hänge weitgehend von den im Rahmen der Leitungsbefugnis getroffenen Entscheidungen ab, für die wiederum die Konzernspitze die Verantwortung trage.

Im Ansatz halte ich diese Argumentation im Anschluß an *Würdinger* für richtig: „Wer die Herrschaft ergreift, darf sie nicht nachlässig führen"[56]; für die Beherrschten ist er nunmehr verantwortlich. Im Vertragskonzern wird diese Herrschaft mit dem Abschluß des Beherrschungsvertrags ergriffen.

2. *Gesamtschuldnerschaft im Konzern*

Kernstück des Gläubigerschutz' im deutschen Recht des Vertragskonzerns ist der jahresperiodische Verlustausgleich nach § 302 Abs. 1 AktG. Von ihm rückt der Richtlinien-Vorschlag grundstürzend ab und setzt an seine Stelle zum ersten die – allerdings bis zum Verzug der Tochtergesellschaft hinausgeschobene – gesamtschuldnerische Mithaft der Konzernspitze für die Verbindlichkeiten der Tochtergesellschaft (Art. 29 Abs. 1) und zum zweiten bei Beendigung des Beherrschungsvertrags den einmaligen Ausgleich für Wertverluste, die die Konzerntochter während der Vertragslaufzeit erlitten hat (Art. 30). Dies Grundkonzept zum Gläubigerschutz im Vertragskonzern ist überaus problematisch: wegen seiner begrenzten Schutzwirkungen, aus ordnungspolitischen Gründen und wegen seiner Auswirkungen auf die Risiko- und Haftungsgliederung des Vertragskonzerns. Im einzelnen:

a) Anders als der Verlustausgleich schützt die Mithaft der Konzernspitze ausschließlich die Tochtergläubiger, aber weder die außenstehenden Aktionäre

54 Vorschlag, aaO (Fn. 1), S. 45.
55 Dazu sogleich unten III 2.
56 Würdinger, Großkomm. z. AktG, 3. Aufl., 1975, § 309 Anm. 3; ablehnend zuletzt Koppensteiner, aaO (Fn. 22), § 309 AktG Rdn. 3 i. V. m. § 308 AktG Rdn. 41.

in ihrem Interesse an der Erhaltung der Vermögenssubstanz, noch die Tochterarbeitnehmer. Zwar haben die Vorschlags-Verfasser den Aktionärs- und Arbeitnehmer-Schutz keineswegs übersehen: Ihm dient der einmalige Vermögensausgleich nach Vertragsbeendigung (Art. 30)[57]. Es will jedoch nicht recht einleuchten, warum sich die Verantwortlichkeit der Konzernspitze während der bestehenden Konzernverbindung allein auf die Tochtergläubiger beziehen soll und auf die übrigen Interessenträger erst nach beendetem Konzernverbund. Der nachträgliche Vermögensausgleich scheint so wenig praktikabel und effektiv, daß ihm allein der Außenseiter- und Arbeitnehmer-Schutz im Vertragskonzern nicht anvertraut werden sollte. In der Krise der Konzernspitze läuft ein solcher Ausgleichsanspruch überdies weitgehend leer, wie die Fälle AEG und Korf erwiesen haben[58].

b) Der Mithaft-Lösung stehen außerdem ordnungspolitische Bedenken entgegen. Denn die Mithaft läßt jede Verbindlichkeit und jedes Risiko, das der Tochtervorstand eingeht, automatisch, augenblicklich und in vollem Umfange auf die obere Ebene der Konzernspitze hin durchschlagen[59]. Der Richtlinien-Vorschlag nimmt dem Tochtervorstand im Vertragskonzern das, was ihm der Verlustausgleich nach geltendem Recht beläßt: die Möglichkeit, eingegangene Risiken und aufgelaufene Verluste noch bis zum Geschäftsjahresende durch Erträge und Chancen zu kompensieren. Deshalb zwingt der Richtlinien-Vorschlag mit seiner permanenten Haftungsdrohung die Geschäftsleitung des Mutterunternehmens, den Konzernvorstand dazu, das Tochtergeschehen unablässig zu kontrollieren und eng zu steuern[60]. Und das heißt: Die vertraglich konzernierte Tochtergesellschaft ist aus wirtschaftlichen und rechtlichen Gründen wie eine unselbständige Betriebsabteilung zu führen. Mehr oder minder locker gefügten, also dezentralen Vertragskonzernen steht der Richtlinien-Vorschlag entgegen. – Diesem Befund widerspricht auch nicht die Enthaftungsmöglichkeit

57 In der Erläuterung zu Art. 30 (aaO [Fn. 1] S. 46) werden die außenstehenden Aktionäre sowie die Arbeitnehmer ausdrücklich als Schutzadressaten genannt.

58 Dazu eingehend B. Kübler, ZGR 1984, 560.

59 Demgegenüber befürwortet Immenga, RabelsZ 48 (1984), 48, 78 das Mithaft-Konzept u. a. mit der Begründung, die Haftungsbeschränkung erfülle auch weiterhin ihre Funktion – wenn auch für den Konzernverbund als Ganzes. – Zur Haftungskanalisierung innerhalb des Konzerns: Lutter, ZGR 1987, 324, 355 f; siehe auch Wiedemann, Gesellschaftsrecht, aaO (Fn. 26), S. 222, 229: Staudämme zwischen den Haftungsreservoiren.

60 Diesen Gedanken hat *Eyskens* (referiert bei Kolvenbach, ZGR 1986, 47, 66) aus der entgegengesetzten Position formuliert: Das Prinzip der begrenzten Verantwortung könne nur dann akzeptiert werden, wenn die Gesellschaft die Möglichkeit habe, ihre eigene Zukunft zu bestimmen und unabhängige Entscheidungen zu treffen.

nach Art. 29 Abs. 2[61]: Die Konzernspitze kann den Nachweis führen, daß die Leistungsunfähigkeit der Tochtergesellschaft nicht auf ausgeübtem oder unterlassenem Einfluß der Konzernspitze beruht. Indes wird dieser Nachweis derart schwer zu führen und überdies sein Gelingen so wenig vorhersehbar sein, daß es sich kein pflichtgemäß handelnder Konzernvorstand erlauben kann, den Tochtervorstand in eingegrenzter, aber eben doch in Autonomie agieren zu lassen.

Die Haftungsverfassung des Vertragskonzerns zwingt die Konzernspitze geradewegs zu streng zentralistischen Konzernstrukturen. Damit stößt der Richtlinien-Vorschlag in einem rechtspolitischen Umfeld, das trotz aller Konzentrationstendenzen – wenigstens in der Bundesrepublik Deutschland – möglichst viele und möglichst weitgehend autonom agierende Wirtschaftssubjekte anstrebt[62], ordnungspolitisch in die falsche Richtung. Wer einem bislang bloß faktisch organisierten Konzern im Beherrschungsvertrag eine feste Rechtsgrundlage geben will, den bringt der Richtlinien-Vorschlag nach seinem augenblicklichen Konzept zugleich dazu, die Konzernverbindung erheblich zu verdichten. Rechtspolitisch weise ist das nicht.

c) Und noch ein letzter Einwand: Die gesamtschuldnerische Mithaft der Konzernspitze walzt die Haftungs- und Risikodämme innerhalb des Vertragskonzerns nieder. Ob das im Interesse *sämtlicher* Konzerngläubiger, also nicht bloß der Tochtergläubiger wirklich erstrebenswert ist, mag hier dahinstehen[63]. Selbst wenn die Interessen der Tochtergläubiger in den Vordergrund gestellt werden, so sollte man in der weiteren Diskussion vielleicht dies noch einmal in einiger Ruhe überdenken: Wäre ein Zuwachs an konzerninterner Teilautonomie es nicht wert, den Schutz der Tochtergläubiger ein wenig zu begrenzen?[64] Warum sollte es neben dem (einfachen) faktischen Konzern eigentlich keine dezentral organisierten Vertragskonzerne auf stabilisierter Rechtsgrundlage geben?

61 Kritisch gegenüber einer solchen Enthaftungsmöglichkeit: IMMENGA, RabelsZ 48 (1984), 48, 79; zur parallelen Frage im geltenden GmbH-Konzernrecht: TIMM, NJW 1987, 977, 983; siehe auch LUTTER, ZGR 1987, 324, 366; ULMER, Die AG 1986, 123, 128, die sich *für* eine solche Enthaftungsmöglichkeit wegen höherer Gewalt aussprechen.

62 Stellungnahme der Bundesregierung zur Konzentrationsenquete von 1964 (BT-Drucks. IV/2320, S. 90); Begründung zum RegE eines Zweiten Gesetzes zur Änderung des Gesetzes gegen Wettbewerbsbeschränkungen, BT-Drucks. VI/2520, S. 15 ff. – Zu den Zielen und Zwecken der Fusionskontrolle siehe ferner: EMMERICH, Kartellrecht, 4. Aufl., 1982, S. 235 ff; MESTMÄCKER, in: Immenga/Mestmäcker, Komm. z. GWB, 1981, vor § 23 Rdn. 25 ff; RITTNER, Wirtschaftsrecht, 2. Aufl., 1987, S. 409 ff; RINCK/SCHWARK, Wirtschaftsrecht, 6. Aufl., 1986, S. 163 f.

63 Zum Haftungsdurchgriff zwischen Schwestergesellschaften betont STIMPEL, FS Goerdeler, 1987, S. 607 die unterschiedlichen Interessen der einzelnen Gläubigergruppen.

64 Zu den unterschiedlichen Konzepten, nach denen dieser Gedanke in den Mitgliedsstaaten der EG verwirklicht worden ist: LUTTER, ZGR 1987, 324, 362 ff.

3. *Eigener Vorschlag: Schutz der Tochtergesellschaft*

Nach so harscher Kritik am Richtlinien-Vorschlag darf ein eigener Lösungsansatz nicht fehlen: Geschützt werden sollte die Tochtergesellschaft selbst – und zwar zum ersten durch einen weiter zum Jahresausgleich ausgebauten Verlustausgleich und zum zweiten durch Regeln zur Liquiditätsausstattung der Gesellschaft. Dieser gesellschaftsbezogene Lösungsansatz knüpft an dieselbe rechtspraktische Beobachtung an, die schon die Vorschlags-Verfasser gemacht haben: Mutterunternehmen lassen ihre Tochtergesellschaften nur ungern in existenzbedrohende Not geraten[65].

a) Im deutschen Aktienrecht sorgt die Verpflichtung zum Verlustausgleich dafür, daß der statutarische Haftungsfonds der Tochtergesellschaft in Jahresabständen immer wieder aufs neue aufgefüllt wird[66]. Und da der Haftungsfonds in seinem Kern zugleich der Betriebsmittelfonds ist[67], kommt seine Auffüllung nicht bloß den Gläubigern der Tochtergesellschaft zugute, sondern auch ihren außenstehenden Aktionären und Arbeitnehmern. Von diesen Wirkrichtungen her gesehen[68] ist der Ausgleichsanspruch der Tochtergesellschaft das am besten geeignete Schutzinstrument.

65 Vorschlag, aaO (Fn. 1), S. 45: viele Konzerne scheuten sich, ihre Tochtergesellschaft notleidend werden zu lassen; siehe in diesem Zusammenhang aber auch die sehr vorsichtig formulierte Verlautbarung des Committee on International Investment and Multinational Enterprises (CIME): die Übernahme der Verantwortung durch die Muttergesellschaft sei (lediglich) eine Angelegenheit guter Management-Praktiken (abgedruckt bei: KOLVENBACH, ZGR 1986, 47, 67).

66 Zu den Legitimationsgrundlagen für den Verlustausgleich: HOMMELHOFF, FS Goerdeler, 1987, S. 227 ff; KOPPENSTEINER, aaO (Fn. 22), § 302 AktG Rdn. 4, jeweils m. w. N.; siehe aber auch STIMPEL, FS Goerdeler, S. 610: Konzernhaftung nach §§ 302 f AktG als Ausgleich für mögliche, aber verdeckte und daher zu vermutende Verstöße gegen Kapitalerhaltungsvorschriften.

67 So im Anschluß an MÜLLER-ERZBACH, Deutsches Handelsrecht, 2./3. Aufl., 1928, S. 246 und WIELAND, Handelsrecht, 2. Bd., 1931, S. 51: LUTTER, Kapital, Sicherung der Kapitalaufbringung und Kapitalerhaltung in den Aktien- und GmbH-Rechten der EWG, 1964, S. 51; siehe auch noch HOMMELHOFF, in: Schubert/Hommelhoff (Hrsg.), Hundert Jahre modernes Aktienrecht, 1984, S. 83 f.

68 Dabei steht der gleichmäßige Schutz *aller* Gesellschaftsgläubiger (dazu BGH ZIP 1987, 29, 32 f; siehe in diesem Zusammenhang auch HORN, ZIP 1987, 1225, der den Schutz der Gesellschaft vor ihrem Alleinaktionär untersucht) gewiß im Vordergrund (eingehend K. SCHMIDT, Gesellschaftsrecht, 1986, S. 190 ff; zustimmend LUTTER, ZGR 1987, 324, 366); dennoch reicht die Innenhaftung nach ihrem Sinn und Zweck über den Gläubigerschutz (STIMPEL, FS Goerdeler, S. 613: Prinzip des nur mittelbaren Gläubigerschutzes) hinaus: Geschützt wird das gezeichnete Kapital (§ 272 Abs. 1 HGB) zugleich in seiner Funktion als Betriebsmittelfonds im Interesse auch der außenstehenden Gesellschafter und der Arbeitnehmer (siehe aber auch LUTTER, ZGR 1987, 324, 347 f, der die Möglichkeit bezweifelt, die abhängige Gesellschaft selbst zu schützen).

Als Verlustausgleichsanspruch konzipiert schützt er die Tochtergesellschaft zwar vor dem Abzug ihrer bei Vertragsbeginn vorhandenen offenen Rücklagen (§§ 300, 302 Abs. 1 AktG), aber nicht vor dem heimlichen Entzug stiller Reserven[69] und auch nicht davor, daß ihr bei Beendigung des Beherrschungsvertrages die notwendigen Betriebsmittel fehlen, um autonom außerhalb des Konzerns agieren zu können[70]. Was den Vermögensentzug während der Vertragslaufzeit angeht, so könnte man erwägen, den nachträglichen Vermögensausgleich nach Art. 30 des Richtlinien-Vorschlags zeitlich nach vorn zu verlagern und ihn in Jahresabständen zu aktualisieren. Um jedoch jahresperiodische Unternehmensbewertungen zu vermeiden, müßte der Vermögensausgleich für die Zeit des laufenden Unternehmensvertrags an relativ einfach zu greifenden Kennzahlen festgemacht werden. Noch schwieriger zu gestalten sind die „Wiederaufbauhilfen" für die konzernexterne Selbständigkeit der dann ehemaligen Konzerntochtergesellschaft. Hier wäre an einen besonderen und gegen Auskehr gesperrten „Wiederaufbaufonds" bei der Tochtergesellschaft zu denken, der im Beherrschungsvertrag näher zu bestimmen[71] und während dessen Laufzeit kontinuierlich auszubauen ist. Die Aufgabe, die Angemessenheit des „Wiederaufbaufonds" jahresperiodisch zu prüfen, ließe sich Tochtervorstand und -aufsichtsrat sowie dem Abschlußprüfer übertragen. Ersetzt werden könnte ein solcher Fonds wohl aber auch durch bestimmte Bankgarantien zugunsten der Tochtergesellschaft.

b) Selbst ein solcher auf mehrere Zwecke hin angelegter Jahresausgleich wäre aber immer noch auf Vermögensschutz bei der vertraglich konzernierten Tochtergesellschaft beschränkt, würde also nicht ihren Bedarf an liquiden Mitteln sicherstellen[72]. Auch in diesem Bereich ist, wie praktische Erfahrungen lehren[73], Schutz der Konzerntochter erforderlich. Ein gesonderter Liquiditätsschutz scheint namentlich in denjenigen Vertragskonzernen notwendig zu sein, in denen sämtliche im Konzern anfallenden liquiden Mittel augenblicklich zentral gesammelt und dann auch zentral disponiert werden.

69 Hierzu zuletzt KOPPENSTEINER, aaO (Fn. 22), § 301 AktG Rdn. 21; § 308 AktG Rdn. 18; siehe noch GESSLER, aaO (Fn. 51), vor §§ 300 ff AktG Rdn. 5.

70 Dazu näher H. WILHELM, Die Beendigung des Beherrschungs- und Gewinnabführungsvertrages, 1976, S. 111 ff; siehe aber auch KOPPENSTEINER, aaO (Fn. 22), § 297 AktG Rdn. 40.

71 Zur Verpflichtung zu einer entsprechenden Gestaltung der Unternehmensverträge unter dem geltenden Recht: GESSLER, aaO (Fn. 51), vor §§ 300 ff AktG Rdn. 6; HOMMELHOFF, aaO (Fn. 12), S. 310.

72 Zur Rechtslage nach geltendem Recht: OLG Hamburg ZIP 1987, 977, 985; HOMMELHOFF, WM 1984, 1112 f; KOPPENSTEINER, aaO (Fn. 22), § 302 AktG Rdn. 8; WÜRDINGER, aaO (Fn. 56), § 302 AktG Anm. 16 jeweils m. w. N.

73 Dazu die Fallstudien von B. KÜBLER, ZGR 1984, 560, 562 ff; WELLENSIEK, ZIP 1984, 541.

Im deutschen Schrifttum wird die Verpflichtung, die Konzerntochter permanent mit der erforderlichen Liquidität auszustatten, als Teil der Grundsätze ordnungsgemäßer Konzernfinanzierung diskutiert[74]. In das Konzept des Richtlinien-Vorschlags ließe sich eine solche Ausstattungspflicht als Verpflichtung aus dem Beherrschungsvertrag ohne größere Schwierigkeit einfügen: Ordnungsgemäße Konzernfinanzierung ist konkretisierte Konzernführung, zu der die Konzernspitze wegen ihrer Leitungsbefugnis und der daraus resultierenden Verantwortung für das Konzernganze verpflichtet ist. Somit folgt die Verpflichtung zur Liquiditätsausstattung rechtsgrundsätzlich aus der Konzernleitungspflicht des Art. 25[75].

4. Schutz der außenstehenden Aktionäre

Vom Boden des geltenden deutschen Rechts her gesehen, gibt es zum Schutz der außenstehenden Aktionäre, wie ihn der Richtlinien-Vorschlag im Vertragskonzern verwirklichen will, nur wenig zu bemerken: Austritt gegen Abfindung oder Verbleiben gegen Garantiezahlung. Zu begrüßen ist der Bericht des Vorstands über das Konzernierungsvorhaben (Art. 18)[76]. Dagegen sollte die Frage, ob der Aufsichtsrat dem Beherrschungsvertrag zustimmen muß (Art. 19 Abs. 1), wenigstens für jenen Fall noch einmal überdacht werden, daß sich der Aufsichtsrat nur aus Anteilseigner-Vertretern zusammensetzt[77].

a) Auf dem bereits mit der Fusionsrichtlinie eingeschlagenen Weg[78] liegt es außerdem, daß der Vorstand einen Sachverständigen mit der Prüfung beauftragen muß, ob die im Beherrschungsvertrag vorgesehenen Abfindungs- und Ausgleichsangebote nicht unangemessen sind; hierüber hat der Sachverständige der zur Beschlußfassung aufgerufenen Hauptversammlung zu berichten (Artt. 17, 19 Abs. 3). Ob die nunmehr offizielle Einschaltung eines Angebots-Prüfers in der Praxis die Zahl der langwierigen Abfindungsverfahren vermindern

74 Siehe EMMERICH, in: Hommelhoff u. a. (Hrsg.), Entwicklungen im GmbH-Konzernrecht, 1986, S. 92 ff; HOMMELHOFF, WM 1984, 1105, 1112 f; LUTTER, ZIP 1985, 1425, 1434; SCHNEIDER, ZGR 1984, 497, 532 ff.

75 Siehe oben III 1.

76 Zu dieser Ausprägung der Informationspflicht des Vorstands gegenüber den Aktionären: HOMMELHOFF, aaO (Fn. 12), S. 320 ff; KOPPENSTEINER, aaO (Fn. 22), § 293 AktG Rdn. 21 f.

77 Noch weitergehend *Gemeinsamer Arbeitsausschuß*, aaO (Fn. 5), S. 11: kein Zustimmungserfordernis für das Aufsichtsorgan, da die Unternehmenszweckbestimmung allein in die Kompetenz der Hauptversammlung falle (vgl. hierzu auch TIMM, DB 1980, 1201, 1203 ff).

78 Art. 10 Abs. 1 der 3. EG-(Fusion-)Richtlinie (abgedruckt u. a. bei: LUTTER, aaO [Fn. 2], S. 113 ff), mittlerweile umgesetzt in § 340 b AktG (dazu PRIESTER, NJW 1983, 1459, 1461 f).

wird, läßt sich kaum hinreichend sicher prognostizieren[79]. Aber immerhin könnte der Sachverständige mit seinem Prüfungsbericht zu einer gewissen Beruhigung und Befriedigung beitragen. Erwägen sollte man dann aber noch einen weiteren Schritt in dieser Richtung: Bestellt wird der Angebots-Prüfer nicht vom Vorstand der Gesellschaft (so aber Art. 17 Abs. 1), sondern auf Vorschlag ihres Aufsichtsrats vom Gericht. Sollte es dann zu einem gerichtlichen Abfindungsverfahren nach Art. 22 kommen, so ist der vom Gericht bestellte Angebots-Prüfer gleichzeitig der unabhängige Sachverständige im Abfindungsverfahren. Das könnte zur Verfahrensvereinfachung und -beschleunigung beitragen.

b) Trotz der weitgehenden Übernahme des deutschen Rechts läßt auch der vorgeschlagene Schutz der außenstehenden Aktionäre Fragen offen, die erneut mit dem zentralistischen Leitbild des Vertragskonzerns im Richtlinien-Vorschlag zusammenhängen. Dieser bietet den außenstehenden Aktionären ebensowenig wie das deutsche Recht Anreize, trotz vertraglicher Konzernierung in der Tochtergesellschaft zu verbleiben. Das ist insbesondere für breit diversifizierte Konzerne mit stark dezentraler Leitungsstruktur und ganz unterschiedlichen Ertragschancen in den einzelnen Tochterbereichen zu bedauern[80]. Sollte man den Aktionär nicht frei darüber entscheiden lassen, ob er an der grundsoliden, aber langweiligen Stromtochter beteiligt sein will, oder an der hoch spekulativen Öltochter oder an der all' diese Risiken ausgleichenden Mutter? Diesen Entscheid kann der Aktionär zwar schon heute fällen, aber auf ganz rechtsunsicherem Boden: Wenn er sich zum Verbleib in einer weitgehend autonom agierenden Tochtergesellschaft entschließt, dann kann diese Gesellschaft schon morgen ganz eng in den Vertragskonzern eingebunden werden, ohne daß der Aktionär wegen der geänderten Umstände nunmehr austreten könnte[81].

Deshalb sollte sich die weitere Diskussion um den Richtlinien-Vorschlag mit dem dezentralen Vertragskonzern beschäftigen und hier auch und speziell mit dem Außenseiterschutz. Dabei könnte es um drei Fragenkreise gehen:

(1) Welchen Schutz benötigen die außenstehenden Aktionäre, wenn ein dezentraler (einfacher) Vertragskonzern gebildet werden soll?

79 Jüngste Erfahrungen aus den Jahren 1986/87 sprechen allerdings eher dagegen.

80 Auch Gessler, FS Flume, Bd. II, S. 69 fordert Lösungen, die die verbleibenden Gesellschafter sichern, statt sie praktisch zum Ausscheiden zu nötigen.

81 Dies Problem sollte man (anders als wohl Immenga, RabelsZ 48 [1984], 48, 53) nicht nach dem Prinzip des „volenti non fit iniuria" dahingestellt sein lassen; zu Recht hat schon das geltende Recht in den §§ 304/305 AktG mit seiner Reihenfolge „Ausgleich für die verbleibenden Aktionäre / Abfindung für die ausscheidenden" ein anderes Konzept angedeutet.

(2) Mit welchen rechtlichen Mitteln muß ein solcher dezentraler Vertragskonzern stabilisiert und vor einer unvermerkten Zentralisierung bewahrt werden?[82]

(3) Welchen Schutz benötigen die außenstehenden Aktionäre, wenn der bislang dezentrale Vertragskonzern in einen zentralistisch organisierten überführt werden soll?[83]

IV. Eingliederungskonzern

Eine weitere Anleihe beim deutschen Konzernrecht enthalten die Artt. 33–37 a, mit denen der Richtlinien-Vorschlag den Eingliederungskonzern als besondere Konzernierungsform übernimmt. Allerdings beschränkt sich die Bedeutung dieser Bestimmungen auf die Art und Weise der Konzern*bildung*.

In Organisation und Haftungsverfassung unterscheidet sich der Eingliederungskonzern nach dem Richtlinien-Vorschlag in nichts vom Vertragskonzern. Denn nach Art. 35 gelten die Leitungsbefugnisse und Weisungsrechte aus dem Recht des Vertragskonzerns einerseits und seine Schutzbestimmungen der Artt. 29 und 30 andererseits gänzlich unverändert gleichfalls für den Eingliederungskonzern. Der Richtlinien-Vorschlag übernimmt also nicht die für den deutschen Eingliederungskonzern kennzeichnenden Differenzierungen und Abstufungen gegenüber dem Vertragskonzern (§§ 322/324 Abs. 3, 323 Abs. 1 Satz 2, 324 Abs. 2 Satz 1 AktG)[84]. Damit wird erneut deutlich, daß der Richtlinien-Vorschlag auf den Vertragskonzern das streng zentralistische Konzept des deutschen Eingliederungskonzerns übertragen will. Verglichen mit der augenblicklichen Rechtslage in der Bundesrepublik ist dieser Verlust an Konzerngestaltungsformen zu bedauern. Deshalb wäre der europäische Gesetzgeber wohl besser beraten, wenn er die Leitungs- und Haftungs-Verfassung der Artt. 24–30 allein für den Eingliederungskonzern vorsehen würde.

82 Siehe in diesem Zusammenhang das interessante Urteil des französischen Cour de Cassation vom 4. 2. 1985 (referiert von LUTTER, ZGR 1987, 324, 336 Fn. 53) mit seinen Anforderungen an eine ordnungsgemäße Konzernleitung; ihre Erfüllung könnte nach dem Vorschlag LUTTERS, aaO, S. 354 durch den Aufsichtsrat der Konzernspitze, aber – wie zu ergänzen ist – zusätzlich und vor allem durch den Tochtervorstand sichergestellt werden.

83 Diese Fragen bedürfen freilich noch ganz eingehender Diskussion; vgl. KOPPENSTEINER, aaO (Fn. 22), vor § 291 AktG Rdn. 36 ff.

84 Hierzu eingehend OLG Celle DB 1972, 1816, 1819. – Diesen schon im geltenden Konzernrecht angelegten Differenzierungen werden die pauschalen Erwägungen, die M. LEHMANN, ZGR 1986, 345, 363 ff zur Haftungsbeschränkung in Konzerntochtergesellschaften und zum Durchgriff auf die Konzernspitze anstellt, lediglich begrenzt gerecht (wie hier für abgestufte Reaktionen ROTH, ZGR 1986, 371, 379 und wohl auch 381 f).

Gebildet werden soll der Eingliederungskonzern durch einseitige Konzernierungserklärung des Mutterunternehmens; diese Erklärung kann abgegeben werden, sobald dies Unternehmen mittelbar oder unmittelbar mindestens 90 % des Tochterkapitals hält (Art. 33). Damit weicht der Richtlinien-Vorschlag in vierfacher Hinsicht vom deutschen Recht ab; sämtliche Abweichungen sind zu begrüßen:

- Der Eingliederungskonzern ist nicht auf Konzernspitzen in der Rechtsform der Aktiengesellschaft beschränkt, eingliedern kann also sogar eine natürliche Person[85].
- Für die Eingliederung durch Mehrheit genügen 90 % des Aktienkapitals.
- Bei der Eingliederung braucht das Mutterunternehmen nicht sämtliche Aktien selbst in Händen zu halten; zugerechnet werden auch mittelbare Beteiligungen an der einzugliedernden Gesellschaft[86].
- Der Eingliederungsbeschluß in der Hauptversammlung der einzugliedernden Gesellschaft (§§ 319 Abs. 1 / 320 Abs. 1 AktG) wird ersetzt durch die einseitige Eingliederungserklärung des Mutterunternehmens.

V. Résümée

Der Vorschlag einer Konzernrichtlinie will Schutzrecht schaffen – Schutz zugunsten der außenstehenden Aktionäre, der Tochtergläubiger und -arbeitnehmer. Dieser Aufgabe, auf konzernspezifische Gefahren zu reagieren, muß sich jedes Konzernrecht in erster Linie zuwenden. Es sollte sich aber nicht in der Erledigung dieser Aufgabe erschöpfen. Denn andernfalls entstünde nur all' zu leicht der ganz einseitige Eindruck, Konzerne seien, wenn nicht schon illegale[87], so doch zu bekämpfende, zumindest zu domestizierende Phänomene. Das sind sie unter bestimmten Aspekten gewiß auch; nur: Konzerne sind viel mehr; sie sind *die* Instrumente, um große Wirtschaftseinheiten in der Weise zu organisieren, daß sie trotz ihrer Größe funktionsfähig bleiben; und das heißt in einer rechtlich geordneten Wettbewerbswirtschaft: daß sie vor allem ihre Aktions- und Reaktionsfähigkeit auf den unterschiedlichen Märkten behalten. So gesehen, ist der Konzern die in der Praxis geschaffene moderne Organisationsform zur Bewältigung vielfältiger wirtschaftlicher Aufgaben – häufig bedeutend leistungs-

85 Arg. Art. 2 Abs. 1 des Richtlinien-Vorschlags.

86 Nach §§ 319 Abs. 1 / 320 Abs. 1 AktG genügt eine bloß mittelbare Beteiligung nicht, da die künftige Hauptgesellschaft die Aktien der einzugliedernden Gesellschaft „in der Hand" haben muß (siehe Begründung RegE zu § 319, abgedruckt bei: KROPFF, aaO [Fn. 21], S. 422).

87 Zur Sehweise vor allem im romanischen Rechtskreis zuletzt LUTTER, ZGR 1987, 324, 335 f, 367 f.

fähiger als die Organisationsform der Einheitsgesellschaft[88]. Im Konzern sind eine Vielzahl teilautonom agierender Unternehmensleitungen kunstvoll unter der einheitsstiftenden Oberleitung der Konzernspitze inkorporiert. Und deshalb müssen für ein modernes Konzernrecht über die abwehrenden Schutzmechanismen hinaus verfassungsgestaltende Elemente entwickelt werden. In den vergangenen hundert Jahren war das Recht der Aktiengesellschaft auszuformen, unserer Zeit war und ist das Recht der Organisationsform „Konzern" als Aufgabe gestellt. Oder wie es *Lutter* jüngst formuliert hat: Die rechtliche Ordnung als Akzeptanz des Konzerns[89]. Denn die von *Ludwig Raiser* so trefflich beschriebene „Polarität zwischen Einheit des Ganzen und Vielheit der Glieder"[90] ist noch immer nicht bewältigt, und auf der Ebene des Rechts sollte die Lösung unter keinen Umständen lauten: der Konzern – ein wirtschaftliches Einheitsunternehmen.

88 Von den „größeren unternehmensrechtlichen Entfaltungsmöglichkeiten des Konzerns gegenüber dem Einheitsunternehmen" sprach schon SCHILLING, ZHR 140 (1976), 528, 531; siehe auch HOMMELHOFF, aaO (Fn. 12), S. 231 ff; LUTTER, in: Hommelhoff u. a. (Hrsg.), Entwicklungen im GmbH-Konzernrecht, S. 193; DERS., ZGR 1987, 324, 368 f. – Aus betriebswirtschaftlicher Sicht: PAUSENBERGER, in: Grochla/Wittmann (Hrsg.), Handwörterbuch der Betriebswirtschaft, Bd. I/2, 4. Aufl., 1975, Sp. 2235 ff; siehe aber auch die unlängst um die Betriebswirtschaft 1987, 40 ff, 223 ff entbrannte Diskussion.

89 LUTTER, ZGR 1987, 324, 368; ähnlich formuliert auch IMMENGA, Giurisprudenza commerciale 1986, 846, 847 die Aufgabe des Konzernrechts.

90 LUDWIG RAISER, in: Raiser/Sauermann/Schneider (Hrsg.), Das Verhältnis der Wirtschaftswissenschaft zur Rechtswissenschaft, Soziologie und Statistik, Schriften des Vereins für Socialpolitik NF 33 (1964), 51, 54 ff.

Zur Darlegungs- und Beweislast bei der aktienrechtlichen Anfechtungsklage

von

Professor Dr. Uwe Hüffer, Bochum

Inhaltsübersicht

I. Einführung

Im Kali + Salz-Urteil[1] hat es der II. Zivilsenat des BGH als Sache der beklagten Gesellschaft bezeichnet, „die für die angefochtene Entscheidung maßgebenden Gründe im einzelnen darzulegen". Die Widerlegung sei dann Sache des Anfechtungsklägers. Eine Umkehr der Beweislast zu seinen Gunsten finde nicht statt. Vielmehr bleibe es dabei, „daß der einen Hauptversammlungsbeschluß anfechtende Gesellschafter hier wie auch sonst einen behaupteten sachlich-rechtlichen Mangel als Klagegrundlage zu beweisen hat". Im Schrifttum war

1 BGHZ 71, 40; wörtliche Zitate S. 48; Rezension: Lutter, ZGR 1979, 401.

die damit bezeichnete Position schon vor dem Urteil nicht unangefochten[2]. Seither ist das Meinungsbild nicht einheitlicher geworden[3].

Die Verteilung der Darlegungs- und Beweislast bei der Anfechtungsklage hat die Rechtsprechung seit jeher beschäftigt[4]. Seitdem die inhaltliche Kontrolle von Hauptversammlungsbeschlüssen (und anderen Gesellschafterbeschlüssen) im Prinzip etabliert ist[5], ergeben sich auch insoweit Beweislastfragen. Die theoretische Durchdringung des Problems hat mit dieser Entwicklung nicht Schritt gehalten; vielmehr sind die Rechtsprechung[6] und die Kommentatoren des Aktiengesetzes[7] im wesentlichen unter sich geblieben. Dieser Befund mag es rechtfertigen, die Verteilung der Darlegungs- und Beweislast bei der Anfechtungsklage zum Untersuchungsgegenstand zu machen und die knappe Studie in den Kreis der *Hans-Joachim Fleck* gewidmeten Beiträge einzureihen; seine besonderen Verdienste als Richter und Autor gerade um eine dogmatisch konsistente Fortentwicklung des Gesellschaftsrechts bedürfen keiner Hervorhebung mehr.

II. Prozeßrechtliche Grundpositionen

1. Zur (objektiven) Beweislast

Die Beweislast, von *Rosenberg* in seiner gleichnamigen Monographie noch 1952 als weithin geklärter Fragenkomplex angesehen[8], ist seither zum Gegen-

2 Wie das Urteil Füchsel, BB 1972, 1533, 1537; Lutter, Kölner Komm. z. AktG, 1971, § 186 Rdn. 68 (vgl. aber Fn. 3); a. M. Wiedemann, Großkomm. z. AktG, 3. Aufl., Bd. III, 1973, § 186 Anm. 3 e und 4 a.

3 Kritisch zur Beweislast des Aktionärs Lutter, ZGR 1979, 401, 412 ff unter Aufgabe seiner früheren Position aaO (Fn. 2); Hüffer, in: Geßler / Hefermehl / Eckardt / Kropff, Komm. z. AktG, 9. Lfg. 1984, § 243 Rdn. 147. Wie der BGH dagegen Scholz / Schmidt, Komm. z. GmbHG, 6. Aufl., Bd. II, 1983, § 45 Rdn. 115.

4 Vgl. etwa BGHZ 14, 264, 267 f; BGHZ 36, 121, 139; BGHZ 49, 209, 211; BGHZ 71, 40, 48 f; BGHZ 86, 1, 3.

5 Außer durch BGHZ 71, 40 besonders durch BGHZ 83, 319, 321 (dazu Quack, ZGR 1983, 257); vgl. ferner BGHZ 80, 69, 74 (GmbH); BGHZ 85, 350, 360 f (KG). Zustimmend vor allem Hirte, Bezugsrechtsausschluß und Konzernbildung, 1986, S. 16, 20 ff, 138 ff; Lutter, ZGR 1979, 401; Ders., ZGR 1981, 171; Martens, FS Fischer, 1979, S. 437, 442 ff; Ders., GmbH-Rdsch. 1984, 265, 269 f; Ulmer, Richterrechtliche Entwicklungen im Gesellschaftsrecht 1971–1985, 1986, S. 15 f; Wiedemann, ZGR 1980, 147, 155 ff; Ders., Gesellschaftsrecht, Bd. I, 1980, S. 444 ff. Grundsätzliche Ablehnung ist nicht bekannt geworden; zu Differenzierungen vgl. unten VI 2.

6 Vgl. die Nachweise in Fn. 4.

7 Zöllner, Kölner Komm. z. AktG, 1976, § 243 Rdn. 105 ff; Hüffer, aaO (Fn. 3), § 243 AktG Rdn. 140 ff.

8 Rosenberg, Die Beweislast, Vorwort zur 3. Aufl. (abgedruckt 5. Aufl., 1965, S. VI).

stand vielfältiger Untersuchungen geworden[9]; ohne Übertreibung ist von einer „literarischen Eruption" die Rede[10]. Dabei steht die objektive Beweislast im Vordergrund des Interesses, also die Frage, ob im Falle eines non liquet der Kläger oder der Beklagte das Risiko der Beweislosigkeit zu tragen hat. Für den mit den Feinheiten der prozeßrechtlichen Diskussion nicht gänzlich vertrauten Vertreter einer anderen Disziplin drängt sich als Fazit auf, daß *Rosenbergs* Gedankengebäude die Flut von Erörterungen im ganzen gut überstanden hat: Gegen Tendenzen, die Verteilung der Beweislast flexibel zu handhaben (etwa: Wahrscheinlichkeit, Sphärengedanke, Prinzipienvielfalt, richterliches Ermessen) hat sich die Erkenntnis behauptet, daß ohne eine Grundregel der Beweislastverteilung nicht auszukommen ist und daß diese Grundregel nach wie vor von der Normentheorie geboten wird, mögen auch einige Modifikationen und Ergänzungen angezeigt sein[11].

Der kurz gefaßte Kern der Normentheorie liegt in dem Satz: Jede Partei trägt die Beweislast für die Voraussetzungen der ihr günstigen Normen; vollständig: Jede Partei trägt die Beweislast für das Vorhandensein aller Voraussetzungen derjenigen Normen, ohne deren Anwendung ihr Prozeßbegehren keinen Erfolg haben kann[12]. Die Formulierung entspricht sinngemäß § 193 des ersten Entwurfs des BGB (E I)[13]. Sie gibt die von BGB und HGB zwar nicht ausdrücklich in den Gesetzestext aufgenommene, aber in den Sonderregeln über die Beweislast vorausgesetzte Norm wieder. Weil diese Norm bei Beweislosigkeit die richterliche Sachentscheidung trägt[14], gehört sie nicht dem Verfahrensrecht, sondern dem materiellen Recht an.

9 Vgl. allein die Monographien von LEIPOLD, Beweislastregeln und gesetzliche Vermutungen, 1966; DERS., Beweismaß und Beweislast im Zivilprozeß, 1985; MUSIELAK, Die Grundlagen der Beweislast im Zivilprozeß, 1975; PRÜTTING, Gegenwartsprobleme der Beweislast, 1983.

10 MUSIELAK, ZZP 99 (1986), 217 f.

11 Vgl. namentlich PRÜTTING, aaO (Fn. 9), S. 265 ff (Ergebnis: S. 277); durchaus im Sinne der von *Rosenberg* entwickelten Lehre auch JAUERNIG, Zivilprozeßrecht, 21. Aufl., 1985, S. 181 ff; ROSENBERG / SCHWAB, Zivilprozeßrecht, 14. Aufl., 1986, S. 713 ff; teilweise abweichend A. BLOMEYER, Zivilprozeßrecht, 2. Aufl., 1985, S. 361 ff, 365 f.

12 ROSENBERG, aaO (Fn. 8), S. 98 f.

13 Wortlaut: „Wer einen Anspruch geltend macht, hat die zur Begründung desselben erforderlichen Thatsachen zu beweisen. Wer die Aufhebung eines Anspruches oder die Hemmung der Wirksamkeit desselben geltend macht, hat die Thatsachen zu beweisen, welche zur Begründung der Aufhebung oder Hemmung erforderlich sind."

14 Str., teilweise wird angenommen, daß es noch ergänzender Regeln bedarf, über deren Gehalt wiederum keine Einigkeit besteht, vgl. MUSIELAK, aaO (Fn. 9), S. 292 ff; PRÜTTING, aaO (Fn. 9), S. 164 ff, 167 ff.

2. *Zur (objektiven) Behauptungslast*

Die Darlegungs- oder Behauptungslast läßt sich wie die Beweislast in eine objektive und eine subjektive Variante zerlegen. Bei der hier allein interessierenden objektiven Behauptungslast geht es um die Frage, welche Partei die Folgen der Behauptungslosigkeit trägt. Die Verteilung der Behauptungslast folgt prinzipiell der Verteilung der Beweislast[15]. Wenn zur Ausfüllung einer Norm erforderliche Tatsachen nicht behauptet sind, verliert also in den von der Verhandlungsmaxime beherrschten Verfahren diejenige Partei den Prozeß, für die die Anwendung der Norm günstig ist.

III. Anfechtungsklage und Normentheorie

1. Zum Modellfall der Beweislasttheorie und zur Funktion der Anfechtungsklage

a) Rechtmäßigkeitskontrolle und Beweislastverteilung

Die Anwendung der skizzierten Grundsätze auf die Anfechtungsklage führt zu dem Ergebnis, daß der klagende Aktionär[16] für seine Anfechtungsbefugnis, für die Rechtzeitigkeit der Klage und für den Anfechtungsgrund die Beweislast trägt[17]. Auch wer die Verteilung der Beweislast nach der Normentheorie für grundsätzlich richtig hält, muß sich die Frage stellen, ob es Gesichtspunkte gibt, die für die Anfechtungsklage ausnahmsweise eine andere Beurteilung rechtfertigen. Ein solcher Gesichtspunkt könnte sich daraus ergeben, daß die Anfechtungsklage nach ihrer Funktion nicht der Modellvorstellung der Beweislasttheorie entspricht. Deren Denkmodell ist die gerichtliche Durchsetzung von Ansprüchen, und auch § 193 E I betraf nur deren Begründung, nachträglichen Wegfall und Hemmung[18]. Die aktienrechtliche Anfechtungsklage entspricht diesem Modell nur teilweise. Dabei geht es nicht um ihre Ausformung als Gestaltungsklage, sondern um ihre gesellschaftsrechtliche Funktion. Die Anfechtungsklage dient nämlich nicht allein dem Individualinteresse des klagenden Aktionärs, sondern bezweckt als Rechtseinrichtung auch und besonders die Kontrolle von Hauptversammlungsbeschlüssen auf ihre Übereinstimmung mit Gesetz und Satzung[19]. Diese Funktion legt die Frage nahe, ob die allein an der Durchsetzung

15 Nahezu allg. M., einschränkend MUSIELAK, aaO (Fn. 9), S. 50 ff.
16 Von der Anfechtungsbefugnis des Vorstands (§ 245 Nr. 4 AktG) sowie der Mitglieder von Vorstand und Aufsichtsrat (§ 245 Nr. 5 AktG) wird in diesem Beitrag abgesehen.
17 Einzelheiten unter IV–VI.
18 Vgl. Wortlaut in Fn. 13.
19 HÜFFER, aaO (Fn. 3), § 245 AktG Rdn. 8 m. w. N.

privater Interessen orientierte Beweislasttheorie auch für die Anfechtungsklage brauchbare Ergebnisse liefern kann.

Für die Antwort ist zu unterscheiden zwischen der Notwendigkeit einer Beweislastregel und ihrer Ausgestaltung. An der Notwendigkeit einer Beweislastregel ist nicht zu zweifeln, weil sich das Problem des non liquet in allen Verfahren ergeben kann; es ist nicht einmal auf den Geltungsbereich der Verhandlungsmaxime beschränkt, sondern stellt sich auch dann, wenn die Tatsachenermittlung von Amts wegen betrieben wird. Wie die demnach unverzichtbare Beweislastregel zu lauten hat, ist eine Bewertungsfrage. Die Kontrollfunktion der Anfechtungsklage würde intensiviert, wenn der Gesellschaft der Beweis für das gesetz- und satzungsmäßige Vorgehen ihres Organs Hauptversammlung obläge. Für die intensivierte Kontrolle müßte jedoch eine Einbuße bei der Bestandssicherheit von Hauptversammlungsbeschlüssen hingenommen werden. Bei der danach gebotenen Abwägung ist die Rechtsanwendung nicht frei. Sie muß sich vielmehr an der vorgegebenen gesetzlichen Wertung orientieren. Das Gesetz geht im Prinzip von der Gültigkeit des Hauptversammlungsbeschlusses aus, macht die Anfechtungsbefugnis des Aktionärs grundsätzlich von seinem Widerspruch zur Niederschrift abhängig (§ 245 Nr. 1 AktG) und schließt sie schon nach Ablauf einer Monatsfrist aus (§ 246 Abs. 1 AktG). Vergleicht man diese Beschränkungen mit den Erfolgsaussichten einer Feststellungsklage, wie sie ohne besondere gesetzliche Regelung gegeben wäre, so zeigt sich, daß der Bestandssicherheit von Hauptversammlungsbeschlüssen ein so hoher Stellenwert zukommt[20], daß die prinzipielle Zuordnung des Beweisrisikos zur beklagten Gesellschaft nicht aus der Funktion der Anfechtungsklage abgeleitet werden kann.

b) Einzelanalyse des § 243 AktG

Auch die Einzelanalyse des § 243 AktG macht deutlich, daß die Vorschrift auf der Normentheorie beruht und damit grundsätzlich das Risiko der Beweislosigkeit dem Aktionär als Kläger aufbürdet. Das Gesetz folgt nämlich in § 243 Abs. 2 AktG dem Grundmuster dieser Theorie, indem es der Norm des Satzes 1 – Anfechtbarkeit wegen unzulässiger Verfolgung von Sondervorteilen – die Gegennorm des Satzes 2 – Anfechtungsausschluß bei Gewährung angemessenen Ausgleichs – gegenüber stellt und damit die Beweislast für das erste dem Aktionär, für das zweite der Gesellschaft auferlegt. Zu demselben Ergebnis führt die Würdigung des § 243 Abs. 4 AktG. Die Bestimmung ist nur vor dem

20 Dazu Hüffer, aaO (Fn. 3), § 243 AktG Rdn. 5 ff unter Darlegung der Entstehungsgeschichte.

Hintergrund der ihr zugrunde liegenden Judikatur[21] verständlich und führt damit in den Gedankengang Kausalitätserfordernis[22] – Kausalitätsvermutung, also Überwälzung eines grundsätzlich dem Aktionär obliegenden Beweisrisikos – Ungeeignetheit eines bestimmten Beweismittels zur Entkräftung der Vermutung. Weil die Vermutung als Ausnahme zu Lasten der Gesellschaft das Beweisrisiko des Aktionärs als Regel voraussetzt, stützt auch dieser Gedankengang die These von der Maßgeblichkeit der Normentheorie.

2. *Generelle Beweislast der Aktiengesellschaft wegen Minderheitenschutzes?*

Im Kali + Salz-Fall hatte die Revision den Minderheitenschutz als einen Gesichtspunkt geltend gemacht, der eine von den Ergebnissen der Normentheorie abweichende Verteilung der Beweislast rechtfertigen sollte[23]; es gelang allerdings nicht, den II. Zivilsenat von der Tragfähigkeit des Arguments zu überzeugen. An ihm ist richtig, daß der Anfechtungsklage im Rahmen des Minderheitenschutzes eine wesentliche Funktion zukommt und daß der Minderheitenschutz verstärkt würde, wenn die Beweislast für die tatsächlichen Voraussetzungen der Gesetz- und Satzungsmäßigkeit bei der beklagten Gesellschaft läge. Es ist jedoch nicht angängig, aus den verschiedenen rechtlichen Gesichtspunkten, die bei der Anfechtungsklage eine Rolle spielen, einen herauszugreifen und zu Lasten anderer Regelungsziele absolut zu setzen. Darin läge eine Hypertrophie des Minderheitenschutzes, und zwar namentlich zu Lasten der Bestandssicherheit von Hauptversammlungsbeschlüssen, die das Gesetz, wie gezeigt[24], in den §§ 243 ff AktG vorrangig gewährleisten will.

IV. Allgemeine Folgerungen aus der Maßgeblichkeit der Normentheorie

Dem Aktionär als Anfechtungskläger sind die Normen günstig, aus denen sich die sachlichen Voraussetzungen eines auf Nichtigerklärung lautenden Urteils (vgl. § 248 AktG) ergeben. Es muß also behauptet, und, sofern bestritten, bewiesen sein, daß der Kläger zur Anfechtung befugt, z. B. in der Hauptversammlung erschienen ist und Widerspruch zur Niederschrift erklärt hat (§ 245 Nr. 1 AktG). Entscheidend ist die Erklärung des Widerspruchs, nicht seine Aufnahme in die Niederschrift des Notars. Erforderlich und genügend ist

21 § 243 Abs. 4 AktG geht auf BGHZ 36, 121 zurück.
22 Zu seiner Überwindung durch das Relevanzurteil siehe V 2.
23 BGHZ 71, 40, 48 f.
24 Vgl. III 1 a).

eine unzweideutige Rechtsverwahrung, geeignet jedes Beweismittel[25]. Für die Anfechtungsfrist (§ 246 Abs. 1 AktG) ist zu unterscheiden: Der Ablauf der Monatsfrist ist ein Ausschlußtatbestand, der zum Verlust der Anfechtungsbefugnis führt. Weil diese Folge der beklagten Gesellschaft günstig ist, muß sie im Streitfalle die Tatsache des Fristablaufs beweisen. Praktische Bedeutung kommt dieser Frage jedoch nicht zu, weil sich der Beginn des Fristlaufs durch das allein maßgebliche Hauptversammlungsdatum eindeutig bestimmen läßt; der Rest folgt aus dem Kalender. Wenn, wie wohl immer, der Fristablauf feststeht, kann nur die Fristwahrung den Verlust der Anfechtungsbefugnis verhindert haben. Dafür trägt wiederum der Anfechtungskläger die Beweislast. Es muß also, sofern bestritten, die rechtzeitige Zustellung der Klageschrift an mindestens je ein Mitglied des Vorstands und des Aufsichtsrats bewiesen werden[26]; anderenfalls ist die Klage abweisungsreif. Hier nicht näher zu erörtern ist, ob auch der rechtzeitige Antrag auf Gewährung von Prozeßkostenhilfe genügt[27], wofür gute Gründe sprechen.

Als ihm günstig muß der klagende Aktionär auch die Voraussetzungen des § 243 AktG beweisen, zunächst also die (meist problemlose) Tatsache der Beschlußfassung (tauglicher Anfechtungsgegenstand), ferner aber auch die Verletzung des Gesetzes oder der Satzung oder die unzulässige Verfolgung von Sondervorteilen, sofern es für diese Anfechtungsgründe auf das Vorliegen bestimmter Tatsachen ankommt. Das ist der einhellige Standpunkt des Schrifttums[28] und die, in dieser Form allerdings nicht immer deutlich ausgesprochene[29], Basis der Rechtsprechung zur Beweislast der Gesellschaft für die fehlende Kausalität eines zuvor festgestellten Verfahrensfehlers[30]. Für die Untersuchung der teilweise schwierigen Einzelfragen wird zweckmäßig zwischen Verfahrensverstößen und inhaltlichen Mängeln des Hauptversammlungsbeschlusses unterschieden.

25 So ausdrücklich die Allg. Begr. zum AktG 1884, Verhandlungen des RT, V. Legislaturperiode, 4. Session 1884, Aktenstück Nr. 21 S. 296, abgedruckt bei SCHUBERT / HOMMELHOFF, Hundert Jahre modernes Aktienrecht, ZGR-Sonderheft 4, 1985, S. 467. Vgl. ferner RGZ 53, 291, 293; OLG Breslau OLGR 34, 351; OLG Hamburg Die AG 1960, 333 f.

26 Zur Doppelvertretung bei Zustellung der Klageschrift (§ 246 Abs. 2 AktG; § 171 Abs. 3 ZPO) vgl. BGHZ 32, 114, 119; BGHZ 70, 384, 386 f; OLG Frankfurt WM 1984, 209, 211; LG Frankfurt WM 1984, 502, 505; HÜFFER, aaO (Fn. 3), § 246 AktG Rdn. 60 m. w. N.

27 So für § 12 Abs. 3 VVG zuletzt BGH VersR 1987, 39.

28 ZÖLLNER, aaO (Fn. 7), § 243 AktG Rdn. 107; HÜFFER, aaO (Fn. 3), § 243 AktG Rdn. 140.

29 Am klarsten BGHZ 71, 40, 48; vgl. auch RGZ 65, 241, 243.

30 Vgl. z. B. BGH LM AktG 1937 § 197 Nr. 1; BGHZ 14, 264, 267; BGHZ 49, 209, 211; OLG Celle Die AG 1984, 266, 272; Kritik unter V 2.

V. Zur Behauptungs- und Beweislast bei Verfahrensfehlern

1. Fallgruppen

Die Vielzahl der möglichen Verfahrensverstöße läßt sich in vier Gruppen aufteilen. *Erstens:* Verletzung von Informationspflichten gegenüber der Hauptversammlung. Hierher gehören etwa der Bericht über den Grund eines Bezugsrechtsausschlusses sowie über die Gründe des vorgeschlagenen Ausgabebetrags (§ 186 Abs. 4 Satz 2 AktG)[31]; der Abhängigkeitsbericht (§ 312 AktG)[32]; der Verschmelzungsbericht (§ 340 a AktG) sowie die Information der Aktionäre nach § 340 d Abs. 2 und 5 AktG; die Information der Hauptversammlung über die geplante Vermögensübertragung (§ 361 Abs. 2 AktG)[33]; schließlich in der gedanklichen Konsequenz des Holzmüller-Urteils[34] ungeschriebene Informationspflichten über wesentliche, aber vom Gesetzeswortlaut nicht erfaßte Strukturveränderungen. *Zweitens:* Fehler bei der Vorbereitung, Einberufung und Durchführung der Hauptversammlung. Insoweit sind zwei Untergruppen zu unterscheiden, nämlich allgemeine Ordnungsverstöße (z. B. Vertretungsmangel bei der Einberufung; unvollständige Bekanntmachung der Einberufung; mangelhafte Ankündigung der Tagesordnung)[35] und die Verletzung individueller Aktionärsrechte (unzulässige Verweigerung des Zutritts oder ungerechtfertigter Ausschluß; grundloser Entzug des Rederechts)[36]. *Drittens:* Fehlerhafte Feststellung des Abstimmungsergebnisses wie Divergenz von Antrag und Beschlußinhalt, Verkennen der erforderlichen Mehrheit[37] oder Zählfehler, ferner Mitzählen der Stimmen von Aktionären, die an der Abstimmung nicht teilnehmen durften[38], oder umgekehrt die Verweigerung der Stimmrechtsausübung gegenüber stimmberechtigten Aktionären. *Viertens:* Verletzung der Auskunftspflicht gegenüber den Aktionären (§ 131 AktG); insoweit ist von der Selbständigkeit der Anfechtungsklage gegenüber dem Auskunfterzwingungsverfahren des § 132 AktG auszugehen[39].

31 BGHZ 83, 319, 325 f; vgl. auch HÜFFER, NJW 1979, 1065, 1070.
32 BGHZ 62, 193, 194 f.
33 BGHZ 82, 188, 196 f, 200.
34 BGHZ 83, 122 ff.
35 Beispiele: RGZ 110, 194 = JW 1925, 1277 m. Anm. HACHENBURG; RG JW 1927, 1679; RG JW 1928, 222 f.
36 Beispiele: RG JW 1931, 2961; BGHZ 44, 245, 250 ff; LG Düsseldorf Die AG 1962, 123, 124 f; LG Frankfurt WM 1984, 502, 505.
37 BGHZ 76, 191, 197 f.
38 Beispiele: RGZ 89, 367, 383; RGZ 146, 385, 388; BGH NJW 1973, 1039; BGH WM 1977, 360; OLG Frankfurt GmbH-Rdsch. 1976, 110 f.
39 BGHZ 86, 1, 3 ff; zum Meinungsstand des Schrifttums vgl. HÜFFER, aaO (Fn. 3), § 243 AktG Rdn. 118 f.

2. *Relevanz statt Kausalität*

Die Rechtsprechung[40] und ein Teil des Schrifttums[41] verlangen für den Erfolg der Anfechtungsklage die Kausalität des festgestellten Verfahrensfehlers für das Beschlußergebnis. Die Kausalität ist danach ein ungeschriebenes Tatbestandsmerkmal des §243 Abs. 1 AktG. Es ist jedoch nach diesem Konzept Sache der Gesellschaft, das Fehlen der Kausalität zweifelsfrei nachzuweisen[42]. Darin liegt eine praktisch wesentliche, die Erfolgsaussichten der Anfechtungsklage nachhaltig verbessernde Umkehr der Beweislast. Nach anderer Ansicht wird mit dem Kausalitätserfordernis nicht das Richtige getroffen. Entscheidend ist stattdessen die Relevanz des festgestellten Verfahrensverstoßes[43]; wie bei früherer Gelegenheit dargelegt, ist dieser Ansicht mit der Maßgabe beizupflichten, daß es auf die Relevanz des Verstoßes für den Bestand und die wesentlichen Einzelausprägungen der Mitgliedschaft des Aktionärs ankommt[44]. Danach reduziert sich das Kausalitätserfordernis auf die Fälle fehlerhafter Ergebnisfeststellung[45]. Im übrigen wird die Beweislastfrage mit dem Wegfall des materiell-rechtlichen Kausalitätserfordernisses obsolet. An ihre Stelle tritt die rechtliche Beurteilung, ob ein festgestellter Verfahrensverstoß im dargelegten Sinne wesentlich ist oder nicht.

3. *Beweiserleichterungen*

a) *Möglichkeiten*

Die Möglichkeit von Beweiserleichterungen bleibt nach dem Übergang vom Kausalitäts- zum Relevanzerfordernis vor allem für die Feststellung eines Verfahrensfehlers zu diskutieren. Solche Erleichterungen können grundsätzlich auf der Ebene der Beweislastverteilung und auf der Ebene der Beweiswürdigung (§286 ZPO) gewährt werden. Weil von dem Grundsatz auszugehen ist, daß der Aktionär als Anfechtungskläger die Beweislast trägt, stellen sich Beweiserleichterungen der ersten Art als Umkehr der Beweislast dar. Sie heben die Grundnorm der Beweislastverteilung partiell auf und haben deshalb selbst notwendig Normcharakter; in Betracht kommen im allgemeinen gesetzliche und richter-

40 Vgl. die Nachweise in Fn. 30.
41 BAUMBACH/HUECK, Komm. z. AktG, 13. Aufl., 1968, §243 Anm. 8; SCHILLING, Großkomm. z. AktG, 3. Aufl., Bd. III, 1973, §243 Anm. 10.
42 St. Rspr., vollständige Nachweise bei HÜFFER, aaO (Fn. 3), §243 AktG Rdn. 25; Auswahl in Fn. 30.
43 Grundlegend ZÖLLNER, aaO (Fn. 7), §243 AktG Rdn. 81 ff; ebenso SCHOLZ/SCHMIDT, aaO (Fn. 3), §45 GmbHG Rdn. 83.
44 HÜFFER, aaO (Fn. 3), §243 AktG Rdn. 28.
45 HÜFFER, aaO (Fn. 3), §243 AktG Rdn. 29 f.

rechtliche Beweislastumkehrungen. Eine Beweislastumkehr kraft gesetzlicher Vorschrift läßt sich für Verfahrensfehler bei der Beschlußfassung nicht aufzeigen. Richterrechtliche Umkehrungen sind, abgesehen von der Kausalitätsfrage, in der Praxis des Anfechtungsprozesses ebenfalls nicht etabliert; das vorhandene Entscheidungsmaterial zur Beweisvereitelung[46] und zur erheblichen Verletzung von Berufspflichten[47] betrifft Haftpflichtprozesse[48]. Als Instrument der Beweiswürdigung kommt vor allem der Beweis des ersten Anscheins in Betracht, der sich aber nicht mit jedem beliebigen Erfahrungssatz verknüpft, sondern einen typischen Geschehnisablauf voraussetzt[49]. Davon läßt sich wohl nicht ausschließlich, aber doch regelmäßig nur sprechen, wenn sich vergleichbare Sachverhalte in großer Zahl wiederholen. Im Anfechtungsprozeß wird der prima-facie-Beweis deshalb normalerweise keine Rolle spielen können. Es ist offensichtlich, daß vor diesem Hintergrund jeder Versuch, die Beweislage des Anfechtungsklägers zu erleichtern, in Begründungsschwierigkeiten führt. Der Versuch soll im folgenden für die oben unterschiedenen Fallgruppen unternommen werden.

b) Prüfung der verschiedenen Fallgruppen

aa) Verletzung von Informationspflichten

Die Beweislastverteilung hat in Fällen dieser Art bisher keine praktische Rolle gespielt, weil das gänzliche Fehlen oder die Unvollständigkeit erforderlicher Berichte oder Vertragsunterlagen offensichtlich war und nicht gut bestritten werden konnte; im Vordergrund stand deshalb die Rechtsfrage, ob die Voraussetzungen einer Informationspflicht gegeben sind, und, sofern zu bejahen, welche Anforderungen an die Vollständigkeit der Berichterstattung zu stellen sind[50]. Es kann aber nicht ausgeschlossen werden, daß sich Streitigkeiten auf den Inhalt erstatteter Berichte beziehen, also darauf, ob die Hauptversammlung über alle relevanten Tatsachen inhaltlich zutreffend informiert worden ist. Müßte der Aktionär insoweit die Beweislast tragen, so würde er mit seiner Anfechtungsklage auf verlorenem Posten stehen. Umgekehrt kann es aber auch nicht Sache der beklagten Gesellschaft sein, von sich aus auf die bloße Behauptung unzutreffender Berichterstattung den Beweis der Richtigkeit zu führen.

46 Vgl. z.B. BGHZ 72, 132, 136ff; OLG München OLGZ 1977, 79, 83 (ausführlich und anschaulich); aus dem Schrifttum zuletzt Baumgärtel, FS Kralik, 1986, S.63.
47 Beispiel aus der jüngeren Judikatur: BGHZ 88, 248, 256f.
48 Vgl. noch BGHZ 51, 91, 104f; BGHZ 67, 359, 361f (beide zur Produzentenhaftung).
49 Rosenberg/Schwab, aaO (Fn. 11), S.692ff; Zöller/Stephan, Komm. z. ZPO, 15. Aufl., 1987, §286 Rdn. 16.
50 So namentlich im Hoesch-Verfahren, BGHZ 82, 188, 196ff.

Wie in solcher Lage zu verfahren ist, zeigen die Vorschriften des Zivil- und Handelsrechts über den Informationsanspruch bestimmter Einzelpersonen. Danach ist erforderlich, aber auch genügend, daß Tatsachen bewiesen sind, aus denen sich „Grund zu der Annahme" unvollständiger Angaben oder „begründete Zweifel" an ihrer Richtigkeit und Vollständigkeit ergeben (vgl. §§ 259 Abs. 2, 260 Abs. 2 BGB, § 87c Abs. 4 HGB)[51]. Diese Vorschriften beruhen auf dem Rechtsgedanken, daß es ein Widerspruch in sich wäre, den Informationsgläubiger die volle Beweislast für die Voraussetzungen seines ergänzenden Prüfungsanspruchs tragen zu lassen, obwohl er über die erforderlichen Tatsachen nicht verfügen kann. In einer vergleichbaren Lage befindet sich der Anfechtungskläger, der von der Richtigkeit und Vollständigkeit der Gesellschaftsberichte, der vorgelegten Vertragstexte oder sonstigen Unterlagen nicht überzeugt ist. Seine Lage ist durch rechtsanaloge Anwendung der genannten Vorschriften zu erleichtern, wobei auf der Rechtsfolgenseite an die Stelle der eidesstattlichen Versicherung oder der externen Prüfung einer Abrechnung die Beweislast der Gesellschaft für die Richtigkeit und Vollständigkeit der vorgelegten Berichte und Unterlagen tritt.

bb) Vorbereitung, Einberufung und Durchführung der Hauptversammlung

Soweit sich das Schrifttum mit den Beweislastproblemen dieser Fallgruppe beschäftigt, befürwortet es eine Differenzierung zwischen allgemeinen Ordnungsmängeln und der Verletzung individueller Aktionärsrechte; im ersten Fall soll die Beweislast bei der Gesellschaft liegen, im zweiten Fall beim Anfechtungskläger[52]. Daran ist festzuhalten, obwohl sich für die Umkehr der Beweislast in Fällen des ersten Typs keine, auch keine rechtsähnliche gesetzliche Basis aufzeigen läßt. Es handelt sich deshalb um eine richterrechtliche Beweislastumkehr, deren Notwendigkeit sich aus dem Prinzip der Tatsachennähe ergibt, auf das sich die schon bislang praktizierten Beweislastumkehrungen des Haftpflichtprozesses weitgehend zurückführen lassen[53]. Dabei ist vorausgesetzt, daß sich die Beweislastfrage überhaupt stellt, also die AG in der Lage ist, den behaupteten Ordnungsmangel substantiiert zu bestreiten und damit die Geständnisfiktion des § 138 Abs. 3 ZPO zu vermeiden[54]. Entsprechend verbleibt es in Fällen des zweiten Typs bei der Beweislast des Aktionärs, weil sich Verstöße gegen sein

51 Beispiel: BGHZ 92, 62, 65.
52 ZÖLLNER, aaO (Fn. 7), § 243 AktG Rdn. 109f; HÜFFER, aaO (Fn. 3), § 243 AktG Rdn. 143.
53 Vgl. die Nachweise in Fn. 46–48.
54 Dazu noch unten VI 3.

Recht auf Zutritt, Teilnahme und Meinungsäußerung in dem Rahmen zutragen, den er selbst überblicken kann. Beweisschwierigkeiten können auftreten, soweit es um das Zutrittsrecht geht, sollten aber schon auf der Ebene der Beweiswürdigung lösbar sein.

cc) Ergebnisfeststellung

Für den Verfahrensfehler, der zur unrichtigen Feststellung des Abstimmungsergebnisses geführt haben soll, verbleibt es grundsätzlich bei der Beweislast des Aktionärs. Dabei ist jedoch zu beachten, daß praktisch wohl immer ein vollständiges Protokoll über den Ablauf der Hauptversammlung existiert, sei es als wörtliche (stenographische) Mitschrift oder als Tonbandaufzeichnung. Ein generelles Recht des Aktionärs auf Erteilung einer Protokollabschrift wird zwar von der h. M. verneint[55]. Kann der dem Aktionär obliegende Beweis nach Lage der Dinge aber nur durch das Protokoll geführt werden und verweigert die Gesellschaft im Prozeß dessen Vorlage, so liegt darin eine Beweisvereitelung, die nach allgemeinen Grundsätzen zur Umkehr der Beweislast führt[56]. Es ist also Sache der beklagten Gesellschaft, den vollen Beweis für die fehlerfreie Feststellung des Abstimmungsergebnisses zu führen, wenn und solange sie das Protokoll entgegen einer gerichtlichen Auflage nicht vorlegt. Die von § 422 ZPO vorausgesetzte materiell-rechtliche Vorlegungspflicht wird man gemäß der nicht eng zu interpretierenden Vorschrift des § 810, 2. Variante BGB[57] nicht verneinen können. Wenn nach diesen Grundsätzen eine fehlerhafte Feststellung des Abstimmungsergebnisses bewiesen oder als bewiesen anzusehen ist, greift die herkömmliche und für Fälle dieser Art allseits anerkannte Kausalitätsvermutung ein[58]. Die Gesellschaft trägt also die Beweislast für die Einflußlosigkeit des Fehlers.

dd) Verletzung der Auskunftspflicht

Der Aktionär trägt die Beweislast für die Tatbestandsmerkmale des § 131 Abs. 1 AktG, also für sein Auskunftsverlangen, für den Bezug des Auskunftsgegenstandes zu den Gesellschaftsangelegenheiten einschließlich der Beziehungen zu einem verbundenen Unternehmen, für die Erforderlichkeit der Auskunft und

55 OLG Düsseldorf BB 1962, 1390; a. M. ZÖLLNER, Kölner Komm. z. AktG, 1973, § 119 Rdn. 63 m. w. N. (a. E.).

56 Vgl. die Nachweise in Fn. 46. – § 427 Satz 2 ZPO hilft wegen der nur beschränkten Beweiskraft von Privaturkunden (§ 416 ZPO) noch nicht weiter.

57 BGHZ 55, 201, 203; BGH LM BGB § 810 Nr. 5; HÜFFER, Münchener Komm. z. BGB, 2. Aufl., Bd. III 2, 1986, § 810 Rdn. 7.

58 Vgl. oben V 2.

für die Auskunftsverweigerung. Insoweit bietet der Protokollanspruch des § 131 Abs. 5 AktG eine wesentliche praktische Hilfe. Der Beweis muß jedoch nicht durch das Protokoll erbracht werden; vielmehr stehen dem Aktionär alle Beweismittel zur Verfügung[59]. Hat der Vorstand die Auskunft verweigert, so ist es Sache der beklagten Gesellschaft, die tatsächlichen Voraussetzungen für das Vorliegen eines gesetzlichen Verweigerungsgrundes zu beweisen; das ergibt sich aus dem Regel-Ausnahme-Verhältnis, in dem § 131 Abs. 1 und 3 AktG zueinander stehen. Bei der Beurteilung im einzelnen wird das Gericht berücksichtigen müssen, daß die Gesellschaft durch die Beweis- und die darauf aufbauende Behauptungslast nicht mittelbar zur Preisgabe von Informationen gezwungen werden darf, die sie nicht zu geben braucht. Wenn sich ergibt, daß eine verlangte Auskunft ohne zureichenden Grund verweigert worden ist, kommt es nach dem im Sinne der Relevanztheorie[60] auszulegenden § 243 Abs. 4 AktG nicht mehr auf die Kausalität des Gesetzesverstoßes für den Inhalt des Hauptversammlungsbeschlusses an; vielmehr ist die Anfechtungsklage, wenn nicht ganz besondere Umstände vorliegen, wegen der Bedeutung sachgerechter Information für die Ausübung der Mitgliedschaftsrechte ohne Rücksicht darauf begründet, ob bei Erteilung der Auskunft ein anderer Beschluß gefaßt worden wäre. Für den Beweis einer dem Standard des § 131 Abs. 2 AktG nicht gerecht werdenden, insbesondere falschen oder unvollständigen Auskunft gelten die Grundsätze, die für eine Verletzung der Informationspflichten entwickelt worden sind, welche gegenüber der Hauptversammlung bestehen[61].

VI. Zur Behauptungs- und Beweislast bei Inhaltsfehlern

1. Allgemeines

Inhaltliche Fehler von Hauptversammlungsbeschlüssen, also die von ihrem Zustandekommen unabhängige Verletzung des Gesetzes oder der Satzung durch die im Beschluß getroffene Regelung selbst, standen lange Zeit im Schatten einer vornehmlich mit Verfahrensfehlern befaßten Praxis; erst die jüngere Judikatur zur sachlichen Rechtfertigung von Mehrheitsbeschlüssen hat einen Wandel bewirkt. Soweit es bei der Beurteilung der Gesetz- oder Satzungsmäßigkeit von Hauptversammlungsbeschlüssen auf die Beweislast ankommt, soweit es also nicht ohnehin um reine Rechtsfragen geht, muß man im Rahmen des § 243 Abs. 1 AktG drei Fälle unterscheiden: Die Verletzung konkreter Bestimmungen des Gesetzes oder der Satzung, den Verstoß gegen das Gleichbehandlungsgebot

59 Unstreitig, siehe ZÖLLNER, aaO (Fn. 55), § 131 AktG Rdn. 91.
60 Vgl. oben V 2.
61 Dazu V 3 b) aa).

(§ 53 a AktG) und die inhaltliche Kontrolle von Mehrheitsentscheidungen. Für Erleichterungen der prinzipiellen Beweislast des Aktionärs, der die Verletzung konkreter Bestimmungen rügt, ist bisher weder ein praktischer Bedarf noch eine theoretische Rechtfertigung ersichtlich. Der Gleichbehandlungsgrundsatz hat sich im Rahmen der Anfechtungsklage bislang nicht als sehr ergiebig erwiesen[62]. Weil es dabei um das Verbot ungerechtfertigter Ungleichbehandlung geht, trägt der Aktionär als Kläger die Beweislast für die Tatsachen, aus denen sich die Ungleichbehandlung ergeben soll. Für Tatsachen, die eine festgestellte Ungleichbehandlung rechtfertigen, ist dagegen, weil es sich dabei um einen Ausnahmetatbestand handelt, die Gesellschaft beweispflichtig[63]. Eindeutig ist schließlich die Verteilung der Beweislast bei der unzulässigen Verfolgung von Sondervorteilen (§ 243 Abs. 2 AktG): Daß solche verfolgt worden sind, muß der Aktionär beweisen; dagegen trägt die Gesellschaft die Beweislast für den Nachteilsausgleich einschließlich der Tatsachen, die dessen Angemessenheit ergeben[64]. Weniger einfach und gesondert zu erörtern sind die Beweislastfragen bei der inhaltlichen Kontrolle von Hauptversammlungsbeschlüssen.

2. *Inhaltliche Kontrolle von Hauptversammlungsbeschlüssen: materiell-rechtliche Seite*

a) Stand der Diskussion

Die inhaltliche Kontrolle von Hauptversammlungsbeschlüssen nach den Maßstäben der Erforderlichkeit und der Verhältnismäßigkeit ist seit dem mehrfach erwähnten Kali + Salz-Urteil[65] eine im Grundsatz anerkannte Rechtseinrichtung[66]. Wesentliche Fragen sind allerdings noch ungeklärt, so die nach der dogmatischen Präzisierung der Treubindungen als rechtlicher Grundlage der Beschlußkontrolle[67] und, für die Praxis ungleich wichtiger, die nach ihren

62 Hüffer, aaO (Fn. 3), § 243 AktG Rdn. 63 f m. w. N.
63 Wiedemann, aaO (Fn. 5), S. 430; Hüffer, aaO (Fn. 3), § 243 AktG Rdn. 59.
64 Vgl. schon III 1 b).
65 BGHZ 71, 40; grundlegend im vorhergehenden Schrifttum Zöllner, Die Schranken mitgliedschaftlicher Stimmrechtsmacht bei den privatrechtlichen Personenverbänden, 1963, S. 352 ff.
66 Nachweise in Fn. 5.
67 Zur Treuepflicht als richterrechtlicher, der Konkretisierung bedürftiger Generalklausel vgl. schon Pehle / Stimpel, Richterliche Rechtsfortbildung (Jur. Studiengesellschaft Karlsruhe, Heft 87/88), 1969, S. 18 f; unter Betonung einer neben § 242 BGB bestehenden Pflicht Lutter, AcP 180 (1980), 84, 103; in der dogmatischen Konzeption gegenläufig Hüffer, aaO (Fn. 3), § 243 AktG Rdn. 46 ff; rechtsvergleichend Worch, Treuepflichten von Kapitalgesellschaftern untereinander und gegenüber der Gesellschaft, 1983; vgl. neuestens auch Th. Raiser, ZHR 151 (1987), 422 (GmbH).

tatbestandlichen oder wenigstens einigermaßen greifbar bestimmten Grenzen. Insoweit kann als Stand der Lehre festgehalten werden: Die früher verbreitete prinzipielle Hinnahme von Mehrheitsentscheidungen um der Mehrheit willen[68] ist Vergangenheit. Die gegenläufige Tendenz, nach der sich Mehrheitsbeschlüsse grundsätzlich als erforderlich (sachlich gerechtfertigt) und verhältnismäßig darstellen müssen[69], ist nach der deutlich überwiegenden Ansicht[70] eine Überreaktion; dieser Meinung ist beizupflichten. Die danach gebotene differenzierte Beurteilung führt allerdings in schwierige und bislang nicht zu Ende diskutierte Fragen; auch der II. Zivilsenat hat es den Interpreten seiner Rechtsprechung durch Entscheidungen, die zumindest im Begründungsduktus irritierende Abweichungen zeigen[71], nicht immer leicht gemacht[72].

b) Keine tatbestandliche Verfestigung

Nach dem gegenwärtigen Stand der Diskussion, diese These liegt den folgenden Ausführungen zugrunde, scheint es verfrüht, die Voraussetzungen der inhaltlichen Kontrolle von Mehrheitsbeschlüssen tatbestandlich zu verfestigen[73]; möglich ist allenfalls die Umkehrung, nämlich die behutsame Ausgrenzung von Fällen, in denen die richterliche Kontrolle wegen einer gesetzlichen Entscheidung zugunsten der rechtlichen Zulässigkeit bestimmter Beschlußinhalte keinen Platz mehr hat[74]. Prinzipiell ist aber davon auszugehen, daß die Kontrolle nach den Maßstäben der Erforderlichkeit und der Verhältnismäßigkeit dann stattfindet, wenn nach der Struktur des Entscheidungssachverhalts solche Eingriffe der Mehrheit in die mitgliedschaftlichen Interessen der Minderheit möglich erscheinen, zu deren Abwehr namentlich das Erfordernis sachlicher Rechtfertigung

68 Am krassesten RGZ 68, 235 (Hibernia); vgl. aber auch noch den gedanklichen Ansatz bei CANARIS, DB 1981, Beilage 14, S. 4 f.

69 MARTENS, aaO (Fn. 5), S. 444 ff; DERS., GmbH-Rdsch. 1984, 265, 269 f; WIEDEMANN, aaO (Fn. 5), S. 444 ff; DERS., ZGR 1980, 147, 155 ff.

70 LUTTER, ZGR 1981, 171, 176 ff; SEMLER, BB 1983, 1566, 1569; TIMM, JZ 1980, 665, 667 f; differenzierend mit Unterschieden im einzelnen auch HIRTE, aaO (Fn. 5), S. 138 ff; HACHENBURG/ULMER, Komm. z. GmbHG, 7. Aufl., 1983, § 53 Rdn. 58; HÜFFER, aaO (Fn. 3), § 243 AktG Rdn. 53, 55.

71 Vgl. den bekannten, an Hibernia-Zeiten erinnernden Satz in BGHZ 76, 352 f.

72 LUTTER, ZGR 1981, 171: Sauna und Wechselbad.

73 Der an sich verdienstlichen Arbeit von HIRTE, aaO (Fn. 5), S. 138 ff, kann also insoweit nicht gefolgt werden.

74 Unter diesem Gesichtspunkt zutreffend BGHZ 70, 117, 121 ff (Mannesmann); vgl. schon HÜFFER, aaO (Fn. 3), § 243 AktG Rdn. 57; kritisch aber ZÖLLNER, aaO (Fn. 55), § 134 AktG Rdn. 48.

funktional geeignet und bestimmt ist[75]. Schon der durchgängig anzutreffende Konzern(bildungs)bezug[75a] der hier in Frage stehenden Fälle spricht nicht dafür, in einer zur funktionalen Auflösung des Unternehmensbegriffs[76] methodisch gegenläufigen Entwicklung zu einer positiven tatbestandlichen Umschreibung oder zu weitgehenden tatbestandlichen Ausgrenzungen zu kommen[77].

3. Darlegungs- und Beweislast beim Bezugsrechtsausschluß

Als Paradigma einer Sachverhaltskonstellation, in der eine inhaltliche Kontrolle der Mehrheitsentscheidung geboten ist, kann der Bezugsrechtsausschluß bei einer Kapitalerhöhung gelten. Für diesen Fall hat der II. Zivilsenat von der beklagten Gesellschaft zwar eine ins einzelne gehende Darlegung der maßgeblichen Gründe verlangt, es aber ausdrücklich abgelehnt, dem Kläger die Beweislast abzunehmen[78]. Daraus ist verbreitet (auch von mir) geschlossen worden, es solle unter Spaltung von Darlegungs- und Beweislast die erstere umgekehrt werden, die zweite dagegen nicht[79]. Ob diese Auslegung des Urteils richtig ist, erscheint nach wiederholter Prüfung als zweifelhaft. Die nur knappen Bemerkungen lassen eher den Schluß zu, daß der Senat am Gleichlauf von Darlegungs- und Beweislast festhält, beide dem Aktionär als Kläger zuordnet und von der Beklagten lediglich wegen der bei ihr, aber nicht beim Kläger vorhandenen Tatsachenkenntnis ein substantiiertes Bestreiten fordert, dessen Ausbleiben die Geständnisfiktion des § 138 Abs. 3 ZPO nach sich zieht[80].

75 Zur funktionalen Methode vgl. Brem, St. Galler Festgabe Schweiz. Juristentag, 1981, S. 87; Jahr, Schriften des Vereins für Socialpolitik n. F. 33 (1964), 14; Ulmer, aaO (Fn. 5), S. 34 ff.

75a Diesen Aspekt betont zu Recht Timm, ZGR 1987, 403, 422 ff (im einzelnen konnte der Beitrag nicht mehr ausgewertet werden).

76 BGHZ 69, 334, 336 ff (Veba / Gelsenberg); aus dem reichhaltigen Schrifttum vgl. z. B. die Überlegungen von K. Schmidt, ZGR 1980, 277, zur WAZ-Entscheidung (BGHZ 74, 359).

77 Gegen eine generelle Ausklammerung von Konzernierung und Strukturveränderung schon Hüffer, aaO (Fn. 3), § 243 AktG Rdn. 54 f. Daran ist entgegen Hirte, aaO (Fn. 5), S. 144 f, und Koppensteiner, in: Hommelhoff u. a. (Hrsg.), Entwicklungen im GmbH-Konzernrecht, ZGR-Sonderheft 6, 1986, S. 101, 115, festzuhalten. Freilich wird gegen den Beschluß nichts einzuwenden sein, wenn er die Abhängigkeit nur in transparente Bahnen lenkt. Doch besteht kein Anlaß, solche Fälle aus der Beschlußkontrolle auszugrenzen, in denen es im Einzelfall anders sein mag.

78 BGHZ 71, 40, 48 f.

79 Hachenburg / Ulmer, aaO (Fn. 70), § 53 GmbHG Rdn. 58; Lutter, ZGR 1979, 401, 412 ff; Hüffer, aaO (Fn. 3), § 243 AktG Rdn. 145.

80 Beispiele dafür aus der jüngeren Rechtsprechung: BGHZ 86, 23, 29; BGH NJW 1981, 113 f; BGH NJW-RR 1986, 60.

Welche Auffassung zutrifft, kann letztlich offen bleiben, weil dem Urteil in der Entscheidung der Beweislastfrage nicht zu folgen ist. Daß der Bezugsrechtsausschluß sachlich gerechtfertigt ist, gehört, wie schon in anderem Zusammenhang dargelegt[81], zu den positiven Voraussetzungen für die Rechtmäßigkeit des Hauptversammlungsbeschlusses. Wenn man diese Aussage entsprechend dem Denkmuster der Beweislasttheorie in ihre Einzelelemente zerlegt, so ergibt sich der Rechtssatz, daß eine Kapitalerhöhung unter Ausschluß des Bezugsrechts grundsätzlich unzulässig ist, als die dem Kläger günstige, und der Rechtssatz, daß sachliche Gründe den Ausschluß ausnahmsweise zulässig machen, als die der Beklagten günstige Norm. Zu Recht ist deshalb bemerkt worden, daß nicht die hier vertretene, sondern die vom BGH für richtig gehaltene Verteilung der Beweislast auf deren Umkehrung hinausläuft[82]. Entsprechend der Beweislast ist schließlich auch die Behauptungslast der AG zuzuordnen.

4. *Darlegungs- und Beweislast in anderen Fällen*

Wie die Darlegungs- und Beweislast in anderen Fällen zu verteilen ist, in denen der Anfechtungskläger eine nicht hinnehmbare Beeinträchtigung der mitgliedschaftlichen Interessen der Minderheit rügt, ist noch wenig geklärt. Die Lösung ergibt sich aus der zum materiellen Recht entwickelten These unter konkretisierender Anlehnung an den Fall des Bezugsrechtsausschlusses: Der Kläger trägt die Beweis- und die Behauptungslast für die Tatsachen, aus denen sich eine dem Bezugsrechtsausschluß strukturell vergleichbare Rechtsbeeinträchtigung ergibt, die mit einer inhaltlichen Kontrolle abgewehrt werden könnte. In demselben Sinne ist schon bisher davon gesprochen worden, der Kläger müsse Tatsachen nachweisen, die den (offenbar untechnisch gemeinten) Anschein eines Mehrheitsmißbrauchs begründen[83] oder sich zu einem Aufgreifkriterium der richterlichen Kontrolle verdichten[84]. Wenn dieser Beweis gelungen ist (aber auch nur dann), trägt die Gesellschaft die Behauptungs- und Beweislast für die Tatsachen, aus denen sie die sachliche Rechtfertigung und die Verhältnismäßigkeit der Rechtsbeeinträchtigung ableitet[85].

81 Hüffer, aaO (Fn. 3), § 243 AktG Rdn. 147 im Anschluß an Lutter, ZGR 1979, 401, 412 ff; vgl. für das österreichische Recht OGH GesRZ 1981, 44, 48; Koppensteiner, aaO (Fn. 77), S. 101, 114 f.
82 Lutter, ZGR 1979, 401, 412 ff.
83 Hachenburg / Ulmer, aaO (Fn. 70), § 53 GmbHG Rdn. 58.
84 Hüffer, aaO (Fn. 3), § 243 AktG Rdn. 147.
85 Für Beweislast der Gesellschaft unter vergleichbarer Prämisse schon Ulmer, BB 1964, 665 f (li. Sp.).

VII. Fazit

Die Verteilung der Beweislast nach der Normentheorie erweist sich nicht nur im allgemeinen (II), sondern auch für die Anfechtungsklage (III) als der richtige Weg. Danach trägt grundsätzlich der klagende Aktionär die Behauptungs- und Beweislast (IV). Praktische Bedeutung haben Beweislastfragen bisher vor allem bei Verfahrensfehlern erlangt (V). Hier sind in einzelnen Fallgruppen Beweiserleichterungen erforderlich, die jedoch weithin mit dem traditionellen beweisrechtlichen Instrumentarium gewährt werden können; eine Ergänzung dieses Instrumentariums ist vor allem notwendig, wenn die Klage auf unvollständige oder unrichtige Information der Hauptversammlung oder (Auskunftspflicht) des einzelnen Aktionärs gestützt wird, ferner auch dann, wenn allgemeine Ordnungsmängel bei der Beschlußfassung gerügt werden. Bei Inhaltsfehlern treten beweisrechtliche Probleme auf, soweit es um die Kontrolle von Hauptversammlungsbeschlüssen nach den Maßstäben der Erforderlichkeit und der Verhältnismäßigkeit geht (VI); diese Schwierigkeiten reflektieren eine noch nicht voll bewältigte materiell-rechtliche Lage. Das gilt auch für die Verteilung der Beweislast beim Bezugsrechtsausschluß. Insoweit sollte die Rechtsprechung von der Position des Kali + Salz-Urteils abrücken, also die Beweislast für die Tatsachen, die den Ausschluß sachlich rechtfertigen, bei der Gesellschaft finden.

Zur Vorbereitung und Durchführung von Grundlagenbeschlüssen in Aktiengesellschaften

von

Professor Dr. Marcus Lutter, Bonn

Inhaltsübersicht

I. Einleitung

Hans-Joachim Fleck hat an vielen bedeutenden Entwicklungen in der Rechtsprechung des II. Senates mitgewirkt und nicht zuletzt an der Entscheidung *Holzmüller*[1]. Große Urteile aber entscheiden nicht nur einen historischen Konflikt unter zwei Parteien, sondern gestalten das Recht, entwickeln unsere Kenntnis von ihm und nehmen damit Einfluß auf das künftige Verhalten der Bürger, Unternehmen und ihrer Berater.

Strukturentscheidungen in der Aktiengesellschaft und in bestimmtem Umfange auch in ihren wesentlichen Tochtergesellschaften bedürfen, wie wir

1 BGHZ 83, 122.

seit *Fleck*[2] und *Holzmüller*[3] wissen, der Mitwirkung der Hauptversammlung. Da die fraglichen Fälle aber im Gesetz nicht unmittelbar geregelt sind, fallen sie, was ihre Vorbereitung und Durchführung betrifft, zunächst in keine der vom Aktiengesetz vorgeformten Kategorien, wie einfache Beschlüsse (Aufsichtsratswahlen, Gewinnverteilung, Entlastung), satzungsändernde Beschlüsse oder Zustimmungsbeschlüsse zu bestimmten Verträgen (Unternehmensverträge, Fusion). Diesen Fragen korrekter Vorbereitung und Durchführung solcher Hauptversammlungsbeschlüsse dienen die folgenden Überlegungen: schlichte Ausführungen also im Dienste *Fleck*'scher Grundsätze.

II. Fälle und Fragen

Ehe wir die Einzelheiten erörtern, sollen einige relevante Fälle der letzten Zeit mitgeteilt werden, um die hier gestellten Fragen zu verdeutlichen:

1. Löwenbräu AG

Im Jahre 1982 entschlossen sich Verwaltung und Hauptaktionäre (v. Fink, Allianz, Hochtief) der Münchener Löwenbräu AG zu einer Teilung des Unternehmens in eine Getränke-Gesellschaft (die den Namen Löwenbräu AG fortführt) und eine Grundbesitz-Gesellschaft, die (künftige) Monachia AG. Nach dem Vorbild der Varta-Teilung aus dem Jahre 1976[4] war auch hier das rechtliche Herzstück der Konstruktion eine Kapitalherabsetzung mit Ausschüttung des frei werdenden Kapitalbetrages nicht in Geld, sondern in Aktien eben der Monachia AG. Dementsprechend war für die Hauptversammlung beantragt und in dieser beschlossen worden[5]:

2 Vgl. die Anmerkung von FLECK zur Holzmüller-Entscheidung, LM Nr. 1 zu § 118 AktG 1965 sowie *seine* Erläuterungen WM 1986, 1205, 1210 f.

3 Weitere Besprechungen der Entscheidung: GROSSFELD/BRONDICS, JZ 1982, 589, 599 ff; REHBINDER, ZGR 1983, 92 ff; MARTENS, ZHR 147 (1983), 377 ff; WERNER, ZHR 147 (1983), 492 ff; SÜNNER, Die AG 1983, 169 ff; SEMLER, BB 1983, 1566, 1570 f; GÖTZ, Die AG 1984, 85 ff; vgl. außerdem die Aufsätze von WESTERMANN, ZGR 1984, 352 ff; HEINSIUS, ZGR 1984, 383; BEUSCH, FS Werner, 1984, S. 1 ff; U. HÜBNER, FS Stimpel, 1985, S. 791 ff; LUTTER, FS Stimpel, 1985, S. 825 ff; WESTERMANN, FS Pleyer, 1986, S. 421 ff.

4 Kurze Sachverhaltsschilderung bei TIMM, Die Aktiengesellschaft als Konzernspitze, 1980, S. 7 f.

5 Quelle: Einladung und Tagesordnung zur Jahreshauptversammlung 1982 der Löwenbräu AG.

„Das Kapital der Gesellschaft in Höhe von nom. 14 610 400,– DM wird ... auf nom. 7 305 200,– DM herabgesetzt. Die Herabsetzung erfolgt zum Zweck der Rückgewähr von Teilen des Grundkapitals in Form der Zuteilung von Aktien ... Die durch die Kapitalherabsetzung frei werdenden Mittel in Höhe von 7 305 200,– DM werden nicht in bar, sondern dem Zweck der Kapitalherabsetzung entsprechend in Form von Aktien der Monachia Immobilien AG, deren gesamtes Aktienkapital in Höhe von nom. 7 305 200,– DM bei der Löwenbräu AG liegt, an die Aktionäre der Löwenbräu AG ausgeschüttet ...“

Die rechtliche Konstruktion der Unternehmensteilung durch Kapitalherabsetzung sicherte per se die Mitwirkung der Hauptversammlung der Löwenbräu AG, §§ 179, 222 AktG. Dennoch hatte die Verwaltung zunächst um Zustimmung zu ihrem Konzept gebeten, hatte also den Kapitalherabsetzungs-Beschluß als Durchführungs-Beschluß und nicht als Grundsatzbeschluß verstanden und daher den folgenden Antrag vorgeschaltet[6]:

„Es ist beabsichtigt, die Unternehmensbereiche Brauerei und alkoholfreie Getränke einerseits sowie Grundbesitzverwaltung andererseits ... in zwei rechtlich selbständige Aktiengesellschaften zu trennen. Zu diesem Zweck soll ...

Wegen der hiermit verbundenen wesentlichen Änderung der Unternehmensstruktur legt der Vorstand die geplante Maßnahme der Hauptversammlung gemäß § 119 Abs. 2 AktG zur Entscheidung vor.

Vorstand und Aufsichtsrat schlagen vor, die Zustimmung zu erteilen.“

2. *Thyssen AG*

Es sind erst fünf Jahre vergangen und doch ist es fast schon vergessen, daß im Jahre 1982 die drei vom damaligen Bundeswirtschaftsminister Graf Lambsdorff eingesetzten sogenannten Stahl-Moderatoren (Bierich, Herrhausen, Vogelsang) verschiedene Vorschläge zur Neuordnung der deutschen Stahlindustrie vorgelegt haben, die auf einen Zusammenschluß von bislang selbständigen Stahlunternehmen oder von Spezialbereichen aus ihnen abzielten. In Vorbereitung darauf entschloß sich die Thyssen AG, ihren gesamten allgemeinen Stahlbereich in eine selbständige Tochtergesellschaft, die künftige Thyssen Stahl AG als 100%ige Tochtergesellschaft auszugliedern und gleichzeitig die Zusammenlegung ihres Edelstahlbereichs mit demjenigen der Krupp Stahl AG in einem Gemeinschaftsunternehmen vorzubereiten[7]. Die rechtliche Konstruktion dafür, nämlich Gründung der Thyssen Stahl AG und Übertragung bzw. Verpachtung (nur!) des Stahlbereichs an diese ist ebensowenig per se hauptversammlungspflichtig[7a] wie

6 Quelle: Einladung und Tagesordnung zur Jahreshauptversammlung 1982 der Löwenbräu AG.

7 So die Mitteilung des Vorstandes der Thyssen AG im Aktionärsbrief vom Februar 1983.

7a Per se ist die Hauptversammlung nur zuständig bei der Übertragung des *gesamten* Vermögens (§ 361 AktG) bzw. bei Verpachtung des *gesamten* Betriebes; vgl. Koppensteiner, Kölner Komm. z. AktG, 2. Aufl., § 292 Rdn. 64 und Kraft, Kölner Komm. z. AktG, 1. Aufl., § 361 Rdn. 8.

die Gründung eines Gemeinschaftsunternehmens mit der Krupp Stahl AG und die Übertragung der entsprechenden Aktiva auf diese gegen Mitgliedschaftsrechte[8]; eine Übertragung des gesamten Vermögens im Sinne von § 361 AktG lag nicht vor (siehe auch 3.).

Dennoch hatte die Verwaltung folgende Beschlußanträge der Hauptversammlung der Thyssen AG vorgelegt:

TOP 5

„Beschlußfassung über die Ausgliederung des Stahlbereichs und den Abschluß eines Beherrschungsvertrages zwischen der Thyssen AG und der Thyssen Stahl AG."

„Vorstand und Aufsichtsrat schlagen vor, der Ausgliederung des Stahlbereichs der Thyssen AG, bestehend aus ... in eine Tochtergesellschaft, Thyssen Stahl AG zuzustimmen, deren Anteile von der Thyssen AG gehalten werden ...[9]"

TOP 6

„Beschlußfassung über die Ausgliederung des in der Thyssen Edelstahlwerke AG zusammengefaßten Edelstahlbereichs aus der Thyssen-Gruppe."

„Vorstand und Aufsichtsrat schlagen vor, der Ausgliederung des in der Thyssen Edelstahlwerke AG zusammengefaßten Edelstahlbereichs ... aus dem Konzernverbund der Thyssen AG zuzustimmen. Die Thyssen Edelstahlwerke AG soll mit dem Edelstahlbereich der Krupp Stahl AG ein Gemeinschaftsunternehmen bilden, an dem die Thyssen AG und die Krupp Stahl AG paritätisch beteiligt sind ...[10]"

3. *Allianz*

Die Allianz Versicherungs-AG war (und ist) ein Unternehmen, das selbst und durch Tochtergesellschaften (z. B. Allianz Lebensversicherungs-AG) in allen Sparten des Versicherungsgeschäftes im In- und Ausland tätig ist und daher der Aufsicht durch das Bundesaufsichtsamt für das Versicherungswesen in Berlin unterliegt. Allianz hatte daneben aber wesentliche weitere Tätigkeitsbereiche entwickelt und ausgebaut, insbesondere den Erwerb und die Veräußerung sowie das Halten und Verwalten von Immobilien[11], aber auch Beteiligungen an Industrieunternehmen (z. B. Mercedes Automobil-Holding, Beiersdorf, Lahmeyer, Metallgesellschaft)[12]. Insbesondere wegen der Einwirkungsmöglichkeiten des Bundesaufsichtsamtes für das Versicherungswesen[13] auch auf diese letzteren

8 Zur gleichen Lösung bei der Hoesch AG in ihrem einstigen Zusammenschluß mit der niederländischen Hoogovens N. V. vgl. BGHZ 82, 188 und Lutter, Die AG 1977, 113 ff (Anmerkung zum erstinstanzlichen Urteil des LG Dortmund Die AG 1977, 109).

9 Quelle: Einladung zur Jahreshauptversammlung 1983 der Thyssen AG, TOP 5.

10 Quelle: Einladung zur Jahreshauptversammlung 1983 der Thyssen AG, TOP 6.

11 Vgl. oben II. 1. zur Löwenbräu AG.

12 Vgl. Hoppenstedt (Hrsg.), Handbuch der deutschen Aktiengesellschaft, 1986/87, S. 3432, 3434.

13 Dazu näher Barbey, VersR 1985, 101 ff und Rittner, Wirtschaftsrecht, 2. Aufl., 1987, S. 565 ff.

Teile des Unternehmens, erwies sich die konglomerate Struktur als hinderlich für eine wirkungsvolle und expansive Unternehmensführung[14]. Die Verwaltung entwickelte daher den Plan, die Versicherungsaktivitäten auf eine Tochtergesellschaft mit der alten Firma „Allianz Versicherungs-AG" (neu) zu übertragen und die bisherige Gesellschaft selbst in die Funktion einer Holding mit neuer Firma (Allianz Holding AG) zu überführen[15]. Da die Versicherungsaktivitäten mit den dazugehörigen Aktiva nur etwa die Hälfte der Bilanzsumme der Allianz Versicherungs-AG (alt) ausmachten, war wiederum die Mitwirkung der Hauptversammlung nicht schon per se gegeben, §361 AktG[16]. Dennoch unterwarf die Verwaltung ihr Konzept dem Votum der Jahres-Hauptversammlung 1985 – hier gewiß auch in Kenntnis und Berücksichtigung der 1983 ergangenen Holzmüller-Entscheidung. Dementsprechend war beantragt und entsprechend positiv von der Hauptversammlung votiert worden:

„Ausgliederung des direkten Versicherungsgeschäfts
Es ist eine Änderung der Konzernstruktur durch Ausgliederung des direkten Versicherungsgeschäfts beabsichtigt ... Der Vorstand hat von der Möglichkeit Gebrauch gemacht, gemäß §119 Abs. 2 AktG die Zustimmung der Hauptversammlung zu beantragen. Vorstand und Aufsichtsrat schlagen vor zu beschließen:
Die Hauptversammlung stimmt der Übertragung des direkten Versicherungsgeschäfts zu ...[17]"

4. *Fragen*

In allen drei hier geschilderten Fällen hatten die Gesellschaften die fraglichen Beschlüsse sorgfältig vorbereitet und sowohl in als auch außerhalb der Hauptversammlung eingehend begründet. Was aber sagt das Gesetz dazu? Das nun hängt mit der Frage zusammen, um welche Art von Hauptversammlungs-Entscheidungen es dabei geht. Denn das Aktiengesetz kennt, wie oben schon

14 Darauf hat die Allianz Versicherungs-AG (alt) in dem schriftlichen Hinweis, den sie ihren Aktionären für die Hauptversammlung 1985 unterbreitete, selbst hingewiesen.

15 Die Ausgliederung einer Unternehmensfunktion unterliegt ebenfalls der Aufsicht des Bundesaufsichtsamtes für das Versicherungswesen; vgl. dazu U. Hübner, FS Stimpel, 1985, S. 791, 806 ff. Einsprüche von Versicherungsunternehmern gegen die Umstrukturierung der Allianz wurden vom Bundesaufsichtsamt für das Versicherungswesen zurückgewiesen, VerBAV 1986, 262 (noch nicht bestandskräftig).

16 Bei allen Unterschieden in den Auffassungen, wann das Tatbestandsmerkmal „ganzes Gesellschaftsvermögen" i. S. v. §361 AktG erfüllt ist, bestand und besteht Einigkeit jedenfalls insoweit, daß mehr als die Hälfte des unternehmerischen Vermögens erfaßt sein muß; die Gesellschaft darf nicht mehr in der Lage sein, „ihre in der Satzung festgelegten Unternehmensziele weiterhin, wenn auch in eingeschränktem Umfang, selbst zu verfolgen": so BGHZ 83, 122, 128 a. E.; Timm, aaO (Fn. 4), S. 114 ff; das aber hatte im Allianz-Fall fraglos ebensowenig vorgelegen wie im Thyssen-Fall.

17 Quelle: Einladung zur Jahreshauptversammlung 1985 der Allianz Versicherungs-AG.

erwähnt, reguläre Entscheide, satzungsändernde Beschlüsse und Zustimmungsbeschlüsse[18]. Um welche Art geht es hier?

Der Bundesgerichtshof hat sich bei seinem Votum für die Notwendigkeit einer Zustimmung der Hauptversammlung zu Strukturmaßnahmen vor allem auf § 119 Abs. 2 AktG gestützt und mit der im Verwaltungsrecht bekannten „Ermessensreduzierung" bezüglich des Freiraumes der Verwaltung zur Einschaltung der Hauptversammlung argumentiert[19]. Diese Norm – § 119 Abs. 2 AktG – aber ist sehr blaß und gehört ihrer Art nach zu den einfachen Hauptversammlungs-Entscheidungen[20].

Andere verstehen Grundlagenbeschlüsse – wenn sie nicht schon per se Satzungsänderungen sind, wie infolge der Kapitalherabsetzungen in den Fällen Löwenbräu AG und Varta AG – als faktische Satzungsänderung und unterstellen sie damit den Regeln für satzungsändernde Hauptversammlungs-Beschlüsse[21]. Schließlich aber kann man auch daran denken, diese Entscheide der Hauptversammlung als den „Zustimmungsbeschlüssen" am nächsten stehend zu werten, da mit ihnen – ähnlich wie bei Fusion oder Unternehmensvertrag – Maßnahmen der Verwaltung autorisiert werden; und im Falle einer Gründung von Gemeinschaftsunternehmen handelt es sich auch materiell um fusionsähnliche Vorgänge (Teilfusionen)[22].

Damit ist aber zu fragen: Wie müssen die Beschlüsse in der Tagesordnung angekündigt werden? Welche Informationen sind den Aktionären vor und welche während der Hauptversammlung zu gewähren? Und welche Mehrheiten sind für die entscheidende Hauptversammlung erforderlich?

Davon soll nunmehr gehandelt werden.

18 In der Literatur werden die satzungsändernden Beschlüsse und die Zustimmungsbeschlüsse als „Grundlagenbeschlüsse" bzw. „Grundlagenzuständigkeiten" zusammengefaßt; vgl. etwa Raiser, Recht der Kapitalgesellschaften, 1983, § 16 I 3, S. 99; K. Schmidt, Gesellschaftsrecht, 1986, § 28 IV 4 a, S. 646; Zöllner, Kölner Komm. z. AktG, 1. Aufl., § 119 Rdn. 19. Das ist für eine systematische Betrachtung sicher zutreffend; für die hier erörterten Fragen der Vorbereitung und des Ablaufs einer solchen Grundlagenentscheidung empfiehlt es sich, die Zustimmungsbeschlüsse als eigene Kategorie zu sehen, da sie gerade in der Entscheidungsvorbereitung charakteristische gemeinsame Merkmale haben, die dem „einfachen" satzungsändernden Beschluß fehlen (insbesondere Informationen).

19 BGHZ 83, 122, 131.

20 Darauf weist U. Hübner, FS Stimpel, S. 791, 795 zutreffend hin.

21 Vgl. Timm, aaO (Fn. 4), S. 130 ff; Ders., Die AG 1980, 172, 179 ff; Rehbinder, FS Coing, Bd. II, 1982, S. 423, 430; Semler, BB 1983, 1566, 1570.

22 Lutter, FS Barz, 1974, S. 199, 213 (§ 293 Abs. 1 AktG analog); ebenso U. Hübner, FS Stimpel, S. 791, 795 f; vorsichtig in diese Richtung auch Biedenkopf/Koppensteiner, Kölner Komm. z. AktG, 1. Aufl., vor § 291 Rdn. 36.

III. Vorbereitung der Hauptversammlung

1. Zum Umfang der Bekanntmachung des neuen unternehmerischen Konzeptes

a) In allen hier berichteten Fällen ging es um eine grundlegende Änderung des unternehmerischen Konzeptes: Einmal durch Teilung der Gesellschaft, beim zweiten durch die Vorbereitung von Teilfusionen, im dritten durch eine Konzernumorganisation mit dem Ziel, die Gesellschaft selbst in eine Holding-Funktion zurückzunehmen. Gewünscht und erhalten wurde die Zustimmung der Hauptversammlung zu diesen grundlegenden neuen unternehmerischen Konzepten. Mithin erforderlich war zunächst einmal deren Darstellung und Erläuterung gegenüber den eigenen Aktionären, deren Zustimmung nachgesucht wurde[23]. Eine solche Situation aus dem Verhältnis von Planung der Verwaltung und Zustimmung der Hauptversammlung ähnelt sehr stark der Situation bei einer geplanten Vermögensübertragung, bei Unternehmensverträgen oder Fusionen: Auch sie zielen auf ein neues unternehmerisches Konzept mit erheblicher Auswirkung auf die bisherige Gesellschaft; ihre Form ist „Vertrag", ihr Inhalt eine unternehmerische Neuorganisation. Für die Vorbereitung dieser Beschlüsse formuliert das Gesetz zum Teil ziemlich eingehende Regeln:

(1) Zunächst ist der „Gegenstand", über den Beschluß gefaßt werden soll, mit der Tagesordnung zusammen bekanntzumachen, § 124 Abs. 1 AktG[24];

(2) nach § 124 Abs. 2 Satz 2 AktG ist darüber hinaus bei Einberufung der Hauptversammlung der „wesentliche Inhalt des Vertrages" (scil. Vermögensübertragung, Unternehmensvertrag, Fusionsvertrag) bekanntzumachen;

(3) dieser geplante bzw. vom Vorstand bereits abgeschlossene Unternehmensvertrag, Fusionsvertrag oder Vertrag über die Vermögensübertragung ist von der Einberufung der Hauptversammlung an in den Geschäftsräumen der Gesellschaft auszulegen und auf Verlangen jedem Aktionär in Abschrift zu übersenden, §§ 293 Abs. 3 Satz 2 und 3, 340 d Abs. 2 und 4, 361 Abs. 2 AktG;

(4) und schließlich soll die Verwaltung – wie stets, so auch hier – Vorschläge zum Inhalt der Beschlußfassung machen, § 124 Abs. 3 AktG.

23 Daß eine sachgemäße Ausübung des Stimmrechts entsprechende Kenntnisse und Einsichten voraussetzt, ist unbestritten; vgl. nur Zöllner, aaO (Fn. 18), § 131 AktG Rdn. 2; Baumbach/Hueck, Komm. z. AktG, 13. Aufl., 1968, § 124 Rdn. 2; K. Schmidt, aaO (Fn. 18), § 21 III, S. 462; Wiedemann, Gesellschaftsrecht, Bd. I, 1980, § 7 II 2, S. 374 je m. w. N. Zum Umfang der Bekanntmachung der Tagesordnung unter diesen Aspekten vgl. jetzt Werner, FS Fleck, 1988, S. 401 (in diesem Buch).

24 „Tagesordnung" i. S. v. § 124 Abs. 1 AktG meint eine Kurzbezeichnung für die einzelnen Angelegenheiten, die in der Hauptversammlung Gegenstand von Verhandlungen und Beschlußfassung sein sollen; vgl. Zöllner, aaO (Fn. 18), § 124 AktG Rdn. 6; Eckardt, in: Geßler/Hefermehl/Eckardt/Kropff, Komm. z. AktG, 1974, § 124 Rdn. 8.

b) In den hier interessierenden Fällen sind „Verträge" nicht vorgesehen; es geht hier im ersten und entscheidenden Schritt vielmehr um die Einbringung von Aktiva und Passiva in eine Tochtergesellschaft, sei es mit dem Ziel ihrer „Verteilung" an die Aktionäre im Rahmen der gleichzeitig stattfindenden Kapitalherabsetzung, sei es zur Bildung eines Gemeinschaftsunternehmens mit einem Dritten, sei es zur rechtlichen Verselbständigung eines Unternehmensbereiches. Obwohl es also nicht um die Zustimmung zu einem Vertrag geht, entsprechen die Grundsätze dieser Regeln doch am ehesten der hier vorliegenden Gesamtsituation: Die Hauptversammlung soll über ein neues Konzept für einen wesentlichen Teil des Unternehmens entscheiden; und auf diese Entscheidung müssen sich die Aktionäre gründlich und anders vorbereiten können als über die Frage der Verteilung der Jahres-Dividende. Dafür aber kann die notwendigerweise kurz und allgemein gehaltene Ankündigung der Tagesordnung[25] – etwa: „Ausgliederung von Unternehmensteilen" – mit dem Vorschlag der Verwaltung, die Hauptversammlung möge dem zustimmen, bei weitem nicht genügen[26]. Entsprechend dem Grundgedanken der erwähnten Normen zu Vermögensübertragung, Unternehmensvertrag und Fusion muß daher an die Stelle dieser Verträge hier eine genaue Darstellung des Konzeptes und der geplanten Maßnahmen treten, also etwa: Welche Aktiva und welche Passiva des Unternehmens auf welche Tochtergesellschaft übergehen sollen, mit welchen Folgen für die künftige Bilanz und die künftige Struktur der Gesellschaft. Und dieses Konzept ist dann wie „der Vertrag" der §§ 291 ff, 340 ff, 361 AktG zu behandeln mit der Folge, daß es in seinem wesentlichen Inhalt, also in groben Umrissen mit der Tagesordnung bekanntzumachen ist und in seiner Langfassung, also als genaue, auf Einzelheiten eingehende Darstellung von der Einladung der Hauptversammlung an in den Geschäftsräumen der Gesellschaft auszulegen und den Aktionären auf Wunsch zuzusenden ist.

2. *Begründung des Konzeptes?*

Zur Vorbereitung der Hauptversammlung verlangt § 293 Abs. 3 Satz 5 AktG keine besondere schriftliche Vorweg-Begründung der Verwaltung bezüglich ihres Vorschlages zum Abschluß eines Unternehmensvertrages, konzentriert die Begründung also allein auf die Hauptversammlung selbst. Demgegenüber ver-

25 Diese Tagesordnung ist im Bundesanzeiger und in den sonstigen Gesellschaftsblättern im Wortlaut zu veröffentlichen, § 124 Abs. 1 Satz 1 AktG i. V. m. § 25 AktG.

26 So auch BAUMBACH/HUECK, aaO (Fn. 23), § 124 AktG Rdn. 6 und WERNER, FS Fleck, 1988, S. 401, 412 bei Fn. 41 (in diesem Buch) dann, wenn der Vorstand nach § 119 Abs. 2 AktG die Entscheidung der Hauptversammlung für an sich nicht zustimmungspflichtige Vorgänge sucht: In diesen Fällen ist nach deren Ansicht § 124 Abs. 2 Satz 2 AktG anwendbar; zurückhaltender ZÖLLNER, aaO (Fn. 18), § 124 AktG Rdn. 25.

langen die §§ 340 a, 340 d Abs. 2 Nr. 4, Abs. 4 und Abs. 5 Satz 1 AktG bei der Fusion eine solche schriftliche Begründung der Verwaltung in Form eines Berichtes, einer Darstellung der rechtlichen und wirtschaftlichen Gründe für die Fusion aus der Sicht des Vorstands[27]. Diese Begründung ist dann zusammen mit dem „Vertrag" (scil. Fusionsvertrag) in den Geschäftsräumen der Gesellschaft auszulegen und auf Anforderung von Aktionären zusammen mit dem „Vertrag" auch zu versenden.

Zweckmäßig ist eine solche schriftliche Vorweg-Begründung gewißlich auch in den hier interessierenden Fällen; fraglich ist nur, ob sie rechtlich *notwendig* ist in dem Sinne, daß ihr Fehlen ein Gesetzesverstoß wäre, der dann auch zur Anfechtbarkeit des betreffenden Beschlusses führen müßte, § 243 AktG.

Das ist tatsächlich anzunehmen. Das Aktiengesetz in seiner Fassung von 1965 kannte solche schriftlichen Begründungen und Erläuterungen im Vorstadium der Hauptversammlung zwar noch nicht. Aber diese Begründungen sind das Kennzeichen der seither eingetretenen Änderungen aufgrund der 2. und 3. EG-Angleichungs-Richtlinie[28]. Das gilt insbesondere für § 340 a AktG[29], aber auch für § 186 Abs. 4 Satz 2 AktG im Zusammenhang mit dem Ausschluß des Bezugsrechts[30]. Aus dieser Entwicklung läßt sich der Schluß ziehen, daß nach dem heutigen System und der heutigen Vorstellung des Aktienrechts, die Aktionäre, welche über wesentliche Maßnahmen der unternehmerischen Gestaltung oder ihres persönlichen Interesses zu beschließen haben, nicht *nur mit deren Inhalt, sondern auch mit den Gründen dafür* aus der Sicht der Verwaltung *vor* Beginn der Hauptversammlung vertraut sein müssen: Diese jüngeren Regeln des Aktiengesetzes bestimmen insoweit den heutigen Auslegungsgehalt des Aktienrechts[31].

Diese demnach auch hier erforderliche Begründung für die Umstrukturierung und das ihr zugrunde liegende unternehmerische Konzept ist wie dessen Darstellung selbst zu behandeln, also vom Tage der Einberufung der Hauptversammlung an in den Geschäftsräumen der Gesellschaft auszulegen und den Aktionären auf Verlangen auch zu übersenden.

27 Vgl. Priester, NJW 1983, 1459, 1461.

28 2. (Kapital-)Richtlinie vom 13. 12. 1976 mit Durchführungsgesetz vom 13. 12. 1978 abgedruckt bei: Lutter, Europäisches Gesellschaftsrecht, 2. Aufl., 1984, S. 95–111 und dazu Ders., Zur Europäisierung des deutschen Aktienrechts, FS Ferid, 1978, S. 599 ff; 3. (Fusions-)Richtlinie vom 9. 10. 1978 mit Durchführungsgesetz vom 25. 10. 1982 abgedruckt bei: Lutter, Europäisches Gesellschaftsrecht, aaO, S. 113—126 und dazu Ganske, DB 1981, 1551 ff; Timm, JZ 1982, 403, 407 ff; Priester, NJW 1983, 1459 ff.

29 Zum Verschmelzungsbericht Priester, NJW 1983, 1459, 1461.

30 Dazu Hirte, Bezugsrechtsausschluß und Konzernbildung, 1986, S. 85 ff; Lutter, ZGR 1979, 401, 407 ff; Ders., BB 1981, 861, 863.

31 Zur Auslegung des nationalen Rechts, das entsprechend einer EG-Richtlinie angeglichen wurde, Lutter, Europäisches Gesellschaftsrecht, aaO (Fn. 28), S. 19 f.

3. *Sonstige Erfordernisse*

Die neuen Fusionsregeln sehen neben der Auslage/Zusendung von Fusionsvertrag und dessen Begründung weitere Unterlagen zur Auslage/Zusendung vor, nämlich insbesondere die Jahresabschlüsse und Lageberichte der beteiligten Gesellschaften aus den letzten drei Jahren und die Berichte der Verschmelzungsprüfer nach § 340 b AktG. Vor allem letztere sind von größerer Bedeutung[32]; denn sie gehen auf die materiellen Bedingungen des geplanten Fusionsvertrages und das in ihm festgelegte Umtauschverhältnis ein. Vergleichbares findet bei einer *internen* Umstrukturierung (Allianz, Thyssen-Thyssen Stahl) nicht statt; insofern ergeben sich hier auch keine Anhaltspunkte für zusätzliche Anforderungen zur Vorbereitung solcher Beschlüsse.

Anders aber könnte es sein bei geplanten Teilfusionen, dort also, wo die interne Umstrukturierung nur Vorstufe zur Bildung etwa eines Gemeinschaftsunternehmens (Thyssen/Krupp-Edelstahl) ist. Hiervon sind die Aktionäre zwar – anders als bei der Fusion – nicht unmittelbar betroffen; ihre Mitgliedschaftsrechte bestehen unverändert fort; wohl aber werden sie mittelbar betroffen; denn ihre Mitgliedschaften beziehen sich künftig allein (Fall Hoesch) oder zum Teil (Thyssen) auf die Beteiligung an einem Gemeinschaftsunternehmen, also auf einen quasi-fusionierten Bereich[33]. Fraglich also ist, ob § 340 b AktG auf solche Fälle entsprechend anzuwenden ist mit der Maßgabe, daß von Wirtschaftsprüfern kontrolliert wird, ob die geplante Beteiligung im Gemeinschaftsunternehmen (üblicherweise 50 % zu 50 %)[34] auch den eingelegten und angenommenen Werten tatsächlich entspricht.

Man wird auch das annehmen müssen. Denn liegt ein solcher Fall einer relevanten Teilfusion vor und sind damit die Voraussetzungen für die Mitwir-

32 Dazu PRIESTER, NJW 1983, 1459, 1461 f.

33 Besonders deutlich wird die Fusionsähnlichkeit im einstigen Zusammenschluß Hoesch-Hoogovens. Die – niederländische – Zentralgesellschaft ESTEL N. V. Hoesch-Hoogovens war Inhaberin aller Aktien der *beiden* produzierenden Ausgangsgesellschaften Hoesch Werke AG (mit allen Töchtern) und Hoogovens (mit allen Töchtern). An dieser Zentralgesellschaft waren dann die deutschen Hoesch-Aktionäre mittelbar über die Hoesch AG zu 50 % beteiligt; ihre unternehmerische Beteiligung ging also auf einen (quasi) fusionierten Verbund.

Zur Darstellung des Modells vgl. LUTTER, Verhandlungen des 48. DJT, 1970, Bd. I (Gutachten), S. 50 ff, 150; DERS., Die Rechte der Gesellschafter beim Abschluß fusionsähnlicher Unternehmensverbindungen, 1974, S. 8 und DERS., FS Zweigert, 1981, S. 251 ff, 264 sowie HOFMANN, Mitbestimmung der Arbeitnehmer in Gesellschaftsorganen und grenzüberschreitende Unternehmenszusammenschlüsse in der Europäischen Gemeinschaft, Diss. Bonn, 1976.

34 So die einstigen Verbindungen AEG und Siemens bei der Kraftwerk Union AG (KWU), so Agfa-Gevaert, Fokker-VFW, Hoesch-Hoogovens und so die einst geplante Edelstahl-Verbindung Thyssen-Krupp.

kung der Hauptversammlung überhaupt erst gegeben, dann muß man sich fortdenkend auch am gesetzlichen Leitbild orientieren. Und dazu gehört heute eben auch die Werthaltigkeitsprüfung des Wirtschaftsprüfers nach § 340 b AktG.

4. *Abgrenzung der relevanten Fälle*

Sehr schwierig zu beantworten ist die Frage, unter welchen Voraussetzungen man eine relevante, nach den soeben erörterten Regeln durch die Hauptversammlung zu entscheidende Umorganisation (Ausgliederung als Tochtergesellschaft) bzw. Teilfusion anzunehmen hat. Im Holzmüller-Urteil mußte der Bundesgerichtshof diese Abgrenzungsfrage nicht näher entscheiden, da dort die Übertragung auf die Tochtergesellschaft den „wertvollsten Betriebszweig" betraf, sich „im Kernbereich der Unternehmenstätigkeit" der bisherigen Gesellschaft abspielte[35] und nach den Feststellungen des Berufungsgerichts[36] auf jeden Fall die Hälfte des unternehmerisch eingesetzten Vermögens betraf. Nach Wortlaut und Zusammenhang des Urteils sollte damit aber keine Untergrenze gefunden und festgelegt, sondern ein *insoweit* klarer Sachverhalt entschieden werden.

Zur Festlegung einer solchen Untergrenze kommen verschiedene Merkmale in Betracht, will man die Bedeutung des betroffenen Unternehmensteils im Verhältnis zum bisherigen Gesamtunternehmen ermessen: Umsatz, Ertragskraft, Anteil an der Bilanzsumme, Bedeutung für die historisch gewachsene Vorstellung vom Unternehmen.

Diesen letzteren Aspekt – historisch gewachsenes Bild vom Unternehmen – wird man stets jedenfalls mit zu berücksichtigen haben (z. B. Stahl für Thyssen, Versicherung für Allianz). Im übrigen jedoch muß man unterscheiden. Die Umorganisation (Allianz) mediatisiert zwar den Einfluß der Hauptversammlung, nicht – oder jedenfalls nicht entscheidend – aber den der Verwaltung: Statt direkter Leitung findet künftig Konzernleitung statt[37]. Anders ist es bei Teilfusionen; hier tritt ein dritter Partner voll mit in die unternehmerische Leitung und Verantwortung ein (Hoesch-Hoogovens, Thyssen-Krupp Edelstahl). Daher muß man *dort* dem gesetzlichen Grundgedanken aus § 292 Abs. 1 Nr. 2 AktG folgen, wonach die Mitwirkung der Hauptversammlung auch bei allen Teil-Gewinngemeinschaften erforderlich ist, und die hier erörterten Regeln auf alle

35 BGHZ 83, 122, 131 a. E.

36 OLG Hamburg ZIP 1980, 1000, 1005 = JZ 1981, 231 (insoweit nicht abgedruckt) mit Anm. Grossfeld.

37 Die Hauptversammlung hat also *erneut zu entscheiden,* wenn nach einer reinen Umorganisation später die Tochtergesellschaft dann doch noch in ein Gemeinschaftsunternehmen o. ä. eingebracht wird.

Teilfusionen anwenden, die über großzügig bemessene Bagatellfälle hinausgehen (z. B. weniger als 10 % vom Umsatz)[38].

Bei Strukturmaßnahmen im Unternehmen und Konzern selbst (Allianz) kann man aus den genannten Gründen – Fortdauer der alleinigen unternehmerischen Verantwortung – die Schwelle in der Regel[39] höher ansetzen und etwa von doppelten Größen ausgehen, wobei sich bei solchen Strukturmaßnahmen der Umsatz deutlich weniger als Größenmerkmal eignet als etwa der Anteil an der Bilanzsumme (betroffene Aktiva) und an der Ertragskraft[40].

IV. Verfahren und Beschlußfassung in der Hauptversammlung selbst

In der Hauptversammlung selbst sind die soeben erwähnten Unterlagen – Darstellung des Vorhabens, Berichte (Begründungen), ggf. Prüfung durch Wirtschaftsprüfer – erneut auszulegen (arg. §§ 340 d Abs. 5 Satz 1 und 293 Abs. 3 Satz 4 AktG). Darüber hinaus hat der Vorstand das geplante Vorhaben und seine Gründe dort noch eimal mündlich zu erläutern (arg. §§ 340 d Abs. 5 Satz 2 und 293 Abs. 3 Satz 5 AktG). Das aber ist nichts besonderes[41]. Probleme können sich jedoch beim Fragerecht der Aktionäre und bei den erforderlichen Mehrheiten ergeben.

1. Fragerecht

Inhalt einer solchen Strukturmaßnahme oder Teilfusion ist vordergründig die Kapitalherabsetzung oder Ausgliederung, tatsächlich aber das damit verknüpfte, das dahinter stehende neue unternehmerische Konzept. Dieses ist neben der rechtlichen Maßnahme als solcher der eigentliche Inhalt und damit der eigentliche Gegenstand der intendierten Beschlußfassung. Daher ist hier der Umfang des Fragerechts sehr weit und betrifft nicht nur die rechtliche Gestaltung,

38 Vgl. Lutter, FS Barz, 1974, S. 199, 214 (weniger als 10 % vom Umsatz); Ders., FS Stimpel, 1985, S. 825, 850; Gessler, FS Stimpel, S. 771, 787 (10 % vom Grundkapital oder Eigenkapital); Timm, aaO (Fn. 4), S. 162 f ohne nähere Zahlen.

39 Die Regel gilt z. B. dann nicht, wenn mehr oder minder gleichzeitig mehrere kleine Bereiche ausgegliedert werden.

40 Also stets dann, wenn 20 % der Aktiva oder der gemittelten Erträge der letzten 20 Jahre betroffen sind; vgl. bereits Lutter, FS Stimpel, S. 825, 850 (20–25 %); a. A. Gessler, FS Stimpel, S. 771, 787, der gerade auch die Strukturmaßnahmen jenseits der 10%-Grenze für hauptversammlungspflichtig ansieht.
Bei der Ermittlung der Zahlen sind allerdings Sonderbewegungen wie ein wichtiger „Investitionsausschub" zu berücksichtigen, vgl. Lutter, FS Stimpel, S. 825, 851.

41 Vgl. dazu etwa Biedenkopf/Koppensteiner, aaO (Fn. 22), § 293 AktG Rdn. 17 f und Koppensteiner, aaO (Fn. 7 a), § 293 AktG Rdn. 22.

sondern alle Elemente der damit erstrebten neuen unternehmerischen Ziele und Vorteile: Weshalb und mit welchen Kostenfolgen ist die gesellschaftsrechtliche Ausgliederung eher erstrebenswert als die rein unternehmensinterne Organisation in Bereiche (Divisions); weshalb und mit welchen erhofften Vorteilen ist der unternehmerische Zusammenschluß mit einem bisherigen Wettbewerber günstig; welche besonderen und zusätzlichen vertraglichen Abreden bestehen mit dem künftigen Partner[42] und welche steuerlichen Vor- und Nachteile sind zu bedenken etc.

Aber das Auskunftsrecht geht bei geplanten fusionsähnlichen Maßnahmen (Thyssen/Krupp) noch deutlich weiter und schließt auch Fragen zu den unternehmerischen Teilen ein, die von dem anderen Partner/Unternehmen in das Gemeinschaftsunternehmen eingebracht werden sollen. Das macht der neue § 340 d Abs. 6 AktG heute mit aller notwendigen Klarheit deutlich[43].

Und schließlich dürfte die Verwaltung in diesem Zusammenhang kaum einmal berechtigt sein, die Auskunft nach § 131 Abs. 3 AktG[44] zu verweigern: Es wäre ein Widerspruch in sich, von der Hauptversammlung die Zustimmung zu verlangen, ihr gleichzeitig aber wesentliche Informationen zu dem Projekt unter Hinweis auf unternehmerische Nachteile zu versagen. Die Vorschrift des § 131 Abs. 3 Nr. 1 AktG ist schon ihrem Wortlaut nach auf Abwägung eingestellt („vernünftige kaufmännische Beurteilung", „nicht unerheblicher Nachteil"); das verlangt dann aber auch eine Berücksichtigung der Bedeutung des fraglichen Gegenstandes[45]; und da unterscheidet sich eben eine Teilfusion oder Strukturmaßnahme wesentlich etwa von einer jährlich wiederholten Entlastung.

2. *Erforderliche Mehrheit*

Der Bundesgerichtshof[46] hat, wie oben schon erwähnt[47], das Erfordernis einer Mitwirkung der Hauptversammlung bei Strukturmaßnahmen auf § 119 Abs. 2 AktG gestützt und sich damit nicht auf eine Analogie zu den §§ 179 Abs. 2 (Satzungsänderung), 340 c Abs. 2 (Fusion) und 361 Abs. 1 Satz 2 AktG (Vermö-

42 Vgl. BGHZ 82, 188, 198 f (Hoesch-Hoogovens), wo der nicht ausreichend bekanntgemachte Grundvertrag Abmachungen über Gewinnpoolung und -ausschüttung, gemeinsame Stimmrechtsausübung, Verwendung von Eigenkapital und Fremdmitteln usw. enthielt; die ablehnende Entscheidung des OLG Hamm auf die Anfechtungsklage mußte daher aufgeboten werden.

43 Zum alten Verschmelzungsrecht vgl. bereits Kraft, aaO (Fn. 7 a), § 340 AktG Rdn. 15.

44 § 131 Abs. 3 AktG ist als lex generalis an sich auf den Auskunftsanspruch nach § 340 d Abs. 6 AktG anwendbar, vgl. Begr. RegE § 328 (§ 340 Abs. 4 a. F.) AktG, bei Kropff, Aktiengesetz, 1965, S. 457.

45 Dazu BGHZ 86, 1, 18 ff; K. Schmidt, aaO (Fn. 18), § 28 IV 3 c, S. 643 m. w. N.

46 BGHZ 83, 122, 131.

47 Unter II. 4.

gensübertragung) eingelassen, ist mithin vom Erfordernis der einfachen Mehrheit ausgegangen. Die Verwaltungen in den hier berichteten Fällen sind dem gefolgt und haben sich jeweils auch auf § 119 Abs. 2 AktG berufen.

Die Entscheidung, ob es damit bei der einfachen Mehrheit verbleibt oder trotz Ablehnung der Analogie und trotz des Hinweises auf § 119 Abs. 2 AktG die satzungsändernde Mehrheit erforderlich ist, erscheint ausgesprochen schwierig[48]; denn es handelt sich tatsächlich nicht um einen Unternehmensvertrag, eine Fusion oder eine Vermögensübertragung. Andererseits aber ist es eben auch keine mehr oder minder wichtige Maßnahme der allgemeinen Geschäftsführung – wie sie § 119 Abs. 2 AktG ganz offenbar im Auge hat[49] –, sondern eine Strukturmaßnahme, welche auch in der Sicht des Bundesgerichtshofs die Rechtsfolge aus § 119 Abs. 2 AktG vom „Kann" zum „Muß" befördert[50]. Tatsächlich ist die Entscheidung zwischen diesen beiden Polen doch nicht so schwierig, wie sie zunächst erscheint. Denn § 292 AktG stellt „Teil"-Unternehmensverträge wie den Teil-Gewinnabführungsvertrag oder die Teil-Gewinngemeinschaft den „eigentlichen" Unternehmensverträgen gleich und damit den Regeln über *satzungsändernde Beschlüsse.* Diesen Ansatz kann man jedenfalls für Teilfusionen aufnehmen[51]; man kann und sollte diesen Rechtsgedanken aber auch aufnehmen für unternehmens(konzern-)interne Umstrukturierungen; denn insoweit handelt es sich um Maßnahmen, die der Satzungsänderung ebenso nahestehen wie die Fälle des § 292 AktG dem eigentlichen Unternehmensvertrag nahestehen. Darüber hinaus hat *Geßler*[52] in einer sorgfältigen Analyse nachgewiesen, daß die Gesetzgeber des AktG 1937 und des AktG 1965 alle ihnen vertrauten „Strukturmaßnahmen" dem Votum der Hauptversammlung und – so muß man die Überlegungen *Geßlers* fortführen – jeweils mit satzungsändernder Mehrheit unterworfen haben. Deutlich näher als der Hinweis auf § 119 Abs. 2 AktG – dessen einfacher Hauptversammlungsbeschluß bei Teilfusionen sofort durch §§ 292, 293 AktG in vielfacher Hinsicht modifiziert werden müßte – liegt daher der Gedanke einer *Gesamtanalogie,* wie er von *Rehbinder*[53] erstmals vorgetragen und von *Geßler*[54] aufgenommen worden ist.

48 Instruktiv die Vorgehensweise von Timm, aaO (Fn. 4), der beim Konzernaufbau regelmäßig den Unternehmensgegenstand betroffen sieht, S. 117 ff und passim, bei Strukturveränderungen im bestehenden Konzern dagegen die Lösung in einer Ermessensreduzierung des § 119 Abs. 2 AktG sieht, S. 175 ff.

49 Eingehend dazu Gessler, FS Stimpel, S. 771, 773 ff.

50 Die Frage nach der erforderlichen Mehrheit brauchte in BGHZ 83, 122, nicht beantwortet zu werden (S. 140), offen auch bei Timm, aaO (Fn. 4), S. 165 ff.

51 So bereits oben III. 5. bei Erörterung der relevanten Fälle.

52 Gessler, FS Stimpel, S. 771, 779 ff und besonders S. 786.

53 Rehbinder, ZGR 1983, 92, 98.

54 Gessler, FS Stimpel, S. 771, 786.

Folgt man diesen Überlegungen, so gelten für alle diese Beschlüsse die gesetzlichen Regeln des § 179 AktG entsprechend einschließlich etwaiger statutarischer Erschwerungen, aber ohne die Möglichkeit einer Reduzierung der Dreiviertel-Kapitalmehrheit (arg. §§ 179 Abs. 2 Satz 2, 293 Abs. 1 Satz 3, 340 c Abs. 2 Satz 2 AktG).

V. *Sichernde Maßnahmen im Kontext von Strukturbeschlüssen*

Konzernbildung führt unabdingbar zur Mediatisierung des Aktionärseinflusses und zur Stärkung der Verwaltungsmacht. Das sind, aus den Urteilsgründen deutlich erkennbar, die eigentlichen und zentralen Gründe, die den Bundesgerichtshof zu seiner Rechtsfindung – Notwendigkeit der Mitwirkung der Hauptversammlung – im Holzmüller-Urteil gebracht haben[55]. Nun kann es sein, daß die Verwaltung oder die Aktionäre die fragliche Maßnahme zwar akzeptieren, ihre Folgen – eben diese Mediatisierung ihres Einflusses – aber einschränken wollen. So könnte etwa den Aktionären von Thyssen oder Allianz daran gelegen sein, daß die Verwaltung weder die 100%ige Beteiligung an der Thyssen Stahl AG (Allianz Versicherungs-AG) noch die Beteiligung am Edelstahl-Gemeinschaftsunternehmen veräußern darf. Andererseits könnte die Verwaltung etwa von Allianz daran interessiert sein, ihre zum Teil großen und sehr einflußreichen Aktionäre von der Sorge zu befreien, künftig würden doppelte Rücklagen gebildet – bei der Versicherungstochter ebenso wie bei der Holding – und damit Dividenden geschmälert[56]. Zwei Lösungen für diese naheliegenden Probleme kommen in Betracht: Erklärungen der Verwaltung und statutarische Festlegungen.

1. *Erklärungen der Verwaltung und ihre rechtliche Bedeutung*

Zeichnen sich im Vorfeld der Beratungen Bedenken der einflußreichen Aktionäre in der erwähnten Art ab, so könnte die Verwaltung vorschlagen, öffentlich etwa folgendes zu erklären:

a) Sie werde die Beteiligung der Thyssen AG an der Thyssen Stahl AG (am Edelstahlverbund) weder ganz noch teilweise ohne Zustimmung der Hauptversammlung der Thyssen AG veräußern;

55 BGHZ 83, 122, 131 und besonders S. 139.
56 Zu dieser – höchst umstrittenen – Problematik zuletzt Lutter, FS Goerdeler, 1987, S. 327 ff einerseits und Goerdeler, Wpg 1986, 229 ff sowie Westermann, FS Pleyer, 1986, S. 421 ff andererseits.

b) sie habe nicht die Absicht, die bisherige Rücklagenpolitik zu ändern, und werde daher die notwendige Rücklagenbildung bei der Thyssen Stahl AG angemessen bei der Bildung von Rücklagen nach § 58 Abs. 2 AktG in der Thyssen AG selbst berücksichtigen.

Verboten sind solche Erklärungen gewiß nicht[57]. Entscheidend aber ist die Frage, ob *solche* Erklärungen *die Gesellschaft* und damit ihre jeweilige Verwaltung binden; denn nur dann können die Aktionäre sicher sein, daß solche Erklärungen auch den Wechsel des derzeitigen Vorstands und der derzeitigen Aufsichtsratsmitglieder über die Jahre hin überstehen werden. Im Rahmen dieser Betrachtung kommt es also allein auf die rechtliche Relevanz solcher Erklärungen an – ohne daß der Verfasser darüber vergißt, wie stark außerrechtliche Faktoren, etwa das Ansehen der Gesellschaft und ihrer Verwaltung etc. gerade in solchen Zusammenhängen eine Rolle spielen *können*, aber eben nicht müssen.

Eine *rechtliche Bindung* der Gesellschaft durch Erklärungen solcher Art ist nicht möglich. Es gilt, zwischen Dritterklärungen und Binnenerklärungen zu unterscheiden. In ihrem Verhältnis zu Dritten kann der Vorstand – von wenigen, im Gesetz ausdrücklich genannten Fällen abgesehen (z. B. Fusionsvertrag) – für die Gesellschaft rechtlich bindende Erklärungen stets abgeben[58]. Er kann aber durch solche Erklärungen nicht das vom Gesetz festgelegte Kompetenzgefüge *in der Gesellschaft* ändern; das steht nicht zu seiner Disposition. Das aber wäre im Hinblick auf die Einschränkung seiner Freiheit aus § 76 AktG die Folge, wäre die Erklärung im Verhältnis zur Hauptversammlung bindend.

Im übrigen: Die Verwaltungsorgane einer Aktiengesellschaft sind zu ordnungsgemäßer Geschäftsführung verpflichtet, § 93 Abs. 1 AktG. Was das im einzelnen bedeutet, läßt sich für die Zukunft – und das heißt für alle Zukunft der betroffenen Gesellschaft – nicht festlegen. Daher ist es gerade der Sinn von § 23 Abs. 5 AktG einerseits (sehr eingeschränkte Satzungsautonomie in der AG), von § 76 AktG andererseits (Autonomie des Vorstands in der Führung der Gesellschaft), den Vorstand – und entsprechend auch Aufsichtsrat und Hauptversammlung – von *gesellschaftsinternen* Zukunftsbindungen solcher Art frei zu halten. Vorstände dürfen daher nicht nur keine Erklärungen dieser Art abgeben, sondern *sie können es überhaupt nicht:* Erklärungen dieser Art wären a priori unverbindlich. Die gesetzliche Ermächtigung zur Rücklagenbildung in der eigenen Gesellschaft ist ebenso wie die autonome Führung der Geschäfte der

57 Vgl. etwa die öffentliche Erklärung des Vorstands der Deutsche Bank AG in den Geschäftsberichten 1980 (S. 50) und 1981 (S. 52) zur Sicherung der Zahlungsfähigkeit ihrer Bank-Beteiligungsgesellschaften: „Im Rahmen unserer Quote tragen wir in den vorgenannten Fällen dafür Sorge, daß die betreffenden Unternehmen ihre Verbindlichkeiten erfüllen können."

58 Daher ist die rechtliche Bindung der Deutsche Bank AG an die soeben (Fn. 57) zitierte Erklärung ihres Vorstands außer Frage.

Gesellschaft nach § 76 AktG zwingend der Verwaltung zugewiesen, steht nicht zur Disposition der Aktionäre: Die Verwaltung kann auf diese Verwaltungsmacht ebensowenig verzichten wie auf ihr Leitungsrecht aus § 76 AktG.

Aus diesen Ausführungen erhellt zugleich, daß ausdrücklich unverbindlich formulierten Erklärungen solcher Art keine rechtlichen Bedenken entgegenstehen. Das liegt auf der Hand, bedeutet aber, daß sie schon ihrem Inhalt nach gar nicht den Versuch machen, die Gesellschaft wirklich und rechtlich zu binden.

2. *Statutarische Gestaltung*

Haben Erklärungen der dargestellten Art nur allgemeine, das heißt gesellschaftliche, aber keine rechtliche Relevanz, so kommt der Frage nach der Möglichkeit statutarischer Gestaltung gesteigertes Gewicht zu.

a) Rücklagenbildung

Geht man der Einfachheit halber einmal im Thyssen-Fall (Allianz-Fall) davon aus, daß der Stahl-Bereich (Versicherungsbereich) nicht nur 50 % des unternehmerischen Vermögens, sondern auch 50 % der Erträge der Thyssen AG (Allianz AG) vor der Ausgliederung ausgemacht hat, so mindert sich der selbsterwirtschaftete Ertrag der Thyssen AG (Allianz AG) als „Dividendenlieferant" ihrer Aktionäre nach der Ausgliederung auf 50 % des bisherigen Umfangs. Ob und wieviel der Ertrag der Thyssen AG (Allianz AG) darüber hinaus ansteigt, hängt ausschließlich von der künftigen Ausschüttungspolitik in der Thyssen Stahl AG (Allianz Versicherungs-AG) ab (Kontinuität der Erträge einmal unterstellt). Dort aber kann die eigene Verwaltung der Thyssen Stahl AG (Allianz Versicherungs-AG) bis zu 50 % ihres Jahresüberschusses nach § 58 Abs. 2 AktG, die Verwaltung der Thyssen AG (Allianz Holding AG) als Hauptversammlung ihrer fraglichen Tochter über § 58 Abs. 3 AktG die anderen 50 % ganz oder teilweise thesaurieren. Ist eine Satzungsbestimmung denkbar, die das eine oder das andere verbietet?

aa) Die Satzung einer Aktiengesellschaft (hier: der Thyssen Stahl AG bzw. der Allianz Versicherungs-AG) kann zwar die Kompetenz der Verwaltung zur Rücklagenbildung nach § 58 Abs. 2 AktG erweitern und sie kann sogar bestimmen, daß der Bilanzgewinn ganz oder teilweise einem Dritten (z. B. Rotes Kreuz) zukommen soll; sie kann aber weder die gesetzliche Regelkompetenz der Verwaltung aus § 58 Abs. 2 AktG (50 % des in gewisser Weise korrigierten Jahresüberschusses) einschränken noch die eigene Hauptversammlung (hier: der Tochtergesellschaft) verpflichten, den verbleibenden Bilanzgewinn auf jeden Fall (hier: an die Muttergesellschaft) auszuschütten. Über die Vernunft dieses gesetzlichen Konzeptes mag man streiten[59]; doch ist das Konzept so festgelegt und kann durch die Satzung nicht geändert werden, § 23 Abs. 5 Satz 1 AktG. Das ist aufgrund der klaren Aussagen während der Entstehung der Norm[60] unstreitig und wird deshalb in der Literatur auch nicht mehr weiter problematisiert[61].

bb) Das Gleiche gilt für die Satzung der Obergesellschaft, in den Beispielsfällen also der Thyssen AG oder der Allianz Holding AG: Sie kann den Vorstand nicht zu einem bestimmten Verhalten in der Tochtergesellschaft verpflichten[62]. Insoweit geht es um die Geschäftsführung der Obergesellschaft (Thyssen AG bzw. Allianz Holding AG) in der Form der Verwaltung ihres Beteiligungsbesitzes (Beschluß über Ausschüttungen bei einer Tochtergesellschaft)[63].

Hätte hier die Satzung einer Obergesellschaft Ordnungs- und Festlegungskompetenz, so wäre das zugleich eine nahezu beliebig fortsetzbare Einschränkung der autonomen und eigenverantwortlichen Geschäftsführungsbefugnis des Vorstands, wie sie § 76 AktG nachdrücklich hervorhebt. Das aber, de facto also die Verlagerung von Geschäftsführungskompetenz der Verwaltung und insbesondere des Vorstands auf die Hauptversammlung ist vom Gesetz gerade nicht gewollt. Daher ist auch in der Obergesellschaft eine Satzungsbestimmung eben des Inhalts, die Verwaltung sei gehalten, für weitestgehende Ausschüttungen des Jahresüberschusses in der Tochtergesellschaft zugunsten der Obergesellschaft zu sorgen o. ä., nicht möglich und, falls doch beschlossen und eingetragen, nach § 241 Nr. 3 AktG sogar *nichtig*[64]; denn genau das – die Veränderung der Kompetenzstruktur durch Satzung – würde dem Wesen der Aktiengesellschaft nach dem Inhalt des Aktiengesetzes widersprechen.

59 Vgl. Hefermehl/Bungeroth, in: Geßler/Hefermehl/Eckardt/Kropff, Komm. z. AktG, 1983, § 58 Rdn. 3–10 mit zahlreichen weiteren Nachw. auch zur Diskussion um § 58 im Zuge der Aktienrechtsreform 1965 sowie Lutter, Kölner Komm. z. AktG, 2. Aufl., 1988, § 58 Rdn. 18 ff.

60 Begr. RegE § 55 (jetzt § 58) AktG bei Kropff, aaO (Fn. 44), S. 74 sowie dort der Ausschußbericht S. 76.

61 Vgl. Barz, Großkomm. z. AktG, 3. Aufl., 1970, § 23 Anm. 18; Lutter, aaO (Fn. 59), § 58 AktG Rdn. 26 sowie 35 und 36; Hefermehl/Bungeroth, aaO (Fn. 59), § 58 AktG Rdn. 38; Godin/Wilhelmi, Komm. z. AktG, 4. Aufl., 1971, § 58 Anm. 3.

62 Vgl. dazu und zum Folgenden Hefermehl, in: Geßler/Hefermehl/Eckardt/Kropff, Komm. z. AktG, 1973, § 82 Rdn. 27; Eckardt, aaO (Fn. 24), § 119 AktG Rdn. 17; Meyer-Landrut, Großkomm. z. AktG, 3. Aufl., 1973, § 76 Anm. 6; Barz, Großkomm. z. AktG, 1972, § 119 Anm. 7; Mertens, Kölner Komm. z. AktG, § 76 Rdn. 4; Zöllner, aaO (Fn. 18), § 119 AktG Rdn. 43.

63 Zur Beteiligungsverwaltung ist der Vorstand der Obergesellschaft nicht nur berechtigt, sondern auch verpflichtet; umfassend dazu Hommelhoff, Die Konzernleitungspflicht, 1982, S. 53 f, 104 ff; zuvor schon Lutter, FS Westermann, 1974, S. 347, 357; Timm, aaO (Fn. 4), S. 96.

64 Zur Nichtigkeit von Hauptversammlungsbeschlüssen nach § 241 Nr. 3 AktG vgl. Hoffmann, Die AG 1980, 141 ff und Huber, FS Coing, Bd. II, 1982, S. 167 ff.

cc) Damit müssen wir feststellen: Es gibt keine die Verwaltung von Rechts wegen bindende Regel sei es der Satzung, sei es öffentlicher Erklärungen der Verwaltung selbst, die diese verpflichten könnte, die Thesaurierungspolitik im Konzern in bestimmter Weise zu handhaben. Da das so ist, wird erneut deutlich, daß die Lösung dieses Problems eben auch nur auf der Ebene des Gesetzes und seiner Interpretation und nicht der Gestaltung durch Satzung gesucht und gefunden werden kann.

Allerdings: Nichts steht entgegen, geltendes Recht, also etwa Normen des Aktiengesetzes, in der Satzung *deklaratorisch* zu wiederholen. Das geschieht vielfach[65]. Daher steht nichts entgegen, in die *Satzung der Obergesellschaft* den geltenden, wenn auch *ungeschriebenen Rechtssatz*[66] aufzunehmen, der die Berücksichtigung von im Konzern bereits gebildeten Rücklagen bei der Inanspruchnahme von § 58 Abs. 2 AktG durch die Verwaltung der Obergesellschaft regelt: Was sowieso gilt, muß zwar nicht Inhalt der Satzung sein, schadet dort aber auch nicht, sondern nützt gerade bei ungeschriebenem Recht.

b) Sicherung des Beteiligungsbesitzes

aa) Für Erklärungen der Verwaltung in bezug auf den Beteiligungsbesitz gilt das bereits oben a) zur Rücklagenbildung Gesagte.

bb) Damit bleibt die Frage, ob wenigstens hier eine statutarische Gestaltung denkbar ist, welche eine Verfügung der Verwaltung über diesen Besitz ausschließt. Als normale „Anweisung“ scheidet sie hier aus den gleichen Gründen aus, wie sie soeben zur Thesaurierungspolitik ausgeführt wurden.

Fraglich aber ist, ob das Halten eines bestimmten Beteiligungsbesitzes, also die 100%ige Beteiligung der Thyssen AG an der Thyssen Stahl AG bzw. der Allianz Holding AG an der Allianz Versicherungs-AG oder die 50%ige Beteiligung der Thyssen AG am einst geplanten Edelstahl Gemeinschaftsunternehmen mit Krupp oder die 25,01%ige Beteiligung der Mercedes Automobil-Holding AG an der Daimler Benz AG zum statutarischen „Gegenstand“ der Gesellschaft erhoben werden können. Dieser Gegenstand der Gesellschaft ist verpflichtende Leitlinie des Handelns ihrer Verwaltung, die jedenfalls das „Dürfen“ des Vorstands, wenn auch nicht sein rechtliches „Können“, kanalisiert und beschränkt[67].

65 Etwa wenn man in den Satzungen von Aktiengesellschaften wortgleich mit § 78 Abs. 1 AktG den Satz liest: „Der Vorstand vertritt die Gesellschaft gerichtlich und außergerichtlich.“
66 Vgl. bei Lutter, FS Goerdeler, 1987, S. 327, 340.
67 Vgl. K. Schmidt, aaO (Fn. 18), § 4 II 3 b, S. 53; Timm, aaO (Fn. 4), S. 22 ff m. w. N.; Wiedemann, aaO (Fn. 23), § 6 III 1, S. 329; Würdinger, Aktienrecht und das Recht der verbundenen Unternehmen, 4. Aufl., 1981, § 10 II 1 b, S. 40 f.

Sollte es also möglich sein, die Innehabung und das Halten dieser Aktien als *statutarischen Gegenstand* festzulegen, so wäre jede Veräußerung auch nur einer Aktie eine Pflichtverletzung des Vorstands.

Mit der nach § 23 Abs. 3 Nr. 2 AktG notwendigen Festlegung des „Gegenstandes" der Gesellschaft in der Satzung ist zunächst einmal die Branche (hier also Stahl, Versicherung) zu nennen, in der die Gesellschaft tätig sein soll. Darüber hinaus kommt es aber auch darauf an, als was die Gesellschaft in dieser Branche tätig wird: als Produzent oder Verwalter, als Händler oder Berater. Und schließlich ist es von Bedeutung, ob die Gesellschaft selbst tätig wird oder mittels anderer Unternehmen, an denen sie (nur) beteiligt ist[68]. Daher ist es nicht nur zulässig, sondern – wenn gewollt – geradezu erforderlich, daß die Satzung der Verwaltung ausdrücklich erlaubt, den ihr vorgegebenen Gegenstand nicht (nur) durch eigenes Handeln zu verwirklichen, sondern sich dabei (auch) der Möglichkeit zu bedienen, mittels und durch andere Unternehmen zu handeln[69].

Akzeptiert man diese Sehweise, so ist aber auch zu bedenken, daß die Art und Weise einer solchen mittelbaren Tätigkeit davon abhängt, wie diese gesellschaftsrechtlich organisiert ist. Sind, wie in unseren Beispielen, die Tochtergesellschaften in der Rechtsform von Aktiengesellschaften organisiert, so wird das besonders deutlich: Sollte zwischen Mutter- und Tochtergesellschaft ein Unternehmensvertrag geschlossen werden und würde dann ein Dritter Aktien der Tochter erwerben, so hätte das unabdingbar die Auflösung dieses Unternehmensvertrages zur Folge, § 307 AktG[70]. Und bestünde kein Unternehmensvertrag, so müßten die beiden beteiligten Gesellschaften erst recht und in besonderer Weise bei der Unternehmensführung auf die Interessen von (künftigen) Minderheitsaktionären achten und wären zugleich ständig einem natürlichen Mißtrauen, entsprechenden Fragen (§ 131 Abs. 1 Satz 2 AktG) und sogar der Gefahr von Klagen ausgesetzt (§§ 317 Abs. 4, 318 Abs. 4, 309 Abs. 3–5 AktG)[71]. *Die Höhe der Beteiligung*, insbesondere also der Ausschluß von Minderheitsaktionären in einer 100%igen Beteiligungsgesellschaft, wirkt sich also von Rechts wegen ganz

68 Vgl. zum ganzen BARZ, aaO (Fn. 61), § 23 AktG Anm. 11; ECKARDT, in: Geßler/Hefermehl/Eckardt/Kropff, Komm. z. AktG, 1984, § 23 Rdn. 59 ff; KRAFT, Kölner Komm. z. AktG, 2. Aufl., 1986, § 23 Rdn. 46 ff.

69 Unstreitig; vgl. nur KRAFT, aaO (Fn. 68), § 23 AktG Rdn. 47; ECKARDT, aaO (Fn. 68), § 23 AktG Rdn. 62; TIMM, aaO (Fn. 4), S. 88 ff; WERNER, ZHR 147 (1983), 428, 441; HEINSIUS, ZGR 1984, 383, 406 ff.

70 Vgl. dazu H. WILHELM, Die Beendigung des Beherrschungs- und Gewinnabführungsvertrages, 1976, S. 21 f; auf diese Rechtsfolge hat auch die Allianz Versicherungs-AG (alt) ihre Aktionäre in der Informationsbroschüre mit Nachdruck hingewiesen, in der sie eine entsprechende Satzungsänderung vorschlug und erläuterte.

71 Anschauliche Übersicht zu den Minderheitsrechten bei ZANKEL, BB 1978, 1755; allgemein zum Minderheitenschutz WIEDEMANN, aaO (Fn. 23), § 8, S. 404 ff sowie K. SCHMIDT, aaO (Fn. 18), § 16 III, S. 350 ff.

nachdrücklich auf die Möglichkeit einer Koordination zwischen Unternehmen und damit auf die Art und Weise einer solchen mittelbaren unternehmerischen Tätigkeit aus.

Kann und muß der Satzungsgeber die Frage der unmittelbaren oder nur mittelbaren Tätigkeit über Beteiligungsgesellschaften regeln, so muß er auch berechtigt und in der Lage sein, dieses spezielle „Wie" der unternehmerischen Tätigkeit zu ordnen: Die Höhe der Beteiligung hat Rechtsqualität und beeinflußt das „Wie" der (mittelbaren) unternehmerischen Tätigkeit[72]. Anders gewendet: Der Satzungsgeber, der das „Wie" der unternehmerischen Tätigkeit festzulegen berechtigt ist, muß dann auch befugt sein, genauere Regeln zur Sicherung eben dieser Tätigkeit festzulegen, also zu bestimmen: mindestens 25%ige Beteiligung an X; mehrheitliche Beteiligung an Y, 100%ige Beteiligung an Z[73].

cc) Aber auch in diesem Zusammenhang gilt es zu bedenken, daß es der Satzung nicht verboten sein kann, geltendes Recht (deklaratorisch) zu wiederholen. Strukturmaßnahmen aber bedürfen per se der Zustimmung der Hauptversammlung mit satzungsändernder Mehrheit[74]. Insoweit diese gemeint sind, können sie in der Satzung auch außerhalb des „Gegenstandes" der Gesellschaft erwähnt werden und zwar ebenso allgemein („Wesentliche Strukturmaßnahmen bedürfen der Zustimmung der Hauptversammlung nach den Regeln der Satzungsänderung") wie in konkreter Ausformung der allgemeinen Norm („Die Veräußerung von Aktien der Thyssen Stahl AG oder des Unternehmens dieser Gesellschaft bedarf...")[75]. Problematisch sind hier allerdings Grenzfälle: Thyssen Stahl AG ist für Thyssen gewiß ebenso ein nach Art und Größe relevanter Bereich wie die Allianz Versicherungs-AG (neu) für die Allianz Holding AG. Gilt das Gleiche aber notwendigerweise auch für die (einst geplante) 50%ige Beteiligung der Thyssen AG am Edelstahl-Verbund mit Krupp? Man sollte hier der Satzung einen Raum der verbindlichen Interpretation einräumen derart, daß – innerhalb vernünftiger Grenzen – jedenfalls das von ihr als für die Gesellschaft relevant Bezeichnete auch als relevant akzeptiert und nicht als zu unbedeutend angesehen wird[76]. Umgekehrt aber ist Vorsicht geboten; die Satzung kann

72 Vgl. Timm, aaO (Fn. 4), S. 95.
73 Vgl. Timm, aaO (Fn. 4), S. 95; Werner, ZHR 147 (1983), 429, 450; Heinsius, ZGR 1984, 383, 407.
74 Oben unter IV. 2.
75 Vgl. dazu auch Werner, ZHR 147 (1983), 429, 451 und Heinsius, ZGR 1984, 383, 407 f, die beide ebenfalls die Frage diskutieren, ob eine Satzungsbestimmung zu Beteiligungen auch außerhalb der Regelung des Unternehmensgegenstandes möglich ist.
76 So wohl auch Martens, ZHR 147 (1983), 377, 393.

relevante Strukturmaßnahmen gewiß nicht von der notwendigen Zustimmung der Hauptversammlung ausnehmen[77]. Daher sollte man relevante Elemente und Maßnahmen in der Sicht des Satzungsgebers durchaus nennen, aber davon Abstand nehmen, in die Satzung eine Art „Negativkatalog" darüber aufzunehmen, was – angeblich – alles nicht Strukturmaßnahmen oder Teilfusionen in diesem Unternehmen sind.

77 Insoweit a. A. MARTENS, ZHR 147 (1983), 377, 393, der eine Satzungsbestimmung für zulässig hält, nach der der Vorstand ohne Mitwirkung der Hauptversammlung über die Ausgliederung des wesentlichen Unternehmensvermögens entscheiden kann.

Der Grundsatz gemeinsamer Vorstandsverantwortung

von

Professor Dr. Klaus-Peter Martens, Hamburg

Inhaltsübersicht

Die spektakulären Vorfälle im Bereich der Volkswagen AG haben auf der Vorstandsebene vorerst zu einer einseitigen Schuldzuweisung gegenüber dem für das Finanzressort zuständigen Vorstandsmitglied und zu einem „Freispruch“ für die übrigen Vorstandsmitglieder geführt. Dieses unterschiedliche Entlastungsverhalten der Hauptversammlung ist zwar vor allem als Ausdruck politischer Verantwortungsverteilung zu verstehen[1]. Es ist aber unverkennbar, daß mit diesem gespaltenen Votum auch eine unterschiedliche rechtliche Beurteilung beabsichtigt ist[2]. Damit wird der Vorstand in verschiedene Verantwortungsträger aufgeteilt, die je für sich ihr eigenes rechtliches Schicksal tragen. Dieses

1 Wegen des § 120 Abs. 2 Satz 2 AktG liegt in dieser politischen Bekundung die wesentliche Bedeutung des Entlastungsbeschlusses; dazu im einzelnen Zöllner, Kölner Komm. z. AktG, § 120 Rdn. 21 ff, dessen weitergehende Ansicht, die Entlastung diene überhaupt nicht dem Interesse des Verwaltungsmitglieds, sondern ausschließlich dem Interesse der Gesellschaft, ihrer Aktionäre und der Öffentlichkeit, offensichtlich unrichtig ist. Verkannt wird insbesondere die unmittelbare persönliche und organpolitische Betroffenheit des Vorstandsmitglieds; dazu eindringlich Barz, Großkomm. z. AktG, § 120 Anm. 7.

2 Die rechtlichen Wirkungen des Entlastungsbeschlusses sind allerdings im Aktienrecht relativ gering. Die wichtigste Folge einer Entlastungsverweigerung besteht in dem damit eröffneten Widerrufsrecht des Aufsichtsrats nach § 84 Abs. 3 Satz 2 AktG – so Eckardt, in: Geßler/Hefermehl/Eckardt/Kropff, Komm. z. AktG, § 120 Rdn. 45; Barz, aaO (Fn. 1), § 120 AktG Anm. 6; a. A. Zöllner, aaO (Fn. 1), § 120 AktG Rdn. 42. Zu den Rechtswirkungen im GmbH-Recht BGHZ 94, 324.

Verständnis entspricht in vieler Hinsicht den tatsächlichen Organisationsbedingungen innerhalb der Großunternehmen, insbesondere den außerordentlich umfänglichen Einzelzuständigkeiten. Nicht selten umfaßt das Einzelressort einen Verantwortungsbereich, der gleichsam ein eigenes Unternehmen innerhalb des Gesamtunternehmens darstellt. Diese Entwicklung ist vor allem durch die heute vielfach praktizierte Spartenorganisation ausgelöst worden[3]. Demgegenüber entspricht die nach Leitungsfunktionen gegliederte Vorstandsorganisation weit mehr dem wohl auch vom Gesetzgeber vorgestellten Kooperationsprinzip, da die verschiedenen Funktionsbereiche nur Segmente der einheitlichen Unternehmensorganisation betreffen und deshalb sehr viel intensiver in die gemeinsame Willensbildung einbezogen werden müssen. Freilich sind auch diese einzelnen Funktionsbereiche im Großunternehmen oftmals derart komplex angelegt, daß sie zu eigenständigen Verantwortungsbereichen expandieren, so daß eine kooperative Verzahnung mit den anderen Funktionsbereichen nur noch begrenzt möglich ist.

Diesem in der Praxis fortschreitenden Prozeß der Ressortverselbständigung und der isolierten Ressortverantwortlichkeit, der Umbildung des Vorstands in ein Ensemble von Solisten, entsprechen die gesetzlichen Vorgaben nach bisherigem Verständnis nur begrenzt. Das gesetzliche Leitbild des Vorstands wird geprägt durch die Vorstellung eines Kollegialorgans, das sich durch die Gemeinschaft seiner Mitglieder, ihre gemeinsame Geschäftsführung und Vertretung sowie gemeinsame Verantwortung auszeichnet[4]. Auch durch Satzung oder Geschäftsordnung kann von diesem Organisationsprinzip gemeinsamer und gleichberechtigter Organausübung nur begrenzt abgewichen werden. In den nachstehenden Ausführungen soll deshalb der Versuch unternommen werden, diesen rechtlichen Befund mit der Praxis der Vorstandsorganisation zu vergleichen, die gesetzlichen Grenzen zu markieren und für eine flexible Anwendung

3 Aus der umfangreichen Literatur ist hinzuweisen auf die Arbeiten von Poensgen, Geschäftsbereichsorganisation, 1973; Grochla, FS E. Kosiol, 1974, S. 297, 308 ff; Ders., DB 1973, 4 ff; Gälweiler, Unternehmensplanung, 1974; Eisenführ, Zur Entscheidung zwischen funktionaler und divisionaler Organisation, in: Grochla, Unternehmensordnung, 1972, S. 256 ff; Gabele, Die Einführung von Geschäftsbereichsorganisationen, 1981; v. Geldern, ZfO 1980, 145; Harrmann, DB 1971, 537; Klee, DB 1974, 977; Bühner/Walter, DB 1977, 1205; Vogel, Aktienrecht und Aktienwirklichkeit, 1980, S. 110 ff; Wendeling-Schröder, Divisionalisierung, Mitbestimmung und Tarifvertrag, 1984; K. Schmidt, ZGR 1981, 455, 479 ff; Schwark, ZHR 142 (1978), 203 ff.

4 In jüngster Zeit sind diese Grundsätze unter dem Aspekt der Doppelmandate im Konzern problematisiert worden; dazu eindringlich wenn auch im Ergebnis weit überzogen Bernhardt, Handelsblatt vom 22. Juli 1986; dazu kritisch Keller/Max, Handelsblatt vom 11. September 1986; zur Problematik auch Hoffmann-Becking, ZHR 150 (1986), 570, sowie unter haftungsrechtlichen Aspekten Säcker, ZHR 151 (1987), 59 und Lindermann, Die AG 1987, 225.

der gesetzlichen Vorschriften zu plädieren. Gerade die Führungsorganisation ist in den verschiedenen Aktiengesellschaften derart unterschiedlich, daß eine engherzige Einbindung in ein relativ starres Organisationskonzept verfehlt wäre[5]. Es ist eine der wichtigsten Aufgaben von Vorstand und Aufsichtsrat, eine Führungsorganisation zu entwickeln, die unter Betracht der Besonderheiten des Unternehmens bzw. des Konzerns optimale Voraussetzungen für eine erfolgreiche Unternehmensführung bietet. Dabei sind nicht nur die unternehmensorganisatorischen Aspekte zu berücksichtigen, sondern auch das personelle Kräfteverhältnis innerhalb der Unternehmensführung. Ein derart feinnerviges Organ wie der Vorstand einer großunternehmerisch tätigen Aktiengesellschaft kann seine Aufgaben nur dann ohne Reibungsverlust erfüllen, wenn seine Organisation gleichsam maßgeschneidert ist, also weitestgehend auf das persönliche Beziehungsgeflecht seiner Mitglieder zugeschnitten ist. Diese Zusammenhänge zwischen sächlichen und personellen Organisationsbedingungen umfassend zu beurteilen, sind nur die unmittelbar betroffenen Organe, Aufsichtsrat und Vorstand, in der Lage. Um so weniger besteht Anlaß, daß der Gesetzgeber ein engmaschiges Regularium vorgibt und dadurch der Praxis die organisationsrechtliche Flexibilität verwehrt. Allerdings darf durch diese Organisationsautonomie der Grundsatz der Gesamtverantwortung aller Vorstandsmitglieder nicht aufgelöst werden. Wie sich noch zeigen wird, entspricht dieser Gesamtverantwortung eine weitreichende Kontrollpflicht des Gesamtvorstands, der damit das Kontrollzentrum des Unternehmens darstellt. Es ist unverkennbar, daß dieser Grundsatz der Gesamtverantwortung und das Postulat flexibler, auf effiziente Entscheidungsstrukturen angelegter Vorstandsorganisation in einem normativen Spannungsverhältnis stehen. Es ist deshalb sowohl in der Theorie als auch in der Praxis geradezu das Kardinalproblem, diese beiden unterschiedlichen, in mancher Hinsicht gegensätzlichen Organisationsprinzipien jeweils angemessen zu berücksichtigen.

I. Der Umfang zwingender Gesamtverantwortung

1. Begründung dieses Grundsatzes

In der Literatur wird im Grundsatz zutreffend zwischen dem zwingenden Anwendungsbereich des § 76 AktG einerseits und den Dispositivregelungen der §§ 77, 78 AktG andererseits unterschieden[6]. Die gesetzlich vorgesehene Gesamt-

5 Dazu nachdrücklich E. Rehbinder, ZHR 147 (1983), 467 f, m. w. N. in kritischer Auseinandersetzung mit Hommelhoff, Die Konzernleitungspflicht, 1982.

6 Dazu unter dem Aspekt der Spartenorganisation Schwark, ZHR 142 (1978), 203, 214 ff.

geschäftsführung und Gesamtvertretung können durch Geschäftsordnung oder Satzung[7] bzw. nur durch Satzung beliebig abgeändert werden. Wenn somit auch Einzelgeschäftsführungs- und Einzelvertretungsbefugnis erteilt werden können, dann stellt sich die Anschlußfrage, ob und welche zwingenden Grenzen sich aus § 76 AktG ergeben können. Versteht man diese Vorschrift lediglich als zwingende Kompetenzzuweisung gegenüber dem Vorstand, der als Organ „unter eigener Verantwortung die Gesellschaft zu leiten" hat, so ergeben sich daraus keine weiteren Konsequenzen für die Organisationsautonomie innerhalb dieses Organs. Aus dieser Sicht wäre § 76 AktG lediglich eine Kompetenzvorschrift mit zuständigkeitsausschließender Wirkung gegenüber Aufsichtsrat und Hauptversammlung. Dieses Normverständnis entspricht jedoch nicht der wohl einhelligen Ansicht in der Literatur. Danach ist § 76 AktG auch Ausdruck einer zwingenden Gesamtzuständigkeit aller Vorstandsmitglieder[8]. Der Vorstand leitet die Gesellschaft in eigener Verantwortung, d.h. in gleichberechtigter Beteiligung aller Vorstandsmitglieder. Aus dieser Sicht beschreibt die eigenverantwortliche Leitung der Gesellschaft einen Kernbereich zwingender Gesamtzuständigkeit und Gesamtverantwortung aller Vorstandsmitglieder. Somit kann Einzelgeschäftsführung nur außerhalb dieses Bereichs zentraler Vorstandskompetenzen eingeräumt werden, und ebenso dispensiert die Einzelgeschäftsführung nur begrenzt von der Gesamtverantwortung aller Vorstandsmitglieder.

Freilich stellt sich sogleich die Anschlußfrage nach dem Grenzverlauf zwischen zwingender Gesamtzuständigkeit und dispositiver Ressortverteilung. Soweit das Aktiengesetz ausdrücklich den Vorstand als Träger von Pflichten anspricht, wird in der Literatur zutreffend der Vorstand in der Gesamtheit seiner Mitglieder als Normadressat verstanden. So sind z.B. alle Mitglieder in grundsätzlich gleicher Weise für die Anzeige über einen Verlust in Höhe der Hälfte des Grundkapitals verantwortlich[9]. Das in § 92 Abs. 1 AktG hervorgehobene pflichtmäßige Ermessen ist deshalb von allen Vorstandsmitgliedern zu beachten, wenngleich im Hinblick auf die Intensität dieser Ermessenspflicht ressortspezifische Unterschiede bestehen. So befindet sich das für das Finanzressort zuständige Vorstandsmitglied offensichtlich in einer sehr viel stärkeren Ermessensbindung als das für den Forschungs- und Entwicklungsbereich zuständige Vorstandsmitglied. Derartige graduelle Unterschiede ändern aber nichts an der in § 92 Abs. 1 AktG vorgesehenen gemeinsamen Verantwortung aller Vorstandsmitglieder.

7 Wie sich aus § 77 Abs. 2 Satz 2 AktG ergibt, besteht ein genereller Vorrang der Satzungsregelung – so auch Hefermehl, in: Geßler/Hefermehl/Eckardt/Kropff, Komm. z. AktG, § 77 Rdn. 28.

8 Meyer-Landrut, Großkomm. z. AktG, § 77 Anm. 2; Mertens, Kölner Komm. z. AktG, § 77 Rdn. 12; Hefermehl, aaO (Fn. 7), § 77 AktG Rdn. 20, 21; ausführlich Schwark, ZHR 142 (1978), 203, 208 f.

9 Mertens, aaO (Fn. 8), § 77 AktG Rdn. 13, dort auch über weitere gesetzliche Gesamtzuständigkeiten.

Diese punktuell geregelten Gesamtzuständigkeiten erschöpfen jedoch nicht den Bereich der zwingenden Leitungsbefugnis. Das ergibt sich schon aus der selektiven Anlage dieser mithin nur exemplarisch geregelten Gesamtzuständigkeiten. Und das ist vor allem deshalb anzunehmen, weil durch diese Einzelvorschriften die unternehmerische Willensbildung auf der Vorstandsebene nur peripher erfaßt wird. Es wäre deshalb widersprüchlich, einerseits von der zwingenden Gesamtzuständigkeit auszugehen, andererseits die gesetzlichen Konkretisierungen als abschließende Zuständigkeitsregelung zu betrachten.

In der Literatur besteht aus diesen Gründen auch ein weitgehender Konsens über den gesetzesoffenen Umfang dieser zwingenden Gesamtzuständigkeit[10]. Dieses Ergebnis bedingt allerdings erhebliche Abgrenzungsprobleme in einem Regelungsbereich, der wegen seiner grundsätzlichen Bedeutung, insbesondere der damit verknüpften Haftungsfolgen, in besonderer Weise einer präzisen und für die Adressaten jederzeit erkennbaren Regelung bedarf. Eine derartige Klarheit ist aber angesichts der Komplexität der dem Vorstand vorbehaltenen Zuständigkeit offensichtlich nicht erreichbar. Es verbleibt eine diffuse Grauzone, die nur abstrakt umschrieben, für die Praxis aber nicht weiter erhellt werden kann.

Auch durch eine teleologische Betrachtung dieser Gesamtzuständigkeit ist eine weitere Konkretisierung nur begrenzt möglich. Diese Gesamtzuständigkeit beruht auf dem Prinzip der Gesamtverantwortung. Zum Schutz der Aktionärs- und Unternehmensinteressen sollen innerhalb eines Kernbereichs der Unternehmensführung alle Vorstandsmitglieder in gleicher Weise verantwortlich sein. Gerade wegen der Komplexität dieses Verantwortungsbereichs sind die individuellen Verantwortungsanteile für den Einzelaktionär kaum erkennbar. Ohne diese Gesamtverantwortung bestünde mithin die Gefahr gegenseitiger Schuldzuweisung und dadurch bedingter Schuldabwälzung. Auch durch die Beweislastregelung des § 93 Abs. 2 Satz 2 AktG zu Lasten der Vorstandsmitglieder wird dieses Beweisproblem nicht bewältigt, allenfalls entschärft, da ein solcher Beweis mangels umfassender Informationen nur selten entkräftet werden kann. Zudem ist zu bedenken, daß es ohnehin nicht nur um den Schadensausgleich, sondern vor allem um die Schadensvorbeugung geht. Durch die Gesamtverantwortung soll erreicht werden, daß der Gesamtvorstand alle Anstrengungen unternimmt, um Fehlentscheidungen, Fehlentwicklungen oder sonstiges Fehlverhalten zu verhindern. Aus diesem vorbeugenden Zweck der Gesamtverantwortung ergibt sich folgerichtig eine Verpflichtung aller Vorstandsmitglieder zur gegenseitigen Kontrolle. Gesamtverantwortliche Leitungsbefugnis meint deshalb primär gesamtverantwortliche Leitungskontrolle[11]. Während die in den §§ 77, 78 AktG

10 Dazu SCHWARK, ZHR 142 (1978), 203, 215 f, sowie WENDELING-SCHRÖDER, aaO (Fn. 3), S. 54 ff.

11 MERTENS, aaO (Fn. 8), § 77 AktG Rdn. 14.

enthaltenen Regelungen individuelle Ressortzuständigkeiten ermöglichen, soll durch § 76 AktG verhindert werden, daß sich der Vorstand gleichsam in einzelne Organisationszentren auflöst, bzw. erreicht werden, daß der Vorstand als Gesamtorgan die wesentlichen Leitungs- und Kontrollfunktionen ausübt und somit die verschiedenen Ressortbereiche unternehmenspolitisch und organrechtlich verklammert. Neben diesem Abstimmungsverfahren steht also im Mittelpunkt der Gesamtzuständigkeit eine effiziente Gesamtkontrolle des Unternehmens.

2. *Die zwingenden Kontrollbefugnisse*

Diese zwingende Gesamtzuständigkeit wird durch kontrollrechtliche Befugnisse der einzelnen Vorstandsmitglieder und durch einen entscheidungspolitischen Kernbereich gemeinsamer Willensbildung ausgefüllt. In kontrollrechtlicher Hinsicht steht den Vorstandsmitgliedern, auch wenn Einzelgeschäftsführung erteilt worden ist, ein theoretisch jederzeit ausübbares Interventionsrecht zu[12]. Wird von diesem Recht Gebrauch gemacht, so muß die Maßnahme zunächst unterbleiben und die Entscheidung des Gesamtvorstands eingeholt werden, der sodann verbindlich auch gegenüber dem zuständigen Ressortmitglied beschließt. Auch wenn dieses Interventionsrecht als solches nicht an konkrete Voraussetzungen gebunden ist, so darf es doch nur im Rahmen der ihm immanenten Zwecksetzung ausgeübt werden[13]. Sein vorrangiger Zweck besteht in der Kontrollbefugnis. Deshalb handelt das einzelne Vorstandsmitglied pflichtwidrig, wenn es dieses Interventionsrecht nicht aus einem konkreten Kontrollanlaß, sondern aus anderen Motiven ausübt. Da eine solche Feststellung – von Evidenzfällen abgesehen – außerordentlich schwierig ist, kommt dieser Einschränkung wohl nur theoretische Bedeutung zu. Deshalb ist generell von der formalen Wirksamkeit einer solchen Intervention auszugehen.

Ein weiteres Instrument dieser Gesamtzuständigkeit besteht in einem umfassenden Berichtssystem, in das die Vorstandsmitglieder trotz Einzelgeschäftsführung zwingend eingebunden sind. Dieses Berichtssystem besteht aus Berichtspflichten der einzelnen Ressortmitglieder und Informationsrechten der jeweils

12 Meyer-Landrut, aaO (Fn. 8), § 77 AktG Anm. 3; Hefermehl, aaO (Fn. 7), § 77 AktG Rdn. 15; Mertens, aaO (Fn. 8), § 77 AktG Rdn. 15. Die Unterscheidung zwischen Interventionsrecht und Widerspruchsrecht (so Mertens, Rdn. 15, 16) hat keinen erkennbaren Sinn. In beiden Fällen wird die Zuständigkeit des Gesamtvorstands ausgelöst, der nunmehr verbindlich über die geplante Maßnahme zu entscheiden hat.

13 Ebenso Mertens, aaO (Fn. 8), § 77 AktG Rdn. 18.

anderen Vorstandsmitglieder[14]. Entsprechend der umfassenden Reichweite des Interventionsrechts ist auch dieser Informationsanspruch inhaltlich nicht begrenzt, sondern nur durch den schon erwähnten Kontrollzweck gebunden. Er ist gerichtet auf eigene Informationserteilung wie aber auch auf Informationserteilung gegenüber den anderen Vorstandsmitgliedern. Somit kann jedes Vorstandsmitglied verlangen, daß gegenüber dem Gesamtvorstand berichtet wird. Ohne eine solche Initiative ist jedes Vorstandsmitglied von sich aus zum Bericht gegenüber dem Gesamtvorstand verpflichtet, soweit es sich um bedeutsame Angelegenheiten aus seinem Ressortbereich handelt, im übrigen ohne jede Einschränkung auf Verlangen des Gesamtvorstands.

3. *Der zwingende Entscheidungsbereich des Gesamtvorstands*

Bieten mithin die soeben dargestellten Kontrollinstrumente keine wesentlichen Abgrenzungsprobleme, so besteht jedoch in der Literatur eine erhebliche Unsicherheit im Hinblick auf den entscheidungspolitischen Kernbereich der zwingenden Gesamtzuständigkeit. Allgemein wird auf die grundlegende Natur oder grundlegende Bedeutung der Einzelentscheidung abgestellt[15], verschiedentlich auch auf den unternehmenspolitischen Inhalt oder die ressortübergreifende Wirkung der geplanten Maßnahme[16]. Man wird in der Tat auch durch weitere Umschreibungen diesen Relevanzbereich nicht präzisieren können.

Knüpft man hingegen wiederum an den besonderen Zweck dieser Gesamtzuständigkeit an, die dadurch bedingte gemeinsame und gegenseitige Kontrolle aller Vorstandsmitglieder, dann liegt es nahe, in diesem Zusammenhang vergleichbare Erwägungen anzustellen, wie sie der Gesetzgeber im Verhältnis von Vorstand und Aufsichtsrat, also im Rahmen der Aufsichtsratskontrolle berücksichtigt hat. Dieses Verhältnis wird im wesentlichen geprägt durch die Berichtspflichten des Vorstands nach § 90 AktG und die Zustimmungsrechte des Aufsichtsrats nach § 111 Abs. 4 Satz 2 AktG. Soweit in diesem Zusammenhang eine

14 In der Literatur wird dazu, soweit ersichtlich, nicht expressis verbis Stellung bezogen. Ein solcher Informationsanspruch ist aber eine zwingende Voraussetzung des zuvor behandelten Interventionsrechts, das seinerseits Ausdruck der allen Vorstandsmitgliedern obliegenden Kontrollpflicht ist. Ohne entsprechende Informationen ist dieses Interventionsrecht ein kupiertes Recht. Im übrigen ist in diesem Zusammenhang auf den Berichtsanspruch des Aufsichtsrats bzw. der einzelnen Aufsichtsratsmitglieder nach § 90 Abs. 3 AktG hinzuweisen. Es wäre systemwidrig, dem einzelnen Vorstandsmitglied einen solchen Anspruch zu versagen und ihn somit schlechter zu stellen als die Aufsichtsratsmitglieder. – Zum Erfordernis eines vorstandsinternen Informationssystems Schwark, ZHR 142 (1978), 203, 216.

15 So Schwark, ZHR 142 (1978), 203, 215.

16 Mertens, aaO (Fn. 8), § 77 AktG Rdn. 12; ähnlich Hefermehl, aaO (Fn. 7), § 77 AktG Rdn. 21.

Vorstandsentscheidung erforderlich ist, muß diese von allen Vorstandsmitgliedern beschlossen werden. Diese Gesamtzuständigkeit ist zwar auch eine unmittelbare Folge des zwischen den beiden Organen bestehenden Rechtsverhältnisses, so daß der Vorstand als solcher die rechtliche Verantwortung für diese Organbeziehungen und die damit verbundenen Pflichten trägt[17]. Sie ist aber vor allem Ausdruck der dem Gesamtvorstand obliegenden Kontrollfunktion[18].

Indem das Aktienrecht derartige Geschäftsvorfälle zum Gegenstand besonderer Berichtspflichten bzw. Zustimmungsrechte gemacht hat, hat es generell ihre besondere Kontrollrelevanz hervorgehoben. Anerkennt man somit auch eine allgemeine Kontrollpflicht des Vorstands, die durch alle Organmitglieder zu erfüllen ist, dann liegt es nahe, in den Mittelpunkt dieser Kontrollpflichten eben jene besonders geregelten Geschäftsvorfälle zu stellen, die der Gesetzgeber ausdrücklich als kontrollrelevante Maßnahmen gekennzeichnet hat.

Freilich führt auch dieses Verständnis nicht zu einer hinreichenden Präzisierung jener Entscheidungen, die der Gesamtzuständigkeit aller Vorstandsmitglieder unterliegen. Da § 111 Abs. 4 AktG keinen abschließenden Katalog zustimmungspflichtiger Geschäfte enthält, kann aus dieser Vorschrift allenfalls ein Kernbereich, ein unverzichtbarer Rahmen für derartige Kontrollgeschäfte[19], entwickelt werden. Auch die Regelung über die Berichtspflichten gegenüber dem Aufsichtsrat weist eine erhebliche begriffliche Unschärfe auf. Die Formulierung: „Geschäfte, die für die Rentabilität oder die Liquidität der Gesellschaft von erheblicher Bedeutung sein können" (§ 90 Abs. 1 Satz 1 Ziffer 4 AktG) – entspricht im wesentlichen dem Verständnis, das in der Literatur zur Kennzeichnung der der Gesamtzuständigkeit des Vorstands unterliegenden Geschäfte vertreten wird. Entsprechendes gilt auch für die in § 90 Abs. 1 Satz 1 Ziffer 1 AktG genannten Berichtsgegenstände – „die beabsichtigte Geschäftspolitik und andere grundsätzliche Fragen der künftigen Geschäftsführung". Wenn sich also auf diese Weise auch keine begriffliche Präzisierung erreichen läßt, so bietet doch dieser Vergleich mit den gesetzlichen Kontrollaufgaben des Aufsichtsrats wenigstens eine Orientierung, um den relevanten Kontrollbereich innerhalb der Unternehmensführung erkennen zu können.

II. Das Verhältnis von Vorstands- und Aufsichtsratskontrolle

Dieser Vergleich setzt allerdings voraus, daß dem Vorstand in zumindest gleicher Weise wie dem Aufsichtsrat die Kontrolle seiner Geschäftsführung

17 So auch im Hinblick auf die Berichtspflichten nach § 90 AktG LUTTER, Information und Vertraulichkeit im Aufsichtsrat, 2. Aufl., 1984, S. 62 ff; MERTENS, aaO (Fn. 8), § 90 AktG Rdn. 16; HEFERMEHL, aaO (Fn. 7), § 90 AktG Rdn. 2.

18 Ähnlich LUTTER, aaO (Fn. 17), S. 63.

19 Dazu LUTTER/KRIEGER, Rechte und Pflichten des Aufsichtsrats, 1981, S. 25.

obliegt. Eine solche funktionelle Gleichstellung entspricht jedoch nicht dem vorherrschenden Verständnis in der Literatur[20]. Überwiegend wird noch die traditionelle Funktionsteilung zwischen Hauptversammlung, Aufsichtsrat und Vorstand vertreten, indem der Hauptversammlung die Zuständigkeit für den konstitutionellen Unternehmensbereich, dem Aufsichtsrat die Zuständigkeit für die Unternehmensführungskontrolle[21] und dem Vorstand die Zuständigkeit für die Unternehmensleitung bzw. Geschäftsführung zuerkannt wird. Diese Auffassung entspricht jedoch weder der praktischen Rollenverteilung, insbesondere der Rollenverteilung zwischen Aufsichtsrat und Vorstand, noch den gesetzlichen Vorgaben. Die Konzentrierung der Führungskontrolle auf den Aufsichtsrat ist unvereinbar mit den begrenzten sachlichen und personellen Mitteln, über die der Aufsichtsrat verfügt. Das Aufsichtsratsmandat ist in mehrfacher Hinsicht zeitlich begrenzt. Abgesehen von der Begrenzung der Amtszeit ist vor allem der zumeist geringe zeitliche Rahmen zu bedenken, innerhalb dessen das Mandat ausgeübt wird. Auch der Gesetzgeber geht offensichtlich, wie sich dem § 110 Abs. 3 AktG entnehmen läßt, davon aus, daß die Beratungen innerhalb des Aufsichtsrats nur einen geringen zeitlichen Aufwand erfordern. Auch wenn man die Vorbereitungszeit sowie etwaige zwischenzeitliche Aufsichtsratsaktivitäten einbezieht, ist doch unbestreitbar, daß dieses Mandat lediglich ein Nebenamt darstellt, das keinen hauptberuflichen Einsatz verlangt und somit nur gelegentlich ausgeübt wird. Es besteht deshalb auch nur eine begrenzte Kontrollkapazität. Dieser in der Literatur schon vielfach hervorgehobene Befund[22] wird im übrigen dadurch bestätigt, daß dem Aufsichtsrat zumeist auch der organisatorische Unterbau fehlt, damit eine effiziente und kontinuierliche Aufsichtsratstätigkeit gewährleistet ist. Andererseits ist freilich einzuräumen, daß in der Praxis durchaus Unterschiede in der Organisation und der Leistungsfähigkeit des Aufsichtsrats bestehen[23]. Entscheidend sind jedoch das gesetzliche Organisationsprofil und der gesetzlich gebotene Arbeitsaufwand sowie das in der Praxis vorherrschende Aufsichtsratsverständnis.

Legt man diese Maßstäbe zugrunde, dann ist offensichtlich, daß zwischen diesem Befund und der in der Literatur vertretenen Kontrollfunktion ein unverkennbarer Widerspruch besteht. Der Aufsichtsrat ist offensichtlich nicht in der Lage, die Unternehmenskontrolle gleichsam zu monopolisieren. Soll diese gleichwohl verläßlich und umfassend ausgeübt werden, so ist es mithin geboten,

20 Repräsentativ HEFERMEHL, aaO (Fn. 7), § 77 AktG Rdn. 20 sowie § 93 AktG Rdn. 26, der von einer allgemeinen Aufsichtspflicht ausgeht, die nur im Einzelfall zu verschärfen ist, wenn „Verdacht besteht, daß im Geschäftsbereich eines anderen Mitglieds Mißstände auftreten"; weitergehend wohl MERTENS, aaO (Fn. 8), § 77 AktG Rdn. 14.

21 Vgl. SEMLER, Die Überwachungsaufgabe des Aufsichtsrats, 1980, S. 21 ff.

22 Dazu nur LUTTER, ZHR 145 (1981), 224, 235; DERS., aaO (Fn. 17), S. 124 und ULMER, NJW 1980, 1603, 1604.

23 Dazu die Untersuchung von BLEICHER, Der Aufsichtsrat im Wandel, 1987.

ein anderes Organ vorrangig oder ergänzend mit dieser Aufgabe zu betrauen. Da die Hauptversammlung dazu überfordert ist, kommt lediglich der Vorstand in Betracht. Dieser verfügt über alle sachlichen und personellen Mittel, um eine solche Unternehmenskontrolle auszuüben.

Soweit sich diese auf den Bereich unterhalb der obersten Führungsebene erstreckt, ist diese Kontrolle ohnehin Gegenstand der allgemeinen Ressortverantwortung. Diese umfaßt eben nicht nur die unternehmenspolitische Leitung des Einzelressorts, sondern ebenso dessen Organisation und Kontrolle. In diesem Zusammenhang geht es allerdings nicht um diese vertikale, dem ressortzuständigen Vorstandsmitglied obliegende Organisations- und Kontrollpflicht; vielmehr ist über Umfang und Intensität der horizontalen Leitungskontrolle zu befinden, die der Gesamtvorstand gegenüber jedem einzelnen Vorstandsmitglied auszuüben hat. Diese Leitungskontrolle fällt zwingend in die Gesamtzuständigkeit des Gesamtvorstands, was sich unmittelbar aus dem Zweck dieser den Einzelressorts übergeordneten Kontrollpflichten ergibt.

Freilich ist nicht ausgeschlossen, daß dieser Gesamtverantwortung – jedenfalls teilweise – durch Bestellung eines ausschließlich mit Kontrollaufgaben betrauten Vorstandsmitglieds entsprochen wird. Wie diese Gesamtzuständigkeit organisatorisch umgesetzt wird, liegt wiederum im Leitungsermessen des Vorstands. Entscheidend ist jedoch, daß dadurch die Gesamtverantwortung als solche nicht berührt wird; sie wird lediglich in besonderer, den konkreten Organisationsbedingungen des jeweiligen Vorstands angepaßter Form ausgeübt. Innerhalb eines mit zahlreichen Personen besetzten Vorstands kann diese Gesamtverantwortung nicht umfassend von allen Mitgliedern in eigener Person wahrgenommen werden, sondern bedarf der institutionellen Ausformung. Wird also z. B. ein besonderes Kontrollressort eingerichtet, dann reduziert sich die Kontrollpflicht der übrigen Vorstandsmitglieder im wesentlichen auf die Kontrolle des dafür zuständigen Vorstandsmitglieds[24].

Insgesamt kann also festgestellt werden, daß es dem Vorstand obliegt, sich so zu organisieren, daß die Kontrolle auf der obersten Führungsebene umfassend, lückenlos und effizient funktioniert. Dazu verfügt er über alle kontrollrelevanten Mittel, so daß dieser weitgesteckten Pflicht auch das erforderliche Kontrollpotential entspricht. Diese dem Gesamtvorstand obliegende Kontrolle ist zu unterscheiden und wird insofern ergänzt von der Kontrollpflicht, die jedes Vorstandsmitglied für seinen Ressortbereich zu beachten hat.

Dieses relativ dicht geknüpfte Kontrollnetz auf der Vorstandsebene wirft die Frage nach dem Verhältnis zur gesetzlich ausdrücklich geregelten Aufsichtsratskontrolle auf. Soweit dazu in der Literatur Stellung bezogen wird, gewinnt man den Eindruck, daß diese dem Gesamtvorstand obliegende Führungskontrolle von rechtlich anderer, insbesondere geringerer Kontrollqualität sein soll als die

24 Ähnlich Hefermehl, aaO (Fn. 7), § 77 AktG Rdn. 20.

Aufsichtsratskontrolle nach § 111 Abs. 1 AktG[25]. Diese Auffassung ist aus den schon erwähnten Gründen der begrenzten Leistungsfähigkeit des Aufsichtsrats nicht zutreffend. Wegen der zeitlichen und beruflichen Begrenzung der Mandatsausübung ist das einzelne Aufsichtsratsmitglied überfordert, gleichsam an der Kontrollzentrale des Unternehmens mitzuwirken. Es ist deshalb weder in der Theorie begründbar noch in der Praxis nachweisbar, daß die Aufsichtsratskontrolle der Leitungskontrolle des Vorstands überlegen ist. Auch § 111 Abs. 1 AktG gebietet keinen derartigen Kontrollvorrang des Aufsichtsrats bzw. keine derartige Kontrollentlastung des Vorstands. Die Vorschrift regelt die Kontrollfunktion des Aufsichtsrats als notwendige Ergänzung der Kontrollpflicht des Vorstands. Da der Vorstand sich in vieler Hinsicht selbst kontrolliert, bedarf es einer Instanz, die nicht in der unmittelbaren Führungsverantwortung steht, die die Unternehmenskontrolle gleichsam aus externer Sicht praktiziert. Dem Aufsichtsrat obliegt unter diesem Aspekt eine weitere Kontrolle der primär zuständigen Kontrolleure. Deshalb ist die relativ geringe Einbindung der Aufsichtsratsmitglieder in das Unternehmen nicht nur kein Nachteil, sondern ein systemkonformer Vorteil. Je stärker sie in das Unternehmen eingebunden sind, um so größer ist die Gefahr, daß sie selbst an den wesentlichen Unternehmensentscheidungen beteiligt und deswegen kontrollbefangen sind[26]. Diesem Vorteil entspricht allerdings der schon erwähnte Nachteil der relativ geringen Kontrollkapazität des Aufsichtsrats. Es ist deshalb geboten, diesen Umstand im Rahmen des § 111 Abs. 1 AktG angemessen zu berücksichtigen.

Aus diesen Gründen ist es verfehlt, dieser Vorschrift gleichsam ein Kontrollmonopol oder auch nur einen Kontrollvorrang des Aufsichtsrats zu entnehmen. Im Gegenteil: Unter Betracht des Umfangs und der Intensität der erforderlichen Unternehmenskontrolle, darin inbegriffen die Leitungskontrolle, ist vorrangig der Vorstand kontrollzuständig. Der Aufsichtsrat nimmt demgegenüber eine nachrangige Kontrollaufgabe wahr, indem er die Geschäftsführung, also auch die vom Vorstand praktizierte Unternehmenskontrolle, zu überwachen hat.

Diese Rollen- und Funktionsverteilung ist nicht nur von Bedeutung für die Abgrenzung der verschiedenen Zuständigkeiten. Ihre Bedeutung liegt vor allem in dem Zuwachs der dem Vorstand obliegenden Führungsverantwortung. Der Vorstand, d.h. die Vorstandsmitglieder in ihrer Gesamtheit, kann sich nicht darauf berufen, daß die Kontrolle der Unternehmensleitung primär eine Angelegenheit des Aufsichtsrats ist. Die primäre Kontrollverantwortung trägt vielmehr

25 Hingewiesen sei nur auf die Formulierung bei HEFERMEHL, aaO (Fn. 7), § 77 AktG Rdn. 20, MERTENS, aaO (Fn. 8), § 77 AktG Rdn. 14 und SCHILLING, Großkomm. z. AktG, § 93 Anm. 21.

26 Dazu im Hinblick auf die zustimmungspflichtigen Geschäfte nach § 111 Abs. 4 Satz 2 AktG MERTENS, ZGR 1977, 270, 280 f.

der Vorstand, der über die erforderlichen Kontrollmittel verfügt und der sich deshalb so zu organisieren hat[27], daß er dieser Kontrollverantwortung optimal gerecht wird.

III. Das Bestellungsrecht des Aufsichtsrats und der Bestellungseinfluß des Vorstands

Ein ähnliches Mißverständnis, wie es hinsichtlich der Kontrollzuständigkeit in der Literatur verschiedentlich zum Ausdruck kommt, betrifft die personalpolitische Verantwortung der Vorstandsbesetzung. Auch hier legt das Bestellungs- und Widerrufsrecht des Aufsichtsrats nach § 84 AktG eine Verantwortungsverteilung nahe, die weder der Praxis entspricht noch von Rechts wegen zwingend geboten ist. Wiederum ist zu unterscheiden zwischen der Aufsichtsratskompetenz als solcher und der materiellen Entscheidungsverantwortung. Seinem Wortlaut nach stellt § 84 AktG lediglich eine Kompetenzvorschrift dar. Freilich muß diese Kompetenz auch ordnungsgemäß, d. h. unter Abwägung aller Eignungskriterien und individueller Eignungsvoraussetzungen ausgeübt werden. Insofern trägt der Aufsichtsrat auch die materielle Verantwortung für die von ihm beschlossene Personalentscheidung[28]. Die im vorliegenden Zusammenhang entscheidende Frage lautet jedoch, ob sich darin die Personalverantwortung erschöpft, oder ob der Vorstand in diesen Verantwortungsbereich einzubeziehen ist, u. U. sogar die primäre oder jedenfalls eine gleichrangige Verantwortung trägt. Diese Frage wird durch § 84 AktG nicht vorentschieden, da sich die Vorschrift in der Kompetenzregelung erschöpft, sondern läßt sich nur aufgrund allgemeiner Erwägungen beantworten.

In der Praxis ist es eine selbstverständliche Aufgabe des Vorstands, daß er auf der Suche nach geeigneten Vorstandskandidaten initiativ wird. Zumeist werden die ersten Sondierungsgespräche von dem Vorstandsvorsitzenden geführt, der sodann seinen Vorstandskollegen über seine Eindrücke berichtet. Auch das weitere Verfahren, das schließlich zur Präsentation eines geeigneten Kandidaten führt, wird auf der Vorstandsebene betrieben. Sofern der Aufsichtsrat einbezogen wird, geschieht dies in der Person des Aufsichtsratsvorsitzenden. Erst nachdem auf diese Weise die Personalentscheidung genügend vorbereitet worden ist, geht das Verfahren auf den Aufsichtsrat über. Zumeist befaßt sich zunächst der Personalausschuß mit dieser Angelegenheit, der darüber bis zur Beschluß-

27 Eine solche Organisationspflicht wird auch von MERTENS, aaO (Fn. 8), § 77 AktG Rdn. 14 angesprochen.

28 Dazu umfassend KRIEGER, Personalentscheidungen des Aufsichtsrats, 1981, der allerdings die hier behandelte Vorstandsverantwortung nicht weiter problematisiert hat.

reife zu befinden hat[29]. Erst im Endstadium dieses Entscheidungsprozesses ist sodann das Plenum berufen, den förmlichen Bestellungsakt zu vollziehen. Macht man sich diesen Verfahrensablauf bewußt, dann gelangt man zu dem Ergebnis, daß jedenfalls in der Praxis der Einfluß des Vorstands auf die Auswahl geeigneter Kandidaten und auf die Bestellung des zukünftigen Kollegen außerordentlich groß ist. Es handelt sich zwar nicht um ein rechtliches, wohl aber oftmals um ein faktisches Kooptationsverfahren[30]. Diese faktische Entscheidungsbeteiligung des Vorstands ist nur der äußere Ausdruck seiner rechtlichen Verantwortung für ein erfolgreiches Bestellungsverfahren, d.h. insbesondere für die Auswahl eines in jeder Hinsicht qualifizierten Bewerbers[31]. Diese Verantwortung wird zwar formal begrenzt durch das Bestellungsrecht des Aufsichtsrats. Wird der Bestellungsbeschluß des Aufsichtsrats gegen den Widerspruch des Vorstands gefaßt, so ist der Vorstand exkulpiert. Das ändert aber nichts an seiner rechtlichen Verpflichtung, alle argumentativen Anstrengungen zu unternehmen, um einen solchen Beschluß zu verhindern.

Diese Personalverantwortung beginnt schon mit der entsprechenden Förderung und Auslese des Führungsnachwuchses. Auch wenn externe Berufungen nicht ungewöhnlich sind, so überwiegt doch rechtstatsächlich die Bestellung unternehmensangehöriger Personen. Auf diese Weise lassen sich etwaige Anpassungsprobleme und Reibungsverluste erheblich einschränken. Desweiteren ist der Vorstand verpflichtet, geeignete Kandidaten auszusuchen. Ihre fachliche Eignung kann ohnehin nur der Vorstand abschließend beurteilen, ist doch nur der Vorstand umfassend über den Profilrahmen der jeweiligen Vorstandsposition informiert. Darüber hinaus – und das dürfte allemal entscheidend sein – ist nur der Vorstand in der Lage, über die Eignung des Bewerbers innerhalb des Vorstandsteams zu befinden. Unabdingbare Voraussetzung für eine erfolgreiche Unternehmensführung ist die gedeihliche Kooperation innerhalb des Vorstands, sind atmosphärische Bedingungen, die das persönliche Konfliktpotential nahezu ausschließen.

Es ist hinreichend bekannt, welche Negativfolgen sich aus Zerwürfnissen oder auch nur ungeklärten Konkurrenzsituationen innerhalb des Vorstands für das gesamte Führungsmanagement ergeben können. Um so wichtiger ist deshalb neben der fachlichen Eignung auch die Fähigkeit, sich in das persönliche

29 Ebenso der Befund von KRIEGER, aaO (Fn. 28), S. 58 ff, der diese Praxis allerdings als mit § 84 Abs. 3 Satz 2 AktG unvereinbar betrachtet; kritisch dazu MERTENS, ZGR 1983, 189, 194 ff.

30 Zum Kooptationsverfahren vgl. Bericht der Unternehmensrechtskommission, 1980, S. 265 Rdn. 444.

31 Das gilt auch und vor allem für die vorzeitige Beendigung der Vorstandstätigkeit. Offensichtlich dürfen die anderen Vorstandsmitglieder nicht abwarten, bis der Aufsichtsrat die notwendigen Konsequenzen zieht, sondern müssen von sich aus initiativ werden, damit ein nicht mehr ausreichend befähigter Kollege sein Amt zur Verfügung stellt bzw. abberufen wird.

Beziehungsgeflecht des Vorstands einzufügen. Ob diese Voraussetzung erfüllt ist, darüber kann nur der Vorstand mit Aussicht auf eine zutreffende Prognose befinden. Deshalb sind seine Meinungsbildung und seine Beteiligung an derartigen Personalentscheidungen des Aufsichtsrats unverzichtbar.

Dieser mithin faktisch zwingenden Verfahrensbeteiligung entspricht aber auch die rechtliche Verpflichtung, an dieser Entscheidung mitzuwirken. Der Aufsichtsrat ist ohnehin zumeist auf die Unterstützung bei der Auswahl und Beurteilung geeigneter Vorstandskandidaten angewiesen. Es wäre deshalb verfehlt anzunehmen, daß die Vorstandsbeteiligung nur eine rechtlich irrelevante Hilfeleistung wäre. Angesichts der wirtschaftlichen Bedeutung dieser Beteiligung kann an ihrer rechtlichen Qualität kein Zweifel bestehen. Problematisch ist allenfalls, wie weit diese Verpflichtung zur Unterstützung des Aufsichtsrats anläßlich derartiger Personalentscheidungen reicht. Äußerstenfalls ist der Vorstand verpflichtet, eine aus seiner Sicht verfehlte Vorstandsbestellung durch argumentative Einflußnahme auf den Aufsichtsrat zu verhindern. Dazwischen liegt eine normative Grauzone, die je nach dem organisationspolitischen Kräfteverhältnis zwischen Vorstand und Aufsichtsrat unterschiedlich ausgefüllt wird. Rechtliche Vorgaben über das normative Gewicht des jeweiligen Entscheidungsbeitrags wären deshalb verfehlt. Aufsichtsrat und Vorstand haben beiderseits daran mitzuwirken, daß diese Personalentscheidung eine optimale Vorstandsbesetzung ermöglicht. Dieses Ziel bietet den Maßstab für die rechtliche Beurteilung des jeweils geforderten Einsatzes. Ist der Aufsichtsrat von sich aus hinreichend kompetent, geeignete Kandidaten auszuwählen und zu beurteilen, so erübrigt sich eine weitergehende Mitwirkung des Vorstands. Anderenfalls muß er die Personalentscheidung in eigener Kompetenz vorbereiten und sodann gegenüber dem Aufsichtsrat argumentativ vertreten.

Auch diese Überlegungen zeigen deutlich auf, daß die gesetzliche Kompetenzverteilung zwischen Aufsichtsrat und Vorstand keine zwingenden Aussagen über die konkreten Verantwortungsanteile der beiden Organe enthält. Insbesondere läßt sich dem Bestellungsrecht des Aufsichtsrats nicht entnehmen, daß dadurch dem Vorstand eine passive Beteiligungsrolle zugewiesen wird. Angesichts seiner unmittelbaren Betroffenheit und der Komplexität derartiger Personalentscheidungen ist die Mitwirkung des Vorstands zwingend geboten und muß deshalb auch rechtlich eingebunden werden. Daß es sich insofern um eine Angelegenheit handelt, die in die Zuständigkeit des Gesamtvorstands fällt, ergibt sich aus ihrer ressortübergreifenden Bedeutung. Somit ist grundsätzlich jedes Vorstandsmitglied in gleicher Weise für eine optimale Besetzung des Vorstands verantwortlich. Federführend ist in der Praxis allerdings zumeist der Vorstandsvorsitzende. Ebenso ist es jedoch üblich, daß er das weitere Verfahren mit seinen Kollegen bespricht und deren Einverständnis einholt. Insofern kann die Entscheidung zwar von einem einzelnen Vorstandsmitglied exekutiert werden. Die personalpolitische Verantwortung liegt jedoch beim Gesamtvorstand.

IV. Die Gleichberechtigung der Vorstandsmitglieder und besondere Formen der Vorstandsorganisation

Neben dem Prinzip der Gesamtverantwortung ist für die Vorstandsorganisation der Grundsatz der Gleichberechtigung aller Vorstandsmitglieder zu beachten[32]. Freilich ist dieser Grundsatz in seiner konkreten Anwendung weitaus flexibler als das zuvor behandelte Prinzip der Gesamtverantwortung. Deshalb verstößt es nicht gegen die Gleichberechtigung aller Vorstandsmitglieder, wenn sich der Vorstand arbeitsteilig organisiert und auf diese Weise die Vorstandsmitglieder in unterschiedlicher Weise organisatorisch eingebunden werden. In großen Vorständen besteht offensichtlich ein erheblicher Bedarf nach einer differenzierten Organisation. Verschiedentlich werden besondere Ausschüsse eingesetzt[33], die sich speziellen Aufgaben widmen sollen. Verschiedentlich wird aber auch zwischen einem inneren, zumeist mit Zentralbereichsfunktionen betrauten Führungskreis und den weiteren Vorstandsmitgliedern unterschieden, die die einzelnen Unternehmensbereiche leiten[34]. Nicht ungewöhnlich ist schließlich auch die Bildung eines Präsidiums, das gleichsam geschäftsführend für den Gesamtvorstand tätig ist, also das laufende Tagesgeschäft erledigt und wichtige Entscheidungen des Gesamtvorstands vorbereitet.

Soweit sich die Literatur mit diesen Organisationsformen befaßt, wird ein restriktiver Standpunkt bezogen. Repräsentativ ist insofern die von *Mertens* vertretene Ansicht[35]. Auch soweit eine Geschäftsverteilung überhaupt möglich sei, könnten Satzung oder Geschäftsordnung die Entscheidung bestimmter Angelegenheiten nicht dem Gesamtvorstand nehmen und einem ausgewählten Gremium von Vorstandsmitgliedern zuweisen. Und in grundsätzlicher Hinsicht wird darauf hingewiesen, daß die Geschäftsverteilung nur horizontal, nicht aber vertikal erfolgen dürfe.

Diese Unterscheidung zwischen horizontaler und vertikaler Organisationsstruktur vermittelt zwar einen plastischen Eindruck und legt auch unterschiedliche Rechtsfolgen nahe. In einem derart sensiblen Organ wie dem Vorstand ist allerdings die tatbestandliche Differenzierung zwischen horizontaler und vertikaler Geschäftsverteilung kaum nachweisbar. Eine solche Kennzeichnung setzt voraus, daß die Rechtsstellung der einzelnen Vorstandsmitglieder im Einzelfall

32 Dazu OLG Hamburg DB 1983, 330, 332 im Hinblick auf das Vetorecht des Vorsitzenden der Geschäftsführung in einer mitbestimmten GmbH.

33 Beispielhaft sei auf den Synergieausschuß der Daimler-Benz AG verwiesen, der die Grundlagen für eine möglichst effiziente Zusammenarbeit im Konzern vorzubereiten hat; dazu FAZ vom 15. Juli 1987, S. 10.

34 Zum Problem der faktischen Gleichberechtigung der Vorstandsmitglieder innerhalb eines derart gemischt besetzten Vorstands Bericht der Unternehmensrechtskommission, 1980, S. 871 f sowie SCHWARK, ZHR 142 (1987), 203, 218 f.

35 MERTENS, aaO (Fn. 8), § 77 AktG Rdn. 9, 12.

gewichtet und auf diese Weise eine Rangordnung festgestellt werden kann. Richtig ist zwar, daß eine derart differenzierte Vorstandsorganisation zur faktisch unterschiedlichen Funktionsbeteiligung führt, die nicht zuletzt auch in dem jeweiligen Ressort des einzelnen Vorstandsmitglieds begründet ist. Ob diese Unterschiede horizontal oder vertikal verlaufen, läßt sich tatbestandlich nur in Evidenzfällen beurteilen. Im übrigen kommt es auf diese Unterscheidung ohnehin nicht an. Knüpft man wiederum an die Gesamtverantwortung des Vorstands und das dazu entwickelte Instrumentarium – Informations- und Interventionsrechte – an, so wird die Gleichberechtigung aller Vorstandsmitglieder im wesentlichen schon durch diese zwingenden Grundsätze gewahrt. Darüber hinaus gilt es zu verhindern, daß einzelne Vorstandsmitglieder in ihrer Organtätigkeit benachteiligt werden. Betrachtet man diese normativen Grenzen, so besteht im übrigen kein Anlaß, dem Vorstand die aus vielen Gründen gebotene Flexibilität zu versagen. Gerade in einem derart komplizierten Organ wie dem Vorstand bedarf es einer weitreichenden Organisationsautonomie, um auf die besonderen Organisationsstrukturen des Unternehmens bzw. des Konzerns und vor allem auf die konkrete personelle Konstellation innerhalb des Vorstands reagieren zu können. Da zudem auch der Aufsichtsrat für eine funktionsgerechte Vorstandsorganisation verantwortlich ist, kann auf diese selbstregulativen Kräfte und die dadurch bedingte präsumtive Richtigkeit der verschiedenen Organisationsregelungen vertraut werden. Normative Enthaltsamkeit bietet deshalb im Zweifel größere Chancen einer effektiven und ohne Reibungsverluste operierenden Führungsorganisation als ein engmaschiges Regulativ[36].

Allerdings muß diese Organisation so angelegt sein, daß die Verantwortlichkeiten der einzelnen Vorstandsmitglieder nicht verwischt werden, daß Fehlentscheidungen jederzeit lokalisiert und somit auch die rechtlichen Konsequenzen gezogen werden können. Werden die Zuständigkeiten nicht eindeutig festgeschrieben, überlappen sie sich oder sind sie gar mehrfach vorgesehen, so entsteht eine Gemengelage, in der die individuelle Verantwortung beliebig abgewälzt werden kann[37].

Die vorstehend dargestellten Zusammenhänge sollen abschließend noch einmal unter Betracht der Ausschußbildung zusammengefaßt werden. Durch einen derartigen Ausschuß dürfen die daran nicht beteiligten Vorstandsmitglieder weder benachteiligt noch aus ihrer Gesamtverantwortung entlassen werden. Sie müssen daher umfassend über alle Angelegenheiten informiert werden, die in diesem Gremium behandelt worden sind. Darüber hinaus steht ihnen – jedenfalls formalrechtlich – zwingend ein jederzeitiges Interventionsrecht zu, aufgrund

36 So auch Bericht der Unternehmensrechtskommission, S. 871 Rdn. 1736.

37 Daraus kann sich eine Schadensersatzpflicht aller Vorstandsmitglieder nach § 93 AktG wegen Organisationsverschuldens ergeben; zur Organisationspflicht des Vorstands vgl. oben zu Fn. 27.

dessen sie die Zuständigkeit des Gesamtvorstands initiieren können. Eine weitere Zuständigkeitsgrenze eines solchen Ausschusses ergibt sich aus dem schon erwähnten Kernbereich, der die Entscheidung über Maßnahmen und Geschäfte von außergewöhnlicher Bedeutung oder mit einem außergewöhnlichen wirtschaftlichen Risiko zwingend dem Gesamtvorstand vorbehält. Betrachtet man diese Zusammenhänge, dann wird ersichtlich, daß der Gesamtvorstand auch weiterhin über einen wesentlichen Entscheidungseinfluß verfügt, dem jeweiligen Ausschuß die Zuständigkeit nur zur Ausübung, aber nicht aus eigenem Recht überlassen werden kann[38]. Mit diesen Einschränkungen kann auch ein geschäftsführender Vorstand oder ein Vorstandspräsidium gebildet werden[39]. Gehören dem Vorstand überaus zahlreiche Mitglieder an, so bietet ein solches Gremium den Vorteil organisatorischer Flexibilität und organpolitischer Integration. Zur Organisation eines solchen Präsidiums und zur Beschlußfassung erforderlicher Präsidiumsentscheidungen können auch besondere Regularien in der Geschäftsordnung vorgesehen werden. Unter diesen Voraussetzungen und in diesem Umfang kann somit das Vorstandspräsidium auch besonders verfaßt werden.

V. Zusammenfassung

Die vorstehend teilweise nur skizzenhaft dargestellten Überlegungen sollten das Augenmerk auf einen bisher noch vernachlässigten, rechtstatsächlich und rechtspolitisch jedoch außerordentlich bedeutsamen Problembereich lenken. In den vergangenen Jahren stand im Mittelpunkt der aktienrechtlichen Diskussion neben den mitbestimmungsbedingten Aufsichtsratsproblemen vor allem der Schutz der Aktionäre durch den Ausbau ihrer Kompetenzen und durch Aufwertung ihrer Minderheitsinteressen. Dabei ist verschiedentlich übersehen worden, daß sich der Aktionärsschutz primär durch eine ertragreiche, mit einer angemessenen Rendite und einem kontinuierlichen Wertzuwachs ausgestattete Kapitalanlage realisiert. Dafür ist vorrangig der Vorstand verantwortlich. Es kommt deshalb wesentlich darauf an, dessen treuhänderische Bindungen zu intensivieren und seine Verantwortung zu verstärken, andererseits aber auch dem Vorstand die erforderliche Organisationsautonomie zu belassen, damit er sich flexibel den wirtschaftlichen und unternehmens-internen Veränderungen anpassen kann. Flexibilität und Gesamtverantwortung stehen dabei in einem unverkennbaren Spannungsverhältnis. Dabei kommt dem Prinzip der Gesamtverantwortung vorrangige Bedeutung zu. Der Vorstand verfügt nicht nur über Leitungsbefugnisse, die in weitem Umfang den einzelnen Organmitgliedern zur

38 Dazu im Hinblick auf das Revokationsrecht des Aufsichtsrats gegenüber dem einzelnen Aufsichtsratsausschuß RELLERMEYER, Aufsichtsratsausschüsse, 1986, S. 140 f.

39 So wohl auch MERTENS, aaO (Fn. 8), § 77 AktG Rdn. 8.

Ausübung überlassen und somit flexibel verteilt werden können, sondern ist auch oberstes und wichtigstes Kontrollorgan innerhalb des Unternehmens. Diese Kontrollfunktion erstreckt sich auch auf den Kompetenzbereich des Vorstands, der dafür als Gesamtorgan zuständig ist. Diese Gesamtverantwortung ist in § 76 AktG als zwingendes Organisationsprinzip verankert. Wird diese Gesamtverantwortung gewahrt und in der Geschäftsordnung durch entsprechende Vorschriften hinreichend berücksichtigt, so verbleibt im übrigen ein erheblicher Spielraum zur Regelung unterschiedlicher Organisationsformen. Der Grundsatz der Gleichberechtigung aller Vorstandsmitglieder steht einer Vorstandsorganisation, die an die unterschiedlichen Vorstandsfunktionen und den damit verbundenen Entscheidungseinfluß anknüpft, nicht entgegen. Unzulässig ist lediglich die persönliche Benachteiligung einzelner Vorstandsmitglieder. Die Gleichberechtigung wird im wesentlichen schon durch den zwingenden Grundsatz der Gesamtverantwortung und die damit verbundenen Rechte und Pflichten ausreichend gewahrt. Zulässig ist insbesondere auch die Bildung von Vorstandsausschüssen oder eines Vorstandspräsidiums. Werden auf diese Weise Gesamtverantwortung und Organisationsautonomie ausgewogen kombiniert, dann kann sich der Vorstand genügend flexibel organisieren, um jederzeit handlungsfähig zu sein, aber auch jederzeit kontrollierend eingreifen zu können. Ein derart verfaßter Vorstand bietet alle Voraussetzungen für eine erfolgreiche Unternehmensführung und einen effizienten Aktionärsschutz.

Die gesetzlichen Einschränkungen der Disposition über Ersatzansprüche der Gesellschaft durch Verzicht und Vergleich in der aktien- und konzernrechtlichen Organhaftung

von

Professor Dr. Hans-Joachim Mertens, Frankfurt am Main

Inhaltsübersicht

I. Einleitung

Die Regeln über die Leitungsmacht des Vorstands, die Verantwortlichkeit der Verwaltung und über den Ersatz eines der Aktiengesellschaft von ihren Organen oder von einem herrschenden Unternehmen und dessen Organen zugefügten Schadens setzen den Bezugspunkt eines eigenen – nicht von Interessen der Gesellschafter, der Gläubiger oder anderer Personengruppen ableitbaren – Interesses der Aktiengesellschaft als einer juristischen Person voraus, das maßgeblich durch die Belange des Unternehmens als der in Form der juristischen Person verfaßten Wirtschaftseinheit bestimmt wird. Das gilt auch für § 93 Abs. 4 Satz 3 AktG, wonach die Gesellschaft erst drei Jahre nach der Entstehung des Ersatzanspruchs und nur dann darauf verzichten oder sich darüber vergleichen kann, wenn die Hauptversammlung zustimmt und nicht eine Minderheit, deren Anteile zusammen den zehnten Teil des Grundkapitals erreichen, zur Niederschrift Widerspruch erhebt, für die Übertragung dieser Vorschrift auf die Haftung einflußnehmender Dritter (§ 117 Abs. 4 AktG) sowie auf ihre Abwandlung im Recht der verbundenen Unternehmen (§§ 309 Abs. 3, 310 Abs. 4, 317 Abs. 4, 318 Abs. 4 AktG).

Dies herauszuarbeiten und von diesem Ausgangspunkt aus den Schwierigkeiten nachzugehen, die sich in der Handhabung und Auslegung der Verzichts- und Vergleichseinschränkung ergeben, ist Zweck der folgenden – *Hans-Joachim Fleck* als einem der besten Kenner des Organhaftungsrechts – gewidmeten Zeilen. Ausgeklammert wird hier die Wirkungslosigkeit von Verzicht und Vergleich im Verhältnis zu Gläubigern der Gesellschaft, die von dieser keine Befriedigung erlangen (§ 93 Abs. 5 Satz 3 und § 309 Abs. 4 Satz 4 AktG).

II. Regelungszweck

Das Erfordernis einer Zustimmung der Hauptversammlung in § 93 Abs. 4 Satz 3 AktG, das in § 309 Abs. 3 AktG und den darauf Bezug nehmenden Vorschriften durch die Voraussetzung eines zustimmenden Sonderbeschlusses der außenstehenden Aktionäre ersetzt wird, ist durch zwei Gesichtspunkte zu erklären. Zum einen soll der Gefahr kollegialer Verschonung eines Verwaltungsmitglieds oder gar einer Selbstenthaftung der Organe vorgebeugt werden. Andernfalls könnte der Aufsichtsrat den Vorstand, letzterer wiederum den Aufsichtsrat von der Haftung befreien. Zum anderen soll die Hauptversammlung nicht die Möglichkeit der Rechtsverfolgung durch eine qualifizierte Minderheit nach § 147 AktG zunichte machen oder im Konzern die Rechte der außenstehenden Aktionäre einschränken können. Warum § 309 Abs. 3 Satz 1 AktG auch noch einer qualifizierten Minderheit unter den außenstehenden Aktionären, nämlich 10 % des bei deren Beschlußfassung vertretenen Grundkapitals, die Möglichkeit gibt, einem Verzicht oder Vergleich entgegenzutreten, ist weniger einsichtig. Der Gesetzgeber scheint auch nicht bedacht zu haben, wie sich § 309 Abs. 3 Satz 1 AktG mit der Einzelklage des Aktionärs nach § 309 Abs. 4 Satz 1 und 2 AktG verträgt.

Die Dreijahresfrist wird im allgemeinen damit erklärt, daß eine Verfügung über den Anspruch für einen Zeitraum verhindert werden soll, in dem sich das Ausmaß der Verfehlungen des Verwaltungsmitglieds und des Schadens noch nicht abschließend überblicken läßt[1].

Diese Erklärung schöpft Sinn und Funktion der Sperrfrist nach § 93 Abs. 4 Satz 3 AktG und nach § 309 Abs. 3 AktG aber keineswegs aus. Diese Frist ist zwingenden Rechts. Sie kennt keine Ausnahmen für den Fall eines vollkommen überblickbaren Schadens. Soweit – wie im Recht der verbundenen Unternehmen positivrechtlich verbürgt – ein einzelner Aktionär die Ansprüche der Gesell-

1 ZIMMERMANN, FS Duden, 1977, S. 773, 774 m. Nachw.; ZÖLLNER, Kölner Komm. z. AktG, 1. Aufl., § 120 Rdn. 31.

schaft geltend machen kann, gewährt sie diesem zumindest einen dreijährigen Spielraum für die Rechtsverfolgung. Wieweit die Aktionärsklage überhaupt durch eine Disposition der Gesellschaft über den Ersatzanspruch betroffen wird, wird allerdings noch näher zu klären sein (vgl. unten III. 6.). Da die Frist auch nicht durch einen Beschluß der Hauptversammlung außer Kraft gesetzt werden kann, der nicht den Widerspruch einer qualifizierten Minderheit findet, nicht einmal durch einen einstimmigen Hauptversammlungsbeschluß oder durch eine entsprechende Erklärung des Einmannaktionärs, beugt sie einer Schädigung der Gesellschaft auf Veranlassung oder zugunsten der Aktionäre vor; denn ein gesellschaftsschädliches Verhalten bleibt für die Verwaltung, auch wenn sie sich der Zustimmung des Groß- oder Alleinaktionärs oder des herrschenden Unternehmens sicher weiß, schon unter dem Gesichtspunkt risikovoll, daß diese innerhalb der Dreijahresfrist ihre Anteile veräußern könnten. Auch soweit die Verwaltung – außerhalb konzernrechtlich gedeckter Weisung des herrschenden Unternehmens oder eines rechtmäßigen Hauptversammlungsbeschlusses – den Willen des Alleinaktionärs befolgt und dieser selbst keinen Schaden durch eine für das Unternehmen nachteilige Maßnahme erleidet, haftet sie ja gegebenenfalls für pflichtwidrige Schädigung der Gesellschaft und ist nicht dagegen gefeit, daß diese den Schaden tatsächlich gegen sie geltend macht, wenn sich die Anteilsverhältnisse ändern sollten.

Schließlich führt die Sperrfrist dazu, daß ein Schiedsvertrag über etwaige Ersatzansprüche vor Fristablauf nach § 1025 Abs. 1 ZPO unzulässig ist[2]. Der Gesetzgeber erzwingt somit durch die Statuierung der Dreijahresfrist das öffentliche Verfahren der ordentlichen Gerichtsbarkeit für die aktien- und konzernrechtliche Organhaftung.

Insofern ist die Verzichts- und Vergleichseinschränkung ein Beitrag zum Schutze des Unternehmensinteresses der juristischen Person vor Dispositionen, die sich außerhalb des aktienrechtlichen Regelungssystems bewegen. Sie verschärft die – geringe – praktische Durchsetzungsmöglichkeit der Organhaftung in der einzelnen Gesellschaft – die Böcke, die hier in Erwartung kamikazeartiger Haltung zu Gärtnern gemacht werden[3], können nicht ganz so frei mit Ersatzansprüchen umspringen und ohne Furcht vor solchen Ersatzansprüchen leben, wie sie manchmal vielleicht möchten – und sie trägt dazu bei, der scharfen konzernrechtlichen Sanktion der Einzelklage von Aktionären das Feld freizuhalten. Diese Regelungszwecke sind im Auge zu behalten, wenn im folgenden einige Anwendungs- und Auslegungsprobleme der Verzichts- und Vergleichseinschränkung besprochen werden.

2 ZIMMERMANN, FS Duden, S. 786 m. Nachw.
3 Dazu MERTENS, Die AG 1982, 29, 36.

III. Anwendungs- und Auslegungsfragen

1. Abfindungsregelungen

Offensichtlich beeinträchtigt die Vorschrift Abfindungsregelungen mit ausscheidenden Vorstandsmitgliedern; denn ihr unterfällt – wie *Zimmermann* mit Recht bemerkt hat[4] – jedwede Abfindungsvereinbarung, die vorsieht, daß mit ihr alle Ansprüche der Gesellschaft an das Vorstandsmitglied oder alle gegenseitigen Ansprüche erledigt sein sollen. Entweder ist die Ausklammerung von Ersatzansprüchen (konkludenter) Bestandteil der Abrede oder diese ist nichtig. Der Nichtigkeit kann nicht dadurch vorgebeugt werden, daß die Regelung unter den Vorbehalt der Zustimmung der Hauptversammlung nach Ablauf der Dreijahresfrist gestellt wird[5]. Auch ist nicht zu bezweifeln, daß die Vorschrift auf ausgeschiedene Vorstandsmitglieder Anwendung findet.

Zimmermann kritisiert diese Wirkung von der Prämisse her, eine Abfindungsregelung müsse möglichst lautlos über die Bühne gehen und sofort eine abschließende Lösung herbeiführen können[6]. Zu letzterem Zweck schlägt er „Umgehungen" der Dreijahresfrist vor[7]: Eine dritte Person – etwa der Großaktionär – könnte eine Garantie dafür übernehmen, daß die Gesellschaft Ersatzansprüche nicht geltend mache, oder die Aktionäre könnten sich gegenüber dem ausscheidenden Vorstandsmitglied zu einer Stimmrechtsbindung in bezug auf den nach drei Jahren zu fassenden Verzichtsbeschluß verpflichten.

Die Erschwerung von Abfindungsregelungen für Vorstandsmitglieder, die pflichtwidrig die Aktiengesellschaft geschädigt haben könnten, entspricht aber gerade dem hier ausgearbeiteten Zweck der Vorschrift und ist keineswegs ein mehr oder minder unerwünschter Nebeneffekt. „Umgehungslösungen" sind deshalb sorgfältig daraufhin zu prüfen, ob sie nicht mit Sinn und Zweck der Vergleichs- und Verzichtseinschränkung unvereinbar sind.

Die Garantie des Großaktionärs mag auch aus dieser Sicht nicht zu mißbilligen sein. Eine daraus folgende Einflußnahme auf die Gesellschaft führt im Falle des faktischen Konzerns immerhin zur Nachteilsausgleichspflicht; im übrigen kann sich auch eine Schadensersatzpflicht des Großaktionärs nach § 117 AktG ergeben, wenn die Verwaltung mit Rücksicht auf diese Garantie die Geltendmachung von Ansprüchen unterläßt. Es liegt nahe, eine entsprechende Einflußnahme des Großaktionärs auf die Gesellschaft bis zum Beweis des Gegenteils zu vermuten, wenn er eine solche Garantie gegeben hat.

4 Zimmermann, FS Duden, S. 780.
5 Zimmermann, FS Duden, S. 774 m. Nachw.
6 Zimmermann, FS Duden, S. 774.
7 Zimmermann, FS Duden, S. 781 ff.

Stimmbindungen in bezug auf eine spätere Beschlußfassung, die Aktionäre gegenüber amtierenden oder ausgeschiedenen Vorstandsmitgliedern eingehen, scheinen mir dagegen trotz ihres nur schuldrechtlichen Charakters als unzulässige Gesetzesumgehung eingestuft werden zu müssen. Jedenfalls geben sie der Verwaltung keine Rechtfertigung, von der Geltendmachung der Ansprüche abzusehen. Für den Fall eines Aktionärswechsels nützen sie dem Vorstandsmitglied ohnehin nichts.

Unzulässig ist – darüber besteht grundsätzlich im Schrifttum Übereinstimmung – die Abtretung eines Ersatzanspruchs zum Zwecke der Umgehung der Verzichts- und Vergleichseinschränkung. Unter welchen Umständen von einer Umgehung die Rede sein kann, wird sich allerdings kaum in einer generalisierenden Regel erfassen lassen[8].

2. *Prozeßvergleich, Klagverzicht, Versäumnisurteil*

Nach herrschender Meinung ist auch ein Prozeßvergleich oder ein Verzicht nach § 306 ZPO im Hinblick auf Ersatzansprüche der Gesellschaft vor Ablauf der Dreijahresfrist unzulässig, ebenso ein Anerkenntnis der Gesellschaft nach § 307 ZPO aufgrund einer negativen Feststellungsklage des Vorstandsmitglieds. Nach Ablauf der Dreijahresfrist bedarf es bei einem Rechtsstreit, in dem die Gesellschaft Partei ist, überdies zur Wirksamkeit solcher Rechtshandlungen eines Mehrheitsbeschlusses der Hauptversammlung nach § 93 Abs. 4 Satz 3 AktG[9] und dementsprechend eines Beschlusses der außenstehenden Aktionäre gemäß §§ 309 Abs. 3, 310 Abs. 4, 317 Abs. 4, 318 Abs. 4 AktG. Aus dem Gesetz geht nicht hervor, ob sich der Aktionär, der nach einer der letztgenannten Vorschriften die Einzelklage erhoben hat, überhaupt einen Vergleich mit dem in Anspruch genommenen Verwaltungsmitglied schließen kann und ob er gegebenenfalls an die Dreijahresfrist oder an die Zustimmung der außenstehenden Aktionäre gebunden ist. M. E. ist er jederzeit zum Vergleich berechtigt und braucht dazu auch nicht die Zustimmung weiterer Aktionäre; nur wirkt dieser Vergleich nicht für und gegen die Gesellschaft. Darauf ist unten unter 6. zurückzukommen.

Nicht ausgeschlossen wird nach herrschender Meinung ein Versäumnisurteil gegen die klagende Gesellschaft; ebensowenig gegen die beklagte Gesellschaft, sofern der Kläger nur schlüssig vorgetragen hat, daß sie keine Ersatzansprüche gegen ihn habe[10].

8 Dazu Zimmermann, FS Duden, S. 783 m. w. N.; Kraft, Kölner Komm. z. AktG, 2. Aufl., § 50 Rdn. 7.

9 Vgl. Zimmermann, FS Duden, S. 784 f m. w. N.; Kraft, aaO (Fn. 8), § 50 AktG Rdn. 7, 28 ff.

10 Zimmermann, FS Duden, S. 785; Kraft, aaO (Fn. 8), § 50 AktG Rdn. 31.

Mit *Zimmermann*[11] ist die herrschende Meinung in bezug auf Prozeßvergleich, Klagverzicht und Anerkenntnis einzuschränken: Die Gesellschaft muß die Möglichkeit haben, auf diese Weise ein Verfahren zu beenden, wenn und insoweit die von ihr geltend gemachten Ansprüche offensichtlich nicht bestehen. Nur ein Nachgeben der Gesellschaft, mit dem sie – bei objektiver Betrachtung – hinter den ihr nach materieller Rechtslage zustehenden Ansprüchen zurückbleibt, wird von der Vergleichseinschränkung erfaßt.

3. *Fristberechnung und Folgeverletzungen*

Die Dreijahresfrist rechnet seit der Entstehung des Anspruchs; dazu kann auf § 198 BGB verwiesen werden. Da es nicht selten recht lange dauern kann, bis pflichtwidriges gesellschaftsschädliches Verhalten bekannt wird, kann die Frist schon abgelaufen sein, ehe eine Entscheidung über Verzicht und Vergleich aktuell wird. Jedoch können an pflichtwidriges Verhalten von Verwaltungsmitgliedern weitere Pflichtverletzungen sei es dieser, sei es anderer Verwaltungsmitglieder anknüpfen. Für solche Folgeverletzungen stellt sich die Frage, ob für sie die Dreijahresfrist gesondert zu berechnen ist. Das ist für alle Handlungen und Unterlassungen zu bejahen, die aufgrund der Verschiedenheit der Täter oder der verletzten Rechtspflichten oder mit Rücksicht auf zeitliche Zäsuren im Verhältnis zu anderen Pflichtverletzungen als selbständige Handlung oder Unterlassung anzusehen sind. So wird die Dreijahresfrist im Hinblick auf ein Kontrollverschulden des Aufsichtsrats regelmäßig später beginnen als für das entsprechende Geschäftsführungsverschulden des Vorstands. An den Umstand, daß der Vorstand die Berichterstattung über rechtswidriges Verhalten eines Vorstandsmitglieds oder über einen außergewöhnlichen Schaden an den Aufsichtsrat unterläßt oder daß es Mitglieder des jeweils vertretungsberechtigten Organs pflichtwidrigerweise unterlassen, Schadensersatzansprüche gegen ein amtierendes oder ehemaliges Verwaltungsmitglied geltend zu machen, muß jeweils eine neue Dreijahresfrist anknüpfen.

Im Hinblick auf den letzteren Fall gewinnt die Frage besondere Bedeutung, wieweit die Verwaltungsmitglieder eine Pflicht haben, Ersatzansprüche untereinander oder gegenüber ausgeschiedenen Verwaltungsmitgliedern geltend zu machen. M. E. kann weder aus § 93 Abs. 1 AktG noch aus § 93 Abs. 4 AktG geschlossen werden, daß Verwaltungsmitglieder solche Ansprüche geltend machen müssen, sofern nur die Rechtslage einigermaßen klar ist und Aussicht darauf besteht, daß bei dem Anspruchsgegner etwas zu holen ist. Zum einen kann man ein Verwaltungsmitglied nicht als verpflichtet ansehen, einen Anspruch der Gesellschaft durchzusetzen, bei dem seine gesamtschuldnerische

11 Zimmermann, FS Duden, S. 784 f.

Mithaftung auf dem Spiele steht; zum anderen kann es auch durchaus im überwiegenden Interesse der Gesellschaft liegen, daß Ersatzansprüche einmal nicht geltend gemacht werden. Der Umstand, daß die für die Geltendmachung Verantwortlichen nur allzu leicht ein solches überwiegendes Interesse an der Nichtverfolgung eines Ersatzanspruchs annehmen werden, weil die Möglichkeit ihrer gesamtschuldnerischen Mithaftung selten ganz auszuschließen sein wird, kann nicht ausreichen, um ihnen die Erhebung von Ansprüchen mehr oder minder bedingungslos vorzuschreiben. Grundsätzlich besteht allerdings für die Verwaltungsmitglieder die Pflicht, berechtigte Ansprüche der Gesellschaft gegen wen auch immer durchzusetzen.

Für die Frage eines selbständigen Berichtsverschuldens und einer daran anknüpfenden Dreijahresfrist wird es häufig darauf ankommen, ob einem fehlsamen Vorstandsmitglied zugemutet werden kann, sich gegenüber dem Aufsichtsrat selbst einer Pflichtverletzung zu bezichtigen. M. E. ist einem Vorstandsmitglied zwar zuzubilligen, sich nicht selbst strafbarer oder zum Ersatz verpflichtender Handlungen bezichtigen zu müssen[12]. Dadurch darf sich aber seine Haftungslage nach § 93 Abs. 4 Satz 3 und Abs. 6 AktG nicht verbessern. Im übrigen ist er nicht davon entbunden, andere Vorstandsmitglieder bzw. den Aufsichtsrat über die objektive Situation der Gesellschaft aufzuklären, die aus seinem Verhalten resultiert, wenn dies zur Vermeidung weiterer Schäden erforderlich ist.

4. *Der Hauptversammlungsbeschluß nach § 93 Abs. 4 Satz 3 AktG*

a) *Abstimmungsberechtigung*

Nach § 136 Abs. 1 AktG sind die als Anspruchsgegner in Betracht kommenden Verwaltungsmitglieder als Aktionäre von der Abstimmung ausgeschlossen, und zwar – wie anzunehmen ist – auch bei Einzelabstimmung über den Anspruch gegen ein Verwaltungsmitglied alle diejenigen, die in den Verzicht einbezogen werden sollen, ja sogar nach dem Zweck des Stimmrechtsverbots alle, deren gesamtschuldnerische Haftung nach Lage der Dinge überhaupt in Betracht kommt.

b) *Berechtigung zur Mitwirkung am Beschlußvorschlag*

Fraglich ist, ob an der Beschlußfassung über die Frage, ob Vorstand oder Aufsichtsrat der Hauptversammlung einen Verzicht oder Vergleich vorschlagen sollen, diejenigen Organmitglieder mitwirken dürfen, um deren Ersatzpflicht es

12 Für strafbare Handlungen auch MEYER-LANDRUT, Großkomm. z. AktG, 3. Aufl., § 90 Anm. 13 m. Nachw.

geht. Bei dem für die Aktiengesellschaft entsprechend geltenden § 34 BGB ist umstritten, ob er auch die Beschlußfassung im mehrgliedrigen Vorstand umfaßt. Geht es um Beschlüsse, die unmittelbar materiellrechtliche Wirkungen für und gegen die Körperschaft auslösen, so scheinen mir die besseren Gründe dafür zu sprechen[13]. Für die Anwendung von § 34 BGB auch auf Beschlüsse über Beschlußvorschläge ließe sich immerhin anführen, daß jedenfalls in Publikumsgesellschaften mit dem Beschlußvorschlag vielfach die Zustimmung der Hauptversammlung zum Verzicht präjudiziert sein wird, weil die Banken normalerweise ihren Depotkunden vorschlagen, daß sie das Vollmachtstimmrecht im Rahmen des § 128 Abs. 2 Satz 1 AktG im Sinne der Verwaltung ausüben werden, soweit ihnen eine gegenteilige Weisung nicht zugeht. Andererseits erscheint es doch sinnvoll, zwischen Beschlüssen des Vorstands zu unterscheiden, die für die Aktiengesellschaft verpflichtend sind, und Beschlüssen, die nur der Herbeiführung der Entscheidung durch ein anderes Organ dienen. Auch der Beschlußvorschlag über die Entlastung muß von den Verwaltungsmitgliedern ausgehen, obwohl sie in der Hauptversammlung darüber nicht mitabstimmen dürfen. Wendete man § 34 BGB an, so könnte der Beschlußvorschlag über einen Verzicht oder Vergleich von der Verwaltung überhaupt nicht eingebracht werden, wenn die Haftung aller Verwaltungsmitglieder zur Debatte steht. Was die praktische Präjudizierung der Beschlußfassung durch den Beschlußvorschlag angeht, so handelt es sich hier um ein Problem, dessen Lösung weniger in der Ausdehnung von Stimmverboten auf Beschlußvorschläge als in der kollektivrechtlichen Akzentuierung der Pflichtbindung der Banken gegenüber ihren Depotkunden nach § 128 Abs. 2 Satz 2 AktG zu sehen ist: Die Banken haben danach das Interesse der Aktionäre unter Beachtung des Umstandes wahrzunehmen, daß bereits ihre Vorschläge faktisch das Abstimmungsverhalten der Hauptversammlung präjudizieren. Dem Interesse der Aktionäre – das Unternehmensinteresse ist für die Banken nur insoweit maßgeblich, als es mit dem ersten zusammenfällt – wird ein Verzicht auf Ersatzansprüche durchweg nicht entsprechen. Sollte es einmal zu einem Code of Conduct über das treuhänderische Verhalten der Banken gegenüber den ihnen Vollmacht erteilenden Aktionären kommen – er wäre dringend wünschenswert, damit die einzelnen Banken die Kraft finden, sich unbeirrt durch andere geschäftliche Interessen an ihre treuhänderischen Pflichten zu halten –, so wäre darin sicherlich die Regelung angebracht, daß Banken einen Verzichtsvorschlag vorbehaltlich ganz besonderer Umstände nicht zu unterstützen und bei einem Vergleich eine sorgfältige Prüfung anzustellen haben, ob er im Interesse der Aktionäre liegt.

13 Vgl. nur Soergel/Schulze-v. Lasaulx, Komm. z. BGB, 11. Aufl., § 28 Rdn. 2 m. Nachw. auch der Gegenmeinung.

5. *Der Sonderbeschluß der außenstehenden Aktionäre*

In §§ 309 Abs. 3, 310 Abs. 4, 317 Abs. 4, 318 Abs. 4 AktG tritt an Stelle eines Hauptversammlungsbeschlusses ein Sonderbeschluß der außenstehenden Aktionäre[14]. Das bedeutet im Ergebnis nichts anderes als die Anwendung des § 136 Abs. 1 AktG auf die in diesen Vorschriften normierten Ersatzansprüche und rechtfertigt es, den Begriff des außenstehenden Aktionärs so zu fassen, daß im faktischen Konzern alle Minderheitsaktionäre darunter fallen, die nicht vom herrschenden Unternehmen abhängig sind[15]. Es versteht sich, daß auch ein Verzicht auf den für den Vertragskonzern nicht ausdrücklich in § 309 AktG geregelten Anspruch der abhängigen Gesellschaft gegen das herrschende Unternehmen selbst eines Sonderbeschlusses der Aktionäre bedarf, ebenso wie auch insoweit die Sperrfrist und das Recht jedes Aktionärs zur Geltendmachung des Ersatzanspruchs der Gesellschaft Platz greifen[16]. Das aktiengesetzliche Beschlußanfechtungsrecht ist auf den Sonderbeschluß anwendbar, wie wenn es sich um einen Hauptversammlungsbeschluß handelte. Auch die nicht außenstehenden Aktionäre sind anfechtungsberechtigt[17].

6. *Der Verzichts- und Vergleichseinschränkung nicht unterliegende Ansprüche der Einzelaktionäre*

Der Verzichts- und Vergleichseinschränkung unterfallen nur Ansprüche der Gesellschaft, nicht solche der Aktionäre selbst. Soweit ein pflichtwidriges Verhalten der Verwaltungsmitglieder in eigene Rechte der Aktionäre eingreift oder Vorschriften verletzt, die Schutzgesetze zugunsten der Aktionäre darstellen und diese einen über die Entwertung ihrer Anteile hinausgehenden Schaden haben,

14 Lehmann, Die AG 1983, 113, 114 scheint davon auszugehen, daß auch § 309 Abs. 3 einen Beschluß der HV neben dem Sonderbeschluß der außenstehenden Aktionäre voraussetzt und der erstere Beschluß durch 10 % des bei der Beschlußfassung vertretenen Grundkapitals blockiert wird. Gesetzeswortlaut und Entstehungsgeschichte weisen aber eindeutig darauf hin, daß hier allein an einen Beschluß der außenstehenden Aktionäre gedacht ist; vgl. BegrRegE bei Kropff, Aktiengesetz, 1965, S. 405; Gessler, in: Geßler/Hefermehl/Eckardt/Kropff, Komm. z. AktG, § 309 Rdn. 33. Die Regelung des Gesetzes läßt damit allerdings merkwürdigerweise die Konstellation zu, daß eine Minderheit bestimmte Mitglieder der Verwaltung – etwa die nach §§ 310, 318 haftenden Organe der abhängigen Gesellschaft – von ihrer Haftung selbst gegen den Willen und auf Kosten des herrschenden Unternehmens und seiner Organe befreien kann.

15 Vgl. zum Begriff des außenstehenden Aktionärs Gessler, aaO (Fn. 14), § 295 AktG Rdn. 23 ff m. Nachw.

16 Vgl. Gessler, aaO (Fn. 14), § 309 AktG Rdn. 53 m. Nachw.

17 Vgl. Zöllner, aaO (Fn. 1), § 245 AktG Rdn. 8.

können die Aktionäre selbständig klagen. Auch der Anspruch des Aktionärs nach § 117 Abs. 1 Satz 2 AktG wird von der Verzichts- und Vergleichseinschränkung nicht betroffen.

Fraglich ist dagegen, ob die Rechtsverfolgung durch den einzelnen Aktionär nach §§ 309 Abs. 3, 310 Abs. 4, 317 Abs. 4, 318 Abs. 4 AktG durch einen Sonderbeschluß der außenstehenden Aktionäre gestoppt werden kann. Der Gedanke, einem Aktionär könnte womöglich kurz vor einer rechtskräftigen Entscheidung der Anspruch auf Schadensersatzleistung an die Gesellschaft durch einen Verzicht der Gesellschaft aus den Händen gewunden werden, wobei ihm noch die Kosten des Rechtsstreits aufzuerlegen wären, erscheint mir unerträglich. Der Aktionär muß sich in seinem Rechtsstreit auch mit einem Beklagten vergleichen können, wobei dieser Vergleich allerdings von anderen Aktionären oder von der Gesellschaft geltend gemachte Ersatzansprüche nicht abzuschneiden vermag. Das alles spricht dagegen, in der Einzelklage nach den genannten Vorschriften einen eindeutigen Fall der Geltendmachung fremden Rechts im Wege der Prozeßstandschaft zu sehen, wie ja auch die herrschende Meinung noch immer die actio pro socio als Fall der Geltendmachung eines eigenen Rechts durch den Gesellschafter ansieht[18]. Diese Auffassung kann durchaus auch zur Übernahme der einen oder anderen Rechtsfolge führen, die an die Prozeßstandschaft anknüpft. Der Gesetzgeber braucht sich an eine dogmatische Alternative nicht zu binden. So wird man annehmen können, daß der Einzelklage nach § 309 Abs. 3 AktG und den darauf Bezug nehmenden Vorschriften der Einwand der Rechtshängigkeit entgegensteht, wenn die Gesellschaft schon selbst Klage erhoben hat, und daß sich aus der Abweisung ihrer Klage auch Rechtskraftwirkungen für die Einzelklage eines Aktionärs ergeben können. Umgekehrt begründet die Einzelklage des Aktionärs dagegen nicht den Einwand der Rechtshängigkeit und ihre Entscheidung auch keine Rechtskraftwirkungen für eine Klage der Gesellschaft[19].

So gesehen ist die Regelung in § 309 Abs. 3 AktG über den Sonderbeschluß der außenstehenden Aktionäre als Voraussetzung für einen Verzicht der Gesellschaft auch dann nicht gänzlich bedeutungslos, wenn man sie nicht auf die Einzelklage des Aktionärs erstreckt.

Anders ist für eine Rechtsverfolgung durch die Minderheit nach § 147 AktG gegen Verwaltungsmitglieder der Aktiengesellschaft zu entscheiden. Hier hat es die Minderheit in der Hand, den Verzichtsbeschluß der Hauptversammlung zu blockieren. Ein eigenes materielles Recht auf Leistung an die Gesellschaft steht ihr nach § 147 AktG auch nicht zu.

18 Vgl. Ulmer, Münchener Komm. z. BGB, 2. Aufl., § 705 Rdn. 171, 172, der selbst jetzt der These der Prozeßstandschaft zuneigt.

19 Dazu Ulmer, aaO (Fn. 18), § 705 BGB Rdn. 175.

7. Verzicht und Sonderprüfung

Das Minderheitenrecht auf Sonderprüfung bleibt von einem wirksamen Verzicht der Gesellschaft auf Ersatzansprüche unberührt; denn die Sonderprüfung ist nicht nur zum Zwecke der Vorbereitung von Ersatzansprüchen gegeben. Im übrigen kann sie nach § 142 Abs. 2 Satz 1 AktG von Aktionären beantragt werden, deren Anteile den Nennbetrag von 2 Mio. DM erreichen, während die Minderheit, die einen Verzichtsbeschluß blockieren und selbst die Geltendmachung von Ersatzansprüchen durchsetzen kann, nach § 93 Abs. 3 AktG 10 % des Grundkapitals ausmachen muß.

Der Widerruf der Stimmabgabe

von

Dr. Herbert Messer, Rechtsanwalt beim Bundesgerichtshof, Karlsruhe

Mit der Einordnung von Stimmabgabe und Beschlußfassung der Gesellschafter in die allgemeine Rechtsgeschäftslehre hat sich *Hans-Joachim Fleck* in viel beachteten Anmerkungen zu Urteilen des BGH befaßt, die die Anwendbarkeit des § 181 BGB auf Gesellschafterbeschlüsse betrafen[1]. Deshalb werden ihm hier einige Gedanken zu einem die Anwendbarkeit der Rechtsgeschäftsregeln auf die Stimmabgabe betreffenden Problem gewidmet, das seine aktuelle Bedeutung daraus gewinnt, daß es sich im Zusammenhang mit den Bemühungen um die Sanierung eines bedeutenden Familienunternehmens stellte[2].

I. Der Beschluß ist das Ergebnis eines Vorganges kollektiver Willensbildung im Verband. Mit ihm entscheidet ein Kollektivorgan über einen Antrag. Der Vorgang der Beschlußfassung, der sich aus der Stimmabgabe, der Stimmzählung und der Bewertung des Ergebnisses der Stimmabgabe zusammensetzt, gibt je nach der Technik der Stimmabgabe und dem Umfang des zur Beschlußfassung berufenen Kollektivorgans Raum für Versuche einzelner, die bereits vollendete Stimmerklärung noch einmal zu ändern, ein „Ja" oder „Nein" zu widerrufen. Die tatsächliche Möglichkeit dazu besteht beispielsweise in einer vielköpfigen Gesellschafterversammlung, in der über Beschlußanträge nicht durch gemeinsam und gleichzeitig abzugebende Handzeichen abgestimmt wird, sondern durch Beschriftung und Einsammlung von Stimmzetteln, im „Hammelsprung"-Verfahren oder auf ähnlich zeitraubende Weise. Es könnte Gesellschaftern, die sehen, zu welchem Ergebnis die Abstimmung tendiert, einfallen, deshalb ihre Stimme zu ändern, das unmittelbar bevorstehende Erreichen einer für ein bestimmtes Beschlußergebnis erforderlichen Mehrheit doch noch zu vereiteln oder zu ermöglichen.

Solche Fallgestaltungen mögen als realitätsferne Gedankenspiele erscheinen. Von durchaus aktueller Bedeutung aber ist die Frage, ob bei schriftlichen Abstimmungen, Abstimmungen im Umlaufverfahren oder Mischformen zwischen schriftlicher Stimmabgabe und der Stimmerklärung auf einer Gesellschafterversammlung zum gleichen Beschlußantrag ein Widerruf der abgegebenen

1 LM Nr. 13 zu § 47 GmbHG; LM Nr. 15, 16 und 19 zu § 181 BGB.
2 Rechtskräftiges Urteil des OLG Stuttgart vom 30. 4. 1986, 3 U 58/85, nicht veröffentlicht.

Stimme möglich ist, solange das Verfahren der Beschlußfassung noch nicht abgeschlossen ist. Für Personenhandelsgesellschaften und Gesellschaften mit beschränkter Haftung haben sich Vertragsklauseln eingebürgert, die eine Beschlußfassung sowohl auf Gesellschafterversammlungen als auch auf schriftlichem, telegrafischem, sogar telefonischem Wege ermöglichen. Auch ohne dementsprechende Vertragsbestimmung ermöglicht das Gesetz den Verbänden weitgehend die schriftliche Stimmabgabe, zumindest dann, wenn alle Mitglieder dem Beschlußantrag zustimmen (§ 32 Abs. 2 BGB) oder wenigstens mit der schriftlichen Stimmabgabe einverstanden sind (§ 48 Abs. 2 GmbHG). Die Gesellschafter einer Personengesellschaft können eine Formvorschrift des Gesellschaftsvertrags über das Zustandekommen von Gesellschafterbeschlüssen wirksam in der Weise durchbrechen, daß sie mündlich oder durch schlüssiges Verhalten einstimmig eine andere Handhabung vereinbaren, z. B. sich darauf verständigen, die an der Wahrnehmung der Gesellschafterversammlung verhinderten Gesellschafter könnten innerhalb bestimmter Frist ihre Stimme noch schriftlich abgeben[3]. Eine solche flexible Gestaltung ist unentbehrlich, wo ein größerer Gesellschafterkreis nicht auf engem Ort zusammenlebt und daher Verhinderungsfälle an der Tagesordnung sind. Es liegt auf der Hand, daß eine Beschlußprozedur, die einen über Tage oder Wochen sich erstreckenden Vorgang der Stimmerklärung zu einem Beschlußantrag ermöglicht, das Problem eines in der Zwischenzeit bei solchen Verbandsmitgliedern, die ihre Stimme bereits abgegeben haben, eintretenden Sinneswandels und seiner Berücksichtigung durch Widerruf der Stimmerklärung verschärft.

II. Die Frage, ob der Gesellschafter die Stimmerklärung vor dem Zustandekommen des Beschlusses widerrufen könne, ist umstritten; die Literatur kennt darauf nicht nur zwei, sondern drei verschiedene Antworten.

1. Aus der *Rechtsprechung* werden zwei Entscheidungen des Reichsgerichts mit der Frage eines Widerrufs der Stimmabgabe in Verbindung gebracht. Das Urteil vom 4. März 1930[4] betraf die Aufnahme eines neuen Kommanditisten. Es war darüber nicht in einer Gesellschafterversammlung beschlossen worden, sondern nach Abschluß des Beitrittsvertrags zwischen dem Neuen und dem persönlich haftenden Gesellschafter hatten die übrigen Kommanditisten nacheinander ihre Zustimmung erklärt. Das Reichsgericht führt aus[5], der eigene Beitritt brauche nicht in einem Akt zu geschehen, sondern könne in mehreren einzelnen Akten erfolgen, „solange die Einigung der Handelnden bestehen bleibt", wobei für die Aufnahme maßgebend bleibe die Erklärung des letzten Beteiligten.

3 BGHZ 58, 155 ff, 119/120.
4 RGZ 128, 172 ff.
5 RGZ 128, 172, 177.

Die Entscheidung wird im Urteil vom 13. April 1940[6] aufgegriffen. Es war über einen Kapitalerhöhungsbeschluß einer Kommanditgesellschaft zu befinden, der auf einer Gesellschafterversammlung gefaßt wurde, an der nicht alle Gesellschafter teilnahmen. Das Reichsgericht hält die nachträgliche Zustimmung der Abwesenden für möglich und wirksam, solange die übrigen Gesellschafter von ihrer Stimmerklärung noch nicht abgerückt sind; das Urteil vom 4. März 1930 wird in dem Sinne zitiert[7], daß die nachträgliche Zustimmung zu einem Gesellschafterbeschluß solange zum Vertragsschluß führen könne, als die früher tätig gewordenen Gesellschafter an der unter ihnen getroffenen Einigung festhalten.

2. *Hopt*[8] versteht die beiden Entscheidungen des Reichsgerichts dahin, daß bei gesonderter – nicht auf einer Gesellschafterversammlung stattfindender – Stimmabgabe der Beschluß in der Regel wirksam werde mit Zugang der letzten Stimmerklärung an den letztempfangenden Mitgesellschafter oder den Abstimmungsleiter, vorausgesetzt, in diesem Zeitpunkt stünden noch alle Mitstimmenden zu ihrer Erklärung; man kann diese Bemerkung als Stellungnahme für die Widerruflichkeit der Stimmerklärung bis zum Zustandekommen des Beschlusses verstehen[9]. *Brodmann* und *Feine*[10] sind für uneingeschränkte Widerruflichkeit der Stimmerklärung, bis der Geschäftsführer alle anderen Erklärungen erhalten hat[11]. *Ulmer, Hadding, Keßler, Fischer* und *Hueck*[12] vertreten eine vermittelnde Ansicht. Sie sind grundsätzlich für Unwiderruflichkeit der als rechtsgeschäftliche Willenserklärung gewerteten Stimmabgabe, treten jedoch für Widerruflichkeit bis zum Zustandekommen des Beschlusses ein, wenn ein wichtiger Grund vorliegt, zumindest in Fällen der Abstimmung über bloße Geschäftsführungsmaßnahmen. Bei der GmbH treten für Unwiderruflichkeit der Stimmabgabe ein *Schilling*[13] und *Karsten Schmidt*[14], dieser mit dem Hinweis, daß die Unwiderruflichkeit erst mit dem Zugang der Einverständniserklärung bei dem die Gesellschaft vertretenden Geschäftsführer eintrete, im Falle des Zirkularbeschlusses also noch nicht durch Weitergabe an den jeweils nächsten Mitgesellschafter.

Aufgrund der Natur der Stimmerklärung als rechtsgeschäftlicher Willenserklärung sprechen sich für uneingeschränkte Bindung nach Zugang der Stimmer-

6 RGZ 163, 385 ff.
7 RGZ 163, 385, 393.
8 BAUMBACH/DUDEN/HOPT, Komm. z. HGB, 27. Aufl., § 119 Anm. 3 A.
9 Unklar, vgl. BAUMBACH/DUDEN/HOPT, aaO (Fn. 8), § 119 HGB Anm. 3 D.
10 BRODMANN, Komm. z. GmbHG, 2. Aufl., 1930, § 48 Anm. 2; FEINE, Die GmbH, in: Ehrenbergs Handbuch des gesamten Handelsrechts, III Abtlg. 3, S. 532.
11 Ebenso SOERGEL/SCHULTZE-VON LASAULX, Komm. z. BGB, 10. Aufl., § 709 Rdn. 32.
12 ULMER, Münchener Komm. z. BGB, 2. Aufl., § 709 Rdn. 67; SOERGEL/HADDING, Komm. z. BGB, 11. Aufl., § 709 Rdn. 32; STAUDINGER/KESSLER, Komm. z. BGB, 12. Aufl., § 709 Rdn. 3; HUECK, Das Recht der oHG, 4. Aufl., S. 164/165; FISCHER, Großkomm. z. HGB, 3. Aufl., § 119 Rdn. 29.
13 HACHENBURG/SCHILLING, Komm. z. GmbHG, 7. Aufl., § 45 Rdn. 10.
14 SCHOLZ / K. SCHMIDT, Komm. z. GmbHG, 6. Aufl., § 48 Rdn. 61.

klärung beim Adressaten aus *Baltzer*[15] und *Bartholomeyczik*[16]. *Wiedemann*[17] meint, die Probleme der Empfangs- oder Annahmebedürftigkeit der Willenserklärung und der Widerruflichkeit tauchten im Gesellschaftsrecht, auch wenn man die Stimmabgabe als privatautonomes Rechtsgeschäft verstehe, nicht auf; wann die Stimmabgabe unwiderruflich werde, richte sich nicht nach § 130 BGB, sondern nach dem Abstimmungsprozeß.

III. 1. Das Gesetz regelt in § 130 Abs. 1 BGB die Widerruflichkeit der rechtsgeschäftlichen Willenserklärung nur mittelbar, indem es vorschreibt, die empfangsbedürftige Willenserklärung werde mit Zugang wirksam, wenn dem Adressaten nicht vorher oder gleichzeitig ein Widerruf zugeht. Die Unwiderruflichkeit der durch Zugang wirksam gewordenen Willenserklärung bedarf keiner ausdrücklichen Bestimmung. Sie ergibt sich aus dem Rechtsbegriff der rechtsgeschäftlichen Willenserklärung. Im Bereich der Privatautonomie, also der Fähigkeit des einzelnen, seine Angelegenheiten nach seinen subjektiven Richtigkeitsvorstellungen zu ordnen, ist das Organisationsmittel das Rechtsgeschäft, dessen Kernstück der erklärte private Geschäftswille bildet[18]. „Rechtsgeschäft ist eine Privatwillenserklärung, gerichtet auf die Hervorbringung eines rechtlichen Erfolges, der nach der Rechtsordnung deswegen eintritt, weil er gewollt ist[19]." Hat die rechtsgeschäftliche Willenserklärung den Erfolg, auf dessen Hervorbringung sie gerichtet ist, herbeigeführt, ist sie also wirksam geworden, so bedarf die Zerstörung dieses Erfolgs einer Legitimation durch die Rechtsordnung. Diese Legitimation besteht in den gesetzlichen Regeln über Rücktritt, Anfechtung, Kündigung; der Widerruf als Mittel zur Beseitigung des eingetretenen Erfolgs ist in der positiven Rechtsordnung nur in Sonderfällen vorgesehen, beispielsweise in §§ 530, 610, 658, 671, 790, 2254 BGB, 1 b AbzG, Art. 5 EGAbschlG.

2. Stellt man sich die Frage, ob die Regeln über die rechtsgeschäftliche Willenserklärung den Widerruf der Stimmabgabe nach deren Zugang beim Adressaten verhindern, so muß man sich fragen, ob die Stimmabgabe einen rechtlichen Erfolg bewirke, der nach der Rechtsordnung deswegen eintritt, weil er gewollt ist; wie dieser Erfolg, also die Wirkung der Stimmabgabe, beschaffen und von welchen Voraussetzungen sein Eintritt abhängig sei.

15 Baltzer in seiner Monographie „Der Beschluß als rechtstechnisches Mittel organschaftlicher Funktion im Privatrecht", Beiträge zum Zivilrecht und Zivilprozeß, Heft 14, S. 151/152.
16 Bartholomeyczik, ZHR 105 (1938), 293 ff, 327/328.
17 Wiedemann, Gesellschaftsrecht, Bd. I, § 3 III 1, S. 179.
18 Vgl. F. von Hippel, Das Problem der rechtsgeschäftlichen Privatautonomie, S. 62; Burckhardt, Methode und System des Rechts, S. 154/155; Staudinger/Dilcher, Komm. z. BGB, 12. Aufl., Einl. zu §§ 104–185 Rdn. 4–7.
19 Motive, in: Mugdan, Die gesamten Materialien zum BGB, 1899, Bd. 1, S. 126.

a) Daß die Stimmabgabe rechtsgeschäftliche Willenserklärung sei, da sie nach der Rechtsordnung einen rechtlichen Erfolg deshalb bewirkt, weil er gewollt ist, hat sich seit den Untersuchungen *Bartholomeycziks*[20] in Rechtsprechung[21] und Literatur[22] als herrschende Meinung durchgesetzt. Dabei wird in der Regel nicht danach unterschieden, ob der zustandegekommene Beschluß selbst Rechtsgeschäft, ob er auf den Abschluß eines Rechtsgeschäfts als Ausführungshandlung gerichtet oder ob er bloße Geschäftsführungsmaßnahme sei. Als rechtsgeschäftliche Willenserklärungen gelten daher gleichermaßen die Stimmabgaben zu den Beschlußanträgen, das Gesellschaftskapital zu erhöhen, ein vom Geschäftsführer beabsichtigtes Grundstücksgeschäft erheblicher Größenordnung zu billigen oder dem verdienten Vereinsvorsitzenden die Würde des Ehrenvorsitzenden anzutragen. Ebensowenig wird danach unterschieden, ob die abgegebene Stimme in einer Ja-Stimme, einer Nein-Stimme oder einer Enthaltung (besser: Unentschieden-Stimme[23]) bestehe. Ist die Anzahl der für die Annahme des Beschlußantrages erforderlichen Stimmen nicht erreicht, bildet das Ergebnis des Abstimmungsvorganges also einen negativen Beschuß, so erschöpft sich dessen Wirkung in der Ablehnung und dem Verbrauch des Antrags[24]. Es fällt schwer, für alle diese Fälle gleichermaßen in der Stimmabgabe die Kriterien der rechtsgeschäftlichen Willenserklärung zu erkennen.

b) Der Beschluß im Verband entspricht bei der natürlichen Person dem Ergebnis der inneren Willensbildung, nämlich dem Entschluß. Als Ergebnis einer durch rechtliche Regeln näher bestimmten Willensbildung eines Kollektivs ist der Beschluß Rechtsgeschäft, wo ihm die Aufgabe zukommt, den Verbandswillen in einer für sämtliche Mitglieder des Kollektivs verbindlichen Weise festzulegen[25]. Das trifft für Beschlüsse, die zu ihrer Ausführung eines weiteren Rechtsgeschäfts bedürfen, in gleicher Weise zu wie für Beschlüsse über bloße Geschäftsordnungsmaßnahmen oder auch Beschlüsse, durch die die Normen des Zusammenlebens innerhalb des Kollektivs geändert werden, also satzungsändernde Beschlüsse. Gleichgültig, welchen Gegenstand der Beschluß betrifft, ist

20 Bartholomeyczik, „Stimmabgabe im System und Rechtshandlungen", Diss. 1937, S. 19 ff; Ders., ZHR 105 (1938), 293 ff, 300; Ders., AcP 144 (1938), 287 ff.

21 BGHZ 14, 264 ff, 267; BGHZ 65, 93 ff, 97 – je m. w. N.

22 Genannt seien hier nur Staudinger/Coing, Komm. z. BGB, 12. Aufl., § 32 Rdn. 30; Staudinger/Kessler, aaO (Fn. 12), § 709 BGB Rdn. 26; Soergel/Hadding, aaO (Fn. 12), § 709 BGB Rdn. 32; Ulmer, aaO (Fn. 12), § 709 BGB Rdn. 67; Fischer, aaO (Fn. 12), § 119 HGB Rdn. 26; Karsten Schmidt, Gesellschaftsrecht, § 15 I 2; Wiedemann, aaO (Fn. 17), § 3 III 3, S. 179; Baltzer, aaO (Fn. 15), S. 136 ff; weitere Nachweise bei Zöllner, Die Schranken mitgliedschaftlicher Stimmrechtsmacht bei den privatrechtlichen Personenverbänden, S. 11/12 zu Fn. 29.

23 Vgl. Baltzer, aaO (Fn. 15), S. 137 ff.

24 Vgl. Maier-Reimer, FS Oppenhoff, 1985, S. 193 ff.

25 Vgl. Baltzer, aaO (Fn. 15), S. 168 ff; Wiedemann, aaO (Fn. 17), § 3 I 1, S. 176 ff.

er Rechtsgeschäft, weil er das Ergebnis einer den Gesamtwillen des Kollektivs in rechtlich geregelter Weise für alle bindenden Willensbildung ist.

Für die Stimmabgabe kommt Rechtsgeschäftsnatur deshalb in Betracht, weil sie auf diesen Rechtserfolg – den Beschluß – gerichtet ist, der nach der Rechtsordnung eintritt, weil er gewollt ist. Das läßt sich ohne weiteres von den Stimmabgaben sagen, die einen über den Beschlußantrag positiv befindenden Beschluß tragen, also den für das Beschlußergebnis maßgebenden Ja-Stimmen. Sie bringen den rechtlichen Erfolg, auf dessen Erzeugung sie gerichtet sind, in ihrer Gesamtheit deshalb hervor, weil die Rechtsordnung an diese Willensäußerung den Erfolg geknüpft hat. Dabei genügt für den rechtsgeschäftlichen Charakter der Stimmerklärung, daß sie nur einen Erfolgsbeitrag liefert, der erst im Zusammenwirken mit den Beiträgen der übrigen Mitglieder des Kollektivs den Erfolg bewirkt.

Erschöpft sich die Wirkung der einzelnen Stimmabgabe darin, einen Beitrag für das Zustandekommen des Abstimmungserfolgs zu leisten, so läßt sich der Beitrag auch der Nein- oder der Unentschieden-Stimme als Erfolgsbeitrag, die Abgabe solcher Stimmen als Willenserklärungen verstehen. Es wirkt sich nämlich jede Ja-, Nein- oder Unentschieden-Stimme auf das Abstimmungsergebnis aus, indem sie den Erfolgswert je der anderen Stimmerklärungen beeinflußt. Das gilt von Unentschieden-Stimmen sogar dann, wenn man sie nach der Rechtsprechung des Bundesgerichtshofs zum Vereinsrecht[26] nicht mitzuzählen hat, unterscheiden sie sich doch von völliger Untätigkeit darin, daß sie bestimmungsgemäß zur Beschlußfähigkeit des abstimmenden Kollektivs beitragen, wo dafür ein bestimmtes Quorum erreicht sein muß.

c) Sieht man die Wirkung der Stimmerklärung darin, daß sie einen den Erfolgswert der Stimme jedes anderen Mitgliedes des Kollektivs beeinflussenden Beitrag zum Zustandekommen des Beschlusses liefert, so ist als Zeitpunkt, mit dem diese Wirkung eintritt, der Zugang der Stimmerklärung bei ihrem Adressaten anzunehmen. Der Erfolgswert der Stimme eines jeden anderen Mitgliedes des Kollektivs wird nämlich mit jeder einzelnen Stimmabgabe unmittelbar verändert, indem die Aussicht, aufgrund des mit der bereits abgegebenen Stimme geleisteten Beitrages zu einem positiven Abstimmungsergebnis zu gelangen, gesteigert oder vermindert wird. Die Abgabe einer jeden einzelnen Stimme rückt das positive Abstimmungsergebnis in größere Nähe oder weitere Ferne, beeinflußt daher unmittelbar den Erfolgswert einer jeden einzelnen bereits abgegebenen Stimme für das schließlich zustandegekommene Ergebnis. Hätte man sich die Ausführung eines zeitlich auseinandergezogenen Abstimmungsvorganges so vorzustellen, daß in zwei Waagschalen je Ja- und Nein-Gewichtssteine gesammelt würden, so bewirkte die Hinzufügung eines jeden Gewichtes in die eine

26 BGHZ 83, 35 ff.

oder andere Schale einen Ausschlag des Zeigers. Das Bild macht deutlich, daß die Wirkung der Abgabe einer Einzelstimme unmittelbar mit dem Zugang der Stimmerklärung bei ihrem Adressaten eintritt und nicht etwa bis zum Zeitpunkt der Stimmauszählung nach Abgabe der letzten Stimme aufgeschoben ist.

3. a) Hat man die Wirkung der Stimmerklärung im Einfluß auf das Ergebnis der Stimmabgabe zu sehen, den Eintritt der Wirkung in der Veränderung des Gewichts aller bis dahin abgegebenen Stimmen, so ist nahegelegt, aus § 130 Abs. 1 BGB auf die Unwiderruflichkeit der Stimmerklärung nach ihrem Zugang beim Adressaten zu schließen. Die Erklärung ist mit dem Zugang wirksam geworden. Der Eintritt der Wirkung hätte nur durch einen vorher oder gleichzeitig zugegangenen Widerruf verhindert werden können. Das Gesetz sieht die Möglichkeit, den Wirkungseintritt durch nachträglichen Widerruf zu beseitigen, nicht vor. Daher ist der Widerruf der Stimmabgabe ausgeschlossen.

Dieses dem § 130 BGB entnommene Ergebnis ist auch allein mit dem Abstimmungsprozeß als Form des Zustandekommens kollektiver Willensbildung verträglich[27]. Hat bei einem nur einfacher Mehrheit bedürftigen Beschluß, der vollständig im schriftlichen Verfahren oder zum Teil auf einer Gesellschafterversammlung, im übrigen durch schriftliche Zustimmung der Abwesenden gefaßt werden soll, die Anzahl der bis zu einem bestimmten Zeitpunkt gesammelten Ja- oder Nein-Stimmen die absolute Mehrheit erreicht, so ist noch vor Abschluß des Abstimmungsvorganges der – positive oder negative – Beschluß gefaßt. Die Widerruflichkeit einer Stimmerklärung liefe auf die Befugnis hinaus, den zustandegekommenen Beschluß nachträglich aufzuheben, möglicherweise in sein Gegenteil zu verkehren. Eine solche Möglichkeit zur Vernichtung gefaßter Beschlüsse befürworten auch die Autoren nicht, die von der Widerruflichkeit der Stimmerklärung bis zum Abschluß des Abstimmungsverfahrens ausgehen. Das Ergebnis darf kein anderes sein, wenn die Zahl der bis zu einem bestimmten Zeitpunkt für oder gegen den Beschlußantrag abgegebenen Stimmen nur zur relativen Mehrheit der einen oder anderen Seite ausreicht, die durch den Widerruf einer Erklärung in ihr Gegenteil verkehrt werden könnte. Auch in diesem Fall liefe die Widerruflichkeit darauf hinaus, dem Widerrufenden die Möglichkeit zur Vernichtung eines Beschlusses zu gewähren, wie er für den Fall zustandegekommen gewesen wäre, daß sich kein weiteres Mitglied mehr an der Abstimmung beteiligt, sich die weiteren Stimmberechtigten daher der Stimme enthalten oder von der Abgabe einer jeden Erklärung abgesehen hätten. Zwar steht dieser Ausgang des Abstimmungsverfahrens erst fest, wenn alle Stimmberechtigten nach ihrer Stimme gefragt waren. Haben sie durch Erklärung der Stimmenthaltung oder Nichtteilnahme an der Abstimmung von der Möglichkeit, das Abstimmungsergebnis zu beeinflussen, keinen Gebrauch gemacht, so war

27 So daß WIEDEMANNS Ansicht, aaO (Fn. 17), nicht entgegensteht.

der Beschluß aber schon mit der Abgabe der letzten Ja- oder Nein-Stimme zustandegekommen. Ein danach erklärter Widerruf würde den gefaßten Beschluß zerstören.

An diesen Beispielen wird deutlich, daß die Zubilligung einer Widerrufsmöglichkeit darauf hinausläuft, dem Stimmberechtigten ein mehrfaches Stimmrecht zu gewähren. Ihm würde die Möglichkeit eröffnet, das durch Abgabe seiner Stimme schon einmal beeinflußte Abstimmungsergebnis erneut zu verändern. Darin liegt ein Verstoß gegen allgemeine Abstimmungsgrundsätze, die jedem Stimmberechtigten nur die einmalige Abgabe einer Stimme von einem seiner Beteiligung entsprechenden Gewicht erlauben.

b) Mit einem Teil der Literatur[28] den Widerruf der Stimmabgabe bis zum Zustandekommen eines Beschlusses in Fällen der Abstimmung über bloße Geschäftsführungsmaßnahmen und wenigstens dann zu erlauben, wenn ein wichtiger Grund vorliegt, sich etwa die im Zeitpunkt der Abgabe der Stimme maßgebenden Verhältnisse verändert haben, ist zumindest eine dem § 130 BGB widersprechende Systemwidrigkeit. Auch die Stimmerklärung, die zum Beschluß über eine bloße Geschäftsführungsmaßnahme führen soll, ist rechtsgeschäftliche Willenserklärung, da sie den Verbandswillen nach der für sämtliche Mitglieder des Kollektivs geltenden Norm verbindlich festlegt und so nach der Rechtsordnung einen rechtlichen Erfolg hervorbringt, weil er gewollt ist. Die Zubilligung eines Widerrufsrechts liefe darauf hinaus, dem Widerrufenden eine weitere Stimmabgabe zu ermöglichen, was den Regeln über den Abstimmungsprozeß im Kollektiv widerspricht. Sie bewirkte die Zerstörung einer bereits eingetretenen Rechtswirkung, wofür unsere Rechtsordnung als gewöhnliche Mittel nur Anfechtungserklärung, Rücktritt, Kündigung kennt und den Widerruf nur in Ausnahmefällen ausdrücklich vorsieht. Auch wenn § 130 Abs. 1 Satz 2 BGB nicht zwingenden Rechts ist, bin ich doch der Ansicht, daß Besonderheiten des Verbandsrechts, etwa die den Gesellschaftern auferlegte Treuepflicht, eine Abweichung weder vom System der rechtsgeschäftlichen Willenserklärung noch vom gewöhnlichen Abstimmungsvorgang rechtfertigen. Ergeben sich Umstände, welche die Verhältnisse im Zeitpunkt der Stimmabgabe nur für den einzelnen Stimmberechtigten grundlegend verändern, so ist es nicht gerechtfertigt, dem einzelnen Stimmberechtigten die Möglichkeit zu einer nachträglichen Veränderung der Wirkung der Stimmabgabe aller übrigen Beteiligten einzuräumen. Er mag das Gewicht der für ihn eingetretenen Änderungsgründe auf einer neuen Gesellschafterversammlung oder auch durch Anfechtung seiner Stimmerklärung unter den dafür gegebenen gesetzlichen Voraussetzungen zur Geltung

28 Ulmer, Hadding, Kessler, Fischer, Hueck, je aaO (Fn. 12).

bringen. Haben sich die Verhältnisse, die der Stimmabgabe zugrunde lagen, für alle Mitglieder des Kollektivs verändert, so ist es zumindest ein Gebot der Rechtssicherheit, daß darüber beraten und kollektiv befunden wird und nicht jeder einzelne nach seiner Erkenntnisfähigkeit durch den Widerruf seiner Stimmerklärung für die anderen mitentscheidet[29].

29 Das OLG Stuttgart hatte in dem oben – Fn. 2 – genannten Urteil vom 30. 4. 1986 über Gesellschaftsbeschlüsse zu befinden, die die Umwandlung einer Gesellschaft bürgerlichen Rechts in eine Kommanditgesellschaft und die Verschmelzung dieser mit einer anderen Kommanditgesellschaft betrafen, nur einstimmig gefaßt werden und auf einer Gesellschafterversammlung deshalb nicht endgültig zustandekommen konnten, weil nicht alle Gesellschafter anwesend oder vertreten waren. Die Anwesenden hatten den Beschlußanträgen zugestimmt und sich darüber verständigt, den Abwesenden die schriftliche Stimmabgabe zu ermöglichen. Vor dem Eintreffen der letzten Stimmerklärung eines abwesenden Gesellschafters hat einer derjenigen, die auf der Versammlung ihre Stimme abgegeben hatten, seine Stimmerklärung widerrufen. Das OLG hat den Widerruf für wirksam gehalten. Die gegen sein Urteil eingelegte Revision zum BGH ist zurückgenommen worden.

Voreinzahlung auf Stammeinlagen bei sanierender Kapitalerhöhung

von

Notar DR. HANS-JOACHIM PRIESTER, Hamburg

Inhaltsübersicht

I. Ausgangspunkt

Zu den Interessenschwerpunkten des Empfängers dieser Festschrift gehört die Aufbringung und die Erhaltung des Stammkapitals der GmbH[1]. Die entsprechenden Rechtsregeln enthalten einer bekannten Formulierung zufolge das Kernstück des GmbH-Rechts[2]. Ihre Bedeutung hat der Gesetzgeber mit der Novelle 1980 noch einmal unterstrichen, mag diese auch – jedenfalls in ihren gelungenen Partien – nur das nachvollzogen haben, was der II. Zivilsenat des

1 Vgl. insoweit vor allem seinen Beitrag „Kapitalaufbringung, Kapitalerhaltung und Insolvenzprobleme in der GmbH", RWS-Skript Nr. 76, 2. Aufl., 1982; speziell zur Vor-GmbH: ZGR 1975, 212–231 sowie GmbH-Rdsch. 1983, 5–17.

2 BGH 30. 6. 1958, BGHZ 28, 77, 78.

Bundesgerichtshofes unter maßgeblicher Mitwirkung seines langjährigen und für das Kapitalgesellschaftsrecht federführenden Mitgliedes *Hans-Joachim Fleck* bereits entwickelt hatte[3].

Vieles ist heute durch diese Rechtsprechung geklärt und zu einem konsolidierten Bestandteil unseres Rechtslebens geworden[4]. Einige Fragen sind dagegen – wie es nicht anders sein kann – offengeblieben, neue werden hinzukommen. Zu der Liste dieser „offenen Posten" dürfte die in letzter Zeit verstärkt erörterte, aber wohl noch nicht ausdiskutierte Frage gehören, inwieweit Voreinzahlungen auf eine geplante, jedoch noch nicht förmlich beschlossene Kapitalerhöhung den Übernehmer von seiner Stammeinlagepflicht frei werden lassen. Auch zu diesem Problem hat *Fleck* Stellung genommen[5], so daß es vielleicht sein Interesse findet, wenn dazu im folgenden einige Überlegungen vorgetragen werden.

II. Problemlage

Gerät das Unternehmen in eine Krise drohender oder gar schon eingetretener Überschuldung oder Zahlungsunfähigkeit, ist die rasche Zufuhr neuer Mittel in den meisten Fällen unumgänglich. Das können Fremdmittel sein. Die Gläubiger werden aber vielfach verlangen, daß der Gesellschaft auch neues Eigenkapital zugeführt wird und die Gesellschafter durch ein verstärktes Engagement ihre Zuversicht hinsichtlich des Weiterbestehens der Gesellschaft unter Beweis stellen.

Sind alle Gesellschafter bereit und in der Lage, sich an einer solchen Eigenkapitalzufuhr im Verhältnis ihrer Anteilsquote zu beteiligen, bedarf es einer Aufstockung des Stammkapitals nicht. Hier bietet sich als rasche und unkomplizierte Lösung die Gewährung von Zuschüssen an[6]. Derartige freiwillige Zuschüsse sind zwar im GmbH-Gesetz nicht ausdrücklich vorgesehen, an ihrer Zulässigkeit bestehen jedoch keine Zweifel[7]. Die Gesellschaft kann die so

3 In diesem Sinne KARSTEN SCHMIDT, Die Zukunft der Kodifikationsidee, 1985, S. 53 f. Zum Verhältnis der Novelle zum vorhergehenden Richterrecht vgl. ferner etwa DERS., Gesellschaftsrecht, 1986, § 33 II 2 b, S. 742 f; TIMM, GmbH-Rdsch. 1980, 286, 287.

4 Siehe dazu die umfangreiche Bestandsaufnahme bei ULMER, Richterrechtliche Entwicklungen im Gesellschaftsrecht 1971–1985, 1986, insbes. S. 6 ff (Vor-GmbH) und S. 9 ff (Schutz der GmbH-Gläubiger).

5 FLECK, Anm. zu BGHZ 51, 157, LM Nr. 4 zu § 55 GmbHG; DERS., Anm. zu LG Düsseldorf ZIP 1986, 1251, EWiR § 54 AktG 1/86, 537.

6 Dazu HACHENBURG/ULMER, Komm. z. GmbHG, 7. Aufl., 1983, § 58 Rdn. 86 ff; SCHOLZ/PRIESTER, Komm. z. GmbHG, 6. Aufl., 1981, § 58 Rdn. 18 ff.

7 Etwa: DÖLLERER, BB 1986, 1857; PRIESTER, ZGR 1977, 445, 463 ff; wegen Zuschüssen als Nebenleistungspflicht i. S. v. § 3 Abs. 2 GmbHG, vgl. FISCHER/LUTTER/HOMMELHOFF, Komm. z. GmbHG, 12. Aufl., 1987, § 3 Rdn. 33; HACHENBURG/ULMER, Komm. z. GmbHG, 7. Aufl., Ergänzungsband, 1985, § 3 Rdn. 63.

erhaltenen Mittel in die Kapitalrücklage einstellen (§272 Abs. 2 Nr. 4 HGB), möglich ist aber auch eine erfolgswirksame, die aufgelaufenen Verlustvorträge entsprechend reduzierende Buchung über die Gewinn- und Verlustrechnung als außerordentlicher Ertrag[8]. Solche Zuschüsse haben im übrigen den Vorteil, daß sie die in derartigen Fällen zumeist erforderliche Kapitalherabsetzung zur Beseitigung der Unterbilanz und damit die Probleme ihrer Koordination mit einer Kapitalerhöhung[9] vermeiden.

Dieser so glatte Weg ist jedoch versperrt, wenn nur einzelne Gesellschafter zum Einschuß neuen Kapitals bereit sind. Sie werden ihre Bereitschaft regelmäßig davon abhängig machen, daß ihnen als Äquivalent weitere Gesellschaftsrechte in Gestalt neuer Geschäftsanteile aus einer Kapitalerhöhung gewährt werden. Sie erwarten die Chance einer erhöhten Gewinnpartizipation in der Zukunft zum Ausgleich ihres erhöhten Einsatzes in der Krise[10]. Sollen Dritte Eigenkapital einschießen, müssen sie ohnehin Geschäftsanteile bekommen.

Ergibt sich solchermaßen das Erfordernis einer Kapitalerhöhung, wird diese vielfach nicht innerhalb der von §64 Abs. 1 HGB konzedierten Dreiwochenfrist zu bewerkstelligen sein, obgleich die Voraussetzungen dafür bei der GmbH deutlich günstiger sind als bei der Aktiengesellschaft. Einmal beträgt die gesetzliche Ladungsfrist für die GmbH nur eine Woche (§51 Abs. 1 Satz 2 GmbHG). Zum anderen sind bei der GmbH wegen ihres regelmäßig kleinen Gesellschafterkreises Universalversammlungen mit Erscheinen oder zumindest Vertretensein aller Gesellschafter relativ häufig. Es kann jedoch sein, daß der Gesellschaftsvertrag eine erheblich längere Ladungsfrist vorsieht als die gesetzliche. Auch ist eine Universalversammlung keineswegs notwendig gewährleistet, sei es, daß ein Gesellschafter nicht erreicht werden kann, sei es, daß er sich weigert, teilzunehmen.

In derartigen Fällen besteht ein Bedürfnis, bereits vor Beurkundung des Kapitalerhöhungsbeschlusses Einlageleistungen auf die künftigen Stammeinlagen zu erbringen und die so zugeflossenen Mittel auch sogleich für Zwecke der Gesellschaft zu verwenden.

8 Zum Nebeneinander beider Möglichkeiten Küting, in: Küting/Weber, Handbuch der Rechnungslegung, 1986, §272 HGB Rdn. 57; Bohl, in: Küting/Weber, aaO, §42 GmbHG Rdn. 26.

9 Dazu Hachenburg/Ulmer, aaO (Fn. 6), §58 GmbHG Rdn. 79 ff; Scholz/Priester, aaO (Fn. 6), §58 GmbHG Rdn. 79 ff.

10 Lutter/Hommelhoff/Timm, BB 1980, 737, 745.

III. Gang der Diskussion

1. Rechtsprechung im Vorfeld

Als Ausgangspunkt der Diskussion darüber, inwieweit der Leistende mit solchen Vorauszahlungen seine Einlageschuld aus der geplanten Kapitalerhöhung wirksam tilgen kann, wird allgemein ein Urteil des Bundesgerichtshofes aus dem Jahre 1966 angesehen[11]. Im Leitsatz der Entscheidung heißt es: „Stammeinlagezahlungen, die vor einer beabsichtigten Kapitalerhöhung und vor Übernahme einer Stammeinlageverpflichtung bewirkt werden, befreien den Leistenden von seiner späteren Einlageschuld nur, wenn sie in Geld in das Vermögen der GmbH gelangt sind und der Gesellschaft im Zeitpunkt der Beschlußfassung über die Kapitalerhöhung unverbraucht zur Verfügung stehen."

Zur Begründung seiner Ansicht hat der BGH ausgeführt, nach einem an die Rechtsprechung des Reichsgerichts[12] anknüpfenden Urteil des Senats[13] ließen freiwillige Mehreinzahlungen im Gründungsstadium den Leistenden nur dann frei werden, wenn das Geld bei Eintragung der Gesellschaft noch vorhanden sei. Der Rechtsverkehr müsse davor geschützt werden, daß diese Einzahlungen bei Entstehung der GmbH bereits verbraucht seien. Das könne zwar auch auf die gesetzlich vorgeschriebenen Mindesteinzahlungen und auf satzungsmäßig vorgeschriebene Mehrleistungen zutreffen, damit müsse der Geschäftspartner aber rechnen, während er über freiwillige Mehreinzahlungen nicht informiert sei. Diese Gesichtspunkte seien auf die Kapitalerhöhung jedenfalls dann zu erstrekken, wenn die Einzahlung vor Beschlußfassung über die Kapitalerhöhung erfolge. Anderenfalls könnten die Vorschriften über die Sachgründung leicht umgangen werden, denn alsdann werde nicht Geld, sondern ein Guthaben zur Einlage verwendet.

Wiedemann hat der Entscheidung im Ergebnis zugestimmt[14]. Eine Verrechnung im voraus gezahlter Beträge mit späteren Einlageschulden könne nur im Wege der Sacheinlage erfolgen. Es sei auch zutreffend, insoweit alle Einzahlungen ohne Rücksicht darauf gleichzustellen, ob es sich um Gesellschafterdarlehen oder Zahlungen auf zukünftige Einlage handelt.

Die an sich so klare Aussage des Urteils wird indessen durch den zugrunde liegenden Sachverhalt relativiert. Im Entscheidungsfall nahm der spätere Konkursverwalter eine Gesellschafterin auf Einlagezahlung aus einer im Januar 1955 beschlossenen Kapitalerhöhung in Anspruch. Die Beklagte hielt ihre Einlageschuld für getilgt, da sie der Gesellschaft im Dezember 1954 vier Schecks zur

11 BGH 7.11.1966, GmbH-Rdsch. 1967, 145 mit Anm. Wiedemann.
12 RG 16.12.1913, RGZ 83, 370, 374f; RG 12.11.1935, RGZ 149, 293, 302f.
13 BGH 29.3.1962, BGHZ 37, 75, 77ff. Inzwischen nochmals bestätigt von BGH 9.3.1981, BGHZ 80, 129, 137.
14 Wiedemann, GmbH-Rdsch. 1967, 146f.

Verfügung gestellt hatte, die auch eingelöst wurden. Die Beklagte hatte dabei jedoch nicht zum Ausdruck gebracht, ein Teilbetrag solle zur Stammeinlagezahlung verwendet werden. Die GmbH buchte die Gegenwerte der Schecks als Darlehen. Eine ausdrückliche Vorauszahlung auf die künftige Einlageschuld – und darum geht es hier – lag also nicht vor.

Im Zusammenhang mit der Vorausleistung auf die künftige Einlageschuld wird sodann ein Urteil des Bundesgerichtshofes aus dem Jahre 1968 angeführt[15]. Nach dem Leitsatz dieser Entscheidung tilgt eine Zahlung, bei der dem Leistenden vorbehalten ist zu bestimmen, auf welche von mehreren Verbindlichkeiten sie angerechnet werden soll, eine in Geld bestehende Einlagepflicht nur, wenn der Verpflichtete eine entsprechende Zweckbestimmung trifft und der Einlagebetrag in diesem Zeitpunkt noch unverbraucht zur Verfügung der Gesellschaft steht. In seiner Begründung hat das Gericht dargelegt, der Fall verlange keine grundsätzliche Stellungnahme zu der Frage, ob die Einlageverpflichtung hinsichtlich des über die Mindesteinzahlung hinausgehenden Betrages auch dann erst mit Eintragung in das Handelsregister wirksam werde, wenn Kapitalerhöhungsbeschluß und Übernahmeerklärung einen früheren Zahlungstermin vorsehen. Jedenfalls wirke die nachträgliche Zweckbestimmung nicht auf den Leistungszeitpunkt zurück.

Fleck hat sich in einer eingehenden Anmerkung mit dem Urteil auseinandergesetzt und die vom BGH offengelassene Frage zugunsten eines Freiwerdens des leistenden Gesellschafters bei Festlegung einer vorzeitigen Fälligkeit im Kapitalerhöhungsbeschluß beantwortet. Der Gesellschafter werde schwerlich mit dem Einwand rechnen, durch pflichtgemäße Zahlung von seiner Einlageschuld nicht frei zu werden und ein Gläubiger müsse aufgrund der Registerakten die Möglichkeit in Betracht ziehen, daß termingerechte Zahlungen inzwischen verbraucht seien[16].

Der zu beurteilende Sachverhalt lag freilich auch in diesem Falle anders als die unserer Problemstellung zugrunde gelegte Situation. In der Zeit zwischen Kapitalerhöhungsbeschluß und Handelsregistereintragung gingen bei der Gesellschaft Zahlungen ein, ohne daß der Gesellschafter bestimmt hätte, ob diese auf die Stammeinlageverpflichtung oder auf sonstige Verbindlichkeiten der Gesellschaft gegenüber angerechnet werden sollten.

2. *Entwicklung des eigentlichen Themas*

Unsere Frage nach der Tilgungswirkung von Vorauszahlungen auf eine geplante Stammkapitalerhöhung ist dann wohl erstmals von *Lutter*, *Hommelhoff*

15 BGH 2.12.1968, BGHZ 51, 157.
16 Fleck, LM Nr. 4 zu § 55 GmbHG Bl. 2.

und *Timm* deutlich formuliert und eingehend behandelt worden, wenngleich nicht für die GmbH, sondern für die Aktiengesellschaft[17]. In Fortentwicklung des in § 235 Abs. 1 Satz 2 AktG für den Sonderfall der kombinierten Kapitalerhöhung und Kapitalherabsetzung verwirklichten Gedankens einer Einzahlung vor dem Erhöhungsbeschluß[18] halten die Verfasser solche Zahlungen als Erfüllungsvorleistung generell für wirksam. Erforderlich sei allerdings, daß der Gesellschaft effektiv neue Mittel zufließen und die Kapitalerhöhung in die Wege geleitet sei. Ferner müsse der Leistende hinsichtlich seiner Rückzahlungsforderung bei Scheitern der Kapitalerhöhung einen Rangrücktritt erklären. Voraussetzung sei schließlich, daß sich die Gesellschaft in der Krise befinde.

Im Schrifttum hat dieser Standpunkt sowohl deutliche Ablehnung als auch erkennbare Sympathien gefunden. Eine dezidiert abweichende Meinung haben vor allem *D. Schneider / Verhoeven* vorgetragen[19]. Sie messen solchen Vorauszahlungen Kreditcharakter zu. Außerdem stehe ihrer Verausgabung vor Registeranmeldung der Kapitalerhöhung die Vorschrift des § 36 Abs. 2 AktG entgegen, wonach der eingeforderte Betrag in diesem Zeitpunkt noch vollumfänglich vorhanden sein müsse. Aus § 235 AktG ergebe sich nichts anderes. Demgegenüber hat sich *Karsten Schmidt* für ein Freiwerden des Gesellschafters von seiner Einlagepflicht ausgesprochen, wenn er im Hinblick auf eine konkret beabsichtigte Kapitalerhöhung zinsfrei als Leistung auf künftige Einlageschuld zahlt[20]. Die neueren Kommentierungen enthalten überwiegend ablehnende, aber auch zustimmende Stellungnahmen[21].

In der Rechtsprechung sind die Ansichten gleichfalls geteilt. So ist das OLG Düsseldorf in zwei Entscheidungen zum Fall Beton- und Monierbau AG der Auffassung von *Lutter, Hommelhoff* und *Timm* gefolgt[22]. Das Landgericht Düsseldorf hat dagegen in einem späteren Urteil zu dem gleichen Komplex eine Tilgungswirkung mit Rücksicht auf die Interessen von künftigen Gläubigern und

17 Lutter/Hommelhoff/Timm, BB 1980, 737, 745 ff.

18 Dazu näher Lutter, Kölner Komm. z. AktG, 1971, § 235 Rdn. 10 f; Schilling, Großkomm. z. AktG, 3. Aufl., 1973, § 235 Anm. 3 ff.

19 D. Schneider / Verhoeven, ZIP 1982, 644 ff.

20 Karsten Schmidt, ZGR 1982, 519, 528 ff. Ähnlich schon Ders., ZIP 1980, 328, 334 f.

21 Ablehnend Hachenburg/Ulmer, aaO (Fn. 6), § 56 a GmbHG Rdn. 18: Tilgungswirkung nur, falls im Zeitpunkt von Beschlußfassung und Abschluß des Übernahmevertrages noch unverbraucht; Meyer-Landrut, in: Meyer-Landrut/Miller/Niehus, Komm. z. GmbHG, 1987, § 55 Rdn. 20; Rowedder/Zimmermann, Komm. z. GmbHG, 1985, § 56 a Rdn. 6. Zöllner, in: Baumbach/Hueck, Komm. z. GmbHG, 14. Aufl., 1985, § 56 a Rdn. 5; befürwortend verständlicherweise Fischer/Lutter/Hommelhoff, aaO (Fn. 7), § 56 GmbHG Rdn. 6; sympathisierend auch Scholz/Priester, aaO (Fn. 6), § 56 a GmbHG Rdn. 9.

22 OLG Düsseldorf 25. 6. 1981, BB 1981, 1929; OLG Düsseldorf 14. 7. 1981, WM 1981, 960, 963 f.

Anlegern abgelehnt[23]. Zu bedenken ist dabei freilich, daß der tatsächliche Ablauf im Fall Beton- und Monierbau nicht so aussah, wie es der hier vorgestellten Konstellation entspricht[24]. Das OLG Hamm steht einer Tilgungswirkung von Voreinzahlungen im Grundsatz positiv gegenüber, verlangt jedoch, daß die Zweckbestimmung bei Zahlung hinreichend deutlich gemacht wird, woran es in dem seiner Entscheidung zugrunde liegenden Fall indessen gefehlt habe[25]. Der Bundesgerichtshof hat die Frage in zwei Entscheidungen ausdrücklich offengelassen[26], in der ersten dieser beiden aber eine gewisse Reserviertheit in bezug auf die Tilgungswirkung von Voreinzahlungen zu erkennen gegeben.

IV. Rahmenbedingungen tilgungswirksamer Voreinzahlungen

1. Regelungslücke

Für eine Stellungnahme ist davon auszugehen, daß wir es hinsichtlich der Voreinzahlungen bei sanierender Kapitalerhöhung jedenfalls im GmbH-Recht mit einer Regelungslücke des Gesetzes zu tun haben. Dieses geht in den §§ 55 ff GmbHG von der Reihenfolge Erhöhungsbeschluß – Übernahme – Einlageleistung – Anmeldung – Eintragung aus. Ein solches Modell wird dem Normalfall auch durchaus gerecht. Der Beschluß ist Grundlage für den Übernahmevertrag, der wiederum erzeugt die Leistungspflicht.

Auf die Sondersituation der Unternehmenskrise mit einem sofortigen Bedarf an verfügbaren neuen Mitteln paßt diese Regellösung indessen nicht. Im Aktienrecht, wo die Dinge im Grundsatz parallel liegen[27], ist das Problem schon früher erkannt worden und hat – freilich nur ausschnittweise – eine Regelung im

23 LG Düsseldorf 24.4.1986, ZIP 1986, 1251, 1253 f; dazu Fleck, EWiR § 54 AktG 1/86, 537.

24 Bei Beton- und Monierbau war die geplante Kapitalerhöhung dadurch vorfinanziert worden, daß dritte Banken der Gesellschaft Kredite gewährt hatten. Diese Kredite wurden dann sogleich zurückgeführt aus Mitteln, die der Gesellschaft nach der später beschlossenen Kapitalerhöhung als Einlagen zugeflossen waren; vgl. dazu etwa die Sachverhaltsdarstellung in BGH, 11.11.1985, BGHZ 96, 231, 240.

25 OLG Hamm 7.7.1986, ZIP 1986, 1321; dazu Karsten Schmidt, EWiR § 32 a GmbHG 3/86, 1211.

26 BGH 12.7.1982, BB 1982, 1626, 1630; BGH 11.11.1985, BGHZ 96, 231, 242; dazu Köndgen, EWiR § 826 BGB 1/86, 59.

27 Auch im Aktienrecht sind der Erhöhungsbeschluß und dessen Durchführung separate Vorgänge, was durch die hier gegebene Möglichkeit getrennter Handelsregisteranmeldung und -eintragung (§§ 184, 188 AktG) sogar noch erheblich deutlicher wird als bei der GmbH. Dazu Würdinger, Aktienrecht und das Recht der verbundenen Unternehmen, 4. Aufl., 1981, § 35 II, S. 176 f.

heutigen § 235 Abs. 1 Satz 2 AktG gefunden[28]. Das GmbH-Gesetz enthält in dieser Richtung dagegen nichts.

Damit stellt sich die Aufgabe, Stichhaltigkeit und Tragweite der gegen die Tilgungswirkung von Voreinzahlungen erhobenen Einwände zu prüfen und zugleich nach Wegen zu suchen, auf denen begründeten Bedenken Rechnung getragen werden kann.

2. *Keine Umgehung der Sacheinlagevorschriften*

Gegen die Voreinzahlungen wird ins Feld geführt, sie stellten eine Umgehung der Sacheinlagevorschriften dar[29]. Hieran ist richtig, daß die Umgehungsgefahr bei solchen Vorausleistungen groß ist. Das zwingt zu entsprechenden Vorkehrungen, bedeutet aber nicht, vorgezogenen Zahlungen sei als verschleierten Sacheinlagen eine Tilgungswirkung schlechthin abzusprechen.

Sicher ist natürlich, daß die im Gläubigerschutzinteresse zu Recht strengen Kautelen bei der Kapitalaufbringung mit Sacheinlagen[30] durch Vorausleistungen auf eine geplante Stammkapitalerhöhung nicht umgangen werden dürfen[31]. Die im praktischen Ergebnis unwirksame Verrechnung von Gesellschafterforderungen mit Bareinlagepflichten der Gesellschafter[32] darf nicht unter dem Etikett einer Voreinzahlung auf künftige Kapitalerhöhung zugelassen werden.

Um eine solche Verwendung von Gesellschafterforderungen geht es aber dann nicht, wenn der Gesellschaft im Hinblick auf die Kapitalerhöhung neue Geldmittel zugeführt werden. Der Gesellschafter leistet Geld, nicht Sachwerte. Widerspruch fordert es deshalb heraus, wenn *Wiedemann* Einzahlungen auf die Kapitalerhöhung etwaigen Darlehenszahlungen gleichstellt, und dies mit dem Argument begründet, die Sicherung der Gläubiger verlange stets eine nachträgliche Bareinzahlung, weil die Gesellschafter durch die Kapitalerhöhung eine

28 Sein Vorläufer war § 189 Abs. 1 Satz 2 AktG 1937, der wiederum auf § 6 Abs. 2 der Durchführungsverordnung vom 18. 2. 1932 (RGBl. I 1932, S. 75, 76) zur 3. Verordnung des Reichspräsidenten vom 6. 10. 1931, 5. Teil, Kap. II (RGBl. I 1931, S. 537, 556) zurückgeht. Dazu Karsten Schmidt, ZGR 1982, 519, 531 f; D. Schneider / Verhoeven, ZIP 1982, 644, 647 f.

29 BGH GmbH-Rdsch. 1967, 145, 146; Wiedemann, GmbH-Rdsch. 1967, 146, 147.

30 Nämlich die Offenlegung der Sacheinlagen (§§ 5 Abs. 4 Satz 1, 10 Abs. 3 GmbHG), die Wertprüfung durch das Registergericht (§§ 5 Abs. 4 Satz 2, 8 Abs. 1 Nr. 5, 9 c GmbHG) und die Differenzhaftung des Sacheinlegers (§ 9 GmbHG).

31 Darauf hat Fleck, EWiR § 54 AktG 1/86, 537, 538 mit Recht hingewiesen.

32 Zu den äußerst engen Grenzen einer Verrechnung von Gesellschafterforderungen mit Bareinlagepflichten vgl. jüngst Darstellung und Nachweise bei Fischer/Lutter/Hommelhoff, aaO (Fn. 7), § 19 GmbHG Rdn. 12 ff; Scholz / Uwe H. Schneider, Komm. z. GmbHG, 7. Aufl., 1986, § 19 Rdn. 49 ff.

derartige Verpflichtungserklärung in der Öffentlichkeit abgegeben hätten[33]. Das mag unter dem Gesichtspunkt einer Täuschung über den Zeitpunkt des Liquiditätszuflusses bedeutsam sein. Darauf ist unten zurückzukommen[34]. Unter dem Blickwinkel einer Umgehung der Sacheinlagevorschriften läßt sich diese Gleichstellung dagegen nicht rechtfertigen.

Zu verhindern gilt es allerdings, daß Gesellschafter – wie *Karsten Schmidt* es ausgedrückt hat[35] – der GmbH gewährte Darlehen „auf Vorrat" als künftige Bareinlagen qualifizieren. Zur deutlichen Abgrenzung gegenüber derartigen Einlagezahlungen „auf Vorrat" wird man verlangen müssen, daß die Kapitalerhöhung nicht lediglich beabsichtigt, sondern konkret in die Wege geleitet ist. Dazu gehört in erster Linie die Ladung zu einer Gesellschafterversammlung, auf deren Tagesordnung die Kapitalerhöhung steht. Eine solche Ladung ist auch in der Regel leicht zu bewerkstelligen, zumal die Einberufungskompetenz mangels abweichender Satzungsregelung auch bei lediglich gesamtvertretungsberechtigten Geschäftsführern jedem einzelnen von ihnen zusteht[36].

Darüber hinaus wird sich für die vorausleistenden Gesellschafter empfehlen, Beschlußfassung und Durchführung der Kapitalerhöhung vertraglich sicherzustellen. Hinsichtlich der Beschlußfassung kann eine entsprechende Stimmvereinbarung getroffen werden, die nach offenbar allgemeiner Ansicht eine besondere Form nicht erfordert[37]. Möglich sind ferner Übernahmeverträge hinsichtlich der neuen Stammeinlagen. Sie bedürfen indessen gemäß § 55 Abs. 1 GmbHG der notariellen Beglaubigung[38]. Als Voraussetzung für die Tilgungswirkung von Voreinzahlungen ist eine solche Sicherstellung der Kapitalerhöhung allerdings nicht anzusehen. Zur Abgrenzung zwischen Voreinzahlung und Sacheinlage genügt die Ingangsetzung der Kapitalerhöhung. Die Sicherstellung der Durchführung ist für die Beteiligten aber deshalb wichtig, weil ihre Einzahlungen bei Scheitern der Kapitalerhöhung – worauf noch einzugehen ist[39] – lediglich zu eigenkapitalersetzenden Forderungen führen.

33 Wiedemann, GmbH-Rdsch. 1967, 146, 147.

34 Unter V.

35 Karsten Schmidt, ZGR 1982, 519, 530.

36 OLG Frankfurt 6.1.1976, GmbH-Rdsch. 1976, 110; unstr., vgl. etwa Fischer/Lutter/Hommelhoff, aaO (Fn. 7), § 49 GmbHG Rdn. 2.

37 RG 23.9.1927, JW 1927, 2992; Scholz/Karsten Schmidt, Komm. z. GmbHG, 6. Aufl., 1978, § 47 Rdn. 33.

38 So die h. M.; RG 13.12.1935, RGZ 149, 385, 395; Zöllner, aaO (Fn. 21), § 55 GmbHG Rdn. 23; Fischer/Lutter/Hommelhoff, aaO (Fn. 7), § 55 GmbHG Rdn. 12; Rowedder/Zimmermann, aaO (Fn. 21), § 55 GmbHG Rdn. 47; a. A. Hachenburg/Ulmer, aaO (Fn. 6), § 55 GmbHG Rdn. 75, falls sich bisherige Gesellschafter zur Übernahme verpflichten.

39 Unter IV.3.

3. Vorauszahlung auf künftige Einlageschuld

Ein weiteres Bedenken gegen Voreinzahlungen auf die künftige Kapitalerhöhung geht dahin, derartige Vorausleistungen seien notwendig als Darlehensgewährung einzustufen[40]. Dem muß widersprochen werden.

Zutreffend ist allerdings, daß die Einlageschuld erst entsteht, wenn der Kapitalerhöhungsbeschluß gefaßt und der Übernahmevertrag hinsichtlich der neuen Stammeinlage abgeschlossen ist. Wie im Aktienrecht ist die Kapitalerhöhung auch im Recht der GmbH zweiaktig ausgestaltet, nämlich aus Erhöhungsbeschluß und dessen Durchführung zusammengesetzt[41]. Der bloße Kapitalerhöhungsbeschluß führt nicht zu Einlageansprüchen, da er keine Verpflichtung zur Übernahme neuer Stammeinlagen schafft[42]. Umgekehrt begründet ein Übernahmevertrag vor dem Erhöhungsbeschluß die Stammeinlagepflicht noch nicht. Das Zusammentreffen beider Merkmale – Erhöhungsbeschluß und Übernahme der Stammeinlage – läßt dann freilich den Anspruch in Höhe der gesetzlichen Mindesteinzahlung von einem Viertel oder des darüber hinaus im Kapitalerhöhungsbeschluß festgesetzten Betrages entstehen[43]. Auf die nachfolgende Eintragung in das Handelsregister kommt es insoweit nicht an[44].

Das Entstehen der Einlageschuld erst mit Zusammentreffen von Erhöhungsbeschluß und Übernahme bedeutet jedoch nicht, daß bis zu diesem Zeitpunkt der Gesellschaft zur Verfügung gestellte Beträge notwendig als Darlehen zu behandeln seien. Möglich sind nämlich Vorausleistungen auf das künftige Schuldverhältnis. Sie sind im allgemeinen Zivilrecht anerkannt[45] und haben im Gesellschaftsrecht sogar einen gesetzlichen Niederschlag gefunden. Die bereits

40 D. Schneider/Verhoeven, ZIP 1982, 644, 646f; ebenso jetzt Kutzer, GmbH-Rdsch. 1987, 297, 298.

41 Scholz/Priester, aaO (Fn. 6), § 55 GmbHG Rdn. 3; ähnlich Zöllner, aaO (Fn. 21), § 55 GmbHG Rdn. 12.

42 Zöllner, aaO (Fn. 21), § 55 GmbHG Rdn. 23; Fischer/Lutter/Hommelhoff, aaO (Fn. 7), § 55 GmbHG Rdn. 11; Roth, Komm. z. GmbHG, 2. Aufl., 1987, § 55 Anm. 2.2.

43 Fleck, LM Nr. 4 zu § 55 GmbHG Bl. 2; Hachenburg/Ulmer, aaO (Fn. 6), § 55 GmbHG Rdn. 67, § 56a GmbHG Rdn. 4; Scholz/Priester, aaO (Fn. 6), § 55 GmbHG Rdn. 64, § 56a GmbHG Rdn. 3.

44 Anders Feine, GmbH, Ehrenbergs Handbuch des gesamten Handelsrechts, Bd. 3, III. Abt., 1929, S. 609; Ruth, ZHR 88 (1926), 454, 507: Entstehung des Einlageanspruches erst mit Eintragung; offenlassend BGHZ 51, 157, 159f.

45 RG 1. 3. 1912, JW 1912, 684, 685; RG 3. 7. 1931, RGZ 133, 249, 252; OGHBrZ 13. 7. 1950, OGHZ 4, 165, 167; KG 10. 11. 1978, MDR 1979, 401; BGH 19. 11. 1982, BGHZ 85, 315, 318; Staudinger/Kaduk, Komm. z. BGB, 12. Aufl., 1985, § 362 Rdn. 26; Soergel/Zeiss, Komm. z. BGB, 11. Aufl., 1986, § 362 Rdn. 2; Heinrichs, Münchener Komm. z. BGB, 2. Aufl., 1985, § 362 Rdn. 13; eingehend Singer, JR 1983, 356ff.

genannte Bestimmung des § 235 AktG setzt derartige Vorleistungen ausdrücklich voraus[46].

Eine solche Vorausleistung ist in den hier in Rede stehenden Fällen auch gewollt. Die Zahlenden wollen ihre künftige Einlageschuld erfüllen, nicht dagegen Rückzahlungsansprüche aus Darlehensgewährung begründen.

Wichtig ist dabei natürlich, daß der Leistende bei seiner Zahlung eine eindeutige und für Dritte nachprüfbare Zweckbestimmung im Sinne einer Leistung auf die künftige Stammeinlage trifft[47]. Eine nachträgliche Änderung des Leistungszwecks erzeugt – darin ist dem BGH durchaus zuzustimmen[48] – keine Rückwirkung.

4. *Rangrücktritt mit etwaigem Rückforderungsanspruch*

Hinsichtlich der Voreinzahlungen auf die künftige Kapitalerhöhung ist ferner geltend gemacht worden, sie führten – jedenfalls zunächst – nicht zu Eigenkapital, da sie im Konkurs der Gesellschaft angemeldet werden könnten[49].

Richtig ist daran, daß die Leistungspflicht aus der Übernahme einer neuen Stammeinlage bei Kapitalerhöhung unter der gesetzlichen Bedingung endgültiger Wirksamkeit der Kapitalerhöhung steht[50]. Scheitert die Kapitalerhöhung, hat der Leistende einen Rückforderungsanspruch aus § 812 BGB[51]. Dieser Rückforderungsanspruch hat übrigens zur Diskussion darüber geführt, ob die Einzahlungen auf die Kapitalerhöhung vor deren Eintragung als Eigen- oder als Fremdkapital einzustufen sind. Auch wenn man aber der – wohl zutreffenden – Ansicht folgt, es handle sich um Eigenkapital, solange die Eintragung noch betrieben wird[52], bleibt der aufschiebend durch das Scheitern bedingte Rückforderungsanspruch.

Bei diesem Rückgewähranspruch wird es sich in aller Regel um eine eigenkapitalersetzende Gesellschafterforderung handeln, die gemäß § 32 a GmbHG im Konkurs nicht geltend gemacht werden kann. Darüber hinaus wird in der Mehrzahl der Fälle eine Unterbilanz oder gar eine Überschuldung gegeben sein, so daß die Forderung nach den Grundsätzen der BGH-Rechtsprechung auch vor

46 Worauf LUTTER/HOMMELHOFF/TIMM, BB 1980, 737, 748 aufmerksam gemacht haben.

47 Das OLG Hamm BB 1986, 2320 hat deshalb mit Recht den Verwendungszweck „damit die S-GmbH weiter arbeiten konnte“ nicht genügen lassen.

48 BGHZ 51, 157, 162; ebenso BGH 10. 10. 1983, DB 1983, 2677, 2678.

49 LUTTER/HOMMELHOFF/TIMM, BB 1980, 737, 745.

50 RG 20. 10. 1911, RGZ 77, 152, 155 f; RG 10. 6. 1913, RGZ 82, 375, 379; KG 8. 12. 1983, GmbH-Rdsch. 1984, 124; HACHENBURG/ULMER, aaO (Fn. 6), § 55 GmbHG Rdn. 67; SCHOLZ/PRIESTER, aaO (Fn. 6), § 55 GmbHG Rdn. 56.

51 ZÖLLNER, aaO (Fn. 21), § 55 GmbHG Rdn. 22; HACHENBURG/ULMER, aaO (Fn. 6), § 55 GmbHG Rdn. 67.

52 DÖLLERER, ZGR 1983, 407, 418 f; a. A. BFH 2. 10. 1981, BStBl. II 1982, 13, 14 f.

Konkurseröffnung nicht durchsetzbar ist[53]. Wegen der Zweckbestimmung als Einlageleistung wird sich der Gesellschafter nicht darauf berufen können, es handle sich um ein kurzfristiges Überbrückungsdarlehen, dem die Kapitalersatzfunktion fehle[54]. Gleichwohl bleibt eine gewisse Unsicherheit in der Einordnung solcher Posten. Es erscheint deshalb im Interesse der Rechtsklarheit geboten, daß der Leistende eine sog. Rangrücktrittserklärung hinsichtlich seines etwaigen künftigen Rückforderungsanspruches dahin abgibt, daß er diese Ansprüche den Regeln der §§ 30, 31 GmbHG unterstellt[55]. Insoweit liegt es ähnlich wie in bezug auf eine Nichtberücksichtigung eigenkapitalersetzender Gesellschafterdarlehen im Überschuldungsstatus. Sie setzt nach überwiegender Ansicht ebenfalls einen Rangrücktritt voraus[56].

Rückforderungsansprüche wegen Scheiterns der Kapitalerhöhung sind nun zwar kein Sonderproblem von Voreinzahlungen auf eine erst bevorstehende Kapitalerhöhung, sondern können bei jeder Aufstockung des Stammkapitals auftauchen. Das Problem einer Rangrücktrittserklärung ergibt sich also in jedem Falle. Bei Vorausleistungen spielt es aber insofern eine besondere Rolle, als die Gefahr des Scheiterns der Erhöhung wegen der Krisensituation des Unternehmens besonders groß ist[57]. Man wird deshalb bei solchen Vorausleistungen

53 Nach der Rechtsprechung des BGH finden auf eigenkapitalersetzende, weil im Stadium der Kreditunwürdigkeit (BGH 24. 3. 1980, BGHZ 76, 326, 330) hingegebene bzw. stehengelassene (BGH 26. 11. 1979, BGHZ 75, 334, 338 f) Gesellschafterforderungen die Bestimmungen der §§ 30, 31 GmbHG insoweit Anwendung, als sie verlorenes Stammkapital oder eine darüber hinausgehende Überschuldung abdecken (grundlegend BGH 14. 12. 1959, BGHZ 31, 258, 272 f). Das gilt auch nach Inkrafttreten der GmbH-Novelle von 1980 (BGH 26. 3. 1984, BGHZ 90, 370, 380). Wegen Einzelheiten vgl. zuletzt: FISCHER/LUTTER/HOMMELHOFF, aaO (Fn. 7), §§ 32 a/b GmbHG Rdn. 4 ff (dualer Kapital-Schutz), 10 ff (Kreditunwürdigkeit), 27 ff (Stehenlassen), 51 ff (Rechtsfolgen der BGH-Regeln).

54 Was die überwiegende Ansicht annimmt; Nachw. bei SCHOLZ / KARSTEN SCHMIDT, Komm. z. GmbHG, 7. Aufl., 1986, §§ 32 a, 32 b Rdn. 36; ebenso nunmehr OLG Hamm 7. 7. 1986, DB 1986, 2320, 2321; dazu KARSTEN SCHMIDT, EWiR § 32 a GmbHG, 3/86, 1211.

55 Wegen der vertraglichen Gleichstellung von Gesellschafterforderungen mit haftendem Kapital als Inhalt einer Rücktrittsvereinbarung vgl. BGH 8. 3. 1982, BB 1982, 1014; SCHOLZ / KARSTEN SCHMIDT, aaO (Fn. 54), §§ 32 a, 32 b GmbHG Rdn. 77 ff; DENS., FS Goerdeler, 1987, S. 487, 499 f („subordinierte Kredite").

56 Vgl. dazu SCHULZE-OSTERLOH, in: Baumbach/Hueck, Komm. z. GmbHG, 14. Aufl., 1985, § 63 Rdn. 15 m. zahlr. Nachw.; neuerdings OLG Hamburg 18. 7. 1986, DB 1986, 2015 mit zahlreichen Nachw.; dazu AHRENKIEL/LORK, DB 1987, 823; PRIESTER, EWiR § 32 a GmbHG 2/86, 901.

57 Wird vor Eintragung der Kapitalerhöhung das Konkursverfahren eröffnet, kommt eine Kündigung des Übernahmevertrages durch den Übernehmer in Betracht; KG 8. 12. 1983 GmbH-Rdsch. 1984, 124; LUTTER, FS Schilling, 1973, S. 207, 221; HACHENBURG/ULMER, aaO (Fn. 6), § 55 GmbHG Rdn. 69; ROWEDDER/ZIMMERMANN, aaO (Fn. 21), § 55 GmbHG Rdn. 42.

verlangen müssen, daß sie mit einem entsprechenden Rangrücktritt verbunden sind, um dem Leistenden die Möglichkeit zu nehmen, vor Überwindung der Krise als Gläubiger aufzutreten[58].

V. Täuschung über die Liquiditätsverbesserung

1. Bedeutung der Liquidität

Es bleibt das Hauptargument der Gegner einer Tilgungswirkung von Vorauszahlungen auf künftige Kapitalerhöhung, nämlich die mögliche Irreführung des Rechtsverkehrs über den Liquiditätszufluß[59]. Diese Bedenken sind ernst zu nehmen. Mangels ausdrücklicher Festsetzung und Veröffentlichung von Sacheinlagen ist der Kapitalerhöhungsbetrag in Geld zu leisten[60]. Geld aber bedeutet Zufluß liquider Mittel. Sie sind deshalb von so erheblicher Bedeutung, weil sie zu verschiedensten Zwecken eingesetzt werden können, etwa zum Abbau bestehender Verbindlichkeiten, aber auch zur Begleichung laufender Aufwendungen oder für Investitionen[61]. Wegen dieser Verwendungsvielfalt sind Bareinlagen den Sacheinlagen regelmäßig überlegen. Sie vergrößern den Handlungsspielraum der Gesellschaft[62].

Eine Einschränkung ergibt sich freilich daraus, daß die Kapitalerhöhung zu einem vorbestimmten Zweck erfolgen kann. Das ist vielfach, gerade bei größeren Gesellschaften üblich, bei börsennotierten Aktiengesellschaften sogar vorgeschrieben[63]. Handelt es sich dabei um die Finanzierung von Investitionen, wird die Zahlungsfähigkeit der Gesellschaft nicht verbessert. Derartige Kapitalerhöhungen zu Investitionszwecken werden indessen zumeist bei gesunden Unternehmen vorgenommen, während es sich hier um Krisensituationen handelt. Bei ihnen erfolgt die Geldzufuhr regelmäßig zur Bestreitung laufender Aufwendungen oder zum Abbau dringender Verbindlichkeiten. Beides entspannt die Zahlungssituation der Gesellschaft.

58 Mit Recht hat deshalb das LG Düsseldorf ZIP 1986, 1251, 1254 in seinem Fall eine Rangrücktrittsvereinbarung vermißt.

59 BGH GmbH-Rdsch. 1967, 145, 146; BGH NJW 1982, 2823, 2826; LG Düsseldorf ZIP 1986, 1251, 1253; WIEDEMANN, GmbH-Rdsch. 1967, 146, 147; D. SCHNEIDER/VERHOEVEN, ZIP 1982, 644, 648.

60 Unstr., statt vieler: HACHENBURG/ULMER, aaO (Fn. 7), § 5 GmbHG Rdn. 124.

61 Anders kann es liegen, wenn der Inhaber der Sachwerte diese nicht verkaufen, sondern der Gesellschaft lediglich gegen Gewährung von Gesellschaftsrechten zur Verfügung stellen will.

62 Zum Stellenwert der Liquidität aus betriebswirtschaftlicher Seite etwa: PERRIDON/STEINER, Finanzwirtschaft der Unternehmung, 4. Aufl., 1986, S. 16 f; VORMBAUM, Finanzierung der Betriebe, 7. Aufl., 1986, S. 116.

63 Dazu näher HOMMELHOFF/KLEINDIEK, ZIP 1987, 477, 482.

Eine solche Verbesserung der Zahlungssituation findet zwar auch bei Voreinzahlungen statt, aber eben zu einem früheren Zeitpunkt.

2. *Interessen der Beteiligten*

Die Frage nach der Hinnehmbarkeit einer zeitlichen Vorverlagerung der Kapitalaufbringung bei Voreinzahlungen auf künftige Kapitalerhöhung setzt zunächst eine Interessenanalyse der daran Beteiligten voraus.

Hinsichtlich der Gläubiger muß zwischen Alt- und Neugläubigern differenziert werden, also zwischen Gläubigern, deren Forderungen vor und solchen, deren Forderungen erst nach der Kapitalerhöhung begründet sind. Als Abgrenzungsstichtag kommt dabei frühestens der Eintragungszeitpunkt, im Grunde wohl erst der Zeitpunkt der Bekanntmachung in Betracht.

Das Interesse der Altgläubiger ist auf die Erhaltung des Unternehmens gerichtet, da sie nur so Aussicht auf Erfüllung ihrer Forderungen haben. Geht man davon aus, daß eine rasche Mittelzufuhr der Unternehmenserhaltung dient, werden Altgläubiger also an einer möglichst umgehenden Zahlung der Gelder interessiert sein[64]. Für sie ist eine Vorausleistung daher eher positiv.

Anders sieht es für die Neugläubiger aus. Sie vertrauen möglicherweise darauf, daß der Gesellschaft mit der Kapitalerhöhung nicht nur neue Geldmittel zugeführt, sondern daß diese auch noch vorhanden sind, wenn die Kapitalerhöhung veröffentlicht wird. In solchem Vertrauen wären sie getäuscht, wenn die Voreinzahlungen in diesem Zeitpunkt bereits für laufende Aufwendungen oder den Schuldenabbau verbraucht sind[65]. Die Frage ist allerdings, ob einer derartiges Vertrauen der Gläubiger nach den Regeln der Kapitalaufbringung gerechtfertigt ist. Darauf wird sogleich näher einzugehen sein.

Die Interessen der Gesellschafter sind denen der Altgläubiger sehr ähnlich. Auch für sie ist die rasche Mittelzufuhr wichtig, da sie die Chance einer Erhaltung des Unternehmens vergrößert. Andererseits ist die Vorausleistung für sie naturgemäß nur dann akzeptabel, wenn sie eine Tilgungswirkung hinsichtlich der künftigen Einlageschuld entfaltet. Sollte es daran fehlen, werden die Gesellschafter zu einer derartigen Kapitalerhöhung nicht bereit sein, da sie in diesem Falle den vorgesehenen Betrag ein zweites Mal entrichten müßten[66].

Bei der Aktiengesellschaft kommen als dritte Gruppe möglicher Betroffener die künftigen Anleger in Betracht, diejenigen also, die nach der Kapitalerhöhung und vielleicht im Hinblick darauf Aktien der Gesellschaft erwerben[67]. Die

64 So mit Recht LG Düsseldorf ZIP 1986, 1251, 1253.

65 In diesem Sinne wiederum LG Düsseldorf ZIP 1986, 1251, 1253.

66 Lutter/Hommelhoff/Timm, BB 1980, 737, 748.

67 D. Schneider / Verhoeven, ZIP 1982, 644, 648; ihnen folgend LG Düsseldorf ZIP 1986, 1251, 1253.

Interessen dieser Gruppe können bei der GmbH indessen vernachlässigt werden. Natürlich gibt es auch bei ihr künftige Gesellschafter. Diese werden sich aber vor dem Anteilserwerb über den Stand der Gesellschaft näher informieren und dabei von den Modalitäten der Kapitalerhöhung erfahren.

Voreinzahlungen auf künftige Kapitalerhöhung liegen demnach im Interesse von Altgläubigern und Gesellschaftern, während sie für Neugläubiger eine potentielle Gefahr darstellen.

3. *Liquiditätsstand oder Liquiditätszufluß?*

Hinsichtlich der Schutzbedürftigkeit der Neugläubiger ist freilich zu klären, was denn eigentlich Gegenstand ihres Vertrauens ist. Die herrschende Meinung gibt die Antwort dahin, die Gläubiger könnten auf das Vorhandensein entsprechender liquider Mittel im Vermögen der Gesellschaft vertrauen. Divergierende Auffassungen bestehen allerdings in bezug auf den dafür maßgebenden Zeitpunkt.

Teilweise wird angenommen, die Geldmittel müßten bei Eintragung der Kapitalerhöhung in das Handelsregister noch unverbraucht vorhanden sein[68]. Das gelte jedenfalls für den die gesetzliche Mindesteinzahlung übersteigenden Teil der neuen Stammeinlagen, soweit nicht Kapitalerhöhungsbeschluß und Übernahmeerklärungen die sofortige Einzahlung auch dieser Teile vorsehen[69]. Zur Begründung wird auf die oben erwähnte Rechtsprechung zu den freiwilligen Mehreinzahlungen im Gründungsstadium[70] Bezug genommen, die nur dann befreien sollen, wenn die entsprechenden Mittel der Gesellschaft bei Eintragung in das Handelsregister noch unverbraucht zur Verfügung stehen. Das erscheint schon für das Gründungsstadium nicht zutreffend[71], läßt sich aber jedenfalls nicht auf die Kapitalerhöhung übertragen. Selbst wenn man bei Gründung im Hinblick auf einen eintragungsbezogenen Unversehrtheitsgrundsatz anzunehmen hätte[72], Mehrleistungen müßten sich in diesem Zeitpunkt zumindest wert-

68 Für das Aktienrecht deutlich v. Godin/Wilhelmi, Komm. z. AktG, 4. Aufl., 1971, § 36 Anm. 13; für diesen Zeitpunkt als maßgeblich wohl auch BGH NJW 1982, 2823, 2826; LG Düsseldorf ZIP 1986, 1251, 1253. – Das OLG Hamm 5. 12. 1984, GmbH-Rdsch. 1985, 326, 327 hat in anderem Zusammenhang eine Zahlung der Stammeinlagen auf ein „besonderes Konto (Sperrkonto oder Kapitalkonto I)" sowie Vorkehrungen verlangt, daß die „Einzahlung auch tatsächlich in das Vermögen der GmbH gelangt *und dort verbleibt*".

69 Wiedemann, GmbH-Rdsch. 1967, 146, 147 f.

70 Vgl. dazu oben Fn. 12, 13.

71 So jüngst überzeugend Scholz/Winter, Komm. z. GmbHG, 7. Aufl., 1986, § 7 Rdn. 37 mit Nachw. zum Streitstand.

72 Zum Unversehrtheitsgrundsatz im Gründungsstadium und dem dafür maßgebenden Stichtag ausführlich Scholz/Karsten Schmidt, aaO (Fn. 54), § 11 GmbHG Rdn. 121 f.

mäßig noch im Vermögen der Gesellschaft befinden[73], gilt das nicht für die Kapitalerhöhung. Hier besteht die Gesellschaft bereits, so daß für eine Forderung nach kapitalmäßiger Unversehrtheit als Ausgleich noch fehlender rechtlicher Existenz der Gesellschaft kein Raum ist[74]. Die Eintragung des Beschlusses in das Handelsregister scheidet demnach als maßgebender Zeitpunkt für das Vorhandensein der eingezahlten Geldmittel aus.

Sehr viel problematischer ist dagegen, ob eingezahlte Gelder wenigstens im Zeitpunkt der Handelsregisteranmeldung unverbraucht sein müssen. Die allgemeine Ansicht geht von einem solchen Erfordernis – wenngleich ohne nähere Problematisierung – offenbar aus[75]. Dieser Standpunkt erscheint jedoch bei genauerem Zusehen aus heutiger Sicht zweifelhaft. Bezogen auf die Kapitalerhöhung bei der GmbH ergibt sich folgendes Bild:

Nach § 56 a i. V. m. § 7 Abs. 2 Satz 1 GmbHG sind die Geldeinlagen vor Anmeldung zum Handelsregister einzuzahlen. Darüber, daß die so zugeflossenen Mittel bis zur Registeranmeldung, genauer: bis zu deren Eingang beim Gericht[76], im Aggregatzustand „Geld" gehalten werden müssen, sagt die Vorschrift dagegen nichts. Etwas anderes könnte sich allerdings aus § 57 Abs. 2 GmbHG ergeben, wonach die Geschäftsführer zu versichern haben, daß die Einzahlungen bewirkt sind und sich der Gegenstand der Leistungen endgültig in ihrer freien Verfügung befindet. Geht man jedoch mit einer als zutreffend anzusehenden neueren Meinung davon aus, daß der Begriff der freien Verfügung allein der Abgrenzung zwischen Mittelaufbringung und Mittelverwendung dient und Scheinoperationen hinsichtlich der Mittelaufbringung verhindern soll[77], ist auch aus diesem Merkmal ein Gebot unverbrauchter Vorhaltung der zugeflossenen Mittel bis zur Registeranmeldung nicht herzuleiten.

Die Position der herrschenden Meinung ließe sich allerdings aus einer Übertragung der über § 188 Abs. 2 AktG auch für die Kapitalerhöhung geltenden Bestimmung des § 36 Abs. 2 AktG in das GmbH-Recht begründen. Darin heißt es, die Anmeldung dürfe erst erfolgen, wenn der eingezahlte Betrag endgültig zur freien Verfügung steht, soweit er nicht bereits zur Bezahlung der bei

73 So Hachenburg/Ulmer, aaO (Fn. 7), § 7 GmbHG Rdn. 42.

74 Die Nichtübertragbarkeit der Vorbelastungshaftung auf die Kapitalerhöhung entspricht heute der h. M.; etwa: Rowedder/Zimmermann, aaO (Fn. 21), § 56 a GmbHG Rdn. 5; Scholz / Karsten Schmidt, aaO (Fn. 54), § 11 GmbHG Rdn. 125.

75 Für die Parallelvorschrift des § 7 Abs. 2 GmbHG: Hueck, in: Baumbach/Hueck, Komm. z. GmbHG, 14. Aufl., 1985, § 7 Rdn. 5; Hachenburg/Ulmer, aaO (Fn. 7), § 7 GmbHG Rdn. 45 f; Rowedder/Rittner, Komm. z. GmbHG, 1985, § 7 Rdn. 25; Scholz/Winter, aaO (Fn. 71), § 7 GmbHG Rdn. 30.

76 Dies ist der maßgebliche Zeitpunkt, RG 9. 12. 1915, LZ 1916, 617; Hachenburg/Ulmer, aaO (Fn. 7), § 8 GmbHG Rdn. 24; Scholz/Winter, aaO (Fn. 71), § 8 GmbHG Rdn. 21.

77 Karsten Schmidt, Die AG 1986, 106, 109 ff; Hommelhoff/Kleindiek, ZIP 1987, 477, 483, 485.

Gründung angefallenen Steuern und Gebühren verwandt wurde. Hieraus wird für das Aktienrecht in der Tat der Schluß gezogen, die eingezahlten Beträge müßten bis zur Anmeldung in Geld vorhanden bleiben[78]. Die Vorschrift des § 36 Abs. 2 AktG erscheint aber als Ausfluß des früheren Vorbelastungsverbotes im Gründungsstadium der Kapitalgesellschaft, das jedenfalls für die GmbH seit der grundlegenden Entscheidung des Bundesgerichtshofes aus dem Jahre 1981 nicht mehr gilt, sondern durch eine Unterbilanz- oder Vorbelastungshaftung ersetzt ist[79]. Entscheidend ist danach eine Wertdeckung des Nennkapitals. Dieses neue Prinzip steht zumindest einer Vermögensumschichtung und damit jedenfalls einer erfolgsneutralen Verwendung der eingezahlten Mittel für Zwecke der Gesellschaft nicht entgegen. Da das Vorbelastungsverbot bei Kapitalerhöhung aber nicht eingreift[80], ist bei ihr nicht nur ein erfolgsneutraler Schuldenabbau, sondern auch eine Verwendung der Gelder für laufende Aufwendungen möglich.

Eine Verpflichtung, die zugeflossenen Geldmittel bis zur Registeranmeldung unverbraucht vorzuhalten, also eine Blockierung dieser Mittel, läßt sich auch aus Kapitalaufbringungsgesichtspunkten nicht rechtfertigen. Insoweit genügt die ordnungsgemäße Zuführung. Sie muß natürlich manipulationsfrei gewährleistet sein. Ist sie jedoch gegeben, unterliegt die Gesellschaft in der Verwendung der Gelder zwar den Kapitalerhaltungs-, nicht aber weiterhin den Kapitalaufbringungsregeln[81]. Im übrigen muß man sich darüber klar sein, daß jede Verwendungssperre nur zu einem Stau unbeglichener Verbindlichkeiten führt, der nach Freigabe einen um so rascheren Abfluß der Mittel zur Folge hat[82].

Es mag sein, daß dieser Möglichkeit, die Gelder bereits vor Registeranmeldung zu verwenden, dann keine große praktische Bedeutung zukommt, wenn die Anmeldung – wie dies wohl im Regelfall geschieht – der Einzahlung zeitlich rasch nachfolgt. Die Bedeutung zeigt sich erst in Verzögerungsfällen. Entscheidend ist aber, daß sich der Rechtsverkehr nicht darauf verlassen kann, im Zeitpunkt der Registeranmeldung seien entsprechende Geldmittel vorhanden gewesen.

78 Ausdrücklich Barz, Großkomm. z. AktG, 3. Aufl., 1973, § 36 Anm. 15, wo es heißt, der Vorstand müsse bis zur Anmeldung ein „Bardepot" unterhalten; ähnlich Kraft, Kölner Komm. z. AktG, 1970, §§ 36, 37 Rdn. 32.

79 BGH 9. 3. 1981, BGHZ 80, 129; dazu Fleck, GmbH-Rdsch. 1983, 5 ff; Flume, NJW 1981, 1753 ff; John, BB 1982, 505, 508 ff; Priester, ZIP 1982, 1141 ff; Karsten Schmidt, NJW 1981, 1345 ff; Schultz, JuS 1982, 732 ff; Ulmer, ZGR 1981, 593 ff.

80 Vgl. Fn. 74.

81 Ähnlich Karsten Schmidt, Die AG 1986, 106, 115.

82 In dieser Richtung auch Karsten Schmidt, ZIP 1980, 328, 335.

4. Zeitliches Moment

Kann der Rechtsverkehr damit auch nicht auf das Vorhandensein der liquiden Mittel in einem bestimmten Zeitpunkt vertrauen, bleibt doch die mögliche Täuschung über den Zeitpunkt des Zuflusses dieser Mittel. Er liegt normalerweise nach dem Kapitalerhöhungsbeschluß, im Sonderfall der Voreinzahlungen aber eben davor. Je weiter der Mittelzufluß jedoch zurückliegt, desto größer ist die Gefahr, daß die Gelder bereits verbraucht sind.

Dabei ist freilich zu bedenken, daß die Verlängerung der Frist für eine mögliche Verausgabung der frischen Mittel in ihrer Bedeutung nicht überschätzt werden darf. Gerade im Krisenfall genügt – wie die Praxis zeigt – schon ein kurzer Zeitraum, um die neugewonnene Liquidität zu „verfrühstücken"[83]. Dieses Moment muß sich übrigens auch die herrschende Meinung entgegenhalten lassen, die von einem unverbrauchten Vorhandensein der Gelder im Zeitpunkt der Registeranmeldung ausgeht. Von diesem Zeitpunkt bis zur Eintragung liegen nach der Praxis der Registergerichte vielfach Wochen. Auch die anschließende Frist zwischen Eintragung und Bekanntmachung ist eher nach Wochen als nach Tagen bemessen.

5. Weitere Grenzen der Voreinzahlung

Aus den vorstehenden Überlegungen ergibt sich: Eine Verlängerung des Zeitraums zwischen Mittelzufluß und Veröffentlichung der Kapitalerhöhung durch Voreinzahlungen ist auch unter Berücksichtigung der Interessen von Neugläubigern vertretbar. Das gilt indessen nur insoweit, als es im Hinblick auf die Interessen der übrigen Beteiligten erforderlich ist.

Zeitlich bedeutet dies zunächst, daß sich die Verlängerung auf das notwendige Mindestmaß beschränken muß. So ist zu verlangen, daß die Ladung zur Gesellschafterversammlung mit dem Tagesordnungspunkt „Kapitalerhöhung" nicht nur erfolgt ist[84], sondern daß dabei auch eine angemessen kurze Frist gewahrt wurde, die die gesetzliche oder längere satzungsmäßige Frist allenfalls unter besonderen Umständen überschreitet.

Erforderlich erscheint ferner eine Einschränkung der Voreinzahlungen auf Krisensituationen. Man könnte zwar daran denken, eine Vorausleistung ohne weitere Voraussetzungen immer dann zuzulassen, wenn die Kapitalerhöhung solchermaßen in Gang gesetzt ist, da in diesem Falle der Zeitraum möglichen Verbrauchs der zugeführten Mittel nur überschaubar und eingegrenzt verlängert

83 So plastisch D. Schneider / Verhoeven, ZIP 1982, 644, 648.

84 Was oben IV.2. schon unter dem Gesichtswinkel der Abgrenzung zu Stammeinlageleistungen „auf Vorrat" verlangt wurde.

wird. Andererseits erscheint allein bei drohender oder bereits eingetretener Überschuldung oder Illiquidität das Interesse von Gesellschaftern und Altgläubigern an sofortiger Mittelzufuhr so groß, daß eine Beeinträchtigung der Interessen der Neugläubiger in Kauf genommen werden kann[85].

Nicht zu den Voraussetzungen einer Haftungsbefreiung von Voreinzahlungen sollte dagegen gehören, daß die Sanierung des Unternehmens durch die Kapitalerhöhung gesichert ist. Es mag durchaus sein, daß sich die Kapitalaufstockung als bloße Konkursverschleppung erweist[86]. Das ist aber nicht auf Voreinzahlungsfälle beschränkt, sondern kann auch dann zutreffen, wenn die Einzahlungen dem Kapitalerhöhungsbeschluß nachfolgen.

VI. Handelsregister

1. Einzahlungsversicherung

Hinsichtlich der handelsregisterlichen Behandlung von Voreinzahlungen auf künftige Kapitalerhöhung fragt sich zunächst, ob die Geschäftsführer die von § 57 Abs. 2 GmbHG verlangte Einzahlungsversicherung in ihrem gesetzlichen Wortlaut auch dann abgeben dürfen, wenn die voreingezahlten Beträge im Zeitpunkt der Registeranmeldung bereits ausgegeben sind. Die herrschende Meinung muß das verneinen, da sie für den Anmeldungszeitpunkt das unverbrauchte Vorhandensein der Geldmittel verlangt[87]. Folgt man ihr, würde dies bedeuten, daß die Geschäftsführer entweder mangels Einzahlungsversicherung die Eintragung der Kapitalerhöhung nicht erreichen können oder entgegen den wirtschaftlichen Notwendigkeiten die Voreinzahlungsbeträge bis zur Anmeldung der Kapitalerhöhung geldmäßig vorhalten müssen. Letzteres hieße, derartige Vorausleistungen wirtschaftlich weitgehend zu entwerten, da die dringend benötigte Liquidität praktisch gerade nicht sofort zur Verfügung steht.

Ein solches Ergebnis kann jedoch nicht richtig sein. Hält man mit der hier vertretenen Ansicht Voreinzahlungen bei Einhaltung der beschriebenen Kautelen für zulässig, muß diese materiellrechtliche Beurteilung eine verfahrensrechtliche Erstreckung finden. Das erfordert bei Voreinzahlungen Abweichungen vom Normalfall der Kapitalerhöhung.

Denkbar wäre zunächst eine Einreichung der Handelsregisteranmeldung bereits vor dem Erhöhungsbeschluß, unmittelbar nach Eingang der Mittel. Das Problem sofortigen Verbrauchs würde sich dann nicht stellen. Gegenstand der

85 Im Ergebnis ebenso Lutter/Hommelhoff/Timm, BB 1980, 737, 749.

86 Zur Kapitalerhöhung als Konkursverschleppung siehe insbes. BGHZ 96, 231; dazu Köndgen, EWiR § 826 BGB 1/86, 59.

87 Vgl. dazu die Nachw. in Fn. 75.

Handelsregisteranmeldung ist jedoch die beschlossene Kapitalerhöhung[88], unabhängig von der – zu bejahenden – Frage, ob die Anmeldung vor dem Beschlusse erklärt und damit auch datiert sein kann[89]. Bei einer vorgezogenen Anmeldung würde im Zeitpunkt ihres Einganges beim Gericht aber der Gesellschafterbeschluß als wesentliche Grundlage der Kapitalerhöhung noch ausstehen und trotz etwaiger Vorkehrungen nicht gesichert sein, daß es zu einer Erhöhung überhaupt kommt.

Bleibt es also bei der Einreichung der Anmeldung nach dem Kapitalerhöhungsbeschluß, fragt sich, ob etwa der Wortlaut der Einzahlungsversicherung eine Änderung erfahren muß. Notwendig erscheint das an sich nicht. Nach der auch hier vertretenen neueren Ansicht bezieht sich das Merkmal der endgültig freien Verfügung in § 57 Abs. 2 GmbHG allein auf den ordnungsgemäßen Abschluß der Kapitalaufbringung[90]. Dieser ist bei Einhaltung der oben dargestellten Voraussetzungen gewährleistet. Der Wortlaut der gesetzlichen Einzahlungsversicherung deckt deshalb auch Voreinzahlungen ab[91]. Andererseits müssen – worauf sogleich noch einzugehen ist – Voreinzahlungen dem Handelsregister gegenüber offengelegt werden. Dies könnte auch durch Abwandlung der Einzahlungsversicherung geschehen. So ließe sich vorstellen, daß die Geschäftsführer die Versicherung dahin abgeben, die Beträge hätten an einem genannten Tage zu ihrer Verfügung gestanden[92]. Eine solche Modifikation wird zwar vom Gesetzestext nicht erfaßt. Wie aber hinsichtlich der Voreinzahlungen insgesamt eine Regelungslücke besteht, gilt dies auch für die Einzahlungsversicherung. Sie ist in geeigneter Weise zu schließen. Eine Abwandlung der vorbeschriebenen Art würde im übrigen auf der Linie der neueren – freilich nicht unproblematischen[93] – Rechtsprechungsinterpretation der §§ 8 Abs. 2, 57 Abs. 2 GmbHG liegen, wonach Art und Weise der Einzahlungen näher zu spezifizieren sein sollen[94].

2. *Offenlegung und Prüfung*

Ein Erfordernis der Offenlegung von Voreinzahlungen und der Prüfung ihrer Zulässigkeitsvoraussetzungen könnte man mit dem Hinweis verneinen, unter

88 § 57 Abs. 1 GmbHG; dazu HACHENBURG/ULMER, aaO (Fn. 6), § 57 GmbHG Rdn. 6; SCHOLZ/PRIESTER, aaO (Fn. 6), § 55 GmbHG Rdn. 4.

89 LG Frankfurt 10. 9. 1986, GmbH-Rdsch. 1986, 434, 435.

90 Vgl. oben V.3.

91 Ähnlich KARSTEN SCHMIDT, Die AG 1986, 106, 115 bei Vorbelastungen im Gründungsstadium.

92 In diesem Sinne LUTTER/HOMMELHOFF/TIMM, BB 1980, 737, 744 für Voreinzahlungen im Rahmen von § 235 Abs. 1 Satz 2 AktG.

93 KANZLEITER, DNotZ 1980, 649 f; BAUMANN, DNotZ 1986, 182 ff; SCHOLZ/PRIESTER, aaO (Fn. 6), § 57 GmbHG Rdn. 8 f.

94 Aus letzter Zeit OLG Celle 7. 1. 1986, GmbH-Rdsch. 1986, 309 m. w. Nachw.

den dargelegten Voraussetzungen handle es sich auch bei ihnen um eine ordnungsgemäße Kapitalaufbringung, so daß weder ein besonderes Informationsbedürfnis des Rechtsverkehrs noch eine gegenüber dem Normalfall der Bareinlagen gesteigerte Prüfungspflicht des Registergerichts bestehe. Dem ist aber zu widersprechen.

Der Rechtsverkehr, insbesondere die Neugläubiger, muß aus den Registerakten erfahren können, daß Voreinzahlungen geleistet wurden. Solche Vorausleistungen erscheinen zwar in den aufgezeigten Grenzen zumutbar. Sie müssen aber transparent gemacht werden. Nach der Kapitalerhöhung neu mit der Gesellschaft in Verbindung tretenden Geschäftspartnern ist die Möglichkeit zu geben, aus dieser Information Schlüsse zu ziehen und die eigenen Dispositionen darauf einzurichten[95]. Die Sondersituation der Voreinzahlungen in der Unternehmenskrise rechtfertigt eine Sonderbehandlung, aber nur unter Offenlegung, nicht dagegen unter Verschleierung eben dieser Sondersituation.

Erforderlich ist auch eine präventive Registerkontrolle, ob die Zulässigkeitsvoraussetzungen der Einzahlung im gegebenen Falle eingehalten sind. Nach heutiger Auffassung sind die Registergerichte aufgerufen, die Ordnungsmäßigkeit der Kapitalaufbringung zu überprüfen[96]. Fehlt es daran, ist die Eintragung abzulehnen. Die GmbH-Novelle von 1980 hat diesen Grundsatz im Gesetz festgeschrieben (§ 9 c GmbHG). Allgemeiner Ansicht entsprechend hat die Ablehnung des Eintragungsantrages bei unzureichender Kapitalaufbringung auch den Vorrang gegenüber daraus resultierenden Ansprüchen an Gesellschafter und Geschäftsführer im Falle der Eintragung der Kapitalerhöhung[97]. Auf der gleichen Linie liegt es, wenn die herrschende Meinung eine Kapitalaufstockung mit Gesellschafterforderungen, die im Zeitpunkt der Kapitalerhöhung bereits bestehen, nur als Sacheinlage zuläßt, um so dem Registergericht eine Prüfungsmöglichkeit zu eröffnen, ob die Forderungen vollwertig sind[98].

Dem steht nicht entgegen, daß der Gesetzgeber der GmbH-Novelle bei Bareinlagen insofern eine eingeschränkte Prüfungstätigkeit für ausreichend erachtet hat, als auf die zunächst vorgesehene obligatorische Beibringung von Einzahlungsnachweisen ausdrücklich verzichtet wurde[99]. Bei den Voreinzahlun-

95 Vgl. dazu die Argumentation zugunsten der Tilgungswirkung bei satzungsmäßigen Mehreinzahlungen: BGH GmbH-Rdsch. 1967, 145, 146; Fleck, LM Nr. 4 zu § 55 GmbHG Bl. 2.

96 Zu Umfang und Grenzen der Kapitalaufbringungsprüfung Fischer/Lutter/Hommelhoff, aaO (Fn. 7), § 9 c GmbHG Rdn. 6; Hachenburg/Ulmer, aaO (Fn. 7), § 9 c GmbHG Rdn. 23 ff; Scholz/Winter, aaO (Fn. 71), § 9 c GmbHG Rdn. 23 ff.

97 Fleck, GmbH-Rdsch. 1983, 5, 12; Welf Müller, WPg 1980, 369, 373; Hachenburg/Ulmer, aaO (Fn. 7), § 9 GmbHG Rdn. 18.

98 Aus der jüngeren Rechtsprechung: OLG Köln 2. 2. 1984, BB 1984, 1636 insbes. 1637. Aus dem Schrifttum statt vieler: Scholz / Uwe H. Schneider, aaO (Fn. 32), § 19 GmbHG Rdn. 97 f m. w. Nachw.

99 BT-Drucks. 8/3908 vom 16. 4. 1980, S. 71.

gen liegt nämlich eine vom Gesetz nicht geregelte Sondersituation vor, die zu besonderen Kontrollerfordernissen führt. Der Richter muß prüfen, ob die materiellen Wirksamkeitsvoraussetzungen der Voreinzahlung eingehalten sind. Ist das nicht der Fall und fehlt es damit an einer ordnungsgemäßen Kapitalaufbringung, hat er die Eintragung abzulehnen.

Zu den Technikalien dieser Prüfung ist zu bemerken: Der Registerrichter wird sich die Einzahlung der Beträge und ihre Zweckbestimmung, die Ladung zur Gesellschafterversammlung und den Rangrücktritt anhand geeigneter Dokumente nachweisen lassen, ohne daß das Vorliegen solcher Nachweise damit freilich zur formellen Eintragungsvoraussetzung wird. Da Voreinzahlungen auf Krisenfälle beschränkt sind, fragt sich noch, inwieweit bei der Registeranmeldung das Bestehen der Krise dargelegt oder gar nachgewiesen werden muß. Hier sollte man jedoch aus Praktikabilitätsgründen keine zu hohen Anforderungen stellen, sondern sich mit einer Erklärung der Geschäftsführer darüber begnügen, daß sich die Gesellschaft im Stadium der Überschuldung oder Zahlungsunfähigkeit befand. Hat der Registerrichter Zweifel an diesem Sachverhalt, mag er im Einzelfall weitere Darlegungen und Nachweise verlangen.

VII. Fazit

Voreinzahlungen auf eine noch zu beschließende Kapitalerhöhung stellen ein zulässiges Instrument rascher Sanierung dar, wenn durch den Verfahrensablauf sichergestellt ist, daß eine Umgehung der Sacheinlagevorschriften nicht stattfindet und der Vorgang der registergerichtlichen Kapitalaufbringungskontrolle unterliegt. Mit den in der Rechtsprechung dominierenden Manipulationsfällen haben sie dann nichts zu tun.

Die Abwicklung fehlerhafter Unternehmensverträge beim GmbH-Vertragskonzern

von

Professor DR. ECKARD REHBINDER, Frankfurt

Inhaltsübersicht

I. Das Problem

Unternehmensverträge zwischen einer Obergesellschaft und einer Untergesellschaft in der Rechtsform der GmbH werden im allgemeinen aus steuerlichen Gründen abgeschlossen. § 17 KStG spricht für die Zwecke der steuerlichen Anerkennung von Ergebnisabführungsverträgen aus, daß auf den Abschluß des Vertrages grundsätzlich die für die AG und die KGaA geltenden Vorschriften entsprechend anzuwenden sind; in formeller Hinsicht verlangt § 17 Satz 2 KStG die Schriftform des Vertrages und die Beschlußfassung der Gesellschafter der Untergesellschaft mit Dreiviertelmehrheit. Damit sieht das Steuerrecht ausdrücklich von einem Erfordernis notarieller Beurkundung wie auch der Eintragung des Unternehmensvertrages bzw. des Zustimmungsbeschlusses der Gesellschafter der abhängigen GmbH in das Handelsregister ab. Die Entstehungsgeschichte des § 17 KStG, der auf § 7a Abs. 5 KStG 1968 zurückgeht, belegt die Absicht des Steuergesetzgebers, den aktien- und außeraktienrechtlichen Ergebnisabführungsvertrag in den Voraussetzungen und Wirkungen „soweit wie möglich" anzugleichen[1]. Dabei sind bewußt Anforderungen gestellt worden, die über diejenigen hinausgingen, die nach damaliger Auffassung für den GmbH-rechtlichen Ergebnisabführungsvertrag galten. Dies betrifft insbesondere die Formerfordernisse.

Bis zum Jahre 1980 wurde im gesellschaftsrechtlichen Schrifttum überwiegend die Beachtung der steuerrechtlichen Vorschriften über den Abschluß von Ergebnisabführungsverträgen als ausreichend für deren Wirksamkeit angesehen[2]. Dementsprechend ist auch die Praxis verfahren. Im Anschluß an ein erstes, zu der Problematik ergangenes Urteil des OLG Düsseldorf[3] hat jedoch seit Beginn der achtziger Jahre ein Umdenken eingesetzt, so daß man heute schon davon sprechen kann, daß nach h. M. für den Abschluß eines Unternehmensvertrages (Ergebnisabführungs- und/oder Beherrschungsvertrages) zusätzliche, über das Schriftformerfordernis des § 17 KStG hinausgehende Formerfordernisse gelten[4]. Die heute h. M. sieht im Abschluß eines Unternehmensvertrages durch eine abhängige GmbH, genauer: im Zustimmungsbeschluß seitens der Gesellschafter der abhängigen GmbH, eine Satzungsänderung, da der Vertrag zu einer Veränderung des rechtlichen Status und der wirtschaftlichen Struktur der GmbH führe. Dies beruhe einmal darauf, daß die GmbH Fremdinteressen dienstbar gemacht werde. Zwar erkennt man an, daß der Unternehmensvertrag den Satzungstext unberührt läßt, jedoch „überlagere" der Vertrag die Satzung[5]. Außerdem werde der Gewinnanspruch nach § 29 GmbHG entzogen. Deshalb soll der Zustimmungsbeschluß wegen satzungsändernder Qualität zu seiner Wirksamkeit der Beurkundung nach § 53 Abs. 2 GmbHG und der Eintragung in

1 Begr. RegE, BT-Drucks. V/3017, S. 9; ebenso BFH BB 1981, 652; L. Schmidt, GmbH-Rdsch. 1971, 9, 11; Jurkat, Die Organschaft im Körperschaftsteuerrecht, 1975, Rdn. 494.

2 Vgl. Hachenburg / Barz, Komm. z. GmbHG, 7. Aufl., 1975, Anh. II zu § 13 Rdn. 35, 38 m. w. N.; Scholz / Emmerich, Komm. z. GmbHG, 6. Aufl., 1978/83, Anh. II, Rdn. 170 f; Gutbrod, BB 1980, 288 ff.

3 OLG Düsseldorf NJW 1982, 284.

4 So die einhellige Meinung aller neueren GmbH-Kommentare; Hachenburg / Ulmer, Komm. z. GmbHG, 7. Aufl., 1979, § 52 Rdn. 130 f; Scholz / Emmerich, Komm. z. GmbHG, 7. Aufl., 1986, Anh. Konzernrecht (nach § 40), Rdn. 216 f; Scholz / Priester, Komm. z. GmbHG, 6. Aufl., 1978/83, § 53 Rdn. 131 f; Zöllner, in: Baumbach / Hueck, Komm. z. GmbHG, 14. Aufl., 1985, Schlußanh. I, Rdn. 16; Fischer / Lutter/Hommelhoff, Komm. z. GmbHG, 12. Aufl., 1987, Anh. § 13 Rdn. 26; Rowedder / Koppensteiner, Komm. z. GmbHG, 1985, Anh. § 52 Rdn. 42; nur referierend Roth, Komm. z. GmbHG, 2. Aufl., 1987, § 35 Anm. 2.2.3; ferner insbes. Priester, in: Hommelhoff u. a. (Hrsg.), Entwicklungen im GmbH-Konzernrecht, ZGR-Sonderheft 6, 1986, S. 151, 168 ff m. w. N.; Timm, GmbH-Rdsch. 1978, 8.

5 Timm, BB 1981, 1491, 1492.

das Handelsregister nach § 54 Abs. 3 GmbHG bedürfen[6]. Zum Teil wird die Auffassung vertreten, daß (auch) der Abschluß des Unternehmensvertrags der notariellen Beurkundung und Eintragung bedürfe[7]. Eine „Ausstrahlungswirkung" des Steuerrechts lehnt man ab, da sich § 17 KStG nur mit steuerlicher Gewinnzurechnung befasse und es als ausgeschlossen gelten müsse, daß der Steuergesetzgeber umstrittene materielle Fragen des GmbH-Konzernrechts habe allgemein verbindlich regeln wollen[8].

In der Rechtsprechung haben sich, soweit ersichtlich, bisher drei Entscheidungen mit der Frage auseinandergesetzt. Das OLG Düsseldorf[9] hat über die steuerrechtlichen Anforderungen hinausgehende Formerfordernisse für den Abschluß eines GmbH-Unternehmensvertrages verneint, wobei es sich u. a. auf das Argument stützt, in der steuerrechtlichen Regelung komme „schlüssig zum Ausdruck, daß der Gesetzgeber davon ausgeht, das bürgerliche Recht stelle für die Wirksamkeit des Vertrages keine weitergehenden Formanforderungen". Die Frage, ob die Entscheidung, einen Unternehmensvertrag abzuschließen, als Satzungsänderung mit der Folge der Anwendbarkeit der Form- und Eintragungserfordernisse der §§ 53, 54 GmbHG anzusehen sei, hat das OLG offen gelassen, dabei freilich Zweifel an dem satzungsändernden Charakter eines Gewinnabführungsvertrages geäußert, weil dieser bei der im Fall vorliegenden Einmanngesellschaft in der Nähe der jedem Gesellschafter freigestellten Entscheidung liege, wie er das Geschäftsergebnis verwende. – Das LG Hamburg[10] hat in einer registerrechtlichen Entscheidung für den Fall der Einmann-GmbH als Untergesellschaft das Erfordernis eines förmlichen satzungsändernden Beschlusses verneint – mit einer Argumentation, die insoweit der des OLG Düsseldorf entspricht –, jedoch die Eintragung des Ergebnisabführungsvertrages in das Handelsregister für notwendig erachtet. Diese Notwendigkeit hat es mit dem „schutzwürdigen Interesse der Öffentlichkeit", z. B. eines Erwerbers von Geschäftsanteilen, begründet. Die jüngste Entscheidung des LG Bochum[11] spricht ausdrücklich die gegen die bloße Einhaltung der steuerrechtlichen Formerfordernisse vorgetragenen Bedenken an und scheint damit der Ansicht zuzu-

6 Vgl. auch LG Bochum ZIP 1986, 1386, wo ebenfalls der satzungsändernde Charakter des Unternehmensvertrags bejaht, aber auf die Formerfordernisse nicht eingegangen wird; dazu Timm, GmbH-Rdsch. 1987, 8, 10f.

7 Hönle, DB 1979, 485, 488; Timm, BB 1981, 1491, 1494ff, 1496f (aufgegeben in Die AG 1982, 93, 100 Fn. 59); weitere Nachw. bei Priester, aaO (Fn. 4 a. E.).

8 L. Schmidt, GmbH-Rdsch. 1971, 9; Sonnenschein, Organschaft und Konzerngesellschaftsrecht, 1976, S. 359ff; Timm, BB 1981, 1491, 1492; Hachenburg / Goerdeler / Müller, Komm. z. GmbHG, 7. Aufl., 1979, § 29 Rdn. 62; Herrmann / Heuer / Raupach, Komm. z. Einkommensteuer- und Körperschaftsteuergesetz, 19. Aufl., 1983, § 17 KStG Rdn. 23, 49.

9 OLG Düsseldorf NJW 1982, 284, 285.

10 LG Hamburg BB 1984, 873.

11 LG Bochum BB 1987, 355.

neigen, daß weitergehende Formerfordernisse zu beachten seien. Das LG Bochum entscheidet die Frage aber wiederum nicht ausdrücklich, sondern kommt aus anderen, noch darzulegenden Überlegungen zu dem Ergebnis, daß die Obergesellschaft an den Vertrag gebunden sei.

Im neueren Schrifttum werden die Form- und Eintragungserfordernisse für die Beschlußfassung über GmbH-Unternehmensverträge nur noch relativ selten in Zweifel gezogen[12]. Dabei beruft man sich im wesentlichen auf die Ausgewogenheit von Gewinnabführung und Verlustübernahme, die es ausschließe, in der Zustimmung zu einem Ergebnisabführungsvertrag eine Zweckänderung der Gesellschaft zu sehen, auf die Abdingbarkeit des Gewinnanspruchs, das Fehlen gesetzlicher Form- und Eintragungserfordernisse und die steuerrechtliche Regelung, die aus Gründen der Einheit der Rechtsordnung auch für das Gesellschaftsrecht maßgeblich sein müsse, weil sonst die steuerliche Anerkennung von Unternehmensverträgen obsolet werde.

Mit dem letzteren Argument ist ein wichtiges Stichwort gegeben, das in der bisherigen Diskussion zu wenig beachtet worden ist. Die Rechtsfortbildung hinsichtlich der Form- und Eintragungserfordernisse bei GmbH-rechtlichen Unternehmensverträgen, die durch die Meinungsänderung des Schrifttums seit Anfang der achtziger Jahre begründet wurde, ist hinsichtlich ihrer Angemessenheit nicht nur an den für sie vorgetragenen Sachargumenten zu messen. Insoweit ist der neueren Meinung in der Tat zuzustimmen. Der Unternehmensvertrag hat satzungsändernden Charakter, weil die GmbH nicht mehr im Rahmen der gemeinsamen Zweckverfolgung tätig, sondern Sonderinteressen eines Gesellschafters dienstbar gemacht wird. Daran ändert auch die „Ausgewogenheit" von Gewinnabführung und Verlustübernahme nichts, da sie nicht gewährleistet, daß sich die GmbH wie eine im gemeinsamen Interesse aller Gesellschafter geführte Gesellschaft zu entwickeln vermag. Die Legitimität der Rechtsfortbildung hinsichtlich der Form- und Eintragungserfordernisse bei GmbH-rechtlichen Unternehmensverträgen ist aber auch an den Rechtsfolgen für Altverträge zu messen, die sich aus den „neuen" Anforderungen ergeben. Wenn der Zustimmungsbeschluß satzungsändernden Gehalt besitzt und daher den Form- und Eintragungserfordernissen der §§ 53, 54 GmbHG unterliegt, so teilt der mit ihm rechtlich verknüpfte Unternehmensvertrag sein rechtliches Schicksal und kann nicht ohne ihn wirksam werden. Die sich daraus ergebende Nichtigkeit praktisch aller alten GmbH-rechtlichen Unternehmensverträge würde aber zu derartigen Unzuträglichkeiten führen, daß man die Rechtsfortbildung noch einmal überdenken müßte, insbesondere im Hinblick darauf, ob nicht der Appell an den Gesetzgeber der richtigere Weg wäre. In der bisherigen Diskussion ist man

12 So vor allem von Esch, BB 1986, 272, 274 ff; Kort, Der Abschluß von Beherrschungs- und Gewinnabführungsverträgen im GmbH-Recht, 1986, S. 129 ff; Gutbrod, BB 1980, 288 ff.

offenbar stillschweigend davon ausgegangen, daß auf Unternehmensverträge der Grundsatz des § 41 Abs. 1 AO anwendbar sei, weil die Parteien den ggf. nichtigen Unternehmensvertrag praktiziert haben und das wirtschaftliche Ergebnis des Geschäfts haben eintreten und bestehen lassen. § 17 KStG stellt jedoch ausdrücklich auf die zivilrechtliche Wirksamkeit des Unternehmensvertrages ab und ist daher eher als Spezialvorschrift zu § 41 Abs. 1 AO anzusehen mit der Folge, daß die in dieser Vorschrift niedergelegte wirtschaftliche Betrachtungsweise hinter der in § 17 KStG verankerten formal-zivilrechtlichen Betrachtungsweise zurücktreten muß[13]. Die Frage ist, ob man das eine tun kann, ohne das andere zu lassen: ob es möglich ist, im Wege der Rechtsfortbildung neue Form- und Eintragungserfordernisse für den Zustimmungsbeschluß zu einem Unternehmensvertrag aufzustellen, ohne dadurch die steuerliche Anerkennung von Altverträgen zu gefährden, die ohne Beachtung dieser Anforderungen abgeschlossen und praktiziert worden sind.

II. Verlustübernahmeverpflichtung der Obergesellschaft aus § 242 BGB (venire contra factum proprium)

Da nach h. M. das Formerfordernis den Zustimmungsbeschluß betrifft und sich dessen Nichtigkeit nur mittelbar auf den Unternehmensvertrag als solchen auswirkt, ist zunächst daran zu denken, an die allgemeinen Lehren zur Nichtigkeit von Beschlüssen einer GmbH anzuknüpfen. Es ist allgemein anerkannt, daß hier die aktienrechtlichen Vorschriften analog anzuwenden sind und dementsprechend bei Verstoß gegen Formerfordernisse die Nichtigkeit des Beschlusses analog § 241 Nr. 2 AktG eintritt[14]. Auf diese Nichtigkeit kann sich grundsätzlich jedermann, insbesondere jeder Gesellschafter berufen. Sie kann in jeder Form und grundsätzlich zu jeder Zeit geltend gemacht werden. Sie ist m. a. W. eine ex tunc eintretende Nichtigkeit. Wegen § 242 Abs. 2 AktG, der Beurkundungsmängel von der Heilung wegen Ablaufs der Drei-Jahresfrist zur Geltendmachung des Mangels ausnimmt, kommt eine Heilung wegen Fristablaufs nicht in Betracht[15]. Eine Heilung ist nur durch Eintragung nach § 242 Abs. 1 AktG möglich, jedoch

13 L. Schmidt, GmbH-Rdsch. 1971, 9, 10; abl. Brezing, GmbH-Rdsch. 1971, 60, 61.
14 BGHZ 11, 231; 36, 207; 51, 209; Rowedder / Koppensteiner, aaO (Fn. 4), § 47 GmbHG Rdn. 71; Zöllner, aaO (Fn. 4), Anh. § 47 GmbHG Rdn. 1, 8, 19 ff, insbes. 22.
15 BGHZ 11, 231, 239; Zöllner, aaO (Fn. 4), Anh. § 47 GmbHG Rdn. 32, 33; Scholz / K. Schmidt, Komm. z. GmbHG, 6. Aufl., 1978/83, § 45 Rdn. 48, 49; Hachenburg / Schilling / Zutt, Komm. z. GmbHG, 7. Aufl., 1979, Anh. § 47 Rdn. 79, 80; Rowedder / Koppensteiner, aaO (Fn. 4), § 47 GmbHG Rdn. 91, 92.

müßte das Registergericht bei Kenntnis von der Nichtigkeit des Zustimmungsbeschlusses dessen Eintragung ablehnen[16].

Es wird jedoch in Rechtsprechung und Schrifttum angenommen, daß der Berufung auf die Nichtigkeit eines Beschlusses der Gedanke der Verwirkung oder jedenfalls der allgemeinere Grundsatz von Treu und Glauben entgegenstehen kann, ohne daß man sich freilich über die Voraussetzungen tiefere Gedanken gemacht hat[17].

In Anwendung dieser Grundsätze hat das OLG Düsseldorf in dem schon genannten Fall die Berufung der Obergesellschaft auf die Nichtigkeit eines Ergebnisabführungsvertrages zurückgewiesen. „Treu und Glauben gebieten ..., daß sich die Bekl. [die Obergesellschaft] an dem Ergebnisabführungsvertrag nunmehr, da ihr dieser Vertrag Nachteile bringt, festhalten lassen muß, nachdem sie dessen Vorteile in Form steuerlicher Vergünstigungen ausgenutzt hat"[18]. Das LG Bochum beruft sich ebenfalls auf Treu und Glauben, leitet jedoch die Treuwidrigkeit der Berufung auf die Nichtigkeit des Unternehmensvertrages daraus her, daß ihn die Parteien jahrelang im Vertrauen auf die bisher geltende Rechtslage praktiziert hätten[19].

Die von der Rechtsprechung favorisierte Treu- und Glauben-Lösung mag sich für die Praxis als ein bequemer Ausweg aus dem Dilemma anbieten, ist jedoch dogmatisch unbefriedigend, da offensichtlich nicht auf die besonderen Umstände des Einzelfalls abgestellt, vielmehr eine generelle Lösung für die Rückabwicklung nichtiger Unternehmensverträge angestrebt wird. Abgesehen hiervon erscheint es zweifelhaft, ob die Steuervorteile des Unternehmensvertrages für sich ein Element sein können, das die Treuwidrigkeit einer Berufung auf die Nichtigkeit des Unternehmensvertrages zu begründen vermag, da ihnen keine entsprechenden Nachteile der Untergesellschaft korrespondieren. Immerhin dürfte es leicht fallen, den Gedanken des OLG Düsseldorf in der Weise umzuinterpretieren, daß man auf die gesellschaftsrechtlich begründeten Vor- und Nachteile des Unternehmensvertrages abstellt.

16 OLG Hamburg DB 1984, 1616; OLG Köln GmbH-Rdsch. 1982, 211, 212; BayObLG DB 1972, 1015; ROWEDDER / ZIMMERMANN, Komm. z. GmbHG, 1985, § 54 Rdn. 19, auch § 47 Rdn. 92; HACHENBURG / ULMER, Komm. z. GmbHG, 7. Aufl., 1984, § 54 Rdn. 43, 45; SCHOLZ / PRIESTER, aaO (Fn. 4), § 54 GmbHG Rdn. 34.

17 BGHZ 22, 101, 106 (obiter dictum); ZÖLLNER, aaO (Fn. 4), Anh. § 47 GmbHG Rdn. 33; ROWEDDER / KOPPENSTEINER, aaO (Fn. 4), § 47 GmbHG Rdn. 91; HACHENBURG / SCHILLING / ZUTT, aaO (Fn. 15), Anh. § 47 GmbHG Rdn. 80; SCHOLZ, GmbH-Rdsch. 1954, 65, 67.

18 OLG Düsseldorf NJW 1982, 284.

19 LG Bochum BB 1987, 355 f.

III. Verlustübernahmeverpflichtung der Obergesellschaft analog § 302 AktG

Im Hinblick auf die Autokran-Entscheidung des BGH und die sich daran anschließende Diskussion im Schrifttum[20] liegt es nahe, eine Verlustübernahmeverpflichtung der Obergesellschaft analog § 302 AktG unabhängig von der Wirksamkeit des Unternehmensvertrages zu bejahen, wenn und soweit die Parteien diesen Vertrag tatsächlich praktiziert haben. Das Aktiengesetz reagiert mit den Regeln des Vertragskonzerns auf eine Sachlage, nach der ein abhängiges Unternehmen aufgrund eines Beherrschungs- und/oder Ergebnisabführungsvertrages mit dem herrschenden Unternehmen ertrags- und vermögensmäßig derart zu einer wirtschaftlichen Einheit zusammengefaßt werden kann, daß an die Stelle der eigenen Belange die des Konzerns treten. Wird im GmbH-Konzern ein solcher die abhängige Gesellschaft und ihre Minderheitsgesellschafter sowie Gläubiger ebenso gefährdender Zustand ohne vertragliche Grundlage tatsächlich hergestellt, dann ist nach Auffassung der heute h. M. auch ein vergleichbarer Schutz zugunsten der abhängigen GmbH geboten. Es scheint daher nichts im Wege zu stehen, das gleiche auch dann anzunehmen, wenn ein Unternehmensvertrag zwar abgeschlossen und praktiziert worden ist, er aber wegen Nichteinhaltung der Form- und Eintragungserfordernisse unwirksam ist. Es ist jedoch zu beachten, daß die Analogie zu § 302 AktG im faktischen GmbH-Konzern nur an qualifizierte Konzernierungsformen anknüpft. Nur wenn die abhängige GmbH in einen straff organisierten (zentralisierten) Konzern eingegliedert ist oder gar wie eine bloße Betriebsabteilung eines einheitlichen Unternehmens organisiert und behandelt wird, kann man davon ausgehen, daß die GmbH-rechtlichen Schutzvorkehrungen zugunsten der Minderheit und der Gläubiger nicht mehr dem gesetzlichen Leitbild entsprechend funktionieren, da die Gefahr nicht lediglich einer punktuellen, sondern einer breitflächigen Schädigung besteht und im Extremfall das Eigeninteresse der abhängigen Gesellschaft als Maßstab für einen Schadensausgleich völlig eliminiert wird. Im Schrifttum wird dieser Tatbestand gesteigerter Konzernierung als „qualifizierter“ oder „durchgeführter“ faktischer Konzern bezeichnet, ohne daß es bisher gelungen wäre, über eine griffige Formel hinaus eine Definition anzugeben, die eine einigermaßen sichere Abgrenzung einfacher und qualifizierter faktischer Konzerne gestattet[21].

Seit der Autokran-Entscheidung darf man sagen, daß für den GmbH-Vertragskonzern mindestens die Regeln gelten, die für den qualifizierten faktischen

20 BGHZ 95, 330; aus dem Schrifttum insbes. Assmann, JZ 1986, 881, 928; Fleck, WM 1986, 1205; Lutter, ZIP 1985, 1425; Rehbinder, Die AG 1986, 85; Stimpel, Die AG 1986, 117; Ders., FS Goerdeler, 1987, S. 601; Ulmer, NJW 1986, 1579; Ders., Die AG 1986, 123; Wiedemann, ZGR 1986, 456.

21 Vgl. Arbeitskreis GmbH-Reform, Thesen und Vorschläge, Bd. II, 1972, S. 49 ff; Emmerich / Sonnenschein, Konzernrecht, 2. Aufl., 1977, S. 217 ff, 242 f.

GmbH-Konzern anerkannt sind[22]. Dies bedeutet insbesondere, daß unabhängig von einer ausdrücklichen vertraglichen Vereinbarung § 302 AktG für den GmbH-Vertragskonzern gilt. Diese Ablösung der Rechtsfolgen des Vertragskonzerns von der vertraglichen Vereinbarung gestattet jedoch keine weitergehenden Folgerungen dahin, daß die Vertragsform insgesamt verzichtbar wäre. Soweit ein wirksamer Unternehmensvertrag abgeschlossen ist, gilt § 302 AktG als pauschaler Ausdruck des Prinzips des Gleichlaufs von Herrschaft und Haftung unabhängig davon, ob die Obergesellschaft ihre vertraglichen Weisungsrechte ausübt und in welchem Umfang sie Gewinnabführungen veranlaßt hat. Fehlt ein Unternehmensvertrag – sei es, daß mangels Abschlusses eines solchen Vertrages Herrschaft auf tatsächlicher Grundlage ausgeübt wurde, sei es, daß der Vertrag nichtig ist, aber praktiziert wurde –, so kommt es auf das Ausmaß an, in dem die Obergesellschaft durch Ausübung von Konzernherrschaft die Interessen der Untergesellschaft und ihrer Minderheitsgesellschafter und Gläubiger gefährdet hat. Man wird also in jedem Fall konkret feststellen müssen, ob ein auf fehlerhafter Vertragsgrundlage begründeter GmbH-Vertragskonzern nach seinem tatsächlichen Erscheinungsbild im Einzelfall so organisiert ist, daß er als qualifizierter faktischer Konzern zu bezeichnen ist. Da GmbH-rechtliche Unternehmensverträge überwiegend aus steuerrechtlichen Gründen geschlossen werden, läßt sich aus dem bloßen Abschluß eines Unternehmensvertrages noch nicht zwingend herleiten, daß dies stets der Fall ist. Es ist durchaus möglich, daß die Obergesellschaft von ihren vertraglichen Weisungsrechten keinen Gebrauch macht, vielmehr der Geschäftsleitung der Untergesellschaft erhebliche Freiräume zugesteht. Es ist denkbar, daß in den vergangenen Geschäftsjahren stets ein Verlustausgleich stattgefunden hat, da es sich bei der Untergesellschaft um einen Sanierungsfall handelte. Es kann sein, daß die Gewinnabführungen nicht über das hinausgingen, was die Mehrheit in einer unabhängigen Gesellschaft an sich auskehren würde, so daß von einer tiefgreifenden und breitflächigen Gefährdung des Eigeninteresses der Untergesellschaft nicht die Rede sein kann. Es mag zwar beim Bestehen eines unwirksamen Unternehmensvertrages eine Vermutung für das Vorliegen eines qualifizierten faktischen Konzerns sprechen. Jedoch wird man der Obergesellschaft den Gegenbeweis zugestehen müssen, daß sie von ihren vertraglichen Rechten nicht in einer Weise Gebrauch gemacht hat, die einen qualifizierten Konzerntatbestand begründet.

Geht man hiervon aus, so bietet die analoge Anwendung des § 302 AktG zwar eine denkbare Lösung für Einzelfälle der Unwirksamkeit des Unternehmensvertrages, keineswegs jedoch eine Gesamtlösung der Problematik.

22 Vgl. Timm, GmbH-Rdsch. 1987, 8, 12f, 17.

IV. Verlustübernahmeverpflichtung der Obergesellschaft aufgrund einer konzernspezifischen Fortschreibung der Grundsätze über die fehlerhafte Gesellschaft

1. Ausgangslage

Die Grundsätze über die fehlerhafte Gesellschaft liefern einen weiteren Ansatzpunkt, mit dem man zu einer Verlustübernahmeverpflichtung der Obergesellschaft gelangen kann. Voraussetzung für die Anwendung dieser Grundsätze ist freilich ein vollzogener, fehlerhafter Vertrag. Nach jetzt h. M. betrifft das Form- und Eintragungserfordernis aber den Zustimmungsbeschluß und wirkt sich nur über diesen auf den Unternehmensvertrag aus. Es tritt damit Nichtigkeit des Beschlusses analog § 241 Nr. 2 AktG ein. Daher sind unmittelbar die Grundsätze über fehlerhafte Beschlüsse, nicht aber über fehlerhafte Gesellschaftsverträge anwendbar.

Nach der Auffassung von *Timm*[23] soll jedoch eine „konzernspezifische Fortschreibung" der Lehre von der fehlerhaften Gesellschaft erfolgen. Die fehlerhafte Satzungsänderung sei dabei einem fehlerhaften Unternehmensvertrag gleichzustellen. Dementsprechend seien alle die Rechtsfolgen ausgeschlossen, die die Wirksamkeit des Vertrages für die Zukunft voraussetzten. Der Organträger könne sich nicht von seiner Verpflichtung zur Verlustübernahme lossagen, soweit der Vertrag faktisch vollzogen sei. *Timm* begründet die Anwendung der Lehre von der fehlerhaften Gesellschaft damit, daß der Unternehmensvertrag ein Organisationsvertrag mit satzungsänderndem Charakter sei, der, ohne formal Satzungsbestandteil zu werden, die bisherige gesellschaftsvertragliche Grundlage überlagere.

Auch *Prael*[24] neigt zu einer vorsichtigen Anlehnung an die Grundsätze der fehlerhaften Gesellschaft, insbesondere für fehlerhafte Satzungsänderungen, weil „sie vielfache soziale Beziehungen tatsächlich gestalten" und eine Rückwirkung oder sogar die Nichtigkeit überhaupt der „Komplexität der Rechtsfolgen" nicht immer gerecht werde.

23 Timm, BB 1981, 1494 f auf der Grundlage seiner damaligen Auffassung, daß der Unternehmensvertrag der Form bedürfe (aufgegeben in Die AG 1982, 93, 100, Fn. 59); Ders., GmbH-Rdsch. 1987, 8, 12 für Formbedürftigkeit des Zustimmungsbeschlusses.

24 Prael, Eingliederung und Beherrschungsvertrag als körperschaftliche Rechtsgeschäfte, 1978, S. 62 und 89; vgl. auch Biedenkopf / Koppensteiner, Kölner Komm. z. AktG, 1971, § 297 Rdn. 16; Gessler, DB 1965, 1691, 1694 f; Sapper, Die rechtssystematische Stellung der Unternehmensverträge, Diss. Tübingen 1963, S. 64; gegen Anwendung der Lehre unter Hinweis auf die Behandlung der Satzungsänderung Würdinger, Großkomm. z. AktG, Bd. IV, 3. Aufl., 1975, § 293 Anm. 13.

Im Kapitalgesellschaftsrecht ist anerkannt, daß die Grundsätze über die fehlerhafte Gesellschaft auf Gründungsmängel nach Invollzugsetzung und vor Eintragung sowie auf Beitrittsmängel auch nach Eintragung Anwendung finden. Eine fehlerhafte „Abänderung" des Gesellschaftsvertrages wird dagegen herkömmlicherweise nicht von den Grundsätzen über die fehlerhafte Gesellschaft erfaßt. Vielmehr wendet man hier die Vorschriften über die Nichtigkeit und Heilung fehlerhafter Beschlüsse an[25]. Dies rechtfertigt sich dadurch, daß die Gesellschaft durch Eintragung im Handelsregister zur Entstehung gelangt ist und die eventuelle Nichtigkeit des Satzungsbeschlusses den Bestand der Gesellschaft nicht gefährdet. Es genügt also zur Anwendung der Grundsätze über die fehlerhafte Gesellschaft auf den fehlerhaften Unternehmensvertrag noch nicht, mit *Timm* den ursprünglich wirksamen Gesellschaftsvertrag als vom späteren unwirksamen Unternehmensvertrag (genauer: vom Zustimmungsbeschluß) überlagert, d. h. als Einheit anzusehen, obwohl der Unternehmensvertrag nicht formell Satzungsbestandteil geworden ist; vielmehr muß man begründen, daß die Nichtigkeitsfolgen und die nur beschränkten Heilungsmöglichkeiten nach §§ 241 Nr. 2, 242 Abs. 1, 2 AktG für Beschlüsse über den Abschluß eines Unternehmensvertrages sachlich unangemessen sind und mit Hilfe der Grundsätze über die fehlerhafte Gesellschaft korrigiert werden müssen.

2. *Die fehlerhafte Gesellschaft als Organisationseinheit*

Neuerdings wird die Berechtigung der Lehre von der fehlerhaften Gesellschaft gerade daraus hergeleitet, daß der Gesellschaftsvertrag über das rein schuldrechtliche Element hinaus auch ein organisationsrechtliches Element, nämlich die Verfassung der Gesellschaft, enthalte[26]. Die Organisationseinheit „Gesellschaft" begründe eine organisatorisch verfestigte soziale Handlungseinheit, die nicht nach den allgemeinen Vorschriften über die Rechtsfolgen der Nichtigkeit von Rechtsgeschäften ohne weiteres rückwirkend vernichtbar sei.

Dieser Gedanke ist auch auf Unternehmensverträge übertragbar. Wenn man, wie die h. M., argumentiert, daß die Form- und Eintragungserfordernisse der §§ 53, 54 GmbHG wegen des materiell satzungsändernden Charakters des Zustimmungsbeschlusses zu beachten seien, so muß man den fehlerhaften

25 Ganz h. M.; vgl. BGHZ 13, 320; 55, 8; RGZ 166, 59; Fischer / Lutter/Hommelhoff, aaO (Fn. 4), § 2 GmbHG Rdn. 12 f; Hachenburg / Ulmer, Komm. z. GmbHG, 7. Aufl., 1975, § 2 Rdn. 71 ff m. w. N.; Hueck, in: Baumbach / Hueck, Komm. z. GmbHG, 14. Aufl., 1985, § 2 Rdn. 35 ff.

26 Wiesner, Die Lehre von der fehlerhaften Gesellschaft, 1980, S. 79 ff, 83, 92; Flume, Die Personengesellschaft, 1977, S. 13 f; Ulmer, Münchener Komm. z. BGB, 2. Aufl., 1985, § 705 Rdn. 231 f; Ders., FS Flume, 1978, S. 301, 310 ff; Kübler, Gesellschaftsrecht, 2. Aufl., 1985, § 25 I 4 c (S. 336).

Unternehmensvertrag zur Verfassung der Untergesellschaft rechnen. Der Gesichtspunkt der organisatorisch verfestigten und durchgeführten Handlungseinheit trifft auch auf das Verhältnis zwischen Ober- und Untergesellschaft zu. Die Untergesellschaft wird mit Durchführung des (unwirksamen) Zustimmungsbeschlusses faktisch in die Obergesellschaft integriert. Die laufende Zusammenarbeit und Interessengemeinschaft zwischen Ober- und Untergesellschaft (aufgrund der Erteilung von Weisungen und der Abführung der Gewinne bzw. des Verlustausgleichs) ist vergleichbar mit der durch eine Gesellschaft konstituierten Interessengemeinschaft zwischen Gesellschaftern (ohne daß man hierfür zum falschen Bild der BGB-Gesellschaft als Konzerngrundlage greifen müßte). Mängel bei der Konstituierung des Unternehmensvertrages sind daher durchaus mit Mängeln bei der Konstituierung einer Gesellschaft vergleichbar. Der organisationsrechtliche Ansatzpunkt legt damit die Anwendung der Grundsätze über die fehlerhafte Gesellschaft auf fehlerhafte Unternehmensverträge nahe.

3. *Notwendiger Bestandsschutz für das Innenverhältnis*

Soweit nicht auf organisationsrechtliche Aspekte abgestellt wird, stützt man die Anwendung der Lehre von der fehlerhaften Gesellschaft auf Gesichtspunkte der Praktikabilität. Im Vordergrund steht dabei ganz der Gesichtspunkt des Bestandsschutzes im Innenverhältnis[27]. Man geht davon aus, daß bei einem vollzogenen Gesellschaftsvertrag, bei dem alle Beteiligten Beiträge erbracht und die Vorteile und Gewinnchancen aus dem Gesellschaftsverhältnis genutzt haben, eine Rückabwicklung nach Bereicherungsrecht unangemessen ist, da sie zur Benachteiligung einzelner Gesellschafter führen kann[28].

Dieser Gesichtspunkt hat auch Bedeutung für Unternehmensverträge, obwohl bei ihnen eine gemeinschaftliche Vermögensbeteiligung nicht vorliegt und daher eine bereicherungsrechtliche Rückabwicklung auf den ersten Blick eher möglich erscheint, als bei Bildung eines gesellschaftlichen Gesamthandsvermögens. Die Ausübung von Weisungsrechten, die Gewinnabführung und Verlustübernahme im Vertragskonzern sowie das bloße Bestehen entsprechender vertraglicher Rechte können zu vermögensrechtlichen Dispositionen geführt haben, für die das Bereicherungsrecht keinen sachgerechten Ausgleich gewähren kann. Der Entreicherungseinwand liegt wie ein Damoklesschwert über dem Bereicherungsausgleich zwischen Ober- und Untergesellschaft. Die Vermögensfolgen von organisatorischen Maßnahmen der Obergesellschaft in der Unterge-

27 Die Anerkennung der Lehre für das Außenverhältnis wird vielfach nur noch mit einem „Erst-Recht-Schluß" aus dem Innenverhältnis begründet, vgl. STEIN, Das faktische Organ, 1983, S. 63 Fn. 43 m. w. N.

28 Vgl. dazu STEIN, aaO (Fn. 27), S. 60 ff m. w. N.

sellschaft und von Einzelweisungen lassen sich mangels Vollziehbarkeit des Maßstabs eines „hypothetisch unabhängigen Unternehmens" im nachhinein nicht mehr feststellen. Bekanntlich ist dies ein allgemeines Problem des Nachteilsausgleichs im faktischen Konzern, das gerade zur analogen Anwendung des § 302 AktG bei bestimmten qualifizierten Konzernformen geführt hat. Es stellt sich nicht nur beim Nachteilsausgleich, sondern in gleicher Weise beim Bereicherungsausgleich. Maßstäbe für eine sachgerechte Verteilung von Gewinnen und Verlusten bei vollzogener Organschaft, aber unwirksamem Unternehmensvertrag bietet das Bereicherungsrecht nicht. Es ist auf die Entziehung von Gegenständen, nicht auf die Nutzung des Potentials eines anderen Unternehmens durch Gewinnabführung und Eingriffe in dessen Organisationsstruktur und Gewinnchancen ausgerichtet. Gewinnchancen eines Unternehmens stellen keine Nutzungen dar, die dem Bereicherungsausgleich zugänglich wären. Konsequenz der Anwendung des Bereicherungsrechts wäre damit weitgehend die einseitige Benachteiligung der Untergesellschaft, da die Obergesellschaft nicht ohne weiteres die Vorteile aus dem Unternehmensvertrag zurückgeben müßte, andererseits aber deren Nachteile nicht zu tragen brauchte.

Die fehlende Funktionsfähigkeit der Regeln über den Bereicherungsausgleich bei der Rückabwicklung fehlerhafter Unternehmensverträge spricht daher – neben dem Gesichtspunkt der Schaffung einer neuen Organisationseinheit – ebenfalls dafür, auf fehlerhafte Unternehmensverträge die Grundsätze über fehlerhafte Gesellschaften anzuwenden. Dabei mag dahinstehen, ob es andere Fälle gibt, in denen es angemessen ist, diese Grundsätze auf fehlerhafte Beschlüsse einer Kapitalgesellschaft, die über lange Zeit praktiziert worden sind, anzuwenden.

4. „Entsprechende" Anwendung der Grundsätze über die fehlerhafte Gesellschaft?

Die Übernahme der Grundsätze über die fehlerhafte Gesellschaft auf die Verlustübernahme bei fehlerhaftem Unternehmensvertrag würde dazu führen, daß der Unternehmensvertrag für die Vergangenheit wirksam ist und für die Zukunft nur in den Formen aufgelöst werden kann, in denen ein wirksamer Unternehmensvertrag aufgelöst werden kann, also durch Kündigung nach § 297 AktG (wobei die Nichtigkeit des Vertrages als wichtiger Grund im Sinne dieser Vorschrift anzusehen wäre)[29].

29 BGHZ 17, 160f; 26, 330, 335; 55, 5, 7; 62, 20, 26; 62, 234, 241; 63, 338, 344; FISCHER, Großkomm. z. HGB, 3. Aufl., 1973, § 105 Rdn. 88; SCHLEGELBERGER/GESSLER, Komm. z. HGB, 4. Aufl., 1965, § 105 Rdn. 62c; RONKE, FS Paulick, 1973, S. 69; WESTERMANN, Handbuch der Personengesellschaften, Stand 1986, Rdn. 105, 764.

Diejenigen Autoren, die im Schrifttum für die Anwendung der Grundsätze über die fehlerhafte Gesellschaft auf fehlerhafte Unternehmensverträge eintreten, sind jedoch der Auffassung, daß die Nichtigkeit des Zustimmungsbeschlusses nach § 241 Nr. 2 AktG bzw. des Unternehmensvertrages weiterhin ex tunc eintrete, vielmehr lediglich bestimmte Rechtsfolgen der Nichtigkeit ausgeschlossen seien[30]. Diese nur „entsprechende" Anwendung der Grundsätze über die fehlerhafte Gesellschaft erscheint zwar im Grundansatz zutreffend, geht jedoch in den Rechtsfolgen nicht weit genug. Richtig ist zunächst, daß zwischen Zustimmungsbeschluß und Unternehmensvertrag streng zu trennen ist. Der Zustimmungsbeschluß ist wegen Nichteinhaltung der Form- und Eintragungserfordernisse nach §§ 53, 54 GmbHG unwirksam. Seine Unwirksamkeit wirkt sich nur mittelbar auf den Unternehmensvertrag als solchen aus. Ausschließlich für letzteren stellt sich die Frage, ob er trotz dieser Unwirksamkeit für die Vergangenheit aufrecht zu erhalten ist. Es besteht in der Tat keine Notwendigkeit, die Grundsätze der fehlerhaften Gesellschaft unmittelbar auf den Zustimmungsbeschluß anzuwenden. Andererseits kann man kaum argumentieren, daß die Anerkennung der Wirksamkeit des Unternehmensvertrages im ganzen für die Vergangenheit nicht erforderlich sei, es vielmehr ausreiche, einzelne Rechtsfolgen eines wirksamen Unternehmensvertrages zu begründen. Denn es steht nicht nur in Frage, ob die Obergesellschaft für die Vergangenheit zum Verlustausgleich verpflichtet war, sondern spiegelbildlich auch, ob sie Weisungen an die Untergesellschaft erteilen durfte und ob diese ihre Gewinne abführen mußte. Die Fixierung auf den Verlustausgleich verstellt den Blick dafür, daß es insgesamt um das komplexe Problem der Rückabwicklung eines fehlerhaften Unternehmensvertrages geht. Darüber hinaus erscheint es aus Gründen der Rechtssicherheit auch sinnvoll, für die „Beendigung" des Unternehmensvertrages für die Zukunft nicht jedwede Berufung auf Nichtigkeit, sondern nur eine im Sinne von § 297 AktG formgerechte Erklärung ausreichen zu lassen, aus der sich der Wille zur Beendigung des Unternehmensvertrages zweifelsfrei ergibt. Eine wesentliche Erschwerung der Rechtsverfolgung für die Vertragsparteien liegt darin nicht.

V. Die Gewinnabführungsverpflichtung der Untergesellschaft bei unwirksamem Ergebnisabführungsvertrag

Wenn die Obergesellschaft zur Verlustübernahme verpflichtet bleibt, stellt sich die Anschlußfrage, ob sich die Untergesellschaft gleichwohl auf die Nichtigkeit eines (regelmäßig mit dem Beherrschungsvertrag kombinierten) Ergebnisabführungsvertrags berufen und damit eine Rückgängigmachung einer erfolgten Gewinnabführung für die Vergangenheit erreichen kann.

30 Timm, BB 1981, 1491, 1497; Prael, aaO (Fn. 24), S. 62, 89 ff.

Die Gerichte brauchten zu dieser Frage bisher noch nicht Stellung zu nehmen. Der von ihnen gewählte Ansatzpunkt über § 242 BGB mit dem Kerngedanken, daß eine Obergesellschaft, die die Vorteile aus einem Unternehmensvertrag gezogen hat, auch die Nachteile tragen muß, wird es ihnen aber leicht machen, in Umkehrung dieses Gedankens einer Verlustübernahmepflicht seitens der Obergesellschaft eine Gewinnabführungspflicht der Untergesellschaft gegenüberzustellen. Dieses Argument gerät freilich ins Wanken, wenn in der Vergangenheit ausschließlich eine Gewinnabführung stattgefunden hat, so daß die Vorteile der Vertragsdurchführung allein bei der Obergesellschaft lagen. Hieran zeigt sich, daß die Argumentation des OLG Düsseldorf[31] zu eng ist und bei einer an Treu und Glauben ausgerichteten Lösung eher dem Ansatz des LG Bochum[32] zu folgen ist, das sich an die zur ausnahmsweisen Nichtberücksichtigung eines Formmangels entwickelten Grundsätze anlehnt. Geht man hiervon aus, so kann es auf das Vorteils- und Nachteilsverhältnis nicht oder nicht ausschließlich ankommen, vielmehr ist entscheidend darauf abzustellen, daß beide Parteien in Unkenntnis des Form- und Eintragungserfordernisses einvernehmlich den Vertrag praktiziert haben und nunmehr nicht einseitig die Nachteile der Nichtigkeit des Vertrages auf die andere Partei abwälzen können. Schutzwürdige Interessen Dritter, die zu einer Versagung der Berufung auf Treu und Glauben führen könnten, sind nicht ersichtlich. Insbesondere werden außenstehende Gläubiger nicht benachteiligt, da sie bei ihren Geschäften mit der Untergesellschaft davon ausgehen mußten, daß ein wirksamer Ergebnisabführungsvertrag bestand.

Anders ist die Rechtslage, wenn man bei unwirksamem Unternehmensvertrag die für den qualifizierten faktischen GmbH-Konzern geltenden Ausgleichsregelungen anwendet. Hieraus ergibt sich zwar analog § 302 AktG eine Verlustausgleichspflicht wegen nachhaltiger Gefährdung des Eigeninteresses der Untergesellschaft. Jedoch steht bei der Analogie zu § 302 AktG das Schutzinteresse der Untergesellschaft eindeutig im Vordergrund. Es ist nicht möglich, ihr sozusagen zum Ausgleich auch eine Verpflichtung zur Gewinnabführung aufzuerlegen.

Die Lehre von der fehlerhaften Gesellschaft führt nicht nur zu einer Verlustausgleichspflicht der Obergesellschaft, sondern auch zu einer Gewinnabführungspflicht der Untergesellschaft (für die Vergangenheit). Der Vertrag ist als Ganzes zu sehen. Die fehlende Funktionsfähigkeit der Ausgleichsregelungen des Bereicherungsrechts gilt nicht nur für Leistungen, die die Obergesellschaft im Wege des Verlustausgleichs an die Untergesellschaft erbracht hat, sondern auch für Leistungen, die die Untergesellschaft im Wege der Ergebnisabführung oder der Hinnahme von nachteiligen Weisungen an die Obergesellschaft erbracht hat. Auch wenn man, wie auch hier vertreten, den Zustimmungsbeschluß weiterhin als unwirksam ansieht und die Anwendung der Lehre von der fehlerhaften

31 OLG Düsseldorf NJW 1982, 284.
32 LG Bochum BB 1987, 355.

Gesellschaft auf den Unternehmensvertrag beschränkt, läßt sich eine nur selektive Heranziehung einzelner Rechtsfolgen des wirksamen Unternehmensvertrages nicht rechtfertigen. Hierauf stellt aber *Timm*[33] ab, wenn er davon ausgeht, daß ein Anspruch auf Gewinnabführung vor Eintragung in das Handelsregister nicht bestehe. Dieses Argument würde in gleicher Weise für die Verlustübernahmeverpflichtung gelten. Auch für sie müßte es dann auf die Eintragung und nicht auf die tatsächliche Durchführung des Vertrages ankommen. Die Aussage *Timms*, daß nur die Obergesellschaft zum Verlustausgleich verpflichtet sei, die Untergesellschaft sich hingegen jederzeit auf die Unwirksamkeit des Vertrages berufen könne, ist damit auch unter dem von ihm gewählen Ansatzpunkt nicht überzeugend.

In der Lehre von der fehlerhaften Gesellschaft ist allerdings anerkannt, daß sie ihre Grenze an vorrangigen Interessen Dritter und der Allgemeinheit findet. Unter dem Gesichtspunkt der überwiegenden Schutzinteressen Dritter gilt insbesondere der Schutz Minderjähriger (oder sonst nicht voll Geschäftsfähiger) als vorrangig[34]. Mit dieser Ausnahme von der Anwendung der Grundsätze der fehlerhaften Gesellschaft soll einer zentralen Wertung der Rechtsordnung Rechnung getragen werden, wonach der Minderjährige mangels voller Verantwortungsfähigkeit nicht die rechtlichen und wirtschaftlichen Nachteile aus einem Vertragsverhältnis tragen soll, das wegen seiner Minderjährigkeit unwirksam ist. Obwohl der Gesetzgeber das Konzernrecht, insbesondere auch das Recht des Vertragskonzerns, als Schutzrecht zugunsten der abhängigen Gesellschaft ausgestaltet hat, ergeben sich doch aus den gesetzlichen oder judiziellen Regelungen über den Abschluß des Unternehmensvertrages keinerlei Anhaltspunkte dafür, daß das Schutzbedürfnis der Untergesellschaft beim Abschluß eines Unternehmensvertrages mit dem eines Minderjährigen vergleichbar wäre. Im übrigen kann nach richtiger Ansicht bei einer fehlenden Teilnahme des Minderjährigen am Verlust einer fehlerhaften Gesellschaft auch keine Gewinnteilnahme stattfinden[35]. Die in der Literatur vielfach vertretene gegenteilige Ansicht[36] verkennt zentrale systematische und Wertungsgesichtspunkte des Rechts des gegenseitigen Vertrags: Im gegenseitigen Vertrag bilden Leistung und Gegenleistung, Rechte und Pflichten, Chancen und Risiken ein einheitliches Ganzes; der gegenseitige Vertrag würde strukturell und unter dem Gesichtspunkt der Inter-

33 TIMM, BB 1981, 1491, 1497.

34 ULMER, aaO (Fn. 26), § 705 BGB Rdn. 250.

35 So zutreffend ULMER, aaO (Fn. 26), § 705 BGB Rdn. 255; FISCHER, aaO (Fn. 29), § 105 HGB Rdn. 100; SOERGEL/HADDING, Komm. z. BGB, Bd. 4, 11. Aufl., 1985, § 705 Rdn. 82.

36 GANSSMÜLLER, DB 1955, 257, 260; DERS., NJW 1958, 1067; SCHLEGELBERGER/GESSLER, aaO (Fn. 29), § 105 HGB Rdn. 62 k; WESTERMANN, aaO (Fn. 29), Rdn. 783.

essenbalance zerstört, wenn es gestattet wäre, einzelnen Vertragsparteien selektiv nur für sie vorteilhafte Rechtspositionen zuzuordnen, sie aber nicht mit nachteilhaften Rechtspositionen zu belasten. Dies muß auch im Verhältnis zwischen Ober- und Untergesellschaft beim unwirksamen Unternehmensvertrag gelten. Wäre die Untergesellschaft auch für die Vergangenheit von der Verpflichtung zur Gewinnabführung befreit, so entfiele der tragende Grund dafür, die Obergesellschaft an der Verpflichtung zum Verlustausgleich festzuhalten. Bei dem in der Praxis vorherrschenden kombinierten Beherrschungs- und Ergebnisabführungsvertrag wird diese Einsicht leicht dadurch verdeckt, daß die Verpflichtung zum Verlustausgleich auch das Korrelat für die Zulässigkeit nachteiliger Weisungen ist. Die Verpflichtung zur Ergebnisabführung kann jedoch immer nur auf einem Ergebnisabführungsvertrag beruhen, für den der Gesetzgeber ebenfalls die Verlustausgleichspflicht angeordnet hat.

Insgesamt ist daher festzustellen, daß auf dem Boden der Lehre von der fehlerhaften Gesellschaft kein Platz für eine Differenzierung der Rechtsfolgen einseitig zum Vorteil der Untergesellschaft ist. Als praktische Rechtsfolge des Verstoßes gegen die Form- und Eintragungsanforderungen für Unternehmensverträge nach §§53, 54 GmbHG bleibt damit die Unbeachtlichkeit des Unternehmensvertrages mit Wirkung ex nunc. Für die Vergangenheit ist dagegen praktisch von der Wirksamkeit des Vertrages auszugehen.

VI. Steuerrechtliche Folgerungen

Mit der Anwendung der Lehre von der fehlerhaften Gesellschaft, aber auch mit der von der Rechtsprechung entwickelten Lösung über §242 BGB scheint die Gefahr gebannt, daß sich aus der Rechtsfortbildung zu den Form- und Eintragungserfordernissen von Zustimmungsbeschlüssen für GmbH-rechtliche Unternehmensverträge unerwünschte steuerrechtliche Rechtsfolgen ergeben könnten, die die Rechtsfortbildung insgesamt in Frage stellen. Auf dem Boden der Lehre von der fehlerhaften Gesellschaft ist von der Wirksamkeit des Unternehmensvertrages für die Vergangenheit auszugehen; nach der hier vertretenen Auffassung wird der Unternehmensvertrag erst unwirksam, wenn sich eine Partei in den Formen des §297 AktG hierauf beruft. Damit ist der Unternehmensvertrag für den relevanten Zeitraum im Sinne des §17 KStG zivilrechtlich wirksam, so daß seiner steuerrechtlichen Anerkennung nichts im Wege steht, soweit er insgesamt fünf Jahre praktiziert worden ist. Das gleiche gilt aber auch bei Anwendung des Verbots des venire contra factum proprium. Es ist nicht nur so, daß die Parteien i.S. des §41 Abs. 1 AO das wirtschaftliche Ergebnis des Geschäfts eintreten und bestehen lassen, sondern es ist ihnen von Rechts wegen auch verwehrt, sich auf die Nichtigkeit des Unternehmensvertrages zu berufen. Es ist daher auch auf dem Boden der Treu-und-Glauben-Lösung von einer

„relativen Wirksamkeit" für die Vergangenheit auszugehen. Dieser Fall muß der zivilrechtlichen Wirksamkeit gleichstehen. Nur bei analoger Anwendung des §302 AktG auf den unwirksamen Unternehmensvertrag wäre die steuerrechtliche Anerkennung nicht gesichert. Insgesamt erweist sich damit ein wesentliches Argument gegen die Annahme der Form- und Eintragungsbedürftigkeit des Zustimmungsbeschlusses zu GmbH-rechtlichen Unternehmensverträgen als letztlich nicht stichhaltig, da eine Divergenz zwischen §17 KStG und den gesellschaftsrechtlichen Anforderungen vermieden werden kann.

Zum Haftungsstatus unternehmenstragender BGB-Gesellschaften

– Eine Analyse auf der Grundlage der Rechtsprechung –

von

Professor Dr. Karsten Schmidt, Hamburg

Inhaltsübersicht

I. Vorüberlegung

1. Ökonomie und Berechenbarkeit des Haftungsrechts

Hans-Joachim Fleck, dem der vorliegende Beitrag gewidmet ist, wird mit der hier vertretenen Ansicht die Aufgabe der Gesetzgebung, der richterlichen Rechtsfortbildung und der Rechtswissenschaft in der Sorge dafür erblicken, Routinefälle einfach lösbar zu machen, die Mühewaltung und den Sachverstand der juristischen Praxis auf die irregulären Probleme schwieriger Einzelfälle zu lenken und für die verallgemeinerungsfähigen Grundfragen des Rechts handhabbare Prinzipien zur Verfügung stellen. Er wird nach jahrzehntelanger, für die Rechtswelt maßgebender praktischer Erfahrung auch die Ansicht teilen, daß Gesetzgebung, Rechtsprechung und Wissenschaft dieser Aufgabe auf den einzelnen Gebieten des Gesellschaftsrechts in sehr unterschiedlichem Maße gerecht geworden sind und daß ausgerechnet das Haftungsrecht der Gesellschaft bürgerlichen Rechts – also der scheinbar einfachsten Rechtsform des Gesellschaftsrechts – voller Rätsel und Schwierigkeiten steckt. Das gibt zu denken. Wenn schematisch wiederkehrende und vergleichsweise einfache Grundkonstellationen immer neuen Anlaß für Grundsatzprozesse und Grundsatzentscheidungen geben – dies ist, wie unter II gezeigt werden soll, auf diesem Gebiet der Fall –, dann kann das unterschiedliche Folgerungen zulassen:

- Es kann sein, daß der Gesetzgeber versagt hat.
- Es kann sein, daß sich hinter der äußeren Banalität der zu entscheidenden Fälle komplexe juristische Wertungsprobleme und unausgetragene Zweifelsfragen verbergen.
- Es kann sich schließlich auch so verhalten, daß die Chance, nach geltendem Recht zu einer verallgemeinerungsfähigen Lösung zu gelangen, noch nicht gesehen oder doch nicht genutzt worden ist.

2. *Kritik der gesetzlichen Regelung und Aufgabe der Rechtsfortbildung*

Auf das Haftungsrecht der BGB-Gesellschaft trifft, was hier im Anschluß an frühere Untersuchungen nur festgehalten und nicht neuerlich begründet werden soll, jeder dieser Gesichtspunkte zu: Der *Gesetzgeber des BGB* hat versagt, indem er aus der reinen Sozietätskonstruktion des Ersten Entwurfs[1] im Zweiten Entwurf eine Gesamthand machte[2] und sich hierbei nur auf die Zuordnung des aktiven Gesellschaftsvermögens (§§ 718 ff BGB) konzentrierte, ohne die Haftung des Gesellschaftsvermögens und der Privatvermögensmassen für Verbindlichkeiten zu ordnen; er hat weiter versagt, indem er trotz dieser Unzulänglichkeit die auf das HGB verweisenden Vorschriften des Ersten Entwurfs über die „Erwerbsgesellschaft“[3] noch im Justizausschuß des Bundesrats gestrichen hat[4]. Es ist dieses unausgereifte Aufeinandertreffen eines Außenrechts der Gesamthandsgesellschaften – insbesondere der einstmals sogenannten Erwerbsgesellschaften – mit einem auf das Innenrecht fixierten Gesetzestext, das *unausgetra-*

1 §§ 629 ff BGB-E I.
2 §§ 645 ff BGB-E II; dazu Protokolle, in: MUGDAN, Die gesamten Materialien zum BGB, 1899, Bd. II, S. 988 ff.
3 §§ 659 BGB-E I, 675 BGB-E II; vgl. auch Art. 810 des Dresdner Schuldrechtsentwurfs von 1866 (Nachdruck 1973).
4 vgl. JAKOBS/SCHUBERT, Die Beratung des BGB. Recht der Schuldverhältnisse III, 1983, S. 364.

gene Zweifelsfragen auslöst und für eine gesetzliche Neuordnung des BGB-Gesellschaftsrechts spricht[5]. Derselbe Gesichtspunkt, nämlich das Fehlen einer ausgereiften Legalordnung, läßt noch die alltäglichsten Haftungsfälle zu intrikaten Rechtsproblemen gedeihen und belastet Gerichte wie Parteien Mal für Mal mit unausgetragenen Zweifelsfragen; wie noch zu zeigen sein wird, sehen sich dann die Gerichte um überzeugender Ergebnisse willen häufig zu provisorischen Begründungen gezwungen. Schließlich trifft, wie ebenfalls schon zu anderer Stelle ausgeführt wurde, auch die Feststellung zu, daß die Zeit reif ist für eine *verallgemeinerungsfähige Lösung*[6]: Auf unternehmenstragende Gesellschaften bürgerlichen Rechts sind die haftungsrechtlichen Grundregeln analog anzuwenden, die im 19. Jahrhundert aus einer personengesellschaftsrechtlichen Praxis entwickelt und in das ADHGB – heute also: in das HGB – aufgenommen worden sind. Diese These soll hier nicht neuerlich begründet, wohl aber anhand höchstrichterlich entschiedener Fälle erprobt werden.

3. *Der Tatbestand der unternehmenstragenden BGB-Gesellschaft*

a) Um eine unternehmenstragende Gesellschaft bürgerlichen Rechts handelt es sich, wenn eine unter § 705 BGB fallende Personengesellschaft Trägerin eines Unternehmens ist. Dazu gehören drei Merkmale:

- das *Merkmal des Unternehmens*, dem zu Unrecht nachgesagt wird, es sei für die Rechtsprechung zu vage[7], während es in Wahrheit einfacher und damit klarer ist als das vom Gesetz (§ 1 Abs. 1 HGB) und von der Rechtsanwendungspraxis längst anerkannte Merkmal des Gewerbes[8];
- das *Merkmal einer Gesellschaft bürgerlichen Rechts* gemäß § 705 BGB;
- das *Merkmal der Unternehmensträgerschaft*[9], womit gesagt ist, daß die Gesellschaft Außengesellschaft und Inhaberin des Unternehmensvermögens sowie Subjekt der das Unternehmen betreffenden Rechte und Rechtsgeschäfte sein muß.

b) Unternehmenstragende Gesellschaft in diesem Sinne ist vor allem die minderkaufmännische (§ 4 HGB) oder die nichtkaufmännische (weil nicht unter § 1 HGB fallende und nicht eingetragene) gewerbetreibende Außengesellschaft.

5 Eingehend Karsten Schmidt, Gesellschaft bürgerlichen Rechts, in: Gutachten und Vorschläge zur Überarbeitung des Schuldrechts III, 1983, S. 413 ff; kritisch *Ulmer*, ZGR 1984, 313 ff; Hüffer, AcP 184 (1984), 588 ff.

6 Vgl. de lege ferenda Karsten Schmidt, Gutachten aaO (Fn. 5), S. 496 ff; de lege lata Ders., Gesellschaftsrecht, 1986, S. 1344 ff.

7 Vgl. Zöllner, ZGR 1983, 84; *Ulmer*, ZGR 1984, 323.

8 Vgl. statt neuerlicher Darlegung Karsten Schmidt, Handelsrecht, 3. Aufl., 1987, S. 60 f; Ders., JuS 1985, 255.

9 Vgl. zur Unternehmensträgerschaft Handelsrecht aaO (Fn. 8), S. 81 ff.

Dazu gehören auch, sofern nicht ein Fall des § 1 HGB vorliegt, die nichteingetragene oHG oder KG (vgl. § 123 HGB) sowie die zur BGB-Gesellschaft „abgestiegene", vormals vollkaufmännische oHG oder KG. Schließlich gehört hierher – da nicht der Gewerbebegriff, sondern der Unternehmensbegriff den Ausschlag gibt[10] –, die freiberufliche Sozietät oder Gemeinschaftspraxis[11], nicht dagegen die bloße Bürogemeinschaft oder Praxisgemeinschaft, weil diese zwar Gesellschaft bürgerlichen Rechts, aber nicht Unternehmensträgerin ist.

II. Typische Rechtsanwendungsprobleme der Praxis

1. Die Kasuistik

Die These, daß sich schwierige Haftungsprobleme des BGB-Gesellschaftsrechts im Wege des Rückgriffs auf handelsrechtliche Prinzipien sachgerecht lösen lassen und daß auch die Rechtsprechung bereits ohne Grundsatzbekenntnisse in diese Richtung weist, läßt sich nur vor dem Hintergrund eines Entscheidungskatalogs erhärten, der hier ohne Anspruch auf Vollständigkeit aufgelistet und sodann mit den vom HGB angebotenen Lösungen in Vergleich gebracht werden soll.

a) Der *Erfüllungshaftungsfall* (*BGH* NJW 1983, 749 = WM 1983, 30): Die Ärzte K und B hatten eine Gesellschaft zum gemeinsamen gewinnbringenden Betrieb eines medizinischen Bades gegründet. K hatte der Gesellschaft Kellerräume vermietet und es ging, soweit das Urteil hier interessiert, darum, ob und inwieweit er Zahlung von B verlangen konnte. Der *Bundesgerichtshof* hielt eine solche Haftung für begründet, brachte aber den eigenen Verlustanteil des K in Abzug.

b) Der *Vertragsverletzungsfall* (*BGHZ* 97, 273 = NJW 1986, 2364): Eine Patientin P begab sich wegen eines Krampfaderleidens in das von den Ärzten A und B betriebene „Institut für Röntgen- und Nuclearmedizin". Durch Verschulden des A erlitt sie erhebliche Schäden. Das Oberlandesgericht hielt nur den A für schadensersatzpflichtig; der *Bundesgerichtshof* verurteilte beide.

c) Der *erste Bereicherungsfall* (*BGH* NJW 1983, 1905): B und R hatten gemeinsam ein Filmtheater betrieben. Dazu hatten sie eine Komplementär-GmbH gegründet, die aber wieder gelöscht worden war, sowie eine Kommanditgesellschaft, die aber niemals im Handelsregister eingetragen worden war. Der *VIII. Senat* hatte, soweit die Entscheidung hier interessiert, darüber zu entscheiden, ob B als Gesellschafter auch dann für unbezahlte Filmverleihrech-

10 Über den Begriffsunterschied vgl. Handelsrecht aaO (Fn. 8), S. 60 f, 246 ff.
11 Dazu näher Gutachten aaO (Fn. 5), S. 456 ff.

nungen einzustehen hatte, wenn die Leistungen der Klägerin aufgrund eines unwirksamen Vertrags an die Gesellschaft erbracht worden waren. Das *Oberlandesgericht* hatte dies verneint. Der *VIII. Zivilsenat* des *Bundesgerichtshofs* bejahte die Haftung.

d) Der *zweite Bereicherungsfall* (*BGH* NJW 1985, 1828 = WM 1985, 89): Die vier Beklagten hatten gemeinsam in gemieteten Räumen eine Diskothek betrieben. Aufgrund eines nach §§ 34 GWB, 125 BGB formnichtigen Darlehnsvertrags waren von einer Getränkelieferantin 250 000 DM Kredit in Anspruch genommen worden. Nachdem in der Diskothek die Decke eingestürzt war, hatte die Gesellschaft den Betrieb eingestellt. Der *II. Zivilsenat* hatte zu entscheiden, ob die Beklagten als Gesamtschuldner hafteten. Wiederum wurde dies bejaht.

e) Der *erste Umsatzsteuerfall* (*BFH* BStBl. II 1986, 156 = NJW 1986, 2969): Eine erheblich überschuldete Gesellschaft bürgerlichen Rechts hatte ihren elektrotechnischen Handwerksbetrieb eingestellt und war aufgelöst worden. Das Finanzamt hatte den Kläger als ehemaligen Gesellschafter durch Haftungsbescheid wegen vorhandener Steuerrückstände in Anspruch genommen. Einspruch, Klage und Revision blieben im wesentlichen erfolglos. Die Ermächtigungsgrundlage für die Inanspruchnahme ergab sich aus § 191 AO, wonach derjenige, der kraft Gesetzes für eine Steuer haftet, durch Haftungsbescheid in Anspruch genommen werden kann. Steuersubjekt war nach §§ 2, 13 II UStG die Gesellschaft[12]. Gleichwohl wurde auch eine Haftung der Gesellschafter bejaht.

f) Der *zweite Umsatzsteuerfall* (*BFH* BStBl. II 1986, 158 = BB 1986, 121): Eine Gesellschaft bürgerlichen Rechts hatte Straßen- und Tiefbauarbeiten ausgeführt. Aufgrund einer Betriebsprüfung hatte das Finanzamt die Vorsteuerabzüge dieser Gesellschaft gemäß § 17 Abs. 2 UStG gekürzt und den einzigen solventen Gesellschafter auf Zahlung der sich aus der Vorsteuerkürzung ergebenden Steuerschuld in Höhe von 29 178,29 DM in Anspruch genommen. Wiederum wurde eine unbeschränkte Haftung angenommen.

g) Der *Deliktsfall* (*BGHZ* 45, 311): Begeht ein geschäftsführender Gesellschafter in Ausübung der ihm zustehenden Verrichtungen gegenüber einem Dritten eine unerlaubte Handlung[13], so stellt sich die Frage, ob hierfür die Mitgesellschafter persönlich haften. Der *Bundesgerichtshof* hat dies in seinem

12 Zur Steuerpflicht der BGB-Gesellschaft nach dem UStG vgl. RFHE 5, 47 (48); FG München EFG 1985, 537 (538); Tiedtke, DStR 1986, 415 m. w. N.; Prugger, BB 1986, 102.

13 Der Fall ist hier so abstrakt formuliert, weil sich der Originalfall (Fehler bei Kfz-Reparatur) möglicherweise als Testfall der Anwendung von § 31 BGB auf die Gesellschaft bürgerlichen Rechts nicht eignete.

umstrittenen[14] Urteil verneint, weil der Geschäftsführer nicht Verrichtungsgehilfe seiner Mitgesellschafter sei und weil die Gesellschaft bürgerlichen Rechts für eine Anwendung des §31 BGB „zu wenig körperschaftlich organisiert“ sei. „Aus §31 BGB läßt sich also eine Haftung des Beklagten G für die unerlaubte Handlung seines Mitgesellschafters T nicht begründen.“

2. *Das handelsrechtliche und das bürgerlichrechtliche Repertoire an Rechtsregeln*

Jeder der hier angeführten Fälle weist individuelle Schwierigkeiten auf, die der Verallgemeinerung unzugänglich sind und von Fall zu Fall einen Rechtsstreit wert sein mögen. Was die Fälle verbindet, ist die wiederkehrende Frage nach dem allgemeinen Haftungsstatus, und eben diese Frage – dies ist der Ansatzpunkt der Kritik – wird von Fall zu Fall diskutiert und stets aufs neue in mühevoller Kleinarbeit erarbeitet. Schuld hieran ist *das normative Defizit des BGB*. Um dies zu verdeutlichen, sei einmal *die HGB-Lösung* vergleichend herangezogen, deren ganz einfache Prinzipien lauten:

– Die Gesellschaft ist Rechtsträger (§124 HGB).
– Für ihre Verbindlichkeiten haften die Gesellschaft sowie sämtliche Gesellschafter nebeneinander (§§124, 128 Satz 1 HGB).
– Die persönliche Haftung der Gesellschafter kann nicht durch bloße Vereinbarung im Gesellschaftsvertrag ausgeschlossen werden (§128 Satz 2 HGB).

Wie also, ist im folgenden zu fragen, wären unsere ausgewählten Fälle bei Zugrundelegung des HGB entschieden worden, und wie entschieden die Gerichte?

a) Im *Erfüllungshaftungsfall* (*BGH* NJW 1983, 749 = WM 1983, 30) hätte man mit der ganz herrschenden Ansicht hervorgehoben, daß die Gesellschaft Vertragspartner ist (vgl. §124 HGB), der Gesellschafter aber neben ihr haftet (§128 HGB). Diese Haftung gilt auch für die „Drittgläubigerforderung“ eines Gesellschafters gegenüber der Gesellschaft[15], doch darf dieser Gesellschafter einen Mitgesellschafter nur auf den seinen eigenen Verlustanteil übersteigenden Überschuß seiner Forderung in Anspruch nehmen[16]. Ebenso entschied im Ergebnis der *VIII. Zivilsenat* des *Bundesgerichtshofs*. Er ging über die Frage, ob

14 Vgl. aus der vielfältigen Kritik FLUME, Personengesellschaft, 1977, S. 322; KORNBLUM, Die Haftung der Gesellschaft für Verbindlichkeiten von Personengesellschaften, 1972, S. 42ff; NICKNIG, Die Haftung der Mitglieder einer BGB-Gesellschaft für Gesellschaftsschulden, 1972, S. 34ff; MARTINEK, Repräsentantenhaftung, 1979, S. 116ff; REUTER, Münchener Komm. z. BGB, 2. Aufl., 1984, §31 Rdn. 10; KARSTEN SCHMIDT, Handelsrecht aaO (Fn. 8), S. 111; ULMER, Gesellschaft bürgerlichen Rechts (= Münchener Komm. z. BGB), 2. Aufl., 1986, §705 Rdn. 218; grundlegend FABRICIUS, Gedächtnisschrift Rudolf Schmidt, 1966, S. 171ff.

15 Vgl. nur BAUMBACH/DUDEN/HOPT, Komm. z. HGB, 27. Aufl., 1987, §128 Anm. 7.

16 Vgl. BAUMBACH/DUDEN/HOPT, aaO (Fn. 15), §128 HGB Anm. 7.

nicht nach der herkömmlichen Gesamthandsbetrachtung der Kläger als Vermieter und als Gesellschafter der Mieterin sein eigener Schuldner sei, hinweg und führte aus:

„Der Gläubiger, der zugleich Gesellschafter ist (sogenannter Gesellschafter-Gläubiger), kann aus einem vom Gesellschaftsverhältnis verschiedenen Rechtsverhältnis seine Forderung sowohl der Gesellschaft als auch einzelnen Gesellschaftern gegenüber geltend machen. Die einzelnen Gesellschafter haften ihm nach § 427 BGB als Gesamtschuldner. Diese Auffassung hat bereits das *RG* vertreten (*RGZ* 85, 157; 153, 105, für die OHG). Das Schrifttum ist überwiegend dieser Ansicht gefolgt (*v. Gamm*, in: RGRK, 12. Aufl., § 705 Rdn. 26; *Soergel/Schultze – v. Lasaulx*, BGB, 10. Aufl., § 705 Rdn. 65; *Erman/Schulze-Wenck*, BGB, 7. Aufl., § 705 Rdn. 28; *Ulmer*, in: MünchKomm, § 705 Rdn. 145; *Staudinger/Keßler*, BGB, 12. Aufl., § 705 Rdn. 83; a. A. *Palandt/Thomas*, BGB, 41. Aufl., § 718 Anm. 4 b bb; *Prediger*, BB 1981, 245). Der *BGH* hat für die KG entschieden, daß der Gesellschafter, der Inhaber einer „Drittgläubigerforderung" sei, seinen Anspruch grundsätzlich auch gegen einen persönlich haftenden Gesellschafter geltend machen könne (WM 1970, 280). Für die Gesellschaft des bürgerlichen Rechts gilt nichts anderes.

Der Gesellschafter-Gläubiger, der seine Mitgesellschafter in Anspruch nimmt, muß sich aber seinen eigenen Verlustanteil anrechnen lassen. Auch diese Auffassung hat bereits das *RG* vertreten (*RGZ* 85, 157 [163]; 153, 305 [311]). Das Schrifttum ist inzwischen einhellig derselben Ansicht (vgl. die Nachw. bei *Prediger*, BB 1971, 245, und *Walter*, JuS 1982, 86). Der *BGH* ist ihr nicht entgegengetreten (*BGH*, WM 1970, 280). Sie ist deswegen gerechtfertigt, weil der in Anspruch genommene Gesellschafter unter Umständen wieder Ausgleichung von dem Gesellschafter-Gläubiger verlangen könnte und dieser deshalb dann, wenn er seinen eigenen Verlustanteil nicht berücksichtigt, etwas fordert, was er aufgrund seines Beteiligungsverhältnisses möglicherweise zurückgeben müßte. Die Forderung des Teils, der seinem Verlustanteil entspricht, steht deshalb wegen der Möglichkeit einer Rückforderung die Einrede der Arglist entgegen."

b) Im *Vertragsverletzungsfall* (*BGHZ* 97, 273 = NJW 1986, 2364) hätte die Entscheidung nach dem HGB folgendermaßen gelautet: Vertragspartner ist die Gesellschaft, nicht ein einzelner Arzt und auch nicht die Summe der gemeinschaftlich praktizierenden Ärzte (vgl. § 124 HGB). Nach § 31 bzw. § 278 BGB muß die Gesellschaft für ein Verschulden des jeweils behandelnden Arztes einstehen, und für ihre Schadensersatzverbindlichkeit haften nach § 128 HGB alle beteiligten Ärzte auch persönlich. Ähnlich entscheidet – wie schon in dem aus dem Anwaltsbereich stammenden Urteil *BGHZ* 56, 355 – aufgrund komplizierter Erwägungen der *Bundesgerichtshof*. Wörtlich heißt es in dem Urteil:

„1. ... Ob freilich allein schon der Zusammenschluß von Ärzten in einer Gemeinschaftspraxis stets für die Annahme genügt, daß der die Behandlung übernehmende Arzt nicht nur sich, sondern auch seine ärztlichen Kollegen verpflichten will, mag angesichts der vielfältigen Formen ärztlichen Zusammenwirkens und des breiten Spektrums der möglichen Behandlungsaufgaben zweifelhaft sein. Es bedarf im Streitfall dazu keiner abschließenden Entscheidung...

aa) Allgemein bietet eine Gemeinschaftspraxis, in der sich Ärzte gleicher Fachrichtung zusammengeschlossen haben, entgegen der Ansicht des BerGer. den Patienten eine Reihe von Vorteilen...

bb) Auf der anderen Seite erwartet der Patient, der zum Zwecke einzelner Diagnose- oder Therapiemaßnahmen im Rahmen seiner ärztlichen Behandlung die Gemeinschaftspraxis von Radiologen, ihr „Institut", aufsucht, in aller Regel eine Verpflichtung dieses Institutes zur Erbringung der Leistungen und sieht nicht nur den einzelnen Arzt, der mehr oder weniger zufällig seinen Fall übernimmt, als seinen Vertragspartner an ...

2. Aus dem Umstand, daß nicht nur der Zweitbeklagte, sondern auch der Erstbeklagte Vertragspartner der Frau *K* gewesen ist, folgt noch nicht ohne weiteres, daß – wie im Falle der Anwaltssozietät – auch der an der Behandlung nicht beteiligte Erstbeklagte für schuldhafte Behandlungsfehler des Zweitbeklagten miteinzustehen hat. Das ist nicht schon aus § 714 BGB zu entnehmen, und nach der gesetzlichen Wertung des § 425 II BGB soll es im Zweifelsfall gerade anders sein. Jedoch ergibt sich die Einstandspflicht aller in der Gemeinschaftspraxis zusammengeschlossenen Ärzte in derartigen Fällen aus dem Inhalt des Schuldverhältnisses, wie es oben erörtert worden ist (ebenso *Narr*, Rdn. 906 und Rdn. 1141 S. 695; *Henke*, NJW 1974, 2035 m. w. Nachw.; *Selb*, in: MünchKomm, 2. Aufl., § 421 Rdn. 15; *ders.*, in: Mehrheiten von Gläubigern und Schuldnern, 1984, S. 49 f; *Staudinger/Keßler*, BGB, 12. Aufl., Vorb. § 705 Rdn. 141; *Franzki*, Aktuelle Rechtsprechung zur Haftung des Arztes, 2. Aufl., S. 32 f; zweifelnd *Ulmer*, in: MünchKomm, 1. Aufl., § 714 Rdn. 40; *Weber*, in: RGRK, 12. Aufl., § 425 Rdn. 28; abl. *Soergel/Schmidt*, BGB, 10. Aufl., § 421 Rdn. 17).

Ähnlich wie im Falle der Beauftragung einer Anwaltssozietät (*BGHZ* 56, 355 = NJW 1971, 1801 [unter II 2]) entspricht es jedenfalls der Interessenlage und der Verkehrsauffassung, aus dem Auftreten der Gemeinschaftspraxis der Beklagten nach außen im ärztlichen und wirtschaftlichen Bereich die rechtliche Folgerung zu ziehen, daß bei einer Fehlbehandlung durch einen der Ärzte eine Haftung der Gemeinschaftspraxis, d. h. aller sie betreibenden Ärzte, eintritt. Im Streitfall, in dem es, wie erörtert, um begrenzte und abgrenzbare, weitgehend austauschbare ärztliche Leistungen geht und in dem in der Regel die interne Organisation der Gemeinschaftspraxis darüber entscheidet, wer von den Ärzten die Behandlungsmaßnahme durchführt, erwartet der Patient auch ein Einstehen des „Instituts", das er aufgesucht oder zu dem er überwiesen worden ist, für Fehler, die bei ihm einen Schaden verursacht haben. Die Beklagten, die durch ihr Auftreten nach außen und die Organisation der Praxis ein solches Vertrauen des Patienten erweckt und in Anspruch genommen haben, dürfen dann nicht darauf verweisen, daß trotz gemeinschaftlicher Verpflichtung zur Erfüllung der übernommenen ärztlichen Aufgabe ihre Haftung im Schadensfall auf denjenigen Arzt beschränkt sein soll, der tatsächlich behandelt hat."

c) Einfach zu entscheiden wäre nach dem HGB auch der *erste Bereicherungsfall:* Wenn die Gesellschaft (§ 124 HGB) aus § 812 BGB schuldete, hafteten neben ihr die Gesellschafter (§ 128 HGB). So entschied auch der Bundesgerichtshof, aber lesen wir seine Begründung (*BGH* NJW 1983, 1905):

„Ob und in welchem Umfang die Gesellschafter einer bürgerlichrechtlichen Gesellschaft wegen einer dem Gesellschaftsvermögen zugeflossenen ungerechtfertigten Bereicherung persönlich haften, ist umstritten (vgl. aus dem jüngeren Schrifttum z. B. *Nicknig*, Die Haftung der Mitglieder einer BGB-Gesellschaft für Gesellschaftsschulden, 1972, S. 56 ff; *Thielmann*, ZHR 1936, 397 ff; *ders.*, ZHR 1937, 370 f; *Flume*, in: Festschr. f. Westermann, 1974, S. 141 f, jeweils mit Wiedergabe des Meinungsstandes). Die Auffassung, daß wegen einer „rechtlichen Verselbständigung" des Gesamthandsvermögens der Anspruch nur aus dem Gesellschaftsvermögen zu erfüllen ist, wird ebenso vertreten wie diejenige, daß die Gesellschafter auch persönlich für Bereicherungsschulden – sei es als Teilschuldner gem. § 420 BGB, sei es in gesamtschuldnerischer Haftung nach § 427 BGB – einzustehen haben. Eine umfassende Stellungnahme zu dieser Frage könnte entbehrlich sein, wenn die Gesellschaft inzwischen aufgelöst, das Gesamthandsvermögen verteilt und die eingetretene Bereicherung an die Gesellschafter ausgeschüttet oder in ihrem Interesse verwendet worden ist. Für diesen Fall hat der *II. Zivilsenat* des *BGH* eine gesamtschuldnerische Haftung der Gesellschafter auf den vollen Betrag der im Zusammenhang mit einem Vertragsverhältnis an die Gesellschaft erbrachten Leistung grundsätzlich für geboten gehalten (vgl. *BGHZ* 61, 338 [343 f] = NJW 1974, 451; zust. z. B. *Ulmer,* in: MünchKomm, § 714 Rdn. 40; im Ergebnis ebenso z. B. *Flume,* S. 141 f; *Palandt/Thomas,* § 718 Anm. 4 a; *Reinhardt,* JZ 1974, 768). Dem schließt sich der erkennende *Senat* an. Es ist weitergehend eine gesamtschuldnerische Haftung der Gesellschafter auch dann zu bejahen, wenn ein Vertragsverhältnis zwar fehlt, der Gläubiger die Leistung aber – wie dies hier von der Klägerin vorgetragen wird – in der Erwartung erbringt, es werde eine wirksame Verpflichtung später zustande kommen. Denn auch in Fällen dieser Art tritt der Anspruch aus Leistungskondiktion an die Stelle des mangels Rechtsgrundes nicht gegebenen Vertragsanspruchs, für den die Gesellschafter nach § 427 BGB als Gesamtschuldner haften würden (zu dieser Begründung vgl. *Ulmer,* in: MünchKomm, § 714 Rdn. 40)."

d) Nicht anders verhält es sich im *zweiten Bereicherungsfall* (*BGH* NJW 1985, 1828 = WM 1985, 89). Da hier ungeklärt war, ob eine vollkaufmännische Gesellschaft vorlag, hatte der *II. Zivilsenat* sogar Gelegenheit, die Rechtslage nach dem HGB und dem BGB expressis verbis zu vergleichen:

„Ob die Diskothek einen in kaufmännischer Weise eingerichteten Geschäftsbetrieb erfordert hätte, ist ungeklärt. Falls dies der Fall gewesen wäre, hätte eine OHG bestanden (§ 105 HGB); die Beklagten würden dann für die Bereicherungsschuld der Gesellschaft nach § 128 HGB auf den vollen Betrag haften. War eine kaufmännische Einrichtung nicht erforderlich, würde zwar nur eine Gesellschaft bürgerlichen Rechts vorhanden sein. Das würde aber entgegen der Ansicht der Revision an der vollen persönlichen Haftung der Beklagten nichts ändern.

Der Bundesgerichtshof hat zwar in seinen bisherigen Entscheidungen zur Bereicherungshaftung in der Gesellschaft bürgerlichen Rechts noch nicht umfassend Stellung genommen. Er hat aber für diesen Fall die uneingeschränkte Gesellschafterhaftung daraus hergeleitet, daß der Gläubiger, der seine Leistung in der Erwartung erbracht hat, ihm würden alle Gesellschafter voll einzustehen haben, auf diese Haftung ebenso soll zurückgreifen können, wenn eine vertragliche Verpflichtung zwar nicht begründet worden ist, die Gesellschafter aber die zur Rückzahlung verpflichtende Leistung gemeinschaftlich (oder durch einen von ihnen für alle) entgegengenommen haben (BGHZ 61, 338, 343/344 = WM 1974, 235; Urteil vom 3. Juli 1975 = VRS Bd. 49, 417, 421/422; Urteil vom 16. März 1983 = WM 1983, 674). Ob dieser dem § 427 BGB entnommene Rechtsgedanke – was naheliegt – dazu führt, daß die unbeschränkte Gesellschafterhaftung auch ohne die Besonderheiten der bisher entschiedenen Fälle allgemein anzunehmen ist, wenn der Gläubiger rechtsgrundlos eine Leistung ins Gesellschaftsvermögen erbringt, ist hier nicht weiter zu erörtern (so im Ergebnis *Flume,* Allg. Teil des BGB, I 1 § 16 IV 6; *Ulmer,* Die Ges. bürgerl. Rechts, § 714 BGB Anm. 40). Der vorliegende Fall unterscheidet sich jedenfalls von den bisher entschiedenen Fällen in keinem erheblichen Punkte, so daß das Berufungsgericht die Haftung der Beklagten für den ganzen Betrag zu Recht angenommen hat. Der von der Revision hervorgehobene Umstand, daß die Beklagten nach ihrer Behauptung aus dem Gesellschaftsvermögen niemals irgendwelche Zahlungen erhalten haben, spricht nicht gegen ihre Inanspruchnahme, weil es gerade der Zweck des § 427 BGB ist, den Gläubiger einer Schuldnermehrheit davor zu bewahren, sich um deren innere Verhältnisse kümmern zu müssen (BGHZ 61, 338, 343 = WM 1974, 235). Es kommt auch nicht darauf an, daß die Beklagten zu 1 und 2 später ihre Gesellschaftsanteile dem Beklagten zu 4 übertragen haben; denn die einmal entstandene Gesellschafterhaftung bleibt auch nach dem Ausscheiden aus der Gesellschaft bestehen."

e) Nicht wesentlich anders verhält es sich mit den *Umsatzsteuerfällen*. Ginge es um eine Handelsgesellschaft, so hätte die Begründung gelautet: Die Gesellschaft ist Umsatzsteuerschuldner[17], und die Haftung nach § 128 HGB erfaßt auch dieses gesetzliche Schuldverhältnis[18]. Sehr viel komplizierter lesen sich demgegenüber die Gründe der beiden Umsatzsteuerentscheidungen des *Bundesfinanzhofs*. Im *ersten Umsatzsteuerfall* heißt es (BStBl. II 1986, 156 = NJW 1986, 2969):

„Die zivilrechtliche Haftung des Klägers als Gesellschafter für die Umsatzsteuerschulden der Gesellschaft bürgerlichen Rechts ergibt sich ihrerseits aus §§ 421, 427 BGB. ... Zwar fehlt auch im BGB – wie in der AO 1977 – eine ausdrückliche Vorschrift darüber, ob die Gesellschafter einer Gesellschaft bürgerlichen Rechts für die Zahlung der Steuern, die die Gesellschaft bürgerlichen Rechts schuldet, einzustehen haben. Daraus kann jedoch nicht gefolgert werden, daß sich eine Haftung der Gesellschafter für derartige Steuern nicht aus dem Gesetz ergebe. So hat der *BGH* (*BGHZ* 61, 338 = NJW 1974, 451, und *BGH*, NJW 1983, 1905) wiederholt entschieden, daß die Gesellschafter einer Gesellschaft bürgerlichen Rechts unter bestimmten Voraussetzungen für Bereicherungsansprüche, die durch rechtsgrundlose Leistungen des Gläubigers an die Gesellschaft bürgerlichen Rechts entstanden sind, haften, obwohl der *BGH* eine ausdrückliche Vorschrift darüber im BGB vermißt...

Im Streitfall geht es um ein gesetzliches Schuldverhältnis, dessen Besonderheit nur darin besteht, daß es öffentlich-rechtlicher Art ist. Die zivilrechtlichen Haftungsgrundsätze sind entsprechend anzuwenden. In Anlehnung an die Ausführungen des *BGH* ist daher im Streitfall zu berücksichtigen, daß aus dem Auftreten der in Gesellschaft bürgerlichen Rechts gemeinschaftlich verbundenen Gesellschafter im Rechtsverkehr kraft Steuerrechts eine i. S. des § 427 BGB „teilbare" Schuld der Gesellschaft bürgerlichen Rechts, die Umsatzsteuerschuld, entstanden ist, daß die Gesellschaft bürgerlichen Rechts sich inzwischen aufgelöst hat und Gesellschaftsvermögen nicht mehr zur Verfügung steht. Auch in diesem Fall ist deshalb eine sinngemäße Anwendung des § 427 BGB mit der Folge gerechtfertigt, daß der Kläger als Gesellschafter für die Zahlung der entstandenen Umsatzsteuer einzustehen hat, ...

Auch im Schrifttum zur AO 1977 wird überwiegend die Auffassung vertreten, daß die Gesellschafter einer Gesellschaft bürgerlichen Rechts persönlich für Steuerschulden der Gesellschaft bürgerlichen Rechts haften (vgl. *Tipke/Kruse*, § 69 AO 1977, Tz. 19; *Helsper*, in: Koch, § 191 Rdn. 3; *Kühn/Kutter/Hofmann*, Vorb. §§ 69 mit 77 AO 1977 Anm. II 2 a). Der entgegenstehenden Auffassung (vgl. *Diebold*, DStR 1977, 617) ist nicht zu folgen; sie beruht auf einer Verkennung des Haftungsbegriffs i. S. des § 191 I AO 1977 und der Bedeutung der Regelung in § 427 BGB. Nach dem Haftungsbegriff i. S. des § 191 I AO 1977 kommt es lediglich darauf an, daß die Gesellschafter kraft Gesetzes für die Steuerschuld der Gesellschaft bürgerlichen Rechts einzustehen haben. Daraus folgt, daß es nicht maßgebend sein kann, ob in den Fällen, in denen sich das Einstehenmüssen aus Vorschriften des bürgerlichen Rechts ergibt, die Vorschriften für den Bereich des Zivilrechts zu einer Schuldnerschaft führen würden. ...

Die Haftung des Klägers ändert sich nicht dadurch, daß die Gesellschaft zum 30. 6. 1977 ihre Tätigkeit endgültig eingestellt und damit gem. § 726 BGB geendigt hat (vgl. *Palandt*, BGB, § 726 a. E.). Auch der frühere Gesellschafter kann für die Steuerschulden einer aufgelösten Gesellschaft bürgerlichen Rechts als Haftungsschuldner in Anspruch genommen werden (vgl. *Tipke/Kruse*, Vorb. § 69 Tz. 19, und § 191 AO 1977 Tz. 12)."

17 Vgl. § 13 Abs. 2 i. V. m. § 2 Abs. 1 UStG.
18 Vgl. PRUGGER, BB 1986, 101 m. w. N.

f) Dem entspricht auch die *zweite Umsatzsteuerentscheidung* (BStBl. II 1986, 158 = BB 1486, 121):

„Das Finanzgericht hat zutreffend entschieden, daß das Finanzamt mit der Inanspruchnahme des Klägers als Haftenden in seiner Eigenschaft als Gesellschafter der GdbR für die Umsatzsteuerschulden der GdbR weder die Grenzen des ihm eingeräumten Ermessens überschritten noch von dem Ermessen in einer dem Zweck der Ermächtigung zur Ermessensausübung nicht entsprechenden Weise Gebrauch gemacht hat (vgl. § 102 FGO) ...

Die *eigentliche* Ursache für die Inanspruchnahme des Klägers liegt in seinem Mißgeschick, sich mit einem Gesellschafter zusammengeschlossen zu haben, der für die Schulden der GdbR – auch soweit sie in dessen Sphäre begründet waren – nicht herangezogen werden kann, weil er in Konkurs gefallen ist. Somit ist die Haftbarmachung des Klägers letztlich auf die Vorschriften des bürgerlichen Rechts über die Gesamtschuld der BGB-Gesellschafter (§§ 427 ff BGB) gegenüber Dritten – zu denen auch das Finanzamt gehört – zurückzuführen, nicht aber auf eine nicht sachgerechte Ausübung des Ermessens bei der Inanspruchnahme als Haftungsschuldner gemäß § 113 AO."

g) Im Gegensatz zu den bisher besprochenen Fällen würde der *Deliktsfall* auf der Basis des oHG-Rechts völlig anders gelöst als in der Entscheidung des *Bundesgerichtshofs* (*BGHZ* 45, 311): Hatte – worüber man in casu streiten konnte![19] – der geschäftsführende Gesellschafter die unerlaubte Handlung wirklich in Ausübung seiner Organbefugnisse begangen, so hätte sich hieraus nach den HGB-Regeln eine Gesellschaftsschuld ergeben (§§ 823, 31 BGB, 124 HGB), und für diese hätte der Mitgesellschafter persönlich gehaftet (§ 128 HGB), während der *Bundesgerichtshof* die Klage abwies.

3. Vorläufiger Befund

Es fällt auf, daß nur in einem der angeführten Fälle die vom Gericht gefundene Lösung gravierend von derjenigen des oHG-Rechts abweicht: in dem einzigen Fall, mit dessen Entscheidung der *Bundesgerichtshof* auf nahezu geschlossenen Widerspruch gestoßen ist[20]. Es muß auch verwundern, wenn es in der Begründung heißt: „Die Gesellschaft des bürgerlichen Rechts ist, anders als die Offene Handels- und die Kommanditgesellschaft ..., zu wenig körperschaftlich strukturiert, als daß man die für sie handelnden Gesellschafter als ihre ‚Organe' bezeichnen könnte." Ein Hinweis auf die zur BGB-Gesellschaft „abgestiegene", weil nicht mehr vollkaufmännische, oHG oder KG genügt, um zu zeigen: Die unternehmenstragende Gesellschaft bürgerlichen Rechts ist genauso „körperschaftlich strukturiert" wie eine oHG oder Kommanditgesellschaft.

19 Vgl. Fn. 13.
20 Vgl. oben Fn. 14.

III. Die rechtsdogmatischen Grundlagen

1. Zum Streit um die Rechtssubjektivität „der" Gesellschaft bürgerlichen Rechts und ihres Haftungsrechts

a) Der *Streit, ob die Gesamthand Rechtssubjekt oder nur ein Sondervermögen der Gesellschafter ist,* beherrscht seit eineinhalb Jahrzehnten[21] das Recht der Personengesellschaften und ist hier nicht neuerlich darzustellen[22]. Hinzuweisen ist aber auf ein Charakteristikum dieses Streits: Während die Wissenschaft durchweg[23] auf verallgemeinerungsfähige Modelle hinarbeitet, neigt die Rechtsprechung zu relativistischen ad-hoc-Begründungen und macht es dem, der ihr Grundpositionen entnehmen will, leicht, ihr Widersprüche nachzuweisen. So heißt es bei *BGHZ* 23, 307 (313), die Gesellschaft bürgerlichen Rechts habe „keine eigene Rechtspersönlichkeit" und daher „auch kein Gesellschaftsvermögen im eigentlichen Sinne und ebensowenig ... Gesellschaftsschulden als solche". Anders liest sich schon *BGHZ* 72, 267 (271 f): „Vertragspartnerin ... war die Arge Fassade B. Diese Arge war eine BGB-Gesellschaft." Bei *BGHZ* 59, 179 (184) lesen wir demgegenüber: „Denn eine Gesellschaft des bürgerlichen Rechts ist nicht wechselfähig, weil sie als solche nicht Träger von Rechten und Pflichten sein kann." Diese eine unternehmenstragende Gesellschaft betreffende und überaus fragwürdige Entscheidung[24] mußte in *BGHZ* 61, 59 teilweise durch eine Rechtsscheinkonstruktion konterkariert werden[25], die jedenfalls in der Begründung nicht zu überzeugen vermag. Wörtlich heißt es bei *BGHZ* 61, 59 (69):

„5. Hieraus ergibt sich, daß die Beklagten aufgrund der vorliegenden Wechselerklärungen aus veranlaßtem Rechtsschein, aber nur wie Kommanditisten haften. Denn sie haben hierauf ihre Haftung im Gesellschaftsvertrag beschränkt, diese Beschränkung durch die Bezeichnung „Kommanditgesellschaft" auch nach außen erkennbar gemacht und nicht darüber hinaus den Anschein erweckt, persönlich unbeschränkt zu haften.

6. Anders als in den früher entschiedenen Fällen (vgl. BGHZ 59, 179, 185), in denen eine Rechtsscheinshaftung der Gesellschafter aus tatsächlichen Gründen zu verneinen war, haftet hier der Beklagte zu 1 nicht unbeschränkt als „vollmachtloser" Vertreter ...

Bei einer als Kommanditgesellschaft aufgetretenen Gesellschaft des bürgerlichen Rechts besteht allerdings die Besonderheit, daß der Wechselgläubiger rechtlich nicht im vollen

21 Ausgangspunkt war der Aufsatz von Flume, ZHR 136 (1972), 177 ff; weniger spektakulär und folgenreich fast gleichzeitig Reinhardt, Gesellschaftsrecht, 1973, Rdn. 32, 37 ff.

22 Eingehend Gesellschaftsrecht aaO (Fn. 6), S. 151 ff.

23 Eine Ausnahme bildet der relativistische Ansatz von Jürgen Blomeyer, JR 1971, 403 ff.

24 Dazu abl. Karsten Schmidt, JuS 1973, 83 ff; heute umfassend Zöllner, Wertpapierrecht, 14. Aufl., 1987, S. 63 f m. w. N.

25 Dazu vor allem Hueck/Canaris, Recht der Wertpapiere, 12. Aufl., 1986, S. 56; Canaris, NJW 1974, 455 f; dem BGH zustimmend Teichmann/Schick, JuS 1975, 20 f; erläuternd Fleck, LM Nr. 19 zu § 128 HGB.

Umfang so gestellt ist, wie er bei ordnungsgemäßer Zeichnung für eine wechselfähige Handelsgesellschaft gestanden hätte, wenn man es mit der überwiegenden Meinung ablehnt, die „Mitunternehmer-BGB-Gesellschaft" (K. *Schmidt,* JuS 1973, 83, 85 ff), die den Anschein einer Handelsgesellschaft erweckt, auch in förmlicher Hinsicht, insbesondere prozeßrechtlich, dem Anschein gemäß zu behandeln (für eine solche Gleichbehandlung *Canaris,* Die Vertrauenshaftung im deutschen Privatrecht, 1971 S. 170). Während der Gläubiger gegen eine wirklich bestehende Handelsgesellschaft nach § 124 HGB einen Titel erwirken und daraus die Vollstreckung in das Gesellschaftsvermögen betreiben, daneben aber auch gegen die Gesellschafter persönlich gemäß § 128 HGB vorgehen kann, kann er bei bloßer Rechtsscheinshaftung, wie sie hier in Frage steht, den auf dem Wechsel benannten Schuldner, die angebliche Handelsgesellschaft, überhaupt nicht in Anspruch nehmen. Ihm bleibt nur eine Klage gegen die Gesellschafter persönlich, die er, wenn unmittelbar in das Gesellschaftsvermögen vollstreckt werden soll, gegen alle Gesellschafter richten muß (§ 736 ZPO). Diese Unterschiede fallen aber bei dem wirtschaftlich weitgehend gleichen Ergebnis nicht so ins Gewicht, daß der Gläubiger in Gestalt einer Doppelhaftung sowohl der Gesellschafter als auch des Vertreters entschädigt werden müßte."

b) Auch der Umgang mit den Problemen der Gesellschafterhaftung ist durch den Gegensatz von Grundsatzkonzeption und tastenden Lösungen bestimmt. Während sich der *Bundesgerichtshof* generalisierender Stellungnahmen nach Kräften enthält[26], ist bei der Wissenschaft wiederum das Suchen nach einer durchgängigen Doktrin zu erkennen[27]. Auffallend ist hier wie da die immer wieder erkennbare Zuflucht zu den nur für den Bereich der Rechtsgeschäfte passenden Vorschriften der §§ 427, 714 BGB[28]. Für den Bereich der Rechtsgeschäfte unterscheidet man[29]

- die „individualistische" Auffassung, nach der die Gesellschafter selbst die vertretenen Rechtssubjekte sind,
- die „kollektivistische" Auffassung, nach der im Namen der Gesellschaft gehandelt wird und die persönliche Haftung nur aus dem objektiven Recht begründet werden kann, und
- die „Lehre von der Doppelverpflichtung", wonach ein namens der Gesellschaft eingegangenes Rechtsgeschäft der Gesellschaft und den Gesellschaftern zugerechnet wird.

26 Vgl. besonders für gesetzliche Schuldverhältnisse BGHZ 61, 59 (62); BGH DB 1987, 1246 = WM 1987, 689 (690) = ZIP 1987, 909 (911).

27 Überblick bei ADERHOLD, Das Schuldmodell der BGB-Gesellschaft, 1981, S. 146 ff.

28 Vgl. nur BGHZ 61, 338 (343); BGH NJW 1985, 1828 f = WM 1985, 89 (90); BGH BStBl. II 1986, 156 (157) = NJW 1986, 2969 (2970); BStBl. II 1986, 158 (160) = BB 1986, 121 (122); BT-Drucks. VI/1982, S. 159; PRUGGER, BB 1986, 102; HUNDT-ESSWEIN, NJW 1987, 1805.

29 Überblick bei WIEDEMANN, Gesellschaftsrecht, Bd. I, 1980, S. 278 ff; KARSTEN SCHMIDT, Gesellschaftsrecht aaO (Fn. 6), S. 1350 f; SOERGEL/HADDING, Komm. z. BGB, 11. Aufl., 1985, § 714 Rdn. 2 ff; ULMER, aaO (Fn. 14), § 714 BGB Rdn. 20 ff; WIESNER, JuS 1981, 331 ff.

Die dritte Auffassung kann als vorherrschend bezeichnet werden[30]. Ihr Siegeszug beruht darauf, daß sie den Trend zur Verselbständigung der Gesamthand mit dem Gebot einer persönlichen Haftung versöhnt, ohne das Fehlen einer positivrechtlichen Haftungsnorm einräumen zu müssen. Rechtsdogmatisch muß sie schon für den Bereich der Vertragsverbindlichkeiten als ein Provisorium bezeichnet werden[31]. Vollends bedenklich ist die Übertragung dieser aus dem Vertretungsgeschäft hergeleiteten Konstruktion auf gesetzliche Schuldverhältnisse. Nachdem der *Bundesgerichtshof* in *BGHZ* 61, 338 (343) für den immer noch naheliegenden Fall einer Kondiktion rechtsgrundlos erbrachter Vertragsleistungen Zuflucht zu einer „entsprechenden Anwendung des § 427 BGB" genommen hatte, hat diese Vorschrift ebenso wie die „Doppelverpflichtungstheorie" in der Diskussion um die Umsatzsteuerfälle bereits den Rang einer allgemeinen gesetzlichen Haftungsregel erhalten[32]. Der *Bundesfinanzhof*[33] stützt hier die persönliche Haftung – wie schon der *Reichsfinanzhof*[34] – auf § 427 BGB, der weder auf gesetzliche Schuldverhältnisse paßt[35] noch als Auslegungsregel überhaupt geeignet sein kann, eine zwingende akzessorische Haftung für Gesellschaftsverbindlichkeiten zu begründen. Kritiker der BFH-Rechtsprechung haben dies mit Recht immer wieder betont[36]. Damit allein ist zwar diese Rechtsprechung nicht widerlegt, aber sie macht es sich einfach zu leicht, wenn sie ihrer Begründungslast ausweicht. Die finanzgerichtliche Rechtsprechung hätte dies sogar noch klarer herausstellen müssen als die Rechtsprechung der ordentlichen Gerichte, denn im Umsatzsteuerrecht ist seit langem anerkannt, daß die Gesellschaft – und nicht die Summe der Gesellschafter – Steuersubjekt und Schuldner ist[37], so daß es keine Privathaftung geben kann, solange nicht eine zwingende gesetzliche akzessorische Haftung der Gesellschafter für Gesell-

30 Vgl. BGHZ 74, 240 (241 f); BGH NJW 1981, 2113 f; NJW 1983, 749; Kübler, Gesellschaftsrecht, 2. Aufl., 1985, S. 57; Götz Hueck, Gesellschaftsrecht, 18. Aufl., 1983, S. 57; eingehend Ulmer, FS R. Fischer, 1979, S. 790 ff; Soergel/Hadding, aaO (Fn. 29), § 714 BGB Rdn. 9 ff, 29 mit reichen Nachweisen.

31 Näher Karsten Schmidt, Gutachten aaO (Fn. 5), S. 477; Ders., Gesellschaftsrecht aaO (Fn. 6), S. 1352.

32 Vgl. in dieser Richtung zur Rspr. des BGH Reinhardt/Schultz, Gesellschaftsrecht, 2. Aufl., 1981, Rdn. 85; H. P. Westermann, ZGR 1977, 552 ff; abl. freilich Thielmann, ZHR 136 (1972), 402 f; zur Rspr. des BFH Hundt-Esswein, NJW 1987, 1805; Tiedtke, DStR 1986, 418; Ders., BB 1987, 1746; konsequente Begrenzung auf Sonderrechtsverhältnisse aber bei Ulmer, aaO (Fn. 14), § 714 BGB Rdn. 45.

33 BFH BStBl. II 1986, 156 (157) = NJW 1986, 2969 (2970); BStBl. II 1986, 158 (160) = BB 1986, 121 (122).

34 RFHE 5, 47 (49); RStBl. 1932, 1039 (1040); RStBl. 1939, 325.

35 Bei RFHE 5, 47 (49) ist das Problem immerhin erkannt; noch deutlicher FG München EFG 1985, 537 (538).

36 Vgl. nur App, BB 1986, 643 f; Preisser, NJW 1986, 3188; Tiedtke, DStR 1986, 417 f; Ders., BB 1987, 1746.

37 Vgl. Fn. 12.

schaftsschulden begründet ist. Die eine persönliche Haftung der Gesellschafter neben der Gesellschaft bejahende finanzgerichtliche Rechtsprechung wird so geradezu zum Modellfall der hier für die unternehmenstragende Gesellschaft bürgerlichen Rechts vertretenen Zuordnung von Schuld und Haftung: Schuldner ist die unternehmenstragende Gesellschaft selbst, und neben ihr haften kraft Gesetzes die Gesellschafter persönlich; es ist dies eben jenes Haftungsmodell, das sich für die oHG aus den §§ 124, 128 HGB ergibt. Insgesamt konkretisiert sich das Bild der Rechtsprechung hier bereits in dem Sinne, daß im dogmatischen Ansatz vollständig anders, in den Ergebnissen dagegen mindestens tendenziell in dem hier vertretenen Sinne judiziert wird und daß sich die Rechtsprechung hierzu umständlicher, nicht selten auch provisorisch wirkender Begründungserwägungen bedient. Der Unterschied im Grundsätzlichen ist um so größer, je mehr man sich scheut, die Rechtssubjektivität der Gesellschaft als Unternehmensträgerin anzuerkennen (dazu sogleich unter III 2). Insofern darf wohl gesagt werden, daß der *Bundesfinanzhof* dem entscheidenden Problem – nämlich dem der Begründung einer gesetzlichen Gesellschafterhaftung – bereits weitaus näher ist als der *Bundesgerichtshof*. Um so mehr hätte man vom *Bundesfinanzhof* auch eine juristisch überzeugende Lösung und *Begründung* erwarten können. Daran fehlt es bisher.

2. *Zur Sonderbehandlung der unternehmenstragenden BGB-Gesellschaft*

a) Die *hier vertretene Auffassung* formuliert allgemeine Grundsätze nur, soweit die Fragen der Rechtszuordnung und der Haftung spruchreif sind; insoweit sind diese Grundsätze aber auch durchgehend verwendbar. Im wesentlichen geht es um folgende Thesen:

aa) Es gibt nicht „die" Gesellschaft bürgerlichen Rechts, und deshalb gibt es auch nicht „die" Haftung „der" Gesellschafter einer Gesellschaft bürgerlichen Rechts[38].

bb) Es gibt auch nicht „die" Gesamthand[39], und ebensowenig gibt es eine Haftung „der" Gesamthänder.

cc) Die Sonderstellung der unternehmenstragenden Gesellschaft bürgerlichen Rechts[40] resultiert aus folgenden Überlegungen:

- Die Gesellschaft ist Unternehmensträgerin, und jeder Unternehmensträger ist rechtsfähig, handlungsfähig, parteifähig und konkursfähig[41].
- Die Gesellschaft ist Unternehmensträgerin, und für unternehmenstragende Gesellschaften gilt der Grundsatz der unbeschränkten Haftung[42].

38 Vgl. Gesellschaftsrecht aaO (Fn. 6), S. 1343.
39 Vgl. Gesellschaftsrecht aaO (Fn. 6), S. 155 f.
40 Vgl. oben Fn. 6.
41 Handelsrecht aaO (Fn. 8), S. 99 ff.
42 Gesellschaftsrecht aaO (Fn. 6), S. 397 f.

b) Inwieweit diese Grundsätze auf „die" Gesamthands-BGB-Gesellschaft anwendbar, d.h. auf nicht unternehmensübertragende Gesellschaften übertragbar sind, braucht hier nicht entschieden zu werden und ist auch nach dem bisher vorliegenden Erfahrungsmaterial kaum zu entscheiden. Solange die Gesellschaft bürgerlichen Rechts zu jedem erlaubten gemeinsamen Zweck ohne jede Publizität ein Gesamthandsvermögen bilden kann, bestehen Bedenken dagegen, „die" Gesamthand für rechts- und parteifähig zu erklären. Bei einer Unternehmensträgerin ist dagegen eine solche rechtssubjektive Verselbständigung nicht zu entbehren. Die folgenden Ausführungen gelten der Frage, inwieweit sich das hier vertretene, den §§ 124, 128 ff HGB angenäherte Modell mit den Erträgen der Rechtsprechung vereinbaren läßt.

IV. Die Erprobung des Haftungsmodells am Maßstab der Rechtsprechung

1. Zur Rechtssubjektivität der unternehmenstragenden BGB-Gesellschaft (§ 124 HGB)

a) Es wurde bereits hervorgehoben, daß in der Rechtsprechung bisher kein Bekenntnis zu dem hier verfochtenen Haftungsmodell nachweisbar ist und daß es nach dem bisherigen Gang der Rechtsprechung auch nicht erwartet werden konnte. Nach *BGHZ* 59, 179 (184) kann eine unter § 2 HGB fallende, aber nicht eingetragene Gesellschaft „als solche nicht Träger von Rechten und Pflichten sein". Nach *BGHZ* 23, 307 (313) ist eine Gesellschaft bürgerlichen Rechts „im Gegensatz zur offenen Handelsgesellschaft weder partei- noch konkursfähig". Im Gegensatz zu einer im Vordringen befindlichen Auffassung[43] und mit der tradierten Prozeßrechtsdoktrin[44] sieht also der *Bundesgerichtshof* die Gesellschaft bürgerlichen Rechts nicht als parteifähig an. Im Aktivprozeß der Gesamthands-BGB-Gesellschaft müssen also die Gesellschafter als notwendige Streitgenossen[45] auf Leistung in das Gesellschaftsvermögen klagen[46], und auch als Passivpartei kommen nur die Gesellschafter in Frage, und zwar, soweit es um die

43 Vgl. Schünemann, Grundprobleme der Gesamthandsgesellschaft, 1975, S. 212 ff; Aderhold, aaO (Fn. 27), S. 165 ff; Soergel/Hadding, aaO (Fn. 29), § 714 BGB Rdn. 51 ff; Hüffer, FS Stimpel, 1985, S. 165 ff; Kornblum, ZZP 91 (1978), 346 f; Lindacher, JuS 1982, 592 f.

44 Vgl. zur traditionellen Auffassung statt vieler Rosenberg/Schwab, Zivilprozeßrecht, 14. Aufl., 1987, S. 235; Staudinger/Kessler, Komm. z. BGB, 12. Aufl., 1980, § 714 Rdn. 19; Ulmer, aaO (Fn. 14), § 718 BGB Rdn. 42 f.

45 Vgl. BGHZ 30, 195 (197); Stein/Jonas/Leipold, Komm. z. ZPO, 20. Aufl., 1977, § 62 Rdn. 8, 18.

46 Vgl. Gesellschaftsrecht aaO (Fn. 6), S. 1360.

Gesamthandsschuld geht, wiederum als notwendige, nicht bloß als einfache[47] Streitgenossen[48]. Nach der hier vertretenen Auffassung kann dem für die „schlicht zivilistische" Gesellschaft gefolgt werden, nicht jedoch für die unternehmenstragende Gesellschaft[49]. Diese muß, wie jeder Unternehmensträger, parteifähig sein[50]. Der *Bundesgerichtshof* hat dem im Ergebnis, jedoch nicht im Grundsatz, Rechnung getragen, indem er in NJW 1980, 784 eine als Schein-KG auftretende Gesellschaft bürgerlichen Rechts im nachhinein als kraft Rechtsscheins parteifähig angesehen hat. In casu war damit ein schwieriges Rechtsproblem überzeugend bewältigt (unter IV3 wird auf den Fall zurückzukommen sein), aber die Grundsatzfrage ist eben doch, ob diese Rechtsscheinlösung nicht bloß eine „Schein"-Lösung in des Wortes doppelter Bedeutung war[51]; denn während eines laufenden Prozesses – worum es im BGH-Fall nicht ging – muß sich die Frage stellen, ob die klagende oder verklagte Gesellschaft zur Nicht-Partei wird, wenn sie vor Abschluß der mündlichen Verhandlung in der Tatsacheninstanz als Nicht-Handelsgesellschaft dekuvriert wird. Dann erweist sich die Überlegenheit eines Rechtsfortbildungsmodells, das – im Ergebnis voll übereinstimmend mit der BGH-Lösung – die unternehmenstragende Gesellschaft bürgerlichen Rechts zur tauglichen Prozeßpartei erklärt.

b) Hätte sich der *Bundesgerichtshof* zu einer Rechts- und Parteifähigkeit der unternehmenstragenden BGB-Gesellschaft bekannt, so hätte er manche Schwäche in der Begründung – im Deliktsfall *BGHZ* 45, 311 sogar eine Verzerrung des gesamten Problems! – vermeiden können. Das Gericht hätte dann bestimmt nicht gefragt, ob sich „aus §31 BGB ... eine Haftung des Beklagten G für die unerlaubte Handlung seines Mitgesellschafters T ... begründen" läßt, sondern diese Frage wäre im Hinblick auf die *Haftung der Gesellschaft* – und damit richtig! – gestellt worden[52]. Bei den Bereicherungsfällen hätte man eine Vermischung der Be- und Entreicherungsüberlegungen im Hinblick auf das Vermögen der Gesellschaft und der Gesellschafter vermieden und hätte aussprechen können: Jedenfalls die Gesellschaft haftet nach §812 BGB nur, wenn und solange *sie* bereichert ist. Ist sie dies, so muß erörtert und begründet werden, ob neben ihr auch die Gesellschafter persönlich für ihre Bereicherungsschuld einzustehen haben. Ist sie nicht mehr bereichert, weil Mittel an die Gesellschafter ausgeschüttet worden sind, so muß die Frage gestellt werden, ob dies die Gesellschaft nach

47 So aber die hergebrachte Auffassung; vgl. STEIN/JONAS/LEIPOLD, aaO (Fn. 45), §62 ZPO Rdn. 19.

48 Vgl. KARSTEN SCHMIDT, Gesellschaftsrecht aaO (Fn. 6), S. 1362; v. GAMM, RGRK z. BGB, 12. Aufl., 1978, §714 Rdn. 10; ULMER, aaO (Fn. 14), §718 BGB Rdn. 47.

49 KARSTEN SCHMIDT, Gesellschaftsrecht aaO (Fn. 6), S. 1361 f; DERS., JZ 1985, 913.

50 Vgl. Fn. 41.

51 Vgl. zur Kritik KARSTEN SCHMIDT, Handelsrecht aaO (Fn. 8), S. 105; DERS., JZ 1985, 913; ähnlich LINDACHER, ZZP 96 (1983), 486 ff.

52 Zu dieser Notwendigkeit vgl. Gesellschaftsrecht aaO (Fn. 6), S. 218 ff, 1341 f, 1357.

§ 818 Abs. 3 BGB entlastet und ob sich ggf. daraus Ansprüche gegen die Gesellschafter selbst ergeben können[53].

c) Nicht ohne weiteres analog anwendbar ist § 124 Abs. 2 HGB, wonach für eine *Vollstreckung in das Gesellschaftsvermögen* ein gegen die Gesellschaft gerichteter Schuldtitel erforderlich ist; ein solcher Titel – z. B. in Gestalt einer vollstreckbaren Urkunde – ist sicherlich ausreichend (insoweit entgegen § 736 ZPO), doch genügt auch ein gemäß § 736 ZPO gegen alle Gesellschafter erstrittener Titel[54]. Jede andere Auffassung wäre nach dem gegenwärtigen Stand der Rechtsfortbildung unhaltbar, denn solange nicht gesichert ist, daß die Gerichte eine Verurteilung der Gesellschaft überhaupt für möglich halten, kann eine solche Verurteilung nicht zur Vollstreckungsvoraussetzung gemacht werden.

2. *Zur akzessorischen Gesellschafterhaftung (§ 128 Satz 1 HGB)*

Während die sogenannte Akzessorietätstheorie generell für eine oHG-ähnliche Haftung der Mitglieder einer BGB-Außengesellschaft eintritt[55], wird dies hier nur für die unternehmenstragende Gesellschaft angenommen[56]. Wiederum fehlt es in der BGH-Rechtsprechung bislang an einem in diese Richtung weisenden Grundsatzbekenntnis. In dem die Bereicherungshaftung der Gesellschafter betreffenden Urteil *BGHZ* 61, 338, 343 findet sich sogar der lapidare Satz: „Eine dem § 128 HGB ähnliche Vorschrift, nach der bei der offenen Handelsgesellschaft die Gesellschafter für alle Arten von Gesellschaftsschulden voll haften, fehlt." Auch in der steuerrechtlichen Diskussion beschwören Verteidiger wie Gegner der BFH-Rechtsprechung die Nichtanwendbarkeit des § 128 HGB[57]. Gerade die Haftung aus gesetzlichen Schuldverhältnissen hat sich aber als Testfall erwiesen, denn hier kann die Verweisung auf die §§ 714, 427 BGB nicht überzeugen. Nicht in der Begründung, wohl aber in der Sache weist die finanzgerichtliche Rechtsprechung den richtigen Weg: Primärschuldner ist die Gesellschaft[58], und die daneben tretende unbeschränkte Gesellschafterhaftung ist

53 Dazu Gesellschaftsrecht aaO (Fn. 6), S. 1356.

54 Vgl. Gesellschaftsrecht aaO (Fn. 6), S. 1367.

55 So insbesondere Flume, aaO (Fn. 14), S. 325 ff; Aderhold, aaO (Fn. 27), S. 146 ff; Kornblum, aaO (Fn. 14), S. 29 ff, 40, 46.

56 Gesellschaftsrecht aaO (Fn. 6), S. 1343 ff.

57 Vgl. als Befürworter der Rechtsprechung Hundt-Esswein, NJW 1987, 1805; als Gegner der Rechtsprechung Preisser, NJW 1986, 3189; relativierend Tiedtke, BB 1987, 1746 f.

58 Auch hinsichtlich der Bereicherung kommt es also auf die Gesellschaft an (zum Problem ihrer Entreicherung durch Ausschüttung an die Gesellschaft vgl. Karsten Schmidt, Gesellschaftsrecht aaO [Fn. 6], S. 1356); im Deliktsrecht resultiert die Primärschuld der Gesellschaft aus der Zurechnungsnorm des § 31 BGB.

ihrerseits eine gesetzliche Haftung, die freilich im BGB nicht zum Ausdruck gelangt ist, sondern durch analoge Anwendung des § 128 HGB zu entwickeln ist. Dieses Schuldmodell gilt dann aber auch für Vertragsschuldverhältnisse: Diese werden im Namen des Unternehmensträgers, also der Gesellschaft, begründet[59]. Die danebenstehende Gesellschafterhaftung ist eine gesetzliche.

3. *§ 129 HGB*

a) Nach *§ 129 Abs. 4 HGB* findet aus einem gegen die Gesellschaft gerichteten vollstreckbaren Schuldtitel keine *Zwangsvollstreckung* in das Vermögen eines Gesellschafters statt. Geht man mit der hier vertretenen Auffassung davon aus, daß es einen gegen die unternehmenstragende Gesellschaft gerichteten Schuldtitel überhaupt geben kann, so kann dieser Grundsatz auch im Recht der Gesellschaft bürgerlichen Rechts Anwendung finden. Einer geräuschvollen Diskussion um die analoge Anwendung von HGB-Regeln auf die Gesellschaft bürgerlichen Rechts bedarf es hierfür allerdings nicht, denn die Bestimmung ist aus vollstreckungsrechtlichen Gründen in doppeltem Sinne überflüssig. Sie ist dies zum einen, weil sich ihr Inhalt von selbst daraus ergibt, daß Gesellschaft (§ 124 HGB) und Gesellschafter verschiedene Vollstreckungssubjekte sind[60]; zum anderen ist die Vorschrift deshalb überflüssig, weil die auf § 771 ZPO gestützte Klage eines voll haftenden Gesellschafters gegen eine Inbeschlagnahme seines Eigentums im Ergebnis doch aussichtslos wäre[61].

b) Sehr viel bedeutsamer ist demgegenüber die auf § 129 Abs. 1 HGB gestützte *Rechtskrafterstreckung*[62]. Nach dieser Bestimmung kann der wegen der persönlichen Haftung in Anspruch genommene Gesellschafter Einwendungen, die nicht in seiner Person begründet sind, nur insoweit geltend machen, als sie von der Gesellschaft geltend gemacht werden können. Solange noch von der Parteiunfähigkeit der Gesellschaft ausgegangen wird, besteht wenig Anlaß, über die Ausdehnung dieser Rechtskrafterstreckung auf BGB-Gesellschaften nachzudenken. Ändern wird sich dies, sobald Prozesse der unternehmenstragenden BGB-Gesellschaften anerkannt werden. Ansätze hierzu zeigen sich in dem schon angesprochenen Urteil *BGH* NJW 1980, 784. In diesem Fall war eine „J & Co. KG, Patentverwertung" rechtskräftig zur Zahlung von 53 000 DM verurteilt

59 Karsten Schmidt, Handelsrecht aaO (Fn. 8), S. 114 f.; Ders., JuS 1987, 427 f.

60 Vgl. über den Parteibegriff im Zwangsvollstreckungsrecht Blomeyer, Zivilprozeßrecht II (Vollstreckungsverfahren), 1975, S. 22 f.

61 Vgl. zur Abweisung der Interventionsklage eines mithaftenden Dritten BGHZ 80, 296; dazu Arens/Lüke, JuS 1984, 263.

62 Zur Erstreckung der subjektiven Grenzen der Rechtskraft nach § 129 Abs. 1 HGB vgl. Blomeyer, Zivilprozeßrecht I (Erkenntnisverfahren), 2. Aufl., 1985, S. 521; Rosenberg/Schwab, aaO (Fn. 44), S. 998.

worden. Erst im Vollstreckungsverfahren hatte sich herausgestellt, daß eine Gesellschaft bürgerlichen Rechts vorlag, worauf neuerliche Klage, nunmehr gegen die Gesellschafter persönlich, erhoben wurde. Diese leugneten die bereits rechtskräftig zuerkannte Gesellschaftsschuld. Der *Bundesgerichtshof* erklärte diesen Einwand für unzulässig. Die Gesellschafter hafteten so, „als seien sie Gesellschafter einer KG geworden. Denn sie sind ... ausschließlich unter der Firma der ‚J-KG' aufgetreten und haben damit in zurechenbarer Weise den Rechtsschein einer handelsrechtlichen Personengesellschaft gesetzt ... Sie können sich deshalb, nachdem ein ungünstiges Sachurteil gegen sie ergangen ist, nachträglich nicht darauf berufen, sie seien lediglich Gesellschafter einer Gesellschaft bürgerlichen Rechts und das gegen die ‚J-KG' ergangene Urteil gehe sie nichts an. Sie müssen dieses Urteil vielmehr so gegen sich gelten lassen, als ob es sich bei der ‚J-KG' um eine KG handelte und sie Gesellschafter dieser Gesellschaft seien ... Insbesondere ist § 129 Abs. 1 HGB anzuwenden." Es fällt nicht schwer, diesem Ergebnis zuzustimmen. Eine Rechtskrafterstreckung kraft scheinbarer Parteifähigkeit der früheren Schein-KG auf deren Gesellschaft „als ob sie Gesellschafter dieser Gesellschaft seien", ist allerdings eine absonderliche Konstruktion. Nach der hier vertretenen Ansicht muß nicht auf das gesehen werden, was die Gesellschaft zu sein *scheint*, sondern auf das, was sie *ist:* eine unternehmenstragende, wenn auch nicht kaufmännische, Personengesellschaft.

4. *§ 130 HGB*

Auch die Vorschrift des § 130 HGB ist auf unternehmenstragende BGB-Gesellschaften anzuwenden. Sinn dieser Bestimmung, nach der ein in die Gesellschaft neu eintretender Gesellschafter auch für die vor seinem Eintritt begründeten Verbindlichkeiten haftet, ist es, alle Unternehmensverbindlichkeiten, die alten wie die neuen, im Hinblick auf die zwingende persönliche Haftung einander gleichzustellen[63]. Die Anwendung dieser Bestimmung scheint allerdings auf den ersten Blick mit der Praxis des *II. Zivilsenats* unvereinbar. Nach *BGHZ* 74, 240 scheidet nämlich eine Anwendung dieser Vorschrift „auf die bürgerlichrechtliche Gesellschaft" aus. Der Leitsatz dieses Urteils lautet: „Wer in eine Gesellschaft bürgerlichen Rechts eintritt, haftet für deren vorher begründete Verbindlichkeiten nur kraft besonderer Vereinbarung mit dem Gläubiger." Der Standpunkt des *Bundesgerichtshofs* ist umstritten[64]. Bei Nähe besehen erweist

63 Vgl. GERLACH, Die Haftungsordnung der §§ 25, 28, 130 HGB, 1976, S. 62 f.

64 Zust. SOERGEL/HADDING, aaO (Fn. 29), § 714 BGB Rdn. 46; ULMER, aaO (Fn. 14), § 714 BGB Rdn. 56; DERS., JZ 1980, 354 f; WIESNER, JZ 1981, 331; kritisch FLUME, aaO (Fn. 14), S. 344 f; WIEDEMANN, JZ 1980, 196 f; zur Abgrenzung vgl. jetzt BGH NJW-RR 1987, 1233.

sich, daß der Fehler der ganzen Diskussion in der Fragestellung begründet liegt[65]. Die Frage, ob § 130 HGB bei „der" Gesellschaft bürgerlichen Rechts anwendbar ist, kann deshalb nicht richtig sein, weil die Vorschrift nur die Haftung nach § 128 HGB auf die vor dem Beitritt eines Gesellschafters begründeten Verbindlichkeiten ausdehnt. Im BGH-Fall ging es darum, ob ein nachträglich in eine Bauherrengemeinschaft eingetretener Bauherr für die im Namen der bisherigen Bauherren eingegangenen Vertragsschuldverhältnisse haftete oder ob es hierfür seines Eintritts in diese Verträge bedurfte. Da die Mitglieder einer Bauherrengemeinschaft nicht nach § 128 HGB für Gesellschaftsverbindlichkeiten haften, sondern nach § 427 BGB selbst Vertragspartner sind, war diese Frage in dem auch vom *Bundesgerichtshof* vertretenen Sinn zu beantworten. Wo immer jedoch eine Haftung analog § 128 HGB in Betracht kommt, ist auch die Anwendung von § 130 HGB zu befürworten. Man braucht sich nur vorzustellen, daß eine unter § 2 HGB fallende Personengesellschaft einen Gesellschafter vor, den anderen nach der Eintragung aufnimmt, um zu dem Ergebnis zu gelangen, daß nicht die Haftung des einen von einer Vertragsübernahme abhängen darf, während die Haftung des anderen automatisch eintritt.

5. *Das Problem der Haftungsbeschränkung (§ 128 Satz 2 HGB)*

a) Ist einmal erkannt, daß die Unternehmensführung in der Gesellschaft bürgerlichen Rechts zu einer grundsätzlich unbeschränkten Gesellschafterhaftung führt, dann erweist sich nicht mehr die Begründung, sondern die Beschränkung dieser Haftung als das entscheidende und wahrhaft schwierige Problem. Diese Problemverlagerung ist sachgerecht. Wenn die „Wirksamkeit"[66] einer oHG oder KG nach § 123 HGB – abgesehen von Fällen des § 1 HGB – erst mit dem Zeitpunkt der Eintragung im Handelsregister eintritt, dann kann sich nach dem Konzept des geltenden Rechts hiermit nicht eine Verschärfung der persönlichen Haftung verbinden, denn nicht Haftungsbegründung, sondern Haftungsbeschränkung bedarf der Publizität gegenüber potentiellen Gläubigern. Es erweist sich damit, daß der Gesetzgeber den nichtkaufmännischen oder minderkaufmännischen Unternehmern einen Bärendienst erwiesen hat, indem er – entgegen den Entwürfen des BGB[67] – den „Erwerbsgesellschaften" den Weg in die Registerpublizität versperrt hat. Im kleingewerblichen – nicht im freiberuflichen Bereich[68] – sind deshalb berechtigte Überlegungen darüber im Gange, ob

65 Vgl. Gesellschaftsrecht aaO (Fn. 6), S. 1348.
66 Zu dieser unsachgemäßen Terminologie des § 123 HGB vgl. Gesellschaftsrecht aaO (Fn. 6), S. 237f, 1009.
67 Vgl. Fn. 3.
68 Dazu Gutachten aaO (Fn. 5), S. 504f m. w. N.

durch Vollmachtsbeschränkungen die persönliche Haftung begrenzt werden kann[69]. Die Gerichtspraxis kommt dem weit entgegen[70]. Besonders deutlich wird dies im Fall *OLG Hamm* NJW 1985, 1846, wo es um eine – allerdings wohl nicht unternehmenstragende – „BGB-Gesellschaft mit Haftungsbeschränkung" ging, in deren Gesellschaftsvertrag es hieß: „Die Haftung ist auf das Gesellschaftsvermögen beschränkt." In den Gründen des *Oberlandesgerichts* ist zu lesen: „Der Geschäftspartner kann nicht auf unbeschränkte Vertretungsmacht des Geschäftsführers vertrauen, denn aus §714 BGB ergibt sich, daß die Vertretungsmacht beschränkbar ist ... Es ist für den Geschäftspartner ... daher grundsätzlich zumutbar, sich nach den Haftungsverhältnissen zu erkundigen." Das schwierige Kriterium der Erkennbarkeit einer Haftungsbeschränkung stand auch im Mittelpunkt des Urteils *BGH* NJW 1985, 619, in dem es wiederum um eine gesellschaftsvertragliche Vollmachtsbeschränkung, jedoch auch wiederum nicht um eine unternehmenstragende Gesellschaft, sondern um eine Bauherrengemeinschaft ging. Zur Außenwirkung der Vollmachtsbeschränkung heißt es im Urteil des *VII. Senats:*

„a) Bereits das *RG* (vgl. *RGZ* 155, 75 [87]) hat ausgesprochen, daß Mitglieder einer BGB-Gesellschaft ihre Haftung entsprechend der eines Kommanditisten in der Weise begrenzen können, daß die Vertretungsmacht der geschäftsführenden Gesellschafter in einer Dritten erkennbaren Weise beschränkt wird. Auch der *BGH* hält eine solche Haftungsbeschränkung von Gesellschaftern durch eine nach außen erkennbare Begrenzung der Vertretungsmacht der geschäftsführenden Gesellschafter für zulässig (vgl. *BGHZ* 61, 59 [67] = NJW 1973, 1691 m. Nachw.; *BGH,* NJW 1971, 1698; 1979, 2304 [2306]; offengelassen in *Senat,* WM 1984, 970). Insbesondere in *BGH,* NJW 1979, 2304 (2306) wird ausgeführt, daß Mitglieder einer Personenvereinigung durch rechtsgeschäftliches Handeln ihrer Vertreter dann nicht persönlich verpflichtet werden, wenn eine Begrenzung der Vertretungsmacht im Namen, in der Rechtsformbezeichnung oder in anderer Weise deutlich zum Ausdruck kommt (ähnlich *BGHZ* 61, 59 [67] = NJW 1973, 1691).

Im Schrifttum wird ebenfalls die Wirksamkeit einer Haftungsbeschränkung von Gesellschaftern auf den Anteil am Gesellschaftsvermögen oder auf einen bestimmten Betrag dann bejaht, wenn die Vertretungsmacht des Geschäftsführers für Dritte erkennbar beschränkt wird (vgl. *Erman/Schulze-Wenck,* BGB, 7. Aufl., §714 Rdn. 4; *v. Gamm,* in: RGRK, 12. Aufl., §714 Rdn. 7; *Jauernig/Stürner,* BGB, 3. Aufl., §§714, 715 Anm. 2b; *Kornblum,* Die Haftung der Gesellschafter für Verbindlichkeiten von Personengesellschaften, 1972, S. 50ff; *Nicknig,* Die Haftung der Mitglieder einer BGB-Gesellschaft für Gesellschaftsschulden, 1972, S. 22 m. w. Nachw.; *Palandt/Thomas,* BGB, 43. Aufl., §714 Anm. 3c; K. *Schmidt,* Betr. 1973, 655ff; *Staudinger/Keßler,* BGB, 12. Aufl., §714 Rdn. 13; *Wester-*

69 Dem dienten *meine* in DB 1973, 653ff, 703ff angestellten Überlegungen über die „Kommanditgesellschaft bürgerlichen Rechts"; dazu abl. FLUME, aaO (Fn. 14), S. 336.

70 RGZ 155, 75 (87); BGHZ 61, 59 (67); 69, 59 (100f); BGH NJW 1971, 1698; NJW 1979, 2304 (2306); NJW 1985, 619; OLG Hamm NJW 1985, 1846; KORNBLUM, aaO (Fn. 14), S. 47ff; NICKNIG, aaO (Fn. 14), S. 18ff; ULMER, aaO (Fn. 14), §714 BGB Rdn. 32ff; SOERGEL/HADDING, aaO (Fn. 29), §714 BGB Rdn. 31ff m. w. N.; abl. FLUME, aaO (Fn. 14), S. 328ff, 332ff; kritisch auch WIEDEMANN, aaO (Fn. 29), S. 532f.

mann, in: Hdb. d. Personengesellschaften I, Rdn. 379; vgl. auch *Ulmer*, in: MünchKomm, § 714 Rdn. 29). Zum Teil wird dabei gefordert, daß die eingeschränkte Vertretungsmacht und somit die Haftungsbeschränkung lediglich bei *Prüfung* durch den Dritten erkennbar sein muß (vgl. *v. Gamm*, in: RGRK, § 714 Rdn. 7; *Jauernig/Stürner*, §§ 714, 715 Rdn. 2 b; *Kornblum*, S. 51; *Palandt/Thomas*, § 714 Anm. 3 c; *Staudinger/Keßler*, § 714 Rdn. 13; vgl. auch *Loritz*, WM 1980, 294).

b) Der *Senat* schließt sich der herrschenden Meinung an. Gesellschafter können ihre Haftung für Gesellschaftsverbindlichkeiten wirksam beschränken, wenn die beschränkte Vertretungsmacht des Vertreters für den Vertragspartner zumindest nach einer Prüfung erkennbar ist. Danach haben die Beklagten ihre Haftung gegenüber den Klägern dem Gegenstand nach wirksam auf ihren Anteil am Vermögen der Bauherrengesellschaft begrenzt. Denn für die Kläger war aufgrund der vorliegenden Umstände, insbesondere aus dem Inhalt der von ihnen abgeschlossenen Verträge eine Beschränkung der Vertretungsmacht der *R*-GmbH & Co. KG und somit die Haftungsbegrenzung erkennbar."

b) Selbstverständlich können die Gesellschafter einer unternehmenstragenden Gesellschaft die Haftung durch *Vereinbarung mit dem individuellen Gläubiger* beschränken[71]. Bei einer Gesellschaft, die als Kommanditgesellschaft auftritt, hat ihnen der Bundesgerichtshof dies in großzügiger Weise konzediert[72]. Dagegen ist ein Gesellschafterschutz durch Vollmachtsbeschränkung bisher nicht an Fällen der unternehmenstragenden BGB-Gesellschaft erprobt worden[73]. Nach dem eine solche Gesellschaft betreffenden Urteil *BGH* DB 1987, 1246 = WM 1987, 689 = ZIP 1987, 909 „schließen die Gesellschafter einer Gesellschaft bürgerlichen Rechts ihre persönliche Haftung nicht schon dadurch aus, daß sie die Geschäftsführer hierzu nicht bevollmächtigen; hinzukommen muß bei einer Gesellschaft, die – wie in diesem Falle – durch die Aufnahme von Millionenkrediten am Wirtschaftsleben teilnimmt, daß der Vertragspartner entweder darauf hingewiesen wird oder ihm zumindest erkennbar ist, daß die Vertretungsmacht der Geschäftsführer auf die Gesamthand beschränkt ist. Solange dieser Hinweis nicht erfolgt oder die Beschränkung nicht erkennbar ist, kann der Geschäftspartner ohne weiteres davon ausgehen, daß ihm außer der Gesamthand auch die Gesellschafter persönlich haften." Nach dem hier vertretenen Ansatz liegen die Probleme sogar noch tiefer. Wendet man § 125 HGB und § 128 HGB entsprechend an, so erscheint die ganze Konstruktion als fragwürdig. Sie paßt erstens nur auf Vertragsschuldverhältnisse; sie paßt zweitens selbst bei diesen nicht, weil die persönliche Gesellschafterhaftung selbst bei Vertragsschuldverhältnissen nicht auf der Vertretung der Gesellschafter durch den geschäftsführenden Gesellschafter beruht, denn vertreten wird die Gesellschaft (§§ 164 BGB, 125

71 Vgl. Flume, aaO (Fn. 14), S. 327 ff; Soergel/Hadding, aaO (Fn. 29), § 714 BGB Rdn. 31.

72 Vgl. nur BGHZ 69, 95 (100); zust. namentlich Ulmer, aaO (Fn. 14), § 714 BGB Rdn. 35; Soergel/Hadding, aaO (Fn. 29), § 714 BGB Rdn. 34; abl. Flume, aaO (Fn. 14), S. 332 f.

73 Vgl. Gesellschaftsrecht aaO (Fn. 6), S. 1347.

HGB), und die Gesellschafterhaftung greift automatisch ein; sie paßt drittens nicht, weil die Vertretungsmacht entgegen § 714 BGB nicht beliebig beschränkbar ist (vgl. § 125 HGB). Die Haftungsbeschränkung bei unternehmenstragenden Nicht-Handelsgesellschaften ist ein Problem, dessen Lösung den Gerichten eine erhebliche Begründungslast auferlegt, solange nicht der Gesetzgeber einschreitet. Es geht darum, ob die Gesellschafter die unverschuldeten Nachteile der ihnen versagten Registerpublizität selbst tragen müssen oder ob sie durch selbstgewählte Publizität eine beschränkte Haftung herbeiführen können.

V. Fazit

1. Zum methodischen Stellenwert der vorstehenden Untersuchung

Wer Rechtsfortbildung nicht bloß als ein Politikum unserer Tage, sondern als ein aus dem Ungenügen jeder Legalordnung resultierendes Phänomen begreift, sollte weit mehr, als dies heute noch üblich ist, auf die methodischen Erfahrungen der gemeinrechtlichen Praxis zurückgreifen. Vor einem Jahrhundert hat *Rudolf von Jhering* die „Kunst, sich in geschickter Weise mit dem Vorhandenen zu behelfen“ als juristische Ökonomie bezeichnet[74]. Er hat aber auch bemerkt, daß das „Bestreben, die neuen Gedanken oder sagen wir besser: die neuen Zwecke und Bedürfnisse ... möglichst mit den gegebenen Mitteln zu bestreiten, ... in manchen Fällen zu einer höchst gewaltsamen Spannung, um nicht zu sagen: Verrenkung des vorhandenen Rechts“ führt[75]. Die Ökonomie des Provisorischen und die für die juristische Ökonomie der Zukunft nicht minder bedeutsame Durchsetzungskraft neuer Grundsätze stehen in *Jhering*s Rechtsbild in einem dialektischen Verhältnis zueinander[76]: „Unsere heutige Wissenschaft genügt dem Gesetz der Sparsamkeit schon, indem sie nicht verschwendet, d. h. nichts Ueberflüssiges postulirt, Nichts, was sie auf andere Weise, auf dem Wege der Combination und Deduction gewinnen kann, sie hat aber nicht nöthig, sich etwas Nothwendiges zu versagen ... Denn die ausgereifte Wissenschaft soll und darf sich dem Neuen in seiner wahren, ureigenen Gestalt bemächtigen, und dazu muß sie die Kraft besitzen.“ Eben diesen Übergang von der bisher in der Rechtsprechung geübten „Kunst, sich mit dem Vorhandenen zu behelfen“, zur Erkenntnis eines durchgehenden neuen Prinzips – nicht mehr, aber auch nicht weniger – wagt die hier vertretene Lehre.

74 Jhering, Geist des römischen Rechts auf den verschiedenen Stufen seiner Entwicklung, 4. Aufl., Teil III/1 1888, S. 243.
75 Jhering, aaO (Fn. 74), S. 244.
76 Jhering, aaO (Fn. 74), S. 243.

2. *Ergebnis*

Die unternehmenstragende Gesellschaft bürgerlichen Rechts kann Träger von Rechten und Pflichten, Partei eines Rechtsstreits und Gemeinschuldnerin sein. Sie ist Partei der unternehmensbezogenen Rechtsgeschäfte, Schuldnerin von Umsatzsteuerverbindlichkeiten und Bereicherungsschuldnerin. Sie haftet für Delikte ihrer geschäftsführenden Gesellschafter. Die Gesellschafterhaftung für Verbindlichkeiten der unternehmenstragenden BGB-Gesellschaft ist eine gesetzliche. Die in §§ 128–130 HGB zum Ausdruck gebrachten Haftungsgrundsätze gelten entsprechend. Deshalb liegen die von Fall zu Fall zu entscheidenden Einzelprobleme nicht, wie es bisher schien, bei der Begründung, sondern bei der Beschränkung dieser persönlichen Haftung. Eine Durchsicht der Rechtsprechung führt trotz des völlig unterschiedlichen dogmatischen Ansatzes zu einer Erprobung und Erhärtung dieses Standpunkts.

Das außerordentliche fristlose Kündigungsrecht des Mitglieds einer Genossenschaft

von

Professor Dr. Uwe H. Schneider, Darmstadt / Mainz

Inhaltsübersicht

I. Die Ausgangslage

Das Genossenschaftsgesetz ermöglicht dem Mitglied einer Genossenschaft die ordentliche Kündigung, mit der Folge seines Ausscheidens nach Ablauf der Kündigungsfrist, § 65 Abs. 1 GenG. Nach § 65 Abs. 2 Satz 1 und 2 GenG findet die Aufkündigung nur zum Schluß eines Geschäftsjahres statt. Sie muß mindestens drei Monate vorher erfolgen.

In der Satzung kann jedoch die Kündigungsfrist bis auf 5 Jahre verlängert werden, § 65 Abs. 2 Satz 3 GenG. Das bedeutet, daß ein Mitglied, das einen Tag nach Schluß des Geschäftsjahres kündigt, erst nach 6 Jahren weniger ein Tag ausscheidet – und bei ordentlicher Kündigung ausscheiden kann.

II. *Das Problem*

Neben der ordentlichen Kündigung regelt das Genossenschaftsgesetz die außerordentliche Kündigung. § 65 Abs. 2 Satz 4 GenG knüpft das außerordentliche Kündigungsrecht aber an eine Reihe von besonderen Voraussetzungen, und es ermöglicht kein sofortiges Ausscheiden. Das in dieser Weise beschränkte Kündigungsrecht ist nach § 65 Abs. 2 Satz 5 GenG sogar ganz ausgeschlossen, „wenn die Genossenschaft ausschließlich oder überwiegend aus eingetragenen Genossenschaften besteht". Im Blick hierauf hat *Fleck*[1] erwogen, ohne das Problem aber vertieft zu erörtern, ob nicht Extremfälle denkbar sind, in denen über die Spezialvorschriften der §§ 65, 67 a GenG hinaus in Anwendung eines übergeordneten allgemeinen Rechtsgrundsatzes eine frühere Lösung der Mitgliedschaft aus wichtigem Grund zwingend zuzulassen ist. Dieser Frage soll hier zu Ehren eines Richters nachgegangen werden, der, einem unorthodoxen Humanismus verpflichtet, in seiner Person persönliche Integrität, natürliches Rechtsgefühl und praktische Vernunft verbindet und der dies während seiner aktiven richterlichen Tätigkeit auch vielfältig dokumentiert hat. Bedeutung hätte ein außerordentliches Kündigungsrecht nicht nur für die Zentralgenossenschaft, sondern auch für die Primärgenossenschaft, nämlich insbesondere dann, wenn das Mitglied in der Satzung mit besonderen körperschaftlichen Pflichten, also etwa Lieferpflichten oder Abnahmepflichten, belegt ist. Die Erfüllung dieser Pflichten kann für ein Mitglied existenzvernichtend sein. Die gesetzliche Regelung erlaubt ihm aber selbst bei Vorliegen wichtiger Gründe kein sofortiges Ausscheiden. Zu denken ist aber auch an die Fälle, in denen das Mitglied befürchten muß, aufgrund der Nachschußpflicht in Anspruch genommen zu werden, weil die Mehrheit der Genossen und der Aufsichtsrat eine verfehlte Geschäftspolitik decken, § 105, § 119 GenG.

III. *Der Meinungsstand*

Das außerordentliche Kündigungsrecht des Mitglieds einer Genossenschaft ist in der Rechtsprechung und in der Lehre nur vergleichsweise wenig behandelt worden. Höchstrichterliche Rechtsprechung aus jüngerer Zeit fehlt; in der Lehre hat, soweit ersichtlich, nur *Schiemann*[2] dem außerordentlichen Kündigungsrecht eine besondere Untersuchung gewidmet. Entsprechend sind die folgenden Aussagen über den Stand der Meinungen in Rechtsprechung und Lehre zu werten.

Nach herrschender Ansicht in der erst- und zweitinstanzlichen Rechtsprechung und in der Lehre enthält § 65 Abs. 2 Satz 4 GenG eine erschöpfende

1 Fleck, DRiZ 1980, 475, 479.
2 Schiemann, ZfgG 26 (1976), 13 ff.

Sonderregelung[3]. Dabei ist aber bislang durch die Rechtsprechung nicht geklärt, ob bei jeder Primärgenossenschaft, wenn wichtige Gründe vorliegen, mit einer Frist von 3 Monaten zum Schluß eines Geschäftsjahres gekündigt werden kann[4], oder, worauf der Wortlaut des § 65 Abs. 2 Satz 4 GenG hindeutet, nur bei solchen Primärgenossenschaften, bei denen im Statut eine längere als eine zweijährige Kündigungsfrist festgesetzt worden ist.

Vor diesem Hintergrund hat daher *Fleck* nach Inkrafttreten der Novelle 1973 in einer Besprechung eines Kommentars zum Genossenschaftsgesetz bemängelt, daß das fristlose außerordentliche Kündigungsrecht nicht normiert wurde. Zu überlegen sei, „ob nicht Extremfälle denkbar sind, in denen über die Spezialvorschriften der §§ 65, 67a GenG hinaus in Anwendung eines übergeordneten allgemeinen Rechtsgrundsatzes – auch als Gegenstück zur Ausschließung – eine frühere Lösung der Mitgliedschaft aus wichtigem Grund zwingend zuzulassen ist“[5].

Hier deutet sich an, daß *Fleck* wohl von der Zulässigkeit eines weitergehenden ungeschriebenen außerordentlichen fristlosen Kündigungsrechts auch bei der Genossenschaft ausgeht.

IV. Das außerordentliche fristgebundene Kündigungsrecht

Aus § 65 Abs. 2 Satz 4 GenG ergeben sich für das außerordentliche Kündigungsrecht drei Tatbestandsvoraussetzungen:

- Es muß im Statut eine längere als eine zweijährige Kündigungsfrist bestimmt worden sein.
- Der Genosse muß wenigstens ein volles Geschäftsjahr der Genossenschaft angehört haben.
- Dem Genossen darf nach seinen persönlichen oder wirtschaftlichen Verhältnissen nicht zugemutet werden können, daß er bis zum Ablauf der im Statut festgesetzten Kündigungsfrist in der Genossenschaft verbleibt.

3 OLG Frankfurt DB 1977, 2181; OLG Düsseldorf MDR 1978, 319 = ZfgG 29 (1979), 351 mit Anm. P. Hofmann; Müller, Komm. z. GenG, Bd. II, 1980, § 65 Rdn. 16; Meyer / Meulenbergh / Beuthien, Komm. z. GenG, 12. Aufl., 1983, § 65 Rdn. 11; Schaffland, in: Lang / Weidmüller, Komm. z. GenG, 31. Aufl., 1984, § 65 Rdn. 19–22; Brazel, Das Kündigungsrecht des Genossen einer eingetragenen Genossenschaft, Diss. jur., Mainz 1982, S. 60; zum alten Genossenschaftsrecht: RGZ 151, 139, 153.

4 Schiemann, ZfgG 26 (1976), 13, 21; vgl. auch Hornung, Rpfleger 1974, 9; vgl. auch schon Schröder, in: Bundesjustizministerium (Hrsg.), Zur Reform des Genossenschaftsrechts, Referate und Materialien, 2. Bd., Bonn 1958, S. 179, 204.

5 Fleck, DRiZ 1980, 475, 476.

Das Mitglied kann dann mit einer Frist von drei Monaten zum Schluß eines Geschäftsjahres, zu dem es nach dem Statut noch nicht kündigen kann, kündigen. Nach dem Wortlaut des § 65 Abs. 2 Satz 4 GenG liegt in der Vorschrift die Ausformung, aber zugleich auch gesetzliche Beschränkung eines allgemeinen Rechtsprinzips. Die Formulierung „eine längere als eine zweijährige Kündigungsfrist" könnte man aber auch als ein Redaktionsversehen begreifen und als unbeachtliche Einschränkung verstehen[6]. Die Folge wäre, daß bei Vorliegen eines wichtigen Grundes, wie ihn § 65 Abs. 2 Satz 4 GenG umschreibt, auch dann entsprechend gekündigt werden kann, wenn die Kündigungsfrist *nicht* über 2 Jahre hinaus statutarisch verlängert wurde. Würde man dieser Ansicht folgen, so würde dies gleichwohl nicht bedeuten, daß ein Mitglied bei Vorliegen entsprechender Gründe spätestens binnen Jahresfrist ausscheiden könnte. Denn das Mitglied muß wenigstens ein volles Geschäftsjahr der Genossenschaft angehört haben; dadurch kann sich, selbst wenn man der zuletzt genannten Ansicht folgt, die Frist bis zum endgültigen Ausscheiden auf annähernd 2 Jahre verlängern.

Gegen die Ansicht von *Schiemann* spricht jedoch nicht nur der Wortlaut des § 65 Abs. 2 Satz 4 GenG, sondern auch die Entstehungsgeschichte der Vorschrift. Nach dem Wortlaut der Vorschrift soll das außerordentliche Kündigungsrecht nur für den besonderen Fall verlängerter Kündigungsfrist und nur nach Ablauf der Mindestdauer der Mitgliedschaft bestehen und entsprechend die Fristberechnung erfolgen. Bestand die Mitgliedschaft bereits ein volles Geschäftsjahr, so ist daher bei einer außerordentlichen Kündigung zunächst von einer zweijährigen Mindestfrist auszugehen. Erst wenn diese abgelaufen ist, erfolgt das Ausscheiden zum Schluß des laufenden Geschäftsjahres. Kündigt ein Mitglied daher im Januar, endet das Geschäftsjahr aber erst am 31. Dezember, so muß es bis zum Ausscheiden annähernd 3 Jahre warten.

Diese Auslegung steht auch im Einklang mit der Entstehungsgeschichte des § 65 Abs. 2 Satz 4 GenG. Nach § 65 Abs. 2 Satz 3 GenG, in der Fassung vor der Novelle 1973, durfte eine längere als eine zweijährige Kündigungsfrist nicht statutarisch festgesetzt werden. Ziel der Vorschrift war es, „übermäßige Beschränkungen des Kündigungsrechts" zum Nachteil des Mitglieds zu verhindern[7]. Zugleich war aber herrschende Ansicht, daß § 65 Abs. 2 Satz 3 GenG a. F. eine abschließende Regelung enthielt[8].

6 So: Schiemann, ZfgG 26 (1976), 11, 18; dagegen aber: Schaffland, aaO (Fn. 3), § 65 GenG Rdn. 19.

7 So: Paulick, Das Recht der eingetragenen Genossenschaft, 1956, S. 146.

8 Dafür: LG Bielefeld GWW 1965, 215; Paulick, aaO (Fn. 7), S. 158; Meyer / Meulenbergh, Komm. z. GenG, 11. Aufl., 1970, § 65 Anm. 1; H. Westermann, FS Paulick, 1973, S. 17; a. A.: Staufer, Die Beschränkung der statutarischen Autonomie durch das Genossenschaftsgesetz, 1971, S. 119 f.

Das Recht der Kündigung der Mitgliedschaft bei Genossenschaften wurde anläßlich der Novelle 1973 geändert. Dabei wurde u.a. zugelassen, daß die Kündigungsfrist auf 5 Jahre ausgedehnt werden kann. Der Zweck der Gesetzesänderung bestand daher in erster Linie in der Ausweitung der Gestaltungsfreiheit. Es ging darum, auch längere Kündigungsfristen zuzulassen. Dazu führt die Begründung zu §65 GenG aus, hierdurch werde dem Umstand Rechnung getragen, „daß Genossenschaften bei der finanziellen Förderung ihrer Ziele durch die öffentliche Hand langjährige Verpflichtungen zu übernehmen haben und dabei nicht der Gefahr einer größeren Zahl von Kündigungen der Mitgliedschaft mit kurzer Frist ausgesetzt sein sollen. Aus diesem Grund verbleibt es dabei, daß die Regelungen des Marktstrukturgesetzes als sondergesetzliche Vorschriften denen des Genossenschaftsgesetzes auch weiterhin vorgehen"[9]. Zurückzuführen ist die Gesetzesänderung auf verschiedene Interventionen von Genossenschaften und Zentralgenossenschaften, die einen kurzfristigen Mitgliederwechsel scheuten.

Vor diesem Hintergrund wurde – nach herrschender Ansicht erstmals – ein außerordentliches Kündigungsrecht für das Mitglied in §65 Abs. 2 Satz 4 GenG aufgenommen. Die Freiheit des einzelnen Genossen, sich zur Aufgabe der Mitgliedschaft in der Genossenschaft zu entschließen, würde nämlich sonst nicht nur eingeschränkt, sondern bei einer entsprechenden Verlängerung der Kündigungsfristen nahezu aufgehoben. Sodann heißt es weiter, das in §65 Abs. 2 Satz 4 GenG vorgesehene außerordentliche Kündigungsrecht entspräche der allgemein anerkannten Befugnis zur Kündigung von Dauerschuldverhältnissen aus wichtigem Grund und stelle „die für den hier geregelten Bereich abschließende gesetzliche Regelung dar."

V. Das außerordentliche fristlose Kündigungsrecht

1. Regelungslücke?

Weder aus dem Gesetzestext noch aus der Begründung folgt jedoch eindeutig, ob neben dem außerordentlichen fristgebundenen Kündigungsrecht ein außerordentliches fristloses Kündigungsrecht als weitergehendes außergesetzliches Kündigungsrecht bestehen – oder ausgeschlossen sein soll.

Für die Ansicht, daß §65 Abs. 2 Satz 4 GenG eine abschließende Regelung darstellt, werden drei Argumente angeführt. Die Beschränkung auch des außerordentlichen Kündigungsrechts sei erforderlich

- zum Schutz der Genossenschaft,
- zum Schutz der anderen Mitglieder und
- zum Schutz der Gläubiger.

9 BT-Drucks. 7/79, S. 26.

2. Das Argument: „Schutz der Genossenschaft und seiner Mitglieder“

Zunächst wird vorgetragen, ein weitergehendes Kündigungsrecht aus wichtigem Grund sei deshalb ausgeschlossen, weil hierdurch die Genossenschaft und die anderen Mitglieder „vor allzu kurzfristigem Mitgliederschwund“ geschützt werden müßten[10]. Im einzelnen wird dies in der Rechtsprechung und in der Lehre nicht begründet. Dahinter stehen wohl mehrere Überlegungen: Zum einen verlangt eine langfristig angelegte Unternehmenspolitik und die Übernahme langfristiger Verpflichtungen durch die Genossenschaft auch einen langfristig gesicherten Mitgliederbestand. Zum anderen dienen Genossenschaften der Förderung des Erwerbes und der Wirtschaft ihrer Mitglieder mittels gemeinschaftlichen Geschäftsbetriebs. Die Mitglieder richten ihre Tätigkeit darauf ein, daß die Genossenschaft Teilfunktionen für sie übernimmt, wie etwa den Verkauf ihrer landwirtschaftlichen oder gewerblichen Erzeugnisse (§ 1 Abs. 1 Nr. 3 GenG), oder den Einkauf von Lebens- oder Wirtschaftsbedürfnissen (§ 1 Abs. 1 Nr. 5 GenG), oder die Beschaffung von Gegenständen des landwirtschaftlichen oder gewerblichen Betriebs (§ 1 Abs. 1 Nr. 6 GenG). Dadurch entstehen persönliche und wirtschaftliche Abhängigkeiten der Mitglieder vom Bestand der Genossenschaft. Verlassen aber ein oder mehrere Mitglieder kurzfristig die Genossenschaft, so wirkt sich dies mittelbar auch auf die verbleibenden Mitgenossen aus.

Das sind jedoch keine Besonderheiten, die sich nur bei der Genossenschaft ergeben. Entsprechende Lagen und Probleme zeigen sich auch bei anderen Rechtsformen. Gleichwohl ist auch etwa bei körperschaftlich strukturierten Personengesellschaften das außerordentliche fristlose Kündigungsrecht, ohne daß der Klageweg beschritten werden müßte, wie dies § 133 HGB verlangt, anerkannt. Die Interessen der anderen Mitglieder stehen dem nicht entgegen[11]. Für die *Gesellschaft mit beschränkter Haftung* ist die Kündigung aus wichtigem Grund durch einen Gesellschafter mit der Folge seines Ausscheidens zwar gesetzlich nicht geregelt. Das fristlose *außerordentliche Austrittsrecht* ist jedoch gleichfalls in der Rechtsprechung und in der Lehre anerkannt[12].

10 Meyer / Meulenbergh / Beuthien, aaO (Fn. 3), § 65 GenG Rdn. 11; siehe auch schon Parisius / Crüger / Crecelius, Komm. z. GenG, 1926, § 65 Anm. 4.

11 BGHZ 66, 79; 69, 160, 167; BGH WM 1978, 85, 87; BGHZ 71, 53, 61; 73, 294; BGH WM 1980, 868, 869; siehe aber auch OLG Stuttgart JZ 1982, 766 mit Anm. Uwe H. Schneider.

12 RGZ 128, 16; BGHZ 9, 157, 162 ff; Scholz / Karsten Schmidt, Komm. z. GmbHG, 6. Aufl., 1978/83, § 61 Rdn. 3; Hachenburg / Ulmer, Komm. z. GmbHG, 7. Aufl., 1979, Anh. § 34 Rdn. 49; Immenga, Die personalistische Kapitalgesellschaft, 1970, S. 304 f; Goerdeler, FS Barz, 1974, S. 115, 126 ff; dasselbe gilt für das *Vereinsrecht*. Auch dort ist als allgemeines Rechtsinstitut die fristlose Kündigung aus wichtigem Grund anerkannt. RGZ 130, 375, 378; BGH LM § 39 BGB Nr. 2; Reuter, Münchener Komm. z. BGB, 2. Aufl., 1984, § 39 Rdn. 6; Soergel / Hadding, Komm. z. BGB, 12. Aufl., 1987, § 39 Rdn. 5.

3. Das Argument: „Schutz der Gläubiger"

a) Vorgetragen wird weiter, ein fristloses außerordentliches Kündigungsrecht aus wichtigem Grund sei für das einzelne Mitglied einer Genossenschaft auch deshalb ausgeschlossen, weil „das Geschäftsguthaben als Haftungsbasis für die Gläubiger erhalten bleiben muß, und zwar in der Art, wie es – unter Berücksichtigung der Satzungsregelungen – aus dem Genossenschaftsregister ersichtlich ist"[13]. Auch dieser Gedanke wird im einzelnen nicht näher ausgeführt. Er überzeugt nicht.

Das Genossenschaftsgesetz kennt mehrere Fälle, in denen kurzfristig eine Beendigung der mitgliedschaftlichen Beziehungen herbeigeführt werden kann, nämlich durch den überstimmten Genossen bei Änderung des Statuts, § 67 a GenG, und durch die Genossenschaft durch Ausschließung des Genossen, wenn bestimmte Umstände vorliegen, § 68 GenG.

Der Gläubigerschutz wird in diesen Fällen gerade nicht höher bewertet, als die Interessen der Genossenschaft und des betroffenen Mitglieds.

Auch kann nach einer allerdings bestrittenen Ansicht statutarisch ein fristloses außerordentliches Kündigungsrecht vorgesehen werden[14]. Würde dem der Gedanke des Gläubigerschutzes entgegenstehen, so müßte auch eine Satzungsregelung unzulässig sein, die ein fristloses außerordentliches Kündigungsrecht vorsieht.

b) Es besteht aber auch kein Bedürfnis zum Schutz der Gläubiger, ein fristloses Kündigungsrecht für ausgeschlossen zu erachten:

- Die *Neugläubiger* können sich auf die durch den Austritt entstandene Lage einrichten, sobald das Ausscheiden des Mitglieds aus der Liste der Genossen ersichtlich ist. Das Entsprechende gilt bei der Änderung des Statuts und bei der Ausschließung nach § 68 GenG. Unerfindlich ist, weshalb es bei der Kündigung aus wichtigem Grund längerer Übergangsfristen bedürfen sollte.
- Für den *Altgläubiger* wird die Haftungsmasse durch das Ausscheiden des Genossen nicht geschmälert. Mitglieder, die innerhalb der letzten sechs Monate vor der Konkurseröffnung aus der Genossenschaft ausgeschieden sind, haften nach §§ 75, 76 Abs. 4, 105 GenG. Mitglieder, die zuvor bereits ausgeschieden sind, unterliegen noch 18 Monate der subsidiären Nachschußpflicht, § 115 b GenG, wenn das Statut die Nachschußpflicht nicht ausgeschlossen hat.

13 Schäffland, aaO (Fn. 3), § 65 GenG Rdn. 10; ähnlich: Paulick, aaO (Fn. 7), S. 146.
14 Müller, aaO (Fn. 3), § 65 GenG Rdn. 20; a. A.: OLG Düsseldorf MDR 1978, 319 ff mit zust. Anm. P. Hofmann, ZfgG 29 (1979), 350, 354.

Bezieht man dies in die Würdigung mit ein, so steht der Gedanke des Gläubigerschutzes ebensowenig wie bei der körperschaftlich strukturierten KG oder der GmbH einem fristlosen außerordentlichen Kündigungsrecht entgegen[15]. Problematisch ist hier nur, unter welchen Voraussetzungen das Ausscheiden von Mitgliedern den Vertragspartner zur Kündigung langfristiger Verträge berechtigt. Das Problem ist aber nicht auf die Genossenschaft beschränkt, sondern stellt sich bei allen Rechtsformen.

4. Stabilitätsinteresse gegen Lösungsinteresse

Ist damit aufgrund einer vergleichenden und bewertenden Betrachtung geklärt, daß weder die Interessen der Genossenschaft und der anderen Mitglieder noch die Interessen der Gläubiger einem weitergehenden außerordentlichen Kündigungsrecht eines Mitglieds entgegenstehen, so ist nunmehr zu fragen, ob die weiteren Voraussetzungen für die Anerkennung eines außergesetzlichen außerordentlichen fristlosen Kündigungsrechts bestehen. Dabei ist zu klären, ob sich der Gesetzgeber der vollen Breite aller Sachverhalte und der sich dabei ergebenden unterschiedlichen Problemlagen bewußt war, als er die Kündigungsregeln im Genossenschaftsgesetz formulierte und die Novellierung 1973 vornahm.

a) Keine angemessene Berücksichtigung der Nebenleistungspflichten bei der Kündigungsregelung

Vielfach wird davon ausgegangen, daß die Mitglieder einer Genossenschaft mit gleichen Rechten und Pflichten belastet sind. Dabei wird nicht hinreichend beachtet, daß neben den Förderpflichten und den finanziellen Leistungspflichten dem Mitglied einer Genossenschaft durch die Satzung auch körperschaftliche Pflichten, die mit dem Geschäftsverkehr zwischen der Genossenschaft und den Genossen zusammenhängen, auferlegt werden können. In Betracht kommen dabei etwa Anlieferungspflichten und Abnahmepflichten als mitgliedschaftliche Leistungen. Der Umfang dieser Pflichten ist dabei nicht für alle Mitglieder gleich, sondern bestimmt sich nach der Lage des jeweiligen Mitglieds. Die Folge hiervon ist es, daß in einer Genossenschaft die weitergehenden körperschaftlichen Pflichten ganz unterschiedlichen Umfang haben können. Die Bestimmung der Gegenleistung durch die Genossenschaft, die Leistungsstörungen usw. können sich demnach auch ganz unterschiedlich auf die wirtschaftliche Lage der

15 Zur Widerlegung des Gläubigerschutzarguments auch schon: SCHRÖDER, aaO (Fn. 4), S. 205.

Mitglieder auswirken. Der Winzer, der seine Trauben der Winzergenossenschaft anzuliefern hat, wird durch den ungünstigen von der Genossenschaft bestimmten Ankaufpreis weniger betroffen, wenn er nur einen Teil seiner Anbaufläche mit Trauben bepflanzt hat, als der Weinbauer, der ausschließlich Reben zieht. Unabhängig hiervon, kann das Mitglied aber nicht die Anlieferung verweigern, weil es den Ankaufpreis für zu niedrig hält und an anderer Stelle im Markt bessere Preise erzielen könnte[16]. Der Vorstand hat vielmehr einen weiten Ermessensspielraum nicht nur bei der Leitung der Genossenschaft, sondern auch bei der Gestaltung der Gegenleistung. Zwar hat er die Besonderheiten der Genossenschaft und die Zielrichtung der Zusammenfassung zu berücksichtigen. Verfolgt er aber eine langfristige Investitionspolitik, so kann er dies bei der Bestimmung der Gegenleistung ebenso bewerten, wie etwa die augenblicklichen Umstände bei den einzelnen Mitgliedern. Das Mitglied kann daher nur ausnahmsweise die Leistung verweigern, wenn offensichtlich sachfremde Maßstäbe bei der Preisgestaltung herangezogen wurden[17]. Im übrigen kann aber nach herrschender Ansicht ein betroffenes Mitglied weder Einzelleistungen verweigern, noch isoliert die körperschaftlichen Leistungspflichten aufkündigen. Es kann nur die Mitgliedschaft insgesamt kündigen.

Folgt man aber der Ansicht, daß auch die außerordentliche Kündigung fristgebunden ist, so reicht im übrigen ein Schutz nur im Rahmen von §§ 138, 826 BGB gegen eine Benachteiligung der Mitglieder gewiß nicht aus[18]. Im Blick hierauf vertritt *Schnorr v. Carolsfeld*[19] daher die Ansicht, das einzelne Mitglied habe bei einer positiven Vertragsverletzung durch die Genossenschaft ein Zurückbehaltungsrecht. „Bei der Festsetzung der Gegenleistung müsse die Genossenschaft die dafür geltenden Maßstäbe schuldhaft verletzt haben."

Was aber gilt, wenn es an einem Schuldvorwurf fehlt? Soll dann das Mitglied gleichwohl weiterhin zur Lieferung verpflichtet bleiben, obgleich es damit sein wirtschaftliches Ende einleitet oder doch schweren Schaden erleidet? Dies macht deutlich, daß für den Fall, daß nicht nur die Erfüllung der körperschaftlichen Pflichten im Einzelfall, sondern die Mitgliedschaft insgesamt in Frage gestellt ist, nur ein außerordentliches fristloses Kündigungsrecht weiterhilft.

16 OLG Hamm ZfgG 29 (1979), 358; Beuthien / Isenberg, ZfgG 31 (1981), 64 f.

17 BGH NJW 1960, 1858; Meyer / Meulenbergh / Beuthien, aaO (Fn. 3), § 18 GenG Rdn. 25; Müller, Komm. z. GenG, Bd. I, 1976, § 7 Rdn. 36; Paulick, aaO (Fn. 7), S. 196; Schnorr v. Carolsfeld, ZfgG 29 (1979), 359.

18 Orel, Die Nebenleistungspflichten bei der eingetragenen Genossenschaft, 1961, S. 98.

19 Schnorr v. Carolsfeld, ZfgG 29 (1979), 361.

b) Kein angemessener Minderheitenschutz

Und weiter: Der Minderheitenschutz ist im Genossenschaftsgesetz zwar angelegt, etwa in § 45 und in § 67 a GenG. Der Minderheitenschutz ist aber bisher in diesem Bereich noch unterentwickelt. Daher ist gerade in jüngerer Zeit durch die höchstrichterliche Rechtsprechung und in der Lehre das Prinzip des Minderheitenschutzes im Genossenschaftsrecht herausgestellt und betont worden[20]. In diesen Zusammenhang gehört auch das außerordentliche fristlose Kündigungsrecht des Einzelmitglieds, wenn Mehrheitsentscheidungen zu unerträglichen und unzumutbaren Belastungen führen.

Seinen gesetzlichen Ausdruck findet dies in § 67 a GenG. Hiernach hat das Mitglied einer Genossenschaft ein außerordentliches Kündigungsrecht, wenn eine Änderung des Statuts beschlossen wird, die einen der in § 16 Abs. 2 Nr. 2–5, Abs. 3 GenG aufgeführten Gegenstände oder eine wesentliche Änderung des Gegenstandes des Unternehmens betrifft. Diese Kündigung kann nach § 67 a Abs. 2 Satz 2 GenG „nur innerhalb eines Monats zum Schluß des Geschäftsjahres erklärt werden." Aus § 67 a GenG folgt demnach, daß das überstimmte Mitglied nicht bedingungslos der Mehrheitsherrschaft unterworfen wird. Es wird ihm vielmehr ein kurzfristig zu realisierendes Lösungsrecht gewährt.

§ 67 a GenG ist aber nur die Ausformung eines allgemeinen Rechtsprinzips. Es hat an vielen Stellen im Gesetz seinen Niederschlag gefunden, etwa in § 626 BGB beim Arbeitsvertrag, in § 89 a HGB beim Handelsvertreterverhältnis und in § 723 Abs. 1 Satz 2 und 3 BGB bei der BGB-Gesellschaft. Darüber hinaus haben die Rechtsprechung und die Lehre ein fristloses außerordentliches Kündigungsrecht aus wichtigem Grund auch bei solchen Dauerschuldverhältnissen anerkannt, bei denen keine gesetzliche Regelung besteht[21].

Auch im Genossenschaftsgesetz hat das außerordentliche Kündigungsrecht nicht nur in § 67 a GenG seinen gesetzlichen Ausdruck gefunden, sondern auch für den Fall der fristlosen Ausschließung eines Genossen bei Vorliegen bestimmter Umstände nach § 68 GenG und für den Fall, daß ein Genosse der übertragenden Genossenschaft bei einer Verschmelzung überstimmt wird, § 93 k GenG.

In jedem dieser Fälle erfolgt das Ausscheiden ohne weitere Begrenzung der Fristen zum Schluß des Geschäftsjahres. Im Blick hierauf darf man davon ausgehen, daß § 65 Abs. 2 Satz 4 GenG nur den Fall regelt, daß „minder wichtige Gründe" vorliegen. Es wäre aber wertungswidersprüchlich, wenn nicht auch bei Vorliegen „besonders schwerwiegender Gründe" ein Mitglied ohne weitere Beschränkung zwar nicht sofort wohl aber zum Schluß des Geschäftsjahres ausscheiden könnte.

20 BGH ZfgG 32 (1982), 296 sowie hierzu Hadding, ZfgG 32 (1982), 299, 302.

21 Larenz, Lehrbuch des Schuldrechts, Bd. 1, Allgemeiner Teil, 11. Aufl., 1976, S. 29 mit weiteren Nachw.

5. *Die Voraussetzungen des außerordentlichen Kündigungsrechts aus besonders wichtigem Grund*

a) § 65 Abs. 2 Satz 4 GenG umschreibt den wichtigen Grund für das außerordentliche fristgebundene Kündigungsrecht bei Primärgenossenschaften. Maßgebend ist es hiernach, ob dem Mitglied der Ablauf der ordentlichen Kündigungsfrist „nach seinen persönlichen und wirtschaftlichen Verhältnissen" zugemutet werden kann. Im Vordergrund steht dabei die persönliche und wirtschaftliche Betroffenheit. Zu fragen ist, ob Umstände eingetreten sind, die es rechtfertigen, von der üblichen Risikoverteilung abzuweichen. Für eine außerordentliche Kündigung reicht es daher nicht aus, daß ein Mitglied das Vertrauen in die Vorstandsmitglieder verloren hat, daß der Vorstand einzelne fehlerhafte Maßnahmen der Unternehmensleitung verwirklicht hat, daß einzelne Mitgenossen ihre Förderpflichten verletzt oder ihren körperschaftlichen Pflichten nicht nachgekommen sind. Entscheidend ist vielmehr, daß das Mitglied in seinen persönlichen und wirtschaftlichen Verhältnissen unmittelbar berührt wird und daß ihm unter Berücksichtigung der Interessen der Genossenschaft und der anderen Mitglieder das Abwarten der Kündigungsfrist aufgrund ordentlicher Kündigung nicht zugemutet werden kann.

b) Das außerordentliche fristlose Kündigungsrecht muß das letzte Mittel sein. Es kommt daher nur in Betracht, wenn der betreffende Genosse nicht durch Mitgliederwechsel unter Übertragung des Geschäftsguthabens nach § 76 GenG ausscheiden kann, sei es, weil das Statut eine solche Übertragung ausschließt, sei es, weil keine andere Person zum Eintritt bereit ist. Es kommt ferner nur in Betracht, wenn das außerordentliche fristgebundene Kündigungsrecht dem Mitglied nicht weiterhilft.

Der „wichtige Grund" und der „besonders wichtige Grund" als Voraussetzung für die außerordentliche fristlose Kündigung unterscheiden sich dabei zum einen in der Schwere. Verlangt wird zum anderen, daß dem Mitglied das Abwarten der Fristen, die bei einer außerordentlichen fristgebundenen Kündigung bestehen, nicht zumutbar ist. Das außerordentliche fristlose Kündigungsrecht ist daher unabhängig davon, ob das Statut eine längere als eine zweijährige Kündigungsfrist vorsieht, und es verlangt nicht, daß der Genosse wenigstens ein volles Geschäftsjahr der Genossenschaft angehört hat. Voraussetzung ist auch nicht, daß etwa die Organmitglieder oder die Mitgenossen ihre Pflichten schuldhaft verletzt haben. Entscheidend ist vielmehr auch hier eine Abwägung der Interessen aller Beteiligten unter Berücksichtigung der persönlichen und wirtschaftlichen Verhältnisse des kündigenden Genossen. So wird man es als besonders wichtigen Grund nicht ansehen können, daß die Genossenschaft für Leistungen ihrer Mitglieder geringere Preise bezahlt, als allgemein auf dem Markt erzielt werden können. Anders ist die Lage jedoch dann, wenn ein Mitglied hierdurch in seiner wirtschaftlichen Existenz ernsthaft bedroht ist und es nicht damit getan ist, daß er nur einzelne Lieferungen verweigert[22]. Ein wichtiger Grund ist ferner etwa eine untragbare Ausweitung des Haftungsrisikos, wenn die Nachschußpflicht im Statut nicht ausgeschlossen ist. Zu denken ist dabei vor allem an grobe Leitungsfehler des Vorstands, die von der Mehrheit gedeckt werden. Dabei ist zusätzlich zu berücksichtigen, daß die Haftung des Mitglieds nicht mit seinem Ausscheiden, sondern erst nach Ablauf der in §§ 75, 76 Abs. 4, 115 b GenG endet.

c) Die außerordentliche fristlose Kündigung führt freilich nicht zum sofortigen Ausscheiden, sondern wie bei §§ 67 a, 68, 93 k GenG zum Ausscheiden zum Schluß des Geschäftsjahres.

VI. Das außerordentliche fristlose Kündigungsrecht bei Zentralgenossenschaften

1. Der Meinungsstand

Die vorstehenden Überlegungen gelten auch für die Zentralgenossenschaft.

Besieht man den Wortlaut des § 65 Abs. 2 Satz 5 GenG, so könnte man auf den ersten Blick zur Ansicht gelangen, bei Zentralgenossenschaften habe das Mitglied kein außerordentliches Kündigungsrecht, und zwar auch nicht für den Fall, daß im Statut eine längere als eine zweijährige Kündigungsfrist festgesetzt worden ist[23]. In der Lehre heißt es, es gelte für Zentralgenossenschaften „der bis zur Novelle 1973 bestehende Rechtszustand“[24].

Was das bedeutet, ist zweifelhaft; denn vor der Novelle 1973 war zwar herrschende Ansicht, daß der Genosse kein außerordentliches Kündigungsrecht hat. Es war dies aber nicht unstreitig[25].

2. Der Wortlaut von § 65 Abs. 2 Satz 5 GenG

Nach § 65 Abs. 2 Satz 5 GenG gilt Satz 4 nicht, wenn die Genossenschaft ausschließlich oder überwiegend aus eingetragenen Genossenschaften besteht.

Schon aus dem Wortlaut der Vorschrift ergibt sich demnach, daß bei Zentralgenossenschaften nicht das außerordentliche Kündigungsrecht insgesamt ausgeschlossen sein sollte, *sondern nur das besondere in § 65 Abs. 2 Satz 4 GenG*

22 RGZ 126, 1, 16.
23 MEYER / MEULENBERGH / BEUTHIEN, aaO (Fn. 3), § 65 GenG Rdn. 11; SCHAFFLAND, aaO (Fn. 3), § 65 GenG Rdn. 22.
24 SCHUBERT / STEDER, Genossenschaftshandbuch, 1973, § 65 Rdn. 15.
25 Siehe etwa: STAUFER, aaO (Fn. 8), S. 119 ff.

geregelte außerordentliche fristgebundene Kündigungsrecht aus minder wichtigem Grund. Über das außerordentliche fristlose Kündigungsrecht aus besonders wichtigem Grund enthält § 65 Abs. 2 Satz 5 GenG dagegen keine Aussage.

3. *Die normative Gleichstellung der Zentralgenossenschaft*

Ist somit das außerordentliche fristlose Kündigungsrecht bei Zentralgenossenschaften nicht durch § 65 Abs. 2 Satz 5 GenG ausgeschlossen, so ist doch auf der anderen Seite auch zu erkennen, daß eine ausdrückliche gesetzliche Anerkennung fehlt. Das außerordentliche fristlose Kündigungsrecht gehört jedoch zu den allgemeinen Rechtsprinzipien. Es folgt auch aus der systematischen Stellung der Zentralgenossenschaften im wertenden Normengefüge des Genossenschaftsrechts[26].

a) Das Genossenschaftsrecht will die Zentralgenossenschaften dem Regeltyp der Genossenschaften normativ gleichstellen. Es sollen dieselben Regeln wie für die Primärgenossenschaften gelten. Das Genossenschaftsgesetz hat bewußt nicht den Weg gewählt, die Vorschriften für die Zentralgenossenschaften zu einem „Sonderrecht für Zentralgenossenschaften", etwa in einem eigenen Abschnitt des Genossenschaftsgesetzes, zusammenzufassen, sondern es hat punktuell die Regelungsbereiche herausgegriffen, die für Zentralgenossenschaften abweichend geregelt werden sollen. Zu nennen ist hier neben § 65 Abs. 2 Satz 5 GenG insbesondere § 43 Abs. 2 Satz 7 GenG.

b) Diese normative Gleichstellung gilt auch für die gesetzlich geregelten Fälle eines außerordentlichen Lösungsrechts[27].

- Das außerordentliche Kündigungsrecht bei Änderung des Statuts nach § 67 a GenG steht auch den Mitgliedern von Zentralgenossenschaften zu.
- Das außerordentliche Ausschlußrecht nach § 68 GenG gilt auch bei Zentralgenossenschaften.
- Das Entsprechende gilt in den Fällen des § 93 k GenG.

Das außerordentliche Lösungsrecht steht auch dem Mitglied der Primärgenossenschaft bzw. der Zentralgenossenschaft zu.

Das läßt sich verallgemeinern: Wenn man der Ansicht folgt, daß das Mitglied einer Genossenschaft bei besonders wichtigem Grund ein außerordentliches fristloses Kündigungsrecht hat, so muß dies auch für die Zentralgenossenschaft gelten.

26 Siehe dazu auch Paulick, FS H. Westermann, 1974, S. 443, 452 ff.
27 Schiemann, ZfgG 26 (1976), 13, 21.

4. Die Bedeutung des außerordentlichen fristlosen Kündigungsrechts bei Zentralgenossenschaften

Unabhängig von den systematischen Überlegungen folgt das außerordentliche fristlose Kündigungsrecht auch aus einer normativen Wertung der beteiligten Interessen.

Schon oben war darauf hingewiesen worden, daß das außerordentliche fristlose Kündigungsrecht aus wichtigem Grund ein allgemeines Rechtsprinzip darstellt. Dieser Rechtsgrundsatz, wonach bei Vorliegen wichtiger Gründe ein Beteiligter sich aus rechtsgeschäftlichen Beziehungen lösen kann, ist allgemein formuliert und findet nur dort seine Einschränkung, wo es andere Möglichkeiten gibt, sich aus den rechtlichen Beziehungen zu lösen, wie etwa durch die Veräußerung des Anteils. Auch insoweit gilt aber bei den Zentralgenossenschaften dasselbe wie bei den Primärgenossenschaften. Die Übertragung des Geschäftsguthabens muß zulässig und eine andere Person zum Eintritt bereit sein, § 76 GenG.

Zu fragen bleibt daher, ob im Vergleich zum Regeltyp der Genossenschaft die Interessenlage bei der Zentralgenossenschaft solche Unterschiede aufweist, daß aus diesem Grund eine andere Wertung geboten ist.

Das ist nicht der Fall:

Auch bei der Zentralgenossenschaft kann die Lieferpflicht im Einzelfall ohne Verpflichtung zum Schadensersatz entfallen, wenn das Mitglied die Unmöglichkeit der Leistung nicht zu vertreten hat. Unberücksichtigt bleiben bei einer solchen Einzelbetrachtung jedoch solche Umstände, die die Nebenleistungspflichten als Ganzes betreffen. Sie können nur durch Kündigung der Mitgliedschaft aufgehoben werden. Treten hier Störungen auf, so können Fristen bis nahezu 6 Jahre bis zum endgültigen Ausscheiden unzumutbar sein.

Entgegen einer teilweise vertretenen Ansicht ergibt sich bei der Zentralgenossenschaft auch kein Vorrang des Stabilitätsinteresses. Die besonderen gesetzlichen außerordentlichen Lösungsrechte gelten auch für die Zentralgenossenschaft.

Die Regel verlangt vielmehr eine Fristenkongruenz. Hätten lediglich die Mitglieder der Primärgenossenschaft ein außerordentliches fristloses Kündigungsrecht, so könnten diese sich bei Rückwirkungen der entsprechenden Umstände aus ihrer Genossenschaft verabschieden, noch bevor die Primärgenossenschaft aus der Zentralgenossenschaft ausscheiden könnte.

Dieses Problem entfällt, wenn man anerkennt, daß auch den Mitgliedern der Zentralgenossenschaft unter besonderen Voraussetzungen bei Vorliegen besonders wichtiger Gründe ein außerordentliches fristloses Kündigungsrecht zusteht. Entscheidend ist, daß es dem Mitglied in Abwägung der Interessen aller Beteiligten nicht mehr zuzumuten ist, mit seinem Ausscheiden bis zum Ablauf der ordentlichen Kündigungsfrist zuzuwarten.

VII. Zusammenfassung der Ergebnisse

1. §65 Abs. 2 Satz 4 GenG regelt nur das außerordentliche fristgebundene Kündigungsrecht für die Mitglieder von Primärgenossenschaften. Es besteht nur, wenn im Statut eine längere als eine zweijährige Kündigungsfrist festgesetzt worden ist, und wenn der Genosse wenigstens ein volles Geschäftsjahr der Genossenschaft angehört hat. Übt ein Mitglied dieses Kündigungsrecht aus, so endet die Mitgliedschaft erst nach Ablauf der zweijährigen Kündigungsfrist zum Ende des darauffolgenden Geschäftsjahres.

2. Neben dem gesetzlich geregelten außerordentlichen fristgebundenen Kündigungsrecht besteht sowohl bei allen Primärgenossenschaften als auch bei den Zentralgenossenschaften ein außergesetzliches außerordentliches fristloses Kündigungsrecht bei besonders wichtigem Grund. Im zuletzt genannten Fall scheidet das Mitglied nach seiner Erklärung zum Ende des laufenden Geschäftsjahres aus.

3. Voraussetzung für das außerordentliche fristlose Kündigungsrecht ist es, daß es dem Mitglied nach seinen persönlichen und wirtschaftlichen Verhältnissen und in Abwägung der Interessen aller Beteiligten nicht zugemutet werden kann, mit seinem Ausscheiden bis zum Ablauf der gesetzlichen Kündigungsfristen zuzuwarten. Bei der Primärgenossenschaft ist dies die Frist, die beim außerordentlichen fristgebundenen Kündigungsrecht besteht. Bei der Zentralgenossenschaft ist dies die ordentliche Kündigungsfrist.

Die verbundenen Unternehmen nach dem Bilanzrichtlinien-Gesetz

von

Professor Dr. Joachim Schulze-Osterloh, Berlin

Inhaltsübersicht

I. Einführung

Das Bilanzrichtlinien-Gesetz hat mit § 271 Abs. 2 HGB eine Bestimmung des Tatbestandsmerkmals „verbundene Unternehmen" eingeführt, die von der hergebrachten des § 15 AktG abweicht. Der Geltungsbereich der neuen Umschreibung ist auf das Dritte Buch des HGB beschränkt, also in erster Linie auf die Rechnungslegungsvorschriften[1]. Die Bedeutung dieser Regelung geht aber über das Bilanzrecht im engeren Sinne hinaus. Sie betrifft auch das Recht der Abschlußprüfung[2]. Ferner hat die Definition der verbundenen Unternehmen Bedeutung für die Strafbarkeit unrichtiger Darstellungen nach § 331 Nr. 4 HGB[3].

1 Einzelheiten unten IV 1.
2 Einzelheiten unten IV 3.
3 Dazu unten IV 4.

§ 271 Abs. 2 HGB verweist zur Bestimmung der verbundenen Unternehmen auf das Recht über den Konzernabschluß. Nach seinem Wortlaut knüpft das Gesetz an die Unternehmen an, die in einen Konzernabschluß einzubeziehen sind. Diese Regelungstechnik beruht auf Art. 41 der 7. Richtlinie des Rates der Europäischen Gemeinschaften vom 13. Juni 1983[4], die im Zusammenhang mit der Regelung des Konzernabschlusses für den Bereich der 4. EG-Richtlinie[5] den Kreis der verbundenen Unternehmen bestimmt.

Über die Tragweite dieser Verweisung herrscht Streit. Beachtliche Stimmen im Schrifttum[6] sprechen der Bezugnahme in § 271 Abs. 2 HGB auf die in den Konzernabschluß einzubeziehenden Unternehmen einen sinnvollen Gehalt ab, so daß sie zu vernachlässigen sei. Dagegen halten andere Autoren[7] stärker am Wortlaut des § 271 Abs. 2 HGB fest und berücksichtigen bei der Interpretation dieser Vorschrift die Regelungen über die in den Konzernabschluß einzubeziehenden Unternehmen.

Daher besteht Anlaß, einen Beitrag zur Auslegung des § 271 Abs. 2 HGB zu leisten. Dafür ist vom Wortlaut des Gesetzes auszugehen (II), seine europarechtliche Herkunft zu berücksichtigen (III) und schließlich zu prüfen, ob die hieraus abzuleitenden Ergebnisse zu sinnvollen Rechtsfolgen führen (IV).

II. Der Wortlaut des § 271 Abs. 2 HGB

§ 271 Abs. 2 HGB definiert – unter Vernachlässigung von Einzelheiten – als verbundene Unternehmen solche Unternehmen, die als Mutter- oder Tochterunternehmen in den Konzernabschluß eines Mutterunternehmens nach den Vorschriften über die Vollkonsolidierung einzubeziehen sind. Die hierin zum Ausdruck kommende Anknüpfung an das Recht des Konzernabschlusses ist nicht das Ergebnis einer ungenauen Formulierung. § 271 Abs. 2 HGB geht mit nur redaktionellen Anpassungen auf § 236 Abs. 3 Nr. 3 HGB i. d. F. des Entwurfs eines Gesetzes zur Durchführung der Siebenten und Achten Richtlinie des

4 ABl. EG 1983, Nr. L 193/1 ff; abgedruckt bei Lutter, Europäisches Gesellschaftsrecht, 2. Aufl. 1984 (ZGR-Sonderheft 1), S. 167 ff.

5 ABl. EG 1978, Nr. L 222/11 ff; abgedruckt bei Lutter, aaO (Fn. 4), S. 127 ff.

6 Kropff, DB 1986, 364, 366 f; ihm folgend Matschke, Bonner Handbuch Rechnungslegung, § 271 HGB Rdn. 35; Meyer-Landrut/Miller/Niehus/Scholz, Komm. z. GmbHG, 1987, §§ 238 ff HGB Rdn. 427; Ulmer, FS Goerdeler, 1987, S. 623, 632 f.

7 Zilias, WP-Handbuch 1986/87, Bd. II, S. 704; Biener/Berneke, Bilanzrichtlinien-Gesetz, 1986, S. 186 ff; Pankow/Gutike, Beck'scher Bilanzkommentar, 1986, § 271 HGB Rdn. 34, 36; Küting/Weber/Bieg, Handbuch der Rechnungslegung, 1986, § 271 HGB Rdn. 40; Baumbach/Duden/Hopt, Komm. z. HGB, 27. Aufl. 1987, § 271 HGB Anm. 2; zweifelnd Glade, Rechnungslegung und Prüfung nach dem Bilanzrichtlinien-Gesetz, 1986, § 271 HGB Rdn. 45 f.

Rates der Europäischen Gemeinschaften zur Koordinierung des Gesellschaftsrechts[8] zurück[9]. In der Begründung[10] wird ausdrücklich darauf hingewiesen, daß der Begriff „auf die Pflicht zur Konzernrechnungslegung bzw. die Möglichkeit der Aufstellung eines befreienden Konzernabschlusses" abstelle. Wenn auch solche Ausführungen im Gesetzgebungsverfahren für die Auslegung nicht verbindlich sind, so zwingen sie doch zu einem erheblichen Begründungsaufwand, wenn eine davon abweichende Interpretation des Gesetzes überzeugend sein soll.

III. Die Vorgaben des Art. 41 der 7. EG-Richtlinie

Mit § 271 Abs. 2 HGB ist Art. 41 der 7. EG-Richtlinie in deutsches Recht umgesetzt worden[11]. Im Interesse einer richtlinienkonformen Auslegung des Gesetzes[12] ist daher diese Bestimmung der Richtlinie für die Interpretation mit heranzuziehen. Das ist um so mehr geboten, als *Kropff*[13] und ihm folgend *Ulmer*[14] davon ausgehen, daß Art. 41 der 7. EG-Richtlinie – anders als die Formulierung des § 271 Abs. 2 HGB – nicht auf die Pflicht zur Aufstellung des Konzernabschlusses Bezug nehme, so daß Entsprechendes auch für § 271 Abs. 2 HGB zu gelten habe.

In der Tat beschreibt Abs. 1 des Art. 41 7. EG-RL durch Verweisung auf einen Teil der Konsolidierungsvoraussetzungen des Art. 1 7. EG-RL den Kreis der verbundenen Unternehmen ohne ausdrückliche Anknüpfung an die Pflicht zur Einbeziehung in einen Konzernabschluß[15]. Daß dennoch die Zugehörigkeit zu den verbundenen Unternehmen von der jeweiligen Pflicht zur Einbeziehung in den Konzernabschluß abhängig sein sollte, zeigt sich aber – was in der bisherigen Diskussion nicht berücksichtigt worden ist[16] – an Abs. 2 des Art. 41 7. EG-RL. Nach dieser Bestimmung erweitert sich der Kreis der verbundenen Unternehmen, wenn ein Mitgliedstaat von den Wahlrechten des Art. 1 Abs. 1 Buchstabe c), Buchstabe d) Unterbuchstabe aa), Abs. 2 oder des Art. 12 Abs. 1

8 BT-Drucks. 10/3440, S. 4.
9 Ausschußbericht, BT-Drucks. 10/4268, S. 106.
10 BT-Drucks. 10/3440, S. 35.
11 Ausschußbericht, BT-Drucks. 10/4268, S. 106.
12 Bleckmann, in: Leffson/Rückle/Großfeld (Hrsg.), Handwörterbuch unbestimmter Rechtsbegriffe im Bilanzrecht des HGB, 1986, S. 11, 27 f; Leffson, FS von Wysocki, 1985, S. 1, 6; Lutter, in: Bierich/Busse von Colbe/Laßmann/Lutter (Hrsg.), Rechnungslegung nach neuem Recht, 1980 (ZGR-Sonderheft 2), S. 3, 6; Ulmer, FS Goerdeler, 1987, S. 623, 646.
13 DB 1986, 364, 366.
14 FS Goerdeler, 1987, S. 623, 633.
15 Insofern zutreffend Kropff, DB 1986, 364, 366.
16 Vgl. Kropff, DB 1986, 364, 366; Ulmer, FS Goerdeler, 1987, S. 623, 633.

7. EG-RL Gebrauch macht und eine Ausdehnung der Konzernrechnungslegungspflicht vorschreibt. Die Zugehörigkeit zu den verbundenen Unternehmen wird dann unmittelbar durch den Umfang der Konzernrechnungslegungspflicht bestimmt.

Zusätzlich geht Abs. 3 des Art. 41 7. EG-RL von einer Übereinstimmung mit der Konzernrechnungslegung aus. Er läßt es ausnahmsweise zu, daß ein Mitgliedstaat den Kreis der verbundenen Unternehmen umfassender umschreibt als seiner Regelung der Konzernrechnungslegung entspricht. Diese Vorschrift wäre überflüssig, wenn die Zugehörigkeit zu den verbundenen Unternehmen vom jeweiligen Konsolidierungskreis unabhängig wäre.

Allenfalls aus Abs. 5 des Art. 41 7. EG-RL ließe sich folgern, daß die verbundenen Unternehmen und die Unternehmen des Konsolidierungskreises jeweils selbständig zu bestimmen sind; denn diese Vorschrift ermächtigt die Mitgliedstaaten, Unternehmen, die sie nach Art. 4 Abs. 2 7. EG-RL von der Konzernabschlußpflicht befreit haben, auch aus dem Kreis der verbundenen Unternehmen auszunehmen[17]. Angesichts der deutlichen Bezüge der Abs. 2 und 3 des Art. 41 7. EG-RL zur Konzernrechnungslegungspflicht wird man dieser weiteren Bestimmung aber nur klarstellende Funktion zuzusprechen haben.

Von größerem Gewicht sind Überlegungen[18], die auf die Fassung des ursprünglichen Vorschlags und des geänderten Vorschlags der 7. EG-Richtlinie gestützt werden. In beiden Vorschlägen beschrieb Art. 5[19] den Kreis der verbundenen Unternehmen ausschließlich nach den zwischen ihnen bestehenden Rechtsbeziehungen, ohne auf die Konzernabschlußpflicht zurückzugreifen. Auch die zu diesen Vorschlägen gegebenen Begründungen[20] enthalten keinen Hinweis, daß die Maßgeblichkeit der Bestimmungen über den Konsolidierungskreis vorausgesetzt worden sei.

Dennoch kann entgegen der Auffassung von *Kropff*[21] diesen frühen Entwürfen kein großes Gewicht beigemessen werden, da Art. 41 7. EG-RL in seiner endgültigen Fassung ganz wesentlich von den genannten Vorschlägen abweicht. Die Gründe dieser Abweichung sind nicht erkennbar, da Materialien – soweit ersichtlich – nicht veröffentlicht worden sind. Die Unterschiede zwischen Art. 41 7. EG-RL und seinen Vorläufern sind jedenfalls so groß, daß aus den Entwürfen Rückschlüsse auf die Auslegung der schließlich verabschiedeten Fassung nicht gezogen werden können.

17 Entgegen Ulmer, FS Goerdeler, 1987, S. 623, 633 Fn. 25 läßt sich also aus Art. 41 Abs. 5 7. EG-RL ein Argument für die von ihm vertretene Auffassung gewinnen.
18 Kropff, DB 1986, 364, 366.
19 Abgedruckt bei Biener/Schatzmann, Konzern-Rechnungslegung, 1983, Synopse II, S. 145.
20 Abgedruckt bei Biener/Schatzmann, aaO (Fn. 19), S. 145 f.
21 Fn. 18.

Es bleibt daher der Befund, daß Art. 41 7. EG-RL den Kreis der verbundenen Unternehmen in Anlehnung an den jeweiligen Konsolidierungskreis bestimmt. Damit bestätigt sich zunächst die unter II gegebene Analyse des Wortlauts des § 271 Abs. 2 HGB.

IV. Interpretation des § 271 Abs. 2 HGB

1. Bedeutung des § 271 Abs. 2 HGB für den Jahresabschluß

Aufgabe der Vorschrift des § 271 Abs. 2 HGB ist es in erster Linie, den Kreis der Unternehmen zu bestimmen, die im Jahresabschluß hervorgehoben werden sollen; ihre zusätzliche Bedeutung für Einzelfragen der Abschlußprüfung[22] und des Strafrechts[23] steht offensichtlich nicht im Vordergrund der Regelung.

Für den Jahresabschluß geht es um den Ausweis von Anteilen an verbundenen Unternehmen (§ 266 Abs. 2 A III Nr. 1, B III Nr. 1 HGB), von langfristigen und kurzfristigen Forderungen gegen sie (§ 266 Abs. 2 A III Nr. 2, B II Nr. 2 HGB) sowie von ihnen gegenüber bestehenden Verbindlichkeiten (§ 266 Abs. 3 C Nr. 6 HGB). Ferner sind Haftungsverhältnisse gegenüber verbundenen Unternehmen gesondert anzugeben (§ 268 Abs. 7, 2. Halbsatz HGB). Außerdem sind Erträge, die von verbundenen Unternehmen stammen (§ 275 Abs. 2 Nrn. 9–11, Abs. 3 Nrn. 8–10 HGB) sowie Zinsaufwendungen gegenüber solchen Unternehmen (§ 275 Abs. 2 Nr. 13, Abs. 3 Nr. 12 HGB) gesondert auszuweisen. Weiterhin sind im Anhang sonstige finanzielle Verpflichtungen, die nicht in der Bilanz erscheinen und auch nicht nach § 251 HGB zu vermerken sind, die aber für die Beurteilung der finanziellen Lage von Bedeutung sind, anzugeben, wobei solche Verpflichtungen gegenüber verbundenen Unternehmen gesondert aufzuführen sind (§ 285 Nr. 3 HGB). Schließlich wird die Wichtigkeit dieser Bilanzposten dadurch betont, daß Offenlegungserleichterungen für mittelgroße Kapitalgesellschaften i. S. d. § 267 Abs. 2 HGB durch § 327 Nr. 1 HGB eingeschränkt werden, soweit sie sich auf Bilanzposten, die verbundene Unternehmen betreffen, beziehen.

Der Jahresabschluß soll also die wirtschaftlichen Beziehungen zu Unternehmen deutlich machen, mit denen eine enge wirtschaftliche oder rechtliche Verbindung besteht. Welcher Art diese Verbindung sein soll, läßt sich aus diesem Zusammenhang nicht ableiten. So ist es nicht von vornherein als abwegig zu bezeichnen, die Abgrenzung des Kreises der verbundenen Unternehmen – wie es der Wortlaut des § 271 Abs. 2 HGB[24] und der Inhalt des Art. 41

22 Dazu unten IV 3.
23 Dazu unten IV 4.
24 Oben II.

7. EG-RL[25] nahelegen – nach der Regelung über die in einen Konzernabschluß einzubeziehenden Unternehmen auszurichten; denn der Konsolidierungskreis beschreibt ebenfalls Unternehmen, die in engen wirtschaftlichen Beziehungen zueinander stehen. Es kann durchaus sinnvoll sein, beide Bereiche übereinstimmend zu umschreiben[26].

2. *Die Bestimmung der verbundenen Unternehmen nach dem Konsolidierungskreis*

a) *Grundlagen*

Die vorangegangenen Überlegungen geben noch keine ausreichende Entscheidungsgrundlage für die Interpretation des § 271 Abs. 2 HGB. Vielmehr ist zu prüfen, welche Rechtsfolgen im einzelnen als sinnvoll erscheinen. Dafür ist zunächst von der am Wortlaut des § 271 Abs. 2 HGB orientierten Auffassung auszugehen, die die verbundenen Unternehmen nach dem Konsolidierungskreis bestimmt.

b) *Ausgangspunkt: das Mutterunternehmen*

Zentraler Begriff des § 271 Abs. 2 HGB ist der des Mutterunternehmens, das als oberstes Mutterunternehmen den weitestgehenden Konzernabschluß aufzustellen hat oder aufstellen könnte. Dieses Mutterunternehmen ist nach § 290 Abs. 1 HGB in erster Linie eine Kapitalgesellschaft. Auf diese Rechtsform ist es aber nicht beschränkt. § 291 Abs. 1 Satz 2 HGB räumt jedem Unternehmen „unabhängig von seiner Rechtsform und Größe" die Möglichkeit ein, einen befreienden Konzernabschluß aufzustellen. Hierauf wird in § 271 Abs. 2 HGB verwiesen, so daß als verbundenes Unternehmen in Gestalt eines Mutterunternehmens ebenfalls ein Unternehmen jeder Rechtsform und Größe in Betracht kommt, also z. B. auch eine Personengesellschaft[27].

Ob ein Unternehmen Mutterunternehmen ist, hängt von seinen Beziehungen zu Tochterunternehmen ab. Es kann sich handeln um die durch eine Beteiligung i. S. d. § 271 Abs. 1 HGB vermittelte einheitliche Leistung (§ 290 Abs. 1 HGB) oder um qualifizierte Zuständigkeiten, nämlich die Mehrheit der Stimmrechte der Gesellschafter (§ 290 Abs. 2 Nr. 1 HGB), um das Recht, die Mehrheit der

25 Oben III.
26 Zu Art. 41 7. EG-RL: Biener/Schatzmann, aaO (Fn. 19), S. 71. – A. M. Kropff, DB 1986, 364, 367; Ulmer, FS Goerdeler, 1987, S. 623, 633.
27 Zilias, WP-Handbuch 1985/86, Bd. II, S. 714.

Mitglieder des Verwaltungs-, Leitungs- oder Aufsichtsorgans zu bestellen oder abzuberufen, sofern das Mutterunternehmen gleichzeitig Gesellschafter des anderen Unternehmens ist (§ 290 Abs. 2 Nr. 2 HGB), oder um das Recht, einen beherrschenden Einfluß auf Grund eines Beherrschungsvertrages mit dem anderen Unternehmen oder auf Grund einer Satzungsbestimmung dieses Unternehmens auszuüben (§ 290 Abs. 2 Nr. 3 HGB). Der Anwendungsbereich dieser Regeln wird durch § 290 Abs. 3 HGB durch die Zurechnung von Gesellschafterrechten erweitert[28] und durch § 290 Abs. 4 HGB hinsichtlich der Zurechnung von Stimmrechten präzisiert.

Bezogen auf den Fall der durch eine Beteiligung vermittelten einheitlichen Leitung eines Unternehmens nach § 290 Abs. 1 HGB kommt auch eine gemeinschaftliche einheitliche Leitung durch mehrere Mutterunternehmen[29] in Betracht. Auch bei einer solchen Gestaltung ist die in § 271 Abs. 2 HGB vorausgesetzte Vollkonsolidierung nach den §§ 300ff HGB zulässig[30], wenn nicht sogar geboten[31]. Die in § 310 HGB geregelte anteilmäßige Konsolidierung, die der Annahme einer Unternehmensverbundenheit entgegenstehen würde[32], ist erst anzuwenden, wenn die gemeinsame Führung eines anderen Unternehmens nicht die Qualität gemeinschaftlicher einheitlicher Leitung hat.

Nicht zu den verbundenen Unternehmen gehören schließlich die assoziierten Unternehmen i. S. d. § 311 HGB[33], auf deren Geschäfts- und Finanzpolitik auf Grund einer Beteiligung ein maßgebender Einfluß ausgeübt wird, ohne daß die Voraussetzungen der einheitlichen Leitung erfüllt sind[34].

c) Tochterunternehmen

Tochterunternehmen ist nach § 290 HGB ein Unternehmen beliebiger Rechtsform[35] und Größe, das zu einem Mutterunternehmen in einer der dargestellten[36]

28 Die sich hieraus ergebenden Auswirkungen auf den Kreis der verbundenen Unternehmen sind von untergeordneter Bedeutung, sie werden daher im folgenden nicht berücksichtigt; vgl. dazu Zilias, WP-Handbuch 1985/86, Bd. II, S. 694.

29 Dazu Schulze-Osterloh, WPg. 1968, 85 ff.

30 Zilias, WP-Handbuch 1985/86, Bd. II, S. 707; Meyer-Landrut/Miller/Niehus/Scholz, aaO (Fn. 6), §§ 238 ff HGB Rdn. 1296; Hoffmann-Becking/Rellermeyer, FS Goerdeler, 1987, S. 199, 216. – A. M. Schindler, BB 1987, 158, 159 f.

31 Havermann, WP-Handbuch 1985/86, Bd. II, S. 307; Ders., Bericht IdW-Fachtagung 86, S. 43, 48.

32 Pankow/Gutike, aaO (Fn. 7), § 271 HGB Rdn. 38.

33 Zilias, WP-Handbuch 1985/86, Bd. II, S. 707; Pankow/Gutike, aaO (Fn. 7), § 271 HGB Rdn. 38.

34 Vgl. zur problematischen Abgrenzung Meyer-Landrut/Miller/Niehus/Scholz, aaO (Fn. 6), §§ 238 ff HGB Rdn. 1315.

35 Meyer-Landrut/Miller/Niehus/Scholz, aaO (Fn. 6), §§ 238 ff HGB Rdn. 946.

36 Oben IV 2 b.

Beziehungen steht, sofern es nur zur kaufmännischen Rechnungslegung verpflichtet ist[37]. Die sich hieraus ergebende Eigenschaft des verbundenen Unternehmens wird nach § 271 Abs. 2, 2. Halbsatz HGB nicht dadurch beeinträchtigt, daß das Tochterunternehmen nach § 295 HGB in den Konzernabschluß nicht einbezogen werden darf oder nach § 296 HGB nicht einbezogen zu werden braucht.

d) Möglichkeit eines Konzernabschlusses

Weitere Voraussetzung für die Annahme eines verbundenen Unternehmens ist nach dem Wortlaut des § 271 Abs. 2 HGB die Verpflichtung oder das Recht, einen Konzernabschluß aufzustellen. Hieraus ergeben sich gewisse Begrenzungen des Kreises der verbundenen Unternehmen.

§ 290 Abs. 1, 2 HGB beschränkt die Pflicht, einen Konzernabschluß aufzustellen, auf Mutterunternehmen mit Sitz im Inland; die Tochterunternehmen sind dagegen ohne Rücksicht auf ihren Sitz in den Konzernabschluß einzubeziehen[38]. Diese räumliche Beschränkung hinsichtlich des Mutterunternehmens ist jedoch für die Bestimmung der verbundenen Unternehmen nicht maßgebend. Die Verbundenheit ist nach § 271 Abs. 2 HGB auch gegeben, wenn das fragliche Unternehmen in einen befreienden Konzernabschluß nach § 291 HGB oder nach einer nach § 292 HGB erlassenen Rechtsverordnung einbezogen werden könnte. Das bedeutet: Der Kreis der verbundenen Unternehmen wird nach § 291 HGB auf die Unternehmen erweitert, die in einen Konzernabschluß einbezogen werden könnten, den ein Unternehmen mit Sitz in einem Mitgliedstaat der Europäischen Wirtschaftsgemeinschaft aufstellen könnte. Auf die tatsächliche Aufstellung eines solchen befreienden Konzernabschlusses kommt es dabei nicht an[39]. Darüber hinaus erstreckt § 292 HGB die Möglichkeit, einen befreienden Konzernabschluß aufzustellen, auch auf Mutterunternehmen mit Sitz in einem Staat, der nicht Mitglied der Europäischen Wirtschaftsgemeinschaft ist. Das gilt allerdings nur vorbehaltlich einer noch zu erlassenden Rechtsverordnung. Da aber der Kreis der verbundenen Unternehmen für das Recht des Einzelabschlusses nicht von dem Erlaß einer den Konzernabschluß betreffenden Rechtsverordnung abhängen kann, ist schon jetzt jedes in einem Staat außerhalb der Europäischen Wirtschaftsgemeinschaft ansässige Unternehmen geeignet, als oberstes Mutterunternehmen eines fiktiven Konzernabschlusses den Kreis der verbundenen Unternehmen zu bestimmen[40].

37 Zilias, WP-Handbuch 1985/86, Bd. II, S. 712.
38 Meyer-Landrut/Miller/Niehus/Scholz, aaO (Fn. 6), §§ 238 ff HGB Rdn. 953.
39 Zilias, WP-Handbuch 1985/86, Bd. II, S. 706, 735.
40 Biener/Berneke, aaO (Fn. 7), S. 189.

Die Unternehmensverbundenheit ist ferner nicht dadurch ausgeschlossen, daß für den denkbaren Konzernabschluß die größenabhängigen Befreiungen des § 293 HGB eingreifen. Diese Vorschrift wäre für die Frage des Bestehens einer Unternehmensverbindung überhaupt nur modifiziert anwendbar, weil die nach den §§ 295, 296 HGB nicht einbezogenen Tochterunternehmen für die Berechnung der Größenmerkmale nach § 293 Abs. 1 Nrn. 1 und 2 HGB entgegen dem Wortlaut diese Regelung nach § 271 Abs. 2, 2. Halbsatz HGB mitzuberücksichtigen wären. Aber auch mit dieser Modifikation paßt die größenabhängige Befreiung nach § 293 HGB nicht in den Regelungsbereich des § 271 Abs. 2 HGB. Das zeigt sich an der Vorschrift des § 291 Abs. 1 Satz 2 HGB, auf die § 271 Abs. 2 HGB verweist. Danach ist ein Mutterunternehmen ohne Rücksicht auf seine Größe in der Lage, einen befreienden Konzernabschluß aufzustellen. Mit dieser Regelung verträgt es sich nicht, wenn zugleich eine Mindestgröße für die Summe der Einzelabschlüsse (§ 293 Abs. 1 Nr. 1 HGB) und für den Konzernabschluß (§ 293 Abs. 1 Nr. 2 HGB) als Voraussetzung für die Annahme verbundener Unternehmen gefordert werden würde. Die größenabhängige Befreiung von der Konzernabschlußpflicht nach § 293 HGB schließt daher entgegen verbreiteter Auffassung[41] die Unternehmensverbundenheit i. S. d. § 271 Abs. 2 HGB nicht aus[42].

Schließlich wird der Kreis der verbundenen Unternehmen auch nicht dadurch eingeengt, daß nach § 291 Abs. 3 HGB Gesellschafter eines Mutterunternehmens die befreiende Wirkung eines von dessen Mutterunternehmen aufgestellten Konzernabschlusses verhindern können. Dadurch wird die Möglichkeit nicht ausgeschlossen, daß dieses weitere Mutterunternehmen einen eigenen Konzernabschluß unter Einbeziehung seiner Tochterunternehmen aufstellt. Diese Möglichkeit genügt für die Anwendbarkeit des § 271 Abs. 2 HGB[43].

e) Grenzen der Unternehmensverbundenheit

Aus dem unter IV 2 a) bis d) entwickelten Konzept ergeben sich folgende Grenzen für die Annahme eines verbundenen Unternehmens:

aa) Allgemeine Abweichungen vom bisher geltenden Recht (§ 15 AktG)

Die Anknüpfung an die Möglichkeit eines Konzernabschlusses für das Merkmal der Unternehmensverbundenheit führt gegenüber dem bisher geltenden

41 PANKOW/GUTIKE, aaO (Fn. 7), § 271 HGB Rdn. 36. Hiervon gehen auch KROPFF, DB 1986, 364, 365, und ULMER, FS Goerdeler, 1987, S. 623, 633, aus.

42 Ebenso im Ergebnis ZILIAS, WP-Handbuch 1985/86, Bd. II, S. 716 f; BIENER/BERNEKE, aaO (Fn. 7), S. 187.

43 ZILIAS, WP-Handbuch 1985/86, Bd. II, S. 717 f.

Recht zu beachtlichen Einschränkungen des Kreises der verbundenen Unternehmen:

Die Verbundenheit entfällt abweichend von § 16 AktG bei bloßer kapitalmäßiger Mehrheitsbeteiligung, die nicht auch mit einer Stimmrechtsmehrheit verbunden ist (vgl. § 290 Abs. 2 Nr. 1 HGB).

Ein verbundenes Unternehmen liegt ferner nicht vor, wenn sich eine Abhängigkeit i. S. d. § 17 AktG nicht auf eine der in § 290 Abs. 2 Nr. 2 HGB genannten Einflußmöglichkeiten stützt, z. B. bei nur personeller Verflechtung der Leitungsorgane ohne das in § 290 Abs. 2 Nr. 2 HGB hervorgehobene Bestellungs- und Abberufungsrecht.

Ferner sind wechselseitig beteiligte Unternehmen i. S. d. § 19 AktG ohne die weiteren Voraussetzungen des § 290 HGB, anders als nach § 15 AktG, nicht verbundene Unternehmen.

Schließlich sind Vertragsteile eines Unternehmensvertrages, der nicht Beherrschungsvertrag i. S. d. § 290 Abs. 2 Nr. 3 HGB ist, entgegen § 15 AktG ebenfalls nicht verbundene Unternehmen.

bb) Mutterunternehmen, das nicht zur kaufmännischen Buchführung verpflichtet ist

Eine weitere wesentliche Einschränkung gegenüber dem bisher geltenden Recht ergibt sich daraus, daß das Mutterunternehmen nach § 271 Abs. 2 HGB in der Lage sein muß, einen Konzernabschluß aufzustellen. Daher kommen als Mutterunternehmen nur solche wirtschaftlichen oder rechtlichen Einheiten in Betracht, die zur kaufmännischen Buchführung verpflichtet sind[44], also Kaufleute, Personenhandelsgesellschaften, Kapitalgesellschaften und Unternehmen der öffentlichen Hand (§ 263 HGB). Dagegen sind nicht Mutterunternehmen Privatpersonen, die nicht Kaufleute sind, ferner nicht Gebietskörperschaften, wie Bund, Länder und Gemeinden[45]. Das führt zu beachtlichen Änderungen gegenüber dem bisherigen Recht. Für das Aktienrecht hat die Auffassung sehr an Boden gewonnen, daß auch Gebietskörperschaften herrschende Unternehmen sein könnten[46], so daß auf sie auch die Regeln über verbundene Unternehmen

44 ZILIAS, WP-Handbuch 1985/86, Bd. II, S. 711 f; DERS., DB 1986, 1110, 1111 f; wohl auch KROPFF, DB 1986, 364, 366 Fn. 3.

45 Ausschußbericht, BT-Drucks. 10/4268, S. 113; wohl auch KROPFF, DB 1986, 364, 366 Fn. 3.

46 Für Bundesrepublik Deutschland (Fall Veba-Gelsenberg) BGHZ 69, 334, 338 ff; ferner allgemein KOPPENSTEINER, Kölner Komm. z. AktG, Bd. 1, Lfg. 1, 2. Aufl. 1986, § 15 Rdn. 39 ff mit Zusammenfassung Rdn. 52; LUTTER/TIMM, BB 1978, 836, 838 ff. – A. M. (aber Schutz der Minderheitsaktionäre und der Gläubiger) WIEDEMANN/MARTENS, Die AG 1976, 197, 232, 233 ff, insbes. S. 235; (aber analoge Anwendung geeigneter konzernrechtlicher Einzelregelungen) ZÖLLNER, ZGR 1976, 1, 28 f.

anzuwenden seien. Mit dem Bilanzrichtlinien-Gesetz ist für seinen Anwendungsbereich die Grundlage für diesen Argumentationsansatz entfallen. Gebietskörperschaften können nicht Mutterunternehmen und daher auch nicht verbundene Unternehmen sein. Diese Änderung der Rechtslage hat nicht nur Bedeutung für den Ausweis von Forderungen und Verbindlichkeiten im Jahresabschluß, sondern auch für den Bereich der Abschlußprüfung[47].

cc) Gleichordnungskonzern

Art. 12 der 7. EG-Richtlinie räumt den Mitgliedstaaten das Recht ein, auch für den Gleichordnungskonzern die Konzernrechnungslegungspflicht vorzusehen. Hiervon hat der deutsche Gesetzgeber in § 290 HGB keinen Gebrauch gemacht[48]. Absatz 1 dieser Vorschrift setzt voraus, daß ein Mutterunternehmen die einheitliche Leitung über Tochterunternehmen auf Grund einer Beteiligung ausübt; und Absatz 2 beschreibt spezielle Beherrschungs- und Abhängigkeitstatbestände. Daher kommt für das deutsche Recht eine Konzernrechnungslegung im Gleichordnungskonzern nicht in Betracht[49].

Folglich sind im Gleichordnungskonzern i. S. d. § 18 Abs. 2 AktG ohne gemeinsames Mutterunternehmen zusammengeschlossene Unternehmen nicht verbundene Unternehmen nach § 271 Abs. 2 HGB. Auch insoweit bedeutet die neue Regelung eine Einschränkung gegenüber dem bisher geltenden Recht.

dd) Schwestergesellschaften ohne zum Konzernabschluß verpflichtetes Mutterunternehmen und ohne eigene Tochterunternehmen

Ein besonderes Problem, an dem sich der Streit um die Auslegung des § 271 Abs. 2 HGB vor allem entzündet hat, ist die Beurteilung von Schwesterunternehmen, deren gemeinsames Mutterunternehmen nicht zum Konzernabschluß verpflichtet ist und die keine eigenen Tochterunternehmen haben. Es handelt sich um die Fälle, in denen die Muttergesellschaft keine inländische Kapitalgesellschaft ist, so daß von vornherein eine Konzernrechnungslegungspflicht nach § 290 HGB entfällt. Die Möglichkeit eines befreienden Konzernabschlusses nach den §§ 291, 292 HGB, welche die Unternehmensverbundenheit begründen

47 Dazu unten IV 3 b.
48 VON WYSOCKI / WOHLGEMUTH, Konzernrechnungslegung unter Berücksichtigung des Bilanzrichtlinien-Gesetzes, 3. Aufl. 1986, S. 57 f.
49 JONAS, Der Konzernabschluß, 1986, S. 112. – A. M. HAVERMANN, WP-Handbuch 1985/86, Bd. II, S. 308 f.

würde[50], setzt voraus, daß die Schwesterunternehmen jeweils selbst konzernabschlußpflichtig sind. Dieses Erfordernis ist nur gegeben, wenn jedes dieser Schwesterunternehmen ein eigenes Tochterunternehmen hat, zu dem eine der in § 290 HGB beschriebenen Rechtsbeziehungen besteht. Ist das nicht der Fall, so fehlt es an der eigenen Konzernrechnungslegungspflicht, von der das gemeinsame Mutterunternehmen befreien könnte. Die Schwesterunternehmen sind also nicht verbundene Unternehmen i. S. d. § 271 Abs. 2 HGB[51]. Etwas anderes gilt auch nicht für den Fall, in dem das gemeinsame Mutterunternehmen nach § 11 PublG zur Konzernrechnungslegung verpflichtet ist; § 271 Abs. 2 HGB bezieht diese Pflicht nicht in seinen Regelungsbereich ein[52].

Hiernach ist beispielsweise eine GmbH, an der mit den Merkmalen des § 290 HGB eine inländische Personengesellschaft beteiligt ist, nicht verbundenes Unternehmen gegenüber einer anderen GmbH, an der die Personengesellschaft in gleicher Weise eine Beteiligung hält. Auch ist die Personengesellschaft nicht verbundenes Unternehmen im Verhältnis zu der GmbH.

Das Bild ändert sich, sobald die GmbH ein eigenes Tochterunternehmen hat, hinsichtlich der ihr die in § 290 HGB beschriebenen Rechte zustehen. Dann könnte die Personengesellschaft einen befreienden Konzernabschluß aufstellen, so daß sie im Verhältnis zur GmbH verbundenes Unternehmen ist. Gegenüber der Schwester-GmbH würde diese Rechtsfolge allerdings erst eintreten, wenn auch diese eine eigene Tochtergesellschaft i. S. d. § 290 HGB hätte, weil dann ein befreiender Konzernabschluß möglich wäre, in den beide Gesellschaften mit beschränkter Haftung einzubeziehen wären oder einbezogen werden könnten.

f) Würdigung

Die Regelung des § 271 Abs. 2 HGB bedeutet, wie die unter IV 2 e dargestellten Fallgestaltungen gezeigt haben, eine erhebliche Einschränkung des Kreises der verbundenen Unternehmen gegenüber dem bisher geltenden Recht. Sie führt auch – in dem Fall der Schwestergesellschaften[53] – zu erstaunlichen Ergebnissen, wenn die Unternehmensverbundenheit vom Vorhandensein von Tochterunternehmen abhängt.

50 Oben IV 2 d.

51 Zilias, WP-Handbuch 1985/86, Bd. II, S. 694; N. von Hoyningen-Huene, BB 1987, 999, 1004. Davon gehen auch diejenigen aus, die u. a. aus diesem Grunde § 271 Abs. 2 HGB ausdehnend interpretieren wollen: Kropff, DB 1986, 364, 365; Meyer-Landrut/Miller/Niehus/Scholz, aaO (Fn. 6), §§ 238 ff HGB Rdn. 427. – A. M. (ohne Begründung) Biener/Berneke, aaO (Fn. 7), S. 188.

52 Zilias, WP-Handbuch 1985/86, Bd. II, S. 709 f; Pankow/Gutike, aaO (Fn. 7), § 271 HGB Rdn. 36. – A. M. Kropff, DB 1986, 364, 365.

53 Oben IV 2 e dd.

Dieser Sonderfall kann nun aber nicht Anlaß sein, das gesamte Konzept des §271 Abs. 2 HGB für die Rechtsanwendung in Frage zu stellen. Daß diese Vorschrift zu Einschränkungen gegenüber dem bisher geltenden Recht führen werde, ist im Gesetzgebungsverfahren gesehen worden[54]. Die Abhängigkeit vom Konsolidierungskreis ist – wie unter III ausgeführt – durch Art. 41 der 7. EG-Richtlinie vorgegeben. Eine grundsätzliche Abkehr von der Anknüpfung an die Konzernrechnungslegung ist daher für den Bereich der Rechnungslegungsvorschriften ausgeschlossen.

Es macht folglich wenig Sinn, in bestimmten Einzelfällen von der Grundregel des §271 Abs. 2 HGB abzuweichen und auf die Möglichkeit eines Konzernabschlusses als Voraussetzung für die Unternehmensverbundenheit zu verzichten. Angesichts der aus der Sicht des bisher geltenden Rechts ohnehin bestehenden Unzulänglichkeiten der neuen Regelung wird durch eine solche Korrektur im Einzelfall die Aussagefähigkeit der Jahresabschlüsse nicht verbessert.

Im übrigen ist die von *Kropff*[55] begründete gegenteilige Auffassung von einer sehr am Wortlaut des §271 Abs. 2 HGB haftenden Auslegung getragen. So meint er, daß die Unternehmensverbundenheit bei größenabhängiger Befreiung von der Konzernabschlußpflicht nach §293 HGB entfalle[56], daß sie weiterhin nicht bestehe, wenn die Ausübung von Gesellschafterrechten nach §291 Abs. 3 HGB die befreiende Wirkung eines von einem weiter entfernten Mutterunternehmens aufgestellten Konzernabschlusses verhindere und so die Anwendbarkeit des §271 Abs. 2 HGB ausschließe[57] und daß schließlich in Fällen von Mutterunternehmen mit Sitz in Staaten außerhalb der Europäischen Wirtschaftsgemeinschaft vor Erlaß der Rechtsverordnung nach §292 HGB eine Unternehmensverbundenheit ausgeschlossen sei[58]. Es hat sich aber gezeigt[59], daß §271 Abs. 2 HGB auch für diese Fallgestaltungen angemessene Lösungen bereithält, wenn man das Merkmal der Möglichkeit eines Konzernabschlusses eher abstrakt und weniger konkret versteht[60]. Diese mehr abstrakte Beurteilung rechtfertigt sich aus der Überlegung, daß der Kreis der verbundenen Unternehmen – auch im Interesse der Vergleichbarkeit der Jahresabschlüsse – so bestimmt werden muß, daß er möglichst wenig von Besonderheiten des Einzelfalles abhängig ist.

Unbefriedigend ist nur der Fall der Schwestergesellschaften ohne inländische Kapitalgesellschaft als Mutterunternehmen und ohne eigene Tochterunterneh-

54 Begründung zu §236 Abs. 3 Nr. 3 HGB i.d.F. des Entwurfs des Gesetzes zur Durchführung der 7. und der 8. Richtlinie, BT-Drucks. 10/3440, S. 35.

55 DB 1986, 364 ff.

56 DB 1986, 364, 365; ihm folgend Ulmer, FS Goerdeler, 1987, S. 623, 633. Ebenso Pankow/Gutike, aaO (Fn. 7), §271 HGB Rdn. 36.

57 DB 1986, 364, 365.

58 DB 1986, 364, 365 f.

59 Oben IV 2 d.

60 Ebenso Zilias, WP-Handbuch 1985/86, Bd. II, S. 704 Fn. 3.

men gelöst[61]. Der für den Jahresabschluß von § 271 Abs. 2 HGB verfolgte Zweck wird aber dadurch nicht in einer Weise tangiert, daß von den Vorgaben des Art. 41 der 7. EG-Richtlinie abgewichen werden müßte. Für den Bereich der Rechnungslegung kann dieses Informationsdefizit hingenommen werden.

3. Bedeutung des § 271 Abs. 2 HGB für die Abschlußprüfung

a) Grundlagen

Eine differenziertere Betrachtung ist aber erforderlich, soweit es sich um die Auswirkungen des § 271 Abs. 2 HGB auf das Recht der Abschlußprüfung handelt. In dieser Hinsicht besteht keine Bindung an die Vorgaben einer EG-Richtlinie. Der deutsche Gesetzgeber war nicht genötigt, den in § 271 Abs. 2 HGB geprägten Begriff des verbundenen Unternehmens über die Rechnungslegung hinaus auf andere Bereiche zu erstrecken. Das hat er aber mit der Regelung über den Ausschluß von Wirtschaftsprüfern und vereidigten Buchprüfern von der Abschlußprüfung in § 319 Abs. 2 Nrn. 3, 4, 7, Abs. 3 Nrn. 1, 2, 3 HGB und mit der Bestimmung der gegenüber dem Abschlußprüfer ersatzberechtigten Unternehmen in § 323 Abs. 1 Satz 3 HGB getan.

b) Ausschluß von der Abschlußprüfung nach § 319 HGB

Für die Vorschriften über den Ausschluß von der Abschlußprüfung ist die Hinwendung zu der neuen Umschreibung der verbundenen Unternehmen in § 271 Abs. 2 HGB im Laufe des Gesetzgebungsverfahrens unmerklich geschehen. Zentrale Vorschrift in diesem Bereich ist § 319 Abs. 3 Nr. 1 HGB. Danach darf u. a. eine Wirtschaftsprüfungsgesellschaft nicht Abschlußprüfer sein, wenn sie mit der zu prüfenden Kapitalgesellschaft verbunden ist oder wenn ein mit ihr verbundenes Unternehmen an der zu prüfenden Kapitalgesellschaft mehr als 20 % der Anteile besitzt oder mit ihr verbunden ist[62]. Die der Gesetz gewordenen Fassung entsprechende Bestimmung des § 277 Abs. 3 Nr. 1 E-HGB[63] bezieht sich noch in Anlehnung an § 164 AktG a. F. auf die in § 15 AktG enthaltene Definition des verbundenen Unternehmens. Warum es im weiteren Gang der Gesetzgebung als sinnvoll angesehen wurde, den Kreis der verbundenen Unter-

61 Oben IV 2 e dd.

62 Die weiteren Regelungen in § 319 HGB, die auf verbundene Unternehmen Bezug nehmen (Abs. 2 Nrn. 3, 4, 7, Abs. 3 Nrn. 2, 3) sind von praktisch geringerer Bedeutung und bleiben daher hier außer Betracht.

63 BT-Drucks. 10/317, S. 20 f.

nehmen vermittels § 272 Abs. 2 HGB für die Frage des Ausschlusses von Prüfern und Prüfungsgesellschaften von der Abschlußprüfung einzuschränken, ist nicht ersichtlich. Gegen diese Regelung spricht, daß die Ausschlußtatbestände des § 319 HGB – wie auch die des vorangegangenen § 164 AktG a. F.[64] – gesetzliche Konkretisierungen des in der Besorgnis der Befangenheit nach § 49 WPO bestehenden Ausschlußgrundes sind. Es besteht kein Anlaß, in dieser Hinsicht nunmehr großzügigere Maßstäbe nur deshalb anzulegen, weil für das Recht des Jahresabschlusses der Kreis der verbundenen Unternehmen enger umschrieben worden ist. Der zusätzlich eingeführte Ausschlußtatbestand einer Beteiligung an der zu prüfenden Kapitalgesellschaft (§ 319 Abs. 3 Nr. 1 HGB) bietet demgegenüber keine ausreichende Kompensation, da er Verbindungen vermittels anderer Unternehmen nicht erfaßt. So wäre beispielsweise die Treuarbeit im Verhältnis zur Lufthansa nach neuem Recht auch dann nicht nach § 319 Abs. 3 Nr. 1 HGB von der Abschlußprüfung ausgeschlossen, wenn die Bundesrepublik Deutschland an ihr noch mit Mehrheit beteiligt wäre[65]; denn eine Gebietskörperschaft ist nicht konzernabschlußpflichtig und daher nicht geeignet, eine Unternehmensverbundenheit zu begründen[66].

Diese weitreichenden mittelbaren Folgen der Regelung des § 271 Abs. 2 HGB sind offensichtlich noch nicht bedacht worden[67]. Sie zwingen zu einer restriktiven Interpretation dieser Vorschrift, soweit sie sich auf die in § 319 HGB aufgeführten Ausschlußgründe erstrecken soll. Dafür genügt es nicht, mit der hier für die Rechnungslegungsvorschriften abgelehnten Auffassung[68] von dem Erfordernis der Konzernrechnungsmöglichkeit teilweise abzusehen und eine Unternehmensverbundenheit aus den in § 290 HGB umschriebenen Unternehmensbeziehungen herzuleiten. Bei dieser Beurteilung blieben weiterhin so wichtige Gestaltungen wie die ohne die Voraussetzungen des § 290 Abs. 2 Nr. 2 HGB bestehende Abhängigkeit[69] und die des Gleichordnungskonzerns[70] ausgeklammert, auch fände der Fall der durch Gebietskörperschaften vermittelten Verbindung keine angemessene Lösung.

64 Adler/Düring/Schmaltz, Rechnungslegung und Prüfung der Aktiengesellschaft, Bd. 2, 4. Aufl. 1971, § 164 AktG Rdn. 9, 12; Kropff, in: Geßler/Hefermehl/Eckardt/Kropff, Komm. z. AktG, Bd. III, 1973, § 164 Rdn. 5.

65 Dazu AG Köln Die AG 1975, 330 ff; LG Köln Die AG 1976, 244 ff; OLG Köln Die AG 1978, 171 f.

66 Oben IV 2 e bb.

67 Vgl. die Darstellung von Thümmel, WP-Handbuch 1985/86, Bd. II, S. 11 ff zu § 319 HGB, die auf die Änderung des Tatbestandsmerkmals des verbundenen Unternehmens nicht eingeht.

68 Fn. 6.

69 Oben IV 2 e aa.

70 Oben IV 2 e cc.

Folglich ist der Anwendungsbereich des § 271 Abs. 2 HGB zu begrenzen. Er bezieht sich – entsprechend den Vorgaben des Art. 41 der 7. EG-Richtlinie[71] – auf die Rechnungslegungsvorschriften, er erstreckt sich aber nicht auf die Ausschlußtatbestände des § 319 HGB. Insoweit ist unverändert auf die allgemeine Umschreibung der verbundenen Unternehmen in § 15 AktG zurückzugreifen.

c) Verantwortlichkeit des Abschlußprüfers nach § 323 HGB

In § 323 Abs. 1 Satz 3 HGB werden für den Fall der Pflichtverletzung durch den Abschlußprüfer, seine Gehilfen und die bei der Prüfung mitwirkenden gesetzlichen Vertreter einer Prüfungsgesellschaft als ersatzberechtigt neben der Kapitalgesellschaft auch die mit ihr verbundenen Unternehmen genannt. Diese Regelung gilt auch für die Haftung des Gründungsprüfers nach § 49 AktG und für die des Sonderprüfers nach § 144 AktG. Hält man für diese Tatbestände die Umschreibung des § 271 Abs. 2 HGB für maßgebend, ergeben sich gegenüber der bisher geltenden Vorschrift des § 168 AktG a. F. Veränderungen, die aber nicht so weitreichend sind, wie die im Falle des § 319 HGB[72]. Nach § 168 Abs. 1 Satz 3 AktG a. F. waren neben der Gesellschaft ersatzberechtigt Konzernunternehmen sowie herrschende und abhängige Unternehmen. Diese Tatbestände werden durch § 271 Abs. 2 HGB in Verbindung mit § 290 HGB eingeschränkt. Ausgenommen sind nunmehr Mutterunternehmen, die nicht zur kaufmännischen Buchführung verpflichtet sind[73], Unternehmen eines Gleichordnungskonzerns[74] sowie Schwestergesellschaften ohne zum Konzernabschluß verpflichtetes Mutterunternehmen und ohne eigene Tochterunternehmen[75]; ferner wirken sich einschränkend die allgemeinen Abweichungen vom bisher geltenden Recht aus[76]. Dieses Ergebnis ist befremdlich, da bei diesen nunmehr aus dem Schutzbereich ausgenommenen Unternehmensverbindungen ein Schädigungsrisiko besteht, das sich von dem für die verbundenen Unternehmen i. S. d. § 271 Abs. 2 HGB bestehenden in nichts unterscheidet.

Allerdings ist das grundlegende Problem der Haftung des Abschlußprüfers gegenüber Dritten noch nicht so weit geklärt[77], daß es möglich wäre, die

71 Oben III.
72 Oben IV 3 b.
73 Oben IV 2 e bb.
74 Oben IV 2 e cc.
75 Oben IV 2 e dd.
76 Oben IV 2 e aa.
77 Dazu Hopt, WPg. 1986, 461, 466, der für § 323 Abs. 1 Satz 3 HGB noch von der Fassung des § 168 Abs. 1 Satz 3 AktG a. F. ausgeht.

gesetzgeberische Entscheidung[78] angemessen zu korrigieren. Anders als für die Ausschlußgründe des § 319 HGB[79] ist daher für die Dritthaftung des Abschlußprüfers eine Beschränkung des Anwendungsbereichs des § 271 Abs. 2 HGB nicht zwingend geboten. Im Rahmen des § 323 Abs. 1 Satz 3 HGB und der auf diese Bestimmung verweisenden Vorschriften[80] ist also an der Umschreibung der verbundenen Unternehmen in § 271 Abs. 2 HGB festzuhalten.

4. *Bedeutung des § 271 Abs. 2 HGB für die Strafvorschrift des § 331 Nr. 4 HGB*

§ 331 Nr. 4 HGB bedroht u. a. die vertretungsberechtigten Organmitglieder einer Kapitalgesellschaft mit Strafe, wenn sie in Aufklärungen oder Nachweisen, die nach § 320 HGB einem Abschlußprüfer eines verbundenen Unternehmens zu geben sind, unrichtige Angaben machen. In dieser Vorschrift ist die Verwendung des Begriffs des verbundenen Unternehmens deshalb besonders problematisch, weil § 320 HGB keine generelle Auskunftspflicht gegenüber dem Abschlußprüfer eines mit der zu prüfenden Gesellschaft verbundenen Unternehmens i. S. d. § 271 Abs. 2 HGB begründet. Vielmehr besteht nur eine Auskunftspflicht gegenüber einem Abschlußprüfer, wenn das um Auskunft angegangene Unternehmen zu der zu prüfenden Gesellschaft im Verhältnis eines Mutter- oder Tochterunternehmens steht. Insofern wird in § 320 HGB allein auf die in § 290 HGB umschriebenen Unternehmensverflechtungen Bezug genommen und nicht auf das zusätzliche Erfordernis der Möglichkeit, in einen Konzernabschluß einbezogen zu werden. Die Strafbarkeit nach § 331 Nr. 4 HGB ist also im Vergleich mit der zu sichernden Auskunftspflicht beschränkt.

Dieser gesetzgeberische Mangel[81] kann aber nicht durch eine erweiternde Auslegung des § 331 Nr. 4 HGB beseitigt werden. Der strafrechtliche Bestimmtheitsgrundsatz[82] steht einer solchen Korrektur entgegen. Für § 331 Nr. 4 HGB ist daher die Definition des verbundenen Unternehmens in § 271 Abs. 2 HGB verbindlich.

78 Die Maßgeblichkeit des § 271 Abs. 2 HGB für § 323 Abs. 1 Satz 3 HGB ist im Gesetzgebungsverfahren gesehen worden, vgl. Ausschußbericht, BT-Drucks. 10/4268, S. 119.

79 Oben IV 3 b.

80 §§ 49, 144 AktG.

81 Eine weitere Unstimmigkeit besteht hinsichtlich des Begriffs des verbundenen Unternehmens im Verhältnis zu der subsidiären Vorschrift des § 400 Abs. 1 Nr. 2 AktG; dazu Ulmer, FS Goerdeler, 1987, S. 623, 639.

82 Zu diesem Schulze-Osterloh, in: Kohlmann (Hrsg.), Strafverfolgung und Strafverteidigung im Steuerstrafrecht, 1983, S. 43, 47 ff m. w. N.

V. Zusammenfassung

Den Begriff des verbundenen Unternehmens umschreibt § 271 Abs. 2 HGB für den Bereich des Dritten Buches des HGB in Anlehnung an die Konzernrechnungslegung. Diese Regelung ist grundsätzlich wörtlich zu verstehen, wobei aber auf die abstrakte, nicht auf die konkrete Möglichkeit zur Einbeziehung der in Betracht kommenden Unternehmen in einen Konzernabschluß abzustellen ist.

Für die in § 319 HGB geregelten Gründe, die einen Wirtschaftsprüfer, vereidigten Buchprüfer oder eine Prüfungsgesellschaft von der Abschlußprüfung ausschließen und dabei an das Vorhandensein eines verbundenen Unternehmens anknüpfen, können die mit dieser Interpretation des § 271 Abs. 2 HGB verbundenen Einschränkungen nicht hingenommen werden. Der Ausschlußgrund der Besorgnis der Befangenheit nach § 49 WPO macht es vielmehr erforderlich, insoweit auf die umfassende Definition der verbundenen Unternehmen in § 15 AktG zurückzugreifen.

Zur Umwandlung einer Personenhandelsgesellschaft in eine Aktiengesellschaft

von

Rechtsanwalt Dr. Johannes Semler, Kronberg/Taunus

Inhaltsübersicht

Im Jahre 1982 hat der II. Senat des Bundesgerichtshofes, dem der Jubilar angehörte, eine bedeutsame Entscheidung[1] zum Umwandlungsrecht getroffen: Eine Personenhandelsgesellschaft kann durch Mehrheitsbeschluß der Gesellschafter in eine Aktiengesellschaft umgewandelt werden, wenn der Gesellschaftsvertrag für eine solche Entscheidung die Möglichkeit einer Mehrheitsentscheidung vorsieht. Das Urteil hat klargestellt, daß die Vorschriften der §§ 42

1 BGH, Urt. v. 15. 11. 1982, II ZR 62/82, BGHZ 85, 350; Westermann, FS Hengeler, 1972, S. 240 ff.

Abs. 1 Satz 1 und 48 Abs. 1 Satz 1 UmwG durch gesellschaftsvertragliche Regelungen abbedungen werden können[2].

Auch nach dieser Entscheidung gibt es im handelsrechtlichen und steuerrechtlichen Umwandlungsrecht[3] noch eine Reihe von bedeutsamen Zweifelsfragen. Mit diesen Fragen befaßt sich der heutige Aufsatz nicht. Behandelt werden Fragen, die in der Umwandlungspraxis meist mehr Schwierigkeiten bereiten als die Probleme des Rechts. Die zahlreichen Formalitäten, die notwendigen Abklärungen mit Behörden und sonstigen Stellen außerhalb des Unternehmens und die Abklärung unterschiedlicher Interessen aller Beteiligten erfordern eine sorgfältige Zeit- und Ablaufplanung, um eine beabsichtigte Umwandlung ordnungsgemäß abzuwickeln.

Auf die notwendigen unternehmerischen Erwägungen zur Zweckmäßigkeit einer Umwandlung kann nach Sachlage nicht eingegangen werden; sie sollten für das „Ob" einer Umwandlung aber stets entscheidend sein.

I. Klärung der Voraussetzungen der Umwandlung

1. Handelsrechtliche Voraussetzungen

Die Umwandlung einer Personenhandelsgesellschaft in eine Aktiengesellschaft kann nur beschlossen werden, wenn der notwendige Beschluß von allen Gesellschaftern einstimmig gefaßt wird oder der Gesellschaftsvertrag eine Umwandlungsmöglichkeit durch Mehrheitsbeschluß vorsieht. Auf die Zulässigkeit einer Mehrheitsentscheidung in Fällen, in denen der Gesellschaftsvertrag die grundsätzlich notwendige Mehrheitsklausel nicht vorsieht (insbes. aus Treuepflicht-Überlegungen)[4], soll hier nicht eingegangen werden. Vor Beginn der meist zeitraubenden, die Führungseffizienz der geschäftsführenden Gesellschafter stark beeinträchtigenden und auch kostspieligen Vorbereitungsarbeiten sollte deswegen zunächst geklärt werden, ob die rechtlichen Voraussetzungen vorhanden oder erreichbar sind und ob Gesellschafter mit der erforderlichen Stimmenmacht der Umwandlung zustimmen werden.

2 Vgl. hierzu die Ausführungen von WIDMANN/MAYER, Umwandlungsrecht, 9. Aktualisierung, Rdn. 817 ff.

3 BALSER/BOCKELMANN/PIORRECK, Verschmelzung und Umwandlung im Gesellschaftsrecht, 1972; BÖTTCHER/MEILICKE, Umwandlung und Verschmelzung von Kapitalgesellschaften, 5. Aufl., 1958; GLADE/STEINFELD, Umwandlungssteuergesetz 1977, 2. Aufl., 1978; HACHENBURG/SCHILLING, Komm. z. GmbHG, 7. Aufl., 1984, Anh. § 77; HUECK, Gesellschaftsrecht, 18. Aufl., 1983, S. 361 ff; DERS., StW 1953, Sp. 315; KNUR, DNotZ 1971, 10; MÜLLER, WPg 1969, 590; SCHOLZ/SKRIBBE, Komm. z. GmbHG, 6. Aufl., 1983, Anh. III; WIDMANN/MAYER, aaO (Fn. 2), Rdn. 817 ff.

4 Vgl. hierzu WIDMANN/MAYER, aaO (Fn. 2), Rdn. 816.6 m. w. N.

Wenn die notwendige Mehrheit für den Umwandlungsbeschluß vorhanden oder erreicht worden ist, sollte gesichert werden, daß diese Mehrheit bis zur letzten erforderlichen Beschlußfassung erhalten bleibt. Ohne entsprechende Vorkehrungen entsteht die Gefahr, daß ein oder mehrere Gesellschafter vor der entscheidenden Beschlußfassung ihre Zustimmung von (unbegründeten) Zusatzforderungen abhängig machen, die im Interesse des Zeitplans dann von den anderen Gesellschaftern erfüllt werden (müssen). Ein Auftrag an die geschäftsführenden Gesellschafter, verbunden mit einer unwiderruflichen Vollmacht und dem Hinweis auf das besondere Interesse[5] aller Gesellschafter an der Durchführung des einmal gefaßten Beschlusses, kann zur Sicherheit beitragen. Aus Rechtsgründen kann auch die Benennung eines Dritten zum Bevollmächtigten in Frage kommen, da ein möglicher Stimmrechtsausschluß in der späteren Gründungsversammlung beachtet werden sollte.

2. *Steuerliche Voraussetzungen*

Besondere Sorgfalt ist auf die Prüfung der steuerlichen Folgen der Umwandlung zu verwenden. Das steuerliche Umwandlungsrecht kennt im Grundsatz ein Wahlrecht für den Wertansatz des eingebrachten Betriebsvermögens bei der neuen Gesellschaft (§ 20 UmwStG): Es kann zum Buchwert der Personenhandelsgesellschaft, zum Teilwert (unter Realisierung stiller Reserven) oder zu einem Zwischenwert angesetzt werden. Dieses Wahlrecht besteht nicht für den Anteil eines Gesellschafters, der nicht unbeschränkt steuerpflichtig ist (vgl. im einzelnen § 20 Abs. 3 UmwStG): Der auf diesen Gesellschafter entfallende Anteil des Betriebsvermögens muß zum Teilwert angesetzt werden. Damit wird die Umwandlung kompliziert: Der nicht unbeschränkt steuerpflichtige Gesellschafter muß die Differenz zwischen anteiligem Buchwert und anteiligem Teilwert (zum halben Steuersatz) versteuern, der Aufwandseffekt aus der mit dem Ansatz des Teilwerts verbundenen Aufwertung kommt aber später allen Gesellschaftern zugute.

Die Wahlfreiheit im allgemeinen ist mit Folgen verbunden: Nach § 20 Abs. 4 UmwStG gilt der Wert, mit dem die Kapitalgesellschaft das eingebrachte Betriebsvermögen angesetzt hat, für den einbringenden Gesellschafter als Anschaffungswert der neuen Aktien. Wenn der Einbringungswert unter dem Teilwert liegt, entstehen sog. einbringungsgeborene Anteile. Für diese wiederum gilt nach § 21 UmwStG, daß ein Differenzbetrag zwischen späterem Veräußerungserlös und Anschaffungswert als Veräußerungsgewinn im Sinne des § 16

5 Vgl. Palandt/Heinrichs, Komm. z. BGB, 46. Aufl., 1987, § 168 Anm. 3 b; Thiele, Münchener Komm. z. BGB, 2. Aufl., 1984, § 168 Rdn. 31 ff; Flume, Allgemeiner Teil des bürgerlichen Rechts, Bd. 2, 1975, § 53 m. w. N.

EStG gilt und damit der Einkommensteuer (zum halben Steuersatz) unterliegt. Es bedarf sorgfältiger Überlegung und Berechnung, wie im konkreten Fall von der Wahlmöglichkeit des § 20 UmwStG Gebrauch gemacht werden soll.

Wenn einzelne Gesellschafter nicht unbeschränkt steuerpflichtig sind, müssen weitere steuerliche Überlegungen angestellt werden. Diese Gesellschafter haben zumeist keinen Anspruch auf Anrechnung der Körperschaftsteuer nach § 36 Abs. 2 Nr. 3 EStG. In solchen Fällen kann eine Ausgründung[6] des Betriebs aus der Personenhandelsgesellschaft unter Verzicht auf die Erleichterungen des UmwG und eine Errichtung der neuen Kapitalgesellschaft durch Sacheinlagen empfehlenswert sein; handelsrechtlich entfällt hier zwar die Universalsukzession, steuerlich finden die Vorschriften der §§ 20 ff UmwStG dennoch Anwendung.

3. Erste Gesellschafterversammlung

Alle in diesem Zusammenhang anzustellenden Erwägungen, die Grundzüge der vorgesehenen Satzung, die beabsichtigte Besetzung der notwendigen Organe sowie – last not least – der Zeitplan für die Abwicklung des Vorhabens werden zweckmäßig einer (ersten) Gesellschafterversammlung vorgetragen, die etwa ein halbes Jahr vor der Versammlung angesetzt wird, in der der Umwandlungsbeschluß endgültig gefaßt werden soll. Ein Zeitraum von sechs Monaten reicht im allgemeinen aus, um alle Vorbereitungen zu treffen, ist hierfür aber auch notwendig.

Zur umfassenden Information der Gesellschafter wird zweckmäßig ein Gutachten erstellt, daß die unternehmerischen Erwägungen zur Umwandlung voranstellt und die gesellschaftsrechtlichen und steuerlichen Voraussetzungen und Folgen abwägend erläutert.

II. Aufgaben zwischen erster und zweiter Gesellschafterversammlung

In der Zeit zwischen der ersten und einer zweiten Gesellschafterversammlung müssen die Dokumente erstellt werden, die für die Umwandlung und deren Anmeldung erforderlich sind. Einzelfragen müssen mit dem Registergericht, der Industrie- und Handelskammer sowie vor allem den Steuerbehörden erörtert und geklärt werden. Im einzelnen geht es um folgendes:

6 Vgl. Kropff, FS Geßler, 1971, S. 111 ff.

1. *Umwandlungsbilanz*

Der Anmeldung der Umwandlung zur Eintragung in das Handelsregister ist „die der Umwandlung zugrunde gelegte Bilanz" beizufügen (§ 43 Abs. 3 Satz 2 UmwG). Zwischen Umwandlungsstichtag und Eintragung steht ein Zeitraum von längstens sechs Monaten zur Verfügung, denn das Gericht „soll"[7] die Umwandlung nur eintragen, wenn die der Umwandlung zugrunde gelegte Bilanz für einen höchstens sechs Monate vor der Anmeldung liegenden Zeitpunkt aufgestellt worden ist (§ 43 Abs. 4 UmwG). Es genügt allerdings, wenn die Anmeldung der Umwandlung rechtzeitig erfolgt ist[8]; für die Rechtzeitigkeit ist jedoch bedeutsam, daß der Anmeldung alle erforderlichen Unterlagen beigefügt sind und die Eintragung ohne weiteres Zutun der anmeldenden Personen erfolgen kann[9]. Auf Einzelheiten des Umwandlungsbilanzrechts kann nicht eingegangen werden. Auf eine bedeutsame Schwierigkeit sei jedoch hingewiesen: Für Versorgungszusagen der Personenhandelsgesellschaft an persönlich haftende Gesellschafter können Pensionsrückstellungen im allgemeinen nicht mit steuerlicher Wirkung gebildet werden[10]. Der Gesetzgeber sieht in solchen Versorgungszusagen Verpflichtungen der anderen Gesellschafter gegenüber dem versorgungsberechtigten Gesellschafter, nicht aber (steuerlich passivierungsfähige) Verpflichtungen der Gesellschaft. Die Versorgungsleistungen werden als Teil der Gewinnverwendung betrachtet. Mit der Umwandlung müssen auch diese Verpflichtungen passiviert werden[11]. Da der versorgungsberechtigte Gesellschafter nach der Umwandlung nur noch den Ertragsanteil seiner Pension zu versteuern hat, wird bei unveränderter Höhe der Versorgungsleistung eine (kaum gewollte) beachtliche Besserstellung des versorgungsberechtigten Gesellschafters herbeigeführt, die zudem durch eine „Abzweigung" der aus Eigenkapital gebildeten Pensionsrückstellung von den anderen Gesellschaftern „bezahlt" wird. Auch diese Besonderheit kann es zweckmäßig erscheinen lassen, anstelle einer Umwandlung i. S. der §§ 40 ff UmwG eine „Ausgründung" vorzusehen, jeden-

7 Wobei die Nichtbeachtung dieser „Muß"vorschrift für das Registergericht keine Auswirkungen auf die Gültigkeit einer dennoch erfolgten Eintragung hat; vgl. HACHENBURG/SCHILLING, aaO (Fn. 3), Anh. § 77 GmbHG, § 43 UmwG Rdn. 5; SCHOLZ/SKRIBBE, aaO (Fn. 3), Anh. III Rdn. 89; WIDMANN/MAYER, aaO (Fn. 2), Rdn. 866.

8 Aufgrund des eindeutigen Gesetzeswortlauts muß nicht die Eintragung selbst in der Sechs-Monatsfrist erfolgen; vgl. HACHENBURG/SCHILLING, aaO (Fn. 3), Anh. § 77 GmbHG, § 43 UmwG Rdn. 5.

9 Sollten nicht alle erforderlichen Unterlagen zu diesem Zeitpunkt vorliegen, besteht ein formales Eintragungshindernis. Es liegt allerdings im Ermessen des Handelsregistergerichts, eine Frist zu dessen Beseitigung zu setzen, im übrigen ist die Eintragung abzulehnen.

10 GLADE/STEINFELD, aaO (Fn. 3), Rdn. 1145 f; WIDMANN/MAYER, aaO (Fn. 2), Rdn. 7117; BFH, Urt. v. 22. 1. 1970, IV R 47/68, BStBl. II 1970, 415.

11 GLADE/STEINFELD, aaO (Fn. 3), Rdn. 1148; WIDMANN/MAYER, aaO (Fn. 2), Rdn. 7117.

falls dann, wenn zur Deckung der Versorgungsverpflichtung ausreichendes nicht betriebsnotwendiges Vermögen zur Verfügung steht.

2. *Weitere Umwandlungsdokumente*

Für die Umwandlung und deren Eintragung in das Handelsregister sind eine Vielzahl von Dokumenten erforderlich. Sie müssen entworfen, von den Beteiligten gebilligt und ggf. mit dem Registergericht, der Industrie- und Handelskammer und den Steuerbehörden abgestimmt werden, wenn die spätere Eintragung zügig erfolgen soll. Es handelt sich dabei um folgendes:

a) Notarielle beurkundete Niederschrift über die (zweite) Gesellschafterversammlung mit Umwandlungsbeschluß, der die Gründung einer Aktiengesellschaft und die Übertragung des Vermögens der Personenhandelsgesellschaft auf die neue Aktiengesellschaft umfassen muß (§§ 41 Abs. 1, 42 Abs. 1 UmwG).

b) Satzung der Aktiengesellschaft (§ 42 Abs. 2 UmwG). Beim Entwurf der Satzung ist auf eine sorgfältige Beachtung der Vorschriften in § 27 AktG wert zu legen. In der Praxis wird gelegentlich übersehen, daß diese Bestimmungen bei jeder errichtenden Umwandlung gelten. Schwere Haftungsrisiken sind die Folgen einer Mißachtung dieser Bestimmungen (vgl. § 27 Abs. 3 bis 5 AktG).

c) Gründungsbericht der Gründer (§ 32 AktG). Im Gründungsbericht sind auch der Geschäftsverlauf und die Lage der Personenhandelsgesellschaft darzulegen.

d) Gründungsprüfungsbericht durch Vorstand und Aufsichtsrat (§ 33 Abs. 1 AktG); vgl. dazu unten IV 1.

e) Antrag auf Bestellung eines unabhängigen Gründungsprüfers (§ 33 Abs. 2 AktG). Eine unabhängige Gründungsprüfung ist bei einer errichtenden Umwandlung stets erforderlich (§ 43 Abs. 2 UmwG). Für den Registerrichter empfiehlt es sich, den Abschlußprüfer des Unternehmens auch zum Gründungsprüfer zu bestellen, wenn schon bei der Personenhandelsgesellschaft regelmäßig Abschlußprüfungen durch einen Wirtschaftsprüfer vorgenommen worden sind. Dieser Abschlußprüfer hat die umfassendsten und besten Kenntnisse vom Unternehmen. Ein neuer Prüfer kann solche auch bei intensiver Prüfung im allgemeinen nicht oder doch nur mit erheblichem Zeitaufwand und damit unter Aufwendung erheblicher und unnötiger zusätzlicher Kosten erwerben. Die Vornahme der Abschlußprüfung beim umzuwandelnden Unternehmen ist kein Hinderungsgrund für die Bestellung zum Gründungsprüfer; § 33 Abs. 5 AktG zählt die Hinderungsgründe erschöpfend auf.

f) Information der Industrie- und Handelskammer über das beabsichtigte Umwandlungsvorhaben und über den Antrag auf Bestellung eines unabhängigen Gründungsprüfers. Die Industrie- und Handelskammer ist gemäß § 33 Abs. 3 AktG vor der Bestellung des unabhängigen Gründungsprüfers zu hören.

3. Steuerliche Vorklärungen

Die im § 20 UmwStG eingeräumten Gestaltungsmöglichkeiten zugunsten des Steuerpflichtigen führen zu unterschiedlichen Steuerfolgen. Die Gesellschafter der Personenhandelsgesellschaft sind daran interessiert, daß die von Ihnen gewählte Gestaltung steuerlich anerkannt wird und daß damit auch die von ihnen in Kauf genommenen oder angestrebten Steuerfolgen eintreten. Die Steuerbehörden werden regelmäßig bereit sein, die Umwandlungsbilanz und die Wahl des Wertansatzes für das eingebrachte Betriebsvermögen mit den Gesellschaftern zu erörtern und ihre Auffassung vorbehaltlich anderer tatsächlicher Erkenntnisse aufgrund einer Betriebsprüfung darzulegen. Die sehr schwierigen steuerlichen Vorgänge und die weitreichenden Folgen der durch die Gesellschafter getroffenen Wahl lassen eine solche Fühlungnahme mit den Steuerbehörden dringend angeraten sein. Da das zuständige Finanzamt wegen der besonderen Problematik häufig nicht allein zur Stellungnahme bereit sein wird, muß ausreichend Zeit vorgesehen werden, um erforderlichenfalls auch eine Einschaltung der Oberfinanzdirektion oder des Landesfinanzministeriums zu ermöglichen.

III. Zweite Gesellschafterversammlung

Nach Abklärung aller offenen Gestaltungsfragen und Abstimmung der nötigen Dokumente mit dem Registergericht, der Industrie- und Handelskammer und den Steuerbehörden kann die zweite Gesellschafterversammlung stattfinden.

1. Ablauf der Versammlung

Für diese Gesellschafterversammlung, deren Ablauf und deren Beschlüsse notariell beurkundet werden müssen (§ 42 Abs. 1 Satz 2 UmwG), empfiehlt sich folgende Tagesordnung:

a) Genehmigung und Feststellung der Umwandlungsbilanz
b) Beschluß über die Umwandlung und die Errichtung einer Aktiengesellschaft
c) Feststellung der Satzung der neuen Aktiengesellschaft (§ 23 AktG)
d) Übernahme der Aktien durch die Gründer (§ 29 AktG)
e) Bestellung des ersten Aufsichtsrats (§ 30 Abs. 1 AktG)
f) Bestellung des ersten Abschlußprüfers (§ 30 Abs. 1 AktG)
g) Antrag auf Bestellung eines unabhängigen Gründungsprüfers durch das Registergericht (§ 33 Abs. 2 AktG).

Die Gesellschafter können sich in dieser Gesellschafterversammlung vertreten lassen; für die Vertretung ist eine notariell beglaubigte Vollmacht nötig, aber auch ausreichend (§ 23 Abs. 2 AktG); jedenfalls gilt dies, wenn der Gesellschaftsvertrag der umzuwandelnden Personenhandelsgesellschaft eine Vertretung von Gesellschaftern in der Gesellschafterversammlung grundsätzlich für zulässig erklärt. Eine Beurkundung der Vollmacht ist nicht erforderlich; das Gesetz verlangt eine notariell beurkundete Zustimmung zum Umwandlungsbeschluß nur von Gesellschaftern, die nicht erschienen sind und dem Beschluß nachträglich zustimmen wollen (§ 42 Abs. 1 Satz 2 UmwG). Gesellschafter, die einen durch notariell beglaubigte Vollmacht legitimierten Vertreter beauftragen, gelten – wenn der Gesellschaftsvertrag eine solche Vertretungsmöglichkeit vorsieht – als erschienen[12]; andererseits gilt ein Vertreter, der nur durch eine privatschriftliche Vollmacht legitimiert ist, wegen der Formvorschrift des § 23 Abs. 1 Satz 2 AktG als nicht erschienen[13], auch wenn der Gesellschaftsvertrag für Vertretungsvollmachten bei Gesellschafterversammlungen allgemein Formfreiheit vorsieht.

2. *Konstituierende Aufsichtsratssitzung*

Zweckmäßig findet unmittelbar im Anschluß an die Gesellschafterversammlung eine konstituierende Aufsichtsratssitzung statt. In dieser Sitzung werden der Vorsitzende des Aufsichtsrats und sein Stellvertreter, ggf. auch die Mitglieder etwaiger Ausschüsse gewählt.

Erste Aufgabe des Aufsichtsrats nach der Konstituierung ist die Bestellung der Mitglieder des Vorstands. Erst danach kann der Gründungsbericht erstellt werden. Der Abschluß der Dienstverträge wird zu diesem Zeitpunkt noch nicht erfolgen. Eine Einigung über die Grundzüge der Verträge ist aber empfehlenswert. Die bisherigen persönlich haftenden Gesellschafter werden damit wegen ihrer zukünftigen Ansprüche sichergestellt, wenn auch eine rechtliche Bindung erst mit Eintragung der Gesellschaft in das Handelsregister beabsichtigt ist. Zu beachten ist dabei, daß steuerlich die Einräumung einer Versorgungszusage als Neuzusage gilt, die aber nur den von diesem Zeitpunkt an noch eintretenden Zuwachs an Versorgungsleistung umfaßt[14].

3. *Unterfertigung des Gründungsberichts*

Alle bisherigen Gesellschafter (persönlich haftende Gesellschafter, auch eine Komplementär-GmbH, und alle Kommanditisten, nicht aber stille Gesellschaf-

12 Widmann/Mayer, aaO (Fn. 2), Rdn. 823.1 f.
13 Widmann/Mayer, aaO (Fn. 2), Rdn. 823.2.
14 Widmann/Mayer, aaO (Fn. 2), Rdn. 7117.4.

ter) müssen den Gründungsbericht unterzeichnen; sie sind die Gründer der neuen Aktiengesellschaft (§ 41 Abs. 2 Satz 2 UmwG). Bei der Unterfertigung des Gründungsberichts ist eine Vertretung nicht zulässig, jeder Gesellschafter muß persönlich unterschreiben. Allerdings ist es nicht nötig, daß alle Gesellschafter einen und denselben Bericht unterzeichnen. Es ist durchaus zulässig, daß einige Gesellschafter einen Bericht, andere Gesellschafter mehrere weitere Ausfertigungen des Berichts persönlich unterzeichnen.

IV. Aufgaben zwischen zweiter und dritter Gesellschafterversammlung

Sobald die Organe der neuen Aktiengesellschaft bestellt sind, können weitere für die Gründung der Aktiengesellschaft notwendige Handlungen vorgenommen werden. Entsprechendes gilt, sobald der Registerrichter den unabhängigen Gründungsprüfer bestellt hat.

1. Gründungsprüfungsbericht

Die Mitglieder des Vorstands und des Aufsichtsrats haben den Hergang der Gründung zu prüfen. Die Prüfung hat zunächst das Ziel, festzustellen, ob alle maßgeblichen Vorschriften des Aktiengesetzes und des Umwandlungsgesetzes materiell und formell beachtet worden sind. Darüber hinaus ist von den Prüfern jedoch festzustellen, ob

- die Angaben der Gründer (= Gesellschafter der bisherigen Personenhandelsgesellschaft) über die Übernahme der Aktien, über die Einlagen auf das Grundkapital und über die Festsetzungen nach §§ 26 und 27 AktG richtig und vollständig sind;
- der Wert der Sacheinlagen oder Sachübernahmen den Nennbetrag der dafür zu gewährenden Aktien oder den Wert der dafür zu gewährenden Leistungen erreicht;
- die Darlegungen der Gründer über den Geschäftsverlauf und die Lage der Personenhandelsgesellschaft richtig und vollständig sind. Da der Pflichtinhalt des Gründungsberichts der Gründer bei einer errichtenden Umwandlung durch § 43 Abs. 1 UmwG materiell erweitert worden ist, ergibt sich daraus auch ein erweiterter materieller Umfang der Gründungsprüfung.

Der Gründungsprüfungsbericht ist von sämtlichen Mitgliedern des Vorstands und des Aufsichtsrats persönlich zu unterzeichnen[15]. Eine Vertretung ist ebensowenig zulässig wie ein Verzicht auf die Mitwirkung durch einzelne Organmitglieder.

15 Eckardt, in: Geßler/Hefermehl/Eckardt/Kropff, Komm. z. AktG, 1984, § 34 Rdn. 13.

2. Durchführung der unabhängigen Gründungsprüfung

Zur Durchführung der unabhängigen Gründungsprüfung benötigt der vom Registergericht bestellte Prüfer neben den Büchern und Schriften der Gesellschaft

- die Umwandlungsbilanz (vgl. oben II 1)
- die notariell beurkundete Niederschrift über die erste Gesellschafterversammlung mit der Satzung (vgl. oben II 2 a und b)
- die Urkunden über die Bestellung (und die Konstituierung) des Aufsichtsrats und die Bestellung des Vorstands (vgl. oben III 2)
- den Gründungsbericht der Gründer (vgl. oben II 2 c)
- den Gründungsprüfungsbericht von Vorstand und Aufsichtsrat (vgl. oben II 2 d und IV 1).

Daneben wird zweckmäßig (auch zur Erleichterung der Arbeit des Registerrichters) noch eine weitere Unterlage in die unabhängige Gründungsprüfung einbezogen, nämlich

- die Berechnung des der Gesellschaft zur Last fallenden Gründungsaufwands (§ 37 Abs. 4 Nr. 2 AktG).

Es hat sich als zweckmäßig erwiesen, daß der unabhängige Gründungsprüfer sämtliche Dokumente, die für die Anmeldung der Umwandlung und der Gründung der neuen Aktiengesellschaft zum Handelsregister erforderlich sind, seinem Prüfungsbericht beifügt. Damit sind alle zur Beurteilung des Vorgangs erforderlichen Unterlagen in einem Aktenband vereinigt.

Der Bericht des unabhängigen Gründungsprüfers ist der Industrie- und Handelskammer einzureichen (§ 34 Abs. 3 AktG), die Handelskammer muß den Empfang bescheinigen[16].

3. Weitere Vorklärungen

Nach Abschluß aller Prüfungen kann die Anmeldung der Umwandlung und der Gründung der neuen Aktiengesellschaft zur Eintragung in das Handelsregister erfolgen. Die Anmeldung hat durch alle Gründer (= bisherige Gesellschafter, vgl. § 41 Abs. 2 Satz 2 UmwG), sämtliche Mitglieder des Vorstands und alle Mitglieder des Aufsichtsrats zu erfolgen. Auch bei der Anmeldung müssen alle Personen, die zur Mitwirkung an der Anmeldung verpflichtet sind, ihre Unterschrift persönlich leisten[17] und beglaubigen lassen (§ 12 HGB). Eine rechtsgeschäftliche Vertretung der zur Anmeldung verpflichteten Personen ist nach h. M.

16 ECKARDT, aaO (Fn. 15), § 35 AktG Rdn. 19.

17 So ECKARDT, aaO (Fn. 15), § 36 AktG Rdn. 16; KRAFT, Kölner Komm. z. AktG, 2. Aufl., 1986, § 36 Rdn. 24 f m. w. H.; a. A. WIDMANN/MAYER, aaO (Fn. 2), Rdn. 858.

nicht zulässig[18]. Aber auch die Anmeldung braucht nicht von allen zur Anmeldung verpflichteten Personen auf ein und derselben Urkunde unterzeichnet zu werden.

Wegen dieses Erfordernisses der persönlichen Anmeldung ist es ratsam, den Inhalt der Anmeldung und die zur Einreichung vorgesehenen Urkunden vorab durch den Registerrichter prüfen zu lassen; nach einer Beanstandung der endgültigen Anmeldung werden schon wegen der Sechs-Monatsfrist des § 43 Abs. 4 UmwG die notwendigen Unterschriften unter eine neue, berichtigte Anmeldung kaum mehr zeitgerecht eingeholt werden können.

Vor der Anmeldung hat noch ein weiteres zu geschehen: Es muß die nach § 7 KapVStDVO erforderliche Unbedenklichkeitsbescheinigung des Finanzamtes eingeholt werden; ohne eine solche Bescheinigung darf die Gesellschaft nicht eingetragen werden.

Eine Abklärung der Firmenfragen mit der Industrie- und Handelskammer ist im allgemeinen ebenfalls empfehlenswert. Allerdings wird der Registerrichter, wenn die bisherige Firma gemäß §§ 42 Abs. 3 UmwG, 4 Abs. 2 AktG fortgeführt wird, auf die nach § 23 HRV vorgesehene Fühlungnahme mit der Industrie- und Handelskammer verzichten können. Sicherheitshalber empfiehlt sich die Einholung und das Beifügen einer Erklärung der Kammer, daß gegen die gewählte Firma keine Bedenken bestehen.

Ein weiteres Eintragungserfordernis kommt nur in Sonderfällen in Betracht: Falls der Gegenstand des Unternehmens oder eine andere Satzungsbestimmung der staatlichen Genehmigung bedarf, muß die Genehmigungsurkunde der Anmeldung beigefügt werden (§ 37 Abs. 4 Nr. 5 AktG). Diese Bestimmung wird bei Umwandlungen vor allem praktisch, wenn die umgewandelte Gesellschaft Bankgeschäfte betreibt. Es muß frühzeitig dafür Sorge getragen werden, daß die erforderliche Genehmigungsurkunde[19] rechtzeitig ausgestellt wird; die Bearbeitung bei der zuständigen Behörde bedarf häufig, schon wegen der Fühlungnahme mit Verbänden und anderen Behörden, längerer Zeit.

4. Grundlagen für die Organtätigkeit

Schließlich muß beachtet werden, daß die Gesellschaft ihr Unternehmen weiter betreiben muß. Die neuen Organe müssen zusammenwirken, die Aufgaben müssen, soweit nicht durch das Gesetz geschehen, verteilt und die Zuständigkeiten geregelt werden. Vorbereitet und in den zuständigen Gremien verabschiedet werden müssen deswegen

18 Vgl. Fn. 7 bis 9.
19 SZAGUNN/WOHLSCHIESS, Komm. z. KWG, 4. Aufl., 1986, § 32 Anm. 3 c.

– die Geschäftsordnung für den Aufsichtsrat
– die Geschäftsordnung für den Vorstand
– die Geschäftsverteilung für den Vorstand.

5. Vorstands- und Aufsichtsratssitzungen

Alsbald nach Fertigstellung (und gebotener Abstimmung) der erforderlichen Unterlagen können diese von den zuständigen Organen verabschiedet werden.

In einer Vorstandssitzung werden
– der Gründungsprüfungsbericht
– bei satzungsmäßiger Voraussetzung: die Geschäftsordnung des Vorstands und der Geschäftsverteilungsplan

genehmigt.

In einer Aufsichtsratssitzung werden
– der Gründungsprüfungsbericht
– die Geschäftsordnung des Aufsichtsrats
– bei satzungsmäßiger Voraussetzung: die Geschäftsordnung des Vorstands und der Geschäftsverteilungsplan

verabschiedet. Außerdem wird der Vorsitzende des Aufsichtsrats ermächtigt, nach Eintragung der Gesellschaft die vom Plenum (oder einem dazu ermächtigten Personalausschuß) gebilligten Dienst- und Pensionsverträge in Kraft zu setzen und zu unterzeichnen.

V. Dritte Gesellschafterversammlung

Die Anmeldung der Umwandlung und der Gründung der neuen Aktiengesellschaft muß, wie oben erläutert (IV 3), von allen Beteiligten persönlich unterzeichnet werden. Es hat sich als zweckmäßig erwiesen, zu diesem Behufe eine weitere (dritte) Gesellschafterversammlung einzuberufen, an der nach Möglichkeit sämtliche Gesellschafter teilnehmen.

Sie wird mit folgender Tagesordnung abgewickelt:
a) Bericht über den Ablauf der Umwandlung
b) Vorlage des vom Vorstand ermittelten Gründungsaufwands
c) Vorlage der Berichte von Vorstand und Aufsichtsrat sowie des unabhängigen Gründungsprüfers über die Gründungsprüfungen
d) Billigung und Unterzeichnung der Anmeldung der Umwandlung und der Gründung der neuen Gesellschaft zum Handelsregister.

Bei sorgfältiger Planung und Vorbereitung war es schon möglich, die zweite und dritte Gesellschafterversammlung an einem Tage durchzuführen. Alle Dokumente waren vorbereitet, alle Prüfungen erfolgt, die notwendigen Abstimmungen mit Registergericht, Industrie- und Handelskammer sowie Finanzamt durchgeführt. Unmittelbar nach Ablauf der zweiten Gesellschafterversammlung wurde der Antrag auf Bestellung des unabhängigen Gründungsprüfers mit der notariellen Niederschrift über die Gesellschafterversammlung und einer Stellungnahme der Industrie- und Handelskammer dem Registergericht übergeben. Das Gericht verfügte die Bestellung und fertigte die Bestellung aus. Sodann wurden der Reihe nach der Gründungsbericht, der Prüfungsbericht von Vorstand und Aufsichtsrat sowie der Prüfungsbericht des unabhängigen Gründungsprüfers unterzeichnet, die notwendigen Beschlüsse in allen Organen gefaßt, die Anmeldung zum Handelsregister unterfertigt sowie schließlich am frühen Nachmittag die Anmeldung beim Registergericht eingereicht. Damit war erreicht worden, daß die Gesellschafter, teilweise in Übersee wohnhaft, und die Mitglieder der Organe nur einmal anzureisen brauchten und die erforderlichen Unterschriften alle an Ort und Stelle persönlich geleistet wurden. Das Zwittergebilde der „in Umwandlung begriffenen Gesellschaft" hatte nur eine sehr kurze Lebenszeit.

VI. Aufgaben nach der Eintragung

Mit der Eintragung ist die neue Aktiengesellschaft entstanden und die alte Personenhandelsgesellschaft erloschen (§ 44 Abs. 1 UmwG). Die Dienstverträge mit den Mitgliedern des Vorstands können in Kraft gesetzt und unterzeichnet werden.

Weiteres hat zu geschehen:

1. Nachwahlen zum Aufsichtsrat

Unverzüglich nach der Einbringung des Unternehmens (= Eintragung der Umwandlung und der Gründung der neuen Aktiengesellschaft, § 44 Abs. 1 Satz 2 UmwG) hat der Vorstand bekanntzumachen, nach welchen Vorschriften der Aufsichtsrat zusammenzusetzen ist (§ 31 Abs. 3 AktG). Die Wahl der Arbeitnehmervertreter hat fristgerecht zu erfolgen.

2. Mitteilungspflicht

Wenn einem Aktionär, der ein Unternehmen ist, mehr als der vierte Teil der Aktien der neuen Gesellschaft oder eine Mehrheitsbeteiligung gehört, hat er dies unverzüglich nach Entstehung (Eintragung) der neuen Gesellschaft schriftlich mitzuteilen (§ 20 Abs. 1 AktG). Die Gesellschaft hat aufgrund dieser Mitteilung das Bestehen einer mitteilungspflichtigen Beteiligung in den Gesellschaftsblättern bekanntzugeben (§ 20 Abs. 6 AktG).

Unbeschränkte oder beschränkte, Außen- oder Innenhaftung der Gesellschafter der Vor-GmbH?

von

Dr. h. c. Walter Stimpel,
Vizepräsident des Bundesgerichtshofs a. D., Karlsruhe

Inhaltsübersicht

Nach rund zwanzigjähriger Zusammenarbeit im Revisionsgericht verbindet den Verfasser dieser Zeilen mit dem Adressaten (auch) ein gelegentliches, vielleicht verzeihliches Bedauern, nicht mehr in der Lage gewesen zu sein, die eine oder andere Rechtsentwicklung, die man zusammen mit den anderen Mitgliedern des II. Zivilsenats auf den Weg gebracht hatte, einigermaßen zum Abschluß zu bringen. Im bevorzugten Arbeitsgebiet des Jubilars, dem GmbH-Recht, gehören dazu einige noch nicht hinreichend geklärte Fragen der Vorgesellschaft, vor allem der Haftung ihrer Gesellschafter. Der Versuch, einige frühere Überlegungen weiterzuführen, soll auch Ausdruck steter Dankbarkeit für die gemeinsame Tätigkeit sein, die ich mir lebendiger und harmonischer nicht hätte vorstellen können.

Spätestens seit dem (von Herrn *Fleck* als Berichterstatter abgefaßten) Urteil des Bundesgerichtshofes vom 9. März 1981[1] können alle Überlegungen zum Gründungsstadium der GmbH auf Grundsätzen aufbauen, die die Rechtswissenschaft seinerzeit schon in wichtigen Teilen vorbereitet hatte, heute aber jedenfalls ganz überwiegend billigt: Mit Abschluß des notariellen Gesellschaftsvertrages entsteht die Vorgesellschaft als eigenständige Organisationsform. Für

1 BGHZ 80, 129ff (ständige Rechtsprechung, vgl. u. a. BGHZ 80, 182; BGH NJW 1982, 932).

diese gelten bereits im rechtlich möglichen Umfang Vorschriften des GmbH-Rechts. Sie kann als Träger von Rechten und Pflichten im Rechtsverkehr auftreten. Mit der Eintragung im Handelsregister setzt sie sich mit allen Rechten und Verbindlichkeiten in der erst dann als juristische Person entstehenden GmbH fort. Nach der Eintragung haftet den Vorgesellschafts- ebenso wie den Neugläubigern nur noch die GmbH mit ihrem Vermögen, auch die im Gründungsstadium eingreifende Handelndenhaftung des §11 Abs.2 GmbHG erlischt. Soweit die GmbH im Zeitpunkt der Eintragung nicht mit einem der Stammkapitalziffer entsprechendem Vermögen ausgestattet ist, haben die Gesellschafter das Defizit gesellschaftsintern auszugleichen.

Diese Grundsätze sind im großen ganzen als gesicherte Bestandteile des geltenden GmbH-Rechts anzusehen[2]. Bei dem letztgenannten Grundsatz, der sogenannten „Vorbelastungs"- („Differenz-" oder „Unterbilanz-") haftung wird sich die Rechtsprechung wohl noch mit einigen grundlegenden Angriffen auseinandersetzen müssen. Ganz ungesichert und umstritten ist, was für die Haftung der Gesellschafter für Vorgesellschaftsverbindlichkeiten während der Dauer des Eintragungsverfahrens sowie bei Aufgabe der Eintragungsabsicht, Liquidation und Konkurs der Vorgesellschaft zu gelten hat. Mit diesen Fragen soll sich daher der Beitrag im wesentlichen befassen.

I. Doppelzahlungsrisiko des freiwilligen Bareinlegers?

Zuvor sollte noch auf ein Rechtsprechungsrelikt eingegangen werden, das mit dem (überholten) Vorbelastungsverbot zusammenhing: Ein Gesellschafter, der im Gründungsstadium freiwillig eine noch nicht fällige Bareinlage ins Gesellschaftsvermögen geleistet hatte, sollte diese ein zweites Mal aufbringen müssen, wenn sie bei Eintragung der GmbH verbraucht war[3].

Der Bundesgerichtshof hat sich im Urteil vom 9. März 1981[4] noch einmal darauf bezogen, ohne darauf einzugehen, ob das weiterhin gelten kann. Im Schrifttum ist dies vereinzelt verneint worden[5]. Meist hat man sich aber, soweit jene Rechtsprechung nicht schon immer abgelehnt worden war[6], nach dem

2 Statt aller Scholz / K. Schmidt, Komm. z. GmbHG, 7. Aufl., 1986, §11 Rdn. 5 m. w. N.

3 BGHZ 37, 75, 80 (im Anschluß an RGZ 83, 370 und RGZ 149, 293, 302 ff) m. w. N.

4 BGHZ 80, 137.

5 Fischer/Lutter/Hommelhoff, Komm. z. GmbHG, 12. Aufl., 1987, §7 Rdn. 7; Meister, FS Werner, 1984, S. 521, 531.

6 Scholz/Winter, Komm. z. GmbHG, 7. Aufl., 1986, §7 Rdn. 37 m. w. N. und Vorauflagen.

Urteil entweder die Frage nicht neu gestellt[7] oder gemeint, sie habe wegen der Vorbelastungshaftung „an Bedeutung verloren"[8].

Die Doppelzahlungspflicht war von jeher außerordentlich hart und mindestens im Innenverhältnis der Gesellschafter grob unbillig, zumal regelmäßig für einen internen Ausgleich dieser Last keine ausreichenden Gründe gesehen wurden. Ausgerechnet der Gesellschafter, der mit seiner Vorauszahlung eingesprungen war, um der Vorgesellschaft Liquidität zu verschaffen, sollte im Außen- und vielleicht auch im Innenverhältnis der GmbH allein dafür „büßen", wenn sich die Gesellschaftergesamtheit schon im Gründungsstadium zum Betrieb eines Handelsgeschäfts entschlossen hatte, die Geschäfte aber verlustreich waren.

Behielte man die Doppelzahlungspflicht auch nach Einführung der Vorbelastungshaftung bei, würde dieses Ergebnis – nunmehr überhaupt ohne Grund – fortgeschleppt. Könnte nämlich die eingetragene GmbH auch künftig vom Einzahler bei entsprechenden Verlusten den schon einmal geleisteten Betrag erneut verlangen, würde nunmehr ein solcher Anspruch (als Aktivposten des Gesellschaftsvermögens) die Vorbelastungshaftung der Gesellschaftergesamtheit mindern. Die Unbilligkeit würde sich fortsetzen, obgleich das Stammkapital infolge der Vorbelastungshaftung ausgeglichen wäre und ein Gläubigerinteresse daher nicht mehr geltend gemacht werden könnte. Der mit der Vorbelastungshaftung verbundene Gedanke, daß das Risiko von Kapitalverlusten vor Eintragung der GmbH zu Lasten *aller* Gesellschafter gehen muß, läßt daher für die isolierte Verpflichtung eines Gesellschafters, Teile seiner Einlage doppelt zahlen zu müssen, keinen Raum mehr.

Lutter meint zunächst zutreffend, jenes frühere System sei nunmehr durch die allgemeine Vorbelastungshaftung ersetzt. Er relativiert das aber: Freiwillige Mehrleistungen erhöhten heute das Risiko der Mitgesellschafter; eine Solvenzwirkung trete daher nur ein, wenn die Satzung solche Zahlungen festlege oder erlaube oder die übrigen Gesellschafter zugestimmt hätten[9].

Mir ist auch das zweifelhaft. Rechnerisch ändern sich durch freiwillige Mehreinzahlungen eines einzelnen Gesellschafters die jeweiligen Quoten der Vorbelastungshaftung im Verhältnis der Gesellschafter zueinander nicht. Sollte aber gemeint sein, es sei zu befürchten, der Geschäftsführer, der mehr Geld zur Verfügung habe, werde auch mehr Schulden machen und die Vorbelastungshaftung erhöhen, läßt sich das nicht gut verallgemeinern. Weniger Kapital verhindert nicht unbedingt höhere Vorbelastungsansprüche, weil auch eine Überschul-

7 ROTH, Komm. z. GmbHG, 2. Aufl., 1987, § 11 Anm. 2.3.1; ROWEDDER/RITTNER, Komm. z. GmbHG, 1985, § 7 Rdn. 26; HACHENBURG/ULMER, Komm. z. GmbHG, 7. Aufl., Ergänzungsband 1985, § 7 Rdn. 40–42.

8 G. HUECK, in: Baumbach/Hueck, Komm. z. GmbHG, 14. Aufl., 1985, § 7 Rdn. 7.

9 FISCHER/LUTTER/HOMMELHOFF, aaO (Fn. 5), § 7 GmbHG Rdn. 7.

dung möglich und auszugleichen ist. Umgekehrt kann höhere Liquidität dazu verhelfen, günstiger zu wirtschaften. Die Vorschrift des §46 Nr. 2 GmbHG, wonach die Einforderung restlicher Stammeinlagen in die Entscheidungskompetenz der Gesellschafterversammlung fällt, ist keine Sperre für Vorauszahlungen, sondern läßt nur den Sinn erkennen, es nicht dem Ermessen des Geschäftsführers zu überlassen, wann restliche Einlageschulden fälliggestellt werden sollen. Lassen daher weder die Satzung noch ganz besondere Umstände des Einzelfalles erkennen, daß Vorwegzahlungen nicht im Gesellschaftsinteresse liegen, sind Einlageverpflichtungen entsprechend der allgemeinen Regel des §271 BGB jederzeit erfüllbar, und zwar weil insoweit schon GmbH-Recht gilt, im Gründungsstadium ebenso wie später.

II. Grundlagen der Vorbelastungshaftung

Rechtsgrund der Vorbelastungshaftung ist nach herrschender Lehre der „Unversehrtheitsgrundsatz". Dieser war seit jeher anerkannt, lag dem Vorbelastungsverbot zugrunde und besagt, das Gesellschaftsvermögen müsse im Zeitpunkt, in dem das Registergericht die GmbH eintrage, einen Aktivüberschuß in Höhe der Stammkapitalziffer haben[10]. Es handelt sich danach um einen jener ungeschriebenen Rechtssätze des Kapitalsicherungsrechts, die eine Verlustausgleichshaftung der Gesellschafter gegenüber der GmbH begründen, wenn und soweit die Aufbringungs- oder Erhaltungsnormen ihren Zweck aus Gründen, die das Gesetz nicht berücksichtigt hat, nicht erfüllen[11]. Ein solcher Fall liegt hier vor. Denn nach der gesetzlichen Konzeption wird der Zweck der Kapitalaufbringungsnormen verfehlt, wenn in dem Zeitpunkt, von dem ab die GmbH *als juristische Person* unter Freistellung der Gesellschafter von der persönlichen Haftung am Rechtsverkehr teilzunehmen beginnt, aber nicht mit dem im Handelsregister dokumentierten, gesetzlich geschützten und den Haftungsausschluß rechtfertigenden Anfangskapital ausgestattet ist.

Dies ist, um das klarzustellen, auch die Position des Bundesgerichtshofes. Die im Schrifttum teils mit Kritik verbundene, teils zur Stützung eigener anderweitiger Standpunkte verwendete Ansicht, der Bundesgerichtshof habe §9 Abs. 1 GmbHG analog angewandt[12], ist ein Mißverständnis. Im Urteil vom 9. März 1981 wird eine solche Einzelanalogie nicht behauptet. Im Verlauf der Begründung werden zwar §9 GmbHG als gesetzliches Vorbild einer Differenzhaftung und als weiteres Beispiel bisheriger Kapitalsicherung die Doppelhaftung für freiwillige Mehreinzahlungen genannt. Tragender Grund ist aber der zu Beginn

10 Vgl. u.a. Hachenburg/Ulmer, aaO (Fn. 7), §11 GmbHG Rdn. 82 m. w. N.

11 Stimpel, FS Goerdeler, 1987, S. 601, 610f.

12 U.a. K. Schmidt, NJW 1981, 1345, 1346; Hachenburg/Ulmer, aaO (Fn. 7), §7 GmbHG Rdn. 82.

der Ausführungen stehende Obersatz, es sei „ein Kerngedanke des Kapitalgesellschaftsrechts, die juristische Person nur mit einem garantierten Mindestkapital als der unerläßlichen Betriebs- und Haftungsgrundlage (rechtlich) ins Leben treten zu lassen"; „darauf, daß die GmbH wenigstens im Augenblick ihrer Eintragung, in dem sie als solche entstehe, über den öffentlich verlautbarten Haftungsfond tatsächlich verfüge, soll sich der Rechtsverkehr verlassen dürfen"[13].

Um eigentlich Selbstverständliches zu wiederholen: Differenzhaftung nach § 9 GmbHG und Vorbelastungshaftung dienen zwar beide dem Ziel, die Kapitalaufbringung zu gewährleisten. Aber nach Inhalt und Funktion sind sie zu unterscheiden. Differenzhaftung ist individuelle Einlageverpflichtung des Sacheinlegers; sie greift ein, wenn der tatsächliche Wert seiner Einlage im Anmeldezeitpunkt hinter dem Nennbetrag der übernommenen Stammeinlage zurückbleibt.

Vorbelastungshaftung ist gemeinsame Verpflichtung aller Gesellschafter, das unternehmerische Risiko bis zur Eintragung zu tragen und daher Verluste auszugleichen, wenn sie die Geschäfte vorher begonnen haben. Hatte beispielsweise ein Gesellschafter als Sacheinlage ein Handelsgeschäft einzubringen und zeigt sich später bei Eintragung der GmbH, daß der Wert des Gesellschaftsvermögens[14] unterhalb der Stammkapitalziffer liegt, dann kann das darauf beruhen, daß das Handelsgeschäft schon im Zeitpunkt der Anmeldung zu hoch bewertet worden war und außerdem zwischen Anmeldung und Eintragung der GmbH an Wert verloren hatte. Das Gesellschaftsvermögen ist dann auf die Weise aufzufüllen, daß für den Minderwert des Handelsgeschäfts im Anmeldezeitpunkt (vorbehaltlich des § 24 GmbHG) allein der Sacheinleger aufzukommen hat. Der Vorbelastungsausgleich umfaßt nur den darüber hinausgehenden Fehlbetrag, um den das Gesellschaftsvermögen aufzufüllen ist; ihn schulden alle Gesellschafter anteilig. Anders ausgedrückt: Ansprüche gegen den Sacheinleger aus § 9 GmbHG sind ebenso wie restliche Bareinlageansprüche gegen andere Gesellschafter Aktivposten der auf den Zeitpunkt der Eintragung aufzustellenden Eröffnungsbilanz und nicht Teilposten des Saldos, der von allen Gründern abzudecken ist[15].

III. Stichtag der Vorbelastungshaftung

Die mit dem Unversehrtheitsgrundsatz zusammenhängende Ansicht des Bundesgerichtshofes und der herrschenden Lehre[16], über Entstehung und Höhe der

13 BGHZ 80, 136.
14 Zur Ermittlung dieses Wertes u. a. SCHULZE-OSTERLOH, FS Goerdeler, 1987, S. 531 ff.
15 SCHOLZ / K. SCHMIDT, aaO (Fn. 2), § 11 GmbHG Rdn. 130.
16 Statt aller FLECK, GmbH-Rdsch. 1983, 1, 11; FISCHER/LUTTER/HOMMELHOFF, aaO (Fn. 5), § 11 GmbHG Rdn. 9.

Haftung entscheide der Tag der Eintragung der GmbH im Handelsregister, ist nach dem Urteil vom 9. März 1981 von beachtlicher Seite in Frage gestellt worden. Der Eintragungszeitpunkt sei nicht sachgerecht. Er beruhe auf der überholten Vorstellung, die GmbH trete erst ins Rechtsleben, wenn sie eingetragen worden sei. Die Rechtsprechung habe aber, indem sie die Kontinuität der Vorgesellschaft zur eingetragenen GmbH hergestellt habe, den Weg dafür freigemacht, daß die GmbH schon in der Rechtsform der Vorgesellschaft ohne Vorbelastungsverbot ihre Geschäfte voll aufnehmen dürfe. Damit stehe eine auf den Eintragungszeitpunkt abgestellte Vorbelastungshaftung nicht im Einklang, sie trage den Anforderungen der Rechtspraxis nicht hinreichend Rechnung, belaste die Gesellschafter über Gebühr und sei ungerecht, weil die Gründer zwar den Anmelde-, nicht aber den Eintragungszeitpunkt zu verantworten hätten. In § 9 GmbHG sei die sachgerechte Verteilung des Verlustrisikos zwischen den Gründern und der GmbH bzw. ihren Gläubigern aufgezeigt. Als Stichtag der Vorbelastungshaftung verdiene daher der Anmeldezeitpunkt den Vorzug.

Mit diesem übereinstimmenden Ergebnis werden zwei Modelle vorgeführt: *Karsten Schmidt*[17] verbindet die Vorverlegung des Stichtages mit einer unmittelbaren und unbeschränkten Haftung der Vorgesellschafter, die jedoch mit der Eintragung der GmbH erlöschen soll. *Priester*[18] verfolgt mit der Veränderung des Stichtages das Ziel, die Gesellschafter schon vom Tage der Anmeldung sowohl von einer weitergehenden Vorbelastungshaftung gegenüber der GmbH als auch von einer persönlichen Haftung gegenüber den Vorgesellschaftsgläubigern zu verschonen, sofern nur die GmbH später tatsächlich ins Handelsregister eingetragen wird. Beiden Vorschlägen kann jedoch meines Erachtens die Rechtsprechung nicht folgen.

1. Stichtag Anmeldezeitpunkt, kombiniert mit Vorgesellschafter-Außenhaftung?

Das Konzept *Karsten Schmidts* überrascht schon wegen seiner Auswirkungen: Für die Geschäfte der Vorgesellschaft scheint zunächst, weil die unbeschränkte Außenhaftung der Gesellschafter zur Haftung der Vorgesellschaft und des „handelnden" Geschäftsführers hinzutritt, ein hochgradiger Gläubigerschutz einzugreifen.

Bei näherem Zusehen zeigt sich aber, daß die propagierte Gründerhaftung kaum zum Zuge kommen würde. Interessieren werden in der Regel die nach der Anmeldung entstehenden Ansprüche. Diese müßten die Gläubiger, was selten gelingen wird, sehr schnell durchsetzen. Denn mit der zeitlich von allerlei

17 K. Schmidt, NJW 1981, 1346; Ders., Gesellschaftsrecht, 1986, § 34 III 4; Scholz/K. Schmidt, aaO (Fn. 2), § 11 GmbHG Rdn. 122, 126 sowie Rdn. 83–88.

18 Priester, ZIP 1982, 1146 ff.

Zufällen abhängigen Eintragung soll sich die Rechtslage grundlegend ändern. Nur die GmbH haftet noch. Zuvor gegen einen Gesellschafter begründet erhobene Klagen sind infolgedessen plötzlich für erledigt zu erklären oder als unbegründet abzuweisen. Selbst ein gegen ihn erstrittenes rechtskräftiges Urteil könnte der Gesellschafter im Wege der Vollstreckungsgegenklage (§ 767 ZPO) wieder beseitigen, wenn er den Gläubiger noch nicht befriedigt hat. Der Gläubiger wird gleichsam, was die ihm zugestandene Gesellschafterhaftung angeht, „enteignet", und zwar „entschädigungslos", wenn Vorbelastungsstichtag der Anmeldezeitpunkt sein soll und daher das Gesellschaftsvermögen bei Eintragung mehr oder weniger dahingeschwunden sein kann – gerade dann also, wenn die persönliche Haftung der Gesellschafter, wie man denken würde, ihren Zweck erfüllen müßte.

Was vom Ergebnis her zweifeln läßt, erscheint auch in der rechtlichen Begründung problematisch. Es liegt auf der Hand, daß mit einem früheren Vorbelastungsstichtag für die Gesellschafter nichts gewonnen wäre, wenn sie gegenüber den Gläubigern für die Vorgesellschaftsverbindlichkeiten ebenso lange wie die GmbH selbst, also über den Eintragungszeitpunkt hinaus persönlich haften müßten. Zu jenem Konzept gehört es daher, daß die Gesellschafter mit der Eintragung der GmbH nach außen enthaftet werden müssen, *obwohl* sie fehlendes Stammkapital nicht auszugleichen brauchen. Das soll sich rechtfertigen lassen, weil der Entstehungsgrund für die persönliche Haftung, „die Unternehmensführung ohne legitimierte Haftungsbeschränkung", mit der Eintragung „entfalle" und auch kein Bedürfnis mehr bestehe, die Altgläubiger der bisherigen Vor-GmbH gegenüber den Neugläubigern zu privilegieren[19].

Nun ist es aber so, daß das positive Recht eine „Unternehmensführung mit Haftungsbeschränkung" nur für die *eingetragene* GmbH „legitimiert", also nur Geschäfte abdeckt, die *nach* der Eintragung abgeschlossen werden. § 13 Abs. 2 GmbHG hat keine Enthaftungswirkung für Altverbindlichkeiten, wie auch niemand bei der Kommanditgesellschaft annimmt, der Kommanditist, der zwar seine Einlage erbracht habe, aber in die Haftung des § 176 Abs. 1 HGB geraten sei, werde davon befreit, wenn die Gesellschaft eingetragen werde. Es kann daher nicht genügen, daß die „Unternehmensführung ohne legitimierte Haftungsbeschränkung" wegfällt und *für die Zukunft* durch eine solche „mit legitimierter Haftungsbeschränkung" ersetzt wird. Es bedarf eines anderen Sachgrundes. Fordert man für die Vorgesellschaft die Anerkennung der unbeschränkten persönlichen Haftung als eines zwingenden handelsrechtlichen Prinzips[20], wird man mit anderen Worten eine Enthaftung nur begründen können,

19 So Scholz / K. Schmidt, aaO (Fn. 2), § 11 GmbHG Rdn. 88.

20 Scholz / K. Schmidt, aaO (Fn. 2), § 11 GmbHG Rdn. 82; Ders., Zur Stellung der oHG im System der Handelsgesellschaften, 1972, S. 271 ff; vgl. ferner das Schrifttum in Fn. 45.

wenn man nachweist, das Gläubigerschutzbedürfnis, das jenem Prinzip zugrundeliegt, werde nach Eintragung der GmbH auf andere Weise befriedigt. Dazu kann das Vorhandensein eines nunmehr registergerichtlich geprüften und mit Kapitalsicherungsnormen geschützten Gesellschaftsvermögens nicht ausreichen, das durch vielleicht bedrohliche Verluste im Vorstadium sanktionslos dezimiert sein kann. Die Gläubiger können, wenn die Gesellschafterhaftung mit Eintragung der GmbH erlöschen soll, nur dann als vergleichbar gesichert angesehen werden, wenn die Gesellschaft in diesem Zeitpunkt in die Lage versetzt wird, die Altschulden zu bezahlen und, um das nicht zu gefährden, mit aufgefüllten Kapital das Unternehmen fortzuführen. Ohne gleichzeitig eingreifende Vorbelastungshaftung wäre daher der Wegfall der von *Karsten Schmidt* vorausgesetzten unbeschränkten persönlichen Haftung der Gesellschafter nicht nur die bloße Beseitigung eines „Privilegs" der Altgläubiger gegenüber den Neugläubigern, sondern darüber hinaus ein unter Umständen drastischer Verlust an Haftungsmasse. Der Bundesgerichtshof hat infolgedessen die Enthaftung der Gesellschafter im Urteil vom 9. März 1981 ausdrücklich damit begründet, daß der Gläubiger angesichts der Differenzhaftung der Gründer die mit der Eintragung entstandene juristische Person *mit ihrem gesetzlichen Garantiekapital* in Anspruch nehmen könne[21].

Die Kombination von vorgezogenem Vorbelastungsstichtag, persönlicher, unbeschränkter Gründerhaftung und Haftungsentlassung bei Eintragung dürfte nach alledem kein rechtlich vertretbares Alternativmodell für das Gründungsstadium der GmbH sein.

2. *Vorgesellschaftsgeschäftsführung mit beschränktem Haftungsrisiko?*

Der Vorschlag *Priesters*[22], die Vorbelastungshaftung auf den Ausgleich etwaiger Verluste bis zur Anmeldung der GmbH zurückzuschrauben, vermeidet den Einwand, dies sei mit der Gründer-Außenhaftung nicht in Einklang zu bringen. Er hält auch diese für entbehrlich. Wegen der Vorverlegung des Stichtages der Vorbelastungshaftung werde es allerdings erforderlich, das gesetzliche Kapitalsicherungsrecht in die Vorgesellschaft vorzuverlegen. Sei das Kapital nach den Anforderungen von Gesetz und Satzung aufgebracht und werde es nach den Normen des GmbH-Gesetzes geschützt, müßten berechtigte Belange der Gesellschafter berücksichtigt werden. Diese hätten die Rechtsform der GmbH gewählt, um eine Haftung über die Einlagen hinaus zu vermeiden, müßten aber nun bei einer auf den Eintragungsstichtag bezogenen, summenmäßig unbegrenzten Vorbelastungshaftung im wirtschaftlichen Ergebnis bis dahin das Geschäfts-

21 BGHZ 80, 129, 144.
22 Priester, ZIP 1982, 1146 ff.

risiko wie Gesellschafter einer offenen Handelsgesellschaft tragen. Die Vorstellung, die GmbH trete erst mit der Eintragung „ins Leben", sei durch die Praxis vorzeitiger Geschäftseröffnungen überholt. Infolgedessen sei auch der damit zusammenhängende Grundsatz der Unversehrtheit des Stammkapitals aufzugeben. Kämen die Kapitalsicherungsvorschriften schon nach der Anmeldung zum Zuge, mache es aus Gläubigersicht keinen Unterschied, ob die GmbH vor oder nach der Eintragung ihre Geschäfte beginne und – etwa durch die erfahrungsgemäß häufigen Anlaufverluste – an Stammkapital verliere. Werde aber der Schutzmechanismus, der bei den Kapitalgesellschaften die persönliche Haftung ersetze, zeitlich vorgezogen, sei es folgerichtig, die Haftungsbeschränkung auf das Gesellschaftsvermögen unter Ausschluß der persönlichen Haftung der Gesellschafter ebenfalls schon im gleichen Zeitpunkt einsetzen und endgültig bestehen zu lassen, wenn die GmbH später eingetragen werde[23].

Was mit dem Modell bezweckt wird, ist beträchtlich. Da der kritische Zeitraum für die Entstehung von Verlusten meist erst zwischen der Anmeldung und der sich unter Umständen länger hinziehenden Eintragung liegen wird, würde die Vorbelastungshaftung praktisch beseitigt. Die Vollwertigkeit des Kapitals wäre nur noch im Sinne der nach § 8 Abs. 2 GmbHG abzugebenden Erklärung gesichert, die zu leistenden Einlagen befänden sich bei Anmeldung der GmbH – durch Schulden der Vorgesellschaft nicht geschmälert – in der freien Verfügung der Gesellschafter. Verbunden mit dem weiteren Vorschlag, die Haftung der Gesellschafter zu beseitigen, soll danach das Risiko der nach Anmeldung bis zur Eintragung eingegangenen Geschäfte auf die GmbH und die Gläubiger verlagert werden.

Nun ist es schwer, mit einem so angesehenen und ungemein praxiserfahrenen Autor darüber streiten zu wollen, ob seine rechtspolitischen Ziele so erstrebenswert sind, wie er das meint, und ob es wirklich eine „überholte Vorstellung" im Rechtsverkehr ist, daß die Stammkapitalziffer eine Aussagekraft für den Bestand des Gesellschaftsvermögens wenigstens im Eintragungszeitpunkt haben sollte. Das mag aber dahingestellt bleiben. Denn die von *Priester* vorangestellte, zweifelnde und schließlich verneinte Frage, ob sich der Bundesgerichtshof mit der auf den Eintragungszeitpunkt festgelegten Vorbelastungshaftung für „eine glückliche Lösung der Kapitalaufbringung und -sicherung im Gründungsstadium" entschieden habe[24], hat nur Sinn, wenn es im Wege richterlicher Rechtsfortbildung überhaupt vertretbar wäre, sich für den Anmeldezeitpunkt zu entscheiden und den Gesellschaftern für die Geschäfte vor Eintragung das Verlustrisiko auch sonst abzunehmen. Das stößt aber aus Gründen des geltenden Rechts auf unüberwindbare Schwierigkeiten.

23 Priester, ZIP 1982, 1151/1152.
24 Priester, ZIP 1982, 1146.

Wie schon oben erörtert, ist § 13 Abs. 2 GmbHG, wonach für Verbindlichkeiten der „Gesellschaft" den Gläubigern nur das Gesellschaftsvermögen haftet, lediglich auf die GmbH „als solche", also die eingetragene GmbH (arg. § 11 Abs. 1 GmbHG) zugeschnitten. Das korrespondiert mit dem Rechtssatz, daß es im Handelsrecht ohne registergerichtliche Publizität keine beschränkte Haftung gibt[25] und führt auch für die Vorgesellschaft zu dem allgemeinen Grundsatz, für Verbindlichkeiten hafte immer unbeschränkt, wer im Rechtsverkehr allein oder gemeinsam mit anderen Personen Geschäfte betreibt und sich dabei nicht der Rechtsformen bedient, für die das Gesetz unter bestimmten Voraussetzungen eine Haftungsbeschränkung erlaubt[26]. Das würde allerdings wohl nicht von vornherein ausschließen, den gesetzlich normierten Haftungsbeschränkungen aus zwingenden Gründen eine durch Rechtsfortbildung gewonnene hinzuzufügen, wie ja auch mit der Anerkennung der Vorgesellschaft der bis dahin als geschlossen angesehene Kreis der Gesellschaftsrechtsformen erweitert worden ist, mit denen ein Handelsgeschäft betrieben werden kann[27].

Auch eine auf veränderte Verhältnisse gestützte Rechtsfortbildung kann aber über zwingende Regeln des geltenden Rechts nicht hinweggehen. Die Rechtsprechung hat daher gesetzliches GmbH-Recht auf die Vorgesellschaft immer nur mit dem Zusatz angewandt, dies sei möglich, „soweit das nicht die Eintragung der GmbH voraussetzt"[28]. Dieser Satz mag, wie etwa der Streit um die Liquidationsregeln zeigt[29], methodisch oft nicht ausreichen, um einschlägige Zweifelsfälle zu lösen. Aus zwingenden Gründen des GmbH-Gesetzes selbst ist aber im Sinne dieses Satzes die Erweiterungsfähigkeit des § 13 Abs. 2 GmbHG auf die Vorgesellschaft zu verneinen.

Das läßt sich, wie *Lieb* deutlich gemacht hat[30], schon aus § 11 Abs. 1 GmbHG belegen. Würde man nämlich den ohnehin ausgedehnten Anwendungsbereich der GmbH-gesetzlichen Normen auch noch auf die vollen Kapitalsicherungsregeln und die Haftungsbeschränkung erweitern, käme der Handelsregistereintragung keine nennenswerte Bedeutung mehr zu. Sie würde sich im wesentlichen auf die Umwandlung der (Gesamthands-)Gesellschaft in eine juristische Person auswirken, der kaum mehr als noch formale Bedeutung zukäme. Materiellrechtlich bestünde die Gesellschaft „mit beschränkter Haftung" schon seit ihrer Anmeldung zum Handelsregister. Das ist durch § 11 Abs. 1 GmbHG ausdrücklich ausgeschlossen und kann nicht einfach – contra legem – durch eine (nicht

25 BGHZ 82, 209, 213.
26 Flume, Die juristische Person, 1983, § 5 III, S. 164.
27 Ähnlich denn auch Priester, ZIP 1982, 1147/1148, 1151.
28 BGHZ 21, 242, 246.
29 Einerseits BGHZ 86, 122, 127 und R. Fischer, Komm. z. GmbHG, 10. Aufl., 1983, § 11 Anm. 2f; andererseits u. a. G. Hueck, aaO (Fn. 8), § 11 GmbHG Rdn. 27 m. w. N.
30 Lieb, FS Stimpel, 1985, S. 399, 412f.

zwingende) rechtspolitische Zweckmäßigkeitserwägung gerechtfertigt werden. Auch wenn man den Tendenzen *Priesters* zuneigt: Es läßt sich keineswegs sagen, der Gesetzgeber wäre gar nicht umhingekommen, den Gesellschaftern auch eine vorzeitige Haftungsbeschränkung zuzugestehen, wenn er den vorzeitigen Betrieb eines Handelsgeschäfts durch eine Vorgesellschaft im heutigen Sinne ermöglicht hätte. § 11 Abs. 1 GmbHG ist bindend, auch wenn sich die Vorstellungen über das Gründungsstadium geändert haben.

Zwingende Gründe gegen eine vorgezogene Anwendung des § 13 Abs. 2 GmbHG sind auch dem § 11 Abs. 2 GmbHG zu entnehmen. Wie wechselhaft man die Vorschrift auch angewandt und wie sehr sich das Verständnis für die Gründungsvorgänge verändert haben mag: Auch heute ist nicht daran vorbei zu kommen, daß der Gesetzgeber durchaus mit Geschäften vor Eintragung der GmbH gerechnet hat und deshalb im Gläubigerinteresse die unbeschränkte persönliche Haftung derjenigen verlangt, die für die GmbH „handeln". Gewiß ist das nicht als gesellschaftsrechtliche Haftung der „Gründer als solchen" konzipiert worden. Die Vorschrift ist aber, dem früheren Verständnis entsprechend, über viele Jahrzehnte hinweg als Geschäftsführer- *und* als eine auch die Gesellschafter treffende Haftung praktiziert worden, soweit diese nämlich allgemein ihre Zustimmung zur Geschäftseröffnung gegeben hatten[31]. Mit dem Urteil vom 26. Januar 1967[32] hat der II. Zivilsenat die Handelndenhaftung erstmals dahin eingeschränkt, daß die bloße Zustimmung zur Geschäftsführung nicht genüge. Schon damals ist innerhalb des Senats – freilich noch erfolglos – der Standpunkt verfochten worden, daß jene engere Auslegung des § 11 Abs. 2 GmbHG, wolle man den bis dahin anerkannten Zweck der Vorschrift nicht unzulässig verengen, mit der Entwicklung einer „echten" Gesellschafterhaftung einhergehen müsse. Das ist dann erst in einem Urteil vom 15. Dezember 1975[33] – wenn auch vielleicht nicht zufriedenstellend – nachgeholt worden, als der Senat die Rechtsprechung zu § 11 Abs. 2 GmbHG auf eine bloße Geschäftsführerhaftung zurücknahm und prüfte, ob im konkreten Fall eine von § 11 Abs. 2 GmbHG unabhängige, rein gesellschaftsrechtlich zu begründende Haftung des dortigen Beklagten in Betracht kam. Wenn auch *Flume* kritisiert[34], die Rechtsprechung des II. Senats sei immer noch „auf § 11 Abs. 2 GmbHG fixiert", meine ich doch, daß zwischen dieser Vorschrift und der Gründerhaftung in dem Sinne ein Zusammenhang besteht, daß es mit dem Zweck des § 11 Abs. 2 GmbHG auch heute noch nicht zu vereinbaren wäre, einerseits die Handelndenhaftung auf die Geschäftsführer zu beschränken und andererseits die Gesellschafter über die Einlagen hinaus von jeglicher Haftung für die Verbindlichkei-

31 BGH LM Nr. 6 zu § 11 GmbHG; RGZ 55, 302 und 70, 296.
32 BGHZ 47, 25.
33 BGHZ 65, 378 = LM Nr. 20 zu § 11 GmbHG mit Anm. Fleck.
34 Flume, NJW 1981, 1753, 1754.

ten aus dem Gründungsstadium herauszunehmen. Anders ausgedrückt: Wenn es dem Gesetzeszweck nach früherem Verständnis entsprach, das Geschäftsrisiko bei Geschäftsbeginn vor gerichtlicher Prüfung der Kapitalaufbringung und Eintragung der GmbH auch den verantwortlichen Gesellschaftern anzulasten, dann kann der Umstand, daß die Rechtsprechung die vorgezogene Geschäftseröffnung praktikabel in das Recht der werdenden GmbH eingeordnet hat, allein kein Grund sein, die Gesellschafterhaftung nach Herauslösung aus § 11 Abs. 2 GmbHG ganz fallen zu lassen. Auf andere Weise wird damit bestätigt, daß es nach geltendem Recht vor Eintragung der GmbH keine Risikofreistellung der Gesellschafter und keine Anwendung des § 13 Abs. 2 GmbHG geben kann.

Ein Zusammenhang zwischen § 11 Abs. 2 GmbHG und Vorgesellschafter-Risiko besteht, worauf vielfach hingewiesen worden ist, auch, soweit sich der Geschäftsführer, von Vorgesellschaftsgläubigern in Anspruch genommen, bei den Gesellschaftern schadlos halten kann. *Priester* muß zwar die Handelndenhaftung und die Regreßmöglichkeiten als Schönheitsfehler hinnehmen[35], sieht das aber wohl für sein Konzept als wenig problematisch an, weil er die Bundesgerichtshof-Rechtsprechung übernehmen zu können glaubt, nach der (auch) die Haftung nach § 11 Abs. 2 GmbHG mit Eintragung der GmbH erlischt[36]. Denn wenn das so wäre, wäre deren Bedeutung und die daraus resultierende Regreßgefahr für die Gesellschafter nicht groß, wenn man nicht überhaupt annimmt, der Geschäftsführer könne sich an die Gesellschaft halten.

Ähnlich wie bei der schon erörterten Frage der Enthaftung der Gesellschafter (Konzept *Karsten Schmidt*) ist aber auch hier zu bezweifeln, daß sich die Enthaftung des „handelnden" Geschäftsführers rechtfertigen ließe, wenn man die Vorbelastungshaftung auf den Anmeldezeitpunkt vorziehen (und auf jede Gesellschafterhaftung verzichten) wollte. Es hat allerdings schon früher Versuche gegeben, das Erlöschen der Handelndenhaftung damit zu begründen, der Zweck des § 11 Abs. 2 GmbHG sei erfüllt, wenn die GmbH eingetragen worden, in das jeweilige Geschäft eingetreten sei und der Geschäftsgegner damit „seinen" Schuldner habe[37]. Das ist aber aus der Sicht des Vorbelastungsverbotes formuliert worden, insofern überholt und hat sich auch nicht durchgesetzt, weil schon damals der Gläubigersicherungszweck des § 11 Abs. 2 GmbHG nicht hinreichend gewahrt erschien[38]. Der Bundesgerichtshof hat sich jedenfalls zum Erlöschen der Handelndenhaftung erst nach Neuorientierung seiner Rechtsprechung zur Vorgesellschaft entschlossen, „weil den Erwartungen eines Gläubigers voll genügt (sei), wenn die Verbindlichkeiten der Vorgesellschaft (auf die eingetragene GmbH) übergegangen sind und *überdies* die Gesellschafter für Lücken

35 Priester, ZIP 1982, 115.
36 BGHZ 80, 182.
37 BGHZ 69, 95, 102 ff (obiter dictum).
38 U. a. Huber, FS R. Fischer, 1979, S. 280 f.

im Stammkapital aufkommen müssen, die bei der Eintragung infolge von Vorbelastungen zu verzeichnen sind"[39].

Im Sinne dieser Rechtsprechung ist die Vorbelastungshaftung (auch) Äquivalent für die Handelndenhaftung. Man kann sich infolgedessen mit der Formel abfinden, § 11 Abs. 2 GmbHG brauche heute seine Gläubigerschutzfunktion nur noch zu erfüllen, wenn und solange die Eintragungsvoraussetzungen registergerichtlich nicht geprüft und die Prüfungen nicht „dokumentiert" seien[40]. Die Haftung kann danach mit Eintragung der GmbH wegfallen, und sie besteht fort, wenn die GmbH nicht eingetragen wird. Löst man sich aber von jener Rechtsprechung und streicht man die für sie essentielle Vorbelastungshaftung, dann ist die Eintragung der GmbH keine Zäsur mehr, von der ab die in § 11 Abs. 2 GmbHG bestimmte Absicherung der Vorgesellschaftsgläubiger durch die Handelndenhaftung aus irgend einem Grunde als entbehrlich angesehen werden könnte. Insbesondere würde es, wie gesagt, die Gläubiger schwerlich trösten, daß das Registergericht den Stand des Gesellschaftskapitals im Anmeldezeitpunkt für ordnungsgemäß befunden hat, wenn vom Kapital bei Eintragung der GmbH – was bei ungünstiger Geschäftsentwicklung nach dem Anmeldestichtag sanktionslos möglich sein soll – nicht mehr viel übrig wäre.

Würde aber die Handelndenhaftung trotz Eintragung der GmbH bestehen bleiben und könnte daher der Geschäftsführer weiterhin von den Altgläubigern belangt werden, drohte den Gesellschaftern zwangsläufig der Rückgriff. Diesen würde kein Gericht an Schwierigkeiten der rechtlichen Konstruktion scheitern lassen, wenn die Gesellschafter die Vorbelastungsverluste nicht auszugleichen hätten und der Geschäftsführer deshalb nicht sicher sein könnte, sich bei der GmbH schadlos zu halten. Im Ergebnis würde es sich daher bei dem Konzept *Priesters* eben doch nicht vermeiden lassen, daß das Geschäftsrisiko des Gründungsstadiums voll auf die Gesellschafter zurückfällt. Die Rechnung, diese vom Anmeldezeitpunkt an davon zu befreien, geht aus diesem weiteren Grunde de lege lata nicht auf.

3. Keine Vorverlegung des Stichtages

Ich meine daher im Ergebnis, man werde den Vorschlägen, die Vorbelastungshaftung auf Verluste aus der Zeit vor der Anmeldung zu beschränken, aus Rechtsgründen nicht folgen können. Mir ist auch zweifelhaft, ob die besseren Sachgründe wirklich für jene Vorschläge sprechen. Man hat den Eindruck, daß insbesondere die Erwägungen *Priesters* vorwiegend von der verständlichen Absicht bestimmt sind, die seriösen Gründergesellschafter vor Zahlungen zu

39 BGHZ 80, 182, 184 unter c.

40 SCHOLZ/K. SCHMIDT, aaO (Fn. 2), § 11 GmbHG Rdn. 93; ähnlich auch BGHZ 80, 182, 184 unter b.

verschonen, die über die versprochenen Einlagen hinausgehen. Sie berücksichtigen aber wohl weniger, daß der überkommene Grundsatz der Unversehrtheit des Stammkapitals „den Anforderungen der Rechtspraxis" insofern nicht gerade fremd gegenübersteht, als er riskante Gesellschaftsgründungen weniger seriöser Gründer erschwert; diese könnten sich andernfalls mit kümmerlichen Resten des Gesellschaftsvermögens bis zur rettenden Eintragung durchschleppen und so das Haftungsrisiko vermeiden. Die Wertung, infolge der gewandelten Vorstellungen über die Vorgesellschaft sei der Unversehrtheitsgrundsatz überholt und „vollends veraltet"[41], ist daher auch von der Sache her nur aus einseitiger Warte voll überzeugend. Wenn es nicht ohnehin rechtliche Bedenken dagegen gäbe: Von der Linie, die durch BGHZ 80, 129 gezogen und die überwiegend gebilligt worden ist, dürfte die Rechtsprechung ihretwegen schwerlich schon wieder abgehen und neue Wege beschreiten dürfen.

IV. Haftungsverfassung der Vorgesellschaft

Nach einhelliger Ansicht ist es kein Problem der „Gründerhaftung", wenn mehrere Personen ein vollkaufmännisches Geschäft unter der Firma einer nicht bestehenden GmbH betreiben und nicht daran denken, die Gesellschaft als GmbH ins Handelsregister eintragen zu lassen[42]. Ebensowenig hat es mit Gründerhaftung etwas zu tun, wenn die Gesellschafter zunächst die GmbH angemeldet haben, das Handelsgeschäft dann aber unter der GmbH-Firma weiter betreiben, nachdem das Registergericht den Antrag, die Gesellschaft einzutragen, zurückgewiesen hat oder sie sich aus anderen Gründen entschlossen haben, das Registerverfahren nicht mehr weiter zu verfolgen. Die Gesellschafter unterliegen in beiden Fällen dem Recht der offenen Handelsgesellschaft und haften nach den §§ 128 ff HGB[43]. Die sehr unterschiedlich beantwortete Frage, ob und wie die Mitglieder der „echten" Vorgesellschaft für deren Verbindlichkeiten haften, stellt sich nur für die Dauer des Eintragungsverfahrens und für den Fall, daß die Gesellschafter die Eintragungsabsicht und zugleich das Handelsgeschäft aufgeben.

Hierüber hat man sich möglicherweise bislang so schwer einigen können, weil die einander entgegengesetzten Lehren von der unbeschränkten Außenhaftung[44]

41 Scholz / K. Schmidt, aaO (Fn. 2), § 11 GmbHG Rdn. 126.
42 BGHZ 22, 240, 244 f.
43 BGHZ 80, 129, 142; G. Hueck, aaO (Fn. 8), § 11 GmbHG Rdn. 28 m. w. N.
44 Flume, aaO (Fn. 26), S. 160; Ders., NJW 1981, 1754; Lieb, FS Stimpel, S. 414; K. Schmidt, NJW 1981, 1345, 1347; Scholz / K. Schmidt, aaO (Fn. 2), § 11 GmbHG Rdn. 82–86 (nur bei Betrieb eines Unternehmens); W.-H. Roth, ZGR 1984, 613, 624 f (subsidiär); Theobald, Vor-GmbH und Gründerhaftung, 1984, S. 76 ff, 118 ff; John, BB 1982, 511; Wiedemann, JurA 1970, 456 f.

und der auf die Einlagen beschränkten (Innen- oder Außen-) Haftung[45] der Gesellschafter zwar von zutreffenden Ansätzen bestimmt sind, aber wohl beide in der einen oder anderen Richtung über ihre jeweiligen Ziele hinausschießen. Die nach allgemeinen Haftungsprinzipien zunächst naheliegende unbeschränkte und unmittelbare Außenhaftung der Gesellschafter gegenüber den Gesellschaftsgläubigern läßt sich schwer damit in Einklang bringen, daß die Vor-GmbH heute beanspruchen kann, als eigenständige GmbH-ähnliche Gesellschaftsform anerkannt zu werden: sie ist, auch wenn sie ein Handelsgeschäft betreibt, keine offene Handelsgesellschaft, die zur Anwendung des § 128 HGB zwingen würde. Andererseits vermag eine auf das Gesellschaftsvermögen beschränkte Haftung für alle Phasen des Vorstadiums nicht zu überzeugen, weil es aus der Sicht der Gläubigerinteressen nicht zueinander paßt, daß die Gesellschafter die Verluste der GmbH auszugleichen haben, wenn diese eingetragen wird, von dem Geschäftsrisiko aber freigestellt bleiben sollen, falls die Gesellschaft vorher scheitert[46]. Zu einem befriedigenden Ergebnis sollte man aber kommen, wenn man die beiden Fragen: beschränkte oder unbeschränkte, Innen- oder Außenhaftung getrennt voneinander prüft und versucht, die Grundgedanken der kontroversen Positionen auf einen gemeinsamen Nenner zu bringen.

1. Beschränkte oder unbeschränkte Haftung?

Der Bundesgerichtshof hat sich bekanntlich für den Zeitraum vor Eintragung der GmbH für eine auf die Einlagen *beschränkte* Gesellschafterhaftung ausgesprochen. Von einer verfestigten Rechtsprechung wird man aber nicht sprechen können. Denn jene Auffassung hatte er lange vor Aufgabe des Vorbelastungsverbots und noch in überholter Anlehnung an die Rechtsprechung begründet, mit der es in der Gesellschaft bürgerlichen Rechts möglich ist, die Haftung der Gesellschafter zu beschränken[47]. Nach Neuorientierung der Rechtsprechung zur Vorgesellschaft hat er das zwar in einigen Urteilen beiläufig wiederholt[48]; aber er hatte keinen Prozeß zu entscheiden, in dem die Haftung eines Gründergesellschafters Streitgegenstand gewesen wäre. Ich halte es daher hier bei allem Interesse des Rechtsverkehrs an einer kontinuierlichen Rechtsprechung für notwendig und vertretbar, daß das Revisionsgericht seinen unter anderen Voraussetzungen gewonnenen Standpunkt überdenkt.

45 Huber, FS R. Fischer, S. 285 ff; G. Hueck, aaO (Fn. 8), § 11 GmbHG Rdn. 22; Hüffer, JuS 1980, 488; Rowedder/Rittner, aaO (Fn. 7), § 11 GmbHG Rdn. 94, 95; Ulmer, ZGR 1981, 593, 608 ff und Hachenburg/Ulmer, aaO (Fn. 7), § 11 GmbHG Rdn. 60 f.

46 Lieb, FS Stimpel, S. 401, 414.

47 BGHZ 65, 378, 382; 72, 45, 50.

48 BGHZ 80, 129, 144; 80, 182, 184 f; 86, 122, 125.

Im Schrifttum wird mit Recht darauf hingewiesen, daß durch die Vorbelastungshaftung eine summenmäßig nicht begrenzte, nur von der Höhe des Stammkapitaldefizits abhängige, also „unbeschränkte" Gesellschafterhaftung für den Zeitpunkt der Eintragung bereits feststeht. Meines Erachtens ist es, wie schon oben ausgeführt, aus Rechtsgründen unvermeidlich, den Gesellschaftern in derselben Weise das Vorgesellschaftsrisiko auch im übrigen zuzuweisen. Insoweit kann im wesentlichen auf die bekannten Argumente derjenigen Autoren verwiesen werden, die sich für die unbeschränkte (allerdings zumeist Außen-)Haftung der Gesellschafter (überwiegend in Anlehnung an § 128 HGB) aussprechen[49]. Man kann diese etwa dahin zusammenfassen: Nach allgemeinen Grundsätzen des bürgerlichen und des Handelsrechts müsse für alle Verpflichtungen einstehen, wer allein oder in Verbindung mit anderen im Rechtsverkehr Geschäfte betreibt. Hiervon könne auch für die Vor-GmbH nicht abgegangen werden, weil ein nur aus den Einlagen gebildeter Haftungsstock wegen der noch fehlenden registergerichtlichen Kapital- und Bewertungskontrolle keinen für den Gläubigerschutz ausreichenden Ersatz bieten kann. Der offenkundige Wertungswiderspruch, daß bei Eintragung der GmbH Verluste wegen der Vorbelastungshaftung zum Gesellschafterrisiko gehören, im Vorstadium und bei vorzeitiger Liquidation aber über die Einlagen hinausgehende Verluste ins GmbH- und Gläubigerrisiko fallen würden, spricht ebenso gegen die beschränkte Haftung. Und schließlich dürfte das GmbH-Gesetz selbst, wie oben aus den Zusammenhängen der §§ 11 Abs. 1, 11 Abs. 2 und 13 Abs. 2 GmbHG zu begründen versucht wurde, eine unbeschränkte Haftung der Vorgesellschafter erzwingen.

Die dagegen erhobenen Einwände greifen nicht durch. Einer ausdrücklichen Vorschrift wie § 128 HGB und § 176 HGB, wie sie teilweise gefordert wird[50], bedarf es angesichts der dargelegten Begründungen nicht, außerhalb der gesetzlich geregelten Fälle ist vielmehr eine beschränkte Haftung begründungsbedürftig. Auf den Willen der Gesellschafter, die genügende Warnung der Gläubiger durch die Firmierung[51] und den Umfang der Vertretungsmacht des Geschäftsführers[52] wird es nicht ankommen, weil es nicht um die persönliche rechtsgeschäftliche Verpflichtung der Gesellschafter[53] geht, sondern darum, in welchem Umfange sie kraft Gesetzes für unerledigte Gesellschaftsverbindlichkeiten einstehen müsse. Eindrucksvoll sind die Hinweise darauf, daß die unbeschränkte persönliche Haftung die Haftungssituation der Gesellschafter für die Dauer des Eintragungsverfahrens im Verhältnis zu ihrer Belastung bei der Eintragung wesentlich verschärft[54]. Die Gründe, mit denen das belegt wird, stützen aber,

49 Vgl. oben Fn. 44.
50 Fischer/Lutter/Hommelhoff, aaO (Fn. 5), § 11 GmbHG Rdn. 6.
51 Wie Fn. 50.
52 G. Hueck, aaO (Fn. 8), § 11 GmbHG Rdn. 20.
53 U. a. Hachenburg/Ulmer, aaO (Fn. 7), § 11 GmbHG Rdn. 61.
54 Hachenburg/Ulmer, aaO (Fn. 7), § 11 GmbHG Rdn. 61.

wie noch darzulegen sein wird, weniger die Bedenken gegen die *unbeschränkte* Haftung, als die Einwände gegen die unbeschränkte *Außen*haftung. Man hat überhaupt den Eindruck, daß die als inadäquat empfundene Außenhaftung oft der eigentliche Grund dafür ist, nach Wegen für eine generelle Ablehnung einer über die Einlagen hinausgehenden Gesellschafterhaftung zu suchen. Meines Erachtens gilt das auch für den in seiner Allgemeinheit schwer haltbaren, in seinem Kern aber beachtlichen Vorwurf, mit der Prämisse, gemeinsame geschäftliche Betätigung müsse mit unbeschränkter persönlicher Haftung einhergehen, werde „die besondere Funktion der Vorgesellschaft übersehen“[55].

2. *Innen- oder Außenhaftung?*

Die Konsequenzen, die eine Außenhaftung für GmbH-Gesellschafter im Gründungsstadium haben kann, werden nicht immer deutlich gezeichnet. Wie man aus Prozessen gegen offene Handelsgesellschaften weiß, wird kein Prozeßbevollmächtigter, der Gläubiger einer Vorgesellschaft betreut, eine streitige Forderung nur gegen diese, sondern aus anwaltlicher Vorsorge für die Interessen seiner Mandanten immer zugleich gegen die mithaftenden Gesellschafter einklagen. Das kann man nicht damit herunterspielen, die Gesellschafter könnten ja die Gesellschaft veranlassen, die Schulden zu bezahlen. Deren Geschäftsführung kann Gründe haben, die Leistung zu verweigern, die der Gesellschafter nicht widerlegen kann. Der Prozeß wird dann eben auch auf dem Rücken des (vielleicht geschäftsunerfahrenen) Gesellschafters ausgetragen. Außerdem: Die Gesellschafter sind bei unmittelbarer Haftung ganz anders und unter Umständen von höheren Ansprüchen bedroht als bei der Vorbelastungshaftung[56]. Denn ob und in welchem Maße das Stammkapital angegriffen ist, spielt – anders als bei der Vorbelastungshaftung – für die Außenhaftung keine Rolle[57]. Den Gläubigern gegenüber kommt zudem nur eine gesamtschuldnerische, aufs Ganze gehende und nicht nur anteilige Haftung in Frage[58]. Auch wenn die Differenzen schließlich gesellschaftsintern auszugleichen sind, kann danach bei näherem Zusehen von einer Kongruenz von Vorbelastungs- und Außenhaftung[59] eben doch nur mit Einschränkungen gesprochen werden[60]. Die Gesellschafter brauchen keine Kaufleute zu sein, die sich im Rechtsverkehr bewegen können. Wenn sie schon damit, daß sie sich der Rechtsform der GmbH bedienen, eine Haftung über die

55 Rowedder/Rittner, aaO (Fn. 7), § 11 GmbHG Rdn. 95.
56 Hachenburg/Ulmer, aaO (Fn. 7), § 11 GmbHG Rdn. 61.
57 G. Hueck, aaO (Fn. 8), § 11 GmbHG Rdn. 23.
58 Hachenburg/Ulmer, aaO (Fn. 7), § 11 GmbHG Rdn. 63.
59 Flume, NJW 1981, 1753, 1754.
60 Vgl. dazu auch Rowedder/Rittner, aaO (Fn. 7), § 11 GmbHG Rdn. 95.

Einlagen hinaus vermeiden wollen[61] und dies nicht immer realisieren können, so liegt ihrer Vorstellung erst recht der Gedanke fern, sie könnten sogar unter unmittelbarer und unbeschränkter Inanspruchnahme in jener Weise in Gesellschaftsprozesse hineingezogen werden.

Aus Gesellschaftersicht ist es daher nicht nur ein rechtstechnisches[62], sondern ein ernstzunehmendes praktisches Problem, ob man aus der Lehre von den allgemeinen Haftungsprinzipien eine Außenhaftung herleiten muß. GmbH-typisch ist das nicht. Soweit das GmbH-Gesetz der Gefährdung der Gläubiger durch eine entsprechende Gesellschafterhaftung entgegentritt, geschieht das, wie nicht weiter belegt zu werden braucht, immer nur in der Weise, daß gesellschaftsinterne Ansprüche der GmbH gegen die Gesellschafter ausgelöst werden, um die Gläubiger mittelbar zu schützen. Dasselbe ist grundsätzlich im GmbH-Konzernrecht der Fall und hat entgegen der herrschenden Lehre auch in den Fällen zu gelten, die unter dem Schlagwort des „Durchgriffs" eine Gesellschafterhaftung in der GmbH begründen können[63]. Die ebenfalls außerhalb des Gesetzeswortlauts entwickelte Vorbelastungshaftung ist immer nur als interne Haftung der Gesellschafter gegenüber der GmbH diskutiert worden. Aus all diesen Regelungen läßt sich zwar keine Analogie für die Vorgesellschafterhaftung ziehen. Denn es handelt sich dort um Sanktionen, die voraussetzen, daß geschriebenes oder ungeschriebenes Kapitalsicherungsrecht verfehlt wird[64]. Darum geht es beim Schutz der Gläubiger vor „normalen" Geschäftsverlusten im Gründungsstadium nicht, und Kapitalsicherungsrecht läßt sich in dieser Phase über die Aufbringungsgrundsätze der §§ 7 Abs. 2 und 3, 9 Abs. 1, 19 GmbHG ohnehin nicht konstruieren[65]. Dennoch: Ebenso, wie man sonst die Vorgesellschaft nach dem Vorbild der fertigen GmbH zu prägen versucht, liegt es nahe, dem auch die Haftungsverfassung im rechtlich möglichen Umfang anzupassen.

Erkennt man die Lehre von den allgemeinen Haftungsprinzipien und den GmbH-gesetzlichen Grenzen für eine beschränkte Haftung grundsätzlich an, dann kommt man zwar über den „harten Kern" nicht hinweg, daß das Geschäftsrisiko der Vor-GmbH bei den Gesellschaftern „hängen bleiben" muß. Man braucht sich aber auch nicht notwendig die GmbH-fremde Außenhaftung aufdrängen zu lassen, durch die die Gesellschafter in nicht übersehbarem Umfang in die Außenbeziehungen der Vorgesellschaft hineingezogen werden können. Die Gläubiger haben, was sich in diesem Zusammenhang verwerten läßt, an der Firmierung „GmbH" oder „GmbH i. Gr." regelmäßig erkennen

61 Siehe oben PRIESTER, ZIP 1982, 1151/1152.
62 LIEB, FS Stimpel, S. 414.
63 STIMPEL, FS Goerdeler, S. 613 f.
64 STIMPEL, FS Goerdeler, S. 606.
65 THEOBALD, aaO (Fn. 44), S. 110, 111.

können, es mit einer Gesellschaft zu tun zu haben, die auf die alleinige Haftung des Gesellschaftsvermögens angelegt ist. Regelungsbedürftig ist, was berücksichtigt werden sollte, nur ein vorübergehender Zustand. Ernsthaft betroffen werden die Gläubiger nur, wenn die Gesellschaft in diesem verhältnismäßig kurzen Zeitraum zahlungsschwach wird. Die *Außen*haftung ist daher nicht von großem Belang, um die Risikoverteilung zu Lasten der Gesellschafter zu realisieren, wenn nur die Gläubiger die Gesellschaft am Ende der Übergangsphase mit einem Vermögensbestand vorfinden, der ausreicht, um ihre Ansprüche zu befriedigen. Das ist, wird die GmbH eingetragen, mit der Vorbelastungshaftung der Gesellschafter gewährleistet. Steht fest, daß die Gesellschaft nicht eingetragen wird, ist das in angemessener Weise durch eine Verlustausgleichspflicht sicherzustellen: Die Gesellschafter haben durch (anteilige) Leistung an die Gesellschaft den Betrag abzudecken, der trotz Verwertung des verbliebenen Gesellschaftsvermögens erforderlich ist, um die restlichen Gesellschaftsverbindlichkeiten zu begleichen.

Mir scheint eine solche Verlustausgleichspflicht, wie sie *Lieb* als eine von mehreren Lösungsmöglichkeiten erwogen hat[66], eine ausreichende, befriedigende und praktikable Lösung der Haftungsfrage zu sein. Zum Schutze der allein noch in Betracht kommenden Gläubigerinteressen genügt sie. Es ginge viel zu weit, wäre wenig praktikabel und auch sonst rechtlich nicht geboten, von den Gesellschaftern zu fordern, das Stammkapital laufend unversehrt zu halten, bis die GmbH eingetragen oder das Eintragungsverfahren aufgegeben wird[67]. Die Gläubiger haben auch so nur das Risiko der Bonität der Gesellschafter, sonst bleiben sie vom Geschäftsrisiko der Vorgesellschaft verschont. Dies ist Sache der Gesellschafter. Aber ihre Haftung vollzieht sich, wie bei der fertigen GmbH, ohne Außenhaftungsprobleme, im gesellschaftlichen Innenverhältnis. Sie haben es in der Hand, die Vorgesellschaft rechtzeitig und ohne Nachteile, die über den Verlust der Einlagen hinauszugehen brauchen, aufzulösen und zu liquidieren, wenn sich die geschäftlichen Prognosen verschlechtern und die Risiken zu groß zu werden drohen. Die Geschäftsführer werden die Gesellschafter entsprechend §49 Abs. 3 GmbHG warnen müssen. Für diesen Fall wird man auch dem einzelnen Gesellschafter, wenn die übrigen Gesellschafter die Eintragung weiter betreiben wollen, ein Austrittsrecht aus wichtigem Grunde zubilligen können. Auf der anderen Seite sind die Gläubiger in der Lage, wenn die Gesellschaft zahlungsunfähig wird, den Gesellschaftskonkurs zu beantragen, dadurch die Auflösung der Vorgesellschaft herbeizuführen und die Verlustausgleichspflicht der Gesellschafter auszulösen. Insgesamt wird eine Art Gleichlauf der Innenhaftung bei Eintragung und bei vorheriger Auflösung hergestellt. Um das Erlöschen der Gesellschafterhaftung im Eintragungsfalle braucht man sich nicht zu sorgen,

66 Lieb, FS Stimpel, S. 414; „eine Art Nachschußpflicht".
67 Meister, FS Werner, S. 549.

weil eine Außenhaftung nicht in Betracht kommt. Die Handelndenhaftung kann, wenn die GmbH eingetragen wird, unbedenklich erlöschen, weil sie durch die Vorbelastungshaftung hinreichend ersetzt wird. Der etwas mühsamen Begründung, daß der Geschäftsführer (auch) gegen die Gesellschafter einen Befreiungs- und Regreßanspruch habe[68], bedarf es nicht. Ihm als Gesellschaftsgläubiger haftet nur die Gesellschaft. Die Vorbelastungs- oder Verlustausgleichsansprüche der Gesellschaft gegen die Gesellschafter sind entsprechend höher.

Damit sind die einzelnen Elemente der Haftungsverfassung der Vor-GmbH aufeinander abgestimmt. Die Art und Weise, in der Gläubiger- und Gesellschafterinteressen berücksichtigt werden, wird der Funktion der Vorgesellschaft – Vorstufe zur GmbH – gerecht, soweit das rechtlich möglich ist. Der Zeitpunkt des Umschlags von der Innen- zur Außenhaftung beim Übergang von der „echten" in die sogenannte „unechte" Vorgesellschaft läßt sich mit Beweislastregeln praktikabel ordnen, Probleme der masselos untergegangenen Vorgesellschaft werden sich in Anlehnung an BGHZ 95, 330, 347 lösen lassen; beides kann hier aber nur angedeutet werden.

68 Vgl. BGHZ 86, 122, 126 und dazu Hachenburg/Ulmer, aaO (Fn. 7), § 11 GmbHG Rdn. 114.

Beschlußanfechtungsklage und Schiedsfähigkeit im Recht der personalistisch strukturierten Gesellschaften

von

Professor Dr. Wolfram Timm, Gießen

Inhaltsübersicht

I. Einleitung; Problemstellung

Wert und Unwert der Schiedsgerichtsbarkeit sind umstritten[1]. Tatsache ist, daß gerade im Gesellschaftsrecht Schiedsklauseln vielfach üblich sind[2], was auf einen entsprechenden Bedarf in der Praxis hinweist. Hintergrund sind vielfach

1 Zu den „notwendigen Reformen des deutschen Rechts der Schiedsgerichtsbarkeit" vgl. Schlosser, ZIP 1987, 492 ff. Zu den „Schrecken der Schiedsgerichtsbarkeit" vgl. die (beabsichtigt einseitige!) Darstellung bei v. Westphalen, ZIP 1986, 1159. Allgemein zu den Vor- und Nachteilen des Schiedsverfahrens vgl. Schwab, Komm. z. Schiedsgerichtsbarkeit, 3. Aufl., 1979, S. 3 f; Schütze/Tscherning/Wais, Handbuch des Schiedsverfahrens, 1985, S. 1 ff.

2 Eine Übersicht und ein Erfahrungsbericht zu gesellschaftsrechtlichen Schiedsgerichten finden sich bei H. Westermann, FS Fischer, 1979, S. 853 ff. Beispiele für derartige Schiedsgerichtsklauseln bei Heidenhain/Meister, in: Münchener Vertragshandbuch, Bd. I, 2. Aufl., 1985, S. 368; K. Schmidt, ZIP 1987, 218; zu den „Schiedsklauseln in Gesellschaftsverträgen" jüngst auch Roth, FS H. Nagel, 1987, S. 318 ff.

weder Kostengründe noch der Wunsch nach besonderer Beschleunigung des Verfahrens; Hintergrund ist vielmehr oftmals das Bemühen der Beteiligten, etwaige Streitigkeiten zwischen den Gesellschaftern, bei denen fast notwendigerweise Gesellschaftsinterna zur Sprache kommen werden, einer öffentlichen Verhandlung zu entziehen[3].

Je kleiner der Personenkreis der Gesellschafter ist, desto größer wird regelmäßig dieses Bestreben sein. In dem Maße, in dem sich die Gesellschaftsrechtslandschaft in den letzten Jahrzehnten gewandelt hat (Stichwort: weg von der Personengesellschaft hin zur GmbH), wirft dieser Wechsel jedoch gerade im Bereich der Schiedsgerichtsbarkeit oftmals übersehene Schwierigkeiten auf: Sind die Streitigkeiten, die herkömmlicherweise vor gesellschaftsrechtlichen Schiedsgerichten ausgetragen werden, auch in der GmbH schiedsfähig? Insoweit besonders aktuell ist gegenwärtig die Frage nach der Schiedsfähigkeit des Informationserzwingungsverfahrens nach §§ 51 a, 51 b GmbHG[4], die vom LG Mönchengladbach[5] jüngst verneint worden ist[6]. Darum aber soll es hier nicht gehen. In der GmbH soll nach bislang herrschender Meinung[7] von jeder Unterwerfung unter eine Schiedsvereinbarung die Anfechtung oder Nichtigerklärung von Gesellschafterbeschlüssen ausgenommen sein.

3 Zutreffend BORK, JZ 1987, 100; vgl. auch den umfassenden Erfahrungsbericht von H. WESTERMANN, FS Fischer, S. 853, 856 ff. Vgl. in diesem Zusammenhang auch die Empfehlung von FLUME, DB 1986, 629, 635: Danach sollte in Gesellschaftsverträgen von Personengesellschaften das schiedsrichterliche Verfahren vereinbart werden, um später der „verfehlten Rechtsprechung des gesellschaftsrechtlichen Senates des BGH entgehen" zu können! Demgegenüber betont ROTH, FS H. Nagel, S. 318 f, die *kompromißgestaltende Aufgabe* der gesellschaftsrechtlichen Schiedsgerichte.

4 Ausführlich dazu K. SCHMIDT, ZIP 1987, 218 ff; vgl. weiter die Nachweise in Fn. 5 und 6.

5 LG Mönchengladbach JZ 1987, 99 mit abl. Anm. BORK = EWiR § 51 a GmbHG 3/86, 803 (abl. Stellungnahme v. GERKAN).

6 Umfassend dazu (und im Ergebnis abl. wie die in Fn. 5 genannten Autoren) K. SCHMIDT, ZIP 1987, 218 ff; wie das LG Mönchengladbach in der Literatur auch ROWEDDER/KOPPENSTEINER, Komm. z. GmbHG, 1985, § 51 b Rdn. 4; demgegenüber anderer Ansicht auch noch HACHENBURG/SCHILLING, Komm. z. GmbHG, Ergänzungsband, 7. Aufl., 1985, § 51 a Rdn. 8; STANGIER/BORK, GmbH-Rdsch. 1982, 169, 170 f.

7 Aus der Rechtsprechung vgl. BGH LM Nr. 1 zu § 199 AktG 1937 = MDR 1951, 674 = GmbH-Rdsch. 1951, 145; BGH NJW 1966, 2055 = MDR 1966, 914 = GmbH-Rdsch. 1966, 274 mit Anm. GANSSMÜLLER = WM 1966, 1132, 1133; BGH NJW 1979, 2567, 2569 = DB 1979, 1550 mit kritischer Anm. KORNMEIER; BGH, Beschluß vom 30. 1. 1984 – II ZR 190/83 – nicht veröffentlicht; zuletzt mit umfangreichen Nachweisen OLG Hamm ZIP 1987, 780 = EWiR § 45 GmbHG 1/87, 371 (abl. Kurzkommentar GÜNTHER). Aus der Literatur vgl. SCHOLZ / K. SCHMIDT, Komm. z. GmbHG, II. Bd., 6. Aufl., 1978/83, § 45 Rdn. 94; HACHENBURG/SCHILLING, Komm. z. GmbHG, Bd. 2, 7. Aufl., 1979, § 13 Rdn. 20; HACHENBURG/SCHILLING/ZUTT, Komm. z. GmbHG, Bd. 2, 7. Aufl., 1979, Anh. § 47 Rdn. 146; ROWEDDER/KOPPENSTEINER, aaO (Fn. 6), § 47 GmbHG Rdn. 115; FISCHER/LUTTER/HOMMELHOFF, Komm. z.

Die GmbH bildet den Gesellschaftswillen in aller Regel durch Stimmabgabe der Gesellschafter im Beschlußverfahren nach den §§ 47 ff GmbHG. Fast jede bedeutsame Streitigkeit der Gesellschafter läuft deshalb in den praktischen Konsequenzen auf die Notwendigkeit der Anfechtung eines Gesellschafterbeschlusses durch die unterlegene Minderheit hinaus. Damit sind weite Bereiche GmbH-rechtlicher Streitigkeiten der Schiedsgerichtsbarkeit entzogen; nur in seltenen Fällen kann es noch zu Schiedsverfahren unter Beteiligung der GmbH kommen. Mit dem Wechsel von der Personengesellschaft zur GmbH geht mithin in aller Regel die Schiedsfähigkeit gesellschaftsrechtlicher Streitigkeiten verloren.

Verfolgt man bereits diese Entwicklung mit einem gewissen Unbehagen, so verstärkt sich dies, bedenkt man die Weiterungen, die sich aus Vorschlägen ergeben können, die jüngst von *K. Schmidt*[8] vorgetragen worden sind: Die Beschlußanfechtung, d. h. die Notwendigkeit der Beseitigung von Gesellschafterbeschlüssen durch Anfechtungsklage, soll nunmehr auch ins Recht der Personengesellschaften übertragen werden; dann aber liegt es in der Konsequenz solcher Überlegungen, auch (schieds-)prozessual den Weg einer Analogie zu der aktien- und GmbH-rechtlichen Regelung zu gehen – mit der Folge eines weitgehenden Ausschlusses der Schiedsgerichtsbarkeit aus dem Gesellschaftsrecht!

Dieser Befund sollte Anlaß genug sein, der Frage noch einmal nachzugehen, ob nicht die Rechtsprechung ihre Haltung zur Schiedsfähigkeit von Anfechtungs- und Nichtigkeitsklagen überdenken sollte – mindestens soweit es personalistisch strukturierte Gesellschaften betrifft, dort also wo das Bedürfnis nach einer entsprechenden schiedsvertraglichen Regelung am größten ist.

Damit ist der Gang der weiteren Überlegungen vorgezeichnet: In welchen Gesellschaften erscheint die sachliche Einschränkung der Geltendmachung von Beschlußmängeln durch die Notwendigkeit einer Gestaltungsklage zur Beschlußbeseitigung wirklich erforderlich (dazu unter II.)? Schließt die Notwendigkeit einer Beschlußanfechtung durch eine entsprechende Gestaltungsklage im übrigen zwingend die Schiedsgerichtsbarkeit aus (dazu unter III.)?

GmbHG, 12. Aufl., 1987, Anh. § 47 Rdn. 54; ROTH, Komm. z. GmbHG, 2. Aufl., 1987, § 47 Anm. 6.5.1 (allerdings lediglich die herrschende Meinung referierend ohne eindeutige eigene Stellungnahme); demgegenüber anderer Ansicht insbesondere SCHLOSSER, in: Stein/Jonas, Komm. z. ZPO, 20. Aufl., 6. Lieferung, 1981, § 1025 Rdn. 27; HACHENBURG/ULMER, Komm. z. GmbHG, Bd. 3, 7. Aufl., 1984, § 61 Rdn. 37 im Anschluß an KORNMEIER, DB 1980, 193 ff; DERS., Vergleichsbefugnis und Schiedsfähigkeit, Göttingen 1982, passim; ebenso jüngst GÜNTHER, Kurzkommentar zu OLG Hamm EWiR § 45 GmbHG 1/87, 371 sowie MEYER-LANDRUT/MILLER/NIEHUS, Komm. z. GmbHG, 1987, § 14 Rdn. 36. ROTH, FS Nagel, S. 319 bezeichnet das Problem angesichts dieses Meinungsstandes als „ausdiskutiert".

8 K. SCHMIDT, FS Stimpel, 1985, S. 217 ff; sowie DERS., Gesellschaftsrecht, 1986, S. 334 ff.

II. Der Anwendungsbereich der Anfechtungsklage

1. Die GmbH

Die analoge Anwendung der §§ 243 ff AktG auf die GmbH gilt als allgemein anerkannt[9] und wird teilweise bereits als Gewohnheitsrecht bezeichnet[10]. Unbestritten ist diese Ansicht dennoch nicht; zu Recht wird in neuerer Zeit daran gezweifelt, daß die analoge Anwendung der aktienrechtlichen Anfechtungsvorschriften auf die GmbH zwingend geboten oder auch nur sinnvoll ist[11]. Kritisiert wird von dieser Mindermeinung zunächst die Verkürzung des Minderheitenschutzes, der durch die Anfechtungsklage bewirkt wird[12]. Insoweit sieht sich auch die herrschende Meinung zu Konzessionen gezwungen: Die aktienrechtliche Anfechtungsfrist von einem Monat wird zu Recht im GmbH-Recht als zu kurz angesehen und deshalb abgelehnt[13]. Angesichts einer fehlenden gesetzlichen Regelung kann in der Tat eine Analogie zum Aktiengesetz nur in Frage kommen, wenn ein Regelungsbedürfnis und eine gleiche Interessenlage wie bei der Aktiengesellschaft besteht, was aber stets zweifelhaft ist, wenn die Gesellschaft nicht körperschaftlich organisiert ist[14]. Das Vorliegen eines Regelungsbedürfnisses ist insofern bei kleinem Gesellschafterkreis zu verneinen, da dort der notwendige Rechtsschutz auch durch eine Feststellungsklage erreicht werden kann; die Anfechtungsklage als Gestaltungsklage läßt sich insoweit mit *Zöllner*[15] wohl allein als das *zweckmäßigere* Mittel einstufen. Entscheidend ist, daß bei der personalistischen GmbH die Vergleichbarkeit der Interessenlage mit der Aktiengesellschaft fehlt[16], da insoweit ein Bedürfnis nach Rechtssicherheit durch sachliche Begrenzung der Geltendmachung von Beschlußmängeln auf Grund der viel geringeren Zahl von Gesellschaftern nicht besteht; eine Analogie zum Personengesellschaftsrecht ist deshalb weit näherliegend als die Anwendung aktienrechtlicher Grundsätze[17]. Im Recht der Personengesellschaften gibt es die Möglichkeit

9 BGH DB 1979, 1550; SCHOLZ / K. SCHMIDT, aaO (Fn. 7), § 45 GmbHG Rdn. 42; vgl. im übrigen die Nachweise oben Fn. 7.

10 DÄUBLER, GmbH-Rdsch. 1968, 4; ZÖLLNER, in: Baumbach/Hueck, Komm. z. GmbHG, 14. Aufl., 1985, Anh. § 47 Rdn. 1.

11 ZÖLLNER, aaO (Fn. 10), Anh. § 47 GmbHG Rdn. 1–3; WIEDEMANN, Gesellschaftsrecht, Bd. I, 1980, S. 152 f und 466 f; kritisch auch IMMENGA, GmbH-Rdsch. 1973, 5 ff.

12 WIEDEMANN, aaO (Fn. 11), S. 153; IMMENGA, GmbH-Rdsch. 1973, 5, 9 f.

13 ROWEDDER/KOPPENSTEINER, aaO (Fn. 6), § 47 GmbHG Rdn. 112 m. w. N.; a. A. wohl K. SCHMIDT, Die AG 1977, 243, 248.

14 ZÖLLNER, aaO (Fn. 10), Anh. § 47 GmbHG Rdn. 1.

15 ZÖLLNER, aaO (Fn. 10), Anh. § 47 GmbHG Rdn. 3.

16 IMMENGA, GmbH-Rdsch. 1973, 5, 6; WIEDEMANN, aaO (Fn. 11), S. 466.

17 ZÖLLNER, aaO (Fn. 10), Anh. § 47 GmbHG Rdn. 3; WIEDEMANN, aaO (Fn. 11), S. 466.

der Anfechtungsklage nicht[18]; der Rechtsschutz der Gesellschafter erfolgt hier durch bloße Feststellungsklage gemäß § 256 ZPO. In der Zwei-Personen-GmbH liegt die Anwendung personengesellschaftsrechtlicher Regeln weitaus näher als die analoge Anwendung aktienrechtlicher Normen, wenn und soweit diese ihrer Typizität nach auf die Publikumsgesellschaft ausgerichtet sind. Genau dies aber gilt für die aktienrechtlichen Regelungen der §§ 241 ff AktG, die darauf hinzielen, eine für viele Betroffene verbindliche Erklärung durch Gestaltungsklage herbeizuführen. Es ist nicht zu übersehen, daß in der nur aus wenigen Gesellschaftern bestehenden GmbH diese Überlegungen nicht passen, damit die Voraussetzungen für eine Analogie zum Aktienrecht nicht bestehen. Dennoch lehnen die kritischen Stimmen die Notwendigkeit der Anfechtungsklage im Ergebnis im Hinblick auf die weitgehende Durchsetzung der herrschenden Meinung in der Rechtsprechung und Literatur nicht ab; so erkennt *Zöllner* die Anfechtungsklage immerhin als Gewohnheitsrecht an und tritt für Korrekturen nur in Randbereichen, insbesondere im Bereich der Anfechtungsfrist ein[19], während *Wiedemann* allein eine Änderung de lege ferenda fordert[20].

In dem Maße, in dem in den letzten Jahren die personalistischen Elemente im GmbH-Recht betont worden sind, sollte auch im Bereich der personalistischen GmbH im hier fraglichen Bereich eine Angleichung an das Personengesellschaftsrecht erfolgen. Daß die Anwendung von Personengesellschaftsrecht auf die personalistische GmbH grundsätzlich möglich ist, hat jüngst auch die Rechtsprechung, wenn auch in anderem Zusammenhang, ausdrücklich bestätigt[21]. Danach finden die im Personengesellschaftsrecht ausgesprochenen Grundsätze, wonach die Gesellschafter unter dem Gesichtspunkt der gesellschaftlichen Treuepflicht gehalten sein können, einer Änderung des Gesellschaftsvertrages zuzustimmen, „*grundsätzlich auch auf die personalistisch ausgestaltete GmbH Anwendung*"[22]. Allgemeiner formuliert: In dem Maße, in dem die Realstruktur des konkreten Verbandes Eingang in die Wahl der anzuwendenden Rechtssätze findet, mithin nicht mehr allein an die Form der Gesellschaft angeknüpft wird, erfordert dies auch eine Modifizierung der bislang eher unkritischen Übernahme der aktienrechtlichen Anfechtungsregeln in das GmbH-Recht. Oder wiederum anders gewendet: Sofern man der Übernahme der aktienrechtlichen Regelung bereits den Charakter von Gewohnheitsrecht zubilligen will, ist eine teleologische Reduktion dieser Rechtssätze für die personalistisch strukturierte GmbH erforderlich.

18 Vgl. nur BAUMBACH/DUDEN/HOPT, Komm. z. HGB, 27. Aufl., 1987, § 119 Anm. 3 E.
19 ZÖLLNER, aaO (Fn. 10), Anh. § 47 GmbHG Rdn. 1.
20 WIEDEMANN, aaO (Fn. 11), S. 466 f.
21 BGH NJW 1987, 189 = ZIP 1986, 1383.
22 So ausdrücklich *Leitsatz 1* der in Fn. 21 genannten BGH-Leitentscheidung.

2. *Personengesellschaften*

Im Gegensatz zur hier vertretenen restriktiven Anwendung der aktienrechtlichen Anfechtungsvorschriften befürwortet *K. Schmidt* nicht nur die Notwendigkeit der Beschlußanfechtung für das GmbH-Recht, sondern will diese Überlegungen auch in das Recht der Personengesellschaften übertragen[23]. Er greift damit eine Ansicht wieder auf, die schon im älteren Schrifttum befürwortet wurde[24]; seiner Ansicht nach sollen Anfechtungsklagen bei allen Gesellschaften möglich sein, die Mehrheitsbeschlüsse fassen und passiv parteifähig sind[25]. Darunter fallen insbesondere die Personenhandelsgesellschaften, soweit der Gesellschaftsvertrag Mehrheitsbeschlüsse zuläßt, der Verein und die BGB-Gesellschaft, soweit man ihre Teilrechtsfähigkeit anerkennt[26] und das Mehrheitsprinzip in der GbR vertraglich festgelegt ist. Demgegenüber will *Köster*[27] die Anfechtungsklage nur für kapitalistisch strukturierte Personengesellschaften zulassen, wertet aber die Zulässigkeit von Mehrheitsbeschlüssen als überragendes Indiz für eine kapitalistische Struktur. Im Gegensatz zu dieser neuerdings wieder vertretenen Ansicht von *K. Schmidt* und *Köster* geht die herrschende Meinung[28] von der fehlenden gesetzlichen Normierung einer Anfechtungsmöglichkeit im Personengesellschaftsrecht aus[29]. Für eine analoge Anwendung der Anfechtungsregeln fehle es sowohl am Regelungsbedarf[30] als auch an der Vergleichbarkeit der Rechtsgebiete[31]. Überblickt man die Rechtsprechung, so hat diese eine analoge Anwendung der Anfechtungsregeln auf Personengesellschaften in ihren Urteilen nicht einmal ernsthaft in Betracht gezogen[32]. Allerdings – und dies ist der Gegenansicht durchaus zuzugeben – wird die von der herrschenden Meinung allein erwogene Feststellungsklage im Hinblick auf das Vorliegen eines Gesellschaftsverhältnisses in mehrfacher Hinsicht modifiziert. Zum einen gilt eine verspätet, d. h. unangemessen verzögert erhobene Klage als unzulässig,

23 K. Schmidt, FS Stimpel, S. 217 ff; Ders., Die AG 1977, 243 ff; Ders., Gesellschaftsrecht, aaO (Fn. 8), S. 334 ff; ähnlich Köster, Anfechtungs- und Nichtigkeitsklage gegen Gesellschafterbeschlüsse bei OHG und KG, 1981, S. 94 ff.

24 V. Gierke, Handelsrecht, 8. Aufl., 1958, S. 200; ähnlich Düringer/Hachenburg/Flechtheim, Komm. z. HGB, II. Bd., 2. Hälfte, 3. Aufl., 1932, § 119 Anm. 5.

25 K. Schmidt, Gesellschaftsrecht, aaO (Fn. 8), S. 335.

26 Vgl. dazu Westermann, FS Baur, 1981, S. 723 ff.

27 Köster, aaO (Fn. 23), S. 94 ff; ebenso K. Schmidt, Die AG 1977, 243, 252.

28 Vgl. die Übersicht bei A. Hueck, Das Recht der offenen Handelsgesellschaft, 4. Aufl., 1971, S. 184.

29 A. Hueck, aaO (Fn. 28), S. 184.

30 Fischer, Großkomm. z. HGB, 2. Bd., 1. Halbband, 3. Aufl., 1973, § 119 Anm. 17; Schlegelberger/Gessler, Komm. z. HGB, Bd. II, 4. Aufl., 1965, § 119 Anm. 9 f.

31 Nitschke, Die körperschaftlich strukturierte Personengesellschaft, 1970, S. 209; für typische Personengesellschaften ebenso Köster, aaO (Fn. 23), S. 102 f.

32 Vgl. BGH WM 1966, 1036; zum Verein BGHZ 59, 369, 372.

weil treuwidrig. Der Beschlußmangel wird dadurch geheilt[33]. Zum anderen wird teilweise angenommen, daß die Klage gegen alle Gesellschafter als notwendige Streitgenossen gemäß § 62 ZPO zu richten sei[34], womit die fehlende Inter-omnes-Wirkung der Feststellungsklage ausgeglichen und eine einheitliche Entscheidung gegenüber allen Gesellschaftern sichergestellt werden soll. Nach der Rechtsprechung genügt jedoch hier die Klage gegen einen einzelnen Gesellschafter, der hinsichtlich des fraglichen Beschlusses anderer Meinung ist[35]. Danach ist eine Bindung der anderen Gesellschafter an das Feststellungsurteil nur durch eine vertragliche Klausel möglich, durch die sich auch die nicht beklagten Gesellschafter an die Entscheidung binden[36]. Insgesamt betrachtet die herrschende Meinung die Feststellungsklage als die für Personengesellschaften durchaus geeignete Klageform, da sie sowohl effektiven Rechtsschutz für die Gesellschafter als auch ein hinreichendes Maß an Rechtssicherheit gewährt.

Seine Gegenansicht hat *K. Schmidt*[37] so begründet: Die fehlende gesetzliche Normierung der Beschlußanfechtung im Recht der Personengesellschaft stehe einer Analogie zum Aktiengesetz ebensowenig entgegen wie ein angeblicher Numerus clausus der Gestaltungsklagen, da auch im Recht der GmbH trotz fehlender Normierung die Anfechtungsklage anerkannt sei[38]. Auch bewirke die fehlende Inter-omnes-Wirkung des Feststellungsurteiles einen beklagenswerten Mangel an Rechtssicherheit[39]; insoweit wird ausdrücklich auch eine Differenzierung zwischen typischen, d. h. personalistisch strukturierten und körperschaftlich strukturierten Personengesellschaften abgelehnt[40].

Wer die Anfechtungsklage auch in der personalistischen GmbH für sinnvoll hält, kann sich dem „systemimmanenten“ Weiterdenken und damit dem Lösungsvorschlag von *K. Schmidt* durchaus anschließen. Genau hier aber muß die Kritik ansetzen: Die Bedenken, die gegen die Notwendigkeit einer Anfechtungsklage im GmbH-Recht (zumindest in personalistisch strukturierten Gesellschaften) vorgetragen worden sind[41], gelten in noch stärkerem Maße im Personengesellschaftsrecht. Der Verlust an Rechtssicherheit, der durch die nur inter partes wirkende Feststellungsklage eintritt, kann bei der geringen Gesellschafter-

33 Fischer, aaO (Fn. 30), § 119 HGB Anm. 17; A. Hueck, aaO (Fn. 28), S. 184; BGHZ 68, 212, 216.
34 Düringer/Hachenburg/Flechtheim, aaO (Fn. 24), § 119 HGB Anm. 5; Schlegelberger/Gessler, aaO (Fn. 30), § 119 HGB Anm. 9 f.
35 BGHZ 30, 195, 198; OLG Hamburg BB 1967, 1267.
36 BGH BB 1966, 1169.
37 Vgl. Fn. 23.
38 K. Schmidt, Die AG 1977, 243, 253.
39 K. Schmidt, Die AG 1977, 243, 253.
40 K. Schmidt, FS Stimpel, S. 217, 229 f; anders noch Ders., Die AG 1977, 243, 252. Für eine solche Differenzierung dagegen Köster, aaO (Fn. 23), S. 138; Düringer/Hachenburg/Flechtheim, aaO (Fn. 24), § 119 HGB Anm. 5.
41 Dazu oben unter II 1.

zahl in einer typischen Personalgesellschaft hingenommen werden[42]. Auch erscheint es gerade in einer auf persönliches Zusammenwirken angelegten Gesellschaft wie der typischen Personengesellschaft sinnvoll, dem Interesse des einzelnen Gesellschafters an der Einhaltung von Gesetz und Vertrag den Vorrang vor dem Bestandsschutz von Beschlüssen einzuräumen[43], so daß eine Differenzierung in anfechtbare und nichtige Beschlüsse hier keineswegs geboten erscheint. Aus eben diesem Grund erweist sich das Postulat, auch in der Personengesellschaft müsse es anfechtbare Beschlüsse geben, als wenig zwingend. Schließlich vernachlässigt *K. Schmidt* deutlich die Analogievoraussetzungen, die für eine so weitgehende Rechtsfortbildung erforderlich sind, vor allem die Vergleichbarkeit der Rechtsgebiete. So bezieht sich *K. Schmidt*[44] nur auf solche Gesellschaften, die entweder Mischformen (GmbH & Co.) oder die nicht personalistisch strukturiert sind, wie etwa die Publikums-KG. Nicht begründet wird, daß die vergleichbare Interessenlage auch bei der typischen Mitunternehmergesellschaft besteht. Bedenkt man, daß die Anfechtungsklage im Aktienrecht eingeführt wurde, um wegen der *hohen Zahl ständig wechselnder Mitglieder* und des nur finanziellen Interesses des Aktionärs an der Gesellschaft dessen Klagerecht zu begrenzen und so die Rechtssicherheit zu gewährleisten, wird deutlich, daß eben diese Lage in der typischen Personengesellschaft gerade nicht vorliegt. Überzeugen könnte deshalb allenfalls die von *Köster*[45] im Anschluß an *Hachenburg*[46] vertretene Differenzierung zwischen typischer und atypischer Personengesellschaft.

3. *Die Kennzeichen personalistisch strukturierter Gesellschaften*

Folgt man der hier vorgeschlagenen Differenzierung zwischen personalistischen und kapitalistischen Gesellschaften, wendet also nur in den letzteren Gesellschaften die aktienrechtlichen Anfechtungsregeln entsprechend an, so bleibt damit zu beantworten, welche Merkmale die personalistisch strukturierte Gesellschaft kennzeichnen. Die Tragfähigkeit des Merkmals der personalistischen Struktur für Differenzierungen der Rechtsregeln innerhalb der jeweiligen Rechtsform des Verbandes ist zwar verschiedentlich bestritten worden, insbesondere im Zusammenhang mit der Mitbestimmung[47]; über die Notwendigkeit einer Unterscheidung zwischen personenbezogenen Gesellschaften einerseits, kapitalistisch strukturierten Gesellschaften andererseits besteht weitgehend

42 Ebenso Köster, aaO (Fn. 23), S. 103 f; Wiedemann, aaO (Fn. 11), S. 153.
43 Wiedemann, aaO (Fn. 11), S. 153.
44 K. Schmidt, FS Stimpel, S. 217, 228.
45 Köster, aaO (Fn. 23), S. 138.
46 Düringer/Hachenburg/Flechtheim, aaO (Fn. 24), § 119 HGB Anm. 5.
47 Vgl. etwa H. P. Westermann, ZGR 1981, 393, 404 ff; Reuter, AcP 179 (1979), 540 ff.

Einigkeit[48] (wobei eher die Rechtsfolgen umstritten sind, die daraus zu ziehen sind). Überblickt man die bisherigen Abgrenzungen und Abgrenzungsversuche in Gesetz[49], Rechtsprechung[50] und Literatur[51], versucht man gewissermaßen eine Summe zu ziehen, so empfiehlt sich, *zwei Voraussetzungen* zu verlangen, die *kumulativ* vorliegen müssen:

(1.) Geringe Zahl der Gesellschafter (Zahl der Gesellschafter nicht höher als 5) *oder*
Familienunternehmen (im Sinne von § 76 Abs. 6 BetrVG 1952) *oder*
Anteilsvinkulierung (vgl. insoweit auch die gesetzliche Wertung in § 376 Abs. 2 Satz 2 AktG).

(2.) Persönliche Mitarbeit bzw. Mitgeschäftsführung durch *mindestens einen* Gesellschafter.

4. *Zwischenergebnis*

Differenziert man – wie hier vorgetragen – im Hinblick auf die Notwendigkeit einer Anfechtungsklage zur Beschlußbeseitigung außerhalb des unmittelbaren Anwendungsbereiches des Aktiengesetzes zwischen kapitalistisch verfaßten Gesellschaften einerseits, personalistisch strukturierten Gesellschaften andererseits, so stellt sich die Problematik des von der herrschenden Meinung vertretenen weitgehenden Ausschlusses der Schiedsgerichtsbarkeit im GmbH-Recht nicht mehr („große Lösung"): Feststellungsklagen der Gesellschafter sind uneingeschränkt und zutreffenderweise schiedsfähig. Sollte die Rechtsprechung diesen Weg, der sicherlich den Mut verlangt, mit einer langen Entwicklung zu brechen,

48 Exemplarisch sei verwiesen auf die repräsentative Darstellung der verschiedenen denkbaren Auffassungen im „Bericht über die Verhandlungen der Unternehmensrechtskommission", herausgegeben vom Bundesministerium der Justiz, 1980, Tz. 986 ff.

49 Vgl. die zweite Durchführungsverordnung zur Dividendenabgabeverordnung vom 5. 5. 1942 (Reichsgesetzblatt I, 261), dort § 5 Abs. 4, abgedruckt auch bei GESSLER, Die GmbH in der gesellschaftsrechtlichen Gesetzgebung, in: Pro-GmbH – Analysen und Perspektiven des Gesellschafts- und Steuerrechts der GmbH, Köln 1980, S. 91, 98.

50 Der 2. Senat hat sich in der Entscheidung BGH NJW 1987, 189 = ZIP 1986, 1983 um eine Abgrenzung nicht bemüht; es handelte sich um eine Zwei-Personen-GmbH (bzw. nach dem Tode eines Gesellschafters: Zwei-Stämme-GmbH).

51 Vgl. etwa MARTENS, Mehrheits- und Konzernherrschaft, 1970, S. 146 ff; SCHOLZ / H. P. WESTERMANN, Komm. z. GmbHG, I. Bd., 6. Aufl., 1978/83, Einleitung Rdn. 20; HUECK, in: Baumbach/Hueck, Komm. z. GmbHG, 14. Aufl., 1985, § 3 Rdn. 34; HACHENBURG/SCHILLING, Komm. z. GmbHG, Bd. 1, 7. Aufl., 1975, Einleitung Rdn. 15; IMMENGA, Die personalistische Kapitalgesellschaft, 1970, S. 1 ff; NITSCHKE, aaO (Fn. 31), S. 154 und S. 208; RAISCH, Unternehmensrecht I, 1973, S. 173; LUTTER/TIMM, NJW 1982, 409, 419; vgl. weiter die Darstellung im Bericht der Unternehmensrechtskommission, aaO (Fn. 48), Tz. 986 ff.

nicht gehen wollen, so bleibt nunmehr – gewissermaßen als „kleine Lösung" zu erörtern, ob und ggf. welche Modifikationen im Hinblick auf die Schiedsfähigkeit von Anfechtungsklagen im GmbH-Recht vorzunehmen sind.

III. Beschlußanfechtung und Schiedsgerichtsbarkeit im GmbH-Recht

1. Überblick

Bis vor wenigen Jahren galt es als fast einhellige Meinung, daß bei Anfechtungsklagen sowohl bei der AG als auch bei der GmbH ein Schiedsgerichtsverfahren unzulässig sei[52]. Zunehmend wird diese Ansicht jedoch in der neueren Literatur bestritten[53], dennoch ist die fehlende Schiedsfähigkeit GmbH-rechtlicher Anfechtungsklagen nach wie vor bei einem zahlenmäßigen Vergleich herrschende Meinung in Rechtsprechung[54] und Literatur[55] – wie jüngst erst ein Urteil des OLG Hamm deutlich gezeigt hat[56]. Ausgangspunkt des Meinungsstreites sind die §§246 Abs. 3 Satz 1 und 248 Abs. 1 AktG, die im Wege der Analogie gleichfalls in das GmbH-Recht übertragen werden (dazu sogleich unter 2. und 3.). Weiterhin wird auf die fehlende Vergleichsbefugnis der Parteien Bezug genommen, die gemäß §1025 ZPO eine Schiedsgerichtsvereinbarung über Anfechtungsklagen ausschließen soll[57] (dazu unter 4.).

52 Vgl. nur HACHENBURG/SCHILLING/ZUTT, aaO (Fn. 7), Anh. §47 GmbHG Rdn. 146.
53 KORNMEIER, Die Schiedsfähigkeit GmbH-rechtlicher Nichtigkeits- und Anfechtungsklagen, Diss. Bochum, 1980, S. 28 ff (erschienen auch im Buchhandel unter dem Titel „Vergleichsbefugnis und Schiedsfähigkeit – dargestellt am Beispiel GmbH-rechtlicher Nichtigkeits- und Anfechtungsklagen", Göttingen 1982, insbes. S. 11 ff); DERS., DB 1980, 193 ff; dem folgend HACHENBURG/ULMER, aaO (Fn. 7), §61 GmbHG Rdn. 36 f; SCHLOSSER, aaO (Fn. 7), §1025 ZPO Rdn. 27; GEIMER, in: Zöller, Komm. z. ZPO, 15. Aufl., 1987, §1025 Rdn. 29; GÜNTHER, EWiR §45 GmbHG 1/87, 371; wohl auch WESTERMANN, FS Fischer, S. 853, 856; für das österreichische Recht: WÜNSCH, Schiedsgerichtsbarkeit in Handelssachen, 1968, S. 82 ff; zweifelnd VOLLMER, Satzungsmäßige Schiedsklauseln, 1970, S. 69 ff; WOLANY, Rechte und Pflichten des Gesellschafters einer GmbH, 1964, S. 190.
54 BGH WM 1966, 1132; BGH DB 1979, 1550 (Vgl. weiter die Nachweise in Fn. 7).
55 HACHENBURG/SCHILLING/ZUTT, aaO (Fn. 7), Anh. §47 GmbHG Rdn. 146 m. w. N.; SCHOLZ / K. SCHMIDT, aaO (Fn. 7), §45 GmbHG Rdn. 94 m. w. N.; ROWEDDER/KOPPENSTEINER, aaO (Fn. 6), §47 GmbHG Rdn. 115; FISCHER/LUTTER/HOMMELHOFF, aaO (Fn. 7), Anh. §47 GmbHG Rdn. 54.
56 OLG Hamm ZIP 1987, 780.
57 BGH DB 1979, 1550; BGH WM 1966, 1132; so auch HÜFFER, in: Geßler/Hefermehl/Eckardt/Kropff, Komm. z. AktG, 9. Lieferung, 1984, §246 Rdn. 68; HACHENBURG/SCHILLING/ZUTT, aaO (Fn. 7), Anh. §47 GmbHG Rdn. 146.

2. *Ausschluß der Schiedsgerichtsbarkeit analog § 246 Abs. 3 Satz 1 AktG?*

Die Norm des § 246 Abs. 3 AktG ordnet die ausschließliche Zuständigkeit des Landgerichts am Sitz der Gesellschaft für Anfechtungs- und Nichtigkeitsklagen an, woraus von der herrschenden Meinung gefolgert wird, daß auch der Rechtsweg zur Schiedsgerichtsbarkeit ausgeschlossen sei[58]. Zutreffender Ansicht nach regelt § 246 Abs. 3 Satz 1 AktG jedoch nur die Zuständigkeit *innerhalb* der staatlichen Gerichte, läßt die private Schiedsgerichtsbarkeit aber unberührt[59]. Zur Begründung hat vor allem *Kornmeier*[60] klar heausgearbeitet, daß der Begriff der ausschließlichen Zuständigkeit in der ZPO nicht geregelt, vielmehr anerkannt ist, daß ein ausschließlicher Gerichtsstand im Sinne der §§ 12 und 40 ZPO nur Bedeutung für die Zuweisung der Streitigkeit an ein staatliches Gericht hat und die Zulässigkeit einer Schiedsvereinbarung nicht berührt. Bestätigt wird dies durch den Vergleich mit anderen Normen, die eine ausschließliche Zuständigkeit anordnen; so hat der Gesetzgeber etwa in § 29 a ZPO eine ausschließliche Zuständigkeit für Mietsachen begründet, zugleich aber in § 1025 a ZPO für diese Fälle den Ausschluß der Schiedsgerichtsbarkeit normiert – was unnötig wäre, wenn eine ausschließliche Zuständigkeit von vornherein den Weg zur Schiedsgerichtsbarkeit versperren würde[61]. Auch aus dem Normzweck des § 246 Abs. 3 Satz 1 AktG, der in der Herbeiführung einer gemeinsamen Entscheidung mehrerer Anfechtungsklagen liegt, ergibt sich nichts anderes[62]. Die Befürchtung vielfach erhobener Anfechtungsklagen dürfte bei der GmbH kaum jemals bestehen; alle etwa erhobenen Anfechtungsklagen in einem Prozeß zusammenzufassen, läßt sich – wie *Günther*[63] betont hat – auch im Schiedsverfahren bei entsprechender schiedsvertraglicher Gestaltung verwirklichen. Gleiches gilt für die Mitwirkung mehrerer Anfechtungskläger bei der Schiedsrichterwahl; im übrigen sind praktische Schwierigkeiten dort kaum jemals zu erwarten. Damit steht § 246 Abs. 3 Satz 1 AktG der Schiedsgerichtsbarkeit im Bereich der Anfechtungsklagen gegen GmbH-Gesellschafterbeschlüsse nicht entgegen.

58 BGH DB 1979, 1550; Hüffer, aaO (Fn. 57), § 246 AktG Rdn. 68.
59 Kornmeier, aaO (Fn. 53), S. 35; Ders., DB 1980, 193, 194 f; Hachenburg/Ulmer, aaO (Fn. 7), § 61 GmbHG Rdn. 36 f; ebenso v. Gerkan, EWiR § 51 a GmbHG 3/86, 804 (unter 2.6. – m. w. N.); vgl. auch BGHZ 6, 248, 256 f.
60 Kornmeier, aaO (Fn. 53), S. 28 m. w. N.
61 Kornmeier, aaO (Fn. 53), S. 29.
62 Kornmeier, aaO (Fn. 53), S. 32 f.
63 Günther, EWiR § 45 GmbHG 1/87, 371 f.

3. Ausschluß der Schiedsgerichtsbarkeit durch die Urteilswirkung des § 248 Abs. 1 AktG?

Wiederum andere[64] begründen ihre ablehnende Haltung zur Zuverlässigkeit der Schiedsgerichtsbarkeit mit der Urteilswirkung des § 248 Abs. 1 AktG, der den Charakter der Anfechtungsklage als Gestaltungsklage bestimmt. Eine Gestaltungswirkung, d. h. eine Wirkung über das Verhältnis der Prozeßparteien hinaus, soll einem Schiedsspruch grundsätzlich nicht zukommen können, was z. T. auch mit einer angeblich mangelhaften Unparteilichkeit und Zuverlässigkeit der Schiedsgerichte begründet wird[65]. Auch das überzeugt nicht: Zum einen kann der Charakter der Gestaltungsklage einem Schiedsgerichtsverfahren nicht entgegenstehen, da das Gesetz selbst in § 1025 ZPO als einzige Voraussetzung die *Vergleichsbefugnis* nennt und auch sonst nicht ersichtlich ist, daß der Gesetzgeber Gestaltungsklagen von der Schiedsgerichtsbarkeit ausnehmen wollte oder will[66]. Dies ergibt sich insbesondere bei einem Vergleich mit anderen Gestaltungsklagen[67], etwa mit den Auflösungsklagen nach §§ 61 GmbHG oder 133 HGB, die auch von der herrschenden Meinung uneingeschränkt für schiedsfähig gehalten werden[68]. Die Bedenken, daß der Schiedsspruch nur inter partes wirke und die Nebenintervention bei Schiedsverfahren nicht gewährleistet sei, lassen sich durch entsprechend gestaltete Schiedsklauseln beheben[69]. Was die generellen Bedenken gegen Schiedsverfahren betrifft, so ist dem zu entgegnen, daß diese gemäß § 1040 ZPO dem Verfahren vor den staatlichen Gerichten gleichgestellt sind. Die gelegentlich behauptete Minderwertigkeit des Schiedsverfahrens diskriminiert deshalb das Schiedsverfahren gegen den Willen des Gesetzgebers[70]. Dies gilt offensichtlich für den Rechtfertigungsversuch und die Begründung des OLG Hamm[71], die schiedsgerichtliche Erledigung von Rechtsstreitigkeiten sei „ihrem Wesen nach nichts anderes als ein besonderes Vergleichsverfahren“, dem zudem „die staatliche Autorität fehle“; demgegenüber gehe es im Anfechtungsprozeß darum, den angegriffenen Beschluß „rein objektiv auf seine

64 Hachenburg/Schilling/Zutt, aaO (Fn. 7), Anh. § 47 GmbHG Rdn. 146; so auch die ältere Literatur: vgl. Teichmann/Köhler, Komm. z. AktG, 3. Aufl., 1950, § 199 Anm. 3; Schlegelberger u. a., Komm. z. AktG, 3. Aufl., 1939, § 199 Rdn. 4.

65 Vgl. Vollmer, aaO (Fn. 53), S. 83.

66 Kornmeier, aaO (Fn. 53), S. 39; Ders., DB 1980, 193, 195.

67 So insbesondere Hachenburg/Ulmer, aaO (Fn. 7), § 61 GmbHG Rdn. 36 f.

68 Schulze-Osterloh, in: Baumbach/Hueck, Komm. z. GmbHG, 14. Aufl., 1985, § 61 Rdn. 20; Scholz / K. Schmidt, aaO (Fn. 7), § 61 GmbHG Rdn. 6 m. w. N.; BayObLG BB 1984, 746; RGZ 71, 254, 256.

69 Zutreffend Günther, EWiR § 45 GmbHG 1/87, 372.

70 Kornmeier, aaO (Fn. 53), S. 50; Hachenburg/Ulmer, aaO (Fn. 7), § 61 GmbHG Rdn. 36 f.

71 OLG Hamm ZIP 1987, 780, 783.

Rechtmäßigkeit" zu kontrollieren. Zu Recht hat dem *Günther*[72] entgegengehalten, daß die Schiedsgerichtsbarkeit, zumal im Gesellschaftsrecht, eine weit über die bloße vergleichsbezogene Schlichtung hinausreichende Bedeutung als rechtsprechende Einrichtung erlangt hat. Die Bedeutung der Schiedsgerichtsbarkeit auf dem Gebiet des Gesellschaftsrechtes spiegelt wohl am besten die Einschätzung von *K. Schmidt*[73] wider, der die Rechtsprechung der Schiedsgerichte unter die Quellen des Gesellschaftsrechts einordnet! Aus all diesen Gründen läßt sich aus § 248 Abs. 1 AktG die Unzulässigkeit des schiedsgerichtlichen Verfahrens für Anfechtungsklagen im hier fraglichen Bereich nicht ableiten.

4. *Ausschluß der Schiedsgerichtsbarkeit wegen fehlender Vergleichsbefugnis der Parteien gemäß § 1025 ZPO?*

a) Zweck der Vorschrift

Übereinstimmend wird der Sinn des § 1025 ZPO darin gesehen, daß die Parteien durch die Begrenzung der Schiedsgerichtsbarkeit auf Gegenstände, über die ein Vergleich möglich ist, daran gehindert werden sollen, mittels einer Schiedsgerichtsvereinbarung Rechtsfolgen herbeizuführen, die sie durch Vertrag nicht herbeiführen können[74]. Deshalb muß einerseits der Streitgegenstand selbst einem Vergleich zugänglich sein (objektive Vergleichsbefugnis) und müssen andererseits gerade die Parteien befugt sein, den Vergleich zu schließen (subjektive Vergleichsbefugnis).

b) Objektive Vergleichsbefugnis

Der Mangel der objektiven Vergleichsbefugnis ist das wohl stärkste Argument des BGH zur Ablehnung der Schiedsfähigkeit von Anfechtungsklagen[75]. Freilich erschöpft sich dieses Argument in den Entscheidungen des BGH vielfach in einer schlichten Behauptung, wobei teilweise nicht klar wird, ob der BGH die objektive oder die subjektive Vergleichsbefugnis verneint[76]. Die Betonung der „Parteiwillkür", der das Verfahren entzogen sei, legt aber die Annahme nahe, daß der BGH die objektive Vergleichsbefugnis ablehnen will, die auch in der

72 Vgl. Fn. 69.
73 K. Schmidt, Gesellschaftsrecht, aaO (Fn. 8), S. 24.
74 Geimer, aaO (Fn. 53), § 1025 ZPO Rdn. 29; Wolany, aaO (Fn. 53), S. 191.
75 Vgl. BGH LM § 199 AktG 1937 Nr. 1; BGH WM 1966, 1132; BGH DB 1979, 1550.
76 Vgl. Fischer, Anm. zu BGH LM § 199 AktG 1937 Nr. 1.

Literatur[77] vielfach, wenngleich ohne nähere Begründung bestritten wird. Die schlichte Behauptung der herrschenden Meinung, die objektive Vergleichsbefugnis liege nicht vor, überzeugt so jedenfalls nicht. Geht man von dem materiellrechtlichen Vergleichsbegriff des § 779 BGB aus, bedeutet dies, daß keine zwingenden Vorschriften dem Vergleich entgegenstehen dürfen[78]. Solche zwingenden Vorschriften sind im hier fraglichen Bereich des GmbH-Rechts nicht ersichtlich. Darüber hinaus wird z. T. in der Literatur ein weitergehender *prozeßrechtlicher Begriff* der Vergleichsbefugnis entwickelt, der es ermöglichen soll, die Vergleichsbefugnis im Sinne des § 1025 ZPO auch dort noch anzunehmen, wo zwingendes materielles Recht betroffen ist[79]. So abstrahiert etwa *Kornmeier*[80] von der materiellen Vergleichsbefugnis nach § 779 BGB völlig und fragt allein, ob sich der Staat in der betreffenden Frage das Rechtsprechungsmonopol vorbehalten hat; allein hierin liege der eigentliche Zweck des § 1025 ZPO. Wiederum anderer Ansicht nach kommt es nicht auf die Anwendbarkeit zwingender Vorschriften an, sondern auf das Ergebnis des konkreten Vergleichs. Nur wo dieses Ergebnis mit der zwingenden Rechtsordnung nicht übereinstimme, sei der Vergleich unzulässig[81]. Gemeinsam ist diesen Ansichten – der materiellrechtlichen Betrachtung wie den prozessualen Ansichten –, daß es einen automatischen Ausschluß der Anfechtungsklagen im GmbH-Recht von der Schiedsgerichtsbarkeit wegen fehlender objektiver Vergleichsbefugnis jedenfalls nicht geben kann, vielmehr allenfalls eine Prüfung im Einzelfall erfolgen könne; dazu aber muß in jedem Einzelfall geprüft werden, welche Normen jeweils durch die Anfechtungsklage betroffen sind[82].

Bei *abstrakter* Betrachtung der Schiedsfähigkeit von Anfechtungsklagen im GmbH-Recht (losgelöst also von der Einzelfallbetrachtung) kann deshalb allein die subjektive, nicht aber die objektive Vergleichsbefugnis fraglich sein[83].

c) Subjektive Vergleichsbefugnis

Die subjektive Vergleichsfähigkeit ist von der Rechtsprechung[84] zunächst unter Hinweis auf die §§ 246 Abs. 3 Satz 1, 248 AktG bestritten worden: § 246

77 Hachenburg/Schilling/Zutt, aaO (Fn. 7), Anh. § 47 GmbHG Rdn. 146; Rowedder/Koppensteiner, aaO (Fn. 6), § 47 GmbHG Rdn. 115.

78 Pecher, Münchener Komm. z. BGB, Bd. 3, 2. Halbband, 1980, § 779 Rdn. 3.

79 Vollmer, aaO (Fn. 53), S. 71 f; Westermann, FS Fischer, S. 853; Schlosser, aaO (Fn. 7), § 1025 ZPO Rdn. 271; Kornmeier, aaO (Fn. 53), S. 62 ff.

80 Kornmeier, aaO (Fn. 53), S. 70 f.

81 Wolany, aaO (Fn. 53), S. 192.

82 So insbesondere Schlosser, aaO (Fn. 7), § 1025 ZPO Rdn. 27; Westermann, FS Fischer, S. 853; Wolany, aaO (Fn. 53), S. 192; Kornmeier, DB 1980, 193, 195 f.

83 Kornmeier, aaO (Fn. 53), S. 81–99, Zusammenfassung S. 103.

84 BGH LM § 199 AktG 1937 Nr. 1; BGH DB 1979, 1550.

Abs. 3 Satz 1 AktG „entziehe" die Vergleichsbefugnis der „Parteiwillkür", so daß die Parteien sich nicht vergleichen könnten. Zutreffend ist allein, daß § 246 Abs. 3 Satz 1 AktG die Frage des Gerichtsstandes der Parteiwillkür entzieht; über die Frage der Vergleichsbefugnis verhält sich die Norm dagegen überhaupt nicht. Sie betrifft das „wo", nicht aber das „wie" der Rechtsfindung[85]. Auch der Hinweis, § 248 AktG verbiete es den Parteien, einen Vergleich zu schließen, weil dieser in seiner Wirkung bei einer Gestaltungsklage auch für und gegen andere Personen wirke[86], ist nicht haltbar, da dies ebenso bei allen weiteren Gestaltungsklagen der Fall ist, etwa im Bereich des § 61 GmbHG; dort aber ist die subjektive Vergleichsbefugnis anerkannt[87].

Einleuchtender erscheint demgegenüber eine Begründung, die die subjektive Vergleichsbefugnis unter Hinweis darauf ablehnt, daß die Geschäftsführer, die die GmbH im Prozeß vertreten, den angefochtenen Beschluß nicht im Vergleichswege aufheben oder ändern können, ohne unzulässigerweise in die Kompetenz der Gesellschafterversammlung einzugreifen[88]; sie seien vielmehr gehalten, den Beschluß tunlichst zu verteidigen[89].

Dies ist zumindest bereits in den Fällen nicht zutreffend, in denen der angegriffene Beschluß in einer Gesellschafterversammlung zustande gekommen ist, die nur aus den klagenden Gesellschaftern und einem oder mehreren den Beschluß tragenden Geschäftsführer-Gesellschaftern besteht, denn diese Personen können sich – wie auch immer man die subjektive Vergleichsbefugnis auslegt – auf jeden Fall vergleichen[90]. In der personalistischen GmbH dürfte diese Situation der Regelfall sein.

Im übrigen geht die herrschende Meinung fast stillschweigend davon aus, mit den „Parteien" im Sinne des § 1025 ZPO seien die Parteien des Anfechtungsprozesses gemeint[91]. Sehr viel näherliegend ist es demgegenüber, als „Parteien" die Parteien der Schiedsgerichtsvereinbarung zu betrachten, so daß bei einer satzungsmäßigen Schiedsklausel nur die Gesellschafter die „Parteien" im Sinne des § 1025 ZPO sind[92]. Diese aber können gewißlich über den fraglichen Beschluß

85 Kornmeier, aaO (Fn. 53), S. 107.

86 BGH DB 1979, 1550; ähnlich Hachenburg/Schilling, aaO (Fn. 7), § 13 GmbHG Rdn. 20.

87 So insbesondere Hachenburg/Ulmer, aaO (Fn. 7), § 61 GmbHG Rdn. 37.

88 Fischer, Anm. zu BGH LM § 199 AktG 1937 Nr. 1; Schilling, Großkomm. z. AktG, 3. Bd., 3. Aufl., 1973, § 246 Anm. 14; Zöllner, Kölner Komm. z. AktG, Bd. 2, 1985, § 246 Rdn. 76.

89 Vollmer, aaO (Fn. 53), S. 70.

90 So Weidemann, Schiedsgerichtsbestimmungen der Handelsgesellschaften, Diss. Bonn, 1956, S. 68 f (zitiert nach Kornmeier, aaO [Fn. 53], S. 21 in Fn. 79).

91 Vgl. die Kritik bei Schlosser, aaO (Fn. 7), § 1025 ZPO Rdn. 27.

92 Kornmeier, DB 1980, 193, 196; Schlosser, aaO (Fn. 7), § 1025 ZPO Rdn. 27; Vollmer, aaO (Fn. 53), S. 70; so wohl auch BGHZ 38, 155, 158 = MDR 1963, 115, 116.

disponieren[93]. Für diese Ansicht spricht weiterhin, daß allein so der Wille der Gesellschafter, alle Streitigkeiten vor ein Schiedsgericht zu bringen, verwirklicht werden kann. Diesen Willen unterläuft die Gegenansicht, indem sie aus „rechtstechnischen Gründen"[94] die GmbH selbst als Partei ansieht[95]. Insoweit setzt sich die herrschende Meinung erneut in Widerspruch zur eigenen Ansicht im Hinblick auf § 61 GmbHG, bei dem gleichfalls die Parteien der Schiedsvereinbarung und die des späteren Auflösungsverfahrens verschieden sind[96]. Hinzu kommt, daß die Rechtsprechung bislang keinen Anlaß gesehen hat, im Rahmen von Feststellungsklagen an der subjektiven Vergleichsbefugnis zu zweifeln[97]. Insgesamt sprechen die überzeugenderen Gründe deshalb dafür, die Parteien der Schiedsgerichtsvereinbarung als Parteien im Sinne des § 1025 ZPO anzusehen und deshalb *auch die subjektive Vergleichsbefugnis zu bejahen.*

Aber selbst wenn man mit der Gegenansicht die Gesellschaft selbst als Partei im Sinne von § 1025 ZPO ansehen würde, erscheint es bedenklich, den Geschäftsführern nicht doch die Möglichkeit zuzugestehen, sich mit dem Anfechtungskläger zu vergleichen. Es kann keineswegs die Pflicht des Geschäftsführers sein, den fraglichen Beschluß um jeden Preis zu verteidigen[98]; vielmehr *kann es durchaus der Sorgfaltspflicht nach § 43 Abs. 1 GmbHG entsprechen, eine vergleichsweise Streitbeilegung herbeizuführen*[99]. Dagegen spricht zwar, daß die Geschäftsführer gemäß § 43 GmbHG gehalten sind, die Weisungen der Gesellschafterversammlung zu befolgen. Sie würden daher gegen die innergesellschaftliche Kompetenzverteilung verstoßen, wenn sie eigenmächtig einen Vergleich abschließen[100], so daß eine Vergleichsbefugnis der GmbH (vertreten durch die Geschäftsführer) zumindest dann zweifelhaft erscheint, wenn die Geschäftsführer gegen den expliziten Willen der Gesellschaftermehrheit handeln würden. Das aber dürfte bei der personalistisch strukturierten Gesellschaft typischerweise gerade nicht vorkommen. Schließlich kann die Vergleichsbefugnis nicht isoliert und losgelöst von vergleichbaren prozessualen Situationen beurteilt werden. Nach fast unbestrittener Ansicht kann gegen die Gesellschaft

93 Hachenburg/Ulmer, aaO (Fn. 7), § 61 GmbHG Rdn. 37.
94 So Fischer, Anm. zu BGH LM § 199 AktG 1937 Nr. 1.
95 Kornmeier, aaO (Fn. 53), S. 111; Vollmer, aaO (Fn. 53), S. 70.
96 Scholz / K. Schmidt, aaO (Fn. 7), § 61 GmbHG Rdn. 6.
97 Vgl. BGHZ 38, 155.
98 Kornmeier, DB 1980, 193, 197; Wünsch, aaO (Fn. 53), S. 82 ff.
99 Wünsch, aaO (Fn. 53), S. 82 ff.
100 A. A. insoweit Kornmeier, aaO (Fn. 53), S. 124 f (= Ders., Vergleichsbefugnis, aaO [Fn. 53], S. 97 ff).

ein Versäumnisurteil ergehen[101]; in Rechtsprechung und Literatur wird selbst ein Anerkenntnis vereinzelt für möglich gehalten[102]. Bedenkt man die Auswirkungen von Vergleich, Anerkenntnis und Versäumnisurteil, so spricht vieles für eine Vergleichsbefugnis der Gesellschaft[103]: Der Vergleich ist für die Gesellschaft u. U. weniger einschneidend als das Versäumnisurteil; das aber spricht bei einer wertenden Betrachtung für die Vergleichsbefugnis der Gesellschaft. Auch nach der Gegenansicht müßte deshalb konsequenterweise die subjektive Vergleichsbefugnis bejaht werden.

IV. Zusammenfassung

1. Auf Grund der unterschiedlichen Interessenlage im Aktienrecht und im Recht der personalistisch strukturierten Gesellschaften sollten die aktienrechtlichen Anfechtungsvorschriften der §§ 241 ff AktG entgegen der bisherigen langjährigen Übung in personalistisch strukturierten Gesellschaften (mit Ausnahme der AG auf Grund der dortigen normativen Regelung) keine entsprechende Anwendung finden.

2. Entgegen der bislang herrschenden Meinung sollte jedenfalls die Schiedsfähigkeit von Anfechtungsklagen gegen Gesellschafterbeschlüsse in der GmbH bejaht werden. Zumindest in der personalistisch strukturierten Gesellschaft sollte für alle Streitigkeiten aus dem Gesellschaftsverhältnis – gleich wie die formellen Parteirollen verteilt sind – der Rechtsweg zur Schiedsgerichtsbarkeit offen stehen.

101 Vgl. etwa Rowedder/Koppensteiner, aaO (Fn. 6), § 47 GmbHG Rdn. 123; Scholz / K. Schmidt, aaO (Fn. 7), § 45 GmbHG Rdn. 114; Baumbach/Hueck, Komm. z. GmbHG, 13. Aufl., 1970, Anh. § 47 Anm. 4 F; Zöllner, aaO (Fn. 88), § 246 AktG Rdn. 72 ff (mit weiteren Nachweisen); Hüffer, aaO (Fn. 57), § 246 AktG Rdn. 27 ff; zur Gegenansicht vgl. Hachenburg/Schilling/Zutt, aaO (Fn. 7), Anh. § 47 GmbHG Rdn. 160 f.

102 Vgl. das obiter dictum in RG JW 1938, 750; in BGH NJW 1975, 1273 ist die Frage offengelassen worden.

103 Vgl. etwa Baumbach/Hueck, aaO (Fn. 101); Zöllner, aaO (Fn. 101); Hüffer, aaO (Fn. 101); a. A. etwa Hachenburg/Schilling/Zutt, Rowedder/Koppensteiner, Scholz / K. Schmidt, alle aaO (Fn. 101).

Zur Bedeutung des gesellschaftsrechtlichen Abspaltungsverbots für den Nießbrauch am OHG (KG)-Anteil

von

Professor DR. PETER ULMER, Heidelberg

Inhaltsübersicht

I. Einführung

In einem vielbeachteten, gedankenreichen Beitrag für die Festschrift *Robert Fischer*[1] ist *Hans-Joachim Fleck* vor bald zehn Jahren der Frage nachgegangen, ob das Abspaltungsverbot wirklich dazu nötige, auf Gestaltungen auszuweichen, die dem wirtschaftlich Gewollten nicht adäquat sind und deswegen die eine Seite auf Kosten der anderen in ihrer äußeren Rechtsstellung benachteiligen. Als Beispiele für derartige Ausweichstrategien erwähnte er in erster Linie die Vollrechtsübertragung an Stelle eines intern gewollten Nießbrauchs oder einer Treuhand am Gesellschaftsanteil. Daran schloß er die grundsätzliche Überlegung an, ob nicht der direkte Weg der Durchbrechung eines dogmatisch begründeten Gestaltungshindernisses für bestimmte Tatbestände seiner absoluten Reinhaltung unter Inkaufnahme umständlicher, undurchsichtiger oder

1 FLECK, Stimmrechtsabspaltung in der GmbH?, FS R. Fischer, 1979, S. 107 ff, 110.

schwer kontrollierbarer Ersatzkonstruktionen der Kautelarjurisprudenz vorzuziehen sei[2].

Dieser gut verständliche „Stoßseufzer" aus der Feder eines langjährigen Revisionsrichters wäre auch dann geeignet, den Dogmatiker zu einer Überprüfung seiner Prämissen zu veranlassen, wenn er von einem Verfasser stammte, der strukturellen Daten und wissenschaftlichen Entwicklungen in den von ihm betreuten Rechtsgebieten weniger aufgeschlossen gegenüberstünde, als es *Fleck* über Jahrzehnte hin vorbildlich praktiziert hat. In der Tat müßte es für eine recht verstandene Dogmatik eine Herausforderung bedeuten, sollten sich ihre Ergebnisse als Hindernis für durchaus legitime, dem berechtigten Interessen- und Verkehrsschutz Rechnung tragende und von allen Beteiligten gewollte Gestaltungen erweisen.

Blickt man auf den Diskussionsstand zum Nießbrauch an Personengesellschaftsanteilen (vgl. unter II 2), so scheinen die Zweifel an der Leistungsfähigkeit der Dogmatik gut begründet. Bei näherem Hinsehen wird sich freilich zeigen, daß es bei den in der Literatur vorherrschenden Bedenken weniger um die „absolute Reinhaltung" des Abspaltungsverbots geht, als vielmehr darum, daß den schon seit über zwanzig Jahren zutreffend aufgezeigten Besonderheiten einer Mitberechtigung von zwei oder mehr Personen am Gesellschaftsanteil bisher meist zu wenig Aufmerksamkeit geschenkt wurde (vgl. unter II 3).

Auf der Basis dieser Mitberechtigung von Gesellschafter und Nießbraucher sind im zweiten Teil des Beitrags (unter III) die praktischen Folgerungen für die Ausgestaltung der Rechtsstellung des Nießbrauchers und seines Verhältnisses einerseits zum Besteller, andererseits zu Gesellschaft und Mitgesellschaftern aufzuzeigen. Ganz im Sinne von *Fleck* sollen sie deutlich machen, daß es zur Einräumung eines Anteilsnießbrauchs weder der treuhänderischen Vollrechtsübertragung noch der lange Zeit diskutierten, auf die mitgliedschaftlichen Vermögensrechte bezogenen Ersatzkonstruktionen bedarf (vgl. unter IV).

II. Grundlagen

1. Das Abspaltungsverbot

Das in § 717 Satz 1 BGB geregelte sog. Abspaltungsverbot wird von der ganz h. M. als unverzichtbar angesehen[3]. Es besagt, daß trotz Zustimmung der Mitgesellschafter mitgliedschaftliche Verwaltungs-(Mitsprache-)rechte nicht

2 Fleck, FS R. Fischer, 1979, S. 117.

3 Vgl. nur Flume, Die Personengesellschaft, 1977, § 14 IV, S. 220 f; K. Schmidt, Gesellschaftsrecht, 1986, § 19 III 4, S. 414 f; Wiedemann, Gesellschaftsrecht, Bd. I, 1980, § 7, S. 362, 372 f; Soergel/Hadding, Komm. z. BGB, 11. Aufl., 1985, § 717 Rdn. 6, 20 ff; Ulmer, Münchener Komm. z. BGB, 2. Aufl., 1986, § 717 Rdn. 7, 9 ff.

ohne gleichzeitige Übertragung des Gesellschaftsanteils (der Mitgliedschaft) als solchen an Dritte abgetreten werden können und daß auch ihre Überlassung an Dritte zur Ausübung nur in jederzeit widerruflicher Weise möglich ist[4]. Darin kommt die unselbständige, von der Mitgliedschaft als zentraler Berechtigung nicht trennbare Natur der einzelnen Verwaltungsrechte (Geschäftsführungs-, Informations- und Kontrollrecht, Stimmrecht u. a.) zum Ausdruck.

2. *Zum Diskussionsstand*

a) Wie *Fleck*[5] in bezug auf das GmbH-Recht aufgezeigt hat, galt das Abspaltungsverbot lange Zeit als unüberwindbares Hindernis, auch soweit es um die Einräumung eines *Nießbrauchs* am Gesellschaftsanteil nach §§ 1068, 1069 BGB ging[6]. Auch heute noch finden sich im *Schrifttum* sowohl des Gesellschafts- als auch des Sachenrechts nicht selten Stellungnahmen, die an Stelle des Nießbrauchs die treuhänderische Vollrechtsübertragung des Anteils auf den Nießbraucher für erforderlich halten und ihm dadurch ein Mehr an äußerer Rechtsmacht einräumen wollen, als ihm nach dem Willen der Beteiligten zustehen soll[7]. Von anderer Seite wurde empfohlen, statt dessen auf die Begründung eines Nießbrauchs am Gewinnstammrecht[8] oder an den nach § 717 Satz 2 BGB getrennt übertragbaren und daher auch der Belastung durch einen Nießbrauch fähigen mitgliedschaftlichen Vermögensrechten (Anspruch auf Gewinn, Auseinandersetzungsguthaben u. a.) auszuweichen[9]. Soweit abweichend hiervon der Anteilsnießbrauch als solcher für zulässig gehalten wird, soll er sich nach verbreiteter Ansicht inhaltlich auf die Nutzung der Vermögensrechte beschränken und dem Nießbraucher vorbehaltlich der aus § 1071 BGB folgenden Befugnisse nicht auch ein Mitspracherecht innerhalb der Gesellschaft gewähren[10].

4 Vgl. näher ULMER, aaO (Fn. 3), § 717 BGB Rdn. 7, 9 m. Nachw.

5 FLECK, FS R. Fischer, 1979, S. 107 ff, 125 f.

6 Vgl. Fn. 7 sowie die Nachw. bei SCHLEGELBERGER / K. SCHMIDT, Komm. z. HGB, 5. Aufl., 1986, vor § 335 Rdn. 9, und bei ULMER, aaO (Fn. 3), § 705 BGB Rdn. 83 Fn. 203.

7 So in neuerer Zeit noch R. FISCHER, Großkomm. z. HGB, 3. Aufl., 1967, § 109 Rdn. 20; A. HUECK, Recht der OHG, 4. Aufl., 1971, § 27 II 8, S. 400 f; PETZOLDT, Münchener Komm. z. BGB, 2. Aufl., 1986, § 1068 Rdn. 14; SOERGEL/BAUR, Komm. z. BGB, 11. Aufl., 1978, § 1068 Rdn. 7; STAUDINGER/KESSLER, Komm. z. BGB, 12. Aufl., 1980, § 717 Rdn. 27; SUDHOFF, NJW 1974, 2205, 2207 ff (u. a.).

8 Vgl. Nachw. in Fn. 67, 69.

9 So insbes. PETZOLDT, aaO (Fn. 7), § 1068 BGB Rdn. 21 ff; SOERGEL/HADDING, aaO (Fn. 3), § 717 BGB Rdn. 18 f; vgl. dazu unten IV 1.

10 So WIEDEMANN, Übertragung und Vererbung von Mitgliedschaftsrechten bei Handelsgesellschaften, 1965, S. 408 ff, 413 ff, und HUBER, Vermögensanteil, Kapitalanteil und Gesellschaftsanteil an Personengesellschaften des Handelsrechts, 1970, S. 413 ff, 416.

An diesen zahlenmäßig überwiegenden Stellungnahmen fällt einerseits ihre Heterogenität auf, sieht man ab von der übereinstimmenden Ablehnung interner Mitspracherechte des Nießbrauchers im Fall des Anteilsnießbrauchs als kleinstem gemeinsamem Nenner. Unverkennbar ist andererseits die *Diskrepanz* dieser Ansichten gegenüber der allem Anschein nach starken Verbreitung des Anteilsnießbrauchs in der Praxis[11] und gegenüber den aus steuerrechtlicher Sicht für seine Anerkennung geltenden Mindestanforderungen. Bemerkenswert ist auch, daß der *Bundesgerichtshof* in der ersten der beiden in neuerer Zeit bekanntgewordenen einschlägigen Entscheidungen auf die gesellschaftsrechtliche Zulässigkeit des Nießbrauchs mit keinem Wort eingegangen ist; er hat sich nur mit dem Umfang der dem Nießbraucher zustehenden „Nutzungen" befaßt[12]. Im zweiten Urteil hat er – veranlaßt durch das die Zulässigkeit des Anteilsnießbrauchs verneinende Berufungsgericht – diese Frage zwar ausdrücklich dahingestellt sein lassen, für den konkreten Fall jedoch wiederum nicht gezögert, den auf die Beteiligung am Gewinn beschränkten Nießbrauch anzuerkennen[13].

Ähnliche Feststellungen lassen sich für das *Steuerrecht* treffen. Dort sind zwar die erbschafts-(schenkungs-)steuerlichen Vorteile der Nießbrauchsbestellung durch das ErbStG 1974 beseitigt worden[14]. Für das Einkommensteuerrecht ist der Anteilsnießbrauch jedoch nach wie vor von Bedeutung. Hierzu hat der *Bundesfinanzhof* in mehreren Urteilen bestimmte, am Kriterium des Mitunternehmers orientierte Mindestanforderungen für die einkommensteuerrechtliche Anerkennung des Anteilsnießbrauchs entwickelt, darunter auch die Einräumung von Mitspracherechten in laufenden Angelegenheiten an den Nießbraucher, ohne sich mit der Frage auseinanderzusetzen, ob sie mit den abweichenden Ansichten im gesellschaftsrechtlichen Schrifttum vereinbar sind[15].

b) Eine dem Diskussionsstand zum Anteilsnießbrauch entsprechende Situation findet sich im Schrifttum zu ähnlichen Fällen einer „*Auf*spaltung" der Mitgliedschaft auf zwei oder mehr Personen unter Einbeziehung der am Anteil intern mitberechtigten Personen in den Gesellschafterverband. So hält man für die Begründung eines *Treuhandverhältnisses* am Anteil auch heute noch über-

11 Zu den unterschiedlichen Gründen für die Nießbrauchsbestellung am Gesellschaftsanteil (insbes. die vorweggenommene Anteilsvererbung bzw. die Versorgung der Witwe im Erbfall) vgl. näher ULMER, aaO (Fn. 3), § 717 BGB Rdn. 81. Vertragsmuster zur Nießbrauchsbestellung am OHG(KG)-Anteil bei OLDENBURG, Münchener Vertragshandbuch, Bd. 1, 2. Aufl., 1985, Teil II 10, und HENGELER, Beck'sches Formularhandbuch zum Bürgerlichen, Handels- und Wirtschaftsrecht, 4. Aufl., 1986, Teil VIII C 20.

12 BGHZ 58, 316, 318 ff.

13 BGH BB 1975, 295, 296.

14 Vgl. dazu und zur Rechtslage seit dem 1. 9. 1980 KNOBBE-KEUK, Bilanz- und Unternehmenssteuerrecht, 5. Aufl., 1985, § 27 V 1, S. 728 ff.

15 Vgl. BFHE 109, 133 = GmbH-Rdsch. 1973, 166; 119, 63, 66 = NJW 1976, 1656; 137, 481 = DB 1983, 1181; dazu statt aller L. SCHMIDT, Komm. z. EStG, 6. Aufl., 1987, § 15 Rdn. 53 ff.

wiegend an der strikten Trennung zwischen Gesellschafter- und Treugeberstellung fest und sieht den Treuhänder auch in Fällen „offener", mit Zustimmung der Mitgesellschafter begründeter Treuhand als den nach außen allein maßgebenden Gesellschafter an[16]. Entsprechendes gilt für die *Unterbeteiligung* am Gesellschaftsanteil, auch wenn sie mit Zustimmung der Mitgesellschafter eingegangen wurde und diese gegen die Mitberechtigung des Unterbeteiligten keine Einwendungen erheben[17]. Auch insoweit stellt sich die – hier nicht zu vertiefende – Frage, ob die Gewährung gesellschaftsrechtlicher Mitspracherechte an den Treugeber oder Unterbeteiligten wirklich am Abspaltungsverbot scheitern muß oder ob es den Gesellschaftern nicht überlassen bleiben kann, unter offener Einbeziehung des intern Mitberechtigten in den Gesellschafterverband ihm auch ohne formelle Gesellschafterstellung Mitsprache- und Kontrollrechte einzuräumen und ihn den damit verbundenen Treupflichten zu unterwerfen[18].

3. *Abspaltung von Verwaltungsrechten und Mitberechtigung am Anteil*

a) Bei der „Abspaltung" des Stimmrechts, des Informationsrechts u. a. vom Gesellschaftsanteil geht es um die *Trennung* einzelner Mitsprache-(Verwaltungs-)rechte von der Mitgliedschaft als Inbegriff dieser Rechte und um ihre Übertragung oder dauernde Überlassung an einen Nichtgesellschafter. Sie ist nach ganz h. M. unvereinbar mit der unselbständigen Natur dieser Rechte und mit dem Schutz der Gesellschafter vor unmittelbaren Einwirkungen Dritter auf das Gesellschaftsverhältnis. Dahinter stehen einerseits Gesichtspunkte des *Verkehrsschutzes:* so wenig im Sachenrecht die „Abspaltung" des Herausgabeanspruchs des § 985 BGB vom Eigentum zugelassen wird, um dieses nicht seines wesentlichsten Rechts zu entkleiden[19], so wenig soll es dem Gesellschafter einer OHG oder KG möglich sein, durch Abtretung von Mitspracherechten die Mitgliedschaft zu einer Art *nudum ius* zu machen und sich dadurch trotz Fortbestand der aus der Mitgliedschaft folgenden Pflichten quasi selbst zu entmündigen[20]. Zum

16 Vgl. etwa R. FISCHER, aaO (Fn. 7), § 105 HGB Rdn. 28 b; WESTERMANN, Personengesellschaftsrecht, 4. Aufl., 1979, Rdn. I 113.8; SOERGEL / SCHULTZE-v. LASAULX, Komm. z. BGB, 10. Aufl., 1969, § 705 Rdn. 19; a. A. SCHLEGELBERGER / K. SCHMIDT, aaO (Fn. 6), vor § 335 HGB Rdn. 69; SOERGEL/HADDING, aaO (Fn. 3), § 705 BGB Rdn. 28; wohl auch BLAUROCK, Unterbeteiligung und Treuhand an Gesellschaftsanteilen, 1981, S. 181 f.

17 Auf diesen Sonderfall gehen nur BLAUROCK, aaO (Fn. 16), S. 184 f, ULBRICH, Die Unterbeteiligungsgesellschaft an Personengesellschaftsanteilen, 1982, S. 128 f, und WESTERMANN, aaO (Fn. 16), Rdn. I 967 ein.

18 Vgl. dazu näher ULMER, aaO (Fn. 3), vor § 705 BGB Rdn. 68 a und § 705 BGB Rdn. 78.

19 Vgl. nur MEDICUS, Münchener Komm. z. BGB, 2. Aufl., 1986, vor § 985 Rdn. 5 m. Nachw.

20 Vgl. BGHZ 44, 158, 161; dazu FLUME, aaO (Fn. 3), § 14, S. 220 ff, 223 Fn. 53.

anderen geht es um den – ebenfalls im Kern als unverzichtbar angesehenen – *Schutz der Mitgesellschafter* vor der Mitsprache Dritter und der damit verbundenen Ausübung von Mitgliedschaftsrechten, ohne daß die Mitspracheberechtigten in den Gesellschafterverband eingebunden sind und der Treupflicht als einem die Ausübung von Mitgliedschaftsrechten maßgeblich bestimmenden Institut des Gesellschaftsrechts unterliegen[21]. Diese Schutzzwecke sind jedenfalls in der Personengesellschaft im Kern nicht disponibel; sie zeigen die zentrale Bedeutung, die dem Abspaltungsverbot für die Anwendung und Fortbildung des Gesellschaftsrechts nach wie vor zukommt.

Behandelt man aus den genannten Gründen mit der ganz h. M. die Mitspracherechte als unselbständige, von der Mitgliedschaft nicht lösbare Rechte, so läßt sich damit eine beschränkte „Durchbrechung" dieses Prinzips[22] allerdings nicht vereinbaren. Wollte man – sei es von Fall zu Fall oder anhand generalisierungsfähiger Kriterien – aus unabtretbaren Rechten beschränkt abtretbare machen, so liefe das nicht auf die – stets mögliche – Einschränkung eines allgemeinen Grundsatzes mit Rücksicht auf für seine Geltung unerhebliche Besonderheiten hinaus. In Frage stünde vielmehr eine *qualitative* Änderung der Rechtsnatur der Mitspracherechte als abspaltbarer, eigenständiger Rechte unter gleichzeitiger Ersetzung des Abspaltungsverbots durch einen in wertender Betrachtung zu bestimmenden, im Kern unverzichtbaren Mindestbestand von Mitgliedschaftsrechten, der dem Anteil mit Rücksicht auf Gesellschafter- und/oder Verkehrsschutz vorbehalten bleiben muß. Auch erscheint es zumindest auf den ersten Blick durchaus zweifelhaft, ob damit im Vergleich zu den verschiedenen Ersatzkonstruktionen wirklich ein Gewinn an Rechtssicherheit verbunden wäre[23]. Vor allem aber fragt sich, ob es derartiger „Durchbrechungen" des Abspaltungsverbots überhaupt bedarf oder ob dem berechtigten Anliegen der Praxis nicht auch ohne Aufgabe wohlerwogener dogmatischer Positionen Rechnung getragen werden kann.

b) Für die Stellungnahme zu dieser Frage erweist sich das Beispiel des *Nießbrauchs* am Gesellschaftsanteil als besonders geeignet. Denn nach der gesetzlichen Regelung des Nießbrauchsrechts geht es bei seiner Bestellung nicht um einen Inhaberwechsel an dem betroffenen Gegenstand. In Frage steht vielmehr die Begründung eines beschränkten dinglichen Rechts, d.h. einer unmittelbaren *Mitberechtigung* des Nießbrauchers am Nießbrauchsgegenstand unter Überlagerung der Rechte des Bestellers. Diese Parallele hat *Wiedemann*[24] für den Anteilsnießbrauch schon vor über zwanzig Jahren hervorgehoben. Zutreffend hat er darauf hingewiesen, daß die Einräumung mitgliedschaftlicher

21 Vgl. dazu Fleck, FS R. Fischer, 1979, S. 118 ff.
22 So Fleck, FS R. Fischer, 1979, S. 117.
23 Diesen Aspekt betont Fleck, FS R. Fischer, 1979, S. 118 ff, 122.
24 Wiedemann, aaO (Fn. 10), S. 408 ff, 411, 416.

Verwaltungsrechte an den Nießbraucher sich nicht etwa mit deren Verselbständigung gegenüber dem Anteil verbindet und daß sie daher auch das Abspaltungsverbot unberührt läßt. Wenn er gleichwohl zu dem Ergebnis kam, die laufenden Mitspracherechte dem Gesellschafter (Nießbrauchsbesteller) vorzubehalten, so nur aus Gründen der Praktikabilität und der im Falle einer Doppelzuständigkeit befürchteten Unsicherheit für die Mitgesellschafter[25]. *Flume*[26] und der Verfasser[27] haben diesen von der Mitberechtigung beider Beteiligten am Anteil und von der Einbeziehung des Nießbrauchers in den Gesellschafterverband ausgehenden Ansatz aufgegriffen. Sie haben ihn dahin fortentwickelt, dem Nießbraucher die laufenden Mitspracherechte anstelle des Bestellers zuzuweisen und ihn mit Rücksicht hierauf auch den gesellschaftsrechtlichen Treubindungen zu unterwerfen, ohne daß das Abspaltungsverbot dadurch berührt würde.

Dieser im Ansatz schwerlich widerlegbare Standpunkt findet sich in der neueren Literatur zwar nicht nur vereinzelt[28]; er gestattet die Anerkennung der Rechtsfigur des Anteilsnießbrauchs ohne Verletzung verbindlicher Grundsätze oder Regeln des Sachen- und Gesellschaftsrechts. Indessen kann auch abgesehen von den verschiedenen damit verbundenen Abgrenzungs- und Folgeproblemen (vgl. dazu unter III 3) von einem allgemeinen Durchbruch im einschlägigen Schrifttum noch nicht die Rede sein. So heißt es in der neuesten, 1986 erschienenen umfassenden Kommentierung des § 1068 BGB noch immer, dem Nießbrauch am Gesellschaftsanteil (anstelle der Vollrechtsübertragung auf den Nießbraucher oder des Nießbrauchs am Gewinnanspruch) stehe nach h. M. das Abspaltungsverbot entgegen[29]. Und im Ergebnis ebenso, wenn auch unter Hinweis auf die Sperre des § 1069 Abs. 2 BGB, wird in den Erläuterungen zu § 717 BGB gelehrt, der Nießbrauch an der Mitgliedschaft sei dahin auszulegen, daß damit die übertragbaren Vermögensrechte gemeint seien[30]; einen umfassen-

25 Wiedemann, aaO (Fn. 10), S. 413 ff, 415; so im Ergebnis auch Huber, aaO (Fn. 10), S. 416 mit der Begründung, daß die Verwaltungsrechte nicht zu den Nutzungen gehören.

26 Flume, aaO (Fn. 3), § 17 VI, S. 359 ff und zuvor schon Ders., FS Larenz, 1973, S. 769, 782 ff.

27 Ulmer, Großkomm. z. HGB, 3. Aufl., 1973, § 139 Rdn. 93 ff; Ders., aaO (Fn. 3), § 705 BGB Rdn. 84 ff.

28 Vgl. schon Kreifels, Freundesgabe Hengeler, 1972, S. 158 ff; Rohlff, NJW 1971, 1337, 1339 ff; ferner Schlegelberger/K. Schmidt, aaO (Fn. 6), vor § 335 HGB Rdn. 16; wohl auch Palandt/Bassenge, Komm. z. BGB, 46. Aufl., 1987, § 1068 Anm. 3 b bb; Westermann, aaO (Fn. 16), Rdn. I 335; im Grundsatz – freilich unter Verneinung unmittelbarer Mitspracherechte des Nießbrauchers gegenüber der Gesellschaft – außer Wiedemann, aaO (Fn. 10), S. 413 ff, 415 und Huber, aaO (Fn. 10), S. 416, auch Blaurock, aaO (Fn. 16), S. 143 f, Teichmann, ZGR 1972, 10 f und Staudinger/Promberger, Komm. z. BGB, 12. Aufl., 1980, Anh. §§ 1068, 1069 Rdn. 64 f.

29 Petzoldt, aaO (Fn. 7), § 1068 BGB Rdn. 14.

30 Soergel/Hadding, aaO (Fn. 3), § 717 BGB Rdn. 18.

den Anteilsnießbrauch soll es danach selbst bei Zustimmung aller Mitgesellschafter offenbar nicht geben. Angesichts dieses Diskussionsstands ist die Warnung *Flecks* vor einer rigorosen, zu unbefriedigenden Ersatzkonstruktionen zwingenden „Dogmatik" vollauf berechtigt.

4. *Zwischenergebnis*

Faßt man die bisherigen Ausführungen zusammen, so zeigt sich, daß es einer Durchbrechung des Abspaltungsverbots im Falle der Anerkennung von gesellschaftsrechtlichen Mitspracherechten des Nießbrauchers nicht bedarf. Das folgt aus der gemeinsamen Berechtigung von Besteller und Nießbraucher am Anteil und der Einbeziehung des Nießbrauchers in den Gesellschafterverband während der Dauer des Nießbrauchs. Fraglich bleiben neben den Voraussetzungen für die Bestellung eines Anteilsnießbrauchs (vgl. unter III 1) die Aufteilung der Rechte zwischen Besteller und Nießbraucher beim Fehlen konkreter Absprachen hierüber (vgl. unter III 2 und 3) sowie die mit der Nießbrauchsbestellung verbundene Außenwirkung in bezug auf die Gesellschafterhaftung nach § 128 HGB (vgl. unter III 4). Wenn sich insoweit praktikable Lösungen abzeichnen, sollte von den nach wie vor empfohlenen Ersatzkonstruktionen Abschied genommen werden (vgl. unter IV).

III. Voraussetzungen und Rechtsfolgen des Anteilsnießbrauchs

1. Bestellung

Die Bestellung eines Nießbrauchs am Anteil an einer OHG/KG richtet sich nach den für den Nießbrauch an Rechten (§§ 1068 ff BGB) geltenden Vorschriften[31]. Da die Mitgliedschaft durch Vertrag zwischen Veräußerer und Erwerber mit Zustimmung der Mitgesellschafter übertragen werden kann[32], kann sie nach § 1069 Abs. 2 BGB auch Gegenstand eines Nießbrauchs sein. Voraussetzung hierfür ist, daß entweder die Mitgesellschafter ihre Zustimmung zur Nießbrauchsbestellung erklären oder daß diese im Gesellschaftsvertrag zugelassen ist[33]. Die allgemeine Zulassung der Anteilsübertragung reicht wegen der – zu Erschwerungen auch für die Mitgesellschafter führenden – regelmäßigen Aufspaltung der Mitverwaltungsrechte zwischen Nießbraucher und Besteller (vgl. unter 3) nicht aus. Liegt diese Voraussetzung vor, so bestehen auch gesellschaftsrechtlich keine Hindernisse für die Anerkennung des Anteilsnießbrauchs; das

31 Vgl. Nachw. in Fn. 25–28.
32 Vgl. Näheres bei ULMER, aaO (Fn. 3), § 719 BGB Rdn. 19 ff.
33 WIEDEMANN, aaO (Fn. 10), S. 400; FLUME, aaO (Fn. 3), § 17 VI, S. 366.

Abspaltungsverbot steht aus den oben (unter II 3) genannten Gründen nicht entgegen. Die Diskrepanz zwischen der Zulassung des Anteilsnießbrauchs in höchstrichterlicher Rechtsprechung und Kautelarjurisprudenz und der Beurteilung dieser Praxis im Schrifttum ist aus dieser Sicht überwunden.

Unmittelbare Rechtsfolge der Nießbrauchsbestellung am Anteil ist das Eingreifen des § 1071 BGB zugunsten des Nießbrauchers, um ihn vor nachteiligen Veränderungen des Nießbrauchsgegenstandes durch den Besteller zu schützen. Das führt zu bestimmten Mindestrechten für den Nießbraucher (vgl. näher unter 3 b), die sich auch der Disposition der Beteiligten entziehen. Entsprechendes gilt wegen der damit verbundenen Umgehung der Schutzfunktion des § 1071 BGB auch dann, wenn der Nießbraucher im Zeitpunkt der Bestellung generell in nachteilige Veränderungen durch den Besteller einwilligt[34]. Durch § 1071 BGB unberührt bleibt das – von der Zustimmung der Mitgesellschafter oder der Zulassung im Gesellschaftsvertrag abhängige – Recht des Bestellers zur Veräußerung des Anteils. Da der Nießbrauch als quasi-dingliche Belastung mit dem Anteil auf den Erwerber übergeht, bedarf der Besteller im Unterschied zu sonstigen Verfügungen über den Anteil in diesem Fall nicht der Zustimmung des Nießbrauchers.

2. *Vermögensrechte*

Die Bestellung des Nießbrauchs an einem Gesellschaftsanteil soll dem Nießbraucher das Recht verschaffen, die *Nutzungen* des Anteils zu ziehen (§§ 1068, 1030 Abs. 1 BGB). Zu den Nutzungen (§ 100 BGB) gehören im Fall eines Gesellschaftsanteils insbes. die Rechtsfrüchte, d. h. die Erträge, die das belastete Recht seiner Bestimmung nach gewährt (§ 99 Abs. 2 BGB). Das sind mangels abweichender Abrede im Bestellungsvertrag die nach Gesetz oder Gesellschaftsvertrag *entnahmefähigen* Gewinne, soweit sie nicht als Geschäftsführungsvergütung dem Besteller zustehen[35], nicht dagegen die von der Verteilung unter den Gesellschaftern ausgeschlossenen Gewinnanteile[36]. Diese kommen als Substanz-

34 A. A. FLUME, aaO (Fn. 3), § 17 VI, S. 364, der es für zulässig hält, daß sich der Besteller vom Nießbraucher die Zustimmung zu allen Dispositionen über die Mitgliedschaft schon bei der Nießbrauchsbestellung erteilen läßt, um gegenüber dem Nießbraucher „völlig freie Hand" zu haben.

35 Vgl. RGZ 170, 358, 369 (für die GmbH); WIEDEMANN, aaO (Fn. 10), S. 405; TEICHMANN, ZGR 1972, 9; PETZOLDT, aaO (Fn. 7), § 1068 BGB Rdn. 29.

36 H. M., vgl. BGHZ 58, 316, 320; BGH BB 1975, 295; BGH NJW 1981, 1560, 1561; PETZOLDT, aaO (Fn. 7), § 1068 BGB Rdn. 16; STAUDINGER/PROMBERGER, aaO (Fn. 28), Anh. §§ 1068, 1069 BGB Rdn. 73; SCHLEGELBERGER / K. SCHMIDT, aaO (Fn. 6), vor § 335 HGB Rdn. 13; WESTERMANN, aaO (Fn. 16), Rdn. I 335; WIEDEMANN, aaO (Fn. 10), S. 404 f; BLAUROCK, aaO (Fn. 16), S. 139 f; BUNKE, DNotZ 1968, 15; STIMPEL, ZGR 1973, 99; a. A. – voller bilanzmäßiger Gewinn – SUDHOFF, NJW 1971, 483 und DERS., NJW 1974, 2209; wohl auch FINGER, DB 1977, 1036 ff.

mehrung dem Besteller zugute; er hat umgekehrt auch etwaige Verluste ohne Beteiligung des Nießbrauchers zu tragen[37]. Außerordentliche Erträge können durch Gesellschafterbeschluß von der Verteilung ausgenommen und den Rücklagen überwiesen werden; eine Verkürzung der Rechte des Nießbrauchers ist hierin nicht zu sehen[38].

Ein durch Kapitalerhöhung aus Gesellschaftsmitteln *erhöhter* Kapitalanteil steht ebenso wie ein solcher aus der Erbringung neuer Einlagen dem Besteller zu[39]. Hinsichtlich der auf das erhöhte Kapital entfallenden Erträge ist danach zu differenzieren, ob es sich um eine nominelle (aus Gesellschaftsmitteln bewirkte) oder eine echte Kapitalerhöhung handelt; im letzteren Fall stehen die Erträge im Zweifel dem Besteller zu, wenn er die Erhöhung aus eigenen Mitteln bewirkt hat[40].

Die Beteiligten können im Rahmen der Nießbrauchsbestellung abweichende Vereinbarungen über die Aufteilung der Erträge treffen, insbes. den Nießbrauch auf einen Teil des Anteils (und des hierauf entfallenden Ertrags) beschränken, solange sie dadurch die Wesensmerkmale des Nießbrauchs (§ 1030 BGB) unberührt lassen. Entsprechendes gilt für die mit dem Anteil verbundenen Lasten; im Regelfall sind die laufenden Belastungen (Steuern u. a.) auch im Innenverhältnis vom Nießbraucher zu tragen[41].

b) Das in § 122 Abs. 1 HGB vorgesehene, gesellschaftsvertraglich meist modifizierte gewinnunabhängige *Entnahmerecht* unterliegt als solches nicht dem Zugriff des Nießbrauchers, auch wenn man es als besonderes, mit der Mitgliedschaft verbundenes Vermögensrecht ansieht. Das folgt aus der Beschränkung der Rechte des Nießbrauchers auf den Ertrag des Anteils, während gewinnunabhängige Entnahmen zu Lasten der Substanz gehen[42]. Hat freilich der Besteller in ertragslosen Jahren Entnahmen getätigt und führen diese in den Folgejahren dazu, daß an sich entnahmefähige Gewinne zur Wiederauffüllung des um die Entnahmen verminderten Kapitalkontos verwendet werden, so ist er dem Nießbraucher zum Ersatz verpflichtet.

37 So – vorbehaltlich der Fälle treuhänderischer Anteilsübertragung – auch Schlegelberger / K. Schmidt, aaO (Fn. 6), vor § 335 HGB Rdn. 18; Staudinger/Promberger, aaO (Fn. 28), Anh. §§ 1068, 1069 BGB Rdn. 81; Teichmann, ZGR 1972, 13 f; a. A. Sudhoff, NJW 1971, 483.

38 BGH BB 1975, 295, 296.

39 BGHZ 58, 316, 319.

40 Ebenso BGH GmbH-Rdsch. 1983, 148; Blaurock, aaO (Fn. 16), S. 145 f; Teichmann, ZGR 1972, 17 ff m. w. N.; wohl auch Schlegelberger / K. Schmidt, aaO (Fn. 6), vor § 335 HGB Rdn. 12; offenlassend BGHZ 58, 316, 319 und Staudinger/Promberger, aaO (Fn. 28), Anh. §§ 1068, 1069 BGB Rdn. 74.

41 Vgl. §§ 1068, 1041 BGB für die – auf den Anteilsnießbrauch freilich nicht ohne weiteres übertragbaren – sog. Erhaltungslasten, dazu auch Teichmann, ZGR 1972, 14.

42 Ähnlich Blaurock, aaO (Fn. 16), S. 141 f; wohl auch Staudinger/Promberger, aaO (Fn. 28), Anh. §§ 1068, 1069 BGB Rdn. 75 ff, 78, diese freilich mit der Einschränkung, daß auch der Besteller das Entnahmerecht nicht geltendmachen könne.

c) Scheidet der Besteller aus der Gesellschaft aus oder wird sie liquidiert, so setzt sich der Nießbrauch am *Auseinandersetzungsguthaben* des Bestellers fort[43]; es bildet das Surrogat des belasteten Anteils. Der Nießbraucher kann danach die auf das Guthaben entfallenden Zinsen beanspruchen, während die Substanz dem Besteller verbleibt. Er kann vom Besteller auch Mitwirkung bei der wirtschaftlich gesicherten Wiederanlage des Guthabens verlangen[44].

3. *Verwaltungsrechte*

a) Schwierigkeiten bereitet beim Anteilsnießbrauch die *Aufteilung* der mit dem Anteil verbundenen Verwaltungsrechte zwischen Nießbraucher und Besteller. Vom Sonderfall der Aufgabe oder Änderung des Anteils abgesehen, für die § 1071 BGB dem Nießbraucher ein gesetzliches Mitspracherecht einräumt (vgl. unter b), sind in den Vorschriften über den Nießbrauch an Rechten Regelungen hierüber nicht enthalten. Insbesondere lassen sich die Verwaltungsrechte nicht ohne weiteres als Nutzungen des Anteils (Gebrauchsvorteile, § 100 BGB) beurteilen, die nach §§ 1068, 1030 Abs. 1 BGB dem Nießbraucher zustehen. Eine Parallele mag man trotz der unverkennbaren Unterschiede zwischen Sach- und Rechtsnießbrauch einerseits in dem nach § 1036 Abs. 1 BGB auf den Nießbraucher übergehenden Besitzrecht, andererseits in den Mitspracherechten der Miteigentümer sehen, die im Falle eines nießbrauchsbelasteten Miteigentumsanteils nach § 1066 Abs. 1 BGB dem Nießbraucher zustehen; beide Regelungen lassen erkennen, daß die laufende Verwaltung des Nießbrauchsgegenstands nach gesetzlicher Regel Sache des Nießbrauchers ist (vgl. unter c). In jedem Fall steht dem Nießbraucher ein Informations- und Kontrollrecht hinsichtlich der auf den Anteil entfallenden Erträge zu (vgl. unter d). Besondere gesellschaftsrechtliche Schranken im Hinblick auf die Anerkennung von Verwaltungsrechten des Nießbrauchers sind nicht veranlaßt. Das Abspaltungsverbot greift aus den oben (unter II 3) genannten Gründen nicht ein und die Mitgesellschafter bedürfen keines besonderen Schutzes, weil sie im Rahmen ihres Zustimmungsvorbehalts auf die Nießbrauchsbestellung und deren Ausgestaltung Einfluß nehmen können.

b) Soweit es um die Anwendung des *§ 1071 BGB* zum Schutze des Nießbrauchers geht, ist mit Rücksicht auf die gesellschaftsrechtlichen Besonderheiten im

43 Die rechtliche Konstruktion ist umstritten: für entsprechende Anwendung der §§ 1074, 1075 BGB STAUDINGER/PROMBERGER, aaO (Fn. 28), Anh. §§ 1068, 1069 BGB Rdn. 80; BUNKE, DNotZ 1968, 13; a. A. – für Notwendigkeit der Neubegründung eines Nießbrauchs am Liquidationserlös – WIEDEMANN, aaO (Fn. 10), S. 403 f; wohl auch SCHLEGELBERGER / K. SCHMIDT, aaO (Fn. 6), vor § 335 HGB Rdn. 14.

44 Vgl. § 1079 BGB; so auch WIEDEMANN, aaO (Fn. 10), S. 403; einschränkend SCHLEGELBERGER / K. SCHMIDT, aaO (Fn. 6), vor § 335 HGB Rdn. 14.

einzelnen wie folgt zu unterscheiden. Auch *ohne* seine *Zustimmung* hinzunehmen hat der Nießbraucher solche den Anteil betreffenden Änderungen, die von der Gesellschaftermehrheit beschlossen werden, ohne daß es auf die Stimme des Bestellers ankommt[45]; die Nießbrauchsbestellung gibt den hieran Beteiligten nicht etwa ein erweitertes Vetorecht. Ebenfalls hinzunehmen hat der Nießbraucher die Ausübung derjenigen außerordentlichen Gestaltungsrechte durch den Besteller, die wie die Rechte aus §§ 133, 139 HGB zum Schutze der Gesellschafter zwingend ausgestaltet sind[46]. Als dritte Kategorie von nicht unter den Zustimmungsvorbehalt fallenden Änderungen werden solche Beschlüsse genannt, die nicht nur den belasteten Anteil, sondern die Gesellschaft als Ganzes betreffen[47]. Dem kann nur unter der einschränkenden Voraussetzung gefolgt werden, daß der Nießbraucher hiervon nicht unmittelbar in seinen Rechten betroffen wird; einen zur Aufhebung oder wesentlichen Umgestaltung der Mitgliedschaft führenden Beschluß braucht er auch dann nicht hinzunehmen, wenn dieser – wie im Fall der Auflösung der OHG/KG – alle Gesellschafter gleichmäßig betrifft.

Von diesen Sonderfällen abgesehen greift unbeschadet des fortbestehenden Mitsprache-(Stimm-)rechts des Bestellers das *Zustimmungserfordernis* des § 1071 BGB zugunsten des Nießbrauchers bei Änderungen des Gesellschaftsvertrags sowie bei sonstigen Grundlagengeschäften ein, sofern sie sich nachteilig auf den belasteten Anteil auswirken. Insoweit müssen auch die Mitgesellschafter das Recht des Nießbrauchers auf Mitwirkung respektieren[48]; sie können die Aufnahme neuer Gesellschafter oder sonstige für den Nießbraucher relevante Vertragsänderungen nicht ohne seine und des Bestellers Zustimmung beschließen.

c) Hinsichtlich der Beschlußfassung in *laufenden Angelegenheiten* kommt es abweichend von § 1071 BGB nicht zur Verdoppelung der mit dem Anteil verbundenen Mitspracherechte. Vielmehr steht das Stimmrecht insoweit nach den Wertungen der §§ 1036, 1066 BGB (vgl. unter a) im Zweifel nur dem *Nießbraucher* zu. Er hat dabei die ihn als Mitberechtigten in der OHG/KG treffende Treupflicht zu beachten, muß aber auch auf das Interesse des Bestellers Rücksicht nehmen und darf ihn nicht willkürlich schädigen. Ein für den Anteilsnießbrauch unverzichtbares Kriterium ist in der Zuweisung der laufenden Mit-

45 So zutreffend WIEDEMANN, aaO (Fn. 10), S. 417; FLUME, aaO (Fn. 3), § 17 VI, S. 364; TEICHMANN, ZGR 1972, 15.

46 FLUME, aaO (Fn. 3), § 17 VI, S. 364; TEICHMANN, ZGR 1972, 15 f; weitergehend WIEDEMANN, aaO (Fn. 10), S. 417, der das einseitige Lösungsrecht des Bestellers insgesamt von den Beschränkungen des § 1071 BGB ausnehmen will.

47 FLUME, aaO (Fn. 3), § 17 VI, S. 364; im Ergebnis ähnlich – auf unmittelbare Schädigungen des Nießbrauchers als Voraussetzung für sein Mitspracherecht nach § 1071 BGB abstellend – WIEDEMANN, aaO (Fn. 10), S. 419.

48 A. A. OLG Hamm BB 1971, 13, wonach sich (in der GmbH) das Mitspracherecht des Nießbrauchers aus § 1071 BGB auf das Innenverhältnis zum Besteller beschränkt.

spracherechte an den Nießbraucher im Unterschied zum Zustimmungserfordernis des § 1071 BGB freilich nicht zu sehen, da sie die ihm zustehenden Nutzungen nur am Rande berührt[49]. Daher bestehen keine grundsätzlichen Bedenken gegen eine vertragliche Ausgestaltung des Anteilsnießbrauchs, die die Mitspracherechte in laufenden Angelegenheiten dem Besteller vorbehält oder zu ihrer Aufspaltung zwischen Nießbraucher und Besteller je nach dem Gegenstand der Beschlußfassung kommt[50]. Die Ausgestaltung kann entweder – mit bindender Wirkung für die Beteiligten – im Gesellschaftsvertrag getroffen werden; sie kann aber auch im Rahmen der Nießbrauchsbestellung vereinbart werden[51].

d) Die Ausführungen unter c) gelten im Zweifel auch für die mit dem Anteil verbundenen *Geschäftsführungsrechte*[52]; allerdings wird hier das Interesse der Mitgesellschafter, die Geschäftsführung den Gesellschaftern selbst vorzubehalten, im Regelfall zu abweichenden, den Nießbraucher von der Geschäftsführung ausschließenden Vereinbarungen führen.

In bezug auf die *Informations- und Kontrollrechte* ist für die Rechtsausübung in laufenden Angelegenheiten nach §§ 118 Abs. 1, 166 Abs. 1 HGB regelmäßig von der Zuständigkeit des Nießbrauchers auszugehen. Dem Besteller verbleiben als unverzichtbarer Mindestbestand die Rechte aus §§ 118 Abs. 2, 166 Abs. 3

49 Gegen die Anerkennung von Verwaltungsrechten des Nießbrauchers, weil sie nicht zu den „Nutzungen" gehören, insbes. HUBER, aaO (Fn. 10), S. 416; ähnlich auch WIEDEMANN, aaO (Fn. 10), S 413 ff, 415; BLAUROCK, aaO (Fn. 16), S. 143 f und STAUDINGER/PROMBERGER, aaO (Fn. 28), Anh. §§ 1068, 1069 BGB Rdn. 64 f. Dagegen zutreffend FLUME, aaO (Fn. 3), § 17 VI, S. 360, 362 f; ähnlich KREIFELS, Freundesgabe Hengeler, 1972, S. 158 ff; ROHLFF, NJW 1971, 1337, 1339 ff; SCHLEGELBERGER / K. SCHMIDT, aaO (Fn. 6), vor § 335 HGB Rdn. 16; offenlassend BGH BB 1975, 295, 296.

50 Für eine vertragliche Aufteilung zur Vermeidung der Rechtsunsicherheit auch WESTERMANN, aaO (Fn. 16), Rdn. I 335; allgemein zur Problematik der Stimmrechtsaufteilung zwischen Nießbraucher und Besteller vgl. auch FLUME, aaO (Fn. 3), § 17 VI, S. 362 f; ROHLFF, NJW 1971, 1340 f; SCHLEGELBERGER / K. SCHMIDT, aaO (Fn. 6), vor § 335 HGB Rdn. 16; FLECK, FS R. Fischer, 1979, S. 125 f (für den Nießbrauch am GmbH-Anteil).

51 Die sachenrechtliche Zulässigkeit derartiger Vereinbarungen steht außer Zweifel, solange dadurch der Nießbrauch nicht in seinem Wesensgehalt als Nutzungsrecht berührt wird. Vgl. § 1030 Abs. 2 BGB; dazu PETZOLDT, aaO (Fn. 7), § 1030 BGB Rdn. 30 und STAUDINGER/PROMBERGER, aaO (Fn. 28), § 1030 BGB Rdn. 41; zur entsprechenden Möglichkeit von Modifikationen des Besitzrechts des Nießbrauchers (§ 1036 Abs. 1 BGB) vgl. auch PETZOLDT, aaO (Fn. 7), § 1036 BGB Rdn. 2 und STAUDINGER/PROMBERGER, aaO (Fn. 28), § 1036 BGB Rdn. 3.

52 Die Frage wird meist nicht besonders erörtert; für grundsätzliche Ausübung der „Herrschaftsrechte" durch den Nießbraucher auch FLUME, aaO (Fn. 3), § 17 VI, S. 363; weitergehend (sämtliche Verwaltungsrechte beim Nießbraucher) SUDHOFF, NJW 1971, 482; a. A. etwa TEICHMANN, ZGR 1972, 13; STAUDINGER/PROMBERGER, aaO (Fn. 28), Anh. §§ 1068, 1069 BGB Rdn. 64; wohl auch SCHLEGELBERGER / K. SCHMIDT, aaO (Fn. 6), vor § 335 HGB Rdn. 16, und für den Nießbrauch am GmbH-Anteil RGZ 170, 358, 359.

HGB. Sind die mitgliedschaftlichen Kontrollrechte im Gesellschaftsvertrag oder im Rahmen der Nießbrauchsbestellung dem Besteller vorbehalten, so hat der Nießbraucher doch ein seiner dinglichen Berechtigung entsprechendes, eigenes Auskunfts- und Kontrollrecht hinsichtlich der auf ihn entfallenden Erträge[53].

4. *Außenhaftung*

Der *Besteller* haftet wegen seiner trotz Nießbrauchsbestellung fortbestehenden Gesellschafterstellung wie bisher für die Verbindlichkeiten der Gesellschaft nach § 128 oder §§ 171, 172 HGB. Das gilt unabhängig vom Übergang der Mitverwaltungsrechte auf den Nießbraucher. Zur Vermeidung unerwünschter Haftungsrisiken mag es sich empfehlen, die Mitgliedschaft vor Nießbrauchsbestellung in eine Kommanditbeteiligung umzuwandeln[54]. Ist ein Gesellschafter-Erbe mit einem Nießbrauchsvermächtnis belastet, so kann die Umwandlung von ihm nach § 139 HGB betrieben werden.

Zweifelhaft ist die Rechtslage des *Nießbrauchers*. Seine mit derjenigen des Bestellers konkurrierende Außenhaftung ist insbes. von *Flume*[55] bejaht worden. Dafür spricht seine dingliche Mitberechtigung am Anteil und die regelmäßige Zuständigkeit hinsichtlich der Verwaltungsrechte in laufenden Angelegenheiten. In der Tat führt die konsequente Umsetzung dieser Mitberechtigung dazu, ihr im Rahmen der §§ 128, 171 f HGB auch Außenwirkung zu verleihen. Als Konsequenz dieser Außenwirkung ist es dann auch geboten, den Nießbraucher neben dem Besteller als Mitinhaber des Anteils im *Handelsregister* einzutragen[56]. Das dient der Publizität der Rechtsverhältnisse in der OHG/KG im Interesse der Gesellschaftsgläubiger und des Rechtsverkehrs. Es sorgt zugleich dafür, dem Nießbraucher an einem Kommanditanteil das Haftungsprivileg der §§ 171, 172 HGB zu verschaffen. Die Anmeldepflicht folgt aus einer entsprechenden Anwendung der §§ 106 bis 108, 162 HGB; neben den Gesellschaftern trifft sie auch den Nießbraucher.

53 So auch Blaurock, aaO (Fn. 16), S. 147 f; Teichmann, ZGR 1972, 9; Wiedemann, aaO (Fn. 10), S. 419 f; Schlegelberger / K. Schmidt, aaO (Fn. 6), vor § 335 HGB Rdn. 16.

54 Dafür spricht auch die ansonsten drohende Gefahr, die Nießbrauchsbestellung könnte wegen des damit verbundenen Übergangs der laufenden Mitspracherechte auf den Nießbraucher einer „Selbstentmündigung" des Bestellers gleichgestellt werden (vgl. dazu BGHZ 44, 158, 161).

55 Flume, aaO (Fn. 3), § 17 VI, S. 364 f; a. A. Blaurock, aaO (Fn. 16), S. 148 f; Staudinger/Promberger, aaO (Fn. 28), Anh. §§ 1068, 1069 Rdn. 82; Schlegelberger / K. Schmidt, aaO (Fn. 6), vor § 335 HGB Rdn. 19. Für Außenhaftung nur des Nießbrauchers als treuhänderischer Vollrechtsinhaber die Anhänger der Treuhandlösung (Nachw. oben Fn. 7).

56 So entgegen der bisher h. M. zutreffend Flume, aaO (Fn. 3), § 17 VI, S. 366; offenlassend Schlegelberger / K. Schmidt, aaO (Fn. 6), vor § 335 HGB Rdn. 11.

IV. Nießbrauch am Gewinn?

Unter den Ersatzkonstruktionen zur Vermeidung der vom Abspaltungsverbot – zu Unrecht – befürchteten Schwierigkeiten für den Anteilsnießbrauch finden sich neben der Übertragung des Vollrechts vor allem Gestaltungen, die beim Gewinnanteil des Bestellers als dem wirtschaftlich vom Nießbrauch in erster Linie erfaßten Aktivum ansetzen. Zum Teil wird empfohlen, den Nießbrauch am selbständig übertragbaren Gewinnanspruch zu bestellen (vgl. unter 1), zum Teil soll er an einem davon zu unterscheidenden „Gewinnstammrecht" begründet werden (vgl. unter 2). Teilweise wird ein derartiger auf den Gewinn (die mitgliedschaftlichen Vermögensrechte) beschränkter „Ertragsnießbrauch" auch als Alternative in denjenigen Fällen empfohlen, in denen die laufenden Mitspracherechte nach dem Willen der Beteiligten beim Besteller verbleiben sollen. Diesen Gestaltungen ist abschließend nachzugehen, um sie auf ihre Tragfähigkeit zu prüfen, aber auch um festzustellen, ob es ihrer neben oder in Ergänzung zu dem Anteilsnießbrauch überhaupt bedarf.

1. Der Nießbrauch an den Gewinnansprüchen

Die Bestellung eines auf die nach § 717 Satz 2 BGB übertragbaren Vermögensrechte, insbes. auf den Gewinnanspruch beschränkten Nießbrauchs wird verbreitet für möglich gehalten[57]. Einige Autoren halten unter Ablehnung des Anteilsnießbrauchs sogar nur diesen Nießbrauch für zulässig[58]. Ein solcher Nießbrauch ist unproblematisch, wenn er sich nur auf die nach § 717 Satz 2 BGB selbständig übertragbaren Vermögensrechte als solche, darunter insbes. die Gewinnansprüche für die einzelnen Geschäftsjahre, bezieht[59]. Er kann nach § 1069 BGB ohne Zustimmung der Mitgesellschafter bestellt werden, wenn nicht im Gesellschaftsvertrag die Abtretung der Vermögensrechte nach § 399 BGB ausgeschlossen ist.

Bereitet die Bestellung eines derartigen Nießbrauchs – genauer: einer Vielzahl von Nießbrauchsrechten an den einzelnen künftigen Gewinnansprüchen – somit im Grundsatz keine Schwierigkeiten, so gilt anderes für Inhalt und rechtliche Tragweite eines solchen Rechts. Denn die Berechtigung des Nießbrauchers beschränkt sich in diesem Fall auf die *Nutzung* des ausgezahlten Gewinns, d. h.

57 Vgl. etwa PETZOLDT, aaO (Fn. 7), § 1068 BGB Rdn. 21, 24 ff; SOERGEL/BAUR, aaO (Fn. 7), § 1068 BGB Rdn. 7; SOERGEL/HADDING, aaO (Fn. 3), § 717 BGB Rdn. 18 f; BUNKE, DNotZ 1968, 5 ff.

58 So insbes. SOERGEL/HADDING, aaO (Fn. 3), § 717 BGB Rdn. 18 f und PETZOLDT, aaO (Fn. 7), § 1068 BGB Rdn. 21, 24 ff.

59 Zur Frage eines Nießbrauchs am Auseinandersetzungsguthaben vgl. III 2 c; er wird erst beim Ausscheiden des Bestellers oder bei Liquidation der OHG/KG wirksam.

auf dessen Einsatz durch den Nießbraucher zu Finanzierungszwecken bzw. auf die darauf entfallenden Zinsen. Die Gewinne selbst bilden die Substanz des Nießbrauchsgegenstandes; sie sind daher bei Beendigung des Nießbrauchs nach § 1067 BGB an den Besteller herauszugeben[60]. Auch die *dingliche Absicherung* des Nießbrauchs am Gewinnanspruch ist derjenigen beim Anteilsnießbrauch nicht vergleichbar. Vom Nießbrauchsrecht erfaßt und nach § 1071 BGB geschützt wird nur der jeweils *entstandene* Anspruch auf den entnahmefähigen Gewinn[61]. Künftige Ansprüche unterfallen nur dann der Nießbrauchsbestellung, wenn der Besteller im Zeitpunkt ihrer Entstehung den Anteil weder veräußert noch durch Kündigung oder vereinbartes Ausscheiden liquidiert hat[62]. Anders als beim Anteilsnießbrauch ist das Verfügungsrecht des Bestellers in bezug auf derartige künftige Rechte nicht durch § 1071 BGB zugunsten des Nießbrauchers beschränkt.

Um diese dem Nießbrauch am Gewinnanspruch anhaftenden Schwächen zu vermeiden und zu einem vermögensrechtlich dem Anteilsnießbrauch entsprechenden, wenn auch nicht auf die Verwaltungsrechte erstreckten Ertragsnießbrauch zu kommen, wird unter Hinweis auf die dispositive Natur des § 1067 BGB[63] empfohlen, im Fall des Nießbrauchs am Gewinnanspruch dem Nießbraucher nicht nur die Nutzungen des Gewinns, sondern diesen selbst auf Dauer zu belassen und die Wertersatzpflicht des *§ 1067 BGB abzubedingen*[64]. Die scheinbar elegante Lösung führt der Sache nach allerdings nicht zu einem Nutzungsrecht, sondern zu einer (Voraus-)*Abtretung* der Gewinnansprüche; schon deshalb vermag sie nicht zu überzeugen. Mit dem in §§ 1068, 1030 BGB definierten Nießbrauch an Rechten hat sie nichts mehr gemein; der Hinweis auf den dispositiven Charakter des § 1067 BGB ist irreführend[65]. Im übrigen ist die Konstruktion auch nicht geeignet, die fehlende dingliche Sicherung des „Nießbrauchers" hinsichtlich der noch nicht entstandenen Gewinnansprüche zu kompensieren[66]. Sie erweist sich daher insgesamt als untauglich.

60 So zutreffend FINGER, DB 1977, 1033; STAUDINGER/PROMBERGER, aaO (Fn. 28), Anh. §§ 1068, 1069 BGB Rdn. 69; ähnlich schon WIEDEMANN, aaO (Fn. 10), S. 400.

61 So auch SUDHOFF, NJW 1971, 483; PETZOLDT, aaO (Fn. 7), § 1068 BGB Rdn. 24.

62 Zur Unwirksamkeit der Abtretung künftiger Gewinnansprüche im Fall zwischenzeitlicher Anteilsveräußerung durch den Zedenten vgl. ULMER, aaO (Fn 3), § 717 BGB Rdn. 33.

63 H. M., vgl. PETZOLDT, aaO (Fn. 7), § 1067 BGB Rdn. 7; STAUDINGER/PROMBERGER, aaO (Fn. 28), § 1067 BGB Rdn. 12 ff.

64 So PETZOLDT, aaO (Fn. 7), § 1068 BGB Rdn. 24; SOERGEL/HADDING, aaO (Fn. 3), § 717 BGB Rdn. 19; BUNKE, DNotZ 1968, 9 f.

65 Das zeigen die sonstigen für Abweichungen von § 1067 BGB angeführten Beispiele, bei denen es nicht etwa um den Ausschluß des Wertersatzanspruchs geht, sondern um dessen inhaltliche Modifizierung (vgl. nur STAUDINGER/PROMBERGER, aaO [Fn. 28], § 1067 BGB Rdn. 14 ff m. Nachw.). Ähnlich auch BÖKELMANN, Nutzungen und Gewinn beim Unternehmensnießbrauch, 1971, S. 212.

66 Das räumen wohl auch SOERGEL/HADDING, aaO (Fn. 3), § 717 BGB Rdn. 19 ein.

2. *Nießbrauch am Gewinnstammrecht?*

Zur Vermeidung der Schwächen eines Nießbrauchs an den einzelnen Gewinnansprüchen ist schließlich die Konstruktion eines Nießbrauchs am *Gewinnstammrecht* als einem zentralen, die Grundlage der einzelnen Gewinnansprüche bildenden vermögensrechtlichen Mitgliedschaftsrecht entwickelt worden. Diese – auf *Siebert*[67] zurückgehende – Zweckschöpfung[68] stieß zunächst auf eine gewisse Zustimmung[69]; die Rechtsprechung ließ die Frage ihrer Anerkennung immerhin dahingestellt[70]. Demgegenüber wird sie in neuerer Zeit ganz überwiegend abgelehnt[71].

Zugunsten eines derartigen Nießbrauchs läßt sich die auf den Nießbrauch an Leibrenten u. a. zugeschnittene Vorschrift des § 1073 BGB anführen[72]. Sie zeigt, daß dem Gesetzgeber der Nießbrauch an einem Vermögens(stamm)recht zur dinglichen Erfassung der einzelnen daraus entspringenden Ansprüche als Erträgen des Rechts nicht fremd ist[73]. Auch findet sich im Gesellschaftsrecht die – freilich ebenfalls umstrittene – Figur eines Vermögenswerts der Beteiligung als Inbegriff der mitgliedschaftlichen Vermögensrechte[74]; sie weist deutliche Parallelen zum Gewinnstammrecht auf. *Gegen* die Konstruktion eines derartigen Vermögensnießbrauchs an der Mitgliedschaft spricht jedoch, daß ein Bedürfnis hierfür infolge der Zulässigkeit des Anteilsnießbrauchs nicht (mehr) besteht. Das gilt auch unter Berücksichtigung der für dessen Bestellung erforderlichen Zustimmung der Mitgesellschafter, da sie auch für die (nicht von § 717 Satz 2 BGB erfaßten) Verfügungen über den Vermögenswert der Beteiligung notwendig ist[75].

67 Siebert, BB 1956, 1126.

68 Übermäßig scharf Schlegelberger / K. Schmidt, aaO (Fn. 6), vor § 335 HGB Rdn. 9: „überflüssige rechtskonstruktive Notlüge".

69 Vgl. etwa Soergel / Schultze-v. Lasaulx, aaO (Fn. 16), § 719 BGB Rdn. 12; Soergel/Baur, aaO (Fn. 7), § 1068 BGB Rdn. 7; Staudinger/Kessler, aaO (Fn. 7), § 717 BGB Rdn. 26; Ulmer, aaO (Fn. 27), § 139 HGB Rdn. 88; Sudhoff, NJW 1971, 483 f.

70 BGH BB 1975, 295.

71 So Flume, aaO (Fn. 3), § 17 VI, S. 360 f; Huber, aaO (Fn. 10), S. 414 f; Wiedemann, aaO (Fn. 10), S. 400 f; Blaurock, aaO (Fn. 16), S. 139 f; Petzoldt, aaO (Fn. 7), § 1068 BGB Rdn. 24; Soergel/Hadding, aaO (Fn. 3), § 717 BGB Rdn. 19; Staudinger/Promberger, aaO (Fn. 28), Anh. §§ 1068, 1069 BGB Rdn. 70; Schlegelberger / K. Schmidt, aaO (Fn. 6), vor § 335 HGB Rdn. 9.

72 Vgl. Siebert, BB 1956, 1126 f; Ulmer, aaO (Fn. 3), § 705 BGB Rdn. 83; zweifelnd Soergel/Hadding, aaO (Fn. 3), § 717 BGB Rdn. 19.

73 Zur klarstellenden, die Besonderheiten von Leibrente u. a. betonenden Natur des § 1073 BGB vgl. Petzoldt, aaO (Fn. 7), § 1073 BGB Rdn. 1 und Staudinger/Promberger, aaO (Fn. 28), § 1073 BGB Rdn. 1.

74 Vgl. dazu Ulmer, aaO (Fn. 3), § 717 BGB Rdn. 36, § 719 BGB Rdn. 5 m. Nachw.

75 Ulmer, aaO (Fn. 3), § 717 BGB Rdn. 15, 30.

3. *Fehlendes Bedürfnis*

Letztlich kann die Frage nach möglichen Ersatzkonstruktionen für den Anteilsnießbrauch, sei es als Nießbrauch am Gewinnanspruch unter Ausschluß des § 1067 BGB oder als solcher an einem Inbegriff mitgliedschaftlicher Vermögensrechte, der über die in § 717 Satz 2 BGB genannten Einzelansprüche deutlich hinausgeht, aus heutiger Sicht dahinstehen. Denn eigenständige Bedeutung gegenüber dem Anteilsnießbrauch kommt ihnen nach dem inzwischen erreichten Entwicklungsstand *nicht* zu[76]. Insbesondere ist der damit bezweckte Ausschluß laufender Verwaltungsrechte des Nießbrauchers auch beim Anteilsnießbrauch zulässig (vgl. unter III 3 c); er erfordert nicht etwa die Entwicklung einer besonderen, auf die Vermögensrechte beschränkten Rechtsfigur nach Art des Gewinn- oder Ertragsnießbrauchs am Anteil. Andererseits müßten selbst beim isolierten Gewinn- oder Ertragsnießbrauch die in § 1071 BGB vorgesehenen, mit Rücksicht auf die dingliche Absicherung des Nießbrauchs unverzichtbaren Mitspracherechte des Nießbrauchers bei Aufhebung oder Änderung des belasteten Rechts beachtet werden, ohne daß dem Besteller insoweit ein wesentlich größerer Bewegungsspielraum als beim Anteilsnießbrauch verbliebe. Berücksichtigt man zudem die fehlende einkommensteuerliche Anerkennung eines isolierten Gewinn- oder Ertragsnießbrauchs[77], so empfiehlt sich, auf diese Rechtsfigur in der künftigen Diskussion ganz zu verzichten[78].

V. *Schluß*

Der Jubilar hatte angesichts der von ihm zutreffend konstatierten Diskrepanz zwischen vorherrschender Literaturansicht zur Stimmrechtsabspaltung und Vertragsgestaltung zu Recht die Frage nach der Leistungsfähigkeit der Dogmatik und nach den Möglichkeiten einer interessengerechten Überwindung der bestehenden Gegensätze gestellt. Der vorstehende Beitrag sollte am Beispiel des Anteilsnießbrauchs zeigen, daß sachgerecht angewandte Dogmatik beweglich genug ist, ohne Preisgabe der als richtig erkannten Grundlagen und ohne deren Durchbrechung zu befriedigenden Lösungen zu gelangen. Es wäre zu begrüßen, wenn der BGH in absehbarer Zeit Gelegenheit fände, durch ein bisher ausstehendes Grundsatzurteil zum Anteilsnießbrauch die Diskussion voranzubringen und ihr eine solide Basis für die weitere Entwicklung in bezug auf die Aufteilung der Mitgliedschaftsrechte zwischen Nießbraucher und Besteller zu geben.

76 So auch BLAUROCK, aaO (Fn. 16), S. 140; SCHLEGELBERGER / K. SCHMIDT, aaO (Fn. 6), vor § 335 HGB Rdn. 9; früher schon WIEDEMANN, aaO (Fn. 10), S. 400 f; HUBER, aaO (Fn. 10), S. 414 f; und TEICHMANN, ZGR 1972, 21.

77 Vgl. BFHE 119, 63, 66 = NJW 1976, 1656; L. SCHMIDT, aaO (Fn. 15), § 15 EStG Rdn. 55; STUHRMANN, in: Blümich/Falk, Komm. z. EStG, Stand August 1986, § 15 Rdn. 262; FICHTELMANN, FR 1977, 244 ff; HOYER, BB 1978, 1459, 1460; KRUSE, Die AG 1980, 216 ff, 220 (einh. M.).

78 *Meine* abweichende Ansicht in Großkomm. z. HGB, § 139 Rdn. 88 gebe ich auf.

Bekanntmachung der Tagesordnung und bekanntmachungsfreie Anträge

– Ein Beitrag zur Auslegung des § 124 AktG –

von

Rechtsanwalt Professor DR. WINFRIED WERNER, Frankfurt

Inhaltsübersicht

I. Vorbemerkung

Das Aktiengesetz 1965 hat die Rechte der einzelnen Aktionäre und den Minderheitenschutz in verschiedener Hinsicht erweitert. Dies ist ein Zeichen seines Bestrebens, der Stellung des Aktionärs als wirtschaftlichen Miteigentümers des Unternehmens gerecht zu werden[1]. Auch die verbesserte Unterrichtung der Aktionäre über das Geschehen in den Hauptversammlungen gehört in diesen Zusammenhang. Zu denken ist hier u. a. an die Neuerungen, die für die Bekanntmachung der Tagesordnung vorgesehen sind. In Abänderung des früheren Rechtszustandes[2] sieht § 124 AktG u. a. vor, daß Vorstand und Aufsichtsrat – bei der Wahl von Aufsichtsratsmitgliedern und Prüfern nur der Aufsichtsrat – anläßlich der Bekanntmachung der Tagesordnung Vorschläge zur Beschlußfas-

1 Begr. RegE bei KROPFF, Aktiengesetz, 1965, S. 15.
2 Vgl. § 108 AktG 1937.

sung zu machen haben und daß der Wortlaut beabsichtigter Satzungsänderungen sowie der wesentliche Inhalt zustimmungsbedürftiger und zur Beschlußfassung über die Zustimmung anstehender Verträge mitgeteilt wird. Über nicht ordnungsgemäß bekanntgemachte Gegenstände der Tagesordnung dürfen keine Beschlüsse gefaßt werden[3]. Doch gelten für die Bekanntmachungsvorschriften gewisse Ausnahmen: Nach § 124 Abs. 4 Satz 2 AktG bedarf es keiner Bekanntmachung zur Beschlußfassung über den in der Versammlung gestellten Antrag auf Einberufung einer Hauptversammlung, zu Anträgen, die zu Gegenständen der Tagesordnung gestellt werden und schließlich zu Verhandlungen ohne Beschlußfassung. § 124 Abs. 4 AktG stellt die Weiterentwicklung ähnlicher Vorschriften der früheren aktienrechtlichen Regelungen dar[4].

Die Hauptversammlungspräsenzen sind in den letzten Jahren merklich zurückgegangen[5]. Dieser Rückgang beruht nicht auf einem nachlassenden Interesse der inländischen Aktionäre an dem Geschehen in den Hauptversammlungen, sondern vor allem auf dem zunehmenden Anteil von Ausländern am Kapital der deutschen Aktiengesellschaften, also von Aktionären, die sich vornehmlich als Anleger betrachten und deshalb an einer Mitwirkung in den Hauptversammlungen kein Interesse haben. Die verringerte Repräsentanz der Aktionäre führt dazu, daß Aktionärsminderheiten zumindest potentiell einen größeren Einfluß erlangen und damit ggf. in der Lage sind, ihren Willen – u. U. für die übrigen Aktionäre überraschend – durchzusetzen.

Dieser Befund dürfte es rechtfertigen, die Vorschrift des § 124 AktG, soweit er die Bekanntmachung der Tagesordnung und die bekanntmachungsfreien Anträge betrifft, einer Analyse zu unterziehen. Es stellen sich im einzelnen folgende Fragen:

- Welche Anforderungen sind an die Kennzeichnung des Gegenstandes der Tagesordnung zu stellen, d. h. wie konkret müssen die einzelnen Gegenstände der Tagesordnung gekennzeichnet sein, damit über sie Beschlüsse gefaßt werden dürfen (nachstehend Ziffer II.)?
- Welche Anträge sind als „zu Gegenständen der Tagesordnung gestellt" anzusehen (nachstehend Ziffer III.)?
- Welche Tragweite besitzt die Vorschrift, daß ein in der Hauptversammlung gestellter Antrag auf Einberufung einer Hauptversammlung nicht bekanntgemacht zu sein braucht (nachstehend Ziffer IV.)?

3 § 124 Abs. 4 Satz 1 AktG.

4 Vgl. Art. 189 Abs. 3 und 238 Abs. 3 ADHGB, § 256 Abs. 3 HGB a. F. sowie § 108 Abs. 2 Satz 1 und Abs. 3 AktG 1937.

5 Einige Zahlenbeispiele mögen das verdeutlichen. Die Präsenzen betrugen bei der BASF 1975 65,9 %, 1986 55,4 %; bei Bayer 1975 64,9 %, 1986 52,9 %; bei Hoechst 1975 69,6 %, 1986 58,3 %; bei Mannesmann 1975 65,1 %, 1986 49,6 %; bei Siemens 1975 72,1 %, 1986 58,2 %; bei Thyssen 1975 84 %, 1986 68,5 % und schließlich bei der Deutschen Bank 1975 63,3 %, 1986 55,1 %.

– Welche Bedeutung hat es, daß über nicht ordnungsmäßig bekanntgemachte Anträge keine Beschlüsse gefaßt werden dürfen (nachstehend Ziffer V.)?

Der Verfasser hofft, mit der Prüfung dieser Fragen das Interesse des Jubilars, dessen Wirken in besonderem Maße dem Gesellschaftsrecht gewidmet war und ist, zu finden.

II. Bekanntmachung der Tagesordnung

1. Problemstellung

Die im Gesetz angeordnete rechtzeitige Bekanntmachung der Tagesordnung[6] soll den Aktionär in die Lage versetzen, sich auf die Hauptversammlung vorzubereiten. Der Aktionär soll entscheiden können, ob er wegen der Wichtigkeit der Tagesordnung an der Versammlung persönlich teilnehmen oder einem Vertreter Weisungen erteilen will[7]. Er soll also vor überraschenden Entwicklungen geschützt werden. Diesem Zweck dient auch die Vorschrift des § 124 Abs. 4 Satz 1 AktG, nach der über nicht ordnungsgemäß bekanntgemachte Gegenstände der Tagesordnung keine Beschlüsse gefaßt werden dürfen.

Der Frage, wie konkret die Tagesordnung bei Einberufung der Hauptversammlung gekennzeichnet werden muß, um den gesetzlichen Bekanntmachungspflichten zu genügen, kommt daher eine wesentliche Bedeutung zu. Von ihrer Beantwortung hängt es gleichzeitig ab, welche nicht der Bekanntmachungspflicht unterliegenden Anträge gestellt werden dürfen. Insoweit besteht eine Wechselwirkung zwischen der Kennzeichnung des einzelnen Gegenstandes der Tagesordnung und den bekanntmachungsfreien Anträgen, die „zu" ihm gestellt werden können: Je konkreter ein Gegenstand der Tagesordnung gekennzeichnet werden muß, desto enger wird der Kreis der bekanntmachungsfreien Anträge.

2. Meinungsstand in Rechtsprechung und Literatur

Die Rechtsprechung zu der Problematik ist verhältnismäßig unergiebig. Das Reichsgericht hat sich zwar – nicht nur zum Aktienrecht, sondern auch zu anderen gesellschaftsrechtlichen Regelungen, insbesondere zum GmbH- und Genossenschaftsrecht – verschiedentlich zu den einschlägigen Fragen geäußert;

6 §§ 123 f AktG.
7 Begr. RegE bei KROPFF, aaO (Fn. 1), S. 173.

seine Urteile lassen jedoch keine ganz klare Linie erkennen und sind inhaltlich überdies z. T. überholt[8].

Aus neuerer Zeit ist eine Entscheidung des OLG Köln zu nennen[9], nach der ein allgemeiner Hinweis auf Bilanzierungsfehler nicht genügt, um über geschäftliche Maßnahmen des Vorstandes einen Beschluß zu fassen. Das LG Mannheim hat hervorgehoben, daß die Ankündigung „Satzungsänderung und Anpassung der Satzung an das AktG 1965" ausreichend sei[10].

Der Bundesgerichtshof hat im Bereich des Aktiengesetzes, soweit ersichtlich, noch keine Gelegenheit gehabt, sich näher mit den in Rede stehenden Fragen zu befassen. Dagegen gibt es einige einschlägige Entscheidungen des Gerichts zum Vereins-, Genossenschafts- und GmbH-Recht, die jedoch für das Aktienrecht keine eindeutigen Schlußfolgerungen zulassen[11]. Eine zum Vereinsrecht ergangene Entscheidung des BayObLG liegt auf einer eher strengen Linie[12].

Die Kommentarliteratur zum AktG 1965 ist nicht einheitlich. Während ein Teil der Erläuterungswerke verhältnismäßig strenge Anforderungen an die Bekanntmachungspflicht und das Ausmaß der Konkretisierung stellen zu wollen scheint[13], will *Eckardt* überaus weit gefaßte Ankündigungen genügen lassen. Er führt aus[14], wenn als Gegenstand der Tagesordnung „Satzungsänderungen" bekanntgemacht worden sei, stehe die gesamte Satzung zur Diskussion und

8 Vgl. RGZ 17, 171; 65, 241; 67, 105; 68, 232; 89, 367; 108, 322 sowie RG LZ 1916, 327. Aus der oberlandesgerichtlichen Rechtsprechung sind die Entscheidungen des OLG Celle OLG 3, 430, des OLG Hamburg LZ 1908, 243 und OLG 38, 195 sowie des Kammergerichts RJA 14, 289 zu nennen.

9 OLG Köln WM 1959, 1402.

10 LG Mannheim Die AG 1967, 83.

11 Zu nennen sind hier in zeitlicher Reihenfolge die Urteile des BGH vom 4.7.1960 (WM 1960, 859; Abberufung des Vorstandsmitglieds einer Genossenschaft), vom 30.11.1961 (GmbH-Rdsch. 1962, 28; Abberufung eines GmbH-Geschäftsführers), vom 14.12.1961 (BB 1962, 110; Einberufung der „weiteren" Generalversammlung einer Genossenschaft), vom 28.1.1985 (WM 1985, 567ff, 570; Abberufung eines GmbH-Geschäftsführers) und vom 17.11.1986 (NJW 1987, 1811; Änderung einer Vereinssatzung).

12 BayObLG Rechtspfleger 1979, 196.

13 Barz, Großkomm. z. AktG, 3. Aufl., 1971, § 124 Anm. 42; Zöllner, Kölner Komm. z. AktG, § 124 Rdn. 14; Baumbach/Hueck, Komm. z. AktG, 13. Aufl., 1968, § 124 Rdn. 2 und 3; zum GmbHG vgl. Zöllner, in: Baumbach/Hueck, Komm. z. GmbHG, 14. Aufl., 1985, § 51 Rdn. 21 ff; Fischer/Lutter/Hommelhoff, Komm. z. GmbHG, 12. Aufl., 1987, § 51 Rdn. 4; Rowedder/Koppensteiner, Komm. z. GmbHG, 1985, § 51 Rdn. 8; Scholz / K. Schmidt, Komm. z. GmbHG, 6. Aufl., 1978/83, § 51 Rdn. 15.

14 Eckardt, in: Geßler/Hefermehl/Eckardt/Kropff, Komm. z. AktG, 3. Aufl., 1973, Vorbem. vor § 118 Rdn. 53.

Entscheidung. Jeder Aktionär könne deshalb zu jeder Bestimmung der Satzung Änderungen beantragen; er sei nicht auf Änderungsanträge zu den Satzungsbestimmungen beschränkt, deren Änderung die Verwaltung vorgeschlagen habe[15].

3. *Eigene Stellungnahme*

Bei Entscheidung der Frage, ob man der strengeren oder der weniger strengen Ansicht folgen soll, ist vom Zweck des Gesetzes, dem Aktionär die angemessene Vorbereitung auf die Hauptversammlung zu ermöglichen, auszugehen. Diesem Zweck entspricht es, eine ausreichende Konkretisierung der Gegenstände der Tagesordnung zu verlangen. Würden zu allgemein gehaltene Formulierungen genügen, so wäre auch das mit den gesetzlichen Mitteilungspflichten des Vorstandes, der Kreditinstitute und der Aktionärsvereinigungen verfolgte Anliegen nicht erreichbar.

In diesem Zusammenhang stellt sich die Frage, inwieweit die Vorschläge, welche die Verwaltung bei Einberufung der Hauptversammlung nach § 124 Abs. 3 AktG zu machen hat, gleichzeitig der Konkretisierung der Tagesordnungspunkte dienen, die Gegenstände der Tagesordnung also auf den Bereich dieser Vorschläge beschränken. M. E. ist das zu verneinen, da andernfalls die Vorschrift des § 124 Abs. 4 Satz 2 AktG weitgehend leerliefe; die Tagesordnungspunkte wären dann so weitgehend konkretisiert, daß nicht bekanntmachungsbedürftige Anträge „zu" Gegenständen der Tagesordnung im Grunde nur noch auf eine Ablehnung oder auf verhältnismäßig geringfügige Änderungen[16] der Verwaltungsvorschläge hinauslaufen könnten. Daß dies der Intention des Gesetzes entspricht, ist nicht anzunehmen[17].

4. *Einzelfälle*

Vom Normzweck her sind die einzelnen Gegenstände der Tagesordnung daher zwar nicht auf die Verwaltungsvorschläge zu beschränken, aber so ausreichend zu konkretisieren, daß dem Aktionär eine sachgerechte Meinungsbildung ermöglicht wird. Dies sei anhand einiger Beispielsfälle verdeutlicht:

15 Schreib, Wertpapier 1966, 287, wird bei Eckardt, aaO (Fn. 14), m. E. zu Unrecht als weiterer Vertreter dieser Auffassung erwähnt.

16 Vgl. dazu unter Ziffer III. 4. Auch die Kommentare verneinen eine Konkretisierung der Tagesordnung durch die Verwaltungsvorschläge; vgl. Barz, aaO (Fn. 13), § 124 AktG Anm. 6; Eckardt, aaO (Fn. 14), Vorbem. vor § 118 AktG Rdn. 53; Zöllner, aaO (Fn. 13), § 124 AktG Rdn. 26.

17 Das Gegenteil ergibt sich u. a. aus den §§ 126, 137 und 173 Abs. 3 AktG.

a) Gewinnverwendung

Hier genügt für die Bekanntmachung die Ankündigung „Gewinnverwendung". Daß über nicht mehr als den im Jahresabschluß ausgewiesenen Bilanzgewinn Beschluß gefaßt werden kann, ergibt sich aus dem Gesetz[18]. Die Höhe des Bilanzgewinns ersieht der Aktionär andererseits aus dem Verwaltungsvorschlag, für den das Gesetz bestimmte Erfordernisse vorschreibt[19].

b) Entlastung von Vorstand und Aufsichtsrat

Auch hier genügt für die Bekanntmachung der Hinweis darauf, daß über die Entlastung des Vorstandes bzw. des Aufsichtsrats Beschluß zu fassen ist. Weitere Einzelheiten sind nicht erforderlich; die Bedeutung der Entlastung ist im Gesetz festgelegt[20].

c) Aufsichtsratswahlen

Soll der Aufsichtsrat neu gewählt werden oder ist eine Ergänzung des Aufsichtsrats beabsichtigt, so bedarf es außer dem Hinweis hierauf ebenfalls keiner weiteren Konkretisierung dieses Gegenstandes der Tagesordnung. Allerdings schreibt das Gesetz in § 124 Abs. 2 Satz 1 AktG vor, daß in der Bekanntmachung anzugeben ist, nach welchen gesetzlichen Vorschriften sich der Aufsichtsrat zusammensetzt und ob die Hauptversammlung an Wahlvorschläge gebunden ist. Diese Angaben dienen jedoch nicht der Eingrenzung des betreffenden Tagesordnungspunktes, sondern enthalten lediglich einen klarstellenden Hinweis auf die bestehende Rechtslage.

d) Wahl des Abschlußprüfers

Hier gilt sinngemäß das Gleiche wie in dem vorstehenden Fall. Besondere Informationspflichten sind nur für den Verwaltungsvorschlag, dagegen nicht für die Bekanntmachung vorgeschrieben.

18 § 174 Abs. 1 AktG.
19 § 170 Abs. 2 AktG.
20 § 120 Abs. 2 AktG.

e) *Satzungsänderung*

Gewisse Probleme ergeben sich bei Satzungsänderungen. Nach § 124 Abs. 2 Satz 2 AktG muß, falls die Hauptversammlung über eine Satzungsänderung beschließen soll, der Wortlaut der vorgeschlagenen Satzungsänderung bekanntgemacht werden. Zum Teil wird im Schrifttum angenommen, daß es sich hier nur um Vorschläge der Verwaltung handele, die den Gegenstand der Tagesordnung nicht auf das Vorgeschlagene eingrenzten, sondern es zuließen, daß der Tagesordnungspunkt als solcher weiter gefaßt würde[21]. Das scheint mir nicht zutreffend zu sein. Dagegen spricht vor allem die Entstehungsgeschichte der Vorschrift. § 124 Abs. 2 Satz 2 AktG stellt eine Verschärfung des früheren Rechts dar, nach der im Falle einer Satzungsänderung nur ihr wesentlicher Inhalt bekanntgemacht zu werden brauchte[22]. Nach früherem Recht bestand keine Pflicht für die Verwaltung, Beschlußvorschläge zu unterbreiten[23]. Der Zwang, den wesentlichen Inhalt einer beabsichtigten Satzungsänderung bekanntzumachen, hatte deshalb damals die Funktion einer Konkretisierung des Gegenstandes der Tagesordnung. Bei dieser Sachlage kann nicht angenommen werden, daß das Aktiengesetz 1965, das die Belange der Aktionäre mit Bezug auf ihre Unterrichtung über die Tagesordnung verbessern wollte, die Konkretisierungsanforderungen erleichtert haben könnte. Es muß vielmehr davon ausgegangen werden, daß bei Satzungsänderungen, zu denen auch Kapitalmaßnahmen gehören, der bekanntzumachende Wortlaut der Satzungsänderung nicht nur einen Verwaltungsvorschlag enthält, sondern den Gegenstand der Tagesordnung konkretisiert und eingrenzt[24]. Der anscheinend abweichenden Meinung von *Eckardt*[25] kann nicht gefolgt werden. Die Konkretisierung besteht unabhängig davon, ob sie in der generellen Kennzeichnung des Tagesordnungspunktes erwähnt wird oder nicht. Lautet die Bekanntmachung also

21 So z. B. Eckardt, aaO (Fn. 14), § 124 AktG Rdn. 51 und anscheinend auch Zöllner, aaO (Fn. 13), § 124 AktG Rdn. 18.

22 § 145 Abs. 2 AktG 1937; ebenso schon § 274 Abs. 2 HGB a. F.

23 Dies wird in der Begr. RegE hervorgehoben; vgl. Kropff, aaO (Fn. 1), S. 174.

24 In der Begr. RegE heißt es wörtlich (Kropff, aaO [Fn. 1], S. 174): „Soll die Hauptversammlung über eine Satzungsänderung beschließen, so ist nach geltendem Recht (...) der wesentliche Inhalt der beabsichtigten Satzungsänderung bei der Bekanntmachung der Tagesordnung anzugeben. Der Entwurf übernimmt diese Vorschrift in Abs. 2 Satz 2. Er verschärft sie dadurch, daß nicht nur der wesentliche Inhalt, sondern der Wortlaut der vorgeschlagenen Satzungsänderung bekanntzumachen ist. Wie die gegenwärtige Praxis zeigt, reicht die Bekanntmachung des wesentlichen Inhalts der Satzungsänderung nicht aus, um den Aktionären eine angemessene Vorbereitung auf die Hauptversammlung zu ermöglichen ..."

25 Eckardt, aaO (Fn. 14), § 124 AktG Rdn. 51, stützt seine Ansicht darauf, daß in § 124 Abs. 2 Satz 2 AktG von der „vorgeschlagenen" Satzungsänderung die Rede ist. Diese Wortinterpretation wird m. E. dem Sinn und der Entstehungsgeschichte des Gesetzes nicht gerecht.

„Satzungsänderungen
Es wird vorgeschlagen, die §§ 5 und 6 der Satzung wie folgt zu fassen:
...",

so steht *nicht* die gesamte Satzung zur Diskussion, sondern lediglich die vorgeschlagene Änderung der beiden Satzungsbestimmungen. Für diese Auffassung spricht auch, daß die aus § 124 Abs. 3 AktG folgende Verpflichtung der Verwaltung, Vorschläge für die Beschlußfassung zu machen, *neben* der Bekanntmachungspflicht nach Abs. 2 Satz 2 der gleichen Vorschrift besteht, mag sie sich auch inhaltlich zumeist mit ihr decken.

f) Kapitalerhöhung

Kapitalerhöhungen sind zugleich Satzungsänderungen, da durch sie die in der Satzung verankerte Grundkapitalziffer wie auch die Zahl und die Stückelung der Aktien geändert oder – im Falle des genehmigten und bedingten Kapitals – ihre Änderung zugelassen wird. Bei Einberufung der Hauptversammlung ist diese Änderung daher ebenso wie sonstige Satzungsänderungen im vollen Wortlaut bekanntzumachen[26]. Bei einer ordentlichen Kapitalerhöhung können die neue Kapitalziffer und die neue Stückelung freilich nur genannt werden, wenn feststeht, daß die zu emittierenden jungen Aktien in vollem Umfang gezeichnet werden. In aller Regel ist dies jedoch dadurch sichergestellt, daß ein Bankenkonsortium die Aktien mit der Verpflichtung übernimmt, sie den Aktionären zum Bezug anzubieten[27].

Für einige besondere Fallgestaltungen sieht das Gesetz zusätzliche Bekanntmachungspflichten vor. Zu erwähnen ist hier in erster Linie die Kapitalerhöhung mit Sacheinlagen, bei der ihr Gegenstand, der Einbringer sowie der Nennbetrag der gegen die Sacheinlage zu gewährenden Aktien ausdrücklich bekanntgemacht werden muß[28]. Ferner gehört hierher der Bezugsrechtsausschluß, der nicht nur besonders bekanntgemacht werden muß, sondern bei dem der Vorstand der Hauptversammlung außerdem noch einen Bericht über den Grund für den – teilweisen oder vollständigen – Ausschluß vorzulegen und den vorgeschlagenen Ausgabebetrag zu begründen hat[29]. Die besonderen Bekanntmachungen dienen nicht nur der Unterrichtung der Aktionäre, sondern konkretisieren auch den Gegenstand der Tagesordnung.

Fraglich erscheint, ob der Ausgabekurs und der Beginn des Gewinnbezugsrechts bekanntgemacht werden müssen. Praktisch erfährt der Aktionär diese

26 § 124 Abs. 2 Satz 2 AktG.
27 Vgl. § 186 Abs. 5 AktG.
28 § 183 Abs. 1 Satz 2 AktG.
29 § 186 Abs. 4 AktG.

Details zwar in aller Regel durch den Verwaltungsvorschlag; trotzdem besteht dogmatisch die Frage, ob die Angabe von Ausgabekurs und Beginn des Gewinnbezugsrechts in die Bekanntmachung oder lediglich in den Verwaltungsvorschlag gehört. Das Gesetz hat die Frage nicht geklärt, wie es überhaupt das Verhältnis, in dem die Bekanntmachungen nach § 124 Abs. 2 AktG zu den Verwaltungsvorschlägen nach § 124 Abs. 3 AktG stehen, nicht klar geregelt hat. Ein überwiegendes Bedürfnis dafür ist bei Schaffung des Aktiengesetzes von 1965 offenbar nicht gesehen worden. Gleichwohl ist die Unterscheidung zwischen Bekanntmachung und Verwaltungsvorschlag von Bedeutung. Einzelheiten, die in die Bekanntmachung eingereiht werden, konkretisieren den Tagesordnungspunkt und schränken damit die Bandbreite abweichender Anträge ein. Einzelheiten, die nicht der Bekanntmachung bedürfen, sondern lediglich Teil der Verwaltungsvorschläge sind, führen dagegen nicht zu einer derartigen Konkretisierung.

In der Praxis nehmen die Gesellschaften häufig keine Rücksicht auf diese Unterscheidung, sondern formulieren, bezogen auf den Fall einer Satzungsänderung, etwa

„Satzungsänderung
§ 11 erhält folgende Fassung: ...".

Ein besonderer Hinweis darauf, daß diese Bekanntmachung gleichzeitig den Verwaltungsvorschlag enthält, fehlt hier, weil sich dieses Faktum aus den Umständen ergibt.

Bei der Kapitalerhöhung liegen die Dinge etwas anders. Hier besteht das Ergebnis der Erhöhung zwar in einer Satzungsänderung; um das Ergebnis zu erreichen, bedarf es jedoch eines besonderen Kapitalerhöhungsbeschlusses. In der Praxis sehen die Ankündigungen etwa wie folgt aus:

„Kapitalerhöhung

a) Vorstand und Aufsichtsrat schlagen vor, das Grundkapital von DM 200 Millionen um DM 100 Millionen auf DM 300 Millionen durch Ausgabe von 2 Millionen Stück auf den Inhaber lautender Aktien im Nennbetrag von je DM 50 mit Gewinnberechtigung vom 1. Januar 19.. an mit der Maßgabe zu erhöhen, daß die neuen Aktien von einem Bankenkonsortium mit der Verpflichtung übernommen werden, sie den Aktionären zum Kurs von ... im Verhältnis 2 : 1 anzubieten."
b) § .. der Satzung erhält folgenden Wortlaut:
Das Grundkapital beträgt DM 300 Millionen. Es ist eingeteilt in 6 Millionen Aktien im Nennbetrag von DM 50.

Hier ist ebenfalls keine Unterscheidung zwischen Bekanntmachung und Verwaltungsvorschlag getroffen. Rechtlich ist das in diesem Fall ebenso wie in dem vorstehend erwähnten Fall der normalen Satzungsänderung unbedenklich. In beiden Fällen ist die Ankündigung dann aber dahin zu verstehen, daß

Bekanntmachung und Verwaltungsvorschlag identisch sind, daß die Ankündigung also sowohl die Funktion der Bekanntmachung als auch die Funktion des Verwaltungsvorschlages erfüllt. Der Gegenstand der Tagesordnung ist mithin nicht nur hinsichtlich der neuen Kapitalziffer, sondern auch hinsichtlich des Ausgabekurses und des Gewinnbezugsrechts konkretisiert, unabhängig davon, ob eine Pflicht zu ihrer Bekanntmachung besteht. Vom Normzweck her bestehen bei einer solchen Auslegung gegen das Zusammenfallen der beiden Funktionen – Bekanntmachung und Verwaltungsvorschlag – keine Bedenken.

In der Regel gewinnt daher die Frage, ob Ausgabekurs und Beginn des Gewinnbezugsrechts nur in den Verwaltungsvorschlag oder auch in die Bekanntmachung aufzunehmen sind, keine Bedeutung: In der Praxis *sind* sie zumeist zugleich Gegenstand der Bekanntmachung.

M. E. entspricht dies hinsichtlich des Ausgabebetrags der Rechtslage, da insoweit eine Bekanntmachungspflicht zu bejahen ist. Der Betrag der Kapitalerhöhung bildet mit dem Ausgabebetrag der jungen Aktien rechtlich und wirtschaftlich ein einheitliches Ganzes: In welchem Umfang dem Eigenkapital durch die Kapitalerhöhung neue Mittel zugeführt werden, kann der Aktionär nur erkennen, wenn er auch über den Ausgabekurs unterrichtet ist[30]. Der Gegenstand der Tagesordnung bedarf daher hinsichtlich des Ausgabekurses der Konkretisierung.

Dagegen braucht der Beginn des Gewinnbezugsrechts m. E. nicht in der Bekanntmachung, sondern nur im Verwaltungsvorschlag genannt zu werden. Die Bandbreite abweichender Anträge, die in der Hauptversammlung gestellt werden können, ist dann in diesem Punkt zwar größer. Das kann aber hingenommen werden; die wirtschaftliche Tragweite des Beginns der Gewinnberechtigung bleibt wesentlich hinter der Tragweite des Ausgabekurses zurück.

g) Kapitalherabsetzung

Ähnliches wie bei Kapitalerhöhungen gilt im Falle einer Kapitalherabsetzung. Auch hier handelt es sich zwar, weil die Grundkapitalziffer geändert wird, um eine Satzungsänderung, deren Wortlaut entsprechend § 124 Abs. 2 Satz 2 AktG angekündigt werden muß. Um zu der Satzungsänderung zu gelangen, ist jedoch zunächst der Kapitalherabsetzungsbeschluß als solcher zu fassen, der einen unterschiedlichen Inhalt haben kann und dessen Modalitäten deshalb nicht nur

30 Soll das Kapital z. B. um DM 100 Mio. erhöht werden, so fließen der Gesellschaft bei einer pari-Ausgabe DM 100 Mio., bei einem Ausgabekurs von DM 200 (= 400 %) dagegen DM 400 Mio. zu.

im Verwaltungsvorschlag, sondern schon in der Bekanntmachung zu nennen sind[31].

h) Zustimmung zu Verträgen

Schließlich sei hier der Fall behandelt, daß die Hauptversammlung über einen Vertrag, der zu seiner Wirksamkeit ihrer Zustimmung bedarf, Beschluß fassen soll.

Nach § 124 Abs. 2 Satz 2 AktG ist solchenfalls der wesentliche Inhalt des Vertrags bekanntzumachen. Auch diese Inhaltsangabe konkretisiert den Gegenstand der Tagesordnung und grenzt ihn ein. Nach der Gesetzesbegründung[32] ist hier vor allem an Unternehmens- und Verschmelzungsverträge sowie an Verträge, für die die entsprechende verschmelzungsrechtliche Vorschrift des § 340 c AktG gilt[33], gedacht; auch die in § 361 AktG geregelte Vermögensübertragung gehört hierher[34]. Unter die Vorschrift fallen aber auch Nachgründungsverträge im Sinne des § 52 AktG sowie Verträge, durch die die Gesellschaft auf Ansprüche gegen Gründer und die neben ihnen haftenden Personen, gegen Mitglieder des Vorstandes und des Aufsichtsrats sowie gegen die nach § 117 AktG ersatzpflichtigen Personen verzichtet oder sich über sie vergleicht[35]. Auch insoweit handelt es sich um vertragliche Abmachungen, die nach dem Gesetz der Zustimmung der Hauptversammlung bedürfen.

Eine ähnliche Regelung besteht im Rahmen des Rechts der verbundenen Unternehmen im Falle des Verzichts der Gesellschaft auf Ansprüche gegen die gesetzlichen Vertreter des herrschenden Unternehmens und die Mitglieder des Vorstandes und des Aufsichtsrats der abhängigen Gesellschaft[36]. Im Unterschied zu den zuvor genannten Verzichtsverträgen bzw. Vergleichen bedürfen diese Abmachungen jedoch nicht der Zustimmung der Hauptversammlung, sondern nur eines zustimmenden Sonderbeschlusses der außenstehenden Aktionäre. Sonderbeschlüsse sind in gewissen Fällen auch bei Unternehmensverträgen

31 Anzugeben ist vor allem, ob das Grundkapital durch Herabsetzung des Nennbetrags der Aktien oder durch Zusammenlegung herabgesetzt werden soll, zu welchem Zweck die Kapitalherabsetzung stattfindet, ob es sich um eine gewöhnliche oder um eine vereinfachte Kapitalherabsetzung handelt und ggf. ob die Kapitalherabsetzung mit einer Kapitalerhöhung nach Maßgabe der §§ 234 f AktG kombiniert werden soll.

32 Begr. RegE bei Kropff, aaO (Fn. 1), S. 174.

33 Hierher gehören vor allem die Vermögensübertragungen auf die öffentliche Hand oder auf einen Versicherungsverein auf Gegenseitigkeit nach den §§ 359 f AktG.

34 Vgl. § 361 Abs. 1 Satz 1 AktG.

35 §§ 50, 93 Abs. 4 Satz 3, 116 und 117 AktG, jeweils in Verbindung mit § 93 Abs. 4 Satz 3 AktG.

36 § 309 Abs. 3 AktG sowie §§ 310 Abs. 4, 317 Abs. 4 und 318 Abs. 4 AktG, jeweils in Verbindung mit § 309 Abs. 3 AktG.

erforderlich, die zur Leistung eines Ausgleichs oder zur Abfindung der Außenstehenden verpflichten[37]. Es fragt sich, ob auch der Inhalt derartiger Verträge ihrem wesentlichen Inhalt nach bekanntzumachen ist[38]. Die Frage ist zu bejahen. Soweit der Sonderbeschluß der außenstehenden Aktionäre in einer gesonderten Versammlung stattfindet, ergibt sich dies bereits aus § 138 Satz 2 AktG, der für die Einberufung der gesonderten Versammlung auf die für die Hauptversammlung geltenden Bestimmungen und damit auch auf § 124 Abs. 2 Satz 2 AktG verweist. Nichts anderes gilt aber auch, soweit der Sonderbeschluß in einer gesonderten Abstimmung – die zweite Alternative des § 138 AktG – gefaßt wird. Vom Zweck des Gesetzes her besteht kein Anlaß, die beiden Fälle unterschiedlich zu behandeln, zumal für Sonderbeschlüsse die Bestimmungen über Hauptversammlungsbeschlüsse sinngemäß gelten sollen[39].

Streit besteht in der Literatur darüber, ob der wesentliche Inhalt eines Vertrags auch dann bekanntzumachen ist, wenn die Hauptversammlung über ihn auf Verlangen des Vorstandes Beschluß fassen soll[40]. Es gehören hierher sowohl die Fälle, in denen der Vorstand sich im Vorwege des Einverständnisses der Hauptversammlung zum Abschluß eines Vertrages versichern möchte, als auch die Fälle, in denen der Vorstand einen Vertrag unter Vorbehalt der Zustimmung der Hauptversammlung bereits abgeschlossen hat. Vom Wortlaut des Gesetzes sind diese Tatbestände nicht erfaßt. Nach seinem Sinn dürften indessen auch sie unter die Bekanntmachungsregelung des § 124 Abs. 2 Satz 2 AktG fallen. Denn die Hauptversammlung entscheidet hier in Abweichung von der gewöhnlichen Zuständigkeitsordnung des Aktiengesetzes über Geschäftsführungsmaßnahmen. Das kann sie sachgerecht nur in Kenntnis der Tragweite ihrer Entscheidung[41].

III. Anträge zu Gegenständen der Tagesordnung

Wenden wir uns nunmehr der Frage zu, wann ein in der Hauptversammlung gestellter Antrag „zu" einem angekündigten Punkt der Tagesordnung gehört und damit bekanntmachungsfrei ist. Das Gesetz schweigt, und die Rechtsprechung ist spärlich. Das Reichsgericht hat in einer älteren Entscheidung aus dem

37 §§ 295 Abs. 2, 296 Abs. 2 und 297 Abs. 2 AktG.

38 Unproblematisch ist der Fall einer Änderung der Ausgleichs- und Abfindungsbestimmungen eines Unternehmensvertrags, weil hier neben dem Sonderbeschluß der außenstehenden Aktionäre auch ein Beschluß der Hauptversammlung erforderlich ist, so daß der wesentliche Inhalt der Änderung ohnehin bekanntzumachen ist.

39 § 138 Satz 2 AktG.

40 § 119 Abs. 2 AktG.

41 Baumbach/Hueck, aaO (Fn. 13), § 124 AktG Anm. 6; a. A. Zöllner, aaO (Fn. 13), § 124 AktG Rdn. 25.

Jahre 1915[42] entschieden, daß die Ankündigung einer Kapitalerhöhung von 1 Million Mark nicht den Antrag auf eine Kapitalerhöhung um 5 Millionen Mark decke, weil die letztere wirtschaftlich nicht „ungefähr die gleichen Wirkungen" wie die Ankündigung habe. In einer die Zugehörigkeit eines Antrags zu dem angekündigten Punkt der Tagesordnung bejahenden Entscheidung hat das OLG Hamburg[43] ausgesprochen, daß Abänderungsanträge im Rahmen einer Neufassung des Statuts nicht bekanntgemacht zu werden brauchten, wenn sie auf ein um 57 000 Mark niedriger bemessenes Grundkapital gerichtet seien. Bis zu einem gewissen Grad können für die hier zu untersuchende Frage auch Rückschlüsse aus der zum Umfang der Bekanntmachungspflicht ergangenen Rechtsprechung gezogen werden, weil ein Antrag der Gesellschaft, der nicht ordnungsgemäß bekanntgemacht wurde, auch als Antrag eines Aktionärs bzw. Gesellschafters unzulässig wäre.

Im folgenden soll mit der gebotenen Vorsicht versucht werden, den Bereich der bekanntmachungsfreien Anträge zu systematisieren. Ausgangspunkt ist dabei wiederum der Zweck des Gesetzes, dem Aktionär die Vorbereitung auf die Hauptversammlung zu ermöglichen und ihm die Entscheidung darüber zu erleichtern, ob er seine Teilnahme an der Versammlung für notwendig erachtet. Dieser Zweck gebietet es, den Aktionär ebenso wie im Bereich der Bekanntmachungen auch im Bereich der bekanntmachungsfreien Anträge vor unvorhersehbaren Überraschungen zu schützen. Die Grenzen des bekanntmachungsfreien Bereichs sind daher verhältnismäßig eng zu ziehen.

Dies vorausgeschickt, dürften folgende Fallgruppen zu unterscheiden sein:

1. *Geschäftsordnungsanträge*

Geschäftsordnungsanträge sind nach – soweit ersichtlich – unbestrittener Meinung stets bekanntmachungsfrei und damit zulässig[44]. Es kann sich dabei um Anträge handeln, die sich auf einen bestimmten Tagesordnungspunkt beziehen; Geschäftsordnungsanträge können sich jedoch auch auf mehrere oder gar sämtliche Punkte der Tagesordnung erstrecken, so z. B., wenn eine allgemeine Begrenzung der Redezeit beantragt und die Hauptversammlung zur Entscheidung hierüber für zuständig erachtet wird[45] oder wenn der Antrag gestellt wird, die Hauptversammlung zu vertagen.

42 RGZ 87, 155.
43 OLG Hamburg OLG 11, 384.
44 H. M.; vgl. z. B. Eckardt, aaO (Fn. 14), § 124 AktG Rdn. 16.
45 So z. B. Eckardt, aaO (Fn. 14), Vorbem. vor § 118 AktG Rdn. 46; Quack, Die AG 1985, 145 ff, 147. A. A. Barz, aaO (Fn. 13), § 119 AktG Rdn. 30; Zöllner, aaO (Fn. 13), § 119 AktG Rdn. 84. Offen gelassen in BGHZ 44, 245 ff, 247.

2. Anträge, die inhaltlich innerhalb der Bekanntmachung bleiben

Wie bereits erwähnt, grenzen die zu den einzelnen Punkten der Tagesordnung zu unterbreitenden Verwaltungsvorschläge die Gegenstände der Tagesordnung nicht ein. Sie können daher in der Versammlung abgelehnt und durch andere, ebenfalls in den Bekanntmachungsbereich einzuordnende Anträge ersetzt werden. So ist es z. B. zulässig, statt der vorgeschlagenen Entlastung eines Organs die Entlastung zu verweigern, sie nur für einzelne Organmitglieder auszusprechen oder sie zurückzustellen. Ebenso bedürfen Anträge, die auf eine von dem Verwaltungsvorschlag abweichende Verwendung des Bilanzgewinns hinauslaufen, keiner Bekanntmachung. Die Hauptversammlung ist hier nur an die Höhe des ausgewiesenen Bilanzgewinns gebunden, in seiner Verwendung dagegen frei. Aus dem Gesetz selbst ersichtlich ist weiterhin, daß anstelle zur Wahl vorgeschlagener Aufsichtsratsmitglieder andere Vorschläge von Aktionären eingebracht werden können[46].

3. Anträge, die inhaltlich die Bekanntmachung ergänzen

Zu einer dritten Gruppe nach der hier vorgeschlagenen Systematisierung gehören Anträge, die in einem engen inneren Zusammenhang mit dem bekanntgemachten Gegenstand der Tagesordnung stehen. Als Beispiel ist der Fall zu nennen, daß bei der Behandlung des Tagesordnungspunktes „Entlastung" der Antrag gestellt wird, die Hauptversammlung möge Sonderprüfer bestellen. Das Schrifttum vertritt mit Recht den Standpunkt, daß der Aktionär mit einem derartigen Antrag rechnen müsse[47]. Nach herrschender Meinung bedarf demgegenüber der Beschluß über die Geltendmachung von Schadensersatzansprüchen einer besonderen Ankündigung[48]. Dies ist zu billigen, und zwar aus der Erwägung, daß ein Beschluß über die Geltendmachung von Schadensersatzansprüchen für die betroffenen Verwaltungsmitglieder diskriminierender ist als die Bestellung von Sonderprüfern. Das Ergebnis der Sonderprüfung steht im voraus nicht fest, während die Geltendmachung von Schadensersatzansprüchen das Vorliegen eines Fehlverhaltens voraussetzt. Die Erhebung von Schadensersatzansprüchen wird zumeist auch für das Ansehen der Gesellschaft noch nachteiligere Auswirkungen haben als die Einsetzung von Sonderprüfern. Diese Erwägungen machen Beschlüsse der Hauptversammlung über die Geltendmachung von Schadensersatzansprüchen zu einer seltenen Ausnahme, mit der der Aktio-

46 Vgl. § 127 AktG.

47 Zöllner, aaO (Fn. 13), § 124 AktG Rdn. 15; Barz, aaO (Fn. 13), § 142 AktG Anm. 5.

48 Zöllner, aaO (Fn. 13), § 124 AktG Rdn. 15; Hefermehl, in: Geßler/Hefermehl/Eckardt/Kropff, Komm. z. AktG, 3. Aufl., 1973, § 147 AktG Rdn. 3; Barz, aaO (Fn. 13), § 147 AktG Anm. 3.

när nicht zu rechnen braucht. Nur wenn eine Sonderprüfung stattgefunden und Verfehlungen von Verwaltungsmitgliedern oder von sonstigen nach § 147 AktG ersatzpflichtigen Personen festgestellt hat, kann, sofern die Vorlage des Sonderprüfungsberichts als Gegenstand der Tagesordnung bekanntgemacht ist[49], die Geltendmachung der Ansprüche ohne besondere Ankündigung beschlossen werden[50].

Zweifelhaft kann weiterhin sein, ob durch die Ankündigung des Tagesordnungspunktes „Entlastung des Vorstandes" der Antrag gedeckt ist, dem Vorstand durch Hauptversammlungsbeschluß das Vertrauen zu entziehen. Im Schrifttum wird die Frage zum Teil bejaht[51]. Hiergegen bestehen indessen Bedenken. Der förmliche Vertrauensentzug ist graduell gegenüber der schlichten Entlastungsverweigerung ein Mehr. Er berechtigt den Aufsichtsrat, wenn das Vertrauen nicht aus offenbar unsachlichen Gründen entzogen wurde, sogar zum Widerruf der Bestellung des Vorstandes aus wichtigem Grund[52]. Der förmliche Vertrauensentzug ist außerdem ein nur höchst selten zu beobachtender Vorgang. Mit einem entsprechenden Beschluß braucht der Aktionär daher nicht zu rechnen.

4. *Anträge, die inhaltlich von der Bekanntmachung abweichen*

Die Abgrenzung der in diese Fallgruppe gehörenden Anträge ist besonders schwierig. Es handelt sich um Fälle, in denen der Antrag eines Aktionärs nicht innerhalb des Bekanntmachungsbereichs liegt, ihn auch nicht ergänzt, sondern von ihm abweicht. Daß dies vom Zweck des Gesetzes her nur in engen Grenzen zulässig sein kann, leuchtet ein. Abweichende Anträge dürften zumeist bei verhältnismäßig genau konkretisierten Bekanntmachungen vorkommen, also vor allem bei gewöhnlichen Satzungsänderungen, Kapitalerhöhungen und Kapitalherabsetzungen. Folgende Gesichtspunkte dürften hier für die Beurteilung im Vordergrund stehen:

a) *Anträge auf redaktionelle und stilistische Änderungen*

Wird ohne materielles Abrücken von einer bekanntgemachten Satzungsänderung eine redaktionelle Umstellung des Textes oder eine stilistische Abweichung beantragt, so kann ohne Verstoß gegen § 124 Abs. 4 Satz 1 AktG darüber beschlossen werden.

49 Die Bekanntmachungspflicht ergibt sich aus § 145 Abs. 4 Satz 5 AktG.
50 So mit Recht ZÖLLNER, aaO (Fn. 13), § 124 AktG Rdn. 15.
51 ZÖLLNER, aaO (Fn. 13), § 124 AktG Rdn. 15.
52 § 84 Abs. 3 Satz 2 AktG.

b) Anträge, die eine Korrektur offenbarer Unrichtigkeiten bezwecken

Ist bei Bekanntmachung einer gewöhnlichen Satzungsänderung oder einer Kapitalmaßnahme eine offenbare Unrichtigkeit unterlaufen, so kann auch sie aufgrund eines bekanntmachungsfreien Antrags korrigiert werden. Hierher gehört nicht nur die Beseitigung reiner Schreibfehler, sondern auch die Berichtigung gedanklicher Fehler, wenn feststeht, daß ein bestimmter sachlicher Erfolg gewollt war, durch die Ankündigung aber aufgrund eines Denk- oder Rechenfehlers nicht erreicht wurde. Ist z. B. die Beschlußfassung über eine Optionsanleihe im Betrag von DM 300 Millionen als Gegenstand der Tagesordnung angekündigt und dabei angegeben, daß aus bedingtem Kapital auf nominal je DM 1000 vier Aktien im Betrag von nominal DM 50 bezogen werden können, so setzt das die Schaffung eines bedingten Kapitals von DM 60 Millionen voraus. Wurde hier versehentlich ein niedrigerer Betrag als bedingtes Kapital angekündigt, so könnte er auf entsprechenden Antrag hin bekanntmachungsfrei korrigiert werden.

c) Materiell von der Bekanntmachung abweichende Anträge

Es bleiben Anträge zu betrachten, die materiell von der Bekanntmachung abweichen. Hier dürfte die Grenze des Zulässigen dort überschritten sein, wo die Anträge auf wirtschaftlich etwas anderes als die angekündigte Tagesordnung hinauslaufen. Bei aller Unsicherheit der Einzelfallentscheidung seien folgende Beispiele aus dem Bereich der Kapitalmaßnahmen genannt:

- Ist eine ordentliche Kapitalerhöhung mit Bezugsrecht der Aktionäre angekündigt, so ist durch sie der Antrag, das Bezugsrecht auszuschließen, nicht gedeckt. Dies ergibt sich nicht nur aus dem Ausmaß der Abweichung des Antrags von dem Angekündigten, sondern auch daraus, daß das Gesetz für den Ausschluß des Bezugsrechts besondere Bekanntmachungs- und Unterrichtserfordernisse vorsieht[53]. Bestehen solche Erfordernisse – und das gilt ganz allgemein –, so können sie durch in der Hauptversammlung gestellte Anträge nicht umgangen werden.
- Ist umgekehrt der Ausschluß des Bezugsrechts bei einer ordentlichen Kapitalerhöhung angekündigt, so dürfte ein Antrag, das Bezugsrecht ganz oder teilweise zu gewähren, in der Regel als bekanntmachungsfrei anzusehen sein. Es mag allerdings Fälle geben, in denen diese Beurteilung nicht zutrifft, z. B. dann, wenn mit dem Ausschluß des Bezugsrechts die Durch-

53 § 186 Abs. 4 AktG.

führung einer für die Gesellschaft lebenswichtigen Transaktion – etwa die Verbindung mit einem anderen Unternehmen – bezweckt wird und die Gewährung des Bezugsrechts das Vorhaben unmöglich machen würde.

- Ist ein bestimmter Kapitalerhöhungsbetrag vorgeschlagen, so mag er im Wege eines bekanntmachungsfreien Antrags in geringen Grenzen nach oben geändert werden. Eine gesicherte Aussage darüber, bis zu welchem Prozentsatz dies gilt, ist nicht möglich, doch wird man Abweichungen im Betrag von etwa 20% noch als statthaft ansehen können[54].
- Wie bereits erwähnt, gehört die Ankündigung des Ausgabekurses bei einer ordentlichen Kapitalerhöhung nach der hier vertretenen Auffassung zu den Bekanntmachungserfordernissen. Anträge auf Erhöhung des Ausgabekurses verändern den Mittelzufluß in gleicher Weise wie Anträge auf anderweitige Festsetzung des Nominalbetrags der Kapitalerhöhung. Derartige Anträge sollten infolgedessen nur in gleichem Umfang bekanntmachungsfrei sein wie Anträge auf Änderung des Nominalbetrags der Kapitalerhöhung[55].
- Ist eine Kapitalerhöhung mit Bareinlagen angekündigt, so wäre ein Antrag, Sacheinlagen zuzulassen, unstatthaft, weil er ein erheblich abweichendes aliud darstellt, ganz abgesehen davon, daß das Gesetz für Sacheinlagen besondere Bekanntmachungserfordernisse vorsieht[56]. Der umgekehrte Fall des Verzichts auf bekanntgemachte Sacheinlagen im Austausch gegen Bareinlagen dürfte demgegenüber nach ähnlichen Grundsätzen zu beurteilen sein wie der oben behandelte Verzicht auf den Ausschluß des Bezugsrechts.

Allgemeine Prinzipien lassen sich aus diesen Beispielsfällen nur bedingt ableiten. Sie sind lediglich geeignet zu zeigen, daß es in diesem Bereich auf die Einzelfallbetrachtung ankommt und daß an die Bekanntmachungsfreiheit unter Berücksichtigung des Normzwecks in der Regel strenge Maßstäbe anzulegen sind.

54 Anträge auf eine niedrigere Bemessung des Kapitalerhöhungsbetrags wird man, da auch die völlige Ablehnung der Kapitalerhöhung zulässig ist, in der Regel als statthaft ansehen dürfen; so auch Zöllner, aaO (Fn. 13), § 51 GmbHG Rdn. 23. Anderes mag ausnahmsweise dann gelten, wenn die vorgeschlagene niedrigere Bemessung die Gewährung des Bezugsrechts ungebührlich erschweren würde.

55 Anträge auf Ermäßigung des Ausgabekurses werden demgegenüber in ähnlichen Grenzen nur zulässig sein, wenn das Bezugsrecht der Aktionäre nicht ausgeschlossen ist und die Ermäßigung dazu dient, einen unangemessen hohen Ausgabekurs zu korrigieren. Andernfalls würde der Antrag zumeist auf einen nach § 255 Abs. 2 AktG anfechtbaren Beschluß hinauslaufen.

56 § 183 Abs. 1 Satz 2 AktG.

5. *Anträge auf Aufhebung in der Hauptversammlung gefaßter Beschlüsse*

Im Zusammenhang mit der Frage, inwieweit über unangekündigte Anträge Beschluß gefaßt werden darf, wird zuweilen auch erörtert, ob es zulässig ist, bereits gefaßte Hauptversammlungsbeschlüsse in derselben Versammlung durch erneuten Beschluß wieder aufzuheben. M.E. ergeben sich unter Bekanntmachungsgesichtspunkten gegen einen solchen actus contrarius keine Bedenken. Ob die Aufhebung statthaft ist, hängt m.E. nicht von der Bekanntmachung, sondern davon ab, ob die Hauptversammlung an ihren einmal gefaßten Beschluß gebunden ist. Das Schrifttum nimmt hierzu in unterschiedlicher Weise Stellung[57]. Die Frage, welcher Auffassung der Vorzug zu geben ist, soll hier nicht vertieft werden.

IV. Anträge auf Einberufung einer neuen Hauptversammlung

Bekanntmachungsfrei sind auch Anträge auf Einberufung einer neuen Hauptversammlung[58]. Keine Auslegungsschwierigkeiten tauchen auf, wenn der Antrag auf Einberufung einer neuen Hauptversammlung im Zusammenhang mit einem Vertagungsverlangen gestellt wird. Er bedeutet dann, daß die Verhandlungen über den vertagten Gegenstand der Tagesordnung in einer weiteren Versammlung fortgesetzt werden sollen[59]. Fraglich kann demgegenüber sein, ob in § 124 Abs. 4 Satz 2 AktG auch Anträge erfaßt sind, die auf Einberufung einer neuen Hauptversammlung mit einem anderen Gegenstand der Tagesordnung abzielen[60]. Dabei darf nicht außer acht gelassen werden, daß eine Hauptversammlung nicht selten außerordentlich hohe Kosten verursacht[61] und deshalb nur stattfinden sollte, wenn wirklich ein Bedürfnis dafür besteht. Man könnte sich daher auf den Standpunkt stellen, das Gesetz sei einschränkend dahin auszulegen, daß nur Tagesordnungspunkte der ersten Hauptversammlung zum Gegenstand der beantragten neuen Hauptversammlung gemacht werden dürfen.

57 Eine Auffassung geht dahin, daß die Aufhebung statthaft sei, sofern sich nicht aufgrund des ersten Beschlusses bereits die Änderung eines Rechtsverhältnisses vollzogen habe; Barz, aaO (Fn. 13), § 124 AktG Anm. 13; Eckardt, aaO (Fn. 14), § 124 AktG Rdn. 13. Nach einer anderen Auffassung ist die Aufhebung nur bei Bekanntwerden neuer Umstände zulässig; Zöllner, aaO (Fn. 13), § 119 AktG Rdn. 55 f. Nach einer dritten Meinung schließlich ist die Aufhebung unstatthaft; Ritter, Komm. z. AktG, 1937, § 108 Anm. 2 und eine ältere Entscheidung des OLG Breslau OLG 34, 351.

58 § 124 Abs. 4 Satz 2 AktG.

59 Eckardt, aaO (Fn. 14), § 124 AktG Rdn. 17. Die neue Hauptversammlung muß selbstverständlich nochmals ordnungsgemäß einberufen werden.

60 Bedenken könnten deshalb bestehen, weil die nicht anwesenden Aktionäre dadurch vor Überraschungen gestellt werden, die das Gesetz im Grundsatz gerade zu vermeiden sucht.

61 Ermittlungen haben ergeben, daß die Kosten bei großen Publikumsgesellschaften im Extremfall den Betrag von DM 5 Mio. überschritten haben.

Diese Auslegung würde indessen den Wertungen des Aktiengesetzes nicht gerecht. Das Gesetz läßt es zu, daß eine Minderheit, die nur über 5 % des Grundkapitals verfügt, eine Hauptversammlung mit einer von ihr vorgeschlagenen Tagesordnung erzwingt[62]. Es stellt gegenüber dem damit bezweckten Minderheitenschutz andere Gesichtspunkte zurück, läßt also sowohl den etwa festzustellenden mutmaßlichen Willen der Aktionärsmehrheit wie auch Kostengesichtspunkte unberücksichtigt. Wenn indessen bereits eine Aktionärsminderheit den mit der Einberufung einer neuen Hauptversammlung verbundenen Effekt hervorrufen darf, so muß die Einberufungsbefugnis angesichts der Vorschrift des § 124 Abs. 4 Satz 2 AktG erst recht der Hauptversammlung zugestanden werden.

Schwierigkeiten können durch ein anderes Problem hervorgerufen werden: Nach § 83 Abs. 1 AktG kann die Hauptversammlung verlangen, daß der Vorstand Maßnahmen, die in ihre Zuständigkeit fallen, vorbereitet; das gleiche gilt für die Vorbereitung und den Abschluß von Verträgen, die nur mit Zustimmung der Hauptversammlung wirksam werden. Die Frage lautet, ob das in § 124 Abs. 4 Satz 2 AktG verbriefte Recht, Anträge auf Einberufung einer neuen Hauptversammlung zu stellen, das Recht einschließt, ein Verlangen nach § 83 Abs. 1 AktG zu stellen. Grundsätzlich wird man diese Frage zu bejahen haben, und zwar insbesondere dann, wenn man der Auffassung zustimmt, daß die neue Hauptversammlung eine andere Tagesordnung haben kann als die Versammlung, in der der Einberufungsantrag gestellt wird. Es wäre eine unnütze Förmelei, wenn man den Standpunkt verträte, ein Verlangen nach § 83 AktG müsse zunächst als besonderer Tagesordnungspunkt angekündigt werden. Der Aktionär hätte dann zunächst die Einberufung einer neuen Hauptversammlung zum Zwecke der Stellung des Verlangens zu beantragen. In der neuen Hauptversammlung wäre über das Verlangen Beschluß zu fassen, und erst in einer dritten Hauptversammlung würde über die Maßnahmen, die der Vorstand aufgrund des Verlangens vorbereitet hat, zu entscheiden sein. Das wäre eine kaum zu rechtfertigende Erschwerung der Aktionärsrechte. Man wird deshalb die Verbindung einer Beschlußfassung über die Einberufung einer neuen Hauptversammlung mit der Beschlußfassung über ein Verlangen nach § 83 AktG grundsätzlich für zulässig zu halten haben; insbesondere gilt dies in Fällen, in denen der Vorstand eine Anzeige nach § 92 Abs. 1 AktG gemacht hat[63] und die Hauptversammlung

62 § 122 Abs. 1 AktG.

63 Dabei ist vorausgesetzt, daß die Anzeige nach § 92 Abs. 1 AktG, obwohl sie ihrem Gegenstand nach keine Beschlußfassung im Gefolge hat, bekanntmachungspflichtig ist. Die Ausnahmevorschrift des § 124 Abs. 4 Satz 2 AktG, nach der Verhandlungen ohne Beschlußfassung keiner Bekanntmachung bedürfen, greift hier nach Sinn und Zweck des Gesetzes nicht ein. So mit Recht ECKARDT, aaO (Fn. 14), § 124 AktG Rdn. 14; a. A. ZÖLLNER, aaO (Fn. 13), § 124 AktG Rdn. 8.

den Vorstand nach Entgegennahme der Anzeige veranlassen will, bestimmte Sanierungsmaßnahmen vorzubereiten.

Beschlußfassungen nach § 83 Abs. 1 AktG zu erleichtern, schließt allerdings die Gefahr ein, daß die Hauptversammlung den Vorstand in zu weitgehendem Maße zwingen könnte, Verträge oder sonstige Maßnahmen vorzubereiten, die für die Gesellschaft nachteilig sind oder die sich nach vernünftiger Voraussicht nicht realisieren lassen[64]. Dies ist jedoch eine Gefahr, die theoretisch in fast demselben Umfang bestände, wenn man Beschlußfassungen über ein Verlangen nach § 83 Abs. 1 AktG nur nach vorheriger Bekanntmachung zuließe. Das Gesetz hat dieser Gefahr durch die Bestimmung vorzubeugen gesucht, daß für den Beschluß der Hauptversammlung über das Verlangen diejenige Mehrheit maßgeblich sein soll, die für die endgültige Beschlußfassung, d.h. für den Beschluß über die Durchführung der Maßnahme oder für die Zustimmung zu dem Vertrag, erforderlich ist. Man wird diese Erschwerung genügen lassen dürfen, zumal der Vorstand Beschlüsse nach § 83 Abs. 1 AktG, in deren Gefolge die Gesellschaft geschädigt werden würde, bei Vorliegen eines Gesetzes- oder Satzungsverstoßes anfechten darf und ggf. sogar anfechten muß[65].

V. *Beschlußfassung über nicht ordnungsgemäß angekündigte Gegenstände*

Abschließend bleibt die Frage zu prüfen, welche Tragweite die Vorschrift des § 124 Abs. 4 Satz 1 AktG hat, nach der über Gegenstände der Tagesordnung, die nicht ordnungsgemäß bekanntgemacht worden sind, keine Beschlüsse gefaßt werden dürfen. Der Ausdruck „dürfen" stellt gegenüber dem früheren Recht, in dem es „können" hieß[66], klar, daß eine dennoch erfolgte Beschlußfassung nicht nichtig, sondern nur anfechtbar ist. Mangels Anfechtung wird daher ein derartiger Beschluß wirksam und darf vom Registerrichter, falls er einer Eintragung bedarf, nicht zurückgewiesen werden[67]. Hieraus ergibt sich zunächst, daß über unangekündigte Gegenstände der Tagesordnung bzw. bekanntmachungsbedürftige, aber nicht bekanntgemachte Anträge in einer Universalversammlung ohne Einschränkung abgestimmt werden darf, wenn sich kein Widerspruch erhebt. Es ergibt sich weiter daraus, daß auch in Fällen, in denen nicht alle Aktionäre in der Versammlung anwesend oder vertreten sind, Beschlüsse möglich sind, die formal gegen § 124 Abs. 4 Satz 1 AktG verstoßen. Man denke an den Fall, daß eine verhältnismäßig geringfügige Formalie bei der Einberufung übersehen worden

64 Man denke an den in der Praxis schon vorgekommenen Fall, daß die Vorbereitung der Verschmelzung mit einem anderen Unternehmen beantragt wird, obwohl feststeht, daß das betreffende Unternehmen nicht verschmelzungswillig ist.

65 Schilling, Großkomm. z. AktG, 3. Aufl., 1973, § 245 Anm. 14.

66 Vgl. § 108 Abs. 2 Satz 1 AktG 1937.

67 Barz, aaO (Fn. 13), § 124 AktG Anm. 12.

ist, und daß das dadurch bedingte Abstandnehmen von einer Beschlußfassung die Gesellschaft schädigen würde[68]. Der Versammlungsleiter hat in einem solchen Fall die Nachteile, die das Abstandnehmen von einer Beschlußfassung zur Folge hätte, gegen das Anfechtungsrisiko abzuwägen. Er wird insbesondere dann die Beschlußfassung zulassen, wenn die anwesenden Aktionäre nicht widersprechen. Zwar sind die nicht erschienenen Aktionäre in einem solchen Fall anfechtungsberechtigt[69]. Die Gefahr, daß sie von ihrem Anfechtungsrecht Gebrauch machen, erscheint bei Einverständnis der Anwesenden jedoch verhältnismäßig gering. Aber selbst wenn aus dem Kreise der anwesenden Aktionäre vereinzelt Widerspruch gegen die Beschlußfassung erhoben wird, kann der Versammlungsleiter ausnahmsweise die Beschlußfassung trotz des dann vergrößerten Anfechtungsrisikos zulassen[70]. Er wird dabei einerseits zu prüfen haben, ob der Verstoß gegen die Bekanntmachungsvorschriften für das Ergebnis der Beschlußfassung ursächlich sein kann[71], und andererseits berücksichtigen dürfen, daß die Möglichkeit besteht, den u. U. anfechtbaren Beschluß in der folgenden Hauptversammlung nach § 244 AktG bestätigen zu lassen. Kann mit einer solchen Bestätigung gerechnet werden, so würde sich die Hauptsache des Anfechtungsprozesses anschließend erledigen; die Gesellschaft liefe dann nur Gefahr, die bis dahin entstandenen Prozeßkosten tragen zu müssen.

Mit diesen Möglichkeiten, über bekanntmachungsbedürftige, aber nicht bekanntgemachte Anträge abstimmen zu lassen, wird dem Versammlungsleiter natürlich kein Freibrief zu Verstößen gegen § 124 Abs. 4 Satz 1 AktG erteilt. Es ist vielmehr stets der Schaden aus unterlassener Beschlußfassung gegen das Anfechtungsrisiko abzuwägen. Nur wenn der voraussehbare Schaden überwiegt, kann eine Außerachtlassung des Gesetzes in Betracht kommen. Der Versammlungsleiter würde gegen seine Sorgfaltspflicht verstoßen, wenn er dieses Regulativ außer acht ließe.

68 Zöllner, aaO (Fn. 13), § 124 AktG Rdn. 42.
69 § 245 Nr. 2 AktG.
70 Zöllner, aaO (Fn. 13), § 124 AktG Rdn. 42; a. A. Barz, aaO (Fn. 13), § 124 AktG Anm. 12; Baumbach/Hueck, aaO (Fn. 13), § 124 AktG Rdn. 8.
71 Die bisher herrschende Meinung, der auch der BGH bis jetzt – zuletzt in einem Urteil vom 27. 10. 1986, WM 1987, 71 – gefolgt ist, bejaht das Erfordernis der Ursächlichkeit als Anfechtungsvoraussetzung. Ihr steht die von Zöllner, aaO (Fn. 13), § 243 AktG Rdn. 81 ff begründete Relevanztheorie gegenüber, nach der die Anfechtung ohne Rücksicht auf die Ursächlichkeit des Gesetzesverstoßes für das Zustandekommen des Beschlusses begründet ist, wenn wesentliche, gesetzlich geschützte Partizipationsrechte des Aktionärs verletzt sind. Zum Meinungsstand vgl. Hüffer, in: Geßler/Hefermehl/Eckardt/Kropff, Komm. z. AktG, 1984, § 243 AktG Rdn. 23 ff.

Kapitalersetzende Darlehen bei Publikums-Personengesellschaften – Skizze eines Sonderrechts im Sonderrecht

von

Professor Dr. Harm Peter Westermann, Berlin

Inhaltsübersicht

I. Fragestellung

Während die Rechtsprechung des 2. Zivilsenats des Bundesgerichtshofs zu den sogenannten Publikums-Personengesellschaften weithin akzeptiert[1] und bei der Darstellung der im Gesellschaftsrecht stattgefundenen Rechtsfortbildung mit nur wenigen Gegenstimmen als eine der großen Leistungen hervorgehoben wird[2], hat es das von demselben Senat geschaffene Richterrecht zu den kapitalersetzenden Darlehen nicht erst seit der durch das Urteil BGHZ 90, 370, 376 geschaffenen „Zweispurigkeit der Schutzkonzeption"[3] mit seiner umfassenden

1 Kellermann, FS Stimpel, 1985, S. 295 ff; Krieger, FS Stimpel, 1985, S. 307 ff (bezogen auf die Abschreibungsgesellschaften); Ulmer, FS der Juristischen Fakultät der Universität Heidelberg, 1986, S. 389, 403 ff; Ders., Richterrechtliche Entwicklungen im Gesellschaftsrecht 1971–1985, 1986, S. 18 ff.

2 Ulmer, FS der Juristischen Fakultät Heidelberg, 1986, S. 389, 403; Ders., Richterrechtliche Entwicklungen, aaO (Fn. 1), S. 18.

3 v. Gerkan, GmbH-Rdsch. 1986, 218, 219; Hommelhoff, Zur Haftung bei unternehmerischer Beteiligung an Kapitalgesellschaften, S. 6 ff.

Durchsetzung schwerer gehabt. Das dürfte daran liegen, daß der gesellschaftsrechtliche Schutz der Kommanditisten von Publikums-Personengesellschaften, auf der Linie des verbreitet geforderten „Anlegerschutzes“ liegend, sich zu einem guten Teil gegen die Majorisierung, wenn nicht sogar Übervorteilung der Anleger durch Initiatoren oder Beherrscher der Komplementär-GmbH richtete; als weiteres Motiv dürfte gewirkt haben, daß man überhaupt ein passendes Rechtskleid suchte[4]. Der Schutz der Gläubiger und auch der Gesellschaft selbst gegen ihre Gesellschafter spielte hierbei eine untergeordnete Rolle (allenfalls die Durchsetzung des Mehrheitsprinzips kann man als Schutz der Gesellschaft gegen mögliche Obstruktion einzelner deuten). Gläubiger- und Gesellschaftsschutz gegenüber keineswegs übel beleumundeten Teilnehmern am Rechtsverkehr und demgegenüber, was immer wieder betont wird[5], die Anwendung durchaus nicht verbotener Finanzierungspraktiken ist das, worum es bei der Regelung kapitalersetzender Gesellschafterdarlehen geht, so daß es nicht verwundert, wenn sich hier gegen eine Rechtsfortbildung, die anders als bei den Publikums-Personengesellschaften vom kodifizierten Recht eher wegführt, immer noch Widerspruch im Interesse von Haftungsbeschränkung und Finanzierungsfreiheit erhebt. Da nun das Sonderrecht der kapitalersetzenden Darlehen längst über die Anwendung lediglich auf die GmbH hinausgewachsen ist[6] und inzwischen ein rechtsformübergreifendes Konzept des Eigenkapitalersatzes gesucht wird[7], war zu erwarten, daß die beiden Linien der rechtsfortbildenden Entwicklung sich schneiden würden. Einzelne für die Praxis wichtige Aspekte dieses Geschehens sollen hier erörtert werden, hoffentlich passend für die Ehrung eines Richters, der an beiden Entwicklungen beteiligt gewesen ist; der Skizzencharakter der nachstehenden Überlegungen ergibt sich daraus, daß sie eines Tages in ein umfassendes Konzept der Einlagepflichten und Haftungsrisiken des Kommanditisten eingebettet werden müssen.

Nun hat der Bundesgerichtshof natürlich zu den Darlehen der Kommanditisten einer Publikums-KG bereits Stellung nehmen müssen, wobei die Umdeutung von Darlehen in Beitragsleistungen, die in mehreren Urteilen vorgenommen wurde[8], im Schrifttum als „gewaltsam“ bezeichnet und als Dauerlösung

4 Ulmer, FS der Juristischen Fakultät Heidelberg, S. 389, 404; Ders., Richterrechtliche Entwicklungen, aaO (Fn. 1), S. 18.

5 H. P. Westermann, GmbH-Rdsch. 1979, 220; Scholz / K. Schmidt, Komm. z. GmbHG, 7. Aufl., 1986, §§ 32 a, 32 b Rdn. 7; Hachenburg/Ulmer, Komm. z. GmbHG, 7. Aufl., Ergänzungsband, 1985, §§ 32 a, 32 b Rdn. 6; v. Gerkan, Kapitalersetzende Gesellschafterdarlehen im Konkurs der GmbH, 1986, S. 1 f.

6 K. Schmidt, Gesellschaftsrecht, 1986, S. 392 ff; Ders., ZHR 147 (1983), 169 ff; Ders., Die AG 1984, 12 ff; Ders., JZ 1985, 304.

7 Grundlegend K. Schmidt, ZHR 147 (1983), 172.

8 BGHZ 70, 61, 63 f; 93, 159, 161; weitere Nachweise bei Joost, ZGR 1987, 370, 372.

nicht für glücklich gehalten wird, weil alles das, was „im Zweifel" gilt[9], irgendwann durch eine nicht auslegungsfähige Vertragsgestaltung beiseitegeschoben werden könnte[10]. Eine geschlossene Lösung der Rückzahlung von Darlehen, für die, soweit man den Tatbestand des Kapitalersatzes unter gesellschaftsrechtlichen Gesichtspunkten würdigen will, über § 172 a HGB die §§ 32 a, 32 b GmbHG, § 172 Abs. 4 HGB sowie schließlich §§ 30, 31 GmbHG analog zur Verfügung stehen könnten, erscheint im gegenwärtigen Zeitpunkt auch deshalb notwendig, weil die der Konkurswelle entgangenen Publikums-KG in ein Alter gelangt sind, in dem die meist längeren Fristen vereinbarter Unkündbarkeit der Beteiligung abgelaufen sind oder auszulaufen drohen, so daß die Frage der Kommanditisten nach der Möglichkeit, Beteiligung und Darlehen zu Geld zu machen – unabhängig von steuerlichen Nachteilen[11] – auf dem Tisch liegt. Das ist aber nicht alles. In Gesellschaften, die wirtschaftliche Anfangsschwierigkeiten überstanden haben oder eine von Beginn an planmäßige Entwicklung durchlaufen haben, die also ihre Bankverbindlichkeiten bedienen und den Kommanditisten Darlehenszinsen zahlen könnten, ohne den wirtschaftlichen Zusammenbruch zu riskieren, ist die Frage, warum denn nun keine Zinsen gezahlt und den Kommanditisten, die keine sogenannte Rangrücktrittserklärung abgegeben haben, die Rückzahlung verweigert werden muß, nicht leicht überzeugend zu beantworten. Daß „im Zweifel" auf eine Verzinsung verzichtet worden sei, auch wenn in den Darlehensverträgen eine solche ausdrücklich vereinbart ist, kommt als Bewältigung dieses Problems nicht in Betracht. Und schließlich herrscht nach wie vor Rechtsunsicherheit über die Frage der Bilanzierung der Kommanditistendarlehen, die, wie angesichts des regelmäßigen Größenverhältnisses von Kommanditeinlage und Darlehen auf der Hand liegt, für die Überschuldungsbilanz wie für die Handelsbilanz von durchschlagender Bedeutung ist.

Die Rechtsunsicherheit auf diesem Gebiet geht zurück auf die Tatsache, daß niemand mehr recht zu sagen weiß, ob kapitalersetzende Darlehen noch Darlehen nach den Regeln der §§ 607 ff BGB sind. Die Frage der Verzinslichkeit, der Möglichkeit der Heranziehung zur Verrechnung[12], natürlich auch die bilanzielle Behandlung, könnten bei einfacher begrifflicher Einordnung davon abhängig gemacht werden, ob es sich bei diesen Leistungen der Publikums-Kommanditisten, durch die die Zwecke der Gesellschaft gefördert, in den meisten Fällen die Gesellschaft überhaupt erst lebensfähig gemacht werden sollte, um Zahlungen

9 So ausdrücklich BGHZ 93, 159, 161.
10 Eingehende Kritik durch Joost, ZGR 1987, 396 ff.
11 Zu beachten ist, daß der negative Kapitalanteil bei entgeltlicher Übertragung oder Auflösung der Beteiligung sich steuerlich als Gewinn im Sinne von § 15 Abs. 1 Nr. 2 EStG darstellt, da der Kommanditist insoweit von einer Verbindlichkeit befreit wird.
12 Dazu H. P. Westermann, FS Oppenhoff, 1985, S. 535 ff; K. Schmidt, ZGR 1986, 152 ff.

auf einen bestehenden individual-rechtlichen Darlehensvertrag oder um Beiträge zur Bildung von Eigenkapital handelt, wobei als Möglichkeit stets auch zu erwägen ist, daß eine Metamorphose vom Darlehen zum Eigenkapital stattfindet (etwa durch einen Akt des „Stehenlassens")[13]. Und doch wurde soeben ohne nähere Begründung bereits unterstellt, daß man den Tatbestand des Kapitalersatzes unter gesellschaftsrechtlichen Gesichtspunkten würdigt, was bedeutet, daß die bürgerlich-rechtliche Einordnung dieser Verträge und Leistungen unter den gesellschaftsrechtlichen Gesichtspunkten der Finanz- und Haftungsverfassung der GmbH, der GmbH & Co. KG sowie inzwischen auch der „gesetzestypischen" KG[14] verschwunden ist. Dies einmal ausdrücklich gesagt zu haben, mag einem Autor nachgesehen werden, dessen Verwunderung über die Konsequenzen von Rechtsfortbildung auch dadurch beeinflußt ist, daß Gesellschaftsrecht immer noch für einen Teil des bürgerlichen, auf wirtschaftliche Vorgänge bezogenen Privatrechts gehalten wird, so daß gewisse übergreifende Folgen einer bürgerlich-rechtlichen Qualifizierung nicht ohne Not aufgegeben werden dürfen.

II. Anwendbare Regelungskonzepte

Angesichts der großen Bedeutung, die dem Problemkreis der kapitalersetzenden Darlehen schon immer beigemessen wurde, mag es verwundern, daß das geltende Nebeneinander zweier Regelungskonzepte möglich war, aber es ist Realität und kann im folgenden als maßgeblich unterstellt werden. Wir haben also in den §§ 32 a, 32 b GmbHG mit den durch sie bezogenen Vorschriften der Konkursordnung und des Anfechtungsgesetzes eine insolvenzrechtlich ansetzende, in den analog anzuwendenden §§ 30, 31 GmbHG eine gesellschaftsrechtliche Konzeption vor uns. Ohne dies zu problematisieren, lautet für die Publikums-Personengesellschaften die praktische Frage lediglich, welche Ausschnitte des Gesamtkomplexes welchen Regeln unterfallen. Das ist, obwohl man es anders hätte erwarten können, alles andere als unproblematisch.

1. Altdarlehen und Zinsforderungen in der Übergangsregelung

Die insolvenzrechtliche Rückstufung kapitalersetzender Darlehen ohne Rücksicht darauf, ob eine Rückzahlung an den Darlehensgeber Folgen entsprechend den §§ 30, 31 GmbHG auslöst, gilt für alle nach dem 31. 12. 1980 gewährten oder in einer Krise stehengelassenen Darlehen. Unabhängig vom Zeitpunkt der

13 BGHZ 75, 334, 336 ff; 81, 311, 317 f; 81, 365, 367.
14 Joost, ZGR 1987, 370, 371 ff.

Gewährung oder des Stehenlassens finden für Alt- wie für Neudarlehen die richterrechtlichen Regeln, die auf der entsprechenden Anwendung der §§ 30, 31 GmbHG beruhen und infolgedessen einen Konkurs der Gesellschaft nicht voraussetzen, uneingeschränkt Anwendung[15].

Die Kurzformel, daß für „Altdarlehen" das neue Recht nur gilt, wenn nach seinem Inkrafttreten ein Tatbestand des „Stehenlassens" sich ereignet hat, wirft für die meist in der Zeit vor dem Stichtag gegründeten Publikums-Personengesellschaften die Frage auf, welche Regeln zu beachten sind. Ganz durchgehend ist dies sowohl für die Darlehensforderung als auch für vertraglich vereinbarte, stehengelassene Zinsen das Richterrecht; ebenso, wenn vor dem Stichtag Darlehen verzinst worden sind, die als eigenkapitalersetzend zu qualifizieren sind, wenn – worauf einzugehen sein wird – die Zinszahlung verbotswidrig war. Daß die Nichteinforderung vertraglich an sich geschuldeter Zinsen wie die Tilgungsaussetzung oder Zinsherabsetzung einer Darlehensgewährung gleichstehen kann, ist anerkannt[16]. Bekanntlich hat im übrigen die Rechtsprechung die Anforderungen an die Bewußtheit des „Stehenlassens" dadurch erheblich gesenkt, daß keine rechtsgeschäftliche Finanzierungsabrede verlangt wird[17]; wenn fällige Zinsen nicht eingefordert werden, darüber möglicherweise sogar in Gesellschafterversammlungen diskutiert oder ein Beschluß gefaßt worden ist, nimmt die Zinsforderung – gesetzt den Fall, daß sie überhaupt existiert – unter den gewöhnlichen Voraussetzungen des Eigenkapitalersatzes am rechtlichen Schicksal der Hauptforderung teil.

2. *Kommanditistendarlehen in der GmbH & Co. KG*

Diese Feststellungen wurden ohne Rücksicht auf den Umstand getroffen, daß es sich bei den Publikums-Personengesellschaften um Kommanditgesellschaften, durchweg in Form der GmbH & Co. handelt. Da über die Behandlung kapitalersetzender Kommanditistendarlehen immer noch keine Klarheit in Gestalt einer ausgearbeiteten Kapitalverfassung dieses Gesellschaftstyps[18] besteht, insbesondere in dem bei den Publikums-Personengesellschaften regelmäßigen Fall der Darlehensgewährung durch nicht an der Komplementär-GmbH beteiligte „Nur-Kommanditisten", muß insoweit ein etwas breiterer Überblick versucht werden.

15 V. Gerkan, aaO (Fn. 5), S. 80 f; Hachenburg/Ulmer, aaO (Fn. 5), §§ 32 a, 32 b GmbHG Rdn. 167.

16 G. Hueck, in: Baumbach/Hueck, Komm. z. GmbHG, 14. Aufl., 1985, § 32 a Rdn. 34; Ullrich, GmbH-Rdsch. 1983, 145.

17 BGH WM 1985, 1028, 1029.

18 Wiedemann, JZ 1986, 855, 856.

a) Die Bedeutung des § 172a HGB

Geht man von § 172a HGB aus, so ist heute wohl als geklärt anzusehen, daß die Verweisung auf die §§ 32a, 32b GmbHG auch die §§ 32a KO, 3b AnfG erfassen sollte, was nur durch ein Redaktionsversehen nicht ausdrücklich im Text niedergelegt ist[19]. Diese Regelung greift unabhängig davon ein, ob der Gesellschafter/Darlehensgeber nur an der KG, nur an der GmbH oder an beiden Gesellschaften beteiligt ist und welche Gesellschaft Darlehensnehmer ist[20]. In der Publikums-KG begründen also Darlehen der „Nur-Kommanditisten" keine Konkurs- oder Vergleichsforderung, und darüber hinaus sind Darlehensrückzahlungen oder auch Zinsleistungen, wenn das Darlehen kapitalersetzend war, stets zurückzugewähren, wenn innerhalb eines Jahres nach diesen Zahlungen die Gesellschaft in Konkurs fällt. Dies dürfte unstreitig sein[21], deckt aber – wohl ebenso eindeutig – nur einen weniger bedeutsamen Teil der Problematik ab. Diese beginnt bei der Frage nach den Folgen der von der Rechtsprechung klar ausgesprochenen Fortgeltung auch der Anwendbarkeit des gesellschaftsrechtlichen Konzepts der §§ 30, 31 GmbHG auf die GmbH & Co. KG[22]. Hier wurde bis vor kurzer Zeit dahin differenziert, daß die Auszahlung von Gesellschaftsmitteln an Kommanditisten zur Anwendung der §§ 30, 31 GmbHG führt, wenn durch sie das zur Deckung des Stammkapitals erforderliche Vermögen der Komplementär-GmbH vermindert wird, weil der Freistellungsanspruch der persönlich haftenden Gesellschafterin gegen die KG gefährdet erscheint oder die Kapitalbeteiligung der GmbH an der KG entwertet wird[23]. Der Erstattungsanspruch bei einer verbotswidrigen Auszahlung steht der KG zu[24]. Daneben gilt eine dem KG-Recht entsprechende Kapitalerhaltung in den Grenzen der §§ 171, 172 HGB[25], was aber bedeutet, daß eine Außenhaftung des Kommanditisten nach § 172 Abs. 4 HGB in Höhe seiner kapitalersetzenden Leistungen jedenfalls für die gesetzestypische KG nicht stattfindet[26]. Immerhin ist die Erstattungspflicht des Kommanditisten gegenüber der KG nicht auf den Nennbetrag des

19 Scholz / K. Schmidt, aaO (Fn. 5), §§ 32a, 32b GmbHG Rdn. 138; Rümker / H. P. Westermann, Kapitalersetzende Darlehen, 1987, S. 12; Roth, Komm. z. GmbHG, 2. Aufl., 1987, § 32a Anm. 7.

20 Rümker / H. P. Westermann, aaO (Fn. 19), S. 12; Hachenburg/Ulmer, aaO (Fn. 5), §§ 32a, 32b GmbHG Rdn. 172.

21 Zuletzt noch einmal K. Schmidt, GmbH-Rdsch. 1986, 337, 339, 341.

22 BGHZ 69, 274, 279; 76, 326, 329; 81, 252, 260; BGH WM 1979, 937, 938; Hachenburg/Ulmer, aaO (Fn. 5), §§ 32a, 32b GmbHG Rdn. 173.

23 BGHZ 60, 324, 329; 76, 326, 336; Hachenburg/Ulmer, aaO (Fn. 5), §§ 32a, 32b GmbHG Rdn. 175.

24 BGHZ 60, 324, 329f; 69, 274, 281.

25 BGHZ 67, 171, 175; 95, 188, 191.

26 BGH GmbH-Rdsch. 1985, 51, 52; Joost, ZGR 1987, 370, 374.

Stammkapitals der Komplementär-GmbH begrenzt[27]. Einen Schritt weiter geht der Gläubigerschutz, indem bei einer GmbH & Co. KG eine die Hafteinlage übersteigende Pflichteinlage des Kommanditisten derselben Bindung zugunsten der Gesellschaft unterworfen wird und bei Auszahlung an den Kommanditisten auch ohne Aufleben der Außenhaftung nach § 172 Abs. 4 HGB der Gesellschaft zu erstatten ist[28].

b) Schwächen dieser Konzeption

Das Verhältnis von (wiederauflebender) Außenhaftung und Erstattungspflicht gegenüber der Gesellschaft wird allerdings verbreitet auch anders gesehen, und es könnte sein, daß auch in der Rechtsprechung hierzu noch nicht das letzte Wort gesprochen ist. Im Schrifttum wurde schon vor einiger Zeit vorgeschlagen, bei der KG die Rückgewähr eines kapitalersetzenden Darlehens in Höhe der Haftungssumme als haftungsbegründende Einlagenrückgewähr zu verstehen[29]; bei der Publikums-KG wäre dann angesichts des Verhältnisses von Haftsumme und Darlehen immer noch der größte Teil der Darlehen nur zugunsten der Gesellschaft, nicht aber auch ihrer Gläubiger gebunden. In einem groß angelegten Versuch will neuestens *Joost*[30] gerade bei der Außenhaftung des Kommanditisten ansetzen, die – unter Nichtanwendung des § 172 Abs. 1 HGB auf eigenkapitalersetzende Gesellschafterdarlehen – durch die Rückzahlung solcher Mittel an den Kommanditisten ausgelöst werden soll, soweit der empfangene Betrag bei der KG zu einer Unterbilanz geführt hat oder eine solche verstärkt.

Eine in manchem ähnliche Entwicklung sieht *Wiedemann*[31] in dem vielschichtigen Urteil des Bundesgerichtshofs vom 8. 7. 1985 „angelegt“: nach der früheren Lösung des Problems der Auszahlung an Kommanditisten einer GmbH & Co. KG über die Wirkungen, die eine Minderung des Vermögens der KG mittelbar auf die Komplementär-GmbH hat, beherrschten nunmehr „die Instrumente der GmbH ... das System der Kommanditgesellschaft“. *Wiedemann* sieht dies im konkreten Fall darin verwirklicht, daß ebenso wie im Recht der GmbH[32] die Verrechnung einer Einlagenschuld des Kommanditisten mit einer Forderung aus einem kapitalersetzenden Darlehen mit der Haftsumme weder ganz noch in einem Teilbetrag als haftungsbefreiend anerkannt wird. Man mag zweifeln, ob der Bundesgerichtshof schon so weit gehen wollte, seine bisherigen Vorausset-

27 BGHZ 67, 179; 81, 259.
28 Hachenburg/Ulmer, aaO (Fn. 5), §§ 32 a, 32 b GmbHG Rdn. 176.
29 Lutter/Hommelhoff, ZGR 1979, 45.
30 Joost, ZGR 1987, 370, 398 ff gegen die Überlegungen von K. Schmidt, GmbH-Rdsch. 1986, 337, 342.
31 Wiedemann, JZ 1986, 855, 856; zu dem Urteil auch K. Schmidt, ZGR 1986, 152 ff.
32 BGHZ 90, 370; BGH WM 1982, 1200.

zungen für die Erstattungspflicht bezüglich der an den Kommanditisten zurückgezahlten Gesellschafterdarlehen aufzugeben, da er doch feststellte, es habe Überschuldung der KG vorgelegen, ohne daß die Komplementär-GmbH über ihr Stammkapital hinausgehende Werte besessen habe[33]. *Wiedemann* selber will jedenfalls für den Fall einer Darlehensrückzahlung die Folgen nicht allein im Konkurs greifen lassen, was die unstreitig anwendbaren §§ 32 a, 32 b GmbHG ergeben, sondern denkt an das unmittelbare Wiederaufleben der Haftung gem. § 172 Abs. 4 HGB, geht also auch über die von der wohl herrschenden Meinung bejahte Erstattungspflicht gegenüber der Gesellschaft hinaus, weil eine „Gleichstellung von rechtlichem und faktischem Eigenkapital" zu erfolgen habe.

c) *Bisherige Rechtsprechung zu den Publikums-Personengesellschaften*

Wiedemanns Lösungsansatz soll ähnlich wie der von *Joost*[34] die Sonderbehandlung von Gesellschafterdarlehen bei Publikums-Personengesellschaften durch die bisherige Rechtsprechung entbehrlich machen. Sie schien nötig zu sein, weil die bisherigen Einzelergebnisse am Gedanken der mittelbaren Beeinträchtigung des Stammkapitals der Komplementär-GmbH durch Auszahlung seitens der KG an ihre Kommanditisten anknüpft und deshalb von einer stark vertretenen, wenn auch zuletzt häufiger abgelehnten Meinung[35] nicht auf die Auszahlungen an Nur-Kommanditisten anwendbar sind. Der Gedanke der Finanzierungsverantwortung, der bei der Legitimation der gesellschaftsrechtlichen Sonderbehandlung kapitalersetzender Gesellschafterdarlehen eine hervorragende Rolle gespielt hat[36], trüge möglicherweise eine Verantwortlichkeit des Nur-Kommanditisten für Auszahlungen, auch wenn sie mittelbar das Vermögen der Komplementär-GmbH beeinträchtigen, nicht. Mit diesem Gedanken operiert in der Tat ein neues Urteil des OLG Hamburg[37], das gerade mit Blick auf die Verhältnisse in der Publikums-KG meint, ein „außenstehender Kommanditist" könne nicht regelmäßig als auch für die Finanzierung der GmbH verantwortlich zu betrachten sein. Ferner wird darauf aufmerksam gemacht, daß bei der Auszahlung von GmbH-Vermögen an einen Nur-Kommanditisten § 30

33 BGHZ 95, 188, 189.

34 Joost, ZGR 1987, 370, 396, 398 ff.

35 OLG Hamburg ZIP 1983, 573, 575; Hachenburg/Ulmer, aaO (Fn. 5), §§ 32 a, 32 b GmbHG Rdn. 175, 176; anders aber Scholz / K. Schmidt, aaO (Fn. 5), §§ 32 a, 32 b GmbHG Rdn. 143; Schlegelberger / K. Schmidt, Komm. z. HGB, 5. Aufl., 1986, § 172 a Rdn. 51; Rümker / H. P. Westermann, aaO (Fn. 19), S. 14 f.

36 BGHZ 90, 381, 389; Fischer/Lutter/Hommelhoff, Komm. z. GmbHG, 12. Aufl., 1987, §§ 32 a/b Rdn. 3; Fleck, FS Werner, 1984, S. 107, 116; Ullrich, GmbH-Rdsch. 1983, 133, 142; Hachenburg/Ulmer, aaO (Fn. 5), §§ 32 a, 32 b GmbHG Rdn. 7.

37 OLG Hamburg BB 1986, 1668.

GmbHG nach herrschender Meinung nur in Ausnahmefällen unmittelbar eingreift, die im wesentlichen auf Umgehung oder auf die Anwendungsvoraussetzungen des § 826 BGB hinauslaufen[38].

Die bisherige höchstrichterliche Rechtsprechung hatte die Behandlung der Rückforderung von Gesellschafterdarlehen an den Nur-Kommanditisten offengelassen[39]. Das wurde erleichtert durch den Umstand, daß der Bundesgerichtshof versucht hatte, die rechtstatsächlich besonders häufigen und für die Finanzierung der Gesellschaften von Anfang an unerläßlichen Gesellschafterdarlehen in den Publikums-KG stärker für das Unternehmen zu binden als bei der „mittelständischen“ GmbH & Co. KG. Ohne sich ausdrücklich auf die Linie des durch die Judikatur bezweckten Gläubigerschutzes vor nachteiligen Folgen der Finanzierung mit kapitalersetzenden Darlehen zu begeben, hatte der Bundesgerichtshof entschieden, daß Darlehen eines Publikums-Kommanditisten wie Einlagen im Konkurs der Gesellschaft noch geleistet werden müssen und nicht nach § 610 BGB gekündigt werden können[40]. Der Konkursverwalter kann den aus Kommanditanteil und Darlehenssumme zusammengesetzten Betrag, der als „Pflichteinlage“ bezeichnet wird[41], auch soweit, als er die Haftsumme übersteigt, einfordern, wenn dies zur Befriedigung von Gläubigern erforderlich ist. Folgerichtig mußten dann auch Leistungen auf das Darlehen als haftungsbefreiende Einlageleistung anerkannt werden[42]. Die Gesellschafterversammlung kann mit der im Gesellschaftsvertrag vorgeschriebenen ¾-Mehrheit einen Zinsverzicht bezüglich des gesellschaftsvertraglich vereinbarten Darlehens beschließen, wofür neben der gesellschaftsrechtlichen Bindung des Darlehens die Treupflicht des Kommanditisten angeführt wurde[43]. Forderungen eines Kommanditisten, die auf dem Gesellschaftsverhältnis beruhen, deren Erfüllung jedoch nicht aus Gewinnen der Gesellschaft erfolgen kann, können gegen einen „Einlageanspruch“ nicht aufgerechnet werden, weil die vermögenswerten Leistungen von Kommanditisten einer Publikums-KG, „die Teil von deren gesellschaftsrechtlicher Beitragspflicht sind und den Charakter von Eigenkapital haben“, den „Grundstock der Haftungsmasse“ bilden und im Gesellschaftskonkurs für die Befriedigung der Gläubiger zur Verfügung stehen müssen, auch soweit sie über die Haftungsmasse hinausgehen[44].

Im letzteren Fall werden besonders die zitierten allgemeinen Formulierungen zur „Haftungsmasse“ ergänzt durch die ausdrückliche Nichtanwendung des

38 Scholz / H. P. Westermann, Komm. z. GmbHG, 7. Aufl., 1986, § 30 Rdn. 34; OLG Hamburg BB 1986, 1668, 1669; K. Schmidt, DB 1973, 2230.
39 BGH WM 1979, 803, 804.
40 BGHZ 70, 61, 63 f.
41 BGHZ 93, 159, 161.
42 BGH NJW 1982, 2253 f.
43 BGH NJW 1985, 974; ebenso als Vorinstanz OLG Koblenz ZIP 1984, 1352.
44 BGHZ 93, 159, 163 f.

§ 171 Abs. 2 HGB, den noch das Berufungsgericht herangezogen hatte[45]. Damit ist klar, daß der Bundesgerichtshof die Verantwortlichkeit des Kommanditisten in Gestalt seiner „Haftung“ verwirklichen will. Unmißverständlich wird hier die eingeführte, in neuerer Zeit freilich vielfach angegriffene Unterscheidung von Pflichteinlage und Haftsumme[46] praktiziert und betont, Anspruchsgrundlage (der Gesellschaft) sei allein die Beitragspflicht gem. §§ 705 BGB, 105 Abs. 2, 161 Abs. 2 HGB[47]. Da in diesem Fall schließlich, wie meist bei den Publikums-KG, der Gesellschafter nur Kommanditist und nicht Anteilseigner der Komplementär-GmbH war, liegt die Annahme nahe, der Bundesgerichtshof sehe sämtliche Leistungen des Kommanditisten, seien sie als Einlage oder als Darlehen versprochen, als unverzichtbaren Bestandteil des zur Befriedigung der Gesellschaftsgläubiger reservierten Vermögens der KG an. Es mag sein, daß der Bundesgerichtshof diese Grundsätze, die aus der Auslegung der Darlehenszusage des Kommanditisten als Einlageverpflichtung gewonnen wurden, als „im Zweifel“ geltend nicht aufrechterhalten würde, wenn die vertragliche Abrede ein solches Verständnis keinesfalls mehr zuläßt, doch lassen die allgemein gehaltenen Formulierungen besonders des letzten Urteils, im Verein mit dem späteren Urteil vom 8. 7. 1985, meines Erachtens schon die Prognose zu, der Bundesgerichtshof werde unabhängig von der Beteiligung des Darlehensgebers an der Komplementär-GmbH jedenfalls alle Kommanditistendarlehen in vollem Umfang bis zur Höhe des Darlehenskapitals zugunsten der Gesellschaft binden.

d) Darlehensgewährung durch Nur-Kommanditisten

Dieses Ergebnis scheint auch gegenüber der zurückhaltenden Betrachtung der ähnlich gelagerten Problematik bezüglich der Bindung eines der Stammkapitalziffer entsprechenden Vermögens in der Komplementär-GmbH, wie es auch vom Verfasser für richtig gehalten wird, am Ende vorzugswürdig. Geht man nahezu einmütig davon aus, daß auch der „Nur-Kommanditist“ seine Darlehensforderung – eigenkapitalersetzenden Charakter immer vorausgesetzt – in Konkurs und Vergleich der Gesellschaft nicht geltend machen und sie nicht zur Verrechnung mit Einlageverbindlichkeiten einsetzen kann, und wendet man weiter § 172 a HGB in Verbindung mit §§ 32 a KO, 3 b AnfG so an, daß bei einer Insolvenz der Gesellschaft innerhalb Jahresfrist nach Zurückzahlung eines Darlehens ein Rückforderungsanspruch des Konkursverwalters besteht, so wäre es überraschend, wenn das sonst voll neben der insolvenzrechtlichen Konzeption

45 BGHZ 93, 159, 162.
46 OLG Hamburg ZIP 1983, 573, 574.
47 Dies scheint OLG Hamburg BB 1986, 1668 mißzuverstehen, wenn es bei einer gesellschaftsvertraglich übernommenen Darlehensverpflichtung § 172 Abs. 4 HGB anwenden will und sich dabei auf BGHZ 93, 159, 161 bezieht.

der Novelle wirksame Richterrecht an dieser Stelle halt machen würde und die Rückforderung von Beträgen, die außerhalb der Jahresfrist an den Nur-Kommanditisten zurückgeflossen waren, nicht ebenfalls anordnen würde.

Das ist allerdings bisher nur eine Prognose zur Tendenz der richterlichen Rechtsfortbildung, die zwar von einigen Autoren geteilt wird[48], sich aber argumentativ nicht leicht tut, wenn man bedenkt, daß die als Anspruchsgrundlage in Betracht kommenden wiederum analog anzuwendenden §§ 30, 31 GmbHG in ihrem genuinen Anwendungsbereich eine Gleichbehandlung von Nur-Kommanditisten mit GmbH-Gesellschaftern gerade *nicht* vorsehen. Trendmeldungen sind nun einmal noch nicht das Ergebnis. Den Versuch einer Grundlegung hat aber kürzlich *K. Schmidt* unternommen[49]. Seine Darstellung und Würdigung kann mit der keineswegs polemisch gemeinten Beobachtung beginnen, daß die Argumentation bei einer offen eingeräumten Entfernung vom geschriebenen Recht verhältnismäßig leicht fällt und noch erleichtert wird, wenn diese Einstellung zur Kodifikation geradezu zum Hauptargument gemacht wird. *Schmidt* meint, die Rückstufung kapitalersetzender Darlehen im Konkurs, gleich in welcher Gesellschaftsform und von welchem Gesellschafter gewährt, gelte auch ohne gesetzgeberischen Spruch, der „der besseren Erkenntnis eher hinderlich als hilfreich" sei[50]. Hingegen bedürfe es einer gesetzlichen Anspruchsgrundlage, um einen Rückforderungsanspruch zu begründen, die in einem gesetzlichen Auszahlungsverbot (oder, wenn es um „reines" KG-Recht geht, in einer Bestimmung über das Wiederaufleben der Haftung) bestehen müsse. Eine solche Anspruchsgrundlage findet *Schmidt* dann doch in § 172a HGB, der hierfür allerdings einer „zweckgerechten Interpretation ... als Verweisungsnorm auf alle für den Fall des § 32a GmbHG einschlägigen Sanktionen des GmbH-Rechts und des Konkursrechts" bedürfe.

Man kann es für den Gesetzgeber auch noch weniger schmeichelhaft ausdrükken: Wenn er in § 172a HGB schon versehentlich die vom eigenen Systemansatz zwingend zur Anwendung drängenden §§ 32a KO, 3b AnfG übersehen hat[51] und wenn er weiter die während der Reformdiskussion fortgeführte BGH-Judikatur zu den kapitalersetzenden Darlehen bei der GmbH & Co. KG nicht voll aufgenommen hat[52], wenn er bei alledem schließlich – und zu Unrecht – geglaubt hat, die Neulösung an die Stelle des Richterrechts setzen zu können, ohne den Gläubigerschutz zu verkürzen, dann kann sein Schweigen auf die

48 K. Schmidt, GmbH-Rdsch. 1986, 337, 341; Schlegelberger / K. Schmidt, aaO (Fn. 35), § 172a HGB Rdn. 51; Baumbach/Duden/Hopt, Komm. z. HGB, 27. Aufl., 1987, § 172a Anm. 7 B; Rümker / H. P. Westermann, aaO (Fn. 19), S. 14f.

49 K. Schmidt, GmbH-Rdsch. 1986, 337, 341; Widerspruch bei Joost, ZGR 1987, 370, 396.

50 K. Schmidt, GmbH-Rdsch. 1986, 337, 338.

51 Anders nur Deutler, GmbH-Rdsch. 1980, 152.

52 Zu dieser Deutung jetzt K. Schmidt, GmbH-Rdsch. 1986, 337.

Frage nach einer Anspruchsgrundlage für eine Rückgewährpflicht des Nur-Kommanditisten auch außerhalb der zeitlichen Grenzen der §§ 32 a GmbHG, 32 a KO, 3 b AnfG nicht als Hindernis für eine entsprechende „Weiterverlängerung" der Verweisung betrachtet werden. Allerdings: viel mehr als eine Begründung für die oben als Trend gekennzeichnete Entwicklung ist dies auch nicht. Insbesondere muß man sich angesichts der für den Fall der GmbH & Co. KG herrschenden Auslegung der §§ 30, 31 GmbHG in ihrem engeren Anwendungsbereich noch fragen, wieso dies bei den Gesellschafterdarlehen anders sein soll, und ob es nicht eher einleuchtet[53], daß der Schutz der Gesellschaft bei kapitalersetzenden Leistungen nicht weitergehen kann als bei echtem Kapital.

Diesem Einwand läßt sich zunächst entgegenhalten, daß die Annahme, der Nur-Kommanditist hafte aus §§ 30, 31 GmbHG auf Rückgewähr ihm zurückgezahlter Darlehensbeträge, nicht auch zur Anwendung des § 31 Abs. 3 GmbHG führe, also eine Haftung desjenigen Kommanditisten nicht statuiert, der aus der Rückzahlung nichts empfangen hat[54]. Eine ganz pauschale Verweisung findet eben nicht statt, sondern nur eine sinngemäße Anwendung. Darüber hinaus ist aber bei der Publikums-KG angesichts der bekannten Größenverhältnisse von Kommanditeinlage und Darlehen ein Schutz gegen laufenden Abfluß kapitalersetzender Darlehen wichtiger als bei der „gewöhnlichen" GmbH & Co. KG die Bewahrung der Komplementär-GmbH vor einer Auszehrung ihres Stammkapitals zugunsten an ihr nicht beteiligter Kommanditisten. Während im letzteren Fall angesichts der typischen Machtverhältnisse im Gesellschafterkreis[55] die Auszahlung von Mitteln an Nur-Kommanditisten kaum als Umgehung des Kapitalerhaltungsgebots gebrandmarkt werden kann, würde bei der Publikums-KG Flexibilität hinsichtlich der als Darlehen gegebenen Mittel der Gesellschaft typischerweise jede verläßliche finanzielle Grundlage nehmen. Zu einer ähnlichen Einschätzung kommt man, wenn man das vom Bundesgerichtshof in der BuM-WestLB-Entscheidung aufgegriffene Wort von der „Finanzierungsverantwortung"[56] ernst nimmt: Wer, außer der Gesamtheit der Kommanditisten, die bei der Publikums-KG etwa auch über die Aussetzung der Verzinsung von Gesellschafterdarlehen befinden kann, hat eigentlich die Verantwortung für Maßnahmen, die zwar nicht das für die Finanzierung so gut wie bedeutungslose GmbH-Vermögen, wohl aber das der KG betreffen, ohne ein positiv-rechtliches Auszahlungsverbot zu verletzen?

Freilich schwebt diese Frage, wie alle Hinweise auf die Finanzierungsverantwortung, in der Gefahr, als Suggestivfrage die Grenzen zwischen den Rechtsformen zu verwischen. Die Gegenfrage lautet, ob man wirklich ein gesetzliches

53 Dazu auch Joost, ZGR 1987, 370, 396.
54 Dazu K. Schmidt, GmbH-Rdsch. 1986, 337, 341.
55 Dazu Scholz / H. P. Westermann, aaO (Fn. 38), § 30 GmbHG Rdn. 34.
56 Dazu die Nachweise oben Fn. 36.

Auszahlungsverbot in Gestalt des verhältnismäßig weit hergeholten § 30 GmbHG benötigt, da doch bekannt ist, daß die Gesellschaftsverträge die Darlehenssummen zugunsten der Gesellschaft langfristig unkündbar stellen. Sollte dies im Einzelfall nicht geschehen sein, bleibt dem Komplementär gegenüber einer Kündigung der Einwand der Treuwidrigkeit[57]. Liegt eine Rangrücktrittserklärung vor, so ist der Gesellschafter ohnehin gebunden, und wenn – praktisch etwa dann, wenn eine derartige Subordination nicht schon bei der Gründung, sondern erst später zur Insolvenzvermeidung[58] erklärt wurde – einzelne Gesellschafter keinen Rangrücktritt erklärt haben, ist ihre Kündigung der Darlehen in der Regel schon mit Rücksicht auf das Opfer ihrer „mit im Boot sitzenden" Mitgesellschafter treuwidrig. Daher könnte man es auch für ausreichend halten, die kapitalähnliche Bindung der Darlehen in diesem Fall lediglich über § 172 Abs. 4 HGB zu bewirken; der Unterschied zwischen verbotener und haftungsbegründender Rückgewähr[59] nivelliert sich bei der Publikums-Personengesellschaft durch die zahlreichen Mittel – auch der Weg des Bundesgerichtshofs über ein schlüssiges Einlageversprechen gehört hierher – zur „schuldrechtlichen" Reservierung zugunsten der Gesellschaft. Zugleich entfiele auf diese Weise die bei der Anwendung des § 30 GmbHG oft als Mangel empfundene Beschränkung der „Haftung" auf die Höhe des Stammkapitals zuzüglich des sich aus der Überschuldung ergebenden Kapitalbedarfs der GmbH[60].

Die Abwägung zwischen einer Anwendung des § 172 Abs. 4 HGB, wie sie etwa *Wiedemann*[61] als auf der Linie der Entwicklung der Rechtsprechung liegend annimmt, oder der der §§ 30, 31 GmbHG, wie sie *K. Schmidt* für richtig hält, wird in der Praxis nicht oft zum Zuge kommen, da gewöhnlich die Gesellschaften durch Vertragsgestaltung wenigstens bis zur Kündbarkeit der Beteiligung das Abziehen der Darlehenssummen verhindern können und bei Beendigung der Beteiligung ohnehin andere Überlegungen angestellt werden müssen (unten IV 3). Der gegenüber der gewöhnlichen GmbH & Co. KG und erst recht der gesetzestypischen KG weitergehenden Annäherung der Publikums-KG an das Modell der reinen Kapitalgesellschaft entspricht meines Erachtens am ehesten die Übertragung des Auszahlungsverbots des § 30 GmbHG auch auf diese Gestaltung. Geht man so vor, so ist die „gewöhnliche", auf Gewinnerwirtschaftung und -ausschüttung angelegte GmbH & Co. KG je nach Vertragslage im Einzelfall anders zu behandeln als die Publikums-KG und erst recht anders als die KG

57 So auch K. Schmidt, GmbH-Rdsch. 1986, 337, 340.
58 Zur Behandlung der kapitalersetzenden Darlehen in der Überschuldungsbilanz unten III 2.
59 K. Schmidt, GmbH-Rdsch. 1986, 339, siehe dagegen die Bemerkung von Joost, ZGR 1987, 396: Bestehe im Verhältnis zur Gesellschaft kein unabdingbarer Einlagenschutz, so könne es auch keinen Schutz bei einlagenersetzenden Leistungen geben.
60 Siehe nur Schlegelberger / K. Schmidt, aaO (Fn. 35), § 172 a HGB Rdn. 51.
61 Wiedemann, JZ 1986, 855, 857.

mit einer natürlichen Person als Komplementär, dies letztere selbst dann, wenn man hier die Rückstufung der Darlehen im Konkurs mit *K. Schmidt*[62] als selbstverständlich und einer gesetzlichen Regelung nicht bedürftig auch für den Fall ansieht, wenn der Komplementär ein Darlehen statt Eigenkapital gibt. Darüber ist hier nichts zu sagen, denn jedenfalls geht die Konzentration der Finanzierungsverantwortung beim persönlich haftenden Gesellschafter, der das nicht natürlich begrenzte Privatvermögen riskiert, gegenüber den Verhältnissen in der Publikums-KG allemal in Ordnung. Auch der Kommanditist, der – möglicherweise aufgrund einer selektiven Erbregelung – keinen Geschäftsanteil an der Komplementär-GmbH hält und infolgedessen der Geschäftsführung weniger nahesteht, kann nicht ohne weiteres wie der Gesellschafter einer Publikums-Personengesellschaft, dessen Finanzierungsbeitrag von vornherein in (betragsmäßig niedrigere) Einlage und (ein Mehrfaches betragendes) Darlehen aufgeteilt ist, zur Außenhaftung nach § 172 Abs. 4 HGB oder gar zu einer dem § 31 GmbHG entsprechenden Haftung gegenüber der Gesellschaft herangezogen werden, wenn er das Darlehen vertragsgemäß kündigt. Für den Kommanditisten, der gleichzeitig GmbH-Anteile hält, verbleibt es bei der bisherigen Regelung.

e) Weitergehende Neuerungen zur Kommanditistenhaftung

Der Hinweis auf die gesetzestypische KG und die „gewöhnliche" GmbH & Co. KG könnte überleiten zu einer Auseinandersetzung mit dem sehr weitgehenden Versuch von *Joost* (oben b), Auszahlungsverbot bei der GmbH und Aufleben der Außenhaftung zu einer einheitlichen Finanzverfassung der KG – auch der mit einer natürlichen Person als Komplementär – zu verschmelzen. Richtig ist, daß das Problem des nachrangigen Haftkapitals aus dem Bereich der GmbH, in dem es zuerst sichtbar geworden war, herausgetreten ist. Aber seine Übertragung auf die AG, mit dem bekannten Abstrich für den mit weniger als 25 % beteiligten Aktionär[63], macht die nötigen Differenzierungen deutlich. Der Bundesgerichtshof hält an dem zunächst eher terminologischen Unterschied zwischen Haftsumme und Pflichteinlage mit seinen praktisch wichtigen Folgen für das wirtschaftliche Risiko des Kommanditisten, die Parteien und den Umfang etwaiger Ansprüche sowie die Bedeutung des Insolvenzfalls meines Erachtens mit guten Gründen fest, unter denen auch der im Vergleich zum Gesetzgeber der GmbH-Novelle größere Respekt vor dem HGB-System eine Rolle spielen mag. Die Unterschiede in den bilanziellen Voraussetzungen eines

62 K. Schmidt, GmbH-Rdsch. 1986, 340; Schlegelberger / K. Schmidt, aaO (Fn. 35), §§ 171, 172 HGB Rdn. 62.

63 BGHZ 90, 381, 390 f.

Auszahlungsverbots und einer Rückgewährhaftung sowie auch die Verhältnisse beim Ausscheiden eines Gesellschafters (unten III 3) begründen – hier aus Raumgründen nicht im einzelnen verifizierbare – Zweifel daran, ob man das Finanzierungs- und Haftungssystem der KG umwerfen oder doch lieber eine Sonderregelung für die Publikums-KG erarbeiten sollte.

III. Voraussetzungen und Umfang der Kapitalbindung

Im Recht der kapitalersetzenden Darlehen waren es von jeher die Rechtsfolgen, die den konstruktiven Scharfsinn am stärksten herausgefordert haben. Demgemäß könnte auch für die Darlehen der Publikums-Kommanditisten vermutet werden, daß bezüglich ihrer Einordnung unter das Sonderrecht keine erheblichen Probleme auftreten werden. Dieser Eindruck täuscht.

1. Der kapitalersetzende Charakter der Darlehen

Was die Qualifizierung als kapitalersetzend angeht, so trägt die Annahme des Bundesgerichtshofs (dazu II 2c), die Verpflichtung zur Darlehensgewährung mache aus dem Darlehen „im Zweifel" eine Einlage, die dann auch wie eine solche behandelt werden müsse, praktisch sicher eine Strecke weit, könnte aber doch eines Tages zu kurz greifen. Es ist aber kaum zweifelhaft, daß auch die gewöhnlich angewendeten Kriterien die Kommanditistendarlehen bei der Publikums-KG als kapitalersetzend kennzeichnen werden. Namentlich die sehr häufigen Rangrücktrittserklärungen[64] sind nach dem Bundesgerichtshof[65] schon kraft dieser Vereinbarung als kapitalersetzende Leistung anzusehen. Die Bedeutung einer dem Gesellschafter mit seinem Eintritt auferlegten Pflicht, ein Darlehen zu gewähren, als Indiz für seine Kapitalersatzfunktion, ist bekannt[66], ebenso bei vertraglicher Verknüpfung der Fristigkeiten von Beteiligung und Darlehen[67]. Die Größenverhältnisse von Einlage und Darlehen tun ein übriges[68], desgleichen die

64 Zu ihrem Inhalt PRIESTER, DB 1977, 2429 ff; KNOBBE-KEUK, ZIP 1983, 128; RÜMKER/H. P. WESTERMANN, aaO (Fn. 19), S. 42; SCHOLZ / K. SCHMIDT, aaO (Fn. 5), §§ 32 a, 32 b GmbHG Rdn. 77.

65 BGH ZIP 1982, 563, 565; siehe auch SCHOLZ / K. SCHMIDT, aaO (Fn. 5), §§ 32 a, 32 b GmbHG Rdn. 79.

66 HACHENBURG/ULMER, aaO (Fn. 5), §§ 32 a, 32 b GmbHG Rdn. 59 mit Nachw.; SCHOLZ / K. SCHMIDT, aaO (Fn. 5), §§ 32 a, 32 b GmbHG Rdn. 35; praktischer Fall jetzt OLG Stuttgart EWiR § 172 a HGB 1/87 mit Anm. W. MÜLLER; s. a. OLG Hamburg GmbH-Rdsch. 1983, 70; AG Köln ZIP 1983, 310, 311.

67 HERRMANN, in: 50 Jahre Wirtschaftsprüferberuf, S. 151, 167; K. SCHMIDT, ZIP 1981, 689, 692.

68 Siehe etwa OLG Köln ZIP 1983, 310 f; OLG Hamburg GmbH-Rdsch. 1983, 70, 71.

Langfristigkeit. Schließlich liegt bei Publikums-Personengesellschaften, die die Ziele einer „Abschreibungsgesellschaft" verfolgen, die praktische Unmöglichkeit einer Finanzierung allein oder auch nur weitgehend durch echte Fremdmittel auf der Hand.

2. *Die Behandlung in der Bilanz*

Bisher ungeklärt und außerordentlich schwierig ist die Behandlung der Darlehen in den Bilanzen. Dabei ist zu unterscheiden, ob es sich um die Überschuldungs- oder die Handelsbilanz handelt, daneben noch danach, ob eine Rangrücktrittserklärung gegeben ist oder nicht.

In der Überschuldungsbilanz ist von der Passivierungspflicht der Gesellschafterdarlehen heute als so gut wie unstreitig auszugehen[69]. Auch in der Rechtsprechung ist ferner geklärt, daß bei einem Rangrücktritt die Darlehen nicht passiviert zu werden brauchen[70], weil sie aufgrund der Subordination eben im Zeitpunkt der Aufstellung der Bilanz, die erst über die Konkursreife der Gesellschaft entscheiden soll, nicht eingefordert werden können, ebensowenig im Konkurs, soweit nicht – theoretischer Fall – am Ende Überschüsse für die Gesellschafter verbleiben. Im ganzen ist auch die Merkwürdigkeit hinzunehmen, die darin liegt, daß ein kapitalersetzendes Darlehen, das im Konkurs nicht geltend gemacht werden könnte und demnach durch eine Rangrücktrittserklärung kaum etwas an wirtschaftlichem Wert für die Gesellschafter/Darlehensgeber einbüßt, erst durch den ausdrücklichen Rangrücktritt für den zur Konkursreife führenden Schuldenstand irrelevant wird. Heftig streitig ist demgegenüber die Behandlung in der Handelsbilanz, deren Ansätze für die Prüfung des Eingreifens einer Auszahlungssperre nach § 30 GmbHG maßgeblich sind[71]. Ist der Kredit nicht von einer Rangrücktrittserklärung umfaßt, so wird zum Teil angenommen, der Gesellschafter/Darlehensgeber könne die Forderung eintreiben, wenn kein Auszahlungsverbot nach § 30 GmbHG, sondern nur die Bindung nach § 32 a GmbHG besteht, da dann außerhalb des Konkurses eine echte Verbindlichkeit der Gesellschaft vorhanden ist. Dagegen besteht in den von § 30 GmbHG erfaßten Fällen keine aktuelle Verbindlichkeit, die Mittel, so heißt es,

69 Aus der Rechtsprechung OLG Hamburg ZIP 1986, 113; LG München ZIP 1983, 66, 67; im Schrifttum KAMPRAD, FS Meilicke, 1985, S. 62 f; SCHULZE-OSTERLOH, in: Baumbach/Hueck, Komm. z. GmbHG, 14. Aufl., 1985, § 63 Rdn. 16; SCHOLZ/K. SCHMIDT, Komm. z. GmbHG, 6. Aufl., 1978/83, § 64 Rdn. 22; a. M. aber JOECKS, BB 1986, 1681; HOMMELHOFF, WPg 1984, 629, 632 (gegen ihn K. SCHMIDT, FS Goerdeler, 1987, S. 487, 506); ROWEDDER, Komm. z. GmbHG, 1985, § 63 Rdn. 14.

70 BGH WM 1982, 764; BGH BB 1987, 728; ZILIAS, WPg 1977, 445, 449; SCHOLZ/K. SCHMIDT, aaO (Fn. 69), § 63 GmbHG Rdn. 16; SCHULZE-OSTERLOH, aaO (Fn. 69), § 63 GmbHG Rdn. 16.

71 G. HUECK, aaO (Fn. 16), § 30 GmbHG Rdn. 6.

seien funktionelles Eigenkapital[72]. Die Unterscheidung ist problematisch, weil sie den Eindruck erweckt, es gebe zweierlei Art von Eigenkapitalersatz. Auch ist – gerade im hier untersuchten Anwendungsbereich – davon auszugehen, daß die in der Insolvenz geltend gemachten bzw. in der Frist von einem Jahr vor Konkurseröffnung zurückgezahlten Darlehen und die außerhalb dieses Zeitraums an die Gesellschafter zurückgeflossenen Mittel mehr und mehr gleich behandelt werden. Freilich bleiben im Rahmen des doppelspurigen Schutzsystems Unterschiede hinsichtlich des Umfangs der Bindung. So kann es sein, daß eine nicht zu einer Unterbilanz führende Auszahlung innerhalb der Jahresfrist angefochten wird. Auch kann, was allerdings keinen Unterschied innerhalb der Schutzsysteme begründet, mit der Beendigung der Kreditunwürdigkeit, also auch bereits vor einem Eintritt der Gesellschaft in die Gewinnzone, auf ein früher kapitalersetzendes Darlehen eine fällige Tilgungsleistung gefordert und gezahlt werden[73].

Ein solches Ergebnis ist für die Publikums-Personengesellschaften, sieht man auf ihre gewöhnliche Finanzierung, sicher wenig ermutigend. Darlehen der Kommanditisten, die den unter 1 genannten Voraussetzungen unterfallen, bleiben gebunden, bis die Gesellschaft Aktivmittel angesammelt hat, die die Gesellschaftereinlagen um ein Mehrfaches übersteigen. Auch wenn man der im Schrifttum vertretenen Differenzierung nach Anwendbarkeit des § 30 GmbHG und § 32 a GmbHG folgt und nur im letzteren Fall die Passivierungspflicht bejaht, sind die Unterschiede für die Praxis dieser Gesellschaften unerheblich. Ohne positiven Spruch des Gesetzgebers eine Bilanzposition auf der Passivseite zu finden, die die nach § 30 GmbHG vor einer Auszahlung anzustellende Prüfung des Entstehens einer Unterbilanz nicht beeinflußt[74], erscheint bei aller Souveränität gegenüber gesetzgeberischem Tun und Lassen auf diesem Gebiet illusorisch. Auch soweit ein Ausweis nicht unter den Verbindlichkeiten, sondern in einer besonderen eigenkapitalähnlichen Position verlangt wird, würde sich an der Bindung zugunsten der Gesellschaft und am Auszahlungsverbot nichts ändern[75]. Vom Sinn des Ausschüttungsverbots her, Mittel in Höhe des Betriebs-

72 Hommelhoff, in: Leffson/Rückle/Großfeld, Handwörterbuch der unbestimmten Rechtsbegriffe im Bilanzrecht, 1986, S. 139 f; Schulze-Osterloh, aaO (Fn. 69), § 42 GmbHG Rdn. 72; Baumbach/Duden/Hopt, aaO (Fn. 48), § 266 HGB Anm. 13; gegen sie K. Schmidt, FS Goerdeler, S. 487, 507 f.

73 Schulze-Osterloh, in: Baumbach/Hueck, Komm. z. GmbHG, Neuauflage (15. Aufl.), § 42 Rdn. 226.

74 Baumbach/Duden/Hopt, aaO (Fn. 48), § 266 HGB Anm. 13: gesperrte Position innerhalb des Eigenkapitals; Lutter/Hommelhoff, ZGR 1979, 53: funktionelles Eigenkapital, auszuweisen vor den Fremdmitteln. Siehe auch Hommelhoff, aaO (Fn. 72), S. 134, 140.

75 So auch Hommelhoff, WPg 1984, 629, 632: sonstige gesperrte Posten innerhalb des Eigenkapitals; anders Schulze-Osterloh, aaO (Fn. 73), § 42 GmbHG Rdn. 226: gesonderter Ausweis unter den Verbindlichkeiten.

kapitals für die Gesellschaft zu reservieren, ehe an die Gesellschafter etwas ausgeschüttet werden kann, ist an der Folgerichtigkeit der vollen Passivierung bei Vorliegen der Voraussetzungen des Eigenkapitalersatzes kaum vorbeizukommen. Soweit die Darlehen durch eine positive wirtschaftliche Entwicklung nicht mehr zur Vermeidung einer Unterbilanz benötigt werden, sind sie Verbindlichkeiten. Die Frage bleibt, wie in diesem Zusammenhang Darlehen mit einer Rangrücktrittserklärung zu behandeln sind. Auch hier besteht Unklarheit. Während bisher die Passivierungspflicht überwiegend bejaht wurde, wird jetzt vereinzelt wieder die Gegenmeinung vertreten[76]. Sie hängt damit zusammen, daß die Handelsbilanz der periodengerechten Gewinnermittlung dient, in der Verbindlichkeiten nicht zu berücksichtigen sind, die erst aus künftigen Gewinnen oder aus dem im Konkurs oder bei Liquidation nach Befriedigung der Gläubiger übrig bleibenden Vermögen bedient werden sollen[77]. Die Passivierungspflicht entfällt demnach nur, wenn ein echter Schulderlaß vereinbart ist, der allenfalls durch Gewinnerzielung oder Verbleiben eines Liquidationsüberschusses auflösend bedingt ist, und der auch etwaige zugunsten des Gesellschafters/Darlehensgebers vereinbarte Sicherheiten (praktisch endgültig) entfallen läßt[78]. Nicht würde genügen, wenn nach dem Text der Rücktrittserklärung die Verbindlichkeit im Konkurs als solche wiederaufleben soll.

Indessen ist zu fragen, wie sich der Nichtausweis von Posten auf der Passivseite mit der durch die Rangrücktrittserklärung noch verstärkten Bindung der Mittel zugunsten der Gesellschaft verträgt. Wenn *K. Schmidt* in diesem Zusammenhang auf die Begründung verweist, mit der der Bundesgerichtshof aus dem Vorliegen einer Rangrücktrittserklärung auf den kapitalersetzenden Charakter[79] schließt, so ist auf der anderen Seite doch auch klar, daß der Bundesgerichtshof davon ausgeht, auch im beiderseitigen Einverständnis sei eine Rückgewähr oder Verrechnung der Mittel nicht statthaft, solange die Valuta verlorenes Stammkapital oder eine Überschuldung abdeckt. Dann aber würde bei Rückgewähr entgegen der Bindung der dem gesellschaftsrechtlichen Auszahlungsverbot entsprechende Rückforderungsanspruch aus § 31 GmbHG greifen, der kein Bereicherungsanspruch ist[80]. Aber auch bei rein bürgerlich-rechtlicher Betrachtung würde eine Kondiktion nicht daran scheitern, daß ein pactum de non

76 Für Passivierung LG München I GmbH-Rdsch. 1987, 101, 102; Fassnacht, Die Fremdfinanzierung von Kapitalgesellschaften, 1984, S. 152 f; Knobbe-Keuk, ZIP 1983, 127, 129; Schruff, FS Leffson, 1976, S. 153 ff; K. Schmidt, FS Goerdeler, S. 501 ff; Hachenburg/Goerdeler/Müller, Komm. z. GmbHG, 7. Aufl., 1979, § 43 Rdn. 104; dagegen Priester, DB 1977, 2434; Herget, Die AG 1974, 142; Schulze-Osterloh, aaO (Fn. 69), § 42 GmbHG Rdn. 72.

77 Dagegen K. Schmidt, FS Goerdeler, S. 487, 499 ff.

78 Schulze-Osterloh, aaO (Fn. 73), § 42 GmbHG Rdn. 215.

79 BGH ZIP 1982, 563, 565; K. Schmidt, FS Goerdeler, S. 487, 500.

80 Scholz / H. P. Westermann, aaO (Fn. 38), § 31 GmbHG Rdn. 1.

petendo von den Parteien aufgehoben werden kann[81]; denn wenn der Rangrücktritt auflösend bedingt ist und aus gesellschaftsrechtlichen Gründen auch einverständlich nicht mehr beseitigt werden kann, handelte es sich im Zeitpunkt der Zahlung doch um eine Nichtschuld. Damit entfallen aber auch die materiellrechtlichen Argumente für eine Absicherung der erreichten Kapitalbindung auch durch die Passivierung, so daß am Ende die Frage bleibt, ob die allgemeinen Ziele der Bilanzpublizität der Eliminierung eines so bedeutsamen Postens aus der Bilanz entgegenstehen. Für die Rückzahlbarkeit dagegen ist diese Frage ohne entscheidende Bedeutung (zur Verzinsung unten 4).

3. Zu den Folgen des Ausscheidens aus der Publikums-KG

Wenig erörtert ist die Frage nach der Kündbarkeit von Beteiligungen und Darlehen durch den Gesellschafter einer Publikums-Personengesellschaft. Das hängt damit zusammen, daß gewöhnlich die Gesellschaftsverträge für einen längeren Zeitraum fest abgeschlossen waren, der bei den Gesellschaften, die während des „Abschreibungs-Booms" gegründet worden sind, etwa zum gegenwärtigen Zeitpunkt abläuft. Gewöhnlich ist dafür gesorgt, daß die gesetzlichen Kündigungsfolgen dahin modifiziert sind, daß der Kündigende ausscheidet und abgefunden wird. In den Verträgen über die Darlehensgewährung, nicht selten im Formular über den Beitritt zur Gesellschaft ausdrücklich mitgeregelt, wird dann festgelegt, daß der Darlehensgeber das Darlehen nur zusammen mit der Beteiligung kündigen kann.

Durch die Kündigung der Beteiligung scheidet also der Kommanditist aus und muß abgefunden werden. Einen hiergegen gerichteten Gläubigerschutz gibt es nicht. Wenn er jetzt vertragsgemäß das Darlehen kündigt, das dann auch ausbezahlt wird, so fragt sich, ob die Bindung wegen des kapitalersetzenden Charakters entgegensteht, obwohl der Darlehensgeber nicht mehr Gesellschafter und die Beteiligung kündbar ist.

Mit dieser Gegenüberstellung zur Beteiligung ist erneut die Frage angesprochen, ob der Schutz der Gesellschaft bei kapitalersetzenden Darlehen weitergehen kann als bei echtem Kapital. Oben wurde dies im Zusammenhang mit der Anwendbarkeit des Sonderrechts auf die Leistung eines Nur-Kommanditisten in der GmbH & Co. KG behandelt, also angesichts des Fehlens einer ausgearbeiteten gesetzlichen Konzeption des Fragenkreises. Wenn es aber um die Folgen des Ausscheidens des Kommanditisten geht, steht in der Figur der wieder auflebenden Haftung mit § 172 Abs. 4 HGB wegen Einlagenrückgewähr und der Verjährung dieser Haftung nach § 159 HGB ein brauchbares Modell zur Verfügung.

81 So aber K. Schmidt, FS Goerdeler, S. 487, 500 gegen Priester, DB 1977, 2434, der mit dem Bereicherungsanspruch operiert.

Die bisherige Diskussion dieser Frage ist dadurch beeinträchtigt, daß im Schrifttum gewöhnlich hinsichtlich der Modalitäten der Rückforderung auf § 31 GmbHG verwiesen wird, woraus sich ergibt, daß Schuldner der Erstattungspflicht der Kreditgeber und Empfänger der Rückzahlung ist[82]. Es käme dann auf die Gesellschaftereigenschaft zur Zeit der Begründung oder Prolongierung der Forderung an, nicht auf die im Zeitpunkt der Rückzahlung[83]. Freilich wird schon hier eine Erweiterung befürwortet, etwa durch Bindung auch der Darlehen eines ehemaligen Gesellschafters, der seinen fälligen Abfindungsanspruch in der Krise prolongiert[84]. Ohnehin wird aber auch im engeren Einzugsbereich der §§ 30, 31 GmbHG die Inanspruchnahme eines Zahlungsempfängers für möglich gehalten, der zur Zeit der Zahlung nicht oder nicht mehr Gesellschafter war, wobei die Voraussetzungen der Zurechnung von Zahlungen an einen Nicht-Gesellschafter allgemein umstritten sind[85], aber wohl deutlicher hervortreten, wenn eine Auszahlung an den Gesellschafter bei seinem Ausscheiden bereits vorgesehen war[86]. Mit Blick auf die Rückführung eines kapitalersetzenden Gesellschafterdarlehens hat der Bundesgerichtshof[87] eine Bürgschaft zu Lasten eines ausgeschiedenen Gesellschafters schon dann unter das Sonderrecht fallen lassen, wenn der Tatbestand, aus dem sich der Rückgriffsanspruch des Bürgen ergeben könnte, noch im Zusammenhang mit seiner Gesellschafterstellung begründet wurde. Dies galt allerdings für einen Gesellschafter, der sowohl Kommandit- als auch GmbH-Anteile besaß. Wendet man auf den die Gesellschaft durch Darlehen finanzierenden „Nur-Kommanditisten" bei Abzug des Darlehens die Sperre nach § 30 GmbHG oder die personengesellschaftsrechtliche Konzeption des § 172 Abs. 4 HGB an (dazu oben II 2 d), so liegt es nahe, im Fall des Ausscheidens allein auf § 172 Abs. 4 HGB zurückzugreifen, weil es an einer Regelung der Kündigung einer GmbH-Beteiligung und der Kündigungsfolgen zwangsläufig fehlt. Hierin einen Widerspruch zur Behandlung der Auszahlung an einen Kommanditisten während bestehender Beteiligung zu sehen, berücksichtigt nicht, daß ohnehin die Erarbeitung einer Finanzierungs- und Haftungsverfassung für die Publikums-KG weitgehend mit Versatzstücken operiert, die aus Analogien zu den am

82 Etwa Scholz / K. Schmidt, aaO (Fn. 5), §§ 32 a, 32 b GmbHG Rdn. 76; Hachenburg/Ulmer, aaO (Fn. 5), §§ 32 a, 32 b GmbHG Rdn. 154; G. Hueck, aaO (Fn. 16), § 32 a GmbHG Rdn. 78.

83 G. Hueck, aaO (Fn. 16), § 31 GmbHG Rdn. 9; anders noch Rümker / H. P. Westermann, aaO (Fn. 19), S. 65.

84 Fischer/Lutter/Hommelhoff, aaO (Fn. 36), § 32 a/b GmbHG Rdn. 38.

85 Scholz / H. P. Westermann, aaO (Fn. 38), § 30 GmbHG Rdn. 36; G. Hueck, aaO (Fn. 16), § 31 GmbHG Rdn. 9.

86 Fischer, Anm. BGH LM Nr. 2 zu § 30 GmbHG; Canaris, FS Fischer, 1979, S. 32; Scholz / H. P. Westermann, aaO (Fn. 38), § 30 GmbHG Rdn. 36.

87 BGHZ 81, 252, 258; zustimmend Scholz / H. P. Westermann, aaO (Fn. 38), § 30 GmbHG Rdn. 37.

besten passenden gesetzlichen Regelungen gefunden wurden. Wendet man § 172 Abs. 4 HGB danach an, so ist auch die bekannte Modifikation der Haftung nur gegenüber solchen Gläubigern beizubehalten, deren Ansprüche vor dem Ausscheiden des Kommanditisten und der Eintragung dieses Vorgangs im Handelsregister begründet waren[88].

Praktisch bedeutet dies, daß der Kommanditist der Publikums-KG durch Kündigung des Darlehens und Auszahlung von Mitteln an ihn ein Haftungsrisiko eingeht, das allerdings in der Frist des § 159 HGB enden kann. Nun wird die Gesellschaft gewöhnlich nicht in der Lage sein, die Darlehen auszuzahlen. Soweit sie sich nicht auf eine Rangrücktrittserklärung berufen kann, deren Bestand durch das Ausscheiden bei entsprechender Formulierung nicht berührt werden würde, fragt sich daher, ob man nicht die gewöhnlich im Vertrag für die Beteiligung festgelegten Auszahlungsmodalitäten – in der Regel eine Tilgungsstreckung – auch auf den Rückzahlungsanspruch hinsichtlich der Darlehensvaluta anwenden muß. Alle Überlegungen zum kapitalersetzenden Charakter der Darlehen und zum Schutz der Gesellschaft sprechen dafür. Das bedeutet, daß der ausscheidende Kommanditist häufig noch längere Zeit eine Guthabenforderung unterhalten müßte, mit deren schrittweiser Tilgung im gleichen Rhythmus seine Haftung auflebt. Die herrschende Meinung sieht als haftungsbegründenden Tatbestand die effektive Auszahlung an[89]. Die von *K. Schmidt*[90] dem entgegengehaltene Ansicht, bereits die Gutschrift der Abfindungsforderung als haftungsbegründend anzusehen, wodurch im Konkurs der Gesellschaft eine Aufrechnung zwischen dem Auszahlungsanspruch und dem zur Masse geschuldeten Haftungsbetrag ermöglicht werde, ist auf den unzweifelhaft bestehenden Abfindungsanspruch bezogen und kann auf gebundene Darlehenssummen meines Erachtens nicht übertragen werden.

Geht man diesen Weg, so würde also die Kündigung eines kapitalersetzenden Darlehens im Zusammenhang mit der Kommanditbeteiligung an der gesellschaftsrechtlichen Bindung nichts ändern. Aus der Sicht des Gläubigerschutzes ist dies wohl auch allein folgerichtig. Auch hier kann eine Rangrücktrittserklärung an der objektiven Rechtslage nichts ändern. Zu erwähnen ist weiter, daß eine Passivierung von kapitalähnlich gebundenen Darlehensansprüchen eines ausgeschiedenen Gesellschafters, seien sie vertraglich subordiniert oder nicht, ohne Verstoß gegen die Aussagefähigkeit einer Bilanz schlecht unterlassen werden kann. Das Argument der Dokumentierung lediglich des periodengerechten Ergebnisses (oben 2) ist demgegenüber kaum genügend schlagkräftig.

88 SCHLEGELBERGER / K. SCHMIDT, aaO (Fn. 35), §§ 171, 172 HGB Rdn. 18, 73.

89 BGHZ 39, 319, 331; SCHNEIDER, ZGR 1972, 67; BAUMBACH/DUDEN/HOPT, aaO (Fn. 48), § 172 HGB Anm. 2 B.

90 SCHLEGELBERGER / K. SCHMIDT, aaO (Fn. 35), §§ 171, 172 HGB Rdn. 73 unter Hinweis auf: DERS., Einlage und Haftung des Kommanditisten, 1977, S. 74, 112 f; dagegen wieder GURSKY, DB 1978, 1258, 1264.

4. Verzinsung der Darlehen

Überraschende Schwierigkeiten macht auch die Verzinsung kapitalersetzender Darlehen. Dabei scheint der Ausgangspunkt klar: Einlagen werden nicht verzinst, auf sie entfällt höchstens Gewinn. Also muß die Behandlung eines Darlehens als Einlage die Verzinsung schlechthin als verbotswidrig erscheinen lassen.

Dies ist auch der Ausgangspunkt einer eindeutig herrschenden Meinung: Solange die Darlehen wie haftendes Eigenkapital zu behandeln sind und eine Gewinnausschüttung entfällt, ist jede Zinszahlung einer nach § 30 GmbHG verbotenen Auszahlung aus dem Stammkapital gleichzusetzen[91]. In einer neueren Entscheidung zur Publikums-Personengesellschaft hat der Bundesgerichtshof dies insoweit bekräftigt, als er die Gesellschaftermehrheit für berechtigt erklärt, eine vertraglich übernommene Verpflichtung der Gesellschafter zur Verzinsung von Kapitaleinlagen (so der Leitsatz; gemeint waren wohl die Darlehen) aufzuheben, wenn die dem nicht zustimmenden Gesellschafter aufgrund ihrer Treupflicht hätten mitwirken müssen[92]. Immerhin weichen die Begründungen der beiden höchstrichterlichen Urteile, die jeweils eine GmbH & Co. KG betrafen, insofern voneinander ab, als im zweiten Fall ausführlich auf die Notsituation der Gesellschaft eingegangen wird, die den Verzicht auf die Zinsen als überlebensnotwendige Hilfsmaßnahme der Gesellschafter erscheinen läßt, und nur am Ende kurz darauf hingewiesen wird, daß die Zinszahlung für die Kommanditisten ein Risiko gem. § 172 Abs. 4 HGB begründen würde, weil die entsprechenden Zahlungsmittel „nicht aus Gewinnen, sondern aus den Vermögen aufzubringen" gewesen wären. Die Vorinstanz operierte einseitig nur mit der „lawinenartigen Wirkung" der Zinszahlung an einen Teil der Kommanditisten und wies sogar noch darauf hin, daß der Verzicht auf Zinszahlung für die Gesellschaft eine (kleine) Rettungschance darstellte. Ein wenig entsteht bei diesen durchaus einleuchtenden Überlegungen der Eindruck, als sei den Gerichten nicht ganz wohl bei dem einfachen Satz, daß kapitalersetzende Darlehen nicht verzinst werden dürfen, solange die kapitalmäßige Bindung andauert.

Gegen die heute wohl herrschende Meinung ist früher geltend gemacht worden[93], Zinsen hätten keinen kapitalersetzenden Charakter, solange der vereinbarte Zinssatz marktüblich und deshalb nicht als verdeckte Rückzahlung anzusehen ist. Daran ist etwas, wenn man bedenkt, daß die Unverzinslichkeit

91 BGHZ 61, 171, 179; Hachenburg/Ulmer, aaO (Fn. 5), §§ 32 a, 32 b GmbHG Rdn. 150; Fischer/Lutter/Hommelhoff, aaO (Fn. 36), §§ 32 a/b GmbHG Rdn. 52; Rowedder, aaO (Fn. 69), § 32 b GmbHG Rdn. 6.

92 BGH NJW 1985, 974; OLG Koblenz ZIP 1984, 1352.

93 Kamprad, GmbH-Rdsch. 1984, 339, 340.

eines Gesellschafterdarlehens von der herrschenden Meinung[94] sogar als Indiz für ihre kapitalersetzende Funktion genannt wird. Es kann nun sein, daß eine Gesellschaft nach Überstehen einer Anlaufphase Erträge erwirtschaftet, die es nach Tilgung und Verzinsung „echter“ Fremdverbindlichkeiten liquiditäts- und vermögensmäßig gestatten würden, die vereinbarten Darlehenszinsen zu zahlen. Diese Forderungen entstehen von Periode zu Periode neu, so daß über die Frage, ob sie ausgezahlt werden können, unter Beachtung der aktuellen Situation der Gesellschaft entschieden werden muß, wobei die Zinsforderungen, wenn sie nicht von einer Rangrücktrittserklärung erfaßt waren, dann auch zur Feststellung einer Unterbilanz passiviert werden müssen. Lassen die Gesellschafter eine Zinsforderung stehen, so begründen sie aufs Neue, wenn die Gesellschaft anderweit kreditunfähig ist, eine kapitalersetzende Forderung[95], wozu sie aber nach den Grundsätzen der Regelung der kapitalersetzenden Darlehen nicht verpflichtet sind (wohl möglicherweise aufgrund der gesellschaftlichen Treupflicht). Wäre in Höhe der Zinsen von dritter Seite etwa benötigter Kredit zu erhalten gewesen, so entfällt für die neue Forderung der Charakter des Kapitalersatzes[96]. Die herrschende Meinung, die begrifflich einiges für sich hat, nötigt demgegenüber die Gesellschafter dazu, entgegen den klaren Vereinbarungen des Darlehensvertrages, zu deren Modifikation der Bundesgerichtshof die Gesellschafterversammlung für berufen hält, aber auch heranziehen zu müssen glaubt, ihr Engagement in der Gesellschaft durch ständiges Stehenlassen der laufenden Zinsforderungen zu erhöhen. Zu achten ist allerdings darauf, daß heute neu entstehende Zinsforderungen, wenn die Voraussetzungen des Kapitalersatzes vorliegen, unabhängig von der bilanziellen Behandlung unter §§ 32 a, 32 b GmbHG fallen, so daß bei einer Insolvenz innerhalb der Jahresfrist eine Konkursanfechtung droht.

IV. Schluß

Man hätte meinen können, das Thema der kapitalersetzenden Gesellschafterdarlehen müsse sich irgendwann erschöpfen. Dies ist nicht der Fall, da wir heute in diesem Lehrstück weder hinsichtlich des Begriffs des Gesellschafters noch dessen des „Darlehens“ auf festem Boden stehen und besonders im letzteren Bereich auch ganz andere Schuldverträge in die Betrachtung einbezogen worden sind. Auch was eigentlich das „Kapital“ ist, das „ersetzt“ wird, kann nach der

94 Wiedemann, Gesellschaftsrecht, Bd. I, 1980, S. 570; Hachenburg/Ulmer, aaO (Fn. 5), §§ 32 a, 32 b Rdn. 52.

95 So auch Kamprad, GmbH-Rdsch. 1984, 339, 340.

96 Siehe auch bereits Rümker / H. P. Westermann, aaO (Fn. 19), S. 54.

Ausdehnung der Regeln auf ganz verschiedenartig kapitalisierte Gesellschaften nicht mehr mit einem Wort gesagt werden. Es fiele nicht schwer, diesen Faden fortzuspinnen: Wann findet eine „Rückzahlung“ statt, und aus welchen Umständen entnehmen wir die Ersatzfunktion?

Wer die umfangreichen, in ihrer Vielfalt verwirrenden Gesamtdarstellungen des Fragenkreises angesehen hat, weiß, welche richtungweisende Kraft hier die höchstrichterliche Rechtsprechung mit ihrem offenbar von Anfang an sehr zielbewußten Vorgehen gehabt hat. Nun kann „zielbewußt“ leicht mißverstanden werden als „in dubio contra socium“, welchen Verdacht Befürworter der herrschenden Entwicklungstendenzen sogleich das „in dubio pro societate“ entgegenhalten würden, um nicht immer gleich und nur den Gläubigerschutz zu beschwören. Bei den Publikums-Personengesellschaften waren zum Teil etwas andere Schutztendenzen zu beobachten. Deshalb könnte es sein, daß es sich lohnt, am Schnittpunkt dieser Entwicklungslinien einen Augenblick innezuhalten und zu prüfen, ob allenthalben die Richtung stimmt.

Arbeitsrechtliche Probleme der Betriebsausgliederung

von

Professor DR. HERBERT WIEDEMANN, Köln

*Inhaltsübersicht**

I. Thema

Nach dem Steuerrecht[1] und dem Gesellschaftsrecht[2] hat das Unternehmenssplitting jetzt auch das Arbeitsrecht[3] erreicht: in den letzten Jahren sind verschiedene Großunternehmen dazu übergegangen, branchenfremde Betriebsabteilungen – wie Restaurantbetriebe oder Werkskantinen, Werkstätten oder Bauabteilungen – in neu errichteten Gesellschaften mbH zu verselbständigen, wobei in der Regel alle Gesellschaftsanteile bei der Muttergesellschaft verbleiben und zusätzlich Ergebnisübernahmeverträge abgeschlossen werden. Die Maßnahme verspricht verschiedene Vorteile. Einmal lassen sich die Personalkosten senken, wenn die ausgegliederten Arbeitnehmer in Zukunft einem kostengünstigeren Tarifvertrag unterfallen; außerdem sind mit der Verselbständigung betriebsorga-

* Für seine Mitarbeit danke ich Herrn Assessor KURT MANGEN, wiss. Mitarbeiter im Institut für Arbeits- und Wirtschaftsrecht der Universität zu Köln.

1 Vgl. dazu zuletzt BFH BStBl. II 1986, 913 und II 1987, 28; DÖLLERER, GmbH-Rdsch. 1986, 165; DERS., ZGR 1987, 443, 463; SONNENSCHEIN, FS Stimpel, 1985, S. 533; SÖFFING, Die Betriebsaufspaltung, 1986.

2 Vgl. dazu zuletzt U. HÜBNER, FS Stimpel, 1985, S. 791; LUTTER, FS Stimpel, 1985, S. 825; WIEDEMANN, ZIP 1986, 1293.

3 Vgl. BAG AP Nr. 5 und 6 zu § 1 BetrVG 1972; BAG AP Nr. 6, 8, 9 und 19 zu § 111 BetrVG 1972; BAG AP Nr. 64 zu § 613 a BGB; BIRK, ZGR 1984, 23, 33; KONZEN, Unternehmensaufspaltungen und Organisationsänderungen im Betriebsverfassungsrecht, 1986; KRAFT, FS Hilger/Stumpf, 1983, S. 395, 402 ff; SIMON, ZfA 1987, 311. ff.

nisatorische Vorzüge verbunden. Für die betroffene Belegschaft sind die rechtlichen Folgen meist einschneidender als die Veränderungen des Arbeitsplatzes: der äußere Arbeitsablauf mag sich fast gleichbleiben, für die rechtlichen Rahmenbedingungen gilt dies nicht, weil die bisher geltenden Tarifnormen durch ungünstigere ersetzt werden und weil die für die betriebliche Mitbestimmung maßgebenden Mindestgrößen unterschritten sein können.

Hans-Joachim Fleck hat sich in den vielen Jahren seiner richterlichen Tätigkeit am zweiten Zivilsenat des Bundesgerichtshofs immer wieder mit dem Unternehmensverbund beschäftigt und seine Zuneigung zum Arbeitsrecht in mehreren Beiträgen zur Stellung der Organmitglieder in den Kapitalgesellschaften bekräftigt[4]. Es sei deshalb erlaubt, in einem ihm gewidmeten Heft unserer Zeitschrift einen Beitrag zu veröffentlichen, der den arbeitsrechtlichen, insbes. tarifvertraglichen Folgen einer Betriebsaufspaltung nachgeht.

II. Betriebsausgliederung und Tarifvertragsrecht

Die Ausgliederung von Betrieben oder Betriebsteilen führt häufig dazu, daß die Tochtergesellschaft nicht oder jedenfalls nicht ohne weiteres vom Geltungsbereich des bisher für die Betriebsstätten einschlägigen Tarifvertrages erfaßt wird: ein Kaufhaus verselbständigt seine Restaurantabteilungen, eine Chemiefabrik ihre Werkskantinen. Dann ist zu prüfen, ob das neue Unternehmen noch dem Tarifvertrag für den Einzelhandel bzw. für die chemische Industrie oder demjenigen für das Gaststättengewerbe unterfällt. Der betriebliche Geltungsbereich eines Tarifvertrages erstreckt sich bei Verbandstarifverträgen in der Regel auf alle branchenangehörigen Unternehmen einschließlich ihrer Hilfs- und Nebenbetriebe. Eine Auslegung führt hier schnell zu dem Ergebnis, daß die neu errichtete Tochtergesellschaft, da branchenfremd, diese Voraussetzung nicht mehr erfüllt[5]. Selbst wenn man den Begriff des „Hilfs- und Nebenbetriebes" weit auslegt, wird eine selbständige Tochtergesellschaft eben wegen ihrer Selbständigkeit als eigenes Unternehmen vom Wortlaut nicht mehr erfaßt. Das bundesdeutsche Tarifvertragssystem orientiert sich an tariffähigen Rechtssubjekten; sie sind tariffähig und deshalb Adressat von Tarifnormen.

Dieses vorläufige Ergebnis wird man im Interesse der betroffenen Belegschaft näher darauf überprüfen, ob konzernrechtliche Gesichtspunkte oder gesetzliche Schutzvorschriften oder schließlich tarifvertragliche Vorsorge den Besitzstand der Belegschaft erhalten können.

4 Vgl. Fleck, WM 1968, Sonderbeilage 3, S. 3–22; Ders., GmbH-Rdsch. 1970, 221–229; Ders., Anm. LM Nr. 144 zu § 242 BGB (Cd); Ders., GmbH-Rdsch. 1974, 224–235; Ders., WM 1981, Sonderbeilage 3, S. 1–23; Ders., FS Hilger/Stumpf, 1983, S. 197–226; Ders., WM 1985, 677–684; Ders., ZHR 149 (1985), 387–418.

5 Vgl. BAG AP Nr. 64 zu § 613 a BGB.

1. *Konzernschutz*

Man wird zunächst fragen, ob die Einbeziehung der Arbeitnehmer der neu errichteten Tochtergesellschaft in den bisher geltenden Tarifvertrag der Muttergesellschaft unter Gesichtspunkten des Unternehmensverbundes befürwortet werden kann. Regelmäßig gehören alle Gesellschaftsanteile der ausgegliederten Betriebsabteilung dem herrschenden Unternehmen, das gleichzeitig die Geschäftsführung der abhängigen Gesellschaft mit seinen leitenden Angestellten besetzt und auch im übrigen für die Einheitlichkeit der Geschäftspolitik sorgt.

a) Im jüngeren Schrifttum zum Konzernarbeitsrecht wird die Frage gestellt, ob das Einzelarbeitsverhältnis im Unternehmensverbund stets nur mit der abhängigen Tochtergesellschaft oder – kumulativ oder alternativ – auch mit dem herrschenden Unternehmen besteht. Dabei wird selbst von Anhängern eines Konzernarbeitsrechtsverhältnisses dem *Unternehmensverbund als solchem* die Fähigkeit abgesprochen, Arbeitgeber zu sein; die einzelnen Handelsgesellschaften bleiben auch in einer zentralisierten Unternehmensgruppe selbständige Rechtsträger[6]. Vielfach wird jedoch der Vorschlag gemacht, de lege lata oder wenigstens de lege ferenda ein Arbeitsverhältnis zusätzlich zum herrschenden Unternehmen und das heißt praktisch zur Konzernobergesellschaft herzustellen. Dafür gibt es mehrere Begründungen, wobei die im einzelnen vorgeschlagenen Tatbestandsvoraussetzungen zwischen grundsätzlicher oder ausnahmsweiser Konzernverantwortung beträchtlich schwanken[7]. Unter den speziellen arbeitsrechtlichen Zurechnungsgründen hat das Risikoargument die meisten Anhänger gefunden: die Arbeitnehmer einer abhängigen Gesellschaft sollen zwar das allgemeine Marktrisiko und einen daraus folgenden Arbeitsplatzverlust tragen; dies soll aber nicht für das Konzernrisiko gelten, dem die Belegschaft zusätzlich ausgesetzt sei. Weiter wird der Vorschlag einer konzerndimensionalen Ausdehnung des Arbeitsverhältnisses damit begründet, daß jeder Arbeitnehmer in einem abhängigen Unternehmen mittelbar zum Konzernerfolg beitrage; überdies fehle es der abhängigen Gesellschaft an der zur Ausübung der Arbeitgeber-

6 Allg. Ansicht; Coen, RdA 1983, 348, 349; Fabricius, Gesellschaftsrechtliche Unternehmensverbindungen und Arbeitgeberbegriff in der betrieblichen Krankenversicherung, 1971, S. 116; Karamarias, RdA 1983, 353, 354; Martens, FS 25 Jahre Bundesarbeitsgericht, 1979, S. 367, 371 ff.

7 Vgl. Becker, Gemeinschaftskomm. z. KSchG, 2. Aufl. 1984, § 1 Rdn. 65, 85 und 91; Hanau/Adomeit, Arbeitsrecht, 8. Aufl. 1986, S. 231; Henssler, Der Arbeitsvertrag im Konzern, 1983, S. 125; Konzen, RdA 1984, 65, 75; Martens, FS 25 Jahre Bundesarbeitsgericht, 1979, S. 367, 376 ff. Grundsätzlich ablehnend Hueck, Komm. z. KSchG, 10. Aufl. 1980, § 1 Rdn. 114 d und 143; Karamarias, RdA 1983, 353, 360; Stahlhacke, Kündigung und Kündigungsschutz, 4. Aufl. 1982, Rdn. 50 ff; Wiedemann/Strohn, Anm. zu BAG AP Nr. 3 zu § 1 KSchG 1969 Betriebsbedingte Kündigung; Wiedemann, Anm. zu BAG AP Nr. 1 zu § 1 KSchG 1969 Konzern; Ders., Anm. zu BAG AP Nr. 10 zu § 1 KSchG 1969.

eigenschaft notwendigen Autonomie. Das Bundesarbeitsgericht ist diesen Vorschlägen zur Rechtsfortbildung mit Recht entgegengetreten[8]. Im geltenden Arbeitsrecht erstrecken sich die Arbeitsverhältnisse der Belegschaft einer abhängigen Handelsgesellschaft selbst dann nicht automatisch auf das herrschende Unternehmen, wenn die abhängige Gesellschaft in einem vertraglichen Unternehmensverbund nach § 291 AktG aufgenommen ist oder ein stark zentralisierter (sog. qualifizierter[9]) Konzern vorliegt. Für eine konzerndimensionale Erweiterung aller Arbeitsverträge bedürfte es angesichts der weittragenden Konsequenzen für die Unternehmensordnung wie das Wirtschaftsleben einer gesetzlichen Grundlage. Das bundesdeutsche Arbeitsrecht untersagt ein in selbständige Handelsgesellschaften gegliedertes Gesamtunternehmen nicht, bestätigt es eher mittelbar in den §§ 54 ff BetrVG 1972[10].

Von diesen Grundsätzen gibt es allerdings Ausnahmen, wenn Arbeitsverträge inhaltlich konzerndimensional angelegt sind oder tatsächlich in dieser Weise durchgeführt werden[11]. Die Frage braucht für das Tarifvertragsrecht nicht weiter vertieft zu werden, da eine konzerneinheitliche und unternehmensübergreifende Tarifvertragswirkung die generelle Arbeitgebereigenschaft des herrschenden Unternehmens voraussetzen würde. Wenn einzelne Arbeitsverhältnisse, insbes. solche mit leitenden Angestellten (auch) ein Rechtsverhältnis mit dem herrschenden Unternehmen begründen, hat dies keine Auswirkungen im Tarifvertragsrecht.

b) Wenn schon nicht allgemein ein konzerndimensionales Arbeitsverhältnis anzuerkennen ist, so kann dies doch für die Fälle der Betriebs- oder Unternehmensausgliederung überprüft werden. Es wird die Ansicht vertreten, bei Erhaltung einer einheitlichen betrieblichen Organisation solle sich die nur „formalrechtliche" Unternehmensaufspaltung nicht auf die arbeitsrechtliche Ebene auswirken; ein bestehender Betrieb bleibe daher in unverändertem Umfang erhalten[12]. Diese Auffassung begegnet bereits im Betriebsverfassungsrecht, in dem sie entwickelt wurde, Bedenken. Die herrschende Lehre und das Bundesarbeitsgericht fordern mit Recht, daß die Zugehörigkeit eines Betriebs zu mehreren Unternehmen von besonderen Voraussetzungen abhängig ist, wobei allerdings über diese Voraussetzungen beträchtliche Meinungsverschiedenheiten beste-

8 Vgl. BAG AP Nr. 1 zu § 1 KSchG 1969 Konzern mit Anm. Wiedemann; BAG AP Nr. 4 zu § 1 KSchG 1969 Konzern.

9 Vgl. BGHZ 95, 330, 340 (Autokran).

10 Vgl. dazu ausführlich (demnächst) Wiedemann, Die Unternehmensgruppe im Privatrecht (1988).

11 Vgl. zu diesen Ausnahmetatbeständen kraft vertraglicher Vereinbarung oder infolge eines besonderen Vertrauensschutzes Martens, ZGR 1984, 417, 435; weitergehend Konzen, ZfA 1982, 259, 299; Ders., RdA 1984, 65, 83.

12 Vgl. Wendeling-Schröder, NZA 1984, 247, 248 ff (aus Anlaß der Besprechung des Urteils des Bundesarbeitsgerichts vom 23. März 1984 AP Nr. 4 zu § 23 KSchG 1969).

hen[13]. Im Tarifvertragsrecht kommt eine konzernrechtliche Einheitsbetrachtung, die Tochtergesellschaften einem fremden Tarifvertrag unterwerfen würde, auch im Vertragskonzern oder im qualifizierten faktischen Konzern nicht in Betracht. Ausgegliederte Gesellschaften in Form der Personen- oder Kapitalgesellschaft werden selbständig tariffähig; über ihre Zuordnung entscheidet ihr eigener Unternehmenszweck, auch wenn dieser mit demjenigen des bisherigen Hilfs- oder Nebenbetriebes identisch ist. Dafür läßt sich schon der mit § 2 Abs. 1 TVG verfolgte Zweck aufführen, den Gewerkschaften einen lückenlosen Zugang zu potentiellen Vertragspartnern zu ermöglichen, ohne auf den Verbandseintritt eines Arbeitgebers angewiesen zu sein[14]. Es wäre wenig sachgerecht, wollte man diese Intention durch eine Wertung unterlaufen, deren Sinn für die kollektive Interessenwahrnehmung zweifelhaft ist. Insofern ist die Ausgangssituation anders als bei den zwingenden organisatorischen Bestimmungen der Betriebsverfassung, die einer vertraglichen Regelung nicht zugänglich sind. Im tarifvertraglichen Bereich liegt es weitgehend in den Händen der Koalitionen, durch autonome Regelungen eine Organisationsstruktur zu schaffen, bei der die Arbeitnehmerinteressen effektiv wahrgenommen werden. Es ist kein Grund ersichtlich, bereits mittels einer einschränkenden Auslegung des § 2 Abs. 1 TVG eine gesetzliche Festlegung vorzunehmen, die die Gewerkschaften bei einer Einheitsorganisation ausschließlich auf einen Tarifabschluß mit dem herrschenden Unternehmen verweist[15].

Der arbeitsrechtlichen Verselbständigung steht auch das sog. Prinzip der *Tarifeinheit* nicht entgegen. Es will in enger Verwandtschaft zum Industrieverbandsprinzip[16] erreichen, daß in einem Unternehmen möglichst nur ein Tarifvertrag Anwendung finden soll[17]. Es handelt sich aber nicht um ein zwingendes Rechtsprinzip, sondern um eine Leitlinie für den Aufbau der Berufsverbände und dem folgend für die Tarifzuständigkeit.

13 Vgl. zum Betriebsverfassungsrecht im einzelnen unten unter III.

14 Wiedemann/Stumpf, Komm. z. TVG, 5. Aufl. 1977, § 2 Rdn. 11.

15 Nur am Rande soll darauf hingewiesen werden, daß die arbeitsrechtliche Negierung gesellschaftsrechtlicher Strukturen notwendig zu einem Grundrechtskonflikt führt, da konzernabhängigen Unternehmen im arbeitsrechtlichen Bereich ein rechtsgeschäftliches Auftreten nach außen unmöglich gemacht würde; vgl. zu diesem Aspekt Wiedemann, Gesellschaftsrecht, Bd. I, 1980, § 12 I 2 b, S. 677.

16 Vgl. Hagemeier/Kempen/Zachert/Zilius, Komm. z. TVG, 1984, § 4 Rdn. 103.

17 Vgl. Hagemeier/Kempen/Zachert/Zilius, aaO (Fn. 16), § 4 TVG Rdn. 103; Gramm, AR-Blattei, Tarifvertrag XII, Tarifkonkurrenz VIII; Konzen, RdA 1978, 146, 149; Wiedemann, Anm. zu BAG AP Nr. 11 zu § 4 TVG Tarifkonkurrenz; Wiedemann/Stumpf, aaO (Fn. 14), § 4 TVG Rdn. 162.

Dieser Bezug wird allerdings in der Rechtsprechung des Bundesarbeitsgerichts nicht immer hinreichend deutlich. Nach Auffassung des BAG stellt das Prinzip der Tarifeinheit einen Lösungsweg bei Tarifkonkurrenzen dar: Gelten in einem Unternehmen mehrere Tarifverträge, so soll derjenige den Vorrang haben, der dem überwiegenden Betriebszweck entspricht[18]. Das ist so lange unproblematisch, wie für die Arbeitsverhältnisse jedenfalls ein Tarifvertrag erhalten bleibt. Bei strikter Anwendung des Prinzips besteht jedoch die Gefahr von Tariflücken, wenn die konkurrierenden Tarifverträge nicht alle Arbeitsverhältnisse erfassen. So wird zwar auch eine potentielle Tarifkonkurrenz vermieden, gleichzeitig kann dies aber – soweit der Tarifvertrag nicht für allgemeinverbindlich erklärt ist – für einige Arbeitnehmer zu einem tariflosen Zustand führen. Bei einer derart weiten Handhabung des Prinzips der Tarifeinheit wird zugleich die Tarifzuständigkeit der betroffenen Gewerkschaft in Frage gestellt: der Ausschluß aus dem Unternehmen führt zum faktischen Entzug der Tarifzuständigkeit. Damit setzt sich das BAG in einen Widerspruch zu seiner eigenen Auffassung zum Industrieverbandsprinzip, das eine freie Wahl des Zuständigkeitsbereiches gerade nicht verhindern kann. Das schließt die Möglichkeit von Tarifkonkurrenzen ein, die nicht durch eine weitreichende Anwendung des angeblichen Prinzips der Tarifeinheit unterlaufen werden kann, was mit dem Koalitionspluralismus gemäß Art. 9 Abs. 3 GG unvereinbar ist.

Wie dem auch sei – einen Rechtssatz des Inhalts, daß in einer Unternehmensgruppe nur *ein* Tarifvertrag gelten könne und daß sich die Tarifzuständigkeit dabei nach dem Konzernzweck auszurichten habe, gibt es sicher nicht[19]. Es wäre auch schwer zu entscheiden, ob sich ein solcher Konzernzweck nach dem überwiegenden Produktionsziel der Unternehmensgruppe oder nach demjenigen der Muttergesellschaft richtet und wie man diesen bei einer Holdinggesellschaft feststellen soll.

2. *Übernahmeschutz*

Ausgliederungsmaßnahmen sind rechtlich als Betriebsteilübergang nach § 613 a BGB zu werten. Um die Fortgeltung kollektivvertraglicher Regelungen sicherzustellen, hat der Gesetzgeber angeordnet, daß diejenigen Teile des Tarifvertrages, in denen die Rechte und Pflichten aus dem Arbeitsverhältnis geregelt werden, für die Dauer von einem Jahr zwingend Bestandteile des Arbeitsvertrages werden; sie gelten also individualrechtlich weiter. Dies soll allerdings nicht gelten, sobald und soweit die Arbeitsverhältnisse mit dem neuen Unternehmen durch Rechtsnormen eines anderen Tarifvertrages oder durch eine andere Betriebsvereinbarung geregelt werden, denn dann löst die neue Kollektivvereinbarung die früher geltende nach § 613 a Abs. 1 Satz 3 BGB ab.

18 Vgl. nur BAG AP Nr. 2 zu § 4 TVG Tarifkonkurrenz.
19 Ebenso im Ergebnis jetzt BAG AP Nr. 64 zu § 613 a BGB.

In der Rechtslehre wird zunehmend bezweifelt, ob die individualrechtliche Fortgeltung nach § 613 a Abs. 1 Satz 2 BGB eine abschließende Regelung darstellt. Jedenfalls bei Firmentarifverträgen kommt eine kollektive Weitergeltung in analoger Anwendung von § 613 a Abs. 1 Satz 1 BGB in Betracht[20]. Bei einem Verbandstarifvertrag kommt eine kollektivrechtliche Fortgeltung jedoch nur dann in Frage, wenn auch das neue Unternehmen dem entsprechenden Arbeitgeberverband angehört[21].

Zusätzlich wird im Schrifttum erwogen, ob eine zeitlich begrenzte Weitergeltung in Analogie zu § 3 Abs. 3 TVG möglich ist, wenn der Sachverhalt – insbes. bei der Betriebsaufspaltung – dem Verbandsaustritt gleichgesetzt werden kann[22]. Dem hat das Bundesarbeitsgericht mit Recht entgegengehalten, daß auch im Falle der Betriebsaufspaltung eine derart weitgreifende Interpretation gegen die negative und positive Koalitionsfreiheit verstößt[23]. Erst recht muß eine analoge Anwendung des § 3 Abs. 3 TVG ausscheiden, wenn sich durch die Ausgliederung eines Betriebsteiles die Tarifzuständigkeit ändert oder – wie es das Bundesarbeitsgericht ausdrückt – der neue Arbeitgeber nicht unter den Geltungsbereich des bisherigen Tarifvertrages fällt. § 3 Abs. 3 TVG ersetzt lediglich die fehlende Verbandszugehörigkeit; die sonstigen Voraussetzungen für die Geltung eines Tarifvertrages müssen aber erfüllt sein. Eine lediglich analoge Anwendung des § 3 Abs. 3 TVG ist nach der Neufassung des § 613 a BGB nicht mehr vertretbar, weil keine Regelungslücke vorliegt.

Für die mannigfachen Auslegungsschwierigkeiten, die § 613 a BGB hervorruft, ist danach zu unterscheiden, ob die Parteien des Arbeitsverhältnisses vor der Betriebsausgliederung kongruent tarifgebunden waren (a) und danach tarifgebunden sind (b).

a) Gehört die neu errichtete Tochtergesellschaft keinem Arbeitgeberverband an und fehlen Firmentarifvertrag wie Allgemeinverbindlicherklärung, ist sie mithin selbst *nicht tarifgebunden*, so greift die zwingende Wirkung des § 613 a Abs. 1 Satz 2 BGB ein. Für die bisher nach der tariflichen Ordnung der Muttergesellschaft kongruent organisierten Arbeitnehmer werden die Tarifnormen zwingend „Inhalt des Arbeitsverhältnisses" zwischen dem neuen Inhaber und dem Arbeitnehmer. Die Weitergeltung ist dabei durch den Gesetzgeber individualrechtlich und durch die richterliche Auslegung[24] statisch ausgestaltet, also – künstlich – formal und sachlich verengt worden.

20 Ebenso Jung, RdA 1981, 360, 361; Hanau/Vossen, FS Hilger/Stumpf, 1983, S. 271, 295 ff; abweichend Schaub, Münchener Komm. z. BGB, Ergänzungsband, § 613 a Rdn. 53; Seiter, Betriebsinhaberwechsel, 1980, S. 92.

21 Ebenso Hanau/Vossen, FS Hilger/Stumpf, 1983, S. 271, 294; Wank, NZA 1987, 505, 506.

22 So Birk, AuR 1975, 312, 316; Ders., BB 1976, 1227, 1230; Ders., ZGR 1984, 23, 35; Martens, SAE 1976, 84.

23 Vgl. BAG AP Nr. 17 zu § 613 a BGB mit Anm. Willemsen; ablehnend auch Wiedemann/Stumpf, aaO (Fn. 14), § 3 TVG Rdn. 80.

24 Vgl. BAG AP Nr. 46 und 49 zu § 613 a BGB.

Nicht geklärt ist die Weiterwirkung der bisherigen tariflichen Ordnung für die nicht organisierten Arbeitnehmer, die *qua* vertraglicher Bezugnahme tarifunterworfen sind. Gemäß § 613 a Abs. 1 Satz 1 BGB werden ihre Arbeitsverträge von der Tochtergesellschaft weitergeführt. Fraglich ist, ob dies mittelbar mit dem Zwangscharakter des Satz 2 verbunden und dann mit der Ablösungsgefahr des Satz 3 belastet ist. *Hanau/Vossen*[25] schlagen vor, danach zu unterscheiden, wie die Abrede des bisherigen Arbeitgebers mit den nicht tarifgebundenen Arbeitnehmern über die Anwendung der Tarifverträge auszulegen ist – als Verweisung auf einen ganz bestimmten Tarifvertrag oder allgemein auf die jeweils geltenden Tarifverträge. Diesem Ansatz ist mit der Maßgabe zu folgen, daß nach dem Zweck der Bezugnahmeerklärung zu fragen ist. Handelt es sich darum, den Einzelarbeitsvertrag in bestimmter Hinsicht durch den einschlägigen Tarifvertrag zu vervollständigen, so bleibt es bei der Anwendung des § 613 a Abs. 1 Satz 1 BGB. Bedeutet die Bezugnahme aber – wie üblich – eine *Gleichstellungsabrede* der nicht organisierten Arbeitnehmer mit den Gewerkschaftsmitgliedern, so kommt ihnen mittelbar auch die zwingende Wirkung des § 613 a Abs. 1 Satz 2 BGB zugute[26]. Die Gleichstellungsabrede enthält nicht nur eine Bezugnahmevereinbarung, sondern sie will den Mangel der Tarifgebundenheit nach § 3 Abs. 1 TVG wettmachen. Das hat allerdings die überraschende Folge, daß die bisher für die Parteien nicht zwingenden Tarifbestimmungen vorübergehend auch für die nicht organisierten Arbeitnehmer festgeschrieben werden. Die Bezugnahmeklausel als solche kann zwar geändert werden, die einzelnen Vertragsbedingungen stehen aber zeitlich limitiert einer Änderungskündigung nicht offen. Diese mittelbar zwingende Wirkung kann allerdings später durch eine tarifvertragliche Ablösung des Satzes 3 und durch die sachliche Öffnungsklausel des Satzes 4 eingeschränkt werden.

b) Gehört die ausgegliederte Tochtergesellschaft dem für sie zuständigen Arbeitgeberverband an oder tritt sie ihm später bei, ist sie also *tarifgebunden*, so ändert sich dadurch allein an der dargestellten Rechtslage noch nichts. Solange nicht auch der Arbeitnehmer notfalls nach Gewerkschaftswechsel kongruent tarifgebunden ist, wird das geltende Tarifwerk nicht nach § 613 a Abs. 1 Satz 3 BGB verdrängt[27].

25 Hanau/Vossen, FS Hilger/Stumpf, 1983, S. 271, 294; Schaub, aaO (Fn. 20), § 613 a BGB Rdn. 49.

26 Abweichend Röder, DB 1981, 1980, 1982; Wank, NZA 1987, 505, 506.

27 H. M.; vgl. Soergel/Kraft, Komm. z. BGB, 11. Aufl., Nachträge, § 613 a Rdn. 27; Wank, SAE 1987, 142, 143; abweichend Röder, DB 1981, 1980, 1982. Wie allgemein kann die Tarifgebundenheit auch im Rahmen des § 613 a Abs. 1 BGB durch Allgemeinverbindlicherklärung ersetzt werden; vgl. dazu Seiter, AR-Blattei, Betriebsinhaberwechsel I, unter B VIII 6 b) bb).

Tritt der Arbeitnehmer der (jetzt) zuständigen Gewerkschaft bei, so löst der neue Tarifvertrag bei kongruenter Tarifbindung die bisher geltende Ordnung ab[28], und zwar auch dann, wenn sie insgesamt ungünstiger ist als das bislang geltende Recht. Darin wurde vielfach eine gesetzliche Ausnahme vom tarifvertraglich geltenden Günstigkeitsprinzip des § 4 Abs. 3 TVG gesehen[29], was schwerlich zutrifft. Der neue Tarifvertrag löst den bisher geltenden ab; im Verhältnis von zwei aufeinanderfolgenden Normen auf der gleichen Rangebene gilt nicht das Günstigkeits-, sondern das Ablösungsprinzip, das sich in § 613 a Abs. 1 Satz 3 BGB niederschlägt. Der „Fehler" liegt darin, daß der Gesetzgeber nicht eine (zwingende) kollektivvertragliche Nachwirkung, sondern eine individualrechtliche Transformation anordnet – diese Konzeption aber dann selbst nicht durchzuhalten vermag[30].

Auch hier stellen sich wieder für die überhaupt nicht organisierten Arbeitnehmer, also die normalen Außenseiter die schwierigeren Fragen. Die übliche Gleichstellungsabrede bezieht sich auf die im Unternehmen „geltende" tarifliche Ordnung. Angenommen: die Hälfte der bisher organisierten Arbeitnehmer wechselt die Gewerkschaft und tritt der für die neue Tochtergesellschaft zuständigen Gewerkschaft (im Beispielsfall IG Nahrung-Genuß-Gaststätten) bei. Bezieht sich dann – mit den Folgen des § 613 a Abs. 1 Satz 3 und 4 BGB – die Gleichstellung auf die Tarifverträge des Gaststättengewerbes, obwohl für die andere Hälfte der jetzt nicht mehr kongruent organisierten Arbeitnehmer das bisherige Tarifwerk weitergilt? Muß mit anderen Worten die neue Tarifordnung für alle überhaupt organisierten Arbeitnehmer gelten oder wirkt sich umgekehrt die Bezugnahmeabrede schon dann aus, wenn nur ein einziger Arbeitnehmer an die richtige neue Ordnung gebunden ist? § 613 a BGB trägt zur Lösung nicht bei, da er nur über den Reflex der Bezugnahmeklausel eingreift. Eine Auslegung dieser Klausel hilft nicht weiter, da die Parteien nicht in Kategorien von „noch" oder „schon" geltenden Tarifverträgen denken. Die Abrede wird dahin zu ergänzen sein, daß es auf die „Geltung" und das heißt auf die kollektivvertragliche und unmittelbare Geltung eines Tarifvertrages ankommen soll. Dafür reicht die individualrechtliche Nachwirkung, die überdies zeitlich beschränkt ist, nicht aus. Für die nicht organisierten Arbeitnehmer treten die Wirkungen des § 613 a Abs. 1 Satz 3 und 4 BGB daher schon dann ein, wenn nur ein einziger Arbeitnehmer kongruent tarifgebunden ist.

28 Vgl. zur Ablösung nach Monaten BAG AP Nr. 49 zu § 613 a BGB = SAE 1987, 140 mit Anm. Wank.

29 Vgl. etwa BAG AP Nr. 43 zu § 613 a BGB; Lieb, Arbeitsrecht, 3. Aufl. 1984, § 2 I 3, S. 21; Schaub, aaO (Fn. 20), § 613 a BGB Rdn. 44; Röder, DB 1981, 1980, 1981.

30 Ebenso Lorenz, DB 1980, 1745, 1748; Wank, SAE 1987, 142, 144; Ders., NZA 1987, 505, 510: „Fingierte Individualvereinbarung".

3. *Tarifvorsorge*

Die bisherigen Ausführungen ergeben, daß der tarifliche Besitzstand der Arbeitnehmer der ausgegliederten Betriebsabteilung allenfalls vorübergehend gesichert ist. Man kann daher nach eigener tarifvertraglicher Vorsorge Ausschau halten. Sie bedeutet hier nicht: Regelung durch einen Konzerntarifvertrag, der als tarifgebundenes Rechtssubjekt den Unternehmensverbund anspricht, was nicht möglich ist, sondern Regelung durch einen Tarifvertrag, dessen betrieblicher Geltungsbereich sich auf alle Mitglieder der Unternehmensgruppe erstrekken soll. Dasselbe Ziel kann mit Firmentarifverträgen erreicht werden, die inhaltlich auf den bisher einschlägigen Tarifvertrag verweisen. Bedenken gegen eine solche konzerndimensionale Tarifvertragsregelung tauchen auf, wenn einzelne Tochtergesellschaften nach ihrem Unternehmenszweck einem anderen Arbeitgeberverband zuzurechnen sind als das herrschende Unternehmen. Den bisherigen Koalitionspartnern, insbes. der bisher tätigen Gewerkschaft fehlt dann die Tarifzuständigkeit. Im folgenden muß daher kurz über die Bedeutung der Tarifzuständigkeit (a) und anschließend über den den Berufsverbänden zur Verfügung stehenden Satzungsspielraum (b) referiert werden.

a) Unter *Tarifzuständigkeit* wird die in der Satzung festgelegte Befugnis eines tariffähigen Verbandes verstanden, Tarifverträge mit einem bestimmten räumlichen, betrieblichen, fachlichen und persönlichen Geltungsbereich abzuschließen[31]. Die Tarifzuständigkeit legt den maximalen tariflichen Geltungsbereich fest. Sie verfolgt den Zweck, sachnahe Regelungen zu ermöglichen und Abgrenzungsschwierigkeiten oder Kompetenzstreitigkeiten zwischen gleichrangigen Organisationen zu vermeiden. Sie dient ferner dem Ziel der Tarifeinheit: in einem Unternehmen soll nach Möglichkeit nur ein Tarifvertrag gelten[32].

Nach heute überwiegender Ansicht stellt die Tarifzuständigkeit eine selbständige Wirksamkeitsvoraussetzung für den Abschluß eines Tarifvertrages dar. Fehlt die Tarifzuständigkeit von vornherein, ist ein dennoch geschlossener Tarifvertrag unwirksam. Arbeitskampfmaßnahmen zum Abschluß eines derartigen Tarifvertrages sind rechtswidrig[33]. Das Bundesarbeitsgericht[34] begründet seine Auffassung damit, daß die Tarifvertragsparteien nur innerhalb der selbst gewählten Zuständigkeit tätig werden könnten. Ihnen komme die Aufgabe zu, die Arbeitsverhältnisse ihrer Mitglieder zu ordnen. Werde der Organisationsbe-

31 Vgl. BAG AP Nr. 3 zu § 2 TVG; BAG AP Nr. 1–3 zu § 2 TVG Tarifzuständigkeit; BAG AP Nr. 3 zu § 4 TVG Geltungsbereich; BAG AP Nr. 29 zu § 2 TVG; Hueck/Nipperdey, Arbeitsrecht, II. Bd., 1. Halbbd., 7. Aufl. 1967, S. 445 ff; Hagemeier/Kempen/Zachert/Zilius, aaO (Fn. 16), § 2 TVG Rdn. 97; Wiedemann/Stumpf, aaO (Fn. 14), § 2 TVG Rdn. 28.

32 Vgl. Wiedemann, RdA 1975, 79; Zachert, AuR 1982, 181.

33 Vgl. Martens, SAE 1987, 7, 8.

34 BAG AP Nr. 3 zu § 2 TVG und AP Nr. 1 zu § 2 TVG Tarifzuständigkeit.

reich durch die – jederzeit änderbare – Satzung näher festgelegt und umschrieben, müsse eine Regelungsbefugnis für andere Arbeitsverhältnisse ausscheiden. Davon abweichende Ansichten im Schrifttum konnten sich nicht durchsetzen. Das gilt etwa für die lange Zeit vertretene Ansicht, die Tarifzuständigkeit sei unselbständiges Element der Tariffähigkeit nach § 2 Abs. 1 TVG[35]. Zweifelhaft an dieser Gleichstellung ist schon die Prämisse, beide Elemente unterlägen den gleichen Voraussetzungen. Die Schaffung der Bedingungen für die Tariffähigkeit liegt im freien Ermessen der Verbände, während sie bei der Festlegung der Tarifzuständigkeit an die daraus folgende Befugnis zur rechtsetzenden Tätigkeit gebunden sind. Bei fehlender Tarifzuständigkeit kommt aber auch diese Ansicht zu dem Ergebnis, daß ein Tarifvertrag unwirksam ist, da dann zugleich die nach § 2 Abs. 1 TVG zwingend erforderliche Tariffähigkeit fehlt. Ähnlich verhält es sich mit der Deutung von *Kraft*[36], der die Tarifzuständigkeit nicht als eigenständige Voraussetzung eines Tarifabschlusses, sondern als eine Überschreitung der satzungsgemäßen Zuständigkeit mit der Möglichkeit der Genehmigung nach § 177 BGB betrachtet. Auch er hält bei einer Überschreitung des satzungsgemäß festgelegten Tätigkeitsbereichs einen Verhandlungsanspruch für nicht gegeben und beurteilt eine Kampfmaßnahme als unverhältnismäßig. Zu einem anderen Ergebnis gelangt nur *van Venrooy*[37]. Er kritisiert zunächst, daß das Bundesarbeitsgericht in sämtlichen Entscheidungen den Begriff der Tarifzuständigkeit verwende, ohne daß dieser jemals eine eigenständige Bedeutung gehabt habe. Die Heranziehung der Tarifzuständigkeit sei zu einer sinnvollen Ordnung des Arbeitslebens nicht erforderlich. Ausreichend sei, daß eine Gewerkschaft in einem Unternehmen Mitglieder habe und daß sie im Wege des Arbeitskampfes Forderungen durchsetzen könne. Diese Auffassung führt zu der schon lange überwundenen Rechtsansicht, daß den Gewerkschaften eine latente Allzuständigkeit zukomme. Die Tarifzuständigkeit verfolgt jedoch einen entgegengesetzten Ordnungszweck, der nicht durch unrichtig organisierte Arbeitnehmer unterlaufen werden kann.

Es ist deshalb festzuhalten, daß nach heute allgemeiner Ansicht die Tarifzuständigkeit als selbständige Wirksamkeitsvoraussetzung eines Tarifvertrages gilt. Ihr Umfang ergibt sich aus der Verbandssatzung. Die so ermittelte Tarifzuständigkeit muß sich beim Verbandstarif mit der Satzung des Koalitionspartners decken, beim Firmentarif ist bei den nach dem Industrieverbandsprinzip organi-

35 So etwa Richardi, Kollektivgewalt und Individualwille bei der Gestaltung des Arbeitsverhältnisses, 1968, S. 158 ff.

36 Vgl. Kraft, FS Schnorr von Carolsfeld, 1973, S. 255, 271; im Ausgangspunkt zustimmend Hess, ZfA 1976, 45, 49; kritisch Konzen, ZfA 1975, 401, 416; Wiedemann, RdA 1975, 78, 80.

37 Vgl. van Venrooy, ZfA 1983, 49, 66 ff; ähnlich bereits früher Dutti, DB 1969, 218, 220.

sierten Gewerkschaften auf den überwiegenden Unternehmensgegenstand abzustellen.

b) Die Festlegung oder Änderung der Tarifzuständigkeit gehört zu der nach Art. 9 Abs. 1 GG garantierten Gestaltungsfreiheit jedes Berufsverbandes. Sie beinhaltet, daß die Koalition ihre Tarifzuständigkeit sachlich und betrieblich selbst definieren und in diesem Rahmen auch entscheiden kann, ob sie fachfremde Arbeitnehmer in Werken und Betrieben der tarifgebundenen Unternehmen einbeziehen will oder nicht. An dieser Entscheidungsbefugnis ändert auch die Zugehörigkeit der Koalition zu einem Dachverband und die dort vorgesehene Aufgabenverteilung zwischen den Mitgliedern nichts. Ein Verstoß gegen diese Richtlinien kann zu einem Schiedsverfahren führen und Sanktionen der Dachorganisation nach sich ziehen – aber das alles führt aus gesellschaftsrechtlichen Gründen zu keinem Verlust der Verbandssouveränität. Jede Koalition kann auf ihr Recht zur Selbstbestimmung ihres Statuts Dritten gegenüber nicht wirksam verzichten[38]. Die Gestaltungsfreiheit beinhaltet indes kein Recht zur willkürlichen Festlegung oder Änderung der Tarifzuständigkeit in der Satzung. Die Tarifautonomie ist den sozialen Gegenspielern vom Staat anvertraut, damit sie gemeinsam eine sinnvolle und gerechte Ordnung des Arbeitslebens einrichten[39]. Tarifregelung ist *Gesetzgebung durch Vertrag*[40]. Die Gemeinsamkeit der Aufgabe verpflichtet zur Rücksicht bei ihrer Bewältigung. Dazu gehören die Pflicht zu korrekten Tarifverhandlungen[41] und das Arbeitskampfverbot vor Ausschöpfen der Verhandlungsmöglichkeiten. Dazu gehört aber auch die Pflicht zur Rücksichtnahme auf den potentiellen Verhandlungspartner bei der Änderung der eigenen Tarifzuständigkeit. Nicht vereinbar damit ist eine Maßnahmeregelung, mit der ein einziges Unternehmen – das einer anderen Branche angehört – durch Änderung der Gewerkschaftssatzung ihrer Tarifpolitik zugänglich gemacht werden soll[42]. Für eine Ausnahmezuständigkeit muß es triftige Sachgründe geben; ein einzelnes Unternehmen darf durch Maßnahmen der Gewerkschaften nicht isoliert und des Schutzes seines Berufsverbandes beraubt werden. Eine allgemein formulierte Änderung der Tarifzuständigkeit ist den Berufsverbänden selbstverständlich erlaubt, auch sie muß jedoch mit Rücksicht auf den tariflichen Gegenspieler durchgeführt werden. Eine Gewerkschaft

38 Vgl. FLUME, Allgemeiner Teil des Bürgerlichen Rechts, I. Bd., 2. Teil, § 7 I 3, S. 194; KARSTEN SCHMIDT, Gesellschaftsrecht, 1986, § 5 I 3, S. 66; WIEDEMANN, aaO (Fn. 15), § 7 II 1, S. 371.

39 Vgl. BVerfGE 4, 96, 106; 34, 307, 316; 44, 322, 340; SCHOLZ, in: Maunz/Dürig, Komm. z. GG, Art. 9 Rdn. 299 ff.

40 Vgl. BAUMANN, RdA 1987, 270; WIEDEMANN/STUMPF, aaO (Fn. 14), § 2 TVG Rdn. 25, 33; WIEDEMANN, in: Beuthien, Arbeitnehmer oder Arbeitsteilhaber?, 1987, S. 151, 155.

41 Abweichend BAG AP Nr. 3 zu § 1 TVG Verhandlungspflicht mit Anm. WIEDEMANN.

42 Abweichend BAG AP Nr. 4 zu § 2 TVG Tarifzuständigkeit mit kritischer Anm. REUTER = SAE 1987, 1, 7 mit kritischer Anm. MARTENS.

kann deshalb beschließen, in ihr Statut eine Konzernklausel aufzunehmen, wonach auch branchenfremde aber konzernangehörige Unternehmen von den Tarifverträgen erfaßt werden können, was technisch eine klare Abgrenzung der Konzernzugehörigkeit nach Beteiligungsbesitz oder anderen Verbundsmerkmalen voraussetzt; vgl. §§ 15 ff AktG, §§ 271, 290 HGB.

Ein einschlägiger Hinweis findet sich z. B. in der Satzung der IG Nahrung-Genuß-Gaststätten vom 1. 1. 1983; dort heißt es in § 2: „Der Organisationsbereich umfaßt alle Arbeitnehmer ... c) in Verwaltungsgesellschaften der Nahrungs- und Genußmittelunternehmen sowie in Betrieben, die kapitalmäßig oder gesellschaftsrechtlich abhängig sind von Herstellerunternehmen der Nahrungs- und Genußmittelindustrie und vorwiegend deren Erzeugnisse vertreiben".

Eine solche Änderung ist solange nicht wirksam, als die umorganisierten Unternehmen damit „zwischen alle (tarifvertraglichen) Stühle fallen". Es muß mit anderen Worten sichergestellt sein, daß die Tarifzuständigkeit der Berufsverbände sich entsprechen können; für notwendige Änderungen zu sorgen, ist dann Sache des tariflichen Gegenspielers.

III. Betriebsausgliederung und Betriebsverfassungsrecht

Die Problematik der Betriebsausgliederung im Betriebsverfassungsrecht ist anders, aber gewiß nicht einfacher gelagert als im Tarifvertragsrecht. Die offenen Fragen hängen mit der Unsicherheit zusammen, wie der Begriff des „Betriebes" gegenüber dem „Unternehmen" abzugrenzen ist, und sie betreffen die Mitbestimmungskontrolle des Betriebsrats bei der Betriebsausgliederung selbst.

1. Gemeinschaftsbetrieb

Die betriebsverfassungsrechtliche Frage lautet, ob der Betrieb die Unternehmensaufspaltung unversehrt überleben kann, was im wesentlichen von der Abgrenzung von Betrieb und Unternehmen abhängt. Die gängige Lehre beschreibt das Unternehmen als wirtschaftliche und den Betrieb als organisatorische Einheit[43]. Diese Abgrenzung ist sachlich und methodisch unbefriedigend. Sachlich deshalb, weil natürlich auch das Unternehmen eine Organisationseinheit darstellt, in deren Rahmen ganz unterschiedliche wirtschaftliche Zwecke verfolgt werden können[44]. Das „Unternehmen" charakterisiert eine wirtschaftli-

43 Hanau/Adomeit, Arbeitsrecht, 8. Aufl. 1986, D I 2, S. 102; Söllner, Arbeitsrecht, 8. Aufl. 1984, § 3 IV, S. 23; Zöllner, Arbeitsrecht, 3. Aufl. 1983, § 44 II 2, S. 400.

44 Vgl. allgemein zum Unternehmensbegriff Rittner, Wirtschaftsrecht, 2. Aufl. 1987, § 7 A, S. 124 ff.

che Planungs- und Entscheidungseinheit; es setzt gedanklich ein Willensbildungszentrum in der Geschäftsführung voraus. Der „Betrieb" orientiert sich am räumlich-arbeitstechnisch verbundenen Einsatz der Belegschaft. Wie *Gamillscheg*[45] in einer meisterlichen Besprechung jüngerer Urteile des Bundesarbeitsgerichts überzeugend nachweist, kommt es für den Betriebsbegriff nicht auf eine Produktions- oder Verwaltungseinheit, sondern auf die Existenz einer *Betriebsgemeinschaft* an. Ob man bei der Zusammenfassung von Betriebssplittern so weit gehen kann, wie *Gamillscheg* vorschlägt, nämlich ohne eine organisatorische Verbindung einen Betrieb notfalls zu fingieren, damit die Betriebsverfassung möglichst allen Arbeitnehmern zugute kommt, muß hier offen bleiben. Methodisch stellt das „Unternehmen" einen kategorialen Rechtsbegriff dar; das Unternehmen wird in seinem Grenzverlauf vom *Unternehmensträger* bestimmt. Es handelt sich um eine formalisierte Zuordnungseinheit, die nur begrenzt auf wirtschaftliche oder andere tatsächliche Gegebenheiten Rücksicht nehmen kann. Der „Betrieb" dagegen ist ein aus der Erfahrungswelt übernommener Rechtsbegriff, der sich den Erfordernissen des jeweiligen Textzusammenhangs anpassen läßt.

Daß ein Unternehmen mehrere Betriebe und Werke umfassen kann, ist unbestritten und ergibt sich schon aus der Einführung des Gesamtbetriebsrats in den §§ 47 ff BetrVG 1972. Hier interessiert die umgekehrte Fallgestaltung, ob nämlich mehrere Unternehmen gemeinsam einen Betrieb führen können. Dazu hat das Bundesarbeitsgericht in den letzten Jahren mehrfach Stellung nehmen müssen; es geht dabei in seiner ständigen Rechtsprechung davon aus, ein solcher Gemeinschaftsbetrieb hänge von der Existenz einer Betriebsführungsvereinbarung zwischen den beteiligten Unternehmen ab[46]. An anderer Stelle wurde bereits dargestellt, daß für diese Voraussetzung die gesetzliche Grundlage fehlt und daß überdies die damit beabsichtigten Ziele nicht zu erreichen sind. Darauf darf hier verwiesen werden[47]. Nicht näher zu erörtern ist auch die im gewerkschaftlichen Schrifttum erhobene Forderung, betriebsverfassungsrechtliche Folgen einer Betriebsausgliederung ganz zu negieren[48]. *De lege lata* führt die rechtliche Verselbständigung eines Betriebes zur Ausgliederung der abgegebenen Betriebsabteilung oder des übergangenen Werkes, weil das neue Unternehmen nun eigener Arbeitgeber mit eigenen Arbeitsrechtsverhältnissen wird. Wie die Existenz des Konzernbetriebsrats in den §§ 54 ff BetrVG 1972

45 Gamillscheg, Anm. zu BAG EzA Nr. 4 und 5 zu § 4 BetrVG 1972.

46 Vgl. erstmals BAG AP Nr. 1 zu § 21 KSchG mit Anm. Herschel; zuletzt BAP AP Nr. 10 zu § 1 KSchG 1969 und BAG AP Nr. 5 und 6 zu § 1 BetrVG 1972.

47 Vgl. *meine* Anmerkungen zu BAG AP Nr. 10 zu § 1 KSchG 1969 und zu BAG AP Nr. 5 zu § 1 BetrVG 1972.

48 Vgl. Blank/Blanke/Klebe/Kümpel/Wendeling-Schröder/Wolter, Arbeitnehmerschutz bei Betriebsaufspaltung und Unternehmensteilung, 2. Aufl. 1987, S. 161, mit einem Novellierungsvorschlag des DGB zu § 5 Abs. 1 BetrVG (S. 145).

zeigt, orientiert sich auch das Betriebsverfassungsrecht wie das übrige Privatrecht an den Grenzen der einzelnen Rechtssubjekte. Eine generelle Mißachtung der juristischen Person oder der Gesamthand kommt deshalb nicht in Betracht.

Sucht man eine positive Antwort auf die Frage nach der Existenz eines Gemeinschaftsbetriebes, so ist deutlich danach zu unterscheiden, ob zwischen den für den Gemeinschaftsbetrieb zuständigen Unternehmen ein gesellschaftsrechtlicher Verbund besteht oder nicht. Außerhalb einer Unternehmensgruppe kann es keinen Gemeinschaftsbetrieb geben. Diese Regel gilt wohl ohne Ausnahme. Wenn eine Kaufhauskette ihre Restaurantabteilungen in einer GmbH zusammenfaßt und die Anteile daran an eine nicht konzerngebundene Hotelkette veräußert, so werden die Restaurantabteilungen selbständige Betriebe, auch wenn sich an ihrer räumlichen Lage und am Publikumsverkehr innerhalb der einzelnen Kaufhäuser nichts ändert. Selbst wenn sich zwei selbständige Unternehmen im Einzelfall dahin verständigen, ein Werk gemeinsam zu führen, muß sich das Betriebsverfassungsrecht entschließen, den Betrieb ganz oder teilweise einem der Unternehmen zuzurechnen, weil alle Mitwirkungsrechte des Betriebsrats nur gegenüber einem dafür zuständigen Rechtssubjekt und seinen Organen geltend gemacht werden können. Die häufig genannte Ausnahme der Arbeitsgemeinschaft bildet keine Ausnahme, weil Arbeitsgemeinschaften selbst in ihrer schwächsten Organisationsform als BGB-Gesellschaften über (relative) Selbständigkeit verfügen[49].

Die *erste* Voraussetzung für den Gemeinschaftsbetrieb mehrerer Unternehmen ist ein gesellschaftsrechtlicher Verbund zwischen ihnen, der den Anforderungen der §§ 17, 18 AktG genügt. Die Begründung für dieses Tatbestandserfordernis lautet, daß die Betriebsorganisation auf seiten des Arbeitgebers ein einheitliches Willensbildungszentrum voraussetzt. Wie diese Einheitlichkeit hergestellt wird, durch Weisungen der Obergesellschaft, auf der Grundlage eines Beherrschungsvertrages oder schlicht mittels Personalunion der Organe, ist rechtlich ohne Bedeutung; es muß nur sichergestellt werden, daß (auch) hinsichtlich der Personalleitung jederzeit ein einheitlicher und endgültiger Stichentscheid möglich ist, der dann für den Betriebsrat verbindlich wird. Das hat zur Folge, daß das herrschende Unternehmen sich seiner arbeitsrechtlichen Verantwortung nicht entziehen kann, indem es negative Betriebsführungsabreden veranlaßt oder unterschiedliche Geschäftsführer beruft oder sogar absichtlich voneinander abweichende Einsatzweisungen erteilt. Wenn keine Personalunion der verantwortlichen Geschäftsleiter besteht, hat der Betriebsrat es zwar zunächst mit mehreren für die Personal- und Sozialpolitik zuständigen Organen zu tun; mit ihnen kommt aber eine identische Betriebsvereinbarung oder Regelungsabrede zustande. Können sich die beteiligten Konzernunternehmen gene-

49 Vgl. statt aller Ulmer, Münchener Komm. z. BGB, 2. Aufl. 1986, vor § 705 Rdn. 22; Soergel/Hadding, Komm. z. BGB, 11. Aufl. 1985, vor § 705 Rdn. 45.

rell oder *ad hoc* nicht auf eine gemeinsame Linie verständigen, so muß dem Betriebsrat eine Möglichkeit zur Verfügung stehen, sich unmittelbar an die nächsthöhere gemeinsame Leitungsebene, notfalls an die Konzernspitze zu wenden und die Mitbestimmung dort durchzusetzen. Man kann diese Zuständigkeitsordnung an die §§ 50 Abs. 1, 58 Abs. 1 BetrVG 1972 anlehnen. Freilich ist der Betriebsrat des Gemeinschaftsbetriebes weder Gesamt- noch Konzernbetriebsrat; die genannten Vorschriften geben aber zu erkennen, daß die Mitbestimmung in der Unternehmensordnung notfalls dort geltend zu machen ist, wo die tatsächliche arbeitsrechtliche Leitungsmacht ausgeübt wird[50].

Die *zweite* Voraussetzung ist die Existenz eines *Gemeinschafts*betriebes, der nicht dem einen oder anderen Unternehmen zugerechnet werden kann. Das bedeutet nicht, daß es einen einheitlichen Betrieb schon vor Ausgliederung oder Umorganisation gab; wenn dies zutrifft, liegt freilich ein wesentliches Indiz der Zusammengehörigkeit vor. Der Gemeinschaftsbetrieb setzt die enge räumliche und soziale Betriebsgemeinschaft voraus, deren Aufteilung in zwei Betrieben mit zwei verschiedenen Betriebsräten der Interessenwahrung der Arbeitnehmer nicht entsprechen würde.

2. *Betriebliche Mitbestimmung*

In welchem Umfang schließlich der Betriebsrat durch seine Mitbestimmung nach § 111 BetrVG 1972 und durch den Abschluß eines Sozialplanes die Interessen der Arbeitnehmer bei einer Betriebsausgliederung wahrnehmen kann, ist noch nicht ausgelotet. Der Abschluß einer Betriebsvereinbarung, die den ausgeschiedenen Arbeitnehmern die Gleichbehandlung mit der Belegschaft im Mutterhause garantieren will, führt nicht weiter, weil die ausgegliederten Arbeitnehmer aus dem Geltungsbereich einer solchen Betriebsvereinbarung ausscheiden[51].

Die §§ 111 ff BetrVG 1972 beschränken die Mitbestimmung und ihre Rechtsfolgen auf die „Betriebsänderung". Strukturänderungen des Unternehmens, also des Unternehmensträgers und der ihm zugeordneten Organisation können weder Gegenstand der Mitbestimmung noch Inhalt eines Sozialplanes sein. Entgegen den Forderungen des DGB hat es der Gesetzgeber unterlassen, den „Betriebsinhaberwechsel" in den Katalog der Betriebsänderungsfälle einzubeziehen[52]. Jeder Wechsel innerhalb des Unternehmensträgers, sei es durch Anteilsübertragung[53], sei es durch Ein- oder Austritt von Handelsgesellschaftern, liegt

50 Vgl. dazu BAG AP Nr. 1 zu § 54 BetrVG 1972; Fabricius/Kreutz, Gemeinschaftskomm. z. BetrVG 1972, 4. Aufl. 1987, § 54 Rdn. 27 ff.

51 Vgl. BAG AP Nr. 64 zu § 613 a BGB.

52 Blank/Blanke/Klebe/Kümpel/Wendeling-Schröder/Wolter, aaO (Fn. 48), S. 11!

53 Abweichend Herschel, AuR 1981, 387, 388.

außerhalb der Arbeitsorganisation und deshalb auch jenseits der betrieblichen Mitbestimmung. Zum Unternehmensbereich gehören weiter alle gesellschaftsrechtlichen Strukturänderungen wie Eingliederung, Verschmelzung oder Umwandlung; auch Konzernmaßnahmen können als solche nicht Gegenstand eines Interessenausgleichs oder eines Sozialplans sein. Schließlich scheidet begrifflich die Übertragung des Vermögens eines Unternehmens(teiles) – aus Anlaß einer Sacheinlage, eines Unternehmenskaufs oder eines Betriebspachtvertrages – aus dem Geltungsbereich der §§ 111 ff BetrVG 1972 aus. Alle genannten Maßnahmen gehören in die Zuständigkeit der Gesellschafter und ihrer unternehmerischen Unternehmensleitung; die Betriebsverfassung vermag sich nur mit den *sozialen Folgen* der Unternehmensentscheidungen zu befassen.

Die Rechtsprechung des Bundesarbeitsgerichts[54] betont zutreffend, die gesellschafts- oder schuldrechtlichen Vorgänge betreffend das Unternehmen seien *als solche* zwar mitbestimmungsfrei, soweit es aber im Anschluß daran zu Betriebsänderungen im Sinne des Gesetzes komme, seien diese nach § 111 BetrVG 1972 mitbestimmungspflichtig. Dabei ist der Übergang des Unternehmens als Ganzes in der Regel mit keiner Betriebsänderung verbunden; den Wechsel des Arbeitgebers durch Einzelrechtsnachfolge betreut § 613 a BGB. Nicht zu folgen ist der Ansicht[55], eine Betriebsstillegung liege hier im Hinblick auf die aufgebende Handelsgesellschaft vor, da Bezugspunkt eben nicht der Unternehmensträger ist, dessen Betrieb stillgelegt wird, sondern die Betriebsgemeinschaft, die erhalten bleibt. Bei der Übertragung von Teilen eines Unternehmens – untechnisch „Unternehmensaufspaltung“ genannt – wird in der Regel eine Änderung der Betriebsorganisation notwendig werden. Logisch ist dies allerdings nicht erforderlich. So können von ein und derselben Handelsgesellschaft zwei räumlich getrennte Werke mit verschiedener Produktion und je eigenem Betriebsrat betrieben werden. Wird ein Werk verselbständigt und in eine Tochtergesellschaft eingebracht, so scheidet eine betriebliche Mitbestimmung aus, wenn die Betriebsorganisation im wesentlichen erhalten bleibt. Das ist selbst dann anzunehmen, wenn nun anstelle eines Gesamt- ein Konzernbetriebsrat gebildet wird.

54 Vgl. BAG AP Nr. 6 zu § 111 BetrVG 1972 mit Anm. Seiter = SAE 1980, 226 mit Anm. Bohn; BAG AP Nr. 8 zu § 111 BetrVG 1972 mit Anm. Seiter; BAG AP Nr. 9 zu § 111 BetrVG 1972 mit Anm. Kittner = SAE 1982, 17 mit Anm. Löwisch; BAG AP Nr. 19 zu § 111 BetrVG 1972 mit Anm. Wiedemann.

55 Vgl. Kittner, Anm. zu BAG AP Nr. 9 zu § 111 BetrVG 1972.

Kolibri 360 GmbH
Ferdinand-Jühlke-Straße 7
99095 Erfurt, Deutschland
produktsicherheit@kolibri360.de